Clausewitz-Gesellschaft e.V.
Jahrbuch 2015

Eine Zusammenfassung von Beiträgen
aus der Arbeit der Gesellschaft 2015

Die Jahrbücher der Clausewitz-Gesellschaft e.V.

Band 11
Jahrbuch 2015

Die Deutsche Bibliothek – CIP-Einheitsaufnahme

Ein Titeldatensatz für diese Publikation ist bei der Deutschen Bibliothek erhältlich.

Herausgeber und Copyright 2016 Clausewitz-Gesellschaft e.V., Hamburg
Manteuffelstraße 20, D-22587 Hamburg
Internet: www.clausewitz-gesellschaft.de

Alle Rechte vorbehalten. Das Werk ist urheberrechtlich geschützt. Jede Verwertung außerhalb der Grenze des Urheberrechtsgesetzes ist ohne Zustimmung der Clausewitz-Gesellschaft e.V. bzw. der Autoren unzulässig.

Redaktion und Lektorat: Werner Baach, Wolfgang Fett, Clausewitz-Gesellschaft e.V.
Layout und Satz: Marcel Baganz, Werbeagentur Baganz
Umschlaggestaltung: Marcel Baganz, Werbeagentur Baganz
Gesamtherstellung: Clausewitz-Gesellschaft e.V.
Umschlagabbildung: Clausewitz-Gesellschaft e.V.

Die Clausewitz-Gesellschaft bedankt sich beim Kommando Strategische Aufklärung der Bundeswehr für die freundliche und kompetente Unterstützung beim Druck dieser Ausgabe.

Gedruckt auf säurefreiem, alterungsbeständigem Papier (chlorfrei gebleicht).

ISBN: 978-3-9816962-1-9

Inhalt

Seite

Editorial 6

60 Jahre Bundeswehr

Rede der Bundesministerin der Verteidigung
Dr. Ursula von der Leyen
beim Großen Zapfenstreich anlässlich „60 Jahre Bundeswehr"
am 11. November 2015 vor dem Reichstag in Berlin 15

60 Jahre Bundeswehr -
Erinnerungen und Ausblick eines Zeitzeugen
Interview mit dem Ehrenpräsidenten der
Clausewitz-Gesellschaft e.V., General a.D. Wolfgang Altenburg,
anlässlich „60 Jahre Bundeswehr" 20

Gedenken an Helmut Schmidt
Michael Staack 60

Kapitel I
Berichte von den zentralen Veranstaltungen 2015

Zerfällt der Nahe Osten?
Akteure, Hintergründe und Perspektiven
Werner Baach
Wolfgang Fett 74

Die Rolle und Verantwortung Deutschlands in und für Europa
aus politisch-strategischer Sicht
Werner Baach
Wolfgang Fett 81

Strategie und praktische Führung in einem multinationalen
Hauptquartier: Was kann Clausewitz dabei leisten?
Werner Baach
Wolfgang Fett 89

Kapitel II
**Beiträge aus der Arbeit der Clausewitz-Gesellschaft e.V.
zu politisch- und militär-historischen Themen**

Fokus des Ersten Weltkriegs: Der Schlieffenplan
Joachim Welz   96

Verdun – eine strategische Schlacht?
Christian E.O. Millotat
Manuela R. Krueger   117

Grundzüge und Wesensmerkmale der Bismarck'schen Politik und Strategie
Michael Epkenhans   151

Waterloo und Wien – zwischen 1648 und heute   162
Ulrich Kleyser   162

Zur Zukunft der Nationalstaaten in Europa: Was man aus mehr als 1000 Jahren mitteleuropäischer Geschichte folgern könnte
Hans-Herbert Schulz   188

Streitkräfte – ein Instrument der Innenpolitik
in Preußen und Deutschland 1820 bis 1918
Michael P. Vollert   205

Kapitel III
**Beiträge aus der Arbeit der Clausewitz-Gesellschaft e.V.
zu aktuellen Themen**

Der Simplonpass
Militärstrategische Bedeutung im Wandel der Zeit
Igor Perrig   224

Deutschlands Rolle in der NATO und in Europa
Wolf-Dieter Löser   238

Chinas innere Stabilität und äußere Sicherheit –
die Politik des Managements komplexer Widersprüche
Oliver Corff   255

Betriebswirtschaftslehre und Militärwissenschaft –
Widerspruch oder Kooperation
Dietmar Schössler   271

Aufgaben und Tätigkeit des Auslandsnachrichtendienstes BND
Norbert Stier   283

Drama und Dreimaleins der Strategie:
Charakter, Struktur, Bedeutung
Yskert von Kodolitsch
Oliver Heinicke
Olliver Pfennig   289

Kapitel IV
**Internationale Sicherheitspolitische
Entwicklungen und Herausforderungen**

Die Ukraine-Krise 2014/2015
aus miltiärstrategischer und operativer Sicht
Matthias Kuster   302

Der orientalisch-islamische arabische Staat
als ständiges Phänomen der archaischen militärischen Soziokultur
Ilya Zarrouk   322

Vom Islamischen Staat zum Weltkalifat
Berndt-Georg Thamm   346

Der Putin Plan in Syrien: Pax Russica und Lösung im Kampf gegen
den IS?
Mehran Zolfagharieh   362

Syrien im 5. Jahr des Krieges
Wir schaffen – Was?
Klaus Olshausen   379

Schwerpunkte der Clausewitz-Gesellschaft für das Jahr 2016   406
Bildnachweis   411

EDITORIAL

Unser Jahrbuch 2015, das elfte in Folge, enthält wiederum ein breites Spektrum an Themen zur Sicherheitspolitik und Militärstrategie.

Die sich bereits in den letzten Jahren abzeichnende tiefgehende Zäsur in den sicherheitspolitischen Entwicklungen auf unserem Globus hat sich auch im Jahr 2015 fortgesetzt. Unmittelbar sichtbar geworden ist das u.a. durch den Zustrom hunderttausender Flüchtlinge, die seit den Sommermonaten verstärkt nach Europa drängten.

Die Vereinten Nationen (VN) sahen allerdings bereits vorher ein Zeitalter von Flucht und Vertreibung heraufziehen. Der Hohe Flüchtlingskommissar der Vereinten Nationen[1] unterlegte seine Warnungen wiederholt durch dramatische Zahlen[2], die letztlich auch die sicherheitspolitische Relevanz der „modernen Völkerwanderung" und die Brisanz der sie auslösenden Krisen und Konflikte unterstreichen.

Die sicherheitspolitische Lage am Ende des Jahres 2015 lässt sich schlaglichtartig wie folgt beschreiben:

Die europäische Sicherheitsordnung wurde im Grunde von Russland aufgekündigt. Die Wendung der russischen Außenpolitik zurück zu aggressivem Nationalismus und Anwendung von Gewalt als Mittel der Politik hat sich verfestigt. Die völkerrechtswidrige Annexion der Krim und das fortgesetzte russische Verhalten gegenüber der Ukraine und anderen Staaten, die vormals zur Sowjetunion oder zum Warschauer Pakt gehörten, hat in der NATO die Landes- und Bündnisverteidigung wieder stärker in den Fokus gerückt und Maßnahmen zur Rückgewinnung von angemessener Verteidigungs- und Reaktionsfähigkeit initiiert.

Die mit dem Arabischen Frühling verbundenen Hoffnungen auf eine neue, eher demokratisch legitimierte Sicherheitsordnung haben sich weitgehend verflüchtigt. Insbesondere der Zerfall staatlicher Ordnung in Libyen begünstigte die Ausbreitung terroristischer Kräfte in diesem Lande und in anderen Teilen Nordafrikas. Nach ersten Gesprächen zwischen Konfliktparteien in Rom richten sich nunmehr Hoffnungen auf eine Fortsetzung der diplomatischen Bemühungen um eine politische Annäherung der verfeindeten Gruppen in dem „Brücken-Land" zwischen Afrika und Europa.

Die andauernde Krise im Irak und der Bürgerkrieg in Syrien, der in besonderer Weise durch die Brutalität des syrischen Machthabers gegenüber seinen Landsleuten, die gewaltsame Ausdehnung des Terrorregimes „Islamischer Staat" (IS) und durch eine höchst komplexe Interessen-/Konfliktlage vielfältiger, unterschiedlicher Kräfte-Gruppierungen gekennzeichnet ist, haben das Staatensystem in der Region nachhaltig erschüttert und eine Flüchtlingswelle gewaltigen Ausmaßes ausgelöst. Trotz intensiver Suche nach Lösungen und inzwischen ausgeweitetem Kampf gegen den „IS" ist eine rasche Beendigung der seit fünf Jahren andauernden Kämpfe in Syrien weiterhin nicht in Sicht, ganz zu schweigen von einer nachhaltigen Konfliktlösung oder Friedensordnung. Die in den Konflikt involvierten Nachbarn, Türkei, Iran und Saudi-Arabien, sind untereinander zerstritten, die westlichen Staaten ringen um eine überzeugende gemeinsame Strategie und das militärische Eingreifen Russlands hat eine Konfliktlösung nicht begünstigt. Vor diesem Hintergrund kann der erweiterte militärische Einsatz von Luftstreitkräften westlicher Staaten gegen den „IS" nur als ein Element eines schwierigen Gesamtprozesses betrachtet werden. Die Entwicklung politischer Lösungsansätze und einer nachhaltigen Gesamtstrategie sind dringend geboten; dies wird jedoch vermutlich einen sehr langen Atem erfordern.

Die bestialischen Verbrechen der anderen radikalislamistischen Milizen, wie z.B. „Al-Shabaab", „Al-Qaida", „Boko Haram" und „Dschandschawid", unterstreichen ebenfalls die Dringlichkeit eines entschiedeneren, koordinierten Vorgehens der internationalen Staatengemeinschaft gegen die Geißel des Terrorismus.

Im Bürgerkriegs-geschüttelten Jemen tragen die konkurrierenden Regionalmächte Iran und Saudi-Arabien einen zunehmend verbitterten Stellvertreter-Konflikt aus.

Mali zeigt sich weiterhin als explosiver Unruheherd und spezielle Herausforderung für die internationale Gemeinschaft. Deutschland hat neben anderen europäischen Staaten in Mali bereits Verantwortung übernommen und sieht sich künftig gesteigerten Herausforderungen gegenüber.

Afghanistan erlebte im Jahr 2015 wieder eine erkennbare Zunahme von Gewalt. Nicht nur die Taliban haben sich offensichtlich neu formiert, sondern auch der „IS" und Al-Qaida versuchen in diesem Land ihren Einfluss auszudehnen. Eine verlängerte Präsenz ausländischer Truppen – auch der Bundeswehr – in Afghanistan gilt als wahrscheinlich.

Bosnien und Kosovo bedürfen ebenfalls weiterhin wachsamer Aufmerksamkeit und gezielter Unterstützung bei der Weiterentwicklung rechtsstaatlicher Strukturen und Verbesserung wirtschaftlicher Rahmenbedingungen.

Im fernen Osten finden Entwicklungen statt, die zumindest mittelbare Auswirkungen auf unsere Sicherheit in Europa haben. Chinas Ambitionen, sich als Weltmacht mit der Fähigkeit zur Machtprojektion – vor allem auch gegenüber den USA - zu etablieren sind unverkennbar. Die Lage im Chinesischen Meer zeigt sich angesichts eines zunehmend selbstbewusst oder gar aggressiv auftretenden Chinas unverändert angespannt. Nicht unerwähnt bleiben darf in diesem Zusammenhang die desolate, aber anhaltend brisante Lage in Nordkorea und insbesondere das Verhältnis dieses unberechenbaren Landes zu Südkorea, Japan und den USA.

All die genannten Krisen und Konflikte werden zudem überlagert durch die dynamische Entwicklung von unvermindert wachsenden Risiken und Gefahren im „Cyber-Raum", die alle Lebensbereiche durchdringen und rasch strategisch relevante Ausmaße erreichen können.

Weiterhin kritisch und zunehmend komplex zeigt sich auch die Lage bei der Proliferation von nuklearen Waffen und der zu ihrer Verbringung erforderlichen Trägermitteln. Die potentiellen Gefährdungen sind nicht gebannt, wenngleich wenigstens die vermuteten militärisch nuklearen Ambitionen des Iran für eine begrenzte Zeit vertraglich eingehegt werden konnten.

Die Dimensionen von Organisierter Kriminalität, insbesondere international agierenden Piraten sowie Schleuser- und Drogenbanden, erreichen zunehmend Ausmaße, bei denen die Grenzen zwischen „äußerer" und „innerer" Sicherheit verwischt werden.

Schließlich dürfen die neuartigen Risiken oder Bedrohungen, die durch Energie- und Rohstoffverknappung, illegale Migration oder Klimawandel entstehen, nicht unberücksichtigt bleiben. Für die Umweltpolitik hat das Klimaabkommen von Paris zumindest hoffnungsvolle Signale gesetzt; die konkret nachhaltige Wirkung der Vereinbarung auf eine effektive Begrenzung der Erderwärmung muss sich nunmehr allerdings in der Praxis erweisen. Die fortbestehende eher skeptische Haltung von Entwicklungs- und Schwellenländern, das Festhalten etlicher Länder an der Kohle als Energieträger, der weiter schwelende „Gasstreit" zwischen Russland und der Ukraine, aber auch der „Preiskampf" auf dem internationalen Rohölmarkt beleuchten schlaglichtartig das immense Konfliktpotential in den hier betrachteten Problembereichen. Schließlich darf das zunehmend heftige Ringen in vielen Regionen um die lebenswichtige, kostbare Ressource Wasser nicht außer Acht gelassen werden.

Mit einigen der o.a. Themen- und Problembereiche haben wir uns in der Clausewitz-Gesellschaft im Jahr 2015 auseinandergesetzt. Dazu finden sich entsprechende Berichte/Beiträge in dem vorliegenden Jahrbuch.

An das **60-jährige Bestehen der Bundeswehr** erinnern einleitend zwei besondere Beiträge in unserem Jahrbuch:

Zunächst ist der Text einer Rede abgedruckt, die Frau Bundesministerin der Verteidigung, Dr. Ursula von der Leyen, beim Großen Zapfenstreich anlässlich „60 Jahre Bundeswehr" am 11. November 2015 vor dem Reichstag in Berlin gehalten hat. Die Ministerin sprach u.a. die „innere Verfasstheit" der Bundeswehr an, ging auf das Prinzip „Staatsbürger in Uniform" und die „Innere Führung" ein, würdigte die Rolle der Bundeswehr bei der Katastrophenhilfe und beim Prozess der deutschen Einheit, erläuterte die Wandlung von der Wehrpflichtigen- zur Freiwilligen-Armee sowie die Stellung der Bundeswehr in der NATO und der EU und bewertete zusammenfassend die Bedeutung unserer Streitkräfte als wichtiges Instrument deutscher Politik.

Anschließend vermittelt unser Ehrenpräsident, General a.D. Wolfgang Altenburg, in einem Interview seine persönliche Sicht auf 60 Jahre Bundeswehr. Er spricht dabei u.a. an: Die Entwicklung von Interaktion zwischen Politik und militärischer Führung, die Integration der Bundeswehr in die NATO, die Bedeutung von Strategien, die Fähigkeiten unserer Streitkräfte als Instrumente der Politik und das Verhältnis von Bundeswehr und Gesellschaft. Außerdem geht er auch auf den aktuellen Stand und die Perspektiven des Diskurses zu Sicherheitspolitik und Strategie ein und formuliert dazu seine Erwartungen an die Clausewitz-Gesellschaft.

Ein dritter Sonderbeitrag ist dem Gedenken an den Ende 2015 verstorbenen ehemaligen Bundeskanzler und Bundesminister Dr. h.c. Helmut Schmidt gewidmet. Professor Dr. Michael Staack hat die abgedruckte Rede anlässlich einer Veranstaltung der Helmut-Schmidt-Universität / Universität der Bundeswehr, Hamburg, zum Gedenken an Helmut Schmidt gehalten. Er würdigt u.a.

seine Verdienste als Reformer der Bundeswehr sowie als Stratege der Sicherheit und erwähnt dessen klare Positionierung gegen den Terror und für das Recht.

Beim **Berliner Colloquium 2015**, das erneut gemeinsam mit der Bundesakademie für Sicherheitspolitik (BAKS) in Berlin durchgeführt wurde, befassten wir uns mit dem Thema „Zerfällt der Nahe Osten? – Akteure, Hintergründe und Perspektiven". Im August stand dann bei der gemeinsam mit der Führungsakademie der Bundeswehr (FüAkBw) in Hamburg durchgeführten **49. Sicherheitspolitischen Informationstagung** das Thema „Die Rolle und Verantwortung Deutschlands in und für Europa aus politisch-strategischer Sicht: Welche Herausforderungen gilt es zu meistern?" auf der Agenda. Ende Oktober widmeten wir uns bei dem gemeinsam mit dem Eurokorps in Straßburg durchgeführten **Clausewitz-Forum** dem Thema „Strategie und praktische Führung in einem multinationalen Hauptquartier: Was kann Clausewitz dabei leisten?" Zu diesen drei zentralen Veranstaltungen finden sich entsprechende Zusammenfassungen im **Kapitel I**.

Die Beiträge in **Kapitel II bis IV** zeigen die Breite des Spektrums an sicherheitspolitischen und strategischen Themen, mit denen sich die Regionalkreise, die Sektion Schweiz, das Clausewitz Netzwerk für strategische Studien (CNSS) und einzelne Experten unserer Gesellschaft befassen. Der breit angelegte einschlägige Diskurs gilt als ein Marken- und Gütezeichen unserer Gesellschaft.

Eröffnet wird der Reigen zu **politisch- und militär-historischen Themen** in **Kapitel II** durch den Artikel von Dr. Joachim Welz, der Hintergründe und Auswirkungen des Schlieffenplans untersucht. Dieser Plan des Generalstabes für die deutsche Kriegsführung an der Westfront in der Eröffnungsphase des 1. Weltkrieges war nach 1918 das meisterörterte Problem der deutschen Militärgeschichtsschreibung. Generalmajor a.D. Christian E.O. Millotat und Manuela R. Krueger analysieren dann eine der Schlüsselschlachten des 1. Weltkrieges und des 20. Jahrhunderts, die Schlacht um Verdun.

Professor Dr. Michael Epkenhans, behandelt anschließend Grundzüge und Wesensmerkmale der Bismarck'schen Politik und Strategie, die er beim 7. Clausewitz-Strategiegespräch in Berlin, anlässlich des 200. Geburtstags Otto von Bismarcks, vorstellte.

Oberst a.D. Ulrich C. Kleyser M.A. untersucht in einem breiteren Ansatz die geschichtliche Entwicklung der Europäischen Staatenordnung seit dem „Westfälischen Frieden" von 1648 und geht dabei vor allem auf die Befreiungskriege gegen Napoleon und die Bedeutung sowie die Folgen des Wiener Kongresses und des Pariser Friedens von 1815 ein.

Brigadegeneral a.D. Hans-Herbert Schulz schlägt danach einen noch weiteren historischen Bogen und betrachtet die Entwicklung der Nationalstaaten in Europa über mehr als 1000 Jahre mit besonderem Fokus auf das geopolitische Problem von Mitte und Peripherie. In seinen Schlussfolgerungen weist er u.a. darauf hin, dass letztlich die Europa innewohnenden Konfliktpotentiale am besten in einem demokratischen, vereinten Europa gebändigt werden könnten.

Oberst a.D. Dr. Michael P. Vollert befasst sich mit der innenpolitischen Rolle des preußischen Militärs zwischen 1820 bis 1918. Ungeachtet der zu heute völlig unterschiedlichen Rahmenbedingungen hat das Thema durch die jüngst erneut entfachte Diskussion zu Möglichkeiten eines künftigen Einsatzes der Bundeswehr im Inneren zusätzliche Aktualität gewonnen.

In **Kapitel III** beginnt die Reihe **aktueller Themen** aus der Arbeit der Clausewitz-Gesellschaft mit einem Beitrag von Dr. Igor Perrig von der Sektion Schweiz unserer Gesellschaft. Er beleuchtet u.a. sicherheitspolitische Aspekte des Simplonpasses, einer bedeutenden europäischen Transitachse.

Generalleutnant a.D. Wolf-Dieter Löser, früherer Direktor des NATO Defence Colleges in Rom, untersucht anschließend Deutschlands Rolle in der NATO und Europa. Einige seiner Gedanken wollen wir auch beim Berliner Colloquium 2016 und bei der 50. Sicherheitspolitischen Informationstagung vertiefend aufgreifen.

Der 2015 mit dem Clausewitz-Preis der Stadt Burg ausgezeichnete Fernost-Experte Dr. Oliver Corff beleuchtet in seinem Artikel Chinas innere Lage und die Außenpolitik dieses zunehmend selbstbewusst auftretenden Akteurs auf der internationalen Bühne. Hierbei richtet Dr. Corff den Blick vor allem auf eine besondere Eigenart der chinesischen Politik, das „Management komplexer Widersprüche".

In einer analytischen Skizze setzt sich Professor Dr. habil. Dietmar Schössler mit dem phasenweise recht komplizierten Verhältnis von Betriebswirtschaftslehre und Militärwissenschaft auseinander und zeigt dabei nicht nur historisch relevante Aspekte, sondern auch Perspektiven für die künftige Entwicklung auf.

Generalmajor a.D. Norbert Stier, der ehemalige militärische Vizepräsident des Bundesnachrichtendienstes (BND), erläutert Aufgaben und Tätigkeit des deutschen Auslandsnachrichtendienstes zur Versorgung von Regierung und Parlament mit zuverlässigen Informationen über die aktuellen Entwicklungen im Ausland. Dabei geht er insbesondere auch auf die parlamentarischen Kontrollmechanismen ein.

Professor Dr. Yskert von Kodolitsch sowie die Fregattenkapitäne Oliver Heinicke und Olliver Pfennig, Mitglieder des Clausewitz-Netzwerkes für Strategische Studien (CNSS), unternehmen in ihrem sicher zu weiteren Diskussionen anregenden Artikel den Versuch, grundlegende Prinzipien und Techniken des „dramatischem Schreiben" auf die Entwicklung eines „Strategie-Instruments" zu übertragen. Dabei stellen sie drei bestimmende Elemente in den Mittelpunkt, die auch Assoziationen zur „wunderlichen Dreifaltigkeit" von Clausewitz wecken: Charaktere, Strukturen und Bedeutung.

Kapitel IV enthält weitere Beiträge aus dem Kreis der Mitglieder unserer Gesellschaft zu Themen der internationalen sicherpolitischen Entwicklung. Dabei stehen die Regionen und Bereiche mit den derzeit größten Herausforderungen im Mittelpunkt: Russland-Ukraine und der Nahe-/Mittlere Osten.

Oberst i. Gst. Matthias Kuster, Mitglied der Sektion Schweiz, untersucht die Ukraine-Krise 2014/2015 aus militärstrategischer und operativer Sicht, insbesondere unter Beachtung der Methode und Erkenntnisse von Clausewitz. Seine umfassende und sachkundige Analyse enthält zudem u.a. sehr lesenswerte Ausführungen zur hybriden Kriegsführung.

Ilya Zarrouck liefert in seiner Abhandlung zum orientalisch-islamisch arabischen Staat als Phänomen der archaischen militärischen Soziokultur tief gehende Einsichten zu wesentlichen Hintergründen für die brisante Lage im Nahen-/Mittleren Osten. Der Terrorismus-Experte Berndt-Georg Thamm betrachtet im Anschluss daran speziell den sogenannten „Islamischen Staat" (IS) und dessen Ziel der Errichtung eines „Weltkalifats". Dabei setzt Thamm den Schwerpunkt auf eine Untersuchung der „Arabellion" als Wegbereiter des vom „IS" proklamierten globalen „Heiligen Krieges" und geht hierzu insgesamt auf Hintergründe, Ursachen und Auswirkungen des vom Nahen-/Mittleren Osten ausgehenden islamistischen Terrorismus ein.

Mehran Zolfagharieh untersucht in seinem zur Diskussion anregenden Artikel die Hintergründe und vermutlichen Absichten Russlands im Syrien-Konflikt und zieht dabei den theoretischen Ansatz des Carl von Clausewitz heran. Generalleutnant a.D. Dr. Klaus Olshausen richtet bei seiner subtilen Zwischenbilanz mit Clausewitz Einsichten zum 5. Jahr des Syrien-Krieges den Blick auf die gesamte Breite des Spektrums wesentlicher Einflussfaktoren und Akteure.

Auch in diesem Jahr haben Wolfgang Fett und Werner Baach wiederum mit feinem Gespür, großem Einsatz und bewundernswerter Akribie unserem Jahrbuch Form und Inhalt verliehen. Dafür gebührt ihnen ein besonders herzlicher Dank.

Mein Dank und der Dank aller Mitglieder der Clausewitz-Gesellschaft e.V. geht zugleich an alle Autoren für ihre wertvollen und interessanten Beiträge, die sie uns kostenlos zur Verfügung gestellt haben, und an den Layout- und Satz-Gestalter, Marcel Baganz.

Das Kommando Strategische Aufklärung (KSA) hat maßgeblichen Anteil daran, dass wir das Jahrbuch 2015 im Frühjahr 2016 und im Rahmen unseres Budgets fertig stellen konnten. Ich danke dem Kommandeur des KSA und den Mitarbeiterinnen und Mitarbeitern seines Kommandos sehr herzlich für ihre engagierte und stets sehr professionelle Unterstützung.

Allen Lesern wünsche ich, dass sie die in unserem elften Jahrbuch vorgenommene Zusammenstellung ansprechend finden und bei der Durchsicht des Kompendiums auf zahlreiche Beiträge stoßen, die ihr Interesse wecken und dadurch ggf. auch den erwünschten sicherheitspolitischen Diskurs fördern. Dialogbereitschaft und konstruktiv kritische Begleitung, z.B. durch Rückäußerungen mit Anregungen oder auch weitergehende Nachfragen, sind stets willkommen.

Viel Freude und Genuss beim Lesen!

Generalleutnant a.D. Dipl.-Inform. Kurt Herrmann, Präsident der Clausewitz-Gesellschaft e.V.

Anmerkungen:
1 United Nations High Commissioner for Refugees, UNHCR
2 Die weltweite Anzahl an Flüchtlingen, die 2014 bei 19,5 Millionen lag, überstieg Mitte 2015 mit 20,2 Millionen Menschen zum ersten Mal seit 1992 die 20-Millionen-Marke. Zudem vergrößerte sich die Zahl der Binnenvertriebenen um zwei Millionen auf geschätzte 34 Millionen Menschen. Es steht zu befürchten, dass 2015 erstmals weltweit mehr als 60 Millionen Menschen auf der Flucht waren (Quelle: Halbjahresbericht II/2015 des UNHCR).

60 Jahre Bundeswehr

**Rede der Bundesministerin der Verteidigung
Dr. Ursula von der Leyen
beim Großen Zapfenstreich anlässlich „60 Jahre Bundeswehr"
am 11. November 2015 vor dem Reichstag in Berlin**

„In dem Bewusstseins seiner Verantwortung vor Gott und den Menschen und beseelt von dem Willen als gleichberechtigtes Glied in einem vereinten Europa dem Frieden der Welt zu dienen.", so einzigartig klar und anspruchsvoll beginnt die Präambel unseres Grundgesetzes.

Und so findet sich in diesem Satz auch alles über Vergangenheit, Gegenwart und Zukunft unserer Bundeswehr.

Wir feiern heute ihren 60. Geburtstag vor dem Deutschen Bundestag, dem Sitz unserer Volksvertretung, dem Herzstück unserer parlamentarischen Demokratie. An keinem anderen Ort wird die Verbindung zwischen unserem Parlament und seiner Armee greifbarer als hier. Wir befinden uns auch nur wenige Meter von der Spree und dem Verlauf der Berliner Mauer entfernt, an die uns bis heute Kreuze der Mauertoten mahnen. 26 Jahre ist es nun her, dass diese Mauer fiel. Und 25 Jahre, dass die Streitkräfte beider deutscher Staaten zu einer Armee der Einheit zusammenfanden.

Ich war am Montag bei einem feierlichen Gelöbnis, das an dieses Ereignis erinnern sollte, in Bad Salzungen. Und ich war bewegt, wie selbstverständlich heute junge Soldatinnen und Soldaten aus Ost und West, Nord und Süd Schulter an Schulter den gemeinsamen Eid schwören.

Es war eine außergewöhnliche Leistung, dass die Bundeswehr und die ehemalige Nationale Volksarmee so schnell zusammen wachsen konnten. Dahinter standen sicher auch Mut und klug abgewogene Entscheidungen. Ausschlaggebend für den Erfolg jedoch war das Vertrauen in die Soldaten – und das Vertrauen in die Bundeswehr als Verfassungsinstitution des nunmehr vereinten Deutschlands.

Ein riesiger Vertrauensvorschuss stand auch am Beginn der Bundeswehr.

Denn wir dürfen nicht vergessen: Das demokratische Deutschland schuf die Bundeswehr in einer Zeit, da die Wiederbewaffnung alles andere als populär war.

Der Widerstand war groß. Verständlicherweise, denn nur wenige Jahre nachdem Deutschland Europa und die Welt in die Katastrophe von Krieg und Shoa gestürzt hatte, Städte vielfach noch in Trümmern lagen, das Land besetzt und geteilt war, Millionen von Flüchtlingen und Vertriebenen vor den Trümmern ihrer Existenz standen, Millionen Toten zu beklagen waren – da war es für die, die überlebt hatten, schwer vorstellbar und verkraftbar, je wieder eine Armee zu haben.

Die Befürworter einer Bundeswehr wussten nach den bitteren Erfahrungen der Nazizeit, dass es nicht allein auf den äußeren Rahmen, sondern vor allem auf die innere Verfasstheit und das Selbstverständnis ankommen würde. Die Streitkräfte unserer neuen freiheitlichen Demokratie sollten das Werteverständis des Grundgesetztes widerspiegeln. Sie mussten aus „Staatsbürgern in Uniform" bestehen, wie es seitdem heißt.

Wir können heute sagen: Die Bundeswehr hat das in sie gesetzte Vertrauen gerechtfertigt.

Aber für die Soldatinnen und Soldaten der Bundeswehr ist das Wissen ebenso wichtig, sich immer auf das Parlament und die Regierung verlassen zu können. Niemand hat das wohl so prägnant und glaubwürdig formuliert wie Helmut Schmidt. Er, der Frontoffizier des Zweiten Weltkrieges, der die bittere Erfahrung machen musste, einem verbrecherischen Regime gedient zu haben, sagte bei seiner bewegenden Ansprache zum Feierlichen Gelöbnis am 20. Juli 2008 zu den jungen Rekruten:

„Ihr könnt Euch darauf verlassen: Dieser Staat wird Euch nicht missbrauchen. Denn die Würde und das Recht des einzelnen Menschen sind das oberste Gebot – nicht nur für die Regierenden, sondern für uns alle." Die Angehörigen der Bundeswehr verneigen sich auch wegen dieser Sätze vor ihrem ehemaligen Chef, dem großen Menschen Helmut Schmidt.

Die Bundeswehr war von Beginn an gedacht als ein Beitrag zur gemeinsamen Verteidigung im Bündnis. Wir bauten von Tag eins an auf das Schutzversprechen unserer Bündnispartner - allen voran der Vereinigten Staaten von Amerika.

Im Ernstfall hätten sie gemeinsam mit unseren niederländischen, französischen, belgischen, dänischen, kanadischen und britischen Freunden Seite an Seite mit der Bundeswehr die Freiheit der Bundesrepublik Deutschlands verteidigt.

Wir konnten uns auf unsere Partner verlassen – und sie schenkten uns Vertrauen. Dessen gilt es sich zu erinnern, wenn wir heute in der Allianz daran arbeiten, auch unseren Freunden im Osten ihre Befürchtungen zu nehmen – oder wenn wir uns gemeinsam auf Bedrohungen aus dem Süden vorbereiten. Die Bundeswehr ist eine verlässliche Größe für die NATO und umgekehrt.

Und nicht nur für diese Allianz. Denn in der Europäischen Union teilen wir nicht nur Freiheit und Wohlstand, wir sind – das spüren wir in diesen Tagen hautnah – auch in unserer Sicherheit miteinander verbunden.

Gestern wie heute gilt: kein Staat Europas wird seine Sicherheit alleine gewährleisten können. Wir brauchen die starke und handlungsfähige Allianz nicht nur mit unseren amerikanischen Verbündeten. Auch wir Europäer werden in einer sich rapide verändernden Welt nur mit einem Maximum an Solidarität und Gemeinsamkeit bestehen. Das bedeutet, dass alle einen fairen Teil der gemeinsamen Verantwortung zu schultern haben. Die Blaue Flagge, mit den gelben Sternen, die hier auf den Türmen des Reichstags neben Schwarz-Rot-Gold weht – sie ist Zeichen dieses Vertrauens, aber auch der gegenseitigen Verpflichtung.

Meine Damen und Herren,
wer sind die Menschen, denen Deutschland, denen unsere Bündnispartner vertrauen?

Aus der Wehrpflichtarmee von einst ist eine Freiwilligenarmee geworden; aus einer ursprünglich reinen Männertruppe eine Streitkraft mit Soldatinnen und Soldaten. Unsere Bundeswehr ist angewiesen auf Frauen und Männer mit ihren vielfältigen Talenten, die die Vielfalt unserer Gesellschaft widerspiegeln. Doch unsere fast 180.000 Soldatinnen und Soldaten könnten heute ihren Dienst nicht leisten ohne die derzeit über 70.000 zivilen Mitarbeiterinnen und Mitarbeiter, die das große Räderwerk am Laufen halten.

Heute ist die Bundeswehr die Armee eines Landes, das sich zu seiner Verantwortung in der Welt bekennt. Heute – wie vor 60 Jahren – geloben unsere Soldatinnen und Soldaten zu Beginn ihres Dienstes, *„das Recht und die Freiheit des* *deutschen Volkes tapfer zu verteidigen"*. Geleitet von unserer Verfassung, deren Präambel all unserem Handeln die Richtung weist.

In der heißt es: *„In dem Bewusstsein seiner Verantwortung vor Gott und den Menschen..."*

Dies bedeutet: unsere Bundeswehr, das sind Soldatinnen und Soldaten der Menschenrechte und Menschenwürde, die hierfür einstehen nach innen wie nach außen. Nach innen ist die „Innere Führung" zum Selbstverständnis der Bundeswehr geworden – das Gebot des jederzeit respektvollen Umgangs miteinander. Gewissensgeleitet, einsichtig und mitmenschlich. Nach außen begegnet uns diese Verantwortung im Umgang mit unserem Nächsten. Es ist der Flüchtling, den unsere Marine im Mittelmeer vor dem Ertrinken rettet. Es ist der Bündnispartner, mit dem wir Schulter an Schulter Gefahr teilen. Aber es ist auch der verwundete Gegner, den wir in unserem Feldlazarett versorgen.

„...beseelt von dem Willen als gleichberechtigtes Glied..." geht der Satz in der Präambel weiter.

War dies vor 60 Jahren noch vor allem Wunsch eines Landes, das am Boden lag und sich langsam wieder Vertrauen erwerben musste, so sind wir heute fest im Kreise der Demokratien verankert. Dies bewährt und beweist sich gerade auch in der Verlässlichkeit bei schwierigen, gemeinsam entschiedenen Einsätzen.

In einigen Tagen werden 20 Nationen nach Berlin kommen, um mit uns das weitere gemeinsame Vorgehen in Afghanistan zu beraten. Hier wird fassbar, was es bedeutet, „gleichberechtigtes Glied" zu sein. Nämlich Anerkennung und Verpflichtung zugleich. Wir Deutschen bauen seit Jahrzehnten auf Schutzversprechen unserer Partner. Sie erwarten umgekehrt, dass wir notfalls mit all unseren Fähigkeiten für sie einstehen und dafür auch Vorsorge tragen. Die Bundeswehr hat das in ihren Einsätzen gelernt.

In der Präambel heißt es weiter: *„...in einem vereinten Europa dem Frieden der Welt zu dienen..."*

Europa ist ein Friedensprojekt, das über sich hinaus Bedeutung hat. Wie großartig und visionär waren unsere Väter und Mütter des Grundgesetzes, aus der Erfahrung des Grauens des zweiten Weltkrieges, uns diesen Friedensauftrag in einem vereinten Europa für die Welt zu geben.

In diese Präambel fügt sich unser heutiges Tun ein. Da ist die Soldatin im Nordirak, die den Peschmerga in die Lage versetzt, sein Volk, die Kurden und die jesidischen Flüchtlinge zu schützen. Da ist der Truppenarzt, der auf der Fregatte Schleswig-Holstein dem Flüchtlingskind Sophia auf die Welt hilft. Da ist die zivile Beamtin, die im Auftrag der Bundeswehr ein Jahr für die NATO in Kabul arbeitet. Da ist der Eurofighterpilot, der den Luftraum im Baltikum schützt. Es ist aber auch der Soldat, der in Afghanistan im Karfreitagsgefecht im Kampf gefallen ist. Mit ihm gedenken wir all derer, die im Einsatz gefallen sind, in Ausübung ihres Dienstes ihr Leben gelassen haben oder Verwundungen an Leib und Seele erleiden mussten. Unsere Gedanken werden auch immer bei ihren Familien sein.

Die Bundeswehr, das waren und sind zu jeder Zeit großartige Menschen. Und zwar nicht nur dann, wenn sie wie bei der Sturmflut in Hamburg 1962, dem Jahrhunderthochwasser 2013 oder jetzt bei der Aufnahme von Flüchtlingen im Inland helfen – so gut und so wertvoll diese Hilfe ist. Soldatinnen und Soldaten sind Vorbilder, weil sie im Extremfall bereit sind, ihre Mitmenschen zu schützen. Mit dem Wichtigsten, was sie haben: auch mit ihrem Leben.

Ihnen gebührt unsere Anerkennung für ihren Einsatz, ihren Mut und ihre Hingabe an ihren ganz und gar nicht gewöhnlichen Beruf. Und der direkte Dank für das, was Soldatinnen und Soldaten der Bundeswehr seit 60 Jahren leisten: unser Land und seine Werte zu schützen. Das ist das Verdienst der Männer und Frauen in Uniform.

Für unser Land ist die Bundeswehr aber noch mehr als die Summe ihrer Soldatinnen und Soldaten und zivilen Beschäftigten: Als Instrument staatlicher Sicherheit ist sie Garant unserer Freiheit! Sie verdient daher nicht nur Dank – sondern die Weitsicht, den Verstand, und die tätige Unterstützung unserer Gesellschaft und unseres Staates, damit sie dies auch in der Zukunft leisten kann! Vor allem aber verdienen alle Angehörigen der Bundeswehr unseren Rückhalt. Mehr noch, sie verdienen unser Herz für ihren Dienst für unser Land!

Meine Damen und Herren, der Bundeswehr einen herzlichen Glückwunsch und ihren Angehörigen Gottes Segen!

60 Jahre Bundeswehr – Erinnerungen und Ausblick eines Zeitzeugen

Interview mit dem Ehrenpräsidenten der Clausewitz-Gesellschaft e.V., General a.D. Wolfgang Altenburg

Frage (F): *Herr General, Sie haben die Endphase des Zweiten Weltkriegs als 15-/16-jähriger Marinehelfer erlebt. Was war für Sie die Motivation, 1956 als Offiziersanwärter in die Bundeswehr einzutreten?*

Antwort (A): Als Jugendlicher war man damals sehr stark motiviert. Als Flakhelfer im Einsatz zu sein, gab einem das Gefühl, das eigene Land zu verteidigen, die Bürger zu schützen. Und als junger Mensch, als 16-jähriger Schüler hoffte man, nicht zu spät zu kommen, um dem Land auch wirklich noch helfen zu können. Unsere Oberstufen-Schulklasse aus Schneidemühl – heute Piła in Polen – wurde geschlossen nach Helgoland geschickt, um Marinehelfer zu werden. Wir hielten es für unsere Pflicht, dies zu tun. Wir waren motiviert, wir wollten die Besten sein, die es in der Flakartillerie auf Helgoland gab. Trotz unseres jugendlichen Alters waren wir wahrscheinlich tatsächlich die Stütze der Flakartillerie, denn der Rest der Batterie bestand weitgehend aus Kriegsversehrten, nicht Wehrdienstfähigen, Frontuntauglichen und russischen Kriegsgefangenen.

An der Bundeswehr hat mich ganz besonders gereizt, dass sie eine Armee war, von der ich glaubte, dass sie ganz klar ausgerichtet war auf die Landesverteidigung, und zwar nur auf die Landesverteidigung, nicht auf irgendwelche Eroberungskriege.

Auf Helgoland und zuvor auch bereits im brennenden Berlin und Hamburg habe ich erlebt, welche Zerstörungen sogenannte „konventionelle Waffen" anrichten können. Ich habe unmittelbar miterlebt, wie die Insel zerstört wurde. Für mich waren das Eindrücke, die man sein Leben lang nicht vergisst. Damals ist mir klar geworden, dass es nie wieder einen Krieg dieser Art geben dürfe.

Aber wieso zur Bundeswehr? An der Bundeswehr hat mich ganz besonders gereizt, dass sie eine Armee war, von der ich glaubte, dass sie ganz klar ausgerichtet war auf die Landesverteidigung, und zwar nur auf die Landesverteidigung, nicht auf irgendwelche Eroberungskriege. Und zum anderen hat mich gereizt, Angehöriger einer Armee zu sein, die in eine Allianz integriert ist.

Integration und Armee einer Allianz, das war die große Faszination für mich. Und ich war ja damals bereits im Beruf und habe auch recht gut verdient und hatte Geld gespart, um mir den „Luxus" erlauben zu können, Soldat in der neuen Bundeswehr zu werden.

Ich musste von dem gesparten Geld drei Jahre lang eine Eigentumswohnung abzahlen und meine Familie ernähren; wir hatten inzwischen immerhin schon zwei Kinder.

F: *Was waren die herausragenden Erlebnisse und Erfahrungen im Verlauf Ihrer 39-jährigen Dienstzeit in der Bundeswehr?*

A: Was mich begeistert hat, war das Wachsen dieser Armee, der Aufbau; in einer Art und Organisationsform, von der man nur sagen kann: Es hat ein bisschen länger gedauert als in einem autoritären System, aber dafür waren wir ja eben eine parlamentarische Demokratie; da dauert alles ein bisschen länger. Aber es hat mich fasziniert, wie das alles funktionierte. Und was mich damals auch begeistert hat, mit welchem Eifer und Wollen die Leute, die zur Bundeswehr kamen, ihre neue Aufgabe sahen und bereit waren, in einer integrierten Armee mit Holländern, Belgiern, vor allen Dingen auch mit Amerikanern und Briten zusammen zu arbeiten.

Und das zweite, was mich im Grunde sehr beeinflusst hat, war die Tatsache, dass die Armee bereit war, mit der nuklearen Rolle, wie sie in unserer NATO-Strategie festgelegt war, fertig zu werden. Insbesondere der Wandel von der MC14/2[1] zur MC14/3[2] und der Konsultationsprozess auf der Basis der „Athener Richtlinien"[3] waren für mich von ganz großer Bedeutung. Dieser grundlegende Wandel hin zu einer Rolle der Nuklearwaffen als Kriegsverhinderungsmittel, als politisches Mittel und nicht primär als Gefechtswaffe, die konventionelle Schwächen ausgleichen soll, das war eine ganz entscheidende Wegmarke. Der Weg dorthin war für mich auch deshalb besonders interessant, weil ich später als „Deputy Chief Nuclear Policy" bei SHAPE in dem einschlägigen Gremium der Allianz aktiv mitarbeiten konnte. Dieser auch politisch sehr bedeutende Prozess hat meine weitere Karriere geprägt.

Wir setzten uns damals sehr intensiv mit der gesamten Palette an Fragen zur Bedeutung und zum möglichen Einsatz nuklearer Waffen auseinander. Da der Einsatz von Waffen letztlich einem Gegner den eigenen Willen aufzwingen soll, mussten wir uns auch mit den elementaren Aspekten von Konflikten und Kriegen im Sinne von Clausewitz auseinandersetzen. Die Nukleare Planungsgruppe (NPG) der NATO erwies sich in dieser Phase als eines der fähigsten Gremien der Allianz überhaupt. Die NPG, die ja zunächst nur aus wenigen Mitgliedern bestand, wuchs immer mehr auf, bis alle NATO-Staaten – außer Frankreich – Mitglieder dieser Gruppe waren. Und, was sich als besonders beeindruckend erwies, in der NPG fand tatsächlich ein intensiver Konsultationsprozess zu allen Fragen, die den nuklearen Sektor berührten, statt. Die Führungsrolle der Amerikaner wurde nicht zur Befehlsausgabe genutzt, sondern man diskutierte tatsächlich über die Möglichkeiten der Nutzung der nuklearen Komponente für die Kriegsverhinderung per se.

F: *Herr General, die Bundeswehr war ja das jüngste Kind der Allianz. Haben Sie damals eigentlich noch so etwas wie Aversionen gegenüber Deutschland und den Deutschen verspürt in der Allianz?*

A: Ich habe das gespürt bei der ersten Tagung der nuklearen Planungsgruppe in London, die ich als Oberst bei SHAPE[4] mitgemacht habe. Ich war zusammen mit der SHAPE NPG-Gruppe unter Leitung von General Goodpaster bei der großen Abendveranstaltung zur Eröffnung dieser NPG in einem historisch sehr wichtigen Gebäude in Greenwich, London. Die Deutschen nahmen damals zum ersten Mal an einer großen Sitzung dieser Art in Großbritannien teil. Der britische Außenminister Lord Carrington hielt die Begrüßungsrede und sagte dabei sinngemäß: „Ich freue mich, dass nun hier in der Runde so viele Nationen vertreten sind, gegen die wir früher oft gekämpft haben." Alle schauten ein bisschen auf die Deutschen. „Die Deutschen nehme ich aus, gegen die haben wir nur zweimal gekämpft. Und nun sind sie hier". Aus seinen – mit typisch britischer Ironie vorgetragenen – Worten wurde deutlich, dass er in historischen Dimensionen dachte und bereit war, die Feindschaft mit Deutschland während des Zweiten Weltkriegs als überwunden zu betrachten und nach vorne zu schauen. Allerdings wurde mir während meiner ersten NATO-Verwendung auch klar, dass man uns Deutschen weiterhin einen starken Hang nach grundsätzlichen Erwägungen unterstellte. Vermutlich wurde deshalb u.a. auch das deutsche Wort „Gesamtkonzept" zu einem geflügelten Wort in NATO-Kreisen, das man uns bisweilen im spöttischen Unterton entgegenhielt.

> *Die Führungsrolle der Amerikaner wurde nicht zur Befehlsausgabe genutzt, sondern man diskutierte tatsächlich über die Möglichkeiten der Nutzung der nuklearen Komponente für die Kriegsverhinderung per se.*

Um es nochmals auf den Punkt zu bringen: Was mir imponiert hat, ist zum einen der Aufbauprozess der Bundeswehr. Das beziehe ich sowohl auf den rein organisatorischen Aufbau als auch auf das Engagement der Menschen in der Bundeswehr. Und das zweite, was mir besonders imponiert hat, war der Entwicklungsweg der Militärstrategie und vor allem der Nuklearstrategie im Bündnis. Ich finde es nach wie vor als herausragendes Ergebnis, dass wir ein Szenario überwinden konnten, bei dem vor allem Deutschland das Gefechtsfeld eines potentiellen Krieges zwischen NATO und Warschauer Pakt gewesen wäre. Und, was ebenfalls für die Rolle und das Selbstverständnis der damaligen Bundesrepublik Deutschland wichtig war, ab 1962 erhielten wir die Möglichkeit zu einer echten Mitwirkung an der Strategie des Bündnisses. Damit konnte auch die praktische Erfahrung gewonnen werden, dass uns Entscheidungen nicht durch die Führungsmacht Amerika aufoktroyiert wurden, sondern, dass wir an der Entscheidungsfindung mitarbeiten und im Sinne unserer Interessen auch Einfluss nehmen konnten.

Andernach 1956

F: *Herr General, der rasche Aufbau der Bundeswehr damals war natürlich auch eine Folge der Bereitstellung von ausreichenden Ressourcen.*

A: Ja, dem stimme ich grundsätzlich zu. Lassen Sie mich ergänzend auf einen entscheidenden Punkt hinweisen: Die Bundesrepublik Deutschland war damals in der Lage, auch im Parlament einen Verteidigungshaushalt in einer beträchtlichen Größenordnung durchzusetzen. Voraussetzung dafür war meines Erachtens, dass in der deutschen Bevölkerung die Bereitschaft vorherrschte, die Aufstellung der Bundeswehr mitzutragen. Dies war schon bemerkenswert, weil die Bundeswehr in den Anfangsjahre durchaus viel kritisiert wurde, nicht zuletzt, weil etliche, vor allem auch in der Bundeswehr selbst, glaubten, in ihr die Rechtsnachfolgerin der Wehrmacht zu sehen.

F: *Aber es war natürlich die äußere Bedrohung sichtbar, nicht zuletzt sehr deutlich an der innerdeutschen Grenze?*

A: Die Bedrohung an der innerdeutschen Grenze war spätestens seit 1961 für jedermann sichtbar. Die Trennung ist ja zunächst fließend entstanden. Was unmittelbar nach dem Krieg von Drüben rüber kam, das waren u.a. Leute, die Schnaps aus dem Harz tauschten gegen Heringe in Bremerhaven. Heute lächeln wir darüber. Damals war Ähnliches der Lebenserhalt von großen Teilen unserer Bevölkerung, sich hier in einer Weise zu ernähren, die heute jugendlichen Menschen gar nicht mehr verständlich ist. Es ging in den ersten Nachkriegsjahren häufig ums nackte Überleben. Es war faszinierend zu sehen, mit welcher Energie die Leute versuchten zu überleben und sich wieder eine Existenz aufzubauen.

Nach der Währungsreform, im Juli 1948, veränderte sich das Bild schlagartig. Plötzlich stand wieder deutsches Kapital zur Verfügung, und das deutsche Wirtschaftswunder nahm seinen Anlauf. Die wirtschaftliche Erholung ließ natürlich auch die Bereitschaft der westdeutschen Bevölkerung wachsen, eine Armee ausreichend zu finanzieren. Diese Bereitschaft, eine Armee mitzutragen, das Ganze zu organisieren, Kasernen zu bauen usw., das war beeindruckend. Es wurde im Grunde genommen ohne großen Protest mitgetragen. Der größte Protest gegen uns überhaupt war später der Krefelder Appell[5]. Und der richtete sich gegen etwas, was eine Initiative zur Rüstungskontrolle war, den Doppelbeschluss vom 12. Dezember 1979; er wurde nur falsch interpretiert.

F: *Wie haben sich denn die Rahmenbedingungen für die Bundeswehrplanung anschließend entwickelt?*

A: Um keinen falschen Eindruck entstehen zu lassen. Auch zu meiner Zeit als Generalinspekteur war die Bundeswehrplanung – insbesondere unter Beachtung des Primats der Politik – keine leichte Aufgabe. Mir ist sehr wohl vor allem der Kampf der Teilstreitkräfte um Prioritäten und Finanzierungsanteile für die Entwicklung, Beschaffung und Einführung Ihrer Großsysteme noch in präsenter Erinnerung, was ja auch die Ordnung der Hauptmittelabflüsse auf der Zeitachse beinhaltete.

Wir mussten auch damals bereits hinreichend Vorsorge treffen, um die Haushaltsmittelabflüsse bei größeren Problemen und Verzögerungen der jeweiligen Rüstungsprojekte sicherzustellen. Die Inspekteure haben da sehr genau auf den Erhalt und die Weiterentwicklung der Fähigkeiten in ihren Bereichen geachtet. Das ist 30 Jahre her. Im Lichte dieser Erfahrungen betrachte ich die heutigen Vorgänge im Ministerium und in der Bundeswehr

Der größte Protest gegen uns überhaupt war später der Krefelder Appell. Und der richtete sich gegen etwas, was eine Initiative zur Rüstungskontrolle war, den Doppelbeschluss vom 12. Dezember 1979; er wurde nur falsch interpretiert.

durchaus nicht immer mit Wohlgefallen, weil ich glaube, dass die Planungs- und Realisierungsprozesse zwar heute sehr weitgehend mit IT-Unterstützung durchgeführt werden, ihre Effizienz aber scheinbar nicht entscheidend verbessert werden konnte.

Besonders kritisch sehe ich jedoch die Tatsache, dass in allzu optimistischer Bewertung der Sicherheitslage nach 1990 und allzu euphorischer Erwartung der „Friedens-Dividende" in etlichen Fällen rechtzeitige Investitionen in die Entwicklung und Beschaffung zukunftsorientierter Systeme verzögert oder verhindert wurden. So wurde die Einsatzfähigkeit der Truppe durch Ausdünnung der Ausstattung und brachiale Einsparungen bei der Erhaltung von Material und Infrastruktur in den Grenzbereich gebracht, u.a. mit der Folge eines heute deutlich erkennbaren Investitionsstaus.

Besonders kritisch sehe ich jedoch die Tatsache, dass in allzu optimistischer Bewertung der Sicherheitslage nach 1990 und allzu euphorischer Erwartung der „Friedens-Dividende" in etlichen Fällen rechtzeitige Investitionen in die Entwicklung und Beschaffung zukunftsorientierter Systeme verzögert oder verhindert wurden.

F: *Welcher Ansatz wäre Ihrer Auffassung nach dafür notwendig?*

A: Ich bin überzeugt, wir brauchen in der Bundeswehr künftig in verstärktem Maße analytisch und nach vorne denkende Offiziere, die nicht nur einen Fähigkeitsbedarf überzeugend aus der Bedrohungsanalyse ableiten können, sondern die auch in der Lage sind, die operationellen Rahmenbedingungen und Erfordernisse verständlich und überzeugend gegenüber der Politik und Öffentlichkeit zu vertreten

Und die Clausewitz-Gesellschaft, ich kann es nur immer wieder sagen, hat ein Riesenpotential an „Brain": Bringt das in geeigneter Weise zum Nutzen!

F: *Herr General, lassen Sie uns noch einmal zurückblicken: Im August 1961, Bau der Berliner Mauer, und dann 1968, Zerschlagung des Prager Frühlings; haben Sie spezielle persönliche Erinnerungen an diese beiden Ereignisse?*

A: Während der Prager Ereignisse 1968 war ich G3[6] einer Panzerbrigade. Die Vorgänge in Prag haben mich und sicher viele meiner Kameraden zutiefst bewegt, stärker als zum Beispiel der 17. Juni 1953. Wir waren beunruhigt und haben uns – auch ohne Auslösung einer Alarmstufe – im Stillen auf eine Ausweitung des Konflikts eingestellt. Die Krise hat insbesondere bewirkt, dass man sich der eigenen Rolle als Soldat und der damit verbundenen Konsequenzen, insbesondere auch der notwendigen persönlichen Vorbereitungen für einen möglichen militärischen Einsatz bewusst wurde.

Beim Bau der Berliner Mauer 1961 war ich Lehrgangsteilnehmer an der Führungsakademie der Bundeswehr. Ich kann mich noch daran erinnern, dass innerhalb der Akademie plötzlich ein Aushang angebracht wurde mit Maßnahmen und Orten, die jeder zu kennen und bei denen er sich nach Auslösung einer bestimmten Alarmstufe zu melden hatte. Bei einer weiteren Eskalation der Lage sollte der Lehrgang beendet werden, und jeder von uns hätte sich in irgendeiner Einheit für einen praktischen Einsatz einfinden müssen. Allerdings hat das – soweit mir bekannt wurde – kein Angstgefühl und auch keine Hysterie hervorgerufen.

Anders verhielt es sich mit der Kuba-Krise[7] 1962. Da waren Irritationen deutlich spürbar; wir sahen uns wirklich am Rande eines möglichen Krieges mit der Gefahr einer nuklearen Eskalation. Zum Glück war die Armee insgesamt relativ stabil, was vielleicht sogar etwas verblüffend erschien. Es gab da keine nach außen erkennbaren Nervositäten. Lassen Sie mich es deutlich ausdrücken: Die Bundeswehr war damals eine sehr effektive, eine sehr professionelle Armee; diese Armee hätte auch gekämpft. Insbesondere die erkennbar starke Art der Motivierung, das alles hat mich doch nachhaltig beeindruckt und mir auch bei meinem weiteren Werdegang das notwendige Vertrauen in die Fähigkeiten der Bundeswehr vermittelt. Ich muss ganz ehrlich bekennen, dass es nicht nur die aufwachsende materielle Ausstattung und die solide Ausbildung am Gerät waren, die mir ein gutes Gefühl und Zuversicht in die Leistungsfähigkeit unserer Bundeswehr verliehen. Es war vor allem auch die Einstellung und Entschlossenheit unserer Soldaten zur Erfüllung ihres Auftrags.

F: *Herr General, Sie waren Artillerist; hat Ihnen dies eine besondere Prägung verliehen?*

A: Ja, ich war Artillerist und stolz auf meine Waffengattung. Ich war u.a. Batteriechef einer Honest-John[8] Batterie. Den entsprechenden Lehrgang habe ich in Eschweiler absolviert. Das war eine solide Ausbildung. Später war auch ein echter Raketenschuss erlaubt. Jedenfalls habe ich meine Aufgaben als Artillerist mit Bewusstsein wahrgenommen.

Lassen Sie mich nochmals auf die deutsche nukleare Teilhabe zurückkommen. Gerade mit Blick auf die bereits erwähnten Konsultationsrichtlinien war es von herausragender Bedeutung, dass Deutschland die Möglichkeit zu einer echten nuklearen Teilhabe erhielt und nicht im Status einer ausführenden Ebene belassen wurde, der die Dinge vorgegeben werden und die sie auszuführen hat. Der damalige Verteidigungsminister Helmut Schmidt hat es bei der NPG-Tagung in Mittenwald und anschließend bei der NPG-Tagung in Kopenhagen durch geschickte Verhandlungen erreicht, dass unser Sitz und unsere Stimme in der NPG an Bedeutung gewann und uns deutlich wahrnehmbar in die Bearbeitungs- und Entscheidungsprozesse einordnete.

Bereits als Referatsleiter Fü S III 1[9] war ich stark in die Vorbereitungen zu den Sitzungen der NPG und auch in die Erarbeitung der militärstrategischen Grundlagen der NATO eingebunden. Dabei konnte ich aus unmittelbarer Nähe erleben und mitverfolgen, wie der Wandel von nuklearen Gefechtsfeldwaffen als Mittel der Kriegsführung hin zu Nuklearwaffen als politischen Mitteln der Kriegsverhinderung erfolgte. Dies und auch die praktische Umsetzung der Athener Beschlüsse für die politische Beteiligung aller potentiell betroffenen Staaten – insbesondere auch Deutschlands – im Rahmen des nuklearen Konsultationsprozesses wurde in starkem Maße durch Schmidt vorgedacht und umgesetzt. Aufgrund seiner grundlegenden Studien und Veröffentlichungen zur Verteidigung im Nuklearzeitalter fand er in der NPG auch Anerkennung und Gehör als Fachmann.

Ich hatte das Glück, dass mich General de Maizière[10] unterstützte, als ich an der Führungsakademie eine Winterarbeit geschrieben hatte, in der ich mich sehr kritisch mit den Auswirkungen eines potentiellen Einsatz von taktischen nuklearen Gefechtsfeldwaffen auseinandergesetzt hatte. Aufgrund meiner praktischen Erfahrungen aus der nuklearen Artillerietruppe hatte ich flächendeckend die Wirkungsradien der genannten Nuklearwaffen dargestellt und bewertet. Das Ergebnis war geradezu erschreckend: In dem gesamten Gefechtsstreifen des betrachteten Korps wäre keine deutsche Ortschaft mehr intakt, kein Mensch mehr am Leben gewesen; auch die eigenen Streitkräfte hätten keine Überlebenschance besessen. Unser damaliger Verteidigungsplan wäre im Grunde ein Plan zur Selbstvernichtung gewesen. Diese Erkenntnis, in der mich General de Maizière dankenswerter Weise bestärkte, beeinflusste mein weiteres Wirken in ganz entscheidender Weise. General de Maizière war es später auch, der mich während der NPG in Kopenhagen als Referatsleiter Fü S III 1 Verteidigungsminister Schmidt vorstellte. Als deutsche Besetzung für den Stellvertretenden Leiter für nukleare Planungsfragen bei SHAPE hatte er mich bereits davor einsetzen lassen. So bekam ich als Oberst die Chance, mich mit politischen Grundsatzfragen der nuklearen Bewaffnung auseinanderzusetzen und an der neuen Nuklearstrategie für das Bündnis mitzuarbeiten. Diese Strategie stellte eine radikale Abkehr von der zuvor bestehenden Abschreckung unter Inkaufnahme der Selbstvernichtung durch ein potentielles nukleares Gefechtsfeld auf deutschem Boden dar. Wir glaubten nicht, dass diese Strategie noch „Abschreckungswirkung" hatte.

F: *Herr General, Was war das entscheidend Neue an der Strategie der flexiblen Erwiderung?*

A: Die neue Strategie wurde maßgeblich von dem Grundgedanken getragen, dass die Schäden, die hervorgerufen werden durch eine nukleare Eskalation, die Großmächte selber in Gefahr bringen und treffen müssen. Und die Entwicklung der neuen Strategie und den Prozess ihrer Umsetzung oder Implementierung, diesen Prozess hat Schmidt als Verteidigungsminister und dann auch als Bundeskanzler maßgeblich gefördert. In diesem Zusammenhang möchte ich nochmals hervorheben: Der sich nach 1962 entwickelnde nukleare Konsultationsprozess vor einem Einsatz beruhte auf Konsultation zwischen der Nuklearmacht und den „Meistbetroffenen". Gerade auch von deutscher Seite wurde großer Nachdruck darauf gelegt, die politische Bedeutung und potentielle Wirkung einer Nuklearwaffe in den Köpfen aller Beteiligten zu verankern. Der NATO-Doppelbeschluss war später ebenfalls eine logische Konsequenz des neuen Abschreckungsansatzes. Es galt, deutlich zu machen und glaubhaft zu erhalten, dass die nukleare Eskalation durchschlagen kann und z.B. keine Entkoppelung zwischen Nordamerika und Europa durch Begrenzung eines Konflikts auf Europa stattfinden darf. Es ging um die Glaubwürdigkeit unserer Strategie der Kriegsverhinderung.

Die neue Strategie wurde maßgeblich von dem Grundgedanken getragen, dass die Schäden, die hervorgerufen werden durch eine nukleare Eskalation, die Großmächte selber in Gefahr bringen und treffen müssen.

F: *Dazu sind ja doch auch entsprechende Fähigkeiten erforderlich?*

A: Entscheidend ist die Einsatzfähigkeit. Diese setzt sich immer zusammen aus dem Vorhandensein der entsprechend notwendigen **Ressourcen** – Personal, Material, Gerät, Waffen, Ersatzteile etc. –, den **Fähigkeiten** des Personals, das Material anwenden bzw. einsetzen zu können und dem **Willen**, es, wenn nötig, auch zu tun. Diese drei Faktoren, als Produkt miteinander verbunden, ergeben zusammen die „Credibility", also die Glaubwürdigkeit.

Die Wirkung und Glaubwürdigkeit hängen allerdings ganz entscheidend von ihrer Signalwirkung und Perzeption durch potentielle Gegner ab. Ob die „Credibility" durch „Capability" konflikt- oder kriegsverhindernd wirkt und somit den erhofften Schutz gewährleistet, das wird durch die Wirkung im Kopf ihres potentiellen Adressaten bestimmt. Nur dann, wenn wir beim Gegner die Erkenntnis erzeugen, dass unsere personellen und materiellen Ressourcen in ausreichendem Maße vorhanden sind, wir zudem die Fähigkeit zum zielgerichteten Einsatz dieser Ressourcen haben und letztlich auch den Willen, den Einsatz zu wagen, dann wird der Gegner sein Risiko richtig kalkulieren. Er wird von einer Aggression oder Eskalation wahrscheinlich dann zurückschrecken, wenn für ihn das Risiko zu groß erscheint oder die Zweck-Mittel-Relation keine vertretbaren Optionen erkennen lässt.

Wenn jedoch Zweifel an der Glaubwürdigkeit eines der genannten Faktoren auftauchen, dann schrecken Sie niemanden ab. Und das ist die große Gefahr, die ich heute sehe. Wir haben eben nicht mehr die ausreichende Stärke, wir haben nicht überall die notwendige Fähigkeit, denn unser Ausbildungszustand ist nicht mehr überall hinreichend so gut wie früher, und unser Willen, unsere Mittel und Fähigkeiten einzusetzen, wird häufig von uns selbst untergraben.

F: *Und alle drei genannten Größen sind Faktoren, die letztlich nicht gegen Null gehen dürfen, wenn die „Credibility" durch „Capability" gewährleistet sein soll?*

A: Ja natürlich. Wenn Sie einen Faktor davon rausnehmen, sagen, Ausrüstung kann ich nicht bedienen oder den Einsatz meiner z.B. militärischen Mittel schließe ich aus, dann verschwindet die Glaubwürdigkeit einer Abschreckungsstrategie. Insofern sehe ich auch bei einigen der heute bestehenden sicherheitspolitischen Herausforderungen durchaus Probleme.

Dieser Ansatz funktioniert allerdings idealtypischer Weise nur bei rational denkenden und handelnden Akteuren. Das hat während des Kalten Krieges von Chruschtschow bis Gorbatschow funktioniert. Sie waren durchaus gewillt, von der Ratio her zu agieren, nämlich das Risiko einzuschätzen, das Risiko zu analysieren und ihre Feststellungen zu machen. Das habe ich im persönlichen Gespräch mit den Spitzen der damaligen sowjetischen Regierung und des Generalstabs gemerkt. Sie waren überzeugt, dass wir die notwendigen Fähigkeiten und auch den Willen hätten, uns zu verteidigen. Die Abschreckungsstrategie war erfolgreich in der Kriegsverhinderung.

Wenn jedoch Zweifel an der Glaubwürdigkeit eines der genannten Faktoren auftauchen, dann schrecken Sie niemanden ab. Und das ist die große Gefahr, die ich heute sehe. Wir haben eben nicht mehr die ausreichende Stärke, wir haben nicht überall die notwendige Fähigkeit, denn unser Ausbildungszustand ist nicht mehr überall hinreichend so gut wie früher, und unser Willen, unsere Mittel und Fähigkeiten einzusetzen, wird häufig von uns selbst untergraben. Blicken wir in diesem Zusammenhang heute nach Moskau. Der Kreml analysiert vermutlich sehr genau die Lage im Bündnis und in den einzelnen Staaten der NATO und der EU, und er wird sich fragen, wie ernst muss ich die nehmen hinsichtlich ihrer Fähigkeit, für mich ein Risiko zu sein?

F: *Wie schätzen Sie überhaupt die Entwicklung Russlands seither und vor allem deren Auswirkung auf das Verhältnis zum Westen insgesamt ein?*

A: Die wirtschaftlichen Probleme auf der sowjetischen Seite waren eigentlich schon früh klar zu erkennen, und das ist nach meiner Erinnerung auch von Gorbatschow in einer Rede erwähnt worden: Man glaubte, nicht in der Lage zu sein, für das COMECON[11] die Sicherung der Rohstoffe für ihren Bedarf zu gewährleisten. Das war übrigens auch einer der Gründe, weshalb Polen und Ungarn frühzeitig versucht haben, sich von der Sowjetunion loszusagen. Die gleichen Zweifel und natürlich auch die Unterdrückung durch den Kreml haben in der Tschechoslowakei ähnliche Absetzbewegungen hervorgerufen. Letztlich beeinflusste das auch Titos Verhalten, sich nicht zu sehr im Warschauer Pakt zu engagieren. Es waren stets Zweifel vorhanden, ob Moskau das garantieren konnte, was diese Satellitenstaaten brauchten. Zuletzt wurde es sehr deutlich, dass Moskau das nicht oder nicht mehr leisten konnte.

Die wirtschaftliche Situation Russlands hat sich nicht grundlegend verändert, obwohl es seit den neunziger Jahren zahlreiche Versuche zur Verbesserung der Situation gegeben hat. Die jüngste Wende der russischen Außenpolitik hat diese Ansätze vorerst leider wieder zunichte gemacht.

F: *Müssen wir uns deshalb erneut stärker mit der Abschreckung auseinandersetzen?*

A: Der gesamte Komplex der Kriegsverhinderung hat mich schon immer fasziniert. Abschreckung war ein wichtiger Teil der westlichen Strategie. Unsere Bundeswehr hatte die entsprechende Fähigkeit, und sie war auch bereit, dies in die Waagschale zu werfen, wenn es darauf ankam. Und im Endeffekt, bei allem Gegenwind, der durch die sogenannte Friedensbewegung erzeugt wurde, stand die Bevölkerung hinter der Bundeswehr und den Streitkräften unserer Bündnispartner. Ich habe mich in zahllosen Diskussionsrunden mit namhaften Protagonisten der Friedensbewegung auseinandergesetzt, mit Leuten, die Abschreckung oder militärische Fähigkeiten ablehnten und alles ganz anders wollten. Ich habe bisweilen nächtelang mit denen gerungen und ihnen meine Sicht der Dinge erläutert. Natürlich war auch viel Wissensvermittlung und Überzeugungsarbeit bei den politischen Parteien erforderlich, und dem habe ich mich nicht entzogen, sondern stets versucht, die Dinge und Zusammenhänge sachlich darzustellen und auf die Qualität der Argumente zu vertrauen.

Letztlich haben mir auch diese Erfahrungen gezeigt, dass ich den richtigen Beruf gewählt hatte, und dazu stehe ich auch heute noch mit ganzem Herzen.

Letztlich haben mir auch diese Erfahrungen gezeigt, dass ich den richtigen Beruf gewählt hatte, und dazu stehe ich auch heute noch mit ganzem Herzen.

F: *Seit 1994 ist in der Bundeswehr eine neue Generation von Offizieren und Unteroffizieren mit Einsatzerfahrung herangewachsen. Wo sehen Sie die wesentlichen Unterschiede zwischen den weltkriegserfahrenen Soldaten der frühen Bundeswehr und den einsatzerfahrenen Soldaten der heutigen Bundeswehr?*

A: Ich bin noch ausgebildet worden von Weltkriegsoffizieren. Ich muss ganz ehrlich sagen, sie und meine Zugführer, die Oberfeldwebel aus dem letzten Krieg, haben mir und meinen Kameraden sehr viel mitgegeben. Meine Generation in der Bundeswehr und auch die Angehörigen des Bundesgrenzschutzes in vergleichbarem Alter bildeten anschließend praktisch ein Bindeglied zwischen der kriegsgedienten Generation und den jüngeren Soldaten.

Hinzu kam, dass ich, wie auch andere meines Alters, nach dem Kriege und vor dem Eintritt in die Bundeswehr einen Zivilberuf erlernt hatte. Und als ich das Studium begann in Frankfurt, da lernte ich Leute von der Bundeswehr kennen, die sagten: „Kommen Sie doch zu uns". Für mich war jedoch entscheidend, dass ich meine Erfahrungen aus dem Zivilleben auch in meine Verwendungen bei der Bundeswehr einbringen konnte. Damit fühlte ich mich in doppelter Hinsicht als Bindeglied zwischen der älteren und der jüngeren Generation von Soldaten. Einerseits als ehemaliger Flakhelfer der Marine, der aufgrund seiner Erfahrungen vielleicht ein besseres Verständnis für die Kriegsgedienten mit Gefechtserfahrung hatte und auch bereit war, diese Erfahrung an die neue Generation zu übertragen. Zum anderen durch meine zivilberufliche Erfahrungen.

Ich habe bereits erwähnt, dass wir – die Anfangsgeneration der Bundeswehr – wirklich außerordentlich motiviert waren. Bei uns spielte eine ganz starke Rolle der gesamte Komplex der Inneren Führung. Dieses Gefüge der Inneren Führung ist in einer bestimmten Weise von außerordentlich hohem Wert gewesen, weil es praktisch eine wichtige Mittlerfunktion oder Katalysator in dem vorhin erwähnten Sinne bilden konnte. Sie wirkte dabei als wertvoller Mittler, aber auch als notwendiger Filter oder Schutz vor unerwünschtem Tradieren.

An der heutigen Generation von Soldaten fällt mir besonders auf, dass sie stark geprägt ist durch handwerkliches Können und Sachlichkeit, insbesondere auch durch das geschulte, analytische Auffassen des Ganzen. Sie ist eher auf rationales, prozessorientiertes Agieren ausgerichtet. Zu meiner Zeit, gerade im Übergang, spielten Gefühle, traditionelle ethisch-moralische Haltung und innere Einstellung eine sehr starke Rolle. Heute hat sich das meiner Ansicht nach verändert. Die früher so einflussreichen Tugenden und emotionalen Aspekte nehmen inzwischen nicht mehr den starken Rang von früher ein. Allerdings erfreut es immer wieder, Anerkennung über Leistungsvermögen und den Leistungswillen unserer Soldaten im Einsatz zu hören.

An der heutigen Generation von Soldaten fällt mir besonders auf, dass sie stark geprägt ist durch handwerkliches Können und Sachlichkeit, insbesondere auch durch das geschulte, analytische Auffassen des Ganzen. Sie ist eher auf rationales, prozessorientiertes Agieren ausgerichtet.

F: *Die Bundeswehr ist dabei doch wahrscheinlich ein Abbild der Gesellschaft insgesamt?*

A: Die Bundeswehr rekrutiert sich aus der Gesellschaft und entwickelt sich auch parallel zur Gesellschaft. Das gilt auch nach Aussetzung der Wehrpflicht. Die wechselseitige Übertragung von Verhaltensmustern und auch die gegenseitige Beeinflussung der verwendeten Terminologie ist eine logische Folge.

Es ist schwer einzuschätzen, ob das Aufrechterhalten der Wehrpflicht bei einem Prozess in gleicher Weise möglich war. Es konnte doch ohnehin nur um das „Aussetzen der Wehrpflicht" gehen. Dies auf die Schnelle zu tun schien mir sehr populistisch motiviert zu sein. Zumindest hätte man vor Beginn der Aussetzung die personellen Voraussetzungen schaffen müssen. Aber das ist nicht geschehen und begründet damit bis heute personelle Problemstellungen.

Heute würde die Entscheidung vermutlich eher wieder gegen eine Aussetzung sein.

Auf einen Punkt möchte ich besonders hinweisen: Die Clausewitz-Gesellschaft kann zum Thema Bundeswehr und Gesellschaft einen wesentlichen Beitrag leisten. Sie hat sich ja das Ziel gesetzt, den Diskurs zu Sicherheitspolitik und Strategie mit breiten Kreisen der Gesellschaft zu fördern.

Schon während meiner Zeit als Präsident der Clausewitz-Gesellschaft habe ich zum Beispiel hochrangige Vertreter von Banken und Industrieunternehmen, aber auch bekannte Politiker zu Vorträgen und Gesprächsforen eingeladen. Diese Öffnung der Clausewitz-Gesellschaft und der damit verbundene Dialog zwischen den verschiedenen Gesellschaftskreisen waren mir ein besonderes Anliegen. Ich wollte damit auch gegen die Behauptung einiger Leute halten, die uns vorhielten, die Clausewitz-Gesellschaft wäre nur noch das Erinnerungsgremium an die letzten Hirschberger[12]. Da sind wir inzwischen eher nach vorne orientiert.

Die weiter betriebene Öffnung ist ein ganz starkes Instrument, mit dem die Gesellschaft à jour gehalten wird in der gesellschaftspolitischen Entwicklung. Wir wollen ja doch in der Lage bleiben, kritikfähig zu sein, wenn die Politik nicht das macht, was wir im Sinne einer Sicherheitspolitik für unser Land für richtig halten.

Und ich sehe ja, wie Sie als jetziger Präsident das Ganze auffassen. Ich sehe auch, wie Ihre Vorgänger das behandelt haben. Die weiter betriebene Öffnung ist ein ganz starkes Instrument, mit dem die Gesellschaft à jour gehalten wird in der gesellschaftspolitischen Entwicklung. Wir wollen ja doch in der Lage bleiben, kritikfähig zu sein, wenn die Politik nicht das macht, was wir im Sinne einer Sicherheitspolitik für unser Land für richtig halten. Wenn man aber heute kritikfähig sein will, dann kann man das im Grunde nur noch in einem vernetzten Ansatz erreichen. Sicherheitspolitik ist eine Sache, die sich zusammensetzt aus Innen-, Außen-, Sozial-, Entwicklungs- und Wirtschaftspolitik.

F: *Auch das Umfeld und die Sicherheitspolitik an sich sind einem ständigen Wandel unterworfen. Wie schätzen Sie diese Entwicklung ein?*

A: Es gibt verschiedenste Faktoren der Sicherheitspolitik. Wenn Sie sich das neue Kriegsbild, ansehen, dann dominieren Themen wie z.B. Terrorismus, Cyber War und Kampf um knappe Ressourcen. Das Militärische findet in der öffentlichen Diskussion keine oder kaum eine Erwähnung. Und dennoch, es existiert, es hat eine notwendige Daseinsberechtigung, und es darf nicht ignoriert werden, denn es bleibt immer ein Faktor. Das stammt von Clausewitz. Denn Clausewitz sagt ja in diesem klassischen Satz, der immer in allen möglichen Varianten diskutiert wird, „… der Krieg …" und damit bin ich jetzt ganz großzügig, ich sage Krieg ist gleich Sicherheitspolitik, „… ist die Fortsetzung der Politik **unter Beimischung militärischer Mittel**". Er nennt es „Beimischung", mit anderen Worten, er sagt nicht, Krieg ist eine rein militärische Sache. Im Gegenteil, er macht in seinen Gedanken immer wieder deutlich, dass Politik und vor allem Sicherheitspolitik eine Zusammensetzung ist aus den verschiedenen Formen gesellschaftlichen Zusammenlebens, gesellschaftlicher Notwendigkeit: von der Wirtschaft über das Sozialwesen bis hin zu vielen anderen politischen Verhältnissen und Abhängigkeiten zwischen den Gruppen und Institutionen im Lande untereinander.

Wir erleben gerade eine erneute Zäsur im internationalen Umfeld: die Auseinandersetzung zwischen Russland und der Ukraine. Die russische Außenpolitik ist dabei, die europäische Sicherheitsordnung nachhaltig zu stören oder gar zu zerstören. Die dabei wirksamen Einflussfaktoren sind höchst vielfältig, und umso schwieriger ist die Frage zu beantworten, wie der Konflikt beigelegt und eine nachhaltig stabile Sicherheitsordnung wieder hergestellt werden kann. Dabei spielen natürlich auch finanzielle und wirtschaftspolitische, vor allem jedoch auch energiepolitische Faktoren eine wesentliche Rolle. Mit anderen Worten: Wie der russische Präsident das durchzieht oder nicht durchsteht oder welche alternativen Handlungsoptionen sich ihm bieten, das ist nicht zuletzt eine Sache seiner wirtschaftlichen, finanziellen und organisatorischen Fähigkeiten. Er nutzt ganz stark, davon müssen wir ausgehen, den gesamten Komplex der nachrichtendienstlichen Möglichkeiten, über die er verfügen kann. Bezeichnend ist auch die trickreiche Art, wie er zum Beispiel „Trojaner" nutzt. Trojaner kann man nicht nur als bösartige Software in die Computer schmuggeln; Trojaner kann man auch in Form von „getarnten" Menschen in ein anderes Land einschleusen. Dieses Spektrum der sogenannten „hybriden Konfliktformen" reizt Putin voll aus. Aber er ist sich auch darüber im Klaren, welche

Wirkung militärisches Potential zu erzeugen vermag. Mit anderen Worten: Die Ordnung eines neuen Kriegsbildes ist eigentlich schon ganz klar erkennbar.

F: *Was folgt daraus für unsere eigenen Sicherheitsvorkehrungen?*

A: Vor dem gerade skizzierten Hintergrund sehe ich keine Stelle, wo ich mir erlauben kann, meine eigenen Verteidigungsfähigkeiten zu vernachlässigen. Wir sind eben nicht mehr, wie es fälschlicherweise gesagt worden ist, von Freunden umzingelt. Wir sind bestenfalls von Kräften umgeben, mit denen wir konkurrieren können oder mit denen wir vorübergehend kooperieren. Aber Freunde in der Art, dass ich von ihnen heute und in der Zukunft absolut keine militärische Aggression oder Bedrohung zu erwarten habe, die habe ich nicht um mich rum. Die hatte ich leider nie um mich rum.

F: *Herr General, wir sprechen seit Jahren von dem sogenannten umfassend vernetzten Sicherheitsansatz, bei dem ja im Prinzip alle Disziplinen, alle Ressorts zusammenspielten, wie Sie es ja auch gerade geschildert haben. Wir haben es in jüngster Zeit bei bestimmten Krisen- und Konfliktsituationen erlebt, dass festgestellt wurde, alle Möglichkeiten des Krisenmanagements müssten voll ausgeschöpft werden. Gleichzeitig wurden aber militärische Optionen von vornherein ausgeschlossen. Ist das dann nicht vergleichbar mit dem, was wir vorhin bereits zu einer glaubwürdigen Verteidigungsfähigkeit als Produkt dreier Faktoren – Ressourcen/Mittel, Fähigkeiten und Wille zum Einsatz - erörtert haben? Kann es ein glaubwürdiges Krisenmanagement oder eine entsprechende Konfliktlösung bei einer derartigen Beschränkung der eigenen Handlungsmöglichkeiten oder Begrenzung der verfügbaren Werkzeuge oder Mittel geben?*

A: Das ist ganz klar ein Fehler. Das ist genauso, wie wenn Sie Ihr Blatt beim Poker oder Skat offenlegen. Nein. Im Gegenteil, ich bin der Meinung, die richtige Äußerung wäre gewesen zu sagen: Wir wollen keine militärische Lösung, und wir hoffen, dass sie uns niemand aufzwingt. Aber wenn ich von vornherein sage, ich schließe sie aus, dann wird mein Opponent sich auch auf diese Vernachlässigung oder selbst gewählte Lücke im Spektrum meiner Möglichkeiten einstellen.

Die Glaubwürdigkeit der eigenen Instrumente wird allerdings auch durch die verfügbare Quantität der Mittel und insbesondere durch ihre Qualität bestimmt. Wir erleben ja dazu zurzeit wilde Diskussionen. Ich kann mich noch gut an kontroverse und kräfteraubende Diskussionen über die Durchschlagskraft unserer Panzerbewaffnung während meiner Zeit als Generalinspekteur erinnern. Auch eingedenk dieser Erfahrungen empfinde ich die derzeitige Diskussion um das Sturmgewehr G36 als reichlich absurd. Sturmgewehre sind normalerweise für den Einzelschuss und kleine Feuerstöße ausgelegt, so auch das G 36. So bin ich ausgebildet worden. Und für das Maschinengewehr, das für Dauerfeuer geeignet ist, da trug schon früher der Schütze immer zwei Ersatzrohre mit sich, und er musste die Rohre auswechseln, wenn sie heiß geschossen waren. Übrigens, ein Präzisionsgewehr, das auch nach Dauerfeuer noch eine hohe Zielgenauigkeit aufweist, würde ein Vielfaches kosten im Vergleich zum G 36.

Die Glaubwürdigkeit der eigenen Instrumente wird allerdings auch durch die verfügbare Quantität der Mittel und insbesondere durch ihre Qualität bestimmt. Wir erleben ja dazu zurzeit wilde Diskussionen.

F: *Wie hat sich in den Jahren Ihrer aktiven Dienstzeit das Verhältnis von Politik und Militär entwickelt? Wie beurteilen Sie heute die Praxis des Dialogs zwischen Politik und Militär in unserem Land mit Blick auf die 60 Jahre des Bestehens der Bundeswehr und vor dem Hintergrund des Primats der Politik? In welchen Phasen bzw. zu welchen Themen fand das militärische Spitzenpersonal der Bundeswehr ein offenes Ohr für Strategieberatung bei den verantwortlichen Politikern? Wann und wobei hätten Sie sich mehr erwartet oder gewünscht?*

A: Ich bin der Meinung, das ist sehr personenabhängig. General de Maizière hat beispielsweise von seinem vorzüglichen Verhältnis zu Verteidigungsminister Schmidt gesprochen. Bundeskanzler Helmut Kohl betonte öffentlich, dass die Stimme der militärischen Seite bei ihm Gehör finde. Und tatsächlich, als Generalinspekteur der Bundeswehr bekam ich meistens noch am gleichen Tag einen Termin bei ihm, wenn die Notwendigkeit bestand, von meinem direkten Vortragsrecht beim Bundeskanzler Gebrauch zu machen. Es entsprach klar den Vorstellungen des Kanzlers. Dass ich Minister Wörner stets über diese Gesprächstermine unterrichtet habe, versteht sich von selbst.

ZusatzF: *Fanden Sie auch Gehör im Bundessicherheitsrat (BSR)?*

A: Eindeutig „Ja". Das verlangte schon die Sicherheitslage. Die Aufmerksamkeit des Bundessicherheitsrats für den Generalinspekteur war und ist meines Erachtens ebenfalls sehr stark personenabhängig. Den Vorsitz im Bundessicherheitsrat hat der Bundeskanzler; er bestimmt die Richtlinie der Politik! Der Kanzleramtsminister ist im Allgemeinen der Protokollführer. Als weitere Minister gehören zum BSR der Außenminister, der Innenminister, der Verteidigungsminister, der Finanzminister, der Wirtschaftsminister, der Justizminister und die Minister, deren Ressorts betroffen sind. Sie sitzen am Tisch im Inneren und haben Stimmrecht; das ist entscheidend. Außerdem gibt es weitere ständige Gäste im Bundessicherheitsrat, allerdings ohne Stimmrecht. Hierzu gehören der Präsident des Bundesnachrichtendienstes (BND), der Generalinspekteur der Bundeswehr und der Generalbundesanwalt oder/und der Chef des Bundeskriminalamtes (BKA). Grundsätzlich immer dabei sind der Präsident des BND und der Generalinspekteur der Bundeswehr.

Die Sitzungen, an denen ich teilgenommen habe, begannen meistens mit einem kurzen militärischen Lagevortrag durch den Generalinspekteur und einen Vortrag zur Sicherheitslage durch den Präsidenten des BND. Bei Bedarf und auf vorherigen schriftlichen Antrag konnten weitere Vertreter des BMVg oder BND hinzugezogen werden. Für die Entscheidungsfindung im BSR wirkte sich positiv die intensive und vertrauensvolle Zusammenarbeit zwischen dem Fü S III[13] und dem entsprechenden Bereich des Auswärtigen Amtes aus.

Bundeskanzler Schmidt hat den BSR meines Wissens ziemlich intensiv genutzt. Sehr oft wurde im BSR die Freigabe beraten von Rüstungsexporten an kritische Länder bzw. an Länder, bei denen Zweifel bestanden, ob einer Exportgenehmigung für ein deutsches Rüstungsunternehmen stattgegeben werden sollte oder nicht.

Ein persönliches Erlebnis möchte ich noch erwähnen: Ich war Stababteilungsleiter FÜ S III. Der neue Verteidigungsminister war Hans Apel, nach der Sache mit Georg Leber[14]. Und Apel sagte: „Sie kommen mit zum Bundessicherheitsrat. Es ist meine erste Sitzung im Bundessicherheitsrat als Verteidigungsminister. Sie sitzen hinter mir und halten die Akten vom Ministerium bereit." Ich sitze also hinter ihm, und die Diskussion beginnt über die Notwendigkeit des Doppelbeschlusses als für uns unverzichtbare Initiative in der Rüstungskontrolle. Gleich zu Beginn sagt Bundeskanzler Schmidt, dass wir hier darauf achten müssten, dass unsere, die bundesdeutsche politische Einstellung, gleich in die ersten Entwurfsunterlagen, die in der Allianz geschrieben werden für den Doppelbeschluss, berücksichtigt werde. Es sei wichtig, diese Marke von Anbeginn für den nachfolgenden Abstimmungsprozess zu setzen. In diesem Zusammenhang neigte er den Kopf zur Seite und sprach mich direkt an mit der Aufforderung, dies bei den Vorbereitungen für die nächsten NATO-Sitzungen zu beachten. Daraufhin erwiderte Minister Apel: „Herr Bundeskanzler, Schluss, aus! Ich bin der Verteidigungsminister. Wenn Sie die Weisung zu geben haben, irgendeine Weisung an den General Altenburg, der hinter mir sitzt, dann geben Sie mir die. Altenburg empfängt künftig seine Weisung nicht von Ihnen aus dem Kanzleramt, sondern von mir.". Daraufhin sagte Kanzler Schmidt: „Hänschen, stell Dich nicht so an. Altenburg arbeitet seit Jahren an diesem Komplex." Und er fügte dann noch hinzu: „Ich weiß genau, was da läuft, und ich sage es auch nur in Deinem Interesse." Minister Apel ließ auch dies nicht unkommentiert und erwiderte: „Herr Bundeskanzler, ich mache Sie darauf aufmerksam, was in meinem Interesse ist, die Zuarbeit im BMVg, entscheide ich als Verteidigungsminister." Ich habe noch nie einen Minister erlebt, der mit Kanzler Schmidt so gesprochen hat wie Minister Apel. Der Disput zwischen den beiden fand dann noch eine stärkere emotionale Fortsetzung. Einen Stift, der dabei über den Tisch rutschte und unter den Stuhl von Minister Apel fiel habe ich aufgehoben und ihn jahrelang als „mahnendes Beispiel" in der Tasche gehabt. Mit dieser Anekdote will ich Ihnen nur einen Eindruck vermitteln, wie intensiv und engagiert damals Themen im Bundessicherheitsrat diskutiert wurden.

General Wolfgang Altenburg, Generalinspekteur der Bundeswehr 1983 – 1986

Bei Bundeskanzler Kohl wurden die Themen vordiskutiert und vorbesprochen in seinem sogenannten „Küchenkabinett". Aber auch diese Vorgespräche wurden ziemlich intensiv und kompetent geführt. Vize-Kanzleramtschef Horst Teltschik spielte dabei immer eine ganz starke und die kompetente Rolle. Bei Bundeskanzler Kohl wurde dann – anders als bei Kanzler Schmidt – nicht mehr eine intensive Diskussion eröffnet. Vielmehr leitete Kohl zumeist mit den Worten ein: „Ich habe das alles vorbereitet, meine Herren, ich trage Ihnen das mal kurz vor und wir können auch ganz kurz darüber sprechen…" Das war eine deutlich andere Art der Entscheidungsfindung.

F: Wurde das Gewicht des Sicherheitsrats durch diese Art der Entscheidungsvorbereitung nicht weitgehend ausgehebelt?

A: Der Bundessicherheitsrat war meines Erachtens am stärksten unter Kanzler Schmidt. Dabei beziehe ich mich auch auf das, was ich von meinen Vorgängern gehört habe, insbesondere von General de Maizière.

Bundeskanzler Kohl berief Sitzungen des BSR nur ein, wenn sie unbedingt notwendig waren. Aber er hatte vorher in seinem kleinen Kreis praktisch schon die Sitzung vorweggenommen. Allerdings, ganz sicher hat sich auch Kanzler Schmidt vor BSR-Sitzungen intensiv beraten.

F: *Herr General, eine Zusatzfrage: In Ihrer Zeit als Generalinspekteur, haben da andere Ressorts ebenfalls versucht, Ihre militärische Expertise zu nutzen, z.B. Auswärtiges Amt, Entwicklungshilfeministerium etc.?*

A: Nur das Auswärtige Amt. Die Zusammenarbeit mit dem Auswärtigen war außerordentlich intensiv. Wir haben gemeinsame Arbeitsgruppen gehabt und auch gemeinsame Delegationen. Und, es wurde vorher eingeteilt, ob der Delegationsleiter nun von uns war oder vom Auswärtigen Amt. Die Vorabstimmung war ein wesentlicher Teil unserer Zusammenarbeit, auch im nuklearen Geschäft. Wir haben auf etlichen Gebieten eng kooperiert, auch im Bereich der Entwicklung. Prominente Beispiele waren natürlich die „Nuclear Consultation Guidelines" und z.B. die „ADM[15] Guidelines", wobei unsere 4 „No's"[16] den Einsatz auf unserem Territorium praktisch ausschlossen.

Gerade auch während meiner Zeit als Stabsabteilungsleiter Fü S III[17] und als Deutscher Militärischer Vertreter beim Militärausschuss der NATO[18] war die Zusammenarbeit mit dem Auswärtigen Amt sehr eng. Wir hatten gemeinsame Arbeitsgruppen, bereiteten gemeinsam Entschlussfassungen vor und nutzen auch gemeinsame Berichterstattung. Für mich war damals ein gutes Arbeitsverhältnis zu den Deutschen NATO-Botschaftern und anderen Mitgliedern des Auswärtigen Amtes mindestens so intensiv wie mit anderen Herren des Verteidigungsministeriums, ja teilweise sogar intensiver.

F: *Gab es nicht auch Phasen, in denen eher eine Art Konkurrenzsituation überwog?*

A: Wir haben manchmal hart diskutiert mit den Herren des Auswärtigen Amtes, insbesondere auch mit dem Beauftragten für Rüstungskontrolle und Abrüstung. Dabei ging es vor allem um Fragen der Aufklärung und Verifikation, oft auch um die notwendige Ausstattung dafür. Heftig gerungen wurde dabei auch um die Frage, ob es tatsächliche notwendig sei, zur Begegnung des neuen Bedrohungspotentials durch den Warschauer Pakt und zur „Abrun-

Pershing II

dung" des NATO-Doppelbeschlusses[19] Mittelstreckensysteme der NATO in Mutlangen oder Heilbronn zu stationieren. Auslöser war ja bekanntlich die Stationierung der sowjetischen Mittelstreckenrakete SS 20 und die in diesem Zusammenhang befürchtete Abkoppelung der Bündnisverteidigung von der strategischen Nuklearkomponente der USA. Ich war mir durchaus auch der innenpolitischen Brisanz und Schwierigkeiten bewusst, die nicht zuletzt durch den Krefelder Appell aufgebaut wurden. Ich bin in diesem Zusammenhang beschimpft und auch mit Steinen beworfen worden.

Aber wenn wir andererseits nicht tatsächlich die ersten Pershing II und Cruise Missiles aufgestellt hätten, dann wäre der ganze Doppelbeschluss, die gesamte Vorbereitung des schwierigen Prozesses hinfällig geworden. Wir mussten ein ernsthaftes, ein überzeugendes Signal an die Sowjets bzw. den Warschauer Pakt senden und ihnen vor Augen führen, dass wir nicht gewillt waren, die von ihnen aufgebaute neue Bedrohung durch die SS 20 hinzunehmen, sondern vielmehr fest entschlossen waren, jegliche potentielle Lücke zwischen „international reaction" oder „national reaction" zu schließen. Um dies klar und überzeugend zu vermitteln, war die Stationierung von Pershing II und Cruise Missiles zwingend erforderlich. Und so kam es.

Wir mussten ein ernsthaftes, ein überzeugendes Signal an die Sowjets bzw. den Warschauer Pakt senden und ihnen vor Augen führen, dass wir nicht gewillt waren, die von ihnen aufgebaute neue Bedrohung durch die SS 20 hinzunehmen, sondern vielmehr fest entschlossen waren, jegliche potentielle Lücke zwischen „international reaction" oder „national reaction" zu schließen.

Die gesamte Entwicklung wurde im Grunde von den Ideen, konzeptionellen Vorstellungen und auch praktischen Bemühungen von Helmut Schmidt getragen mit seiner Philosophie der deutschen Teilnahme an der Erarbeitung der planerischen Grundlagen. Schmidt hatte dabei eine sehr klare Grundhaltung: Er wollte nicht Matrose, Smutje oder Kommandant eines den Amerikanern unterstellten „NATO-Zerstörers mit Nuklearwaffen" sein. Unter nuklearer Teilhabe verstand er vor allem auch die gleichberechtigte Teilnahme an den politischen Konsultations- und Entscheidungsprozessen über Planung und Einsatz von Nuklearwaffen.

F: *Gab es eine Kontinuität in diesem politischen Prozess?*

A: Das sicherheitspolitische Konzept eines Landes darf man nicht auf eine Legislaturperiode beschränken. In der ganzen Entwicklung hat es eine sehr entscheidende Rolle gespielt, dass nach dem konstruktiven Misstrauensvotum gegen Schmidt, 1982, Bundeskanzler Kohl anschließend bereit und willens war, die von Schmidt vorgezeichnete Linie fortzuführen. Auch hierzu möchte ich eine kleine Episode erzählen, damit die Vorgänge deutlicher werden.

Ich bekam als Kommandierender General in Koblenz einen Brief von Verteidigungsminister Apel, in dem er mir schrieb, „… ich habe Ihnen im Auftrag des Bundeskanzlers mitzuteilen, dass beabsichtigt ist, dass Sie ab dem 1. April 1983 der nächste Generalinspekteur der Bundeswehr werden." Diesen Brief bekam ich im September 1982. Ich habe dem Minister sehr nett geantwortet und zum Ausdruck gebracht: „Es würde mich sehr stolz machen und freuen". Kurz danach erfolgte das konstruktive Misstrauensvotum, das Kanzler Schmidt verlor.

Neuer Regierungschef wurde Helmut Kohl. Wenige Wochen danach, es muss Oktober/November gewesen sein, rief mich der neue Verteidigungsminister Manfred Wörner an und sagte: „Ich habe gerade erfahren, dass von der SPD vorgesehen war, dass Sie General Brandt als Generalinspekteur zum 1. April 1983 nachfolgen sollen. Ich weiß, dass Sie der SPD nicht angehören und auch meiner Partei nicht angehören wollen. Deshalb kann ich Ihnen nur sagen, wir möchten aus sachlichen Gründen dabei bleiben, dass Sie der nächste Generalinspekteur werden. Wir möchten, dass es dabei bleibt. Sie haben alle Truppenverbände vom Bataillonskommandeur bis zum Brigadekommandeur durchlaufen, und Sie sind im Nuklearwaffengeschäft, wie wir festgestellt haben, in Amerika und auch Frankreich hoch anerkannt. Bundeskanzler Kohl kennt Sie, aber er kennt Sie nur wenig. Er will Sie näher kennenlernen. Seien Sie bitte heute Abend um 17:00 Uhr auf der Schmittenhöhe[20]. Er wird auf dem Rückflug nach Ludwigshafen dort zwischenlanden. Er wird Sie noch einmal ins Gespräch nehmen und dann werden wir weiter sehen." Der Hubschrauber landete, und Kanzler Kohl stieg aus, Ich meldete mich als Kommandierender General des III. Korps, und der Bundeskanzler Kohl redete anschließend eine Stunde lang intensiv über seine Absichten, während wir dabei immer im Kreis auf den Waldwegen der Schmittenhöhe gingen. Zum Abschluss sagte er zu mir: „So, jetzt kenne ich Sie näher, und Sie werden auch bei mir der Generalinspekteur." Ich hatte die gesamte Zeit über kein Wort gesagt. Als er mich fragte, ob ich noch eine Frage hätte, da erwiderte ich: „Wie Sie sicher wissen, bin ich ziemlich behaftet mit dem Komplex Doppelbeschluss. Wie soll

Ich denke, es ist schon ganz interessant, sich noch einmal vor Augen zu führen, wie eng verbunden damals Politik und Militär an einem Strang gezogen haben. Dieses vertrauensvolle Zusammenwirken hat sich später auch bei wichtigen Gesprächen und Absprachen mit Frankreich und in der Allianz außerordentlich bewährt.

es damit nun weitergehen? Allerdings, wenn wir damit nicht weiter gehen, dann unterbrechen wir die Wirksamkeit der Abschreckungsstrategie; so bedeutsam sehe ich das." Seine Antwort darauf habe ich noch wörtlich in Erinnerung: „Ich werde dislozieren, und ich werde die Wahl gewinnen." Nach dem konstruktiven Misstrauensvotum war ja bekanntlich ein Jahr später die Wahl. Und beides ist eingetreten: Er hat „disloziert", und er hat die Wahl gewonnen. Die positive Auswirkung auf die Rüstungskontrolle ist heute nachweisbar.

Ich denke, es ist schon ganz interessant, sich noch einmal vor Augen zu führen, wie eng verbunden damals Politik und Militär an einem Strang gezogen haben. Dieses vertrauensvolle Zusammenwirken hat sich später auch bei wichtigen Gesprächen und Absprachen mit Frankreich und in der Allianz außerordentlich bewährt.

Ich habe ja bereits auf die doch sehr starke Abhängigkeit der Kommunikation zwischen Politik und Militär von den jeweils beteiligten oder handelnden Personen hingewiesen. Das bedeutet natürlich auch, dass es eines gezielten Aufbaus von militärischem Spitzenpersonal für herausragende Funktionen an der Schnittstelle zur Politik bedarf, um einen Dialog auf Augenhöhe führen zu können.

Andererseits, wenn ich mir heute ansehe, was an politischen Entscheidungen gefällt wird und wie diese Entscheidungen getroffen werden, dann habe ich bisweilen das Gefühl, dass eine stärkere Berücksichtigung militärischer Expertise und Erfahrungen durchaus nützlich sein könnte. Bei allem Verständnis für mögliche sehr unterschiedliche Perspektiven scheint es mir weiterhin sehr wichtig zu sein, eine Lagebeurteilung umfassend und vollständig vorzunehmen. Dabei müssen Risiken und potentielle Bedrohungen vorurteilsfrei und hinreichend betrachtet werden. Hierbei sollte es keine Berührungsängste und keine künstlich errichteten Tabuzonen geben.

F: *Können Sie das konkretisieren?*

A: Lassen Sie mich zur Erläuterung auf das Beispiel einer angemessenen Dimensionierung von Streitkräften eingehen. Meine Antwort lautet: Streitkräfte müssen so stark sein, dass sie eine ausreichende Basis zum Aufbau der eigenen Verteidigungsfähigkeit bieten, und das möglichst schon in einem Zeitraum, in dem der Gegner deutlich erkennbare Vorbereitungen trifft. Oder umgekehrt gesagt, ich muss analysieren, wie viel Zeit ein potentieller Aggressor braucht, um eine Aggression auf mich zu starten, und was muss ich als eigenes Potential entgegensetzen, um eine Abschreckungswirkung zu erzielen bzw. das Risiko für ihn so zu erhöhen, dass es gegenüber seinen Zielen oder Erwartungen nicht mehr vertretbar erscheint.

In diesem Zusammenhang sind ganz wichtige Vorbereitungen zu treffen. Ich will Ihnen ein Beispiel dafür nennen. Es bedarf der Ermittlung eines verfügbaren Zeitraums. Und jetzt rechne ich aus, wie hoch müssen meine Ausgangsstärke und mein zeitlich abhängiger Aufwuchs sein, um zu gewährleisten, das tun zu können, was zur gesicherten Verteidigung getan werden muss. Dass dabei eine nennenswerte Anzahl an bestimmenden Faktoren und Parametern zu berücksichtigen ist, das ist eigentlich selbsterklärend. Um nur einige Beispiele zu nennen: Die Grund- oder Ausgangsstruktur muss nicht nur hinreichend stark, sondern auch für einen raschen Aufwuchs durch die Fähigkeit zur Aufnahme und Integration von zusätzlichen Kräften ausgelegt und vorbereitet sein. Eine geeignete Dislozierung der Kräfte ist ebenfalls bedeutsam und wichtig; dabei sind u.a. aufgrund des „Outsourcing" von Leistungen und der vermehrten Kooperationsprojekte mit der Industrie heute – mehr als je zuvor – auch die Standorte ziviler Firmen mit zu berücksichtigen. Bei all diesen Überlegungen müssen die operationell-taktischen Erwägungen auch angemessen und fachlich objektiv berücksichtigt und mit der Politik kommuniziert werden. Wenn ich beispielsweise höre, dass die Reaktion auf alles, was zur Zeit an neuen Aggressionsfähigkeiten aufwachsen kann, lautet, wir aktivieren doch dann 100 Panzer mehr oder ein zusätzliches Panzerbataillon, dann empfinde ich das als „nicht der Lage entsprechend".

> *Gerade vor dem Hintergrund der erwähnten Beispiele sollten wir uns nicht scheuen, die derzeitigen Entwicklungen kritisch zu begleiten und versuchen, uns mit konstruktiver Kritik auf der Basis unserer professionellen Kenntnisse und Erfahrungen einzubringen.*

Gerade vor dem Hintergrund der erwähnten Beispiele sollten wir uns nicht scheuen, die derzeitigen Entwicklungen kritisch zu begleiten und versuchen, uns mit konstruktiver Kritik auf der Basis unserer professionellen Kenntnisse und Erfahrungen einzubringen.

F: *Spätestens seit letztem Jahr müsste eigentlich jedem klar sein, dass wir uns in einer völlig neuen sicherheitspolitischen Situation befinden?*

A: Sehen Sie, deshalb brauchen wir eine angemessene Basisstärke für die Bundeswehr. Diese Grundstruktur muss ausreichend groß sein, um innerhalb der künftig verfügbaren Vorwarnzeit eine hinreichende Verteidigungsfähigkeit zu erreichen, die ein potentieller Gegner nicht schlagen kann. Das ihm entgegen gesetzte Verteidigungspotential muss in seinem Risikokalkül so hoch bewertet sein, dass er dieses Risiko nicht gewillt ist einzugehen. Ich will ja Krieg bei uns verhindern!

Zugegeben, die Lage ist auch in unserem Land und im Bündnis eine völlig andere als während des Kalten Krieges, wo wir durch Vorneverteidigung und enge Aufreihung von eigenen Kräften und von Kräften unserer Verbündeten unser Land gemeinsam schützen wollten. Als Generalinspekteur konnte ich dazu beitragen, dass wir die Verteidigungslinie so weit wie möglich an der innerdeutschen Grenze halten konnten. Und, durch Zuordnung der Korps-Abschnitte zu verschiedenen Verbündeten konnten wir sicherstellen, dass die Kräfte des Warschauer Paktes bei einem Vorstoß nach Westen immer auf mindestens drei verschiedene NATO-Nationen treffen würden. Diese Konstellation war dem Kreml bekannt und war für ihn ein wichtiger Faktor für seine Lagebeurteilung. Hinzu kam, wie später auch der sowjetische Oberbefehlshaber mir gegenüber bestätigte, dass die Leistungsfähigkeit und Motivation unserer Soldaten – auch unserer Wehrpflichtigen – hoch eingeschätzt wurde. Auch das gehört zur Erfolgsgeschichte unserer „Inneren Führung".

Übrigens, Präsident Putin bricht zurzeit den Vertrag[21], der uns dazu bewogen hat, dem Abzug der Pershing II und der Cruise Missiles zuzustimmen. Diese Tatsache wird leider auch von vielen hochrangigen Persönlichkeiten – auch in unserem Land – anscheinend übersehen.

F: *Mit Blick auf die jüngsten Entwicklungen in Osteuropa kann man sicher feststellen, dass heute Staaten des ehemaligen Warschauer Paktes, die inzwischen NATO-Mitglieder sind, einer potentiell höheren Bedrohung ausgesetzt sind als Deutschland. Wie schätzen Sie die Lage beispielsweise für Polen und die Baltischen Staaten ein?*

A: Im Moment können wir die Lage nicht hinreichend voraussehen. Hier könnte man schnell an die Grenze zur Spekulation gelangen. Aber lassen Sie mich einen Versuch wagen.

Die baltischen Staaten haben einen Sonderstatus. Bei dem „Zwei plus vier Vertrag" rangierten sie weder als ehemalige Sowjetunion noch als Warschauer Pakt. Sie waren damals de facto eigentlich integrierte Teile der Sowjetunion.

Im Grunde muss man sich fragen, ob für die Baltischen Staaten der gleiche Mechanismus gilt, wie beispielsweise für Georgien, Ukraine und Belarus. Die potentielle Verwundbarkeit der baltischen Staaten ist ohne Zweifel relativ hoch einzustufen, allerdings auch ihre Zustimmung zur NATO, zumindest bei dem nicht russisch sprechenden Bevölkerungsteil, der die Mehrheit bildet.

F: *Der russischsprachige Bevölkerungsanteil ist zumindest in Estland und Lettland relativ hoch, und es scheinen weiterhin deutliche Probleme bei deren Integration zu bestehen. Erhöht dies nicht zwangsläufig die Verwundbarkeit durch moderne hybride – oder sogenannte „lineare" Bedrohungsformen wie sie zum Beispiel im Konflikt um die Ukraine erkennbar geworden sind?*

A: Das sehe ich durchaus. Hinzu kommt die beunruhigende Tatsache, dass die erwähnten hybriden Konfliktformen sich leicht einer klassischen militärischen Verteidigung entziehen können. Aggressoren in solchen Szenarien verfügen in gewisser Weise über eine „Eskalationsdominanz". Sie können die Situation durch völlig militärfremde Maßnahmen oder Einwirkungen verschärfen, die betroffenen Staaten nachhaltig destabilisieren und damit vor allem auch „Frozen Conflicts" auf Konfliktstufen unterhalb eines „offenen Krieges" halten. Der durch wirtschaftliche oder finanztechnische Mittel – oder Erpressung – zu erzeugende Druck, die vielfältigen Möglichkeiten heutiger Informationsoperationen, aber auch der Einsatz der gesamten Palette geheimdienstlicher Methoden und Maßnahmen können insgesamt eine ungeheure Wirkung erzielen.

Wir sollten solche Chancen immer wieder ergreifen und uns zu Fragen und Themen, die für Sicherheitspolitik und Strategie relevant sind, auch dezidiert äußern Dabei sollten wir auch vor aktuellen Themen wie Streitkräftegliederung und Streitkräfteausrüstung nicht zurückschrecken.

Mit Blick auf Russland will ich noch ergänzen, dass Russland den ganz großen Fehler gemacht hat, seine Rohstoffe, über die es ja bekanntlich in großen Mengen verfügt, praktisch wie Tafelsilber zu veräußern. Russland hat bisher kein hinreichend wettbewerbsfähiges wirtschaftliches Fundament zum Export verarbeiteter oder veredelter Rohstoffe, ganz zu schweigen von modernen, innovativen Industrieprodukten. Die bisher verfolgte Philosophie ist die schlechteste, die es in der Wirtschaft gibt.

F: *Lassen Sie uns nochmals zurückkommen zur Praxis des Dialogs zwischen Politik und Militär. Wie sehen Sie die Entwicklung der letzten Jahre und welche Perspektive zeichnet sich Ihrer Meinung nach ab?*

A: Ich habe nicht den Eindruck, dass der praktische Dialog besser geworden ist. Derzeit sehe ich ihn eher auf einem niedrigeren Niveau angesiedelt. Auch früher schon hatten Verteidigungsminister einen mehr oder weniger großen vertrauten Kreis von Beratern und engen Freunden, meist aus der Partei. Derzeit erscheint mir jedoch die Anzahl der Kreise insgesamt, in denen Politik und Militärs der Bundeswehr wirklich offen und tiefgehend miteinander diskutieren, relativ gering.

Hier sehe ich übrigens auch eine Rolle für die Clausewitz-Gesellschaft. Wir sind in der Lage, den Dialog auf Ebenen zu aktivieren oder zu initiieren, der dann auch von den Medien wahrgenommen wird. Wir sollten solche Chancen immer wieder ergreifen und uns zu Fragen und Themen, die für Sicherheitspolitik und Strategie relevant sind, auch dezidiert äußern Dabei sollten wir auch vor aktuellen Themen wie Streitkräftegliederung und Streitkräfteausrüstung nicht zurückschrecken. Für mich als Generalinspekteur war eine intensive Mitsprache bei Rüstungsangelegenheiten immer sehr wichtig. Deshalb plädiere ich auch nach wie vor für eine ganz enge Zusammenarbeit zwischen dem Bedarfsträger und dem Bedarfsdecker.

F: *Wir haben ja heute in der neuen Organisationsstruktur des BMVg „Strategie und Einsatz" als militärisch geführte Abteilung und dann die Abteilung Politik. Wie bewerten Sie diese Struktur im Vergleich zu der während Ihrer Zeit im BMVg existierenden?*

A: Heute hat der Generalinspekteur mehr Befugnisse als ich sie damals hatte. Eine detaillierte Bewertung der heutigen Struktur will ich mir nicht anmaßen. In der alten Organisation hatten wir allerdings auch noch den Planungsstab des Ministers. Die neue Abteilung Politik unterscheidet sich m.E. sehr deutlich vom ehemaligen Planungsstab, obwohl es durchaus auch vergleichbare Elemente und Aufgaben gibt.

Für die Strategieberatung möchte ich feststellen, dass die Stabsabteilung Fü S III damals in der ganzen Angelegenheit der Nuklearstrategie praktisch federführend war für die Bearbeitung auch für die Bundesregierung. Damit hatte der Generalinspekteur damals ein außergewöhnlich wichtiges Werkzeug in seiner Hand.

Schauen Sie einmal, die Nuklearstrategie ist eine Sache, die von zwei Säulen getragen wird: von der Politik und der militärischen Strategie. Militärische

Strategie ist ohne Berücksichtigung der nuklearen Komponente nicht denkbar. Aber Politik ist ein Bereich, der ohne die Berücksichtigung der strategischen Interessen nicht denkbar ist und höchst unvollkommen agieren würde. Ein hinreichend gutes wechselseitiges Verständnis beider Bereiche ist weiterhin das Gebot der Stunde. Damit sind wir dann auch wieder bei Clausewitz und den von ihm akribisch analysierten Wechselbeziehungen zwischen Politik und Militär.

F: *Welchen Einfluss haben eigentlich die Methoden und Erkenntnisse des Carl von Clausewitz aus Ihrer Sicht auf die Entwicklung der Bundeswehr ausgeübt? Und, welche speziellen Aspekte des umfassend vernetzten Sicherheitsansatzes sollten schwerpunktmäßig in der Ausbildung von militärischem und auch zivilem Führungspersonal aufgenommen oder intensiviert werden?*

A: Clausewitz ist für mich der Vorreiter der Idee von einem umfassend vernetzten Sicherheitsansatz. Damit ist er auch zum Bespiel weiter aktuell im Hinblick auf das neue Kriegsbild, einschließlich „Cyber-War". Seine Bedeutung als Vordenker ist von bleibendem Wert, weil er eben das Militärische nicht als das Hauptelement sah in der Sicherheitspolitik, sondern als einen Faktor in einem breiteren Spektrum von politischen, gesellschaftlichen, ökonomischen und sonstigen Faktoren. Clausewitz betrachtete das Militärische aber als unverzichtbaren Faktor. Dass der Faktor Militär mit seinen Machtmitteln wichtig ist und bleibt, das haben u.a. Szenarien und Einsätze bewiesen, bei denen die zivilen Faktoren hätten zum Zuge kommen müssen, es aber nicht oder nicht hinreichend getan haben. In der Konsequenz bedeutete das stets, das der Faktor Militär umso wichtiger war, je stärker oder häufiger die anderen Faktoren versagten.

Deshalb denke ich, dass es unbedingt notwendig sein wird, das Clausewitz'sche Erbe in moderne Sprache und heutige Rahmenbedingungen zu übertragen.

Die Methoden und Erkenntnisse Clausewitz haben m.E. durchaus einen erheblichen Einfluss auf die Entwicklung der Bundeswehr ausgeübt. Die Führungsakademie der Bundeswehr und seit einigen Jahren auch das dort ansässige Internationale Clausewitz Zentrum haben dazu wichtige Beiträge geliefert.

Wichtig ist eine Projektion der Clausewitz'schen Erkenntnisse in die Zukunft; hierzu bedarf es einer entsprechenden Transferleistung. Die Streitkräfte müssen dabei als „Komponente des Ganzen" im umfassend vernetzten Sicherheitsansatz betrachtet werden.

F: *Wir haben zurzeit in der Clausewitz-Gesellschaft eine Diskussion laufen, auch im Vorstand und auch mit dem Beirat, zwischen einer eher traditionell orientierten Fraktion und einer jungen, progressiven Fraktion. Wir haben eingangs auch über Brückenfunktionen zwischen Generationen gesprochen. Sehen Sie Chancen für übertragbare Analogien?*

A: Ich habe einerseits Verständnis für eine in unsere Zeit passende geschichts- und traditionsbewusste Bewahrung des Clausewitz'schen Erbes. Andererseits kann ich auch die jüngere, noch im aktiven Berufsleben stehende Generation von Mitgliedern unserer Clausewitz-Gesellschaft verstehen. Deshalb denke ich, dass es unbedingt notwendig sein wird, das Clausewitz'sche Erbe in moderne Sprache und heutige Rahmenbedingungen zu übertragen.

Die Clausewitz-Gesellschaft muss den Nutzen – oder Neudeutsch, den „added value" – ihrer Aktivitäten und den Wert einer Mitgliedschaft in unserer Vereinigung deutlich machen bzw. den jeweiligen Zielgruppen überzeugend vermitteln Hierzu bedarf es ggf. auch einer verstärkten Presse- und Öffentlichkeitsarbeit.

Ich unterstütze auch nachhaltig die Zusammenarbeit der Clausewitz-Gesellschaft mit der Führungsakademie der Bundeswehr, der Bundesakademie für Sicherheitspolitik und auch der Deutschen Atlantischen Gesellschaft.

Wir müssen immer wieder versuchen, die Erkenntnisse und Methoden von Clausewitz in die Jetztzeit und in die künftigen Erfordernisse zu übertragen. Und ich glaube, dazu braucht man auch begabte Mittler oder Bindeglieder zwischen den Interessengruppen und Generationen. Da sehe ich u.a. auch eine wesentliche Aufgabe für unseren Beirat. Er muss Themen auswählen, die uns in die Lage versetzten, auch für aktive Führungspersönlichkeiten einen überzeugenden Mehrwert zu bieten. Wenn heutzutage junge Offiziere, Generalstabsoffiziere oder auch Führungspersonal aus der Wirtschaft keinen Nutzen mehr erkennen in der Mitgliedschaft der Clausewitz-Gesellschaft, dann haben wir etwas falsch gemacht.

Ich gehe sogar so weit zu sagen, es mag durchaus eine Gruppierung von Menschen in unserer Gesellschaft geben, die in der Erinnerung schwelgen oder sich fest an die Historie klammern möchten. Eine nur auf die Vergangenheit bezogene Bewertung und auch Auswertung des Clausewitz'schen Erbes genügt jedoch nicht, um die Zukunft und vor allem die Clausewitz-Gesellschaft als anerkannte Stimme in der „Strategic Community" zu erhalten. Im Gegenteil, wir werden der Vergangenheit und den aus der Vergangenheit zu bewahrenden Werten erst dann gerecht, wenn wir versuchen, sie zeitgemäß zu interpretieren und – besser noch – in die Zukunft zu projizieren. Hierzu darf ich mal Ranke zitieren: Ranke hat ganz deutlich gesagt, der Wert der Geschichte darf nicht gesehen werden als Checkliste, in dem man sich dann was rauspickt, wenn es einem passt. Geschichte soll vielmehr als Ideengeber, als Inspirator für die Zukunft verstanden und genutzt werden. Geschichte bekommt Wert durch die Projizierung in die Zukunft. Und so sehe ich auch die weitere Entwicklung Clausewitz-Gesellschaft.

Die Öffnung für den Generalstabs-/Admiralstabsdienst zum Beispiel der Bundeswehr, den haben ja auch die Angehörigen des letzten Generalstabslehrganges der Wehrmacht, die bereits von mir genannten „Hirschberger", getan, in dem sie sagten, wir wollen das zu einer Bundeswehrsache machen. Und wenn man die ersten Gedanken durchliest, die die hatten, die sahen in der Clausewitz-Gesellschaft durchaus bereits mehr als nur ein Erinnerungsforum oder eine Plattform für Lehrgangstreffen. Und wir werden dem am besten gerecht durch Weiterführung des bereits von mir initiierten Ansatzes. Das deckt sich auch mit der Begründung unserer Satzung, wie wir sie fortschreiben und wie wir sie praktisch auch in ihrer Gültigkeit erhalten.
Da Einsätze der Bundeswehr künftig grundsätzlich im multinationalen Rahmen erfolgen werden, muss das auch bei der Ausbildung für den Generalstabs-/ Admiralstabsdienst angemessen berücksichtigt werden.

Wolfgang Altenburg (re.) und Kurt Herrmann beim Interview in Travemünde

Die Streitkräfte der Zukunft sind weiterhin Instrumente in der Hand von Politik und somit vor allem auch dem umfassend vernetzten Sicherheitsansatz verpflichtet. Lassen Sie mich ergänzend anmerken: Die Clausewitz-Gesellschaft wäre schon lange tot, wenn wir da geblieben wären, wo einige Leute sie anscheinend immer noch sehen. Als ich die Präsidentschaft der Clausewitz-Gesellschaft übernahm, waren der wissenschaftliche Ausschuss und die Gremien fast nur beschäftigt mit Analysen der Clausewitz-Zeit. Das war sicherlich von großem Wert. Aber jetzt und heute stellt sich die Frage, was lehrt uns das? Diese Frage wurde damals weitgehend ignoriert. Und dann wurde immer gesagt, die Geschichte hat eine andere Bedeutung. Hierzu sage ich ein entschiedenes Nein. Berühmte Leute, die wirklich in der Geschichte eine Rolle gespielt haben, die haben auch in der Fortschreibung der Geschichte eine Rolle gespielt. Ranke und andere zum Bespiel, die sehen ganz klar, dass die Bedeutung mit dem Moment wächst, wo ich versuche, Geschichte zu nutzen oder in die Zukunft zu projizieren. Geschichte in dem hier betrachteten Kontext bekommt ihren Wert doch nicht nur dadurch, dass wir die Eloquenz eines Clausewitz in seiner Zeit bewundern. Sicher, die Art, wie er seine Erkenntnisse schriftlich artikulierte, war vorbildlich. Und die Deutung dieser Dinge, das ist hochinteressant. Nur wo liegt der Nutzen? Darauf müssen wir uns konzentrieren, weil Nutzen das ist, was die Menschheit am Leben erhält und nach vorne bringt.

F: *Herr General, nicht zuletzt auch mit Blick auf die Rolle der Bundeswehr als Mittel der Politik im sicherheitspolitischen Umfeld: Wie beurteilen Sie die sicherheitspolitische und militärische Entwicklung in Osteuropa und im Krisenbogen Naher-Osten-Nordafrika?*

A: Wie bereits erwähnt, hat die jüngste russische Außenpolitik die Europäische Sicherheitsordnung – die auf der Grundlage der Vereinbarungen von Helsinki, Paris und Bukarest geschaffen wurde – nachhaltig zerstört. Der arabische Frühling ist vorwiegend gescheitert. Das Vordringen des sogenannten „Islamischen Staates" stellt eine zunehmende Bedrohung für den gesamten „Nah-Mittel-Ost-Raum" dar, mit erheblichen Auswirkungen auch auf die Sicherheit Europas. Der von den USA ab 2003 angeführte Krieg im Irak hat auch nach heutigen U.S. Bekundungen die chaotische Entwicklung in der Region gefördert.

> *Mit Blick auf Russland höre ich immer wieder, dass heute sehr viele Leute in Russland glauben, Putin sei der Retter des Vaterlandes. Die gibt es. Es gibt aber auch in Russland, Gott sei Dank, Intellektuelle, die ganz klar sagen, er könnte der Vernichter des Vaterlandes sein.*

Diese Entwicklungen sind keine vorübergehenden Erscheinungen; sie müssen unbedingt bei der künftigen konzeptionellen und organisatorischen Ausrichtung der Bundeswehr, aber auch bei der Ausrüstung und Fähigkeitsentwicklung umfänglich berücksichtigt werden.

Mit Blick auf Russland höre ich immer wieder, dass heute sehr viele Leute in Russland glauben, Putin sei der Retter des Vaterlandes. Die gibt es. Es gibt aber auch in Russland, Gott sei Dank, Intellektuelle, die ganz klar sagen, er könnte der Vernichter des Vaterlandes sein. Die Verhältnisse in Russland sind inzwischen leider wieder so, dass Kritiker des Systems sich vorwiegend in New York oder anderen westlichen Orten aufhalten müssen, wenn sie weiterhin entsprechende Analysen und Studien schreiben wollen.

F: *Wie sehen Sie vor diesem Hintergrund die Rolle der Bundeswehr in der EU und im Bündnis?*

A: Wir sind ein bisschen Trendsetter in der EU und müssen es sein. Wir sind die bevölkerungsreichste Nation, wir haben das meiste Geld und, auch wenn einige über uns lächeln, unsere kulturelle und wirtschaftliche Potenz und unsere Fähigkeiten werden eher bewundert. Nicht zuletzt auch die, die uns belächeln oder sogar beschimpfen, wissen meistens sehr gut und genau, was wir sind und warum. Aber wir werden nicht umhin kommen zu erkennen, was es bedeutet, die Bundeswehr in einen Status zu bringen, wo sie für einen möglichen Aggressor keinerlei Risiko ist. Denn dann werden die anderen europäischen Staaten in der EU – nicht jedoch die USA – das nicht ausgleichen, sondern sie werden das Gleiche tun wie wir und die „Abwärtsspirale" damit eher noch beschleunigen. Der NATO-Gipfel in Wales hat das erkannt und versucht, ein klares Signal zur Umkehr zu setzen. Bleibt abzuwarten, ob und wie die Beschlüsse tatsächlich in der Praxis umgesetzt werden.

> *Zum anderen halte ich es für dringend geboten, dass wir – nicht mit Übermut oder überheblich, sondern mit klarer Zielvorgabe und nüchterner Kalkulation – unsere politischen Interessen und Ziele selbstbewusst, zukunftsorientiert und verständlich definieren.*

An diplomatisch formulierten politischen Erklärungen hat es in letzter Zeit ja nicht gefehlt. Ich wünsche mir und erwarte auch, dass der Generalinspekteur das ebenfalls immer wieder klar unterstreicht. Der Entstehungsprozess des neuen Weißbuchs zur Sicherheitspolitik und zur Zukunft der Bundeswehr bietet meines Erachtens die wichtigste Möglichkeit, die Notwendigkeiten der künftigen Ausrüstung und der Fähigkeiten zu unterstreichen sowie die dafür erforderlichen Ressourcen – vor allem die benötigten Haushaltsmittel – zu benennen.

Wir alle kennen die Diskussion um die Übernahme erweiterter Verantwortung Deutschlands in und für Europa, allerdings auch die oft vorgetragenen kleinmütigen Bedenken. Wir würden uns der Lächerlichkeit preisgeben, wenn wir einerseits unsere Bereitschaft erklären, weitere Verantwortung zu übernehmen, andererseits jetzt schon ständig davon reden, dass wir die Grenze der Fähigkeiten der Bundeswehr überschreiten, wenn wir noch 30 Leute mehr in eine Mission schicken. Zum einen frage ich mich: Wo ist denn diese Grenze überhaupt? Wer setzt sie überhaupt? Welche Forderung verlangt denn, dass diese Grenze definiert wird? Zum anderen halte ich es für dringend geboten, dass wir – nicht mit Übermut oder überheblich, sondern mit klarer Zielvorgabe und nüchterner

Kalkulation – unsere politischen Interessen und Ziele selbstbewusst, zukunftsorientiert und verständlich definieren. Dass dies in engem Schulterschluss mit unseren europäischen und nordamerikanischen Verbündeten und Partnern erfolgen sollte, das versteht sich von selbst. Also, da ist eine Menge zu tun und ich bin der Meinung, dass es geleistet werden kann und hoffentlich auch wird.

Noch ein Wort zu dem oft gebrauchten Terminus der „vernetzten Sicherheit". Ich glaube mit der Öffnung der Clausewitz-Gesellschaft, auch für Personen außerhalb des Generalstabs-/Admiralstabsdienstes, haben wir einen wichtigen und entscheidenden Schritt in die richtige Richtung getan. Wir haben uns damit auch in unserer Grundanlage deutlich zu dem vernetzten Sicherheitsansatz bekannt. Hinzu kommt, dass nicht nur die Aufnahme von Personen aus unterschiedlichen zivilen und militärischen Bereichen, sondern auch durch die Kooperation mit anderen Organisationen und Gremien die Vernetzung ausgeweitet werden konnte. Damit entstehen bei unseren Veranstaltungen insbesondere auch Foren für den erwünscht breiten Diskurs zu Themen und Fragen der Sicherheitspolitik und Strategie im erweiterten – vielleicht noch nicht immer umfassenden – vernetzten Kontext.

F: *Was erwarten Sie von der weiteren Entwicklung?*

A: Mein Wunsch und meine Erwartung für die weitere Entwicklung – also für die nächsten 60 Jahre – sind vor allem, dass wir die breite Basis intellektueller Expertise und profunder beruflicher Erfahrung, die in der Gesamtmenge aller beteiligten Organisationen und Gremien vorhanden ist, noch zielgerichteter und effizienter für die Förderung und Verbreiterung des nun mehrfach erwähnten „vernetzten Ansatzes" nutzen. Ein Blick auf die Mitgliederliste zeigt doch, welch reichhaltiges Reservoir an sachbezogenem Intellekt für Sicherheits-, Außen-, Gesellschafts-, Wirtschafts-, Entwicklungs-, Rechtspolitik und dergleichen insgesamt vorhanden ist. Meiner Ansicht nach besteht für die Clausewitz-Gesellschaft auch eine Verpflichtung, zusammen mit den ihr befreundeten Organisationen und Einrichtungen die gesellschaftspolitische Entwicklung konstruktiv-kritisch zu begleiten. Dazu gehören auch innovative Vorschläge.

F: *Sollten wir dabei noch stärker in die Öffentlichkeit gehen?*

A: Ja, das halte ich für angezeigt. Die Clausewitz-Gesellschaft sollte meines Erachtens auch mal die Medien etwas mehr nutzen. Medien sind nicht nur das Kreisblatt; Medien sind heute nicht nur die Zeitungen.

Themen unserer Zeit, wie z.B. Cyber-War, hybride Konfliktformen, Auswirkungen des Klimawandels sowie der Verknappung von Rohstoffen, Energieträgern und Wasser, Internationaler Terrorismus oder auch illegale Migration erfordern es fast, den Diskurs zu Sicherheitspolitik und Strategie zu unterstützen und zu fördern, und diese Chancen sollten von der Clausewitz-Gesellschaft ergriffen und stärker genutzt werden.

F: *Die jüngsten Cyber-Attacken haben ja möglicherweise auch gezeigt, dass die strategische Dimension dieser neuen Dimension von Kriegsführung neben Land, Luft, See und Weltraum, nach wie vor von vielen noch völlig unterschätzt wird. Man verkennt möglicherweise die Angriffsfähigkeiten mit schneller, unmittelbarer und globaler Wirksamkeit. Nicht zuletzt mit dem Versuch eines Blicks auf eventuell mögliche Vergleichbarkeiten mit der nuklearen Bedrohung oder dem nuklearen Risiko möchte ich Sie fragen: Sehen Sie eine Chance unsere Frühwarnfähigkeit im Cyber-Bereich zu steigern und wie schätzen sie die Möglichkeiten für Abrüstungsmaßnahmen in diesem Bereich ein?*

A: Zunächst halte ich es für dringend erforderlich, dass wir uns der Notwendigkeit zu umfassender Kooperation – national wie international – als Grundvoraussetzung für eine wirksame Cyber-Verteidigung bewusst werden. Die bereits mit den für Cyber-Verteidigung zuständigen Stellen und Organisationen in der NATO und der EU bestehenden Strukturen und Formen der Zusammenarbeit müssen aufrechterhalten und kontinuierlich weiterentwickelt werden.

Es gilt insbesondere auch eine vertrauensvolle, leistungsfähige und effiziente Kooperation mit einschlägigen IT- Unternehmen zu entwickeln und zu etablieren.

Der Cyber-Bereich ist nach meiner Einschätzung ein geradezu idealtypisches Bespiel für den vernetzten Sicherheitsansatz: Es bedarf eines engen Zusammenwirkens aller entsprechenden Kräfte zur Verteidigung „nach Außen" und „im Inneren". Die notwendige „Abwehr in der Tiefe" verlangt das geordnete Zusammenwirken aller Kräfte, Strukturen und Prozesse, sowohl zivil als auch militärisch. Ich halte es für vor allem für dringend geboten, alle verfügbaren Kräfte für den Cyber-Raum funktional so zu bündeln, dass gemeinsam Erfolg versprechende Versuche zur Herstellung hinreichender Frühwarnfähigkeit unternommen werden können.

Schließlich und nicht zuletzt, die grundlegenden Regelungen des Völker- und Konfliktrechts gelten im Prinzip auch für den Cyber-Bereich.

Der Cyber-Bereich wird inzwischen von vielen als neue, fünfte Dimension – neben Land, Luft, See und Weltraum – der Sicherheitspolitik bezeichnet. Aufgrund des umfassenden, hohen Durchdringungsgrades aller heutigen Lebensbereiche durch Cyber – erachte ich eine vollständige Integration dieser Dimension in alle Verteidigungs- oder Operationspläne für notwendig. Eine hinreichend umfassende und zuverlässige Lagebeurteilung kann heute die Cyber-Bedrohung und auch die eigene Cyber-Lage – insbesondere auch die Lage unserer kritischen Infrastrukturen – nicht unberücksichtigt lassen.

Wir geben heute einen großen Teil unserer sicherheitspolitischen Interessen und Notwendigkeiten in die Hände der NATO oder der EU. Deshalb ist es wichtig, dass wir Leute in die jeweiligen Gremien oder Institutionen schicken, die gut ausgebildet und mit der genauen Kenntnis der eigenen nationalen Position ausgestattet sind. Sie müssen dann natürlich auch nicht nur verstehen, sondern vor allem auch bereit und willens sein, die eigene nationale Position in der Allianz oder der EU einzuordnen und einzubringen. Dazu bedarf es nicht zuletzt einer angemessenen Unterstützung und Einbindung aus Berlin oder Bonn, und man muss ihnen auch Gehör verschaffen.

Wenn wir insgesamt auf die notwendigen Verteidigungsfähigkeiten schauen, dann möchte ich darauf aufmerksam machen, dass große Unternehmen heute teilweise dreistellige Millionensummen pro Jahr für die Härtung und Absicherung ihrer IT-Systeme gegen Cyber-Bedrohung veranschlagen. Im Pentagon ist es heute einer der wichtigsten und umfangreichsten Arbeitsbereiche!

Aus der Sicht eines ehemaligen Militärs weise ich außerdem darauf hin, dass sich Cyber-Abwehr oder Cyber-Verteidigung nicht auf rein passive Maßnahmen beschränken kann und darf. Wenn ich mich recht erinnere, dann hat bereits Clausewitz darauf hingewiesen, dass vor allem eine aktive Verteidigung, auch mit der Fähigkeit zum Gegenschlag, überzeugende Aussichten auf Erfolg verspricht.

F: *Brauchen wir heute die Neuauflage einer Doppelstrategie wie sie beispielsweise im Harmel-Bericht von 1967 definiert wurde, um die Wiederkehr eines kalten Krieges zu verhindern? Welche grundlegenden Vorstellungen und konkreten Ansätze sollten ggf. darin verankert sein?*

A: Ja, ich glaube schon, dass wir so etwas brauchen im Bündnisrahmen. Die Kombination aus glaubwürdigen Fähigkeiten zur Abschreckung und Gesprächsbereitschaft ist nachdrücklich zu unterstützen. Bei den notwendigen Fähigkeiten ist das gesamte Spektrum zu betrachten; Rüstungskontrolle und Aufklärung kommt eine besondere Bedeutung zu.

Der Grundgedanke oder Kernelement bei Harmel war u.a. die Rüstungskontrolle, nicht die Abrüstung. Um es mit anderen Worten zu sagen: Eine ausreichende gegenseitige Abschreckung, bei der die als Folge eines Angriffs zu kalkulierenden Risiken für meinen Staat, meine Volkswirtschaft und für meine Bevölkerung den erwartbaren Nutzen übersteigen, sollte auf dem tiefst möglichen „Rüstungs-Level" erreicht werden.

Selbsterklärend ist, dass entsprechende Kontrollen notwendig sind und dazu ein umfassendes, hinreichend zuverlässiges Lagebild die Grundvoraussetzung ist. Hierzu werden leistungsfähige Aufklärungssensoren und Aufklärungsplattformen benötigt, wie z.B. in den Bereichen der Luftaufklärung, Satellitenaufklärung und elektronischen Aufklärung. In etlichen dieser genannten Bereiche verfügen wir heute in der Bundeswehr durchaus über ansprechende Fähigkeiten, denken Sie beispielsweise an die satellitengestützte Aufklärung mit SAR-Lupe. In der weiträumigen luftgestützten Aufklärung klafft allerdings seit Jahren eine Lücke, die eigentlich mit dem System EUROHAWK geschlossen werden sollte, was aus bekannten Gründen scheiterte. Wer Friedenssicherung und Friedenserhaltung haben will, der muss besonders stark in der Aufklärung sein. Das ist das A und O und dafür braucht es vor allem auch Unterstützung auf hoher politischer Ebene, was wiederum ein hinreichendes Verständnis und auch Gefühl für sicherheitspolitisch-militärische Erfordernisse voraussetzt.

F: *Welche speziellen Ansätze sind Ihrer Auffassung nach notwendig oder sogar vordringlich, um den neuerdings erkennbar gewordenen Formen einer „hybriden Kriegsführung" oder asymmetrischen Kriegsführung – z.B. zur Bekämpfung des internationalen Terrorismus – wirksam zu begegnen? Was können die Erkenntnisse von Clausewitz diesbezüglich leisten?*

A: Wichtig ist eine entschiedene Wahrung unserer Sicherheitsinteressen von Anbeginn an. Hinsichtlich hybrider oder terroristischer Bedrohung ist bereits den Anfängen zu wehren, d.h. es darf keine falsche Toleranz gegenüber extremistischen Kräften geben und extremistischer Infiltration ist entschieden entgegen zu treten.

Wissen Sie, was mir hierbei die größten Sorgen macht, ist, dass diese Bedrohungen auf schleichenden Wegen entstehen, immer größer werden und plötzlich sind sie ein Politikum und nicht mehr beherrschbar. Wir sind jetzt schon da, wo es ein Politikum ist, wenn bestimmte Gruppierungen oder Einzelpersonen aus der extremistischen Szene irgendetwas tun. Denn wir haben schon diese Gruppierungen hier in Deutschland. Gleichzeitig gibt es auch stets die beschwichtigenden Stimmen, die davor warnen, nicht aus einem Floh einen Elefanten zu machen. Häufig unterstellen diese dann auch gleichzeitig unseren Diensten, sie würden alles Mögliche zu Gefährdungen erklären, auch solche, die gar nicht da seien.

Für die hier betrachtete Art von Bedrohung gibt es ein anschauliches Beispiel, nämlich die Mafia in Italien. Die Gefährdung durch den islamistischen Terror schätze ich ungleich höher ein. Deshalb müssen wird dem schleichenden Vormarsch des islamistischen Terrors Einhalt gebieten. Was anfangs gar nicht den Eindruck einer Bedrohung vermittelte, sondern eher als eine religiöse Auseinandersetzung betrachtet wurde, das darf nicht unterschätzt werden. Der sogenannte „Islamische Staat" will die Welt beherrschen. Diese Leute wollen nicht nur Syrien oder den Irak, das ist für sie nur eine Basis zur Weitentwicklung auf dem Weg zur globalen Expansion. Und, sie scheinen gut organisiert zu sein, von der Finanzierung über viele Bereiche bis hin zur Munitionsversorgung. Die fangen jetzt an, weitere Länder zu infiltrieren. Wenn bei uns gleichzeitig jede Aktion gegen diese Leute von den Medien lächerlich gemacht oder mit Argwohn gegen die eigenen Dienste oder Sicherheitskräfte begleitet wird, dann darf man sich nicht wundern, wenn man dann eines Tages mit einer Bedrohung konfrontiert ist, der wir nicht mehr wirksam mit unseren derzeit vorhandenen Kräften begegnen können.

Die Clausewitz-Gesellschaft muss die aktuellen und absehbaren Themen zu Sicherheitspolitik und Strategie frühzeitig aufgreifen, die in der Gesellschaft vorhandene Expertise zur Umsetzung und Verbreitung von Clausewitz'schen Erkenntnisse extensiv nutzen und nicht zuletzt eine moderne, zeitgemäße Sprache wählen.

Ich denke, viele der Terroristen kennen ihren Clausewitz; wir sollten ihn ebenfalls genau studieren, insbesondere auch das, was er zum „Kleinen Krieg" zusammengetragen hat.

F: *Welche Chancen und Möglichkeiten sehen Sie für die Clausewitz-Gesellschaft, den Diskurs zu Sicherheitspolitik und Strategie in unserem Land auch künftig wirksam zu fördern und möglichst noch auszuweiten?*

A: Die Clausewitz-Gesellschaft muss die aktuellen und absehbaren Themen zu Sicherheitspolitik und Strategie frühzeitig aufgreifen, die in der Gesellschaft vorhandene Expertise zur Umsetzung und Verbreitung von Clausewitz'schen Erkenntnisse extensiv nutzen und nicht zuletzt eine moderne, zeitgemäße Sprache wählen. Sie muss vor allem auch jüngere Menschen mit Potential für herausgehobene Stabs- und Führungsfunktionen ansprechen und ihnen einen echten Mehrwert vermitteln.

Die Clausewitz-Gesellschaft kann natürlich nicht in die Rolle eines „Streitkräfte-Checkers" oder „Streitkräfte-Kritikers" schlüpfen. Aber ich glaube schon, dass wir in vielen Dingen sehr hilfreich sein können; allein schon durch das Heranziehen von Experten aus dem Kreis unserer Mitglieder.

Wenn es der Gesellschaft gelingt, die Erkenntnisse ihres Namensgebers für die Gestaltung aktueller und vor allem in die Zukunft gerichteter Themen umzusetzen, dann ist mir um Ihre Entwicklung nicht bange.

Herr General, wir bedanken uns sehr herzlich für das Gespräch.

Das Interview führten Generalleutnant a.D. Kurt Herrmann und Oberst a.D. Wolfgang Fett am 20. Mai 2015.

Anmerkungen:
1   Strategische Richtlinien der NATO für die „massive Vergeltung"
2   Strategische Richtlinien der NATO für die „flexible Erwiderung"
3   Die Athener Richtlinien stammen aus dem Jahr 1962. Sie beinhalten – soweit Zeit und Umstände es erlaubten – eine Konsultationsmöglichkeit vor einem NATO-Nuklearwaffeneinsatz. Die USA waren zu dieser Zeit zu einer neuen Strategie, der »flexiblen Antwort«, übergegangen und drängten auf eine entsprechende Anpassung der NATO-Strategie. (Quelle: Wikipedia)
4   Supreme Headquarters Allied Powers Europe
5   Der Krefelder Appell war ein Aufruf der westdeutschen Friedensbewegung an die damalige Bundesregierung, die Zustimmung zur Stationierung neuer atomarer Mittelstreckenraketen in Europa (NATO-Doppelbeschluss) zurückzuziehen und innerhalb der NATO auf eine Beendigung des atomaren Wettrüstens zu drängen. Er wurde am 16. November 1980 öffentlich vorgestellt und bis 1983 von über vier Millionen Bundesbürgern unterzeichnet. (Quelle: Wikipedia)
6   Generalstabsoffizier, der u.a. für die Einsatzplanung zuständig ist
7   Die Kubakrise im Oktober 1962 war eine Konfrontation zwischen den Vereinig-

ten Staaten von Amerika und der Sowjetunion, die sich aus der Stationierung sowjetischer Mittelstreckenraketen auf Kuba und der daraufhin erfolgten Drohung der amerikanischen Regierung unter Präsident John F. Kennedy entwickelte, sie werde nötigenfalls Atomwaffen einsetzen. Mit der Stationierung auf Kuba hatte die Sowjetunion auf die Stationierung amerikanischer Mittelstreckenraketen vom Typ Jupiter in der Türkei reagiert. Die eigentliche Krise dauerte 15 Tage. Ihr folgte eine Neuordnung der internationalen Beziehungen. Mit der Kubakrise erreichte der Kalte Krieg eine neue Qualität. Beide Supermächte kamen während dieser Krise einer direkten militärischen Konfrontation am nächsten. Erstmals wurden die ungeheuren Gefahren eines möglichen Atomkrieges einer breiten Öffentlichkeit bewusst. (Quelle: Wikipedia)

8   Die 762-mm-Feldrakete MGR-1 Honest John war eine ungelenkte militärische Kurzstreckenrakete (Short Range Ballistic Missile, kurz SRBM) aus US-amerikanischer Produktion. (Quelle: Wikipedia)
9   Referat für „Grundlagen der Militärpolitik" im Führungsstab der Streitkräfte
10 Zu dieser Zeit Kommandeur der Führungsakademie der Bundeswehr in Hamburg
11 Der Rat für gegenseitige Wirtschaftshilfe war eine internationale Organisation der sozialistischen Staaten unter Führung der Sowjetunion. Der RGW wurde – wie das 1955 gegründete Militärbündnis Warschauer Pakt – im Jahr 1991 infolge der politischen Umwälzungen des Jahres 1989 aufgelöst. (Quelle: Wikipedia)
12 Mit Aufrüstung der Wehrmacht eröffnete die Wehrmacht 1935 die Kriegsakademie. Die Ausbildung reichte bis zur Ebene der Armeekorps. Im Mittelpunkt stand dabei der Erwerb militär-fachlicher Kenntnisse. Im Herbst 1939, mit Beginn des Zweiten Weltkrieges, wurde die Ausbildung eingestellt und durch Generalstabslehrgänge ersetzt. Im März 1943 erfolgte die Wiedereröffnung der Akademie, an die fast 200 Offiziere einberufen wurden. Sie wurde nach Hirschberg im Riesengebirge verlegt und befand sich am Kriegsende in Bad Kissingen. (Quelle: Wikipedia)
13 Zuständig für Militärpolitik und Führung
14 Georg Leber trat gegen den Willen von Bundeskanzler Helmut Schmidt am 1. Februar 1978 zurück und übernahm damit die politische Verantwortung für den Lauschmitteleinsatz des Militärischen Abschirmdiensts, der ohne Lebers Wissen dessen Sekretärin Hildegard Holz ab Juni 1974 in ihrer Wohnung abgehört hatte, da sie der Spionage für das Ministerium für Staatssicherheit verdächtigt wurde. Dies stellte sich nachher jedoch als falsch heraus. (Quelle: Wikipedia)
15 Atomic Demolition Munition (ADM) sind taktische Atomwaffen. Oft wird auch von Atomminen, Kernminen oder nuklearen Landminen gesprochen, da die Waffen nicht mit Trägersystemen an den Einsatzort gebracht, sondern an einem

bestimmten Punkt installiert und fern-/zeitgezündet werden sollten. (Quelle: Wikipedia)

16   Die deutschen 4 „No's" zu einem ADM Einsatz: „No
     - site preparation/prechambering
     - fall out
     - ADM-belt
     - danger for vital installations"
17   1976 – 1978 (zunächst Stellvertreter und dann Leiter der Stabsabteilung „Militärpolitik und Führung"
18   1979 - 1980
19   Der Doppelbeschluss der NATO vom 12. Dezember 1979 bestand aus zwei Teilen: Die NATO kündigte die Aufstellung neuer mit Atomsprengköpfen bestückter Raketen und Marschflugkörper – den Pershing II und BGM-109 Tomahawk – in Westeuropa an. Diese begründete sie als „Modernisierung" und Ausgleich einer „Lücke" in der atomaren Abschreckung, die die sowjetische Aufrüstung bewirkt habe. Sie verlangte bilaterale Verhandlungen der Supermächte über die Begrenzung ihrer atomaren Mittelstreckenraketen (Intermediate Nuclear Forces - INF - mit einer Reichweite zwischen 1000 und 5500 km) in Europa. Dabei blieben die französischen und ein Teil der britischen Atomraketen ausgeklammert.

Beide Teile, „Nachrüstung" und Rüstungskontrolle, sollten einander ergänzen und „parallel" vollzogen werden.

Nach dem Scheitern der Genfer Verhandlungen im November 1982 lehnten Bevölkerungsmehrheiten mehrerer NATO-Staaten die geplante Aufstellung ab. Eine Mehrheit des Deutschen Bundestages stimmte ihr am 22. November 1983 jedoch zu. Ab Dezember 1983 wurden die neuen Atomraketen aufgestellt.

Seit 1985 unter Michail Gorbatschow bot die Sowjetunion weitreichende atomare Abrüstung an. 1987 vereinbarten die USA und die Sowjetunion im INF-Vertrag Rückzug, Vernichtung und Produktionsverbot all ihrer atomar bestückbaren Flugkörper mit Reichweiten von 500 bis 5500 km und ihrer Trägersysteme. Bis Mai 1991 erfüllten sie diesen Vertrag. (Quelle: Wikipedia)

20   Standortübungsplatz bei Koblenz
21   Als INF-Verträge (Intermediate Range Nuclear Forces, zu Deutsch: nukleare Mittelstreckensysteme) oder als Washingtoner Vertrag über nukleare Mittelstreckensysteme bezeichnet man die bilateralen Verträge über die Vernichtung aller Flugkörper mit mittlerer und kürzerer Reichweite (500 bis 5500 Kilometer) und deren Produktionsverbot zwischen der Sowjetunion und den USA vom 8. Dezember 1987, der am 1. Juni 1988 in Kraft trat. Neue Waffen dieser Kategorie wurden verboten. Weil die Vernichtung von zwei Raketentypen vereinbart wurde, wird auch von einer „doppelten Nulllösung" gesprochen. (Quelle: Wikipedia)

Gedenken an Helmut Schmidt

Veranstaltung zum Gedenken an
Bundeskanzler Dr. h .c. mult. Helmut Schmidt
10. Dezember 2015, Helmut-Schmidt-Universität/Universität der Bundeswehr Hamburg

Michael Staack

Sehr geehrter Herr Präsident Seidel,
sehr geehrter Herr Staatssekretär Brauksiepe,
lieber Herr Bischof Jaschke,
meine sehr geehrten Damen und Herren,
vor allem: sehr geehrte Damen und Herren, liebe studierende Offiziere!

Die Universität der Bundeswehr Hamburg trauert um ihren Gründungsvater, Namensgeber und Ehrendoktor der Wirtschafts- und Sozialwissenschaftlichen Fakultät, um Helmut Schmidt.

Am Ende dachten wir fast, er wäre unsterblich. Aber Helmut und Loki Schmidt wussten es besser. Helmut und Loki Schmidt (und wer über Helmut Schmidt spricht, muss immer auch über Loki reden, die eine große Frau für sich gewesen ist) teilten in Bezug auf das, was wir alle nicht fest wissen, aber alle einmal erfahren werden, eine klare Auffassung: „Wenn ich erst einmal auf der Schwelle stehe", so Loki Schmidt, „habe ich auch keine Angst mehr. Ich bin wirklich der Meinung, dass man sich, weil man aus vielen Atomen und Molekülen besteht, in die Bestandteile auflöst, und Mutter Natur setzt das alles neu und anders wieder zusammen. Man verschwindet körperlich nicht. Man lebt in einer völlig anderen Weise oder bleibt der Erde auf eine völlig andere Weise erhalten (als Pflanze, als Unkraut auf der Wiese, als Tier oder wieder als Mensch, so ergänzte Helmut Schmidt). „Und das", so urteilte Loki Schmidt, „und das, finde ich, ist ein tröstlicher Gedanke."[1] Beide waren sich sehr bewusst: Wir sind nur Gast auf Erden.

Hanseat im besten Sinne, Staatsmann, Sozialdemokrat, europäischer Deutscher, Senator, Bundesminister, Bundeskanzler, Soldat, Ökonom, Kunstliebhaber, umfassend gebildeter Intellektueller, Publizist, all das ist Helmut Schmidt gewesen. Sein Jahrhundertleben hat sich am 10. November friedlich vollendet. Er hat unendlich viel geleistet für die Res publica, für Deutschland, für Europa und für den Frieden. Er wird nicht zu ersetzen sein. Bischof Jaschke hat zu uns gesprochen als Freund und Weggefährte. Ich spreche als einer von Millionen Deutschen, die Helmut Schmidt aus der Ferne erlebt haben; etwas näher aber als junger Mitarbeiter im Bundestag während der Endphase der sozial-liberalen Koalition. Während meines gesamten bewussten Lebens war Helmut Schmidt einfach immer da, mit seinen klaren Worten, mit seinem klaren Denken und seinem konsequenten Handeln. Er ist mir so über die Zeit zu einem Leitbild geworden; einem Leitbild, einladend zur Zustimmung und auch zum Widerspruch. Das wird, auf andere Weise, so bleiben. Und dafür bin ich Ihnen, lieber Helmut Schmidt, auch persönlich dankbar.

I. Soldat

Klaus von Dohnanyi hat zutreffend festgestellt, dass Helmut Schmidt immer etwas Soldatisches an sich hatte. Es ist offensichtlich, dass die acht Jahre als Soldat vor und dann während des Zweiten Weltkrieges die prägendste Zeit in seinem Leben gewesen sind. Er hat bis zum Übermaß erfahren, was Krieg bedeutet, und er hat daraus eine klare Schlussfolgerung gezogen, die auch hier und an dieser Stelle klar auszusprechen ist: „Krieg", so Helmut Schmidt, „Krieg ist Scheiße."[2] In diesem Krieg hat er nach eigener Aussage aber auch gelernt, schnell und gleichwohl überlegt entscheiden zu müssen und sich auf Kameradschaft verlassen zu können.[3] Das Soldatische in Helmut Schmidt lässt sich mit Begriffen wie Verantwortungsbereitschaft, Besonnenheit, Pflichtbewusstsein, Disziplin, Ausdauer, Zuverlässigkeit und gedanklicher Konzentration erfassen.

Das Soldatische in Helmut Schmidt lässt sich mit Begriffen wie Verantwortungsbereitschaft, Besonnenheit, Pflichtbewusstsein, Disziplin, Ausdauer, Zuverlässigkeit und gedanklicher Konzentration erfassen.

Das sind meines Erachtens ganz gewiss keine Sekundärtugenden, sondern unverzichtbare Kennzeichen einer verantwortungsbewussten Persönlichkeit. Für Helmut Schmidt stand nach der eigenen Kriegserfahrung fest, dass Krieg künftig mit allen dazu geeigneten Mitteln der Friedens- und Sicherheitspolitik verhindert werden müsse. Das ist, neben dem energischen Verteidigen von Demokratie, Rechts- und Sozialstaat, immer die oberste Maxime seines politischen Handelns geblieben.

Die Bürde, als Soldat in den – so Helmut Schmidt – „verbrecherischen Versuch verstrickt gewesen (zu sein), eine Gewaltherrschaft über den ganzen europäischen Kontinent zu errichten",[4] hat ihn bis zum Schluss belastet: „Während ich einerseits den Nationalsozialismus ablehnte und ein schlimmes Ende des Krieges erwartete, zweifelte ich andererseits nicht an meiner Pflicht, als Soldat für Deutschland einzustehen, wobei übrigens für mich – anders als für viele andere Soldaten – der Fahneneid eine eher nebensächliche Rolle spielte."[5] Immer wieder hat sich Helmut Schmidt auch öffentlich gefragt, ob er in dieser Zeit anders hätte handeln können, sollen oder müssen. Ohne eigene, persönliche Schuld missbraucht und verführt worden zu sein, das ist – so hat es Gunter Hofmann in seiner Biographie „Helmut Schmidt. Soldat, Kanzler, Ikone" auf den Punkt gebracht – seine „Lebenswunde"[6] geblieben. Nach meiner festen Überzeugung kann von einem 20- oder 22-Jährigen, der in einem totalitären oder autoritären System aufgewachsen und erzogen worden ist, nicht verlangt werden, zu einem Widerstandskämpfer zu werden; erst recht kann dies nicht verlangt werden von einer nachfolgenden, in demokratischen Verhältnissen aufgewachsenen Generation. Sehr wohl kann aber verlangt werden, dass man sich – um es mit Helmut Schmidt und sehr hanseatisch zu sagen – einigermaßen „anständig" verhält.

Helmut Schmidt bei seiner Abschiedsrede als Bundeskanzler

Als erster Bundeskanzler hat Helmut Schmidt am 23. November 1977 Auschwitz und Birkenau besucht. Den Besuch an dieser Stätte, wo eine Million Menschen im deutschen Namen ermordet worden sind, empfand er rückblickend – zusammen mit dem Tod von Loki und dem Tod von Hans Martin Schleyer – als die stärkste Belastung seines Lebens. „Dieser Ort gebietet Schweigen", leitete Schmidt seine Rede ein: „Aber ich bin sicher, der deutsche Bundeskanzler darf hier nicht schweigen. Wir sind nach Auschwitz gekommen, um daran zu erinnern, dass es ohne Erkenntnis der Vergangenheit keinen Weg in die Zukunft gibt. … In Auschwitz kann niemand der Einsicht ausweichen, dass Politik … der moralischen Grundlage und der sittlichen Ordnung bedarf. … Kein junger Deutscher braucht sich unfrei zu fühlen, wenn er einem polnischen Altersgenossen begegnet. Aber er muss wissen, was Deutsche in deutschem Namen damals begangen haben. … Wir können nichts ungeschehen machen. Wir können nur eins: Folgerungen für die Zukunft ziehen."[7]

II. Reformer der Bundeswehr

Die 1955 gegründete Bundeswehr fest im demokratischen Staat zu verankern, das war für Helmut Schmidt Konsequenz aus seiner „Lebenswunde", als junger Soldat von einem Verbrecherregime missbraucht worden zu sein. Demokratie, Militär und Arbeiterschaft wollte er, im Gegensatz zu Weimar, miteinander versöhnen. Deshalb hat er sich seit ihrer Gründung für diese Bundeswehr interessiert und engagiert – als junger Abgeordneter, der als einer der ersten eine Wehrübung absolvierte, als Bundesminister der Verteidigung, als Bundeskanzler und als Staatsmann ohne Amt. Sein Credo formulierte er am 20. Juli 2008 in seiner Ansprache an die jungen Soldatinnen und Soldaten, als das feierliche Gelöbnis erstmals vor dem Sitz des Deutschen Bundestages in Berlin stattfand: „Ihr habt das große Glück – ganz anders als ich als Rekrut des Jahres 1937! –, Ihr habt das Glück, einer heute friedfertigen Nation und ihrem heute rechtlich geordneten Staat zu dienen. Ihr müsst wissen: Euer Dienst kann auch Risiken und Gefahren umfassen. Aber Ihr könnt Euch darauf verlassen: Dieser Staat wird Euch nicht missbrauchen. Denn die Würde und das Recht des einzelnen Menschen sind das oberste Gebot – nicht nur für die Regierenden, sondern für uns alle."[8]

Dieses Erbe darf nie wieder preisgegeben werden!

In der Debatte über die Wehrverfassung 1955/56 stellte für Helmut Schmidt der „Primat der Politik über die Streitkräfte" und die „Garantie der Grundrechte des einzelnen Mannes (damals war das noch korrekt) innerhalb der Streitkräfte verfassungspolitisch, aber auch verteidigungspolitisch" eine „kardinale Notwendigkeit" dar.[9] Die verfassungsrechtliche Ausgestaltung der Bundeswehr als Parlamentsarmee unter Einschluss der Schaffung des Amtes eines starken und unabhängigen Wehrbeauftragten hat er wesentlich mitgeprägt. Unter den Soldaten, an die er sich gern und dankbar erinnerte, nannte Helmut Schmidt an erster Stelle Generalleutnant Wolf Graf von Baudissin, den Begründer der „Inneren Führung" und des Konzepts „Staatsbürger in Uniform"; später dann erster Direktor des Instituts für Friedensforschung und Sicherheitspolitik an der Universität Hamburg.[10]

Besuch auf dem Truppenübungsplatz in Munster mit Frankreichs Verteidigungsminister Michel Debré.

Helmut Schmidts Amtszeit als Verteidigungsminister war mit knapp drei Jahren, von 1969 bis 1972, relativ kurz, für die weitere Entwicklung der Bundeswehr aber nachhaltig prägend. Um seine Vorstellungen durchzusetzen, musste er zunächst den Widerstand einer – so Schmidt später – „Clique von reaktionären Offizieren"[11] vorwiegend im Generalsrang überwinden, die die Bundeswehr als bruchlose Fortsetzung der Wehrmacht missverstanden und sich offen gegen „Innere Führung" und zivile Leitung der Streitkräfte wandten. Sie waren schnell im vorzeitigen Ruhestand. Die Gründung der beiden Universitäten – damals noch Hochschulen – der Bundeswehr war für den neuen Minister sein wichtigstes Ziel. Helmut Schmidt wollte den Offiziersberuf in Deutschland zu einem akademischen Beruf machen und zugleich das Leitbild des mitdenkenden, fest im demokratischen Staat verankerten Offiziers irreversibel. Seine eigene Erfahrung im Zweiten Weltkrieg hatte Helmut Schmidt gelehrt – das hat er bei der Feier seines 90. Geburtstages hier an dieser Universität noch einmal sehr deutlich gesagt –, wozu es führen könne, wenn Offiziere eine schlechtere Bildung erfahren würden als Volksschullehrer. Die akademische Ausbildung des Offiziersnachwuchses sollte nicht nur dessen Qualifikation erhöhen, sondern durch Bildung auch immun machen gegen damals noch feststellbare rechtsextreme Versuchungen und außerdem die Attraktivität des Arbeitgebers Bundeswehr erhöhen. Alle diese Zielsetzungen wurden erfüllt. Die Gründung der Universitäten war Teil des bis dahin größten Reformprogramms der Streitkräfte, das auch weniger Rüstung, kürzere Wehrpflichtzeiten und eine neue Wehrstruktur umfasste; ebenso die vorbehaltlose Anerkennung des militärischen Widerstands gegen Hitler als zentrale Traditionslinie. In seiner kurzen Amtszeit wurden zwei Weißbücher zur Sicherheit der Bundesrepublik Deutschland vorgelegt.

Helmut Schmidt war ein bedeutender Reformer in einer Zeit, in der „Reform" nicht nur bedeutete, etwas anders, sondern anders und besser machen zu wollen. Er hatte, auch das, sein damals 670.000 Männer und Frauen mit und ohne Uniform umfassendes Haus stets im Griff.

Helmut Schmidt hat die zentrale Aufgabe der Bundeswehr immer in der Landes- und Bündnisverteidigung gesehen. Allen militärischen Interventionen fern der Heimat ist er deshalb bis zum Schluss skeptisch bis ablehnend begegnet. Den Irak-Krieg 2003 hat er nicht nur als völkerrechtswidrigen Angriffskrieg abgelehnt, sondern schon vor Kriegsbeginn die Prognose gestellt, daraus würde ein „Arbeitsbeschaffungsprogramm für Terroristen"; „eine neue Welle von transnationalem islamistischen Terrorismus".[12] Ähnlich fiel seine Bewertung der Libyen-Intervention im Jahre 2011 aus. Das nicht nur von der Bush-Administration verfolgte Projekt, die gesamte Region des Nahen und Mittleren Ostens durch militärisches Eingreifen „demokratisch" machen zu wollen, sah er als das Tun von Menschen mit Visionen. Seine nüchternen verantwortungsethischen Einschätzungen haben sich, möglicherweise über seine eigenen Befürchtungen hinaus, als zutreffend erwiesen. Dass daraus aber gelernt worden ist, lässt sich noch nicht wirklich erkennen.

III. Stratege der Sicherheit

Ja, Olaf Scholz hat Recht: Helmut Schmidt war ein Gigant. Ein Gigant, der – national und international – zusammengearbeitet hat und befreundet war mit anderen Großen seiner Zeit. So hat sich Helmut Schmidt seit 2007 gemeinsam mit Richard von Weizsäcker, Egon Bahr und Hans-Dietrich Genscher für die vollständige, kontrollierte Abrüstung aller Atomwaffen eingesetzt.[13] Das gleiche Ziel verfolgten vier Staatsmänner der USA um Henry Kissinger – lange bevor ein amerikanischer Präsident sich dieses Ziel zu Eigen machte. Schon in den 1950er Jahren hatte sich Helmut Schmidt scharf gegen die Bewaffnung der Bundeswehr mit Atomwaffen ausgesprochen. In seinem 1961 veröffentlichten, gleich ins Englische übersetzten Werk „Verteidigung oder Vergeltung"[14] verdeutlichte er, dass die damalige NATO-Strategie zur Vernichtung von zehn bis fünfzehn Millionen Deutschen in beiden Teilen des Vaterlands führen könnte und deshalb nicht hinnehmbar sei. In seinem neun Jahre später erschienenen Buch „Strategie des Gleichgewichts"[15] argumentierte Schmidt, dass nur eine stabile Parität die Sicherheit zwischen den Blöcken gewährleisten könne, nicht aber ein Wettrüsten durch eine sogenannte Politik der Stärke. Wechselseitige Abschreckung müsse ergänzt werden durch Dialog und Zusammenarbeit; erst dann sei Frieden erreichbar. Als Verteidigungsminister sorgte Helmut Schmidt gemeinsam mit seinem US-amerikanischen Amtskollegen Melvin Laird dafür, dass die von den USA ohne Konsultation der Bundesrepublik Deutschland beschlossene vollständige Verminung der innerdeutschen Grenze mit Nuklearmunition nicht ausgeführt wurde. Die transatlantischen Beziehungen stellten für ihn stets eine unverzichtbare Grundlage deutscher Politik dar. Allerdings war er auch der Auffassung, dass für diese deutsche Politik keine Erlaubnis aus Washington erforderlich sei. In seine Amtszeit fällt auch das Inkrafttreten des Vertrags über die Nichtweiterverbreitung von Atomwaffen 1975. Nach dem Ende seiner Amtszeit hat Helmut Schmidt öffentlich bekannt, dass er dem Einsatz der in der Bundesrepublik Deutschland stationierten Nuklearwaffen niemals zugestimmt hätte, weil das Ergebnis die Selbstvernichtung Deutschlands gewesen wäre.

Sicherheit durch Gleichgewicht, durch kontrollierte Abrüstung und Rüstungskontrolle, durch Vertrauensbildung und Zusammenarbeit: das war seine Strategie.

Sicherheit durch Gleichgewicht, durch kontrollierte Abrüstung und Rüstungskontrolle, durch Vertrauensbildung und Zusammenarbeit: das war seine Strategie. Dieser Strategie folgte auch Helmut Schmidts „Erfindung", der NATO-Doppelbeschluss von 1979. Erinnern wir uns: Ende der 1970er Jahre hatte die Sowjetunion bei den nur Westeuropa erreichenden Atomraketen mittlerer Reichweite einseitig aufgerüstet, ohne dass die NATO dem etwas entgegen zu setzen hatte. Helmut Schmidt befürchtete, dass Westeuropa dadurch in einer schweren Krisensituation erpressbar sein würde, weil die USA nicht bereit sein könnten, auf eine Drohung mit sowjetischen Mittelstreckenwaffen durch eine Drohung mit ihren Langstreckenwaffen, also mit der Gefährdung ihres eigenen Territoriums, zu antworten. Deshalb setzte er sich für einen Beschluss über eine „Nachrüstung" mit westlichen Raketen mittlerer Reichweite ein. Dieser Beschluss sollte aber – das war etwas völlig Neues – einhergehen mit einem Verhandlungsangebot an die Sowjetunion mit dem Ziel, diese Waffenkategorie gleichgewichtig und vertraglich auf einem möglichst niedrigen Niveau zu begrenzen.

Für dieses Konzept gewann er die widerstrebende US-amerikanische Administration, die sich zunächst solche sicherheitspolitischen Vorschläge aus Deutschland verbeten hatte; ebenso die europäischen Nuklearmächte Frankreich und Großbritannien. Unmittelbar nachdem der Beschluss gefasst worden war, entwickelte sich die weltpolitische Lage, beginnend mit dem sowjetischen Einmarsch in Afghanistan, gegen Schmidts Konzept. Zwar gelang es ihm noch, das Moskauer Politbüro im Sommer 1980 im Alleingang und mit einer spektakulären Vermittlungsmission zur Rückkehr an den Verhandlungstisch zu veranlassen und damit das – so Schmidt – „Ende der Sprachlosigkeit"[16] – zwischen den Weltmächten zu erreichen. Ein zwischen den Unterhändlern beider Seiten im Sommer 1982 sondierter Kompromiss scheiterte aber an der Ablehnung der Administration in den USA, ohne dass die Verbündeten zuvor informiert oder konsultiert worden waren. 1983, ein Jahr nach Schmidts Abwahl als Bundeskanzler, erfolgte dann die Stationierung der neuen Raketen. Während Schmidt zum Doppelbeschluss stand, lehnte seine SPD die Nachrüstung nun mit überwältigender Mehrheit ab. Erst nach weiteren vier Jahren, 1987, konnte unter völlig veränderten weltpolitischen Rahmenbedingungen die Vernichtung der Mittelstreckenraketen und damit erstmals die vollständige Abrüstung einer ganzen Waffenkategorie vereinbart werden. Die innovative Philosophie des Doppelbeschlusses – nämlich die für ein festes Datum beschlossene Stationierung neuer Waffen zu verknüpfen mit einem ernstgemeinten Verhandlungsangebot, um eben diese Stationierung überflüssig zu machen – gehört seitdem zum Instrumentarium einer klugen Sicherheitsdiplomatie – die allerdings genützt werden müsste.

IV. Gegen den Terror und für das Recht

Helmut Schmidt regierte in Zeiten schwerer Krisen. In die Entwicklungsgeschichte der Bundesrepublik Deutschland eingeordnet bestand seine größte innenpolitische Leistung in der erfolgreichen Bekämpfung des Terrors der sogenannten Rote Armee Fraktion und in der gleichzeitigen Verteidigung der rechtsstaatlichen Demokratie. Schmidts Strategie gegen den Terrorismus bestand aus vier Elementen: Erstens der vollen Ausschöpfung der legitimen Gewalt des Staates und seiner Sicherheitsorgane mit aller gebotenen Konsequenz und Härte. Zweitens der strikten Achtung von Recht und Rechtsstaatlichkeit als Begrenzung der staatlichen Gewalt, denn – so Schmidt – „der Rechtsstaat und nur der freiheitliche Rechtsstaat ist und bleibt das Bollwerk der offenen, demokratischen Gesellschaft".[17] Drittens der unter Beweis gestellten Reformfähigkeit der Demokratie, der – Zitat – „Ausbau unseres liberalen, sozialen und demokratischen Rechtsstaates im Geiste der Solidarität und der Toleranz".[18] Und viertens der „geistig-politischen Auseinandersetzung"[19] mit der totalitären Ideologie der Terroristen unter Einschluss der Erkenntnis möglicher eigener Fehler. Damals, daran muss erinnert werden, war die westdeutsche Demokratie noch nicht so gefestigt, wie sie das heute ist. Der lange Schatten der Nazi-Zeit wirkte nach. Viele Deutsche waren schnell dafür, im Kampf gegen den Terrorismus den Boden des Rechtsstaates zu verlassen. Auf der anderen Seite des politischen Spektrums war Anfang der 1970er Jahre, so eine Umfrage, jeder achte Deutsche bereit, Verbrecher der sog. RAF bei sich zu Hause zu verstecken. Auch im westeuropäischen Ausland gab es anfangs, gespeist aus der deutschen Geschichte, durchaus Sympathien für die vermeintlichen Motive der Terroristen.

Feier zum 90. Geburtstag: Helmut Schmidt und Richard von Weizsäcker (re).

Diese Sympathie für die Terroristen ging drastisch zurück, weil deren Anschläge gegen Repräsentanten von Staat und Gesellschaft zu immer mehr Abscheu führten. Sie ging vor allem zurück, weil sich der Staat an Recht und Gesetz hielt, die Freiheit nicht der Sicherheit opferte und glaubwürdig blieb. Weil – so Helmut Schmidt – „jeder Bürger die reale Chance (bekam), sich in diesem Staat frei zu entwickeln, sich darin wohl zu fühlen, sich mit ihm zu identifizieren".[20] Sie ging zurück, weil sich der Bundeskanzler demonstrativ mit den Schriftstellern Böll, Grass und Lenz traf, statt solche und andere kritischen Geister – wie das manche aus der Opposition taten – als „Sympathisanten des Terrorismus" zu diffamieren. Im „deutschen Herbst" 1977 – der Entführung von Hanns Martin

Schleyer, der Entführung der Lufthansa-Maschine „Landshut", der Befreiung der Passagiere in Mogadischu, der Ermordung Schleyers und dem Selbstmord inhaftierter Terroristen – erreichte der Terrorismus der sog. Rote Armee Fraktion seinen Gipfelpunkt. Helmut Schmidt hatte entschieden, dass der Staat nicht erpressbar sein dürfe. Die Mitschuld am Tod Schleyers hat ihn immer schwer belastet. Aber auch Loki und Helmut Schmidt hatten für sich niedergelegt, dass sie im Falle einer Entführung nicht ausgetauscht werden wollten. Der Terror der RAF war mit dem Jahr 1977 nicht zu Ende; er setzte sich noch 15 Jahre fort. Aber die rechtsstaatliche Demokratie hatte, dank Helmut Schmidt und seiner Bundesregierung, ihre schwerste Bewährungsprobe bestanden. Die Sympathie für den Terror tendierte nun gegen Null, und die Reformfähigkeit des Staates blieb gewahrt. Im historischen Vergleich ist es bemerkenswert, dass der Einsatz von verfassungswidrigen Instrumenten wie etwa der Folter innerhalb der Regierung nicht ein einziges Mal auch nur erwogen wurde.

Die Anti-Terror-Strategie des Bundeskanzlers Schmidt war damals richtig, sie ist es – unter ganz anderen Rahmenbedingungen – heute und sie wird es auch in Zukunft sein: voller Einsatz der staatlichen Gewalt, in strikter Bindung an das Recht, Beseitigung von Sympathien für den Terrorismus durch Reformbereitschaft und durch Glaubwürdigkeit der liberalen Demokratie!

V. Staatsmann

Lassen Sie mich schließen mit zwei Zitaten, in denen das politische Vermächtnis des Staatsmanns Schmidt besonders gut zum Ausdruck kommt.

Die erste Wegweisung stammt aus seiner Abschiedsrede als Abgeordneter des Deutschen Bundestages am 10. September 1986 und umreißt die Grundlagen verantwortungsbewussten politischen Handelns: „Das, was wir erreichen wollen, das, was wir tun wollen, das muss moralisch begründet sein. Der Weg, auf dem wir das Ziel zu erreichen versuchen, muss realistisch sein, er darf nicht illusionär sein. Aber was immer wir auch anstreben, vergessen dürfen wir nicht, dass der, der ein fernes Ziel erreichen will, sehr viele kleine Schritte tun muss. Es sollte keiner glauben, dass solch Ethos die politischen Ziele ihres Glanzes beraube oder den politischen Alltag seines Feuers. Die Erreichung des moralischen Ziels verlangt pragmatisches, vernunftgemäßes politisches Handeln, Schritt für Schritt. Und

„Das, was wir erreichen wollen, das, was wir tun wollen, das muss moralisch begründet sein. Der Weg, auf dem wir das Ziel zu erreichen versuchen, muss realistisch sein, er darf nicht illusionär sein.

die Vernunft erlaubt uns zugleich doch auf diesem Weg ein unvergleichliches Pathos. Denn keine Begeisterung sollte größer sein als die nüchterne Leidenschaft zur praktischen Vernunft."[21]

Die zweite grundsätzliche Aussage betrifft „Deutschland in und mit und für Europa", so Helmut Schmidt am 4. Dezember 2011 in seiner letzten Rede vor einem Bundesparteitag der Sozialdemokratischen Partei: „Für uns Deutsche scheint mir entscheidend zu sein, dass fast alle Nachbarn Deutschlands – und außerdem fast alle Juden auf der ganzen Welt – sich des Holocaust und der Schandtaten erinnern, die zur Zeit der deutschen Besatzung … geschehen sind. Wir Deutschen sind uns nicht ausreichend im Klaren darüber, dass bei fast allen unseren Nachbarn wahrscheinlich noch für viele Generationen ein latenter Argwohn gegen die Deutschen besteht. … Es war der Argwohn gegenüber einer zukünftigen Entwicklung Deutschlands, der 1950 den Beginn der europäischen Integration begründet hat. … Wenn wir Deutschen uns verführen ließen, gestützt auf unsere ökonomische Stärke, eine politische Führungsrolle in Europa zu beanspruchen …, so würde eine zunehmende Mehrheit unserer Nachbarn sich wirksam dagegen wehren. … Die sehr große und sehr leistungsfähige Bundesrepublik Deutschland braucht – auch zum Schutze vor uns selbst! – die Einbettung in die europäische Integration. … Wir brauchen dafür europäische Vernunft. Wir brauchen aber Vernunft nicht allein, sondern ebenso ein mitfühlendes Herz gegenüber unseren Nachbarn und Partnern."[22] Folglich liegt, das war Helmut Schmidts tiefste Überzeugung, die Einbindung in die europäische Integration, und zwar stets eng an der Seite von Frankreich, in Deutschlands fundamentalem strategischen Interesse.

Prof. Staack bei seiner Ansprache während der Gedenkveranstaltung

Nichts kommt von selbst, und wenig ist von Dauer. Vier Jahre nach Helmut Schmidts eindringlichem Appell ist die europäische Integration existenziell bedroht. Die Europäische Union steht zwar noch nicht vor dem Zerfall, aber eine solche Entwicklung kann auch nicht mehr völlig ausgeschlossen werden. Dessen sollten wir uns bewusst sein.

VI. Abschied und Erinnerung

Wir erinnern uns gern an Helmut Schmidt. Niemand, der dabei war, wird seine beeindruckenden Auftritte auf dem Roten Platz seiner Universität je vergessen. Lesen und reflektieren wir seine Schriften, denn die meisten haben an Relevanz nichts eingebüßt. Schauen wir uns gelegentlich auf Youtube eine Fernseh-Aufzeichnung mit dem Qualm von Mentholzigaretten an. Befassen wir uns, wissenschaftlich und interdisziplinär, etwa in Gestalt eines von Zeit zu Zeit wiederkehrenden Helmut-Schmidt-Symposiums, mit seinem Denken und Handeln. Und beherzigen wir dabei auch seine Feststellung: *„Jeder von uns muss noch ein bisschen was dazulernen."*

Wir verneigen uns vor einem großen Staatsmann und einem großartigen Menschen.

Lieber Helmut Schmidt, Ihre Universität wird immer stolz darauf sein, Ihren Namen tragen zu dürfen.

Zum Autor: Prof. Dr. Michael Staack, Jg. 1959, lehrt seit 2006 Politische Wissenschaft, insbesondere Internationale Beziehungen, an der Helmut-Schmidt-Universität/Universität der Bundeswehr Hamburg. Zuvor war er u.a. Professor für Internationale Politik an der Universität der Bundeswehr München (2001-2006). Michael Staack hat Politikwissenschaft, Neuere Geschichte und Öffentliches Recht studiert. Er absolvierte zahlreiche Forschungsaufenthalte und Gastprofessuren in China und in den USA. Seine Arbeitsschwerpunkte sind: Deutsche Außenpolitik, Europäische Sicherheit, Kooperation und Konflikt in Ostasien, Nukleare Ordnung sowie Theorie und Praxis der Schutzverantwortung (Responsibility to Protect).

Anmerkungen:

1 „Wir Schmidts: Loki und Helmut Schmidt", ARD, 27.2.2009; http://www.youtube.com/watch ?v=m3TKye25SMs (Aufruf 6.12.2015).
2 Helmut Schmidt, Ich bin in Schuld verstrickt, in: Die Zeit, 30.8.2007.
3 Helmut Schmidt, Was ich noch sagen wollte, München 2015, S. 49-51.
4 Helmut Schmidt, Kindheit und Jugend unter Hitler, Berlin 1992, S. 262.
5 Ebd., S. 210.
6 Gunter Hofmann, Helmut Schmidt. Soldat, Kanzler, Ikone, München 2015, S. 54.
7 Helmut Schmidt, Ansprache in Auschwitz-Birkenau, 23.11.1977, in: Polens Gegenwart, Jg. 11 (1977), Nr. 23, S. 27-28.
8 Helmut Schmidt, Rede am 20.7.2008 aus Anlass des feierlichen Gelöbnisses der Rekruten der Bundeswehr auf dem Platz vor dem Reichstagsgebäude. In: ders., Sechs Reden, München 2010, S. 15.
9 So Schmidt rückblickend in seiner letzten Rede als Mitglied des Deutschen Bun-

destages am 10.9.1986: Helmut Schmidt, Die nüchterne Leidenschaft zur praktischen Vernunft. Die Abschiedsreden des Bundeskanzlers a.D., Berlin 1986, S. 60-61.
10 Ebd., S. 61. In dieser Rede nannte Helmut Schmidt außerdem Generalinspekteur a.D. Ulrich de Maizière und Admiral a.D. Armin Zimmermann.
11 Sandra Maischberger, Hand aufs Herz – Sandra Maischberger im Gespräch mit Helmut Schmidt, München 2002, S. 70.
12 Helmut Schmidt, Franz Josef Strauß Preis 2003. Laudatio auf Roman Herzug, in: Hanns Seidel Stiftung (Hrsg.), Franz Josef Strauß Preis 2003. Dokumentation der Preisverleihung an Bundespräsident a.D. Prof. Dr. Roman Herzog am 29.3.2003, München 2003, S. 67.
13 Vgl. Helmut Schmidt/Richard von Weizsäcker/Egon Bahr/Hans-Dietrich Genscher, Für eine atomwaffenfreie Welt, in: Frankfurter Allgemeine Zeitung, 9.1.2009, S. 10.
14 Helmut Schmidt, Verteidigung oder Vergeltung, Stuttgart 1961.
15 Helmut Schmidt, Strategie des Gleichgewichts. Deutsche Friedenspolitik und die Weltmächte, Stuttgart 1969.
16 Vgl. Hartmut Soell, Helmut Schmidt. Macht und Verantwortung, München 2008, S. 769.
17 Helmut Schmidt, Regierungserklärung zur inneren Sicherheit vor dem Deutschen Bundestag, 13.3.1975. In: Hermann Vinke/Gabriele Witt (Hrsg.), Die Anti-Terror-Debatten im Parlament. Protokolle 1974-1978, Reinbek bei Hamburg 1978, S. 95.
18 Ebd., S. 84.
19 Ebd., S. 92.
20 Ebd., S. 96.
21 Helmut Schmidt, Rede am 10.9.1986 im Deutschen Bundestag (Anm. 9), S. 70.
22 Helmut Schmidt, Rede auf dem SPD-Bundesparteitag am 4.12.2011 in Berlin, http://www.spd.de/presse/Pressemitteilungen/21498/20111204_rede_helmut_schmidt.html (Aufruf 25.11.2015)

Literaturverzeichnis:

Hofmann, Gunter, Helmut Schmidt: Soldat, Kanzler, Ikone, München 2015.

Maischberger, Sandra: Hand aufs Herz – Sandra Maischberger im Gespräch mit Helmut Schmidt, München 2002.

Schmidt, Helmut: Verteidigung oder Vergeltung, Stuttgart 1961

Schmidt, Helmut: Strategie des Gleichgewichts. Deutsche Friedenspolitik und die Weltmächte, Stuttgart 1969.

Schmidt, Helmut: Ansprache in Auschwitz-Birkenau, 23.11.1977, in: Polens Gegenwart, 11. Jg. (1977), Nr. 23, S. 27-28..

Schmidt, Helmut: Regierungserklärung zur inneren Sicherheit vor dem Deutschen Bundestag, 13.3.1975, in: Hermann Vinke/Gabriele Witt (Hrsg.), Die Anti-Terror-Debatten im Parlament 1974-1978, Reinbek bei Hamburg 1978, S. 82-97.

Schmidt, Helmut: Rede am 10.9.1986 vor dem Deutschen Bundestag, in: ders., Die nüchterne Leidenschaft zur praktischen Vernunft. Die Abschiedsreden des Bundeskanzlers a.D., Berlin 1986, S. 25-70..

Schmidt, Helmut: Kindheit und Jugend unter Hitler, Berlin 1992.

Schmidt, Helmut: Franz Josef Strauß Preis 2003. Laudatio auf Roman Herzog, in: Hanns Seidel Stiftung (Hrsg.), Franz Josef Strauß Preis 2003. Dokumentation der Preisverleihung an Bundespräsident a.D. Prof. Dr. Roman Herzog, München 2003, S. 49-73..

Schmidt, Helmut: Ich bin in Schuld verstrickt, in: Die Zeit, 30.8.2007.

Schmidt, Helmut/von Weizsäcker, Richard/Bahr, Egon/Genscher, Hans-Dietrich: Für eine atomwaffenfreie Welt, in: Frankfurter Allgemeine Zeitung, 9.1.2009, S. 9.

Schmidt, Helmut: Rede am 20.7.2008 aus Anlass des feierlichen Gelöbnisses der Rekruten der Bundeswehr auf dem Platz vor dem Reichstagsgebäude, in: ders., Sechs Reden, München 2010, S. 9-16.

Helmut Schmidt: Rede auf dem SPD-Bundesparteitag am 4.12.2011 in Berlin, in: http://www.spd.de/presse/Pressemitteilungen/21498/20111204_rede_helmut_schmidt.html (Aufruf 25.11.2015).

Schmidt, Helmut: Was ich noch sagen wollte, München 2015.

Soell, Hartmut, Helmut Schmidt: Macht und Verantwortung, München 2008.

„Wir Schmidts: Loki und Helmut Schmidt", ARD, 27.2.2009; in: http://www.youtube.com/watch?v=m3TKye25SMs (Aufruf 6.12.2015).

Kapitel I

Berichte von den zentralen Veranstaltungen 2015

Zerfällt der Nahe Osten?
Akteure, Hintergründe und Perspektiven

Bericht über das Berliner Colloquium 2015

Werner Baach
Wolfgang Fett

Was ist vom „Arabischen Frühling" übrig geblieben, in einer Zeit, in der wir täglich mit barbarischen Ereignissen im Nahen Osten, vor allem im Irak und in Syrien, konfrontiert werden? Krieg, Gewalt und Terror sind an die Stelle von Hoffnung auf Frieden, Freiheit und wirtschaftliche Entwicklung getreten. Wie steht es angesichts dieser Lage um das Krisenmanagement? Kann eine umfassende Gesamtstrategie entwickelt werden, um zu verhindern, dass der Nahe Osten das Pulverfass des 21. Jahrhunderts wird? Das Berliner Colloquium 2015 befasste sich vom 24. bis 26. März umfassend mit der Thematik. Zu der gemeinsamen Veranstaltung begrüßten Generalleutnant a. D. *Kurt Herrmann*, Präsident der Clausewitz-Gesellschaft, und Botschafter *Dr. Hans-Dieter Heumann*, Präsident der Bundesakademie für Sicherheitspolitik, über 250 Mitglieder und Gäste.

Lösungen nur durch langfristiges gemeinsames Vorgehen weltweit

Die Lage im Nahen Osten sei hoch komplex, Lösungen seien nur langfristig möglich, stellte Ministerialdirektor *Dr. Clemens von Goetze*, Auswärtiges Amt, in seinem einführenden Vortrag „*Perspektiven deutscher Außen- und Sicherheitspolitik für den Nahen Osten*" fest. Der Umbruch des Arabischen Frühlings 2011 sei aus mehreren Gründen nicht erfolgreich verlaufen: Es habe kein konsensfähiges Gesellschaftsmodell gegeben, ebenso wenig „natürliche, durch Sprache definierte Staatswesen". Vielfach fehlten zudem nationale Traditionen und eine aus sich heraus gewachsene Wirtschaftskraft. Besonders aber hätten religiöse Gegensätze, zum Teil „in extremer Ausprägung", Bruchlinien erzeugt.

Dr. von Goetze analysierte anschließend Lage, Entwicklungen und Probleme in wichtigen Ländern der Region. So habe in *Syrien* die Übereinstimmung zwischen den internationalen Akteuren im Umgang mit Assad gefehlt. Heute stehe man einer „Brutalisierung der Auseinandersetzung" gegenüber. Im *Irak* sei im Laufe der Auseinandersetzungen zwischen Schiiten und Sunniten ein Machtvakuum entstanden, das der „Islamische Staat" (IS) ausgefüllt habe. Auch in *Libyen* sei die Lage „hoch problematisch". Ein „Kernland" der Region, *Ägypten*, sei auf dem Weg zurück in einen „Mubarak-Zustand". Der *Iran* schließlich, der, neben Saudi-Arabien, regionalen (Vor-) Machtanspruch stelle, habe sich immer national abgegrenzt. Für eine Öffnung des Landes werde der Ausgang der derzeit laufenden Atomverhandlungen von großer Bedeutung sein.

Die deutsche Nahost-Politik müsse in dieser Lage an vorhandene positive Ansätze anknüpfen und „auf Kurs des Ausgleichs" in der Region zu setzen. Das impliziere aber auch, sich Kräften wie dem IS „nachhaltig" entgegenzustellen. Von gemeinsamem europäischem Handeln zur Stärkung der Nahost-Region sei man allerdings „noch weit entfernt". Lösungen seien nur langfristig möglich; sie erforderten gemeinsames Vorgehen weltweit.

Klares Bekenntnis zu den bestehenden Grenzen

Keiner der wichtigen Akteure – Israel und möglicherweise die Kurden ausgenommen – stelle die bestehende Ordnung im Nahen Osten in Frage, stellte Professor (em.) *Dr. Udo Steinbach* in seinem Vortrag „*Das Ende einer regionalen Ordnung? Eine politisch-historische Betrachtung*" fest. Alles müsse daran gesetzt werden, diese Staatenordnung zu erhalten.

Die arabische Welt sei am Ende des I. Weltkrieges „unter denkbar ungünstigen Vorzeichen" Teil der internationalen Ordnung geworden. Diese habe sich dennoch als „relativ stabil" gegenüber allen Versuchen, sie zu verändern, erwiesen. Ihre Erhaltung, so Professor Dr. Steinbach weiter, werde für die Stabilisierung der Region wesentlich sein. Dazu sei eine umfassende konstruktive Nahost-Politik erforderlich, für deren Erfolg er sieben Thesen aufstellte:

- Ohne eine starke westliche Rolle wird es keine Rückkehr zur Stabilität geben.

- Die internationale Gemeinschaft muss sich unzweideutig zu den bestehenden Grenzen bekennen.

- Die staatlichen Ordnungen müssen der Tatsache der Pluralität ihrer Bevölkerungen Rechnung tragen.

- Für die kurdische Frage muss eine kreative Lösung gefunden werden.

- Der palästinensisch-israelischen Konflikt muss umgehend beigelegt werden.

- Die Rückkehr zu Stabilität in der Region erfordert eine nachhaltige Stärkung der Arabischen Liga.

- Die Türkei und der Iran müssen in die sicherheitspolitische Disposition der Region einbezogen werden.

Nach Einschätzung von Dr. Steinbach werden die tiefgreifenden Veränderungen der politischen Systeme „in den nächsten zehn Jahren den ganzen arabischen Raum zumindest prägen". Die Gefahr durch den islamischen Extremismus hält er für „beherrschbar"; für seine Bekämpfung brauche man allerdings eine überzeugende Konzeption.

Im anschließenden Vortrag *„Die Zukunft des politischen Islam"* nannte der Journalist und Nahost-Experte *Daniel Gerlach* als Ideal aller politischen Ausprägungen des Islam das „Goldene Zeitalter des Islam", das im frühen Mittelalter eine Blüte in Kultur und Wissenschaft hervorgebracht habe. Dieser Idealvorstellung strebe der politische Islam nach, unter anderem der IS. Dies könne dann zum Problem werden, wenn die dahinter stehenden politischen Autoritäten sich zunehmend „islamistisch", also extrem entwickelten. Andererseits könne sich ein fruchtbarer Diskurs entwickeln, wenn es gelinge, die politischen Prozesse in den betroffenen Staaten „einzufangen" und den Menschen Sicherheit und Staatlichkeit zu geben.

Islamischer Staat – ein Produkt verfehlter amerikanischer Besatzungspolitik

Das erste, von Generalleutnant a.D. Herrmann moderierte Panel mit der Themenstellung *„Syrischer Bürgerkrieg, politische Herausforderungen im Irak, Aufstieg des IS-Terrors – Chancen für eine politische Alternative?"* führte eindringlich die unterschiedlichen, ja gegensätzlichen Positionen der beteiligten Vertreter des Irak und der syrischen Opposition – insbesondere als Folge der Religionsgegensätze zwischen Sunniten und Schiiten – vor Augen. Problemlösungen scheinen deshalb schwierig; sie erfordern große Kompromissbereitschaft aller Parteien.

Der Publizist *Michael Lüders*, Berlin, umriss die schwierige Konstellation in der Nahost-Region: In den Ländern der arabisch-islamischen Welt sei das Phänomen einer gewissen Gleichzeitigkeit von modernen und vormodernen Strukturen zu beobachten. Es gebe keine starken bürgerlichen Mittelschichten, die in der Lage wären, die überlebten feudal-staatlich geprägten Machtstrukturen zu beenden. Die Vorstellung, dass man Macht auch teilen könne, sei kaum verbreitet. Das zeige sich derzeit insbesondere im Irak; hier werde eine friedliche politische Konfliktbeilegung erst möglich sein, wenn die schiitische Regierungsseite Versöhnung suche. Der IS sei im Kern „das Produkt einer völlig verfehlten amerikanischen Besatzungspolitik nach 2003". Die Auflösung der irakischen Armee, der Geheimdienste und der Baath-Partei habe den sunnitischen Widerstand verursacht, aus dem heraus zunächst Al Qaida und später der IS entstanden sei. Er sei Teil einer Aufstandsbewegung der sunnitischen Minderheiten im Irak gegen die Vorherrschaft der Schiiten. Auch sei es eine Illusion, den IS militärisch besiegen zu können: „Er bewegt sich wie ein Fisch im Wasser der sunnitischen Bevölkerung im Irak und auch in Teilen von Syrien…"

Der IS sei im Kern „das Produkt einer völlig verfehlten amerikanischen Besatzungspolitik nach 2003". Die Auflösung der irakischen Armee, der Geheimdienste und der Baath-Partei habe den sunnitischen Widerstand verursacht, aus dem heraus zunächst Al Qaida und später der IS entstanden sei.

Die Konflikte im Irak und in *Syrien* könne man nicht isoliert voneinander betrachten. Würde Assad in Syrien stürzen, übernähmen dort vorhersehbar Sunniten die Macht: der Islamische Staat oder die Nusra-Front.

Nach Auffassung von Lüders können militärische Maßnahmen wenig zur Konfliktlösung beitragen. Dagegen müsse man die Regierung in Bagdad in die Pflicht nehmen, eine auf Ausgleich mit den Sunniten gegründete Politik zu betreiben. Auch müsse man mit Saudi-Arabien über dessen Politik, radikale Islamisten in allen Teilen der Welt zu finanzieren, sprechen.

Die Positionen des Irak, vertreten durch den Botschafter des Irak in Deutschland, *Dr. Hussain M. Fadhlalla Alkhateeb*, sowie der Syrischen Revolutions- und Oppositionskräfte, vorgetragen durch den Repräsentanten ihrer Nationalen Koalition in Deutschland, *Dr. Basssam Abdullah*, hätten nicht gegensätzlicher sein können. Der Irak sei, so der Botschafter, seit 2003 „auf gutem demokratischem Weg", auch wenn noch konfessionelle und stammespolitische Schwierigkeiten zu überwinden seien. Als größte derzeitige Herausforderung nannte der Botschafter die Bekämpfung des IS. Für diesen Kampf brauche sein Land

Unterstützung vor allem durch Ausbildung, Ausrüstung und finanzielle Hilfe. Oberst i.G. *Bernhard Lacroix*, Bundesnachrichtendienst, bestätigte in seiner Analyse der militärischen Potentiale in der Region, dass der Aufbau der irakischen Streitkräfte „planmäßig" verlaufe.

Der Vertreter der syrischen Opposition sieht Syrien „in der größten humanitären Katastrophe". Das Volk strebe nach einer neuen Ordnung, so wie sie die Opposition vertrete. Das „psychopathische Regime" Assads, das vom Iran und auch Irak unterstützt werde – eine Aussage, die der irakische Botschafter heftig zurückwies – müsse beseitigt und der Übergang aus der Krise unter Führung der Opposition organisiert werden. Lüders allerdings hält die syrische Opposition für diese Aufgabe für zu schwach: „Sie hat keinen Rückhalt im Volke". Seine Prognose: „Assad wird bleiben."

„Der israelische –palästinensische Konflikt – kein Weg zum Frieden?" war das Thema des zweiten Panels, das *Dr. Hans-Dieter Heumann* moderierte. Alle Teilnehmer des Panels stimmten darin überein, dass der Konflikt nicht militärisch gelöst werden könne. Auch über die Notwendigkeit einer Zwei-Staaten Lösung war man sich grundsätzlich einig, allerdings gab es unterschiedliche Auffassungen über den Weg dorthin.

Der israelische Gesandte *Avraham Nir-Feldklein* bezeichnete die Zwei-Staaten-Lösung als die „einzige Lösung für unsere Kinder und Kindeskinder". Die Verhandlungen mit den Palästinensern müssten deshalb auf alle Fälle fortgeführt werden.

Auch *Dr. Sara Husseini* von der diplomatischen Mission Palästinas in Berlin plädierte für eine Zwei-Staaten-Lösung. Sie schaffe Sicherheit für Palästina und für Israel. Voraussetzung für Sicherheit sei allerdings ein „Gefühl der Gleichgewichtigkeit". „Wenn wir keinen Frieden erreichen, werden die Probleme von Tag zu Tag größer. Menschen, die keine Hoffnung haben, greifen zur Gewalt". Ein positiver Schritt wäre es, wenn Palästina als Staat anerkannt würde.

„Wenn wir eine Zwei-Staaten-Lösung wollen, dann müssen wir alles tun, dass sie auch verwirklicht wird. Eine finanzielle und diplomatische Unterstützung des Status Quo wie bisher ist keine Lösung"

Dr. Muriel Asseburg, Stiftung Wissenschaft und Politik, sieht die Beziehungen seit dem Abbruch der Verhandlungsrunde im April 2014 in einer Abwärtsspirale. Zwar sei das Paradigma der Zwei-Staaten-Lösung in Israel als auch in der palästinensischen Bevölkerung mehrheitsfähig, aber es bestünde keine Hoffnung, dass dieses Ziel erreicht werden könne. Das beiderseitige Verhältnis sei vielmehr von großem gegenseitigem Misstrauen geprägt. Beide Seiten hätten Schritte ergriffen, die von der anderen Seite als besonders provokant empfunden würden. In der Realität führe dies zu einer Verfestigung der derzeitigen „Ein-Staaten-Realität". Das bekenntnishafte Festhalten Deutschlands und der EU an einer Zwei-Staaten-Lösung verändere nicht die reale Situation. „Wenn wir eine Zwei-Staaten-Lösung wollen, dann müssen wir alles tun, dass sie auch verwirklicht wird. Eine finanzielle und diplomatische Unterstützung des Status Quo wie bisher ist keine Lösung".

Der Präsident der deutsch-israelischen Gesellschaft, *Reinhold Robbe*, warnte davor, den Konflikt zu sehr durch die europäische Brille zu betrachten „Die Unterschiede in den Gesellschaftsordnungen sind größer, als sie in den Medien und den Schulbüchern dargestellt werden", so Robbe. Bei der EU vermisse er eine klare Positionierung. Robbe plädierte zudem für konstruktive, vertrauensvolle Verhandlungen: „Neue Wege müssen aber zunächst hinter verschlossenen Türen ausgehandelt werden".

Zu Beginn des dritten Panels zum Thema : *„Der Nahe Osten als Pulverfass der Weltpolitik im 21. Jahrhundert? Folgen für die europäische Sicherheit und Handlungsoptionen für die internationale Gemeinschaft"* umriss der Moderator, Generalleutnant a.D. *Dr. Klaus Olshausen*, zunächst die durch Komplexität, Dynamik und die unterschiedlichen Formen des Dschihadismus gekennzeichnete Situation und stellte fest: „In Syrien und im Irak finden Kriege statt".

Die Folgen der Kriege sind auch in Deutschland zu spüren

Die Folgen der Kriege wirkten sich intensiv auf die Innenpolitik in Deutschland aus, so Ministerialdirektor *Dr. Jörg Bentmann*, Bundesministerium des Inneren. Deutschland sei das Hauptziel der Kriegsflüchtlinge, dies habe Auswirkungen auf die Gesellschaft. Zudem sei Deutschland ins Fadenkreuz der Terroristen geraten, exportiere zugleich aber auch Terrorismus, indem Fanatiker ihre Freizügigkeit nutzten und in den Krieg im Nahen Osten zögen. Deutschland trage Verantwortung, etwas dagegen zu tun. Eine Einschränkung der Freizügigkeit sei aber kein geeignetes Mittel, denn dadurch hätten die Terroristen schon ein Ziel erreicht.

Robert Dölger, Auswärtiges Amt, wies auf die Probleme hin, die aus der Destabilisierung im Nahen Osten resultieren. Als Stichworte nannte er die organisierte Kriminalität einschließlich der Schleuserbanden und die Proliferation von Waffen. Unter den Folgen der Kriege litten auch die deutsche Wirtschaft und private Investoren, die bedeutende Verluste in diesen Ländern zu beklagen hätten.

Was die Landes- und Bündnisverteidigung betrifft, so sieht Brigadegeneral *Wolf-Jürgen Stahl*, BMVg, derzeit keine direkten Bedrohungen, allerdings Risiken. Diesen Risiken versuche man durch das Programm „Ertüchtigung und Befähigung" vorzubeugen, indem man ausgewählte Partner in fragilen Regionen durch Ausbildungshilfen sowie durch materielle und organisatorische Unterstützung dazu befähige, für ihre eigene Sicherheit zu sorgen.

Strategie der EU: Vernetzter Ansatz

Dr. Christian Berger, Europäischer Auswärtiger Dienst in Brüssel, erläuterte die spezielle Nahost-Strategie der EU. Der notwendige „Vernetzte Ansatz" dürfe sich nicht auf militärische Maßnahmen beschränken, sondern müsse vielmehr „den gesamten Bereich der Politik einschließlich der Menschenrechte und der Entwicklungshilfe" umfassen. Ein wesentliches Element, um die Sicherheitslage in den destabilisierten Ländern zu verbessern, sei eine „Gegenideologie des Westens", die zusammen mit arabischen und muslimischen Staaten verfasst werden müsse. „Wir müssen die Vorzüge der freien, offenen Gesellschaft positiv vermitteln", zeigte sich Berger überzeugt.

In der anschließenden Diskussion wurde letztlich klargestellt, dass es insbesondere auch einer strategischen Kommunikation in die Gesellschaften hinein bedarf, um die notwendige Unterstützung zu erhalten, sich für die Lösung internationaler Konflikte zu engagieren.

Traditionell zum Schluss des Colloquiums referierte der Generalinspekteur der Bundeswehr, General Volker Wieker, zur Lage der Bundeswehr. Die Europäer müssten mehr für ihre Sicherheit tun, dies heiße auch, mehr zu investieren. „Modernisierung aus dem laufenden Betrieb zu erwirtschaften ist schier unmöglich", so Wieker.

Die Rolle und Verantwortung Deutschlands in und für Europa aus politisch-strategischer Sicht

Bericht über die 49. Sicherheitspolitische Informationstagung

Werner Baach
Wolfgang Fett

Das Jahr 2014 markierte eine Zäsur in der sicherheitspolitischen Entwicklung. Die Anwendung von Gewalt als Mittel der Politik ist wieder zur Realität geworden – auch in Europa. Insbesondere aber die Krisen im Nahen Osten prägen die sicherheitspolitische Agenda. Bundespräsident Joachim Gauck gab mit seiner Rede bei der Münchner Sicherheitskonferenz 2014 ein vielbeachtetes Signal zur erweiterten Verantwortung Deutschlands. Vor diesem Hintergrund hat die Bundesregierung für 2016 die Herausgabe des „Weißbuch zur Sicherheit Deutschlands und Weiterentwicklung der Bundeswehr" eingeleitet. Vor diesem Hintergrund untersuchte die von der Clausewitz-Gesellschaft e.V. und der Führungsakademie der Bundeswehr am 21. und 22. August 2015 in Hamburg gemeinsam veranstaltete „49. Sicherheitspolitische Informationstagung" politisch-strategische Herausforderungen für eine Neujustierung der deutschen Sicherheitspolitik.

Die Anwendung von Gewalt als Mittel der Politik ist wieder zur Realität geworden – auch in Europa.

Deutschland als „Stifter einer Friedensordnung"

Botschafterin *Dr. Patricia Flor* leitete mit ihrem Vortrag eine kritische Analyse der Weltlage aus Sicht des Auswärtigen Amtes ein. Wesentliche Ordnungselemente seien in Frage gestellt. Aufstrebende Staaten wie China und Indien wollten an der Gestaltung der internationalen Politik stärker beteiligt werden. Gleichzeitig nähmen die Schwächen von Staaten vor allem im Nahen Osten und in Afrika zu, und neue Akteure wie der Islamische Staat (IS) stießen in entstehende Vakuen. Auf Bedrohungen wie die Verletzung der territorialen Integrität (Krim), Proliferation von Massenvernichtungswaffen, Terrorismus und Dschihadismus, hybride Kriegführung, Cyber-Angriffe, Staatenzerfall vor der Haustür Europas müssten (neue) Antworten gefunden werden – national, europäisch, transatlantisch und global. Auch Deutschland müsse sich verstärkt in die „Stiftung einer Friedensordnung" einbringen und entsprechende Pflichten übernehmen.

Viele neue Konfliktformen ließen sich nicht mehr nur militärisch lösen, sondern erforderten einen „umfassenden vernetzten Sicherheitsansatz". „Wir müssen versuchen, die Konfliktursachen in all ihren Dimensionen anzugehen." Die Welt erwarte von Deutschland, „dass wir zur Lösung unserem Gewicht und unserer Verantwortung entsprechend beitragen." Die Einbettung der deutschen Sicherheitspolitik in Bündnisstrukturen stehe dabei außer Frage. Als erste Abstimmungsebene der Sicherheitspolitik sieht Dr. Flohr die EU. Aus Brüsseler Sicht seien die Erwartungen an Deutschland hoch. Vor dem Hintergrund zunehmender Vernetzung und ausgeprägter Bedrohungen benötige die EU ein „neues strategisches Fundament" der Außen- und Sicherheitspolitik; Deutschland werde sich aktiv in dessen Ausgestaltung einbringen. Daneben komme der OSZE angesichts des Konflikts vor unserer Haustür eine neue Bedeutung zu. Sie müsse deshalb (wieder) gestärkt werden. Allerdings zeige Russland sich derzeit gegenüber einer Weiterentwicklung der OSZE „reserviert". Die NATO werde auch in Zukunft „das Sicherheitskorsett" unserer Sicherheit bleiben. Dabei stehe seit der Ukraine-Krise die kollektive Verteidigung wieder im Zentrum. Deutschland habe sich substantiell an den eingeleiteten Rückversicherungsmaßnahmen für die ostmitteleuropäischen NATO-Partner beteiligt. Trotzdem bleibe „kooperative Sicherheit" eine Kernaufgabe der NATO – gerade auch im Verhältnis zu Russland, sobald die Voraussetzungen dafür wieder gegeben seien. Die Vereinten Nationen schließlich als der einzige wirklich globale Akteur seien unersetzbar, wenngleich reformbedürftig. Das gelte besonders für den Sicherheitsrat. Deutschland sei bereit, hier mehr Verantwortung zu übernehmen.

Auf Bedrohungen wie die Verletzung der territorialen Integrität (Krim), Proliferation von Massenvernichtungswaffen, Terrorismus und Dschihadismus, hybride Kriegführung, Cyber-Angriffe, Staatenzerfall vor der Haustür Europas müssten (neue) Antworten gefunden werden – national, europäisch, transatlantisch und global.

Insgesamt gelte, dass angesichts einer komplexer gewordenen Welt das Zusammenwirken internationaler und nationaler Akteure der Sicherheitspolitik weiterentwickelt werden müsse. Dies müsse auch im Weißbuch seinen Niederschlag finden.

Doppelte Herausforderung der NATO

Als Folge der strategischen Überraschung Russlands durch dessen Vorgehen gegen die Ukraine und die Krim habe die NATO auf dem Gipfel von Wales im September 2014 einen „doppelten Paradigmenwechsel" vollzogen – von der

„Ära der Operationen" hin zur „NATO in Bereitschaft", konstatierte Brigadegeneral *Rainer Meyer zum Felde*, Deutsche NATO-Vertretung, Brüssel. Neben dem unveränderten Fokus auf einer robusten Krisenbewältigung an der süd-/südöstlichen Peripherie der Allianz sei Russland wieder zur potentiellen Bedrohung geworden. Diese neue Parallelität multipler Krisen im Süden und Südosten und gleichzeitiger Artikel 5-Vorkehrungen gegen Russland stelle die Allianz vor eine bisher nicht dagewesene Herausforderung. Die erste starke Antwort der NATO sei der „Readiness Action Plan" (RAP). Er werde das Verteidigungsdispositiv an die neue Sicherheitslage anpassen: mit „sehr langfristigen, ressourcen- und kostenintensiven Grundsatzentscheidungen".

Der Vortragende erläuterte anschließend eingeleitete Maßnahmen zur Realisierung des RAP. Deutschland trage „führend, konstruktiv und mit substantiellen Beiträgen maßgeblich zur erfolgreichen Umsetzung des RAP bei". Dies habe ihm „eine Gestaltungsmacht nun auch in der Sicherheitspolitik eröffnet, wie wir sie seit Jahrzehnten nicht mehr hatten". Die Allianz erwarte nun, dass Deutschland dieser Rolle und Verantwortung gerecht werde – „mit vollem Ressourceneinsatz". Die weitergehende Anpassung der NATO an die neue Lage – u.a. durch Ausrichtung der NATO-Streitkräftestruktur an das Strategische Konzept mit Schwerpunkt bei der Bündnisverteidigung - werde Gegenstand des NATO-Gipfels im Mai 2016 in Warschau sein.

Wachsende Verantwortung über Europa hinaus

Angesichts der Komplexität der sicherheitspolitischen Weltlage müsse das Weißbuch 2016 die Frage beantworten, „welche Art Selbstverständnis als sicherheitspolitischer Akteur Deutschland hat", stellte Brigadegeneral *Carsten Breuer*, Projektbeauftragter Weißbuch 2016, BMVg, fest. Erst auf der Basis klar definierter Werte und Interessen könnten Ziele und Prioritäten dafür festgestellt werden, „wann Deutschland Verantwortung übernehmen will und muss, aber auch, wann nicht". Nach Breuers Auffassung reicht diese Verantwortung „ganz klar über Europa hinaus". Die Definition der Rolle Deutschlands in Europa und der Welt werde auch eine wesentliche Größe für die zukünftige Ausrichtung der Bundeswehr sein. Bei der Analyse der sicherheitspolitischen Herausforderungen an Deutschland müsse das Weißbuch auf drei Aspekte eine Antwort geben: die heutigen sicherheitspolitischen Herausforderungen; die verschiedenen

> *Erst auf der Basis klar definierter Werte und Interessen könnten Ziele und Prioritäten dafür festgestellt werden, „wann Deutschland Verantwortung übernehmen will und muss, aber auch, wann nicht".*

„Treiber und Instrumente" der Kriegsführung; sowie die sicherheitspolitischen Trends. Bei Feststellung der „traditionellen" sicherheitspolitischen Herausforderungen gehe es um staatliche Akteure, die „klassische Machtpolitik" betrieben und mittels traditioneller Instrumente agierten. Derzeit scheine sich die Renaissance einer solchen traditioneller Machtpolitik wieder anzubahnen, mit „weiter zunehmender Betonung des Militärischen". Dagegen seien andere, neue Herausforderungen, welche die westliche Wertegemeinschaft eher mittelbar bedrohen, weit schwerer zu greifen: Klimawandel, Nahrungsmittelknappheit, Pandemien und unkontrollierte Migrationsströme gehörten dazu, aber auch Ressourcenverknappung, Cyber-Gefährdungen, transnationaler Terrorismus und organisierte Kriminalität.

Als „Treiber und Instrumente" von Konflikten sieht der Vortragende unter anderem die Digitalisierung und globale Mobilität von Menschen und Daten. Ein Beispiel dafür sei der islamistische Terrorismus, der habe „erst durch die Kommunikations- und die Transportmöglichkeiten unserer modernen Welt sein volles destruktives Potential entfacht". Der dritte zu analysierende Aspekt ergebe sich aus neuen sicherheitspolitischen Trends. Zum einen sei „das Modell Staat" in vielerlei Hinsicht in der Krise. Die Unterscheidung zwischen starken und schwachen Staaten schwinde zunehmend; schwache oder gar fragile Staaten würden zunehmend zum Schauplatz der Auseinandersetzung zwischen starken Staaten, wie aktuell der Konflikt im Jemen zeige. Ein zweiter Trend sei die wachsende Unkalkulierbarkeit sicherheitspolitischer Bedrohungen und Risiken. So seien beispielsweise die an Konflikten beteiligten Akteure immer schwerer zu bestimmen, denn sie verästelten sich in Netzwerken, die sich immer wieder neu konfigurierten, ein Phänomen, das gerade bei den djihadistischen Netzwerken zu beobachten sei.

Für Breuer steht außer Frage, dass sich Deutschlands sicherheitspolitisches Rollenverständnis gewandelt hat und daraus eine wachsende Verantwortung resultiert. In dem neuen Weißbuch müsse daher „eine klare sicherheitspolitische Selbstverortung" vorgenommen werden, „die unsere Haltung und unseren Handlungsanspruch aufzeigt und ausbuchstabiert".

Ein anschließendes erstes, interministeriell zusammengesetztes Panel zum Thema einer Vernetzung der Sicherheitspolitik Deutschlands bestätigte die unstrittige Notwendigkeit einer derartigen engen Vernetzung – interministeriell, national und international.

In Kommentaren und Fragen aus dem Plenum zu den Vorträgen und Diskussionen im Panel nahm vor allem die Feststellung breiten Raum ein, dass eine Verstärkung der politisch-strategischen Rolle Deutschlands vom breiten Konsens der Gesellschaft getragen werden müsse. Dies verlange eine fundierte Information der Öffentlichkeit und einen breiten öffentlichen Diskurs. Die Politik brauche dazu starke Überzeugungskraft. Skeptisch wurde hinterfragt, ob sich die Medien ihrer Mitwirkung in dem Diskurs versagen könnten.

Über die Chancen und Risiken der euro-atlantischen Sicherheitsstrukturen referierte *Dr. Bastian Giegerich* vom International Institute for Strategic Studies, London. Weltweit sei zwar die Zahl der Konflikte in den letzten Jahren rückläufig gewesen, gleichzeitig seien diese aber intensiver und komplexer geworden. Während im Jahr 2008 noch 63 Konflikte mit 56.000 Opfern registriert worden seien, habe sein Institut 2014 dagegen 42 aktive Konflikte mit 180.000 Opfern gezählt.

Global betrachtet und mit Blick auf die Verteidigungsausgaben würden sich die Militärpotentiale weg vom euro-atlantischen Raum hin nach Asien verschieben China sei dabei, seine maritimen Fähigkeiten auszubauen und seine Gebietsansprüche mit zunehmender Aggressivität zu verfolgen. Russland habe seit 2008 seine Verteidigungsausgaben jährlich um 10 Prozent gesteigert und wirkungsvolle Reformen seiner Streitkräfte durchgeführt. Angesichts dieser strategischen Perspektive stelle sich für Europa die Frage, ob die Kürzungen in den Verteidigungshaushalten der letzten Jahre, die zum Verlust von Fähigkeiten geführt haben, nicht zu weit gegangen seien. Erst langsam setze ein Umdenken ein, aber „der Weg zurück ist weit", so Giegerich.

> *In Kommentaren und Fragen aus dem Plenum zu den Vorträgen und Diskussionen im Panel nahm vor allem die Feststellung breiten Raum ein, dass eine Verstärkung der politisch-strategischen Rolle Deutschlands vom breiten Konsens der Gesellschaft getragen werden müsse. Dies verlange eine fundierte Information der Öffentlichkeit und einen breiten öffentlichen Diskurs.*

Kritisch äußerte sich Giegerich auch zur Gemeinsamen Sicherheits-und Verteidigungspolitik (GSVP) der Europäer, die unter den geänderten Rahmenbedingungen ihre Rolle neu definieren müssten. Eine globale Strategie zur Außen- und Sicherheitspolitik bis Juni 2016 ausarbeiten zu lassen sei allein kein wirklich ernsthaftes Signal in Richtung einer militärischen Dimension der GSVP.

Welche Risiken und Gefahren durch Uneinigkeit und nicht abgestimmtes Handeln der westlichen Staaten in der künftigen globalen Sicherheitslandschaft der Weltgemeinschaft zu erwarten sind, war Thema eines zweiten Panels.

In den Vereinigten Staaten gebe es einen grundsätzlichen Konsens zwischen Gesellschaft und der Regierung, was eine große Strategie angehe, so *Prof. Dr. James W. Davies* von der Universität St. Gallen. Die wichtigsten Interessen seien „die Verteidigung und natürlich auch das Fördern einer liberalen Ordnung durch entsprechende internationale Institutionen." Der Grundgedanke dabei: „Was gut ist für die USA ist wahrscheinlich auch gut für andere". Mit den Veränderungen in der Zusammensetzung der Gesellschaft und der Eliten könne sich die nationale Strategiedebatte im Laufe der Zeit ändern. Die künftige Generation von Entscheidungsträgern sei anders sozialisiert als die Eliten, die die nationale Sicherheitspolitik in den letzten 60 Jahren geprägt hätten. Die Situation in Deutschland sei vergleichbar. Auch hier stehe ein Generationswechsel an. Die junge Generation sei in einer anderen Umgebung sozialisiert worden und hätte nicht dieselben Grundwerte und Überzeugungen wie die Gesellschaft unmittelbar nach dem Krieg. Deutschland werde immer mehr ein Land von Individuen mit unterschiedlichem ethnischem Hintergrund. „Das wird einen Einfluss darauf haben, wie Deutschland seine Rolle sieht", zeigte sich Davies überzeugt.

Deutschland werde immer mehr ein Land von Individuen mit unterschiedlichem ethnischem Hintergrund. „Das wird einen Einfluss darauf haben, wie Deutschland seine Rolle sieht", zeigte sich Davies überzeugt.

Streitkräfte dürfen sich nicht auf traditionelle Aufgaben beschränken

In Großbritannien gebe es eine große Unterstützung für die Streitkräfte, erläuterte *Professor Trevor Taylor*, Royal United Services Institute (RUSI) for Defence and Security Studies, London. Die Politiker hingegen seien nicht sonderlich interessiert an Verteidigungsfragen, da diese in den Wahlen kaum eine Rolle spielten. Nationale Interessen seien nicht einfach zu definieren, und über Risiken und Prioritäten herrsche keine Einigkeit. Für die Streitkräfte bedeute dies, dass sie sich nicht nur auf die traditionellen Aufgaben beschränken dürften. Dies sei für Großbritannien, aber auch für Deutschland, schwer zu akzeptieren.

Generalleutnant a.D. *Ton van Loon*, ehemaliger Kommandierender General des Deutsch-Niederländischen Korps, forderte, Bedrohungen realistisch zu betrachten. Es sei nicht einfach, eine große Strategie zu entwickeln, da man nicht alle Eventualitäten vorhersehen könne. Man dürfe aber Bedrohungen nicht allein deshalb als weniger wahrscheinlich darstellen – z.B. in einem Weißbuch – weil sie teuer seien.

Die Art der Einsätze habe sich verändert. Man könne Europa und seine Werte nicht allein auf dem Territorium Europas verteidigen. Die Unterscheidung zwischen Einsatz zur Krisenbewältigung und Landes- bzw. Bündnisverteidigung sei gefährlich, weil sie nahelege, dass man die Priorität auf das eine oder andere legen könne. Man brauche aber für beides die gleichen Fähigkeiten, um auch in Krisenreaktionseinsätzen kämpfen zu können.

Europäer müssen konventionelle Lücke aus eigener Kraft füllen

Was die Verbündeten von Deutschland erwarten, erläuterte *Meyer zum Felde*. Im Falle eines größeren Konfliktes könnten sich die Europäer weiterhin auf die Amerikaner verlassen. Dies gelte vor allem für den nuklearen Bereich. Konventionell seien die amerikanischen Kräfte in Zukunft zur Hälfte in Asien gebunden, diese stünden für europäische Planungen nicht zur Verfügung. Die Europäer müssten die entstandene konventionelle Lücke aus eigener Kraft füllen. Und hier seien in erster Linie Deutschland, Frankreich und Großbritannien gefordert.

Die Möglichkeiten – aber auch die Erfordernisse und Grenzen – einer umfassend vernetzten Sicherheitspolitik versuchten die Teilnehmer eines dritten Panels auszuloten.

„Vernetzte Rhetorik muss vernetzte Realität werden, insbesondere auf der politisch-strategischen Ebene", forderte Staigis. Wenn aber „Ungeplant" der Normallfall sei, dann müsste das Aufgabenprofil der Streitkräfte ausgeweitet werden.

In einer „Welt aus den Fugen", in der die Ungewissheit und das Ungeplante zum Normalfall werden, sieht Brigadegeneral a.D. *Armin Staigis*, Vizepräsident der BAKS, keine Alternative zu einem vernetzten Ansatz. Es dürfe nicht beim Reden darüber bleiben. „Vernetzte Rhetorik muss vernetzte Realität werden, insbesondere auf der politisch-strategischen Ebene", forderte Staigis. Wenn aber „Ungeplant" der Normallfall sei, dann müsste das Aufgabenprofil der Streitkräfte ausgeweitet werden. „Nur die Fähigkeiten können die Aufträge letztendlich erfüllen". Bei diesen Fähigkeiten müsse als neue Dimension der Cyber-Raum berücksichtigt werden. Ausdrücklich warnte Staigis vor einer Verengung auf Landes- und Bündnisverteidigung. Da kein NATO-Mitglied außer den USA über ein hinreichendes Fähigkeitsprofil verfüge, sei eine konsequente Multinationalisierung erforderlich.

Nach seinen Erfahrungen in Afghanistan erfordere der vernetzte Ansatz einen Koordinierungsbedarf, wie man sich ihn komplexer nicht vorstellen könne, so Generalleutnant *Hans-Werner Fritz*, Befehlshaber des Einsatzführungskommandos der Bundeswehr. Auch für ihn gibt es zum vernetzten Ansatz keine Alternative. Die Bundeswehr müsse dazu nichts Grundlegendes ändern, aber sie müsse sich den künftigen Aufgaben („ungeplant wird der Normalfall") besser anpassen. Dazu gehörten die Verbesserung der interkulturellen Kompetenz, aber auch Mittel und Fähigkeiten zur Aufklärung und Analyse, von der taktischen bis hin zu politischen Ebene.

Dass es eine bessere Vernetzung zwischen dem Parlament und den einzelnen Ministerien, aber auch zwischen Bund und Ländern geben müsse, darüber bestand Konsens in der Diskussion mit den MdB *Matthias Ilgen* (SPD) und *Peter Beyer* (CDU). Bei der praktischen Umsetzung gebe es aber Probleme. „Es überrascht immer wieder, dass diejenigen, die eigentlich ein Ziel vor Augen haben, sich selten miteinander darüber unterhalten", stellte Beyer fest. Ein erster Schritt könne eine gemeinsame Analyse und Planung der einzelnen Ressorts sein. Eine engere Zusammenarbeit bei der Ausgestaltung und Zielsetzung von Mandaten für die Auslandseinsätze könne die Erfolgswahrscheinlichkeit erhöhen, und um Entscheidungen treffen zu können, bedürfe es fester Strukturen. Diese Entscheidungen müssten dann aber auch umgesetzt werden. Insbesondere die Finanzierung sei oft ein Streitpunkt, weil jedes Ressort nur sein eigenes Budget betrachte. Dies müsse sich ändern, wenn man zu einem wirklichen vernetzten Ansatz kommen wolle.

Strategie und praktische Führung in einem multinationalen Hauptquartier: Was kann Clausewitz dabei leisten?

Bericht über das gemeinsame Forum der Clausewitz-Gesellschaft e.V. und des Eurokorps am 30. und 31. Oktober 2015 in Straßburg

Werner Baach
Wolfgang Fett

Das Clausewitz Forum 2015 beim Stab des Eurokorps am 30. und 31. Oktober 2015 in Straßburg erörterte wesentliche Erkenntnisse mit multinationalen Streitkräftestrukturen. Die Teilnehmer diskutierten in Vorträgen und drei hochrangig besetzten Panels über die Chancen, aber auch die spezifischen Voraussetzungen und Risiken, die der Einsatz multinationaler Streitkräfte mit sich bringt. Die Einsichten und Denkansätze des Carl von Clausewitz erwiesen sich erneut für zahlreiche Themen und Aspekte als aktuell und relevant; sie flossen in die Analysen und Bewertungen mit ein. In der einleitenden Vorstellung des Eurokorps und den anschließenden Diskussionen der Panels wurden die hohen Anforderungen an Planung und Durchführung der Einsätze deutlich, insbesondere in den Bereichen *Multinationalität und Integration; Führung und Kommunikation; Ausbildung und Übungen.* Dieser zusammenfassende Bericht konzentriert sich deshalb nachfolgend auf diese drei Bereiche und nimmt in Kauf, andere wichtige Themen, z.B. die Ausrüstung, zurückzustellen.

Multinationalität heute – Das Eurokorps stellt sich vor

Generalleutnant *Alfredo Ramirez Fernández*, Spanien, Kommandierender General des Eurokorps, hieß die etwa 70 Forumsteilnehmer herzlich willkommen. Das von 6 so genannten Rahmennationen getragene Eurokorps[1] sei ein „richtig multinationales Korps", an dem „halb Europa" beteiligt sei, stellte der General einführend fest. Nachdem es in der Vergangenheit nur NATO-Einsätze geplant und geführt habe, leite es derzeit erstmals eine EU-Mission, die Ausbildungsmission in Mali, und plane mit Schwerpunkt Führung und Einsatz einer „European Union Battlegroup" (EUBG)[2] für 2016.

Generalleutnant Alfredo Ramirez Fernández (re.), KG Eurokorps, und Kurt Herrmann (li.)

Im Anschluss stellten Oberst i.G. *Karsten Kiesewetter* und Oberst i.G. *Christian Behme*, beide deutsche Angehörige des Stabes Eurokorps, Geschichte, Auftrag, Struktur und aktuelle Lage des Korps vor sowie seine Entwicklungsperspektiven. Insbesondere die detaillierte Beschreibung der Planungen und Vorbereitungen des Hauptquartiers für Führung und Einsatz der EU Battlegroup, an der voraussichtlich 11 Nationen beteiligt sein werden, verdeutlichte den hohen Grad multinationaler Vernetzung und der damit verbundenen z. T. unterschiedlichen Interessen der Beteiligten. In der Diskussion wurden deshalb – trotz optimistischer Einschätzung durch das Eurokorps – auch Zweifel daran ausgedrückt, dass das komplexe multinationale Zusammenspiel zwischen den Akteuren der strategischen und der operativen Ebene angesichts der voraussichtlichen Beteiligung von 11 Nationen funktionieren werde.

Die Vorträge des Eurokorps sowie die drei nachfolgenden, international hochrangig besetzten Panels zeigten die hohen Anforderungen multinationaler Einsätze insbesondere an drei Bereichen: *Multinationalität und Integration; Führung und Kommunikation; Ausbildung.* Der zusammenfassende Bericht über das Forum konzentriert sich deshalb nachfolgend mit Schwerpunkt auf diese Bereiche und nimmt in Kauf, andere wichtige Bereiche wie z.B. die Ausrüstung hintan zu stellen.

Multinationalität alternativlos – Integration eher halbherzig?

An Multinationalität führt bei Krisenprävention und -einsatz kein Weg vorbei. Schon das erste Panel, das von General a.D. *Egon Ramms,* zuletzt Commander Joint Forces Command (JFC) Brunssum, moderiert wurde, führte zu dieser Erkenntnis. Die Herausforderungen internationaler Kriseneinsätzen sind so groß, dass sie (fast) nur noch multinational lösbar sind. Ein „Zurückdrehen" zurück zu rein nationalen Lösungen sei weder politisch sinnvoll, noch von den begrenzten nationalen Ressourcen der einzelnen Staaten her möglich (sieht man von den Potentialen der USA einmal ab). Multinationalität sei aus der Sicht des Erwerbs militärischer Fähigkeiten „absolut attraktiv und überzeugend und langfristig die einzige Alternative bei fortdauernder Ressourcenknappheit". Die NATO müsse aber die Prioritäten für diesen Fähigkeitserwerb festlegen. Mehrfach wurden Zweifel daran laut, ob die dringend notwendige weitere Vertiefung von Multinationalität und Integration mit der gebotenen Intensität fortgeführt werde: Nationale Vorbehalte seien vielfach ein Hindernis.

Gerade auf dem Gebiet der Führungsunterstützung zeigten sich die bestehenden Probleme sehr konkret bei fehlender Interoperabilität. Fähigkeiten zur sicheren und gesicherten Kommunikation sowie zum Datenaustausch für gemeinsame Lage-Darstellung und -Bewertung seien bisher noch unzureichend erfüllte Grundvoraussetzungen. Und dies, so Generalleutnant a.D. *Carl-Hubertus von Butler*, zuletzt Befehlshaber des Heeresführungskommandos, der das zweite Panel zu Ausbildung, Übungen und Führungsunterstützung moderierte, obwohl angesichts begrenzter nationaler Ressourcen weitere Fortschritte gemacht werden müssten.

In internationalen/multinationalen Strukturen und Einsätzen – bei Hauptquartieren und Stäben ebenso wie bei den beteiligten Truppen – sind eine ausreichend tiefe Integration sowie die Fähigkeit zur Interoperabilität unabdingbar. Über die Frage, wie tief eine solche Integration gehen müsse, gingen die Auffassungen allerdings auseinander. Bei Luft- und Seestreitkräfte ist diese weit fortgeschritten. Generalleutnant a.D. *Friedrich-Wilhelm Ploeger*, in letzter Verwendung Stellvertretender Befehlshaber Air Command Ramstein, formulierte dies so: „Luftmacht wie auch Seemacht sind […] mächtige militärische Instrumente, bei denen […] Integration und Multinationalität schon … früh… zum Standard gehörten.... Der Hauptgrund sind vielleicht die Kosten für die gesamte Bandbreite der Fähigkeiten, der Luftmachtfähigkeiten, die man braucht; sie übersteigen oftmals die nationalen Ressourcen: technisch, wirtschaftlich, industriell, und das hat auf der Zeitachse immer intensiver zugenommen." Auch für Seestreitkräfte sei Integration seit Langem „gelebte Realität", ergänzte Vizeadmiral a.D. *Hans-Jochen Witthauer*. Das gebe den militärischen Führern „vom jungen Offizier bis zum älteren Stabsoffizier das Gefühl […], zu einem großen Ganzen zu gehören. Der Marineoffizier hat Integration genetisch verinnerlicht".

> *Bei den Landstreitkräften wurde die Frage, wie tief Integration gehen könne, dagegen unterschiedlich beurteilt. Einige Diskussionsteilnehmer sehen sie nach unten hin eher begrenzt, für andere ist eine Integration „bis hin zum Zug" völlig offen, wenn die Voraussetzungen dafür getroffen würden. Allerdings sehen sie die derzeitige praktische Umsetzung eher als „halbherzig" an.*

Bei den Landstreitkräften wurde die Frage, wie tief Integration gehen könne, dagegen unterschiedlich beurteilt. Einige Diskussionsteilnehmer sehen sie nach unten hin eher begrenzt, für andere ist eine Integration „bis hin zum Zug" völlig offen, wenn die Voraussetzungen dafür getroffen würden. Allerdings sehen sie die derzeitige praktische Umsetzung eher als „halbherzig" an.

Multinationalität verlangt gemeinsame Führungs- und Einsatzgrundsätze

Führung sei schon bei nationalen Einsätzen eine Schlüsselaufgabe für den Erfolg, in multinationalen Einsätzen aber absolut entscheidend, so Generalmajor a.D. *Hubert de Vos*, ehemaliger Befehlshaber der belgischen Landstreitkräfte. Vertrauen und gegenseitiges Verstehen seien dafür sehr wichtige Vorbedingungen. Führung in einem internationalen Umfeld verlange „gegenseitiges Vertrauen, Verständnis, gemeinsame Werte und den Respekt, den wir für unsere Partner haben müssen, auf der einen Seite und den Respekt, den wir haben müssen in dem Land, in dem wir eingesetzt werden", ergänzte General a.D. *Egon Ramms*.

Die an internationalen Einsätzen beteiligten Soldaten kommen vielfach aus ganz unterschiedlichen Kulturkreisen, haben folglich „sehr unterschiedliche Militärkulturen", stellte Generalleutnant *Hans-Werner Fritz*, zuletzt Befehlshaber Einsatzführungskommando der Bundeswehr, fest, wie das Beispiel Afghanistan gezeigt habe. In multinationalen Einsätzen müssten in aller Regel kleine Truppenkontingente bis auf die untere taktische Ebene über große Entfernungen und Räume geführt werden. Ohne das bewährte Führungsprinzip „Führen mit Auftrag" sei das nicht möglich. Das wiederum setze voraus, den unterstellten Führern zu erklären, was sie machen sollten und ihnen dann Handlungsfreiheit zu lassen.

Kommunikation sei in einem solchen Umfeld von entscheidender Bedeutung, und das heiße: Reden und immer wieder erklären. Das aber gehe nur mit einer gemeinsamen Sprache, und in der Einsatzpraxis heiße das konkret: Die Beherrschung von Englisch als (NATO-) und Einsatzsprache sei für alle an einer Mission Beteiligten zwingend. Daran aber hapere es vielfach noch, oft auch mit der Folge eingeschränkten Einflusses auf wichtige Entscheidungen.

Schließlich sind gemeinsame Führungs-, Planungs- und Einsatzgrundsätze und -verfahren in multinationalen Einsätzen absolut unerlässlich. Interoperabilität von Truppen und Stäben untereinander, die flexible Zuordnung von Kräften und die Verzahnung des Einsatzes von Land-, Luft- und Seestreitkräften („Jointness") erodierten schnell, wenn sie nicht auf langfristig fundierter (Zusammen-)Arbeit basieren. Neben den Nationen selbst müsse vor allem die NATO größere Anstrengungen unternehmen, um dafür zu sorgen, dass alle Mitglieder die Regeln der NATO-Planungs- und Entscheidungsprozesse besser beherrschen lernten. Konkret wurde die „Comprehensive Operations Planning Directive"

(COPD)[3] genannt, die das Prozedere und die Verantwortlichkeiten für Planung und Durchführung von Operationen im Verantwortungsbereich des NATO-Oberkommandos Europa (SHAPE) regelt. Dies löste in der anschließenden Diskussion, in dem von Generalleutnant a.D. *Carl-Hubertus von Butler* moderierten Panel 2, die Frage aus, ob es angesichts dieses essentiellen NATO-Planungsdokuments noch der nationalen deutschen Heersdienstvorschriften der sogenannten 100er-Reihe (Führung) bedürfe. Der Feststellung „Wir in der NATO, in anderen Nationen, wenden nur noch den COPD an, und zwar von Leutnantsebene an aufwärts" stand die Auffassung von Diskussionsteilnehmern gegenüber, dass man die in den deutschen Vorschriften gelehrte „Stringenz" des Führungsprozesses, die in der HDV 100/100 und 100/200 vermittelt werden, und die daraus folgende „geistige Flexibilität" nicht aufgeben dürfe.

Es könne allerdings nicht erwartet werden, dass in internationalen oder multinationalen Verbänden „eine französische Kompanie oder ein estnischer Zug die HDV 100/100 gelernt hätten". Zudem seien die Zeiten vorbei, wo das Lernen klassischer Vorschriften ausreiche. Der Wandel im Rahmen der Globalisierung erfordere auch den Willen, Herausforderungen anzunehmen und hoch beweglich darauf zu reagieren.

Flexibilität gefordert

„Geistige Flexibilität" habe deshalb in einem multinationalen Umfeld eine sehr viel höhere Bedeutung als in einem nationalen, insbesondere, wenn multinationale Verbände sowohl der NATO als auch der EU zur Verfügung stehen müssten. Diese Organisationen unterschieden sich nicht nur in ihren Verfahren, sondern auch im Bereich der Einschätzung der Notwendigkeit des Einsatzes militärischer Mittel. Flexibilität sei eine unabdingbare Fähigkeit, um schnell aus einer identifizierten Rolle in eine andere wechseln zu können. Allerdings müsse man sich dabei bewusst sein, dass auch die beste Ausbildung den Soldaten nicht auf jede Situation auf dem Gefechtsfeld vorbereiten könne. Was die Truppe zum Überleben brauche, seien die Ausbildung in Standardsituationen, also gute „Battle Drills". Ein weiteres Grundelement jeder Ausbildung für Krise und Krieg müsse die Vorbereitung auf die „Erwartung des Unerwarteten" sein, so Generalleutnant a.D. *Dr. Olshausen*. („Don't be surprised to be surprised")

> *Flexibilität sei eine unabdingbare Fähigkeit, um schnell aus einer identifizierten Rolle in eine andere wechseln zu können. Allerdings müsse man sich dabei bewusst sein, dass auch die beste Ausbildung den Soldaten nicht auf jede Situation auf dem Gefechtsfeld vorbereiten könne.*

Bei dem Versuch, den Blick auf die Frage „Wohin und wie werden sich multinationale Streitkräfte in absehbarer Zukunft entwickeln?" wurde in dem von General a.D. *Karl-Heinz Lather*, ehemaliger Chef des Stabes SHAPE, moderierten dritten Panel schnell deutlich, dass ein klarer politischer Wille die Voraussetzung für jede weitergehende Vertiefung von Multinationalität und Integration ist.

In multinationalen Einsätzen spielten oft nicht-militärische Organisationen eine bedeutende Rolle. Umso wichtiger sei für alle Beteiligten ein gemeinsamer politischer Wille, „sonst wird das schnell ein Durcheinander". Dies gelte besonders auch für den Cyber-Raum, wo es eine Vielzahl von militärischen und nichtmilitärischen Aktivitäten gebe. Hier könne eine Gemengelage entstehen, in der jeder tut, was er für richtig hält. Die Cyber-Problematik sei schon national eine große Herausforderung, umso schwieriger sei die Abstimmung zu gemeinsamem Handeln in einer multinationalen Umgebung. Es sei Aufgabe der Politik, für klare Vorgaben zu sorgen. Aber auch die militärischen Berater hätten dabei nach Clausewitz eine besondere Verpflichtung: Ihre Aufgabe sei es, an die nationalen Regierungen heranzutreten und sie bei der Festlegung klarer konzeptioneller Vorgaben zu beraten.

> *In multinationalen Einsätzen spielten oft nicht-militärische Organisationen eine bedeutende Rolle. Umso wichtiger sei für alle Beteiligten ein gemeinsamer politischer Wille, „sonst wird das schnell ein Durcheinander".*

**Zukunft der Multinationalität:
klare politische Willensbekundung entscheidend**

Der Präsident der Clausewitz-Gesellschaft, Generalleutnant a.D. *Kurt Herrmann*, fasste dies in seiner Bewertung der Ergebnisse des Forums so zusammen: Eine kohärente Gemeinsame Außen- und Sicherheitspolitik ist für Europa ebenso unabdingbar wie die klare politische Willensbekundung zu Sicherheits- und Verteidigungsfragen. Glaubwürdige militärische Fähigkeiten durch neue, moderne Technologien und zeitgemäßes Personalmanagement erfordern angemessene Investitionen. Zur Bewältigung der bereits heute bestehenden neuen Sicherheitsrisiken und Bedrohungen sowie der künftig zu erwartenden Krisen und Konflikte sind ein gesteigertes sicherheitspolitisches Bewusstsein und die ideologiefreie Erörterung sicherheitspolitischer und militärstrategischer Themen erforderlich. Politik, Medien und Gesellschaft müssten dazu eine „Kultur des internationalen Verantwortungsbewusstseins" entwickeln.

Generalleutnant a.D. Herrmann stellte auch fest, dass nach seiner Beobachtung der sicherheitspolitischen Situation nach wie vor „bei der führenden politischen Elite unseres Landes ein Grundkonsens über fortbestehende notwendige Verankerung im Nordatlantischen Bündnis" besteht. Mit Blick auf die Staaten im Bündnis und in der Europäischen Union müsse jedoch auch festgestellt werden, „dass kein einheitliches politisch-strategisches Verständnis existiert über die Zukunft und die Rolle der Europäischen Union im Bereich gemeinsamer Sicherheit, auch im Verhältnis zur NATO und zu nationalen Belangen".

Der Gastvortrag des finnische Botschafters *Jari Vilén*, Vertreter der EU beim Europarat, bei dem zum Programm des Forums gehörenden festlichen Abendessen im „Maison Kammerzell" am Straßburger Münster rundete die Thematik in diesem Sinne mit einer scharfsinnigen und prägnant vorgetragenen analytischen Tour d'Horizon zum Thema „Aktuelle Herausforderungen für Europas Sicherheits- und Verteidigungspolitik" des Forums ab und wurde von den Teilnehmern mit lang anhaltendem Applaus bedacht.

Anmerkungen;
1 Das Eurokorps wurde auf der Grundlage des Beschlusses des deutsch-französischen Gipfeltreffens an 22. Mai 1992 in La Rochelle offiziell mit Wirkung vom 1. Oktober 1993 gegründet und am 5. November 1993 in Straßburg in Dienst gestellt. Im September 2002 wurde das Korps in ein so genanntes „schnelles Reaktionskorps" umgewandelt, das sowohl der EU als auch der NATO zur Verfügung steht.
2 Eine EU Battlegroup (EUBG) oder EU-Kampfgruppe ist eine für jeweils ein halbes Jahr aufgestellte militärische Formation der Krisenreaktionskräfte der Europäischen Union (EU) in hoher Verfügbarkeit... Mit den Battlegroups will die EU im Rahmen der Europäischen Sicherheitsstrategie ihre Fähigkeit verbessern, nach einer entsprechenden politischen Entscheidung schnell auch militärisch auf Krisen und Konflikte reagieren zu können. Quelle: Wikipedia
3 Einzelheiten zu COPD: http://info.publicintelligence.net/NATO-COPD.pdf

Kapitel II

Beiträge aus der Arbeit der Clausewitz-Gesellschaft e.V. zu politisch- und militär-historischen Themen

Fokus des Ersten Weltkriegs:
Der Schlieffenplan

Joachim Welz

Standort in der Erinnerung des Ersten Weltkrieges

Kommt dieser Beitrag nicht zwei Jahre zu spät? ist die Frage, die sich wahrscheinlich bei diesem Thema als erstes stellt. Doch dürfen wir überhaupt von einer „Verspätung" sprechen? Der Erste Weltkrieg hat über vier Jahre gedauert, womit wir bei allen wichtigen Ereignissen seines Verlaufes noch bis November 2018 Jubiläum „feiern" können; sein langes 100-jähriges „Jubiläum" ist damit ein zusammenhängendes, gleichsam ein ganzes herausragendes Erinnerungsereignis, hat doch diese „Urkatastrophe" buchstäblich alle Lebensbereiche betroffen und umgestaltet und die weitere „Geschichte" Europas und insbesondere Deutschlands wesentlich und nachhaltig (negativ) geprägt. So beschäftigt uns zwangsläufig die Diskussion seiner Ursachen und seiner Folgen weiterhin.

Vor genau 100 Jahren, also im Frühjahr 1916, befand sich der Erste Weltkrieg auf einem Höhe- oder besser einem Tiefpunkt: Trotz der negativen Erfahrungen suchten die Mächtegruppierungen wieder die Entscheidung an der Westfront: Seit dem 21. Februar war die Schlacht um Verdun im Gang, und die Vorbereitung zur Marneschlacht (offiziell ab 1. Juli) lief auf Hochtouren – die beiden „klassischsten" Beispiele für die berüchtigten Materialschlachten mit enormen Verlusten bei minimalen Geländegewinnen. Nichts zeigt deutlicher die Metamorphose des Krieges seit 1914: Übergang vom Bewegungskrieg zum Stellungskrieg, von ausgeklügelten Operationen zum phantasielosen Frontalangriff, von der Kriegskunst zum Wirtschafts- und „Maschinenkrieg", vom Kämpfer zum „Menschenmaterial" sowie ein Patt, die Sackgasse, in die sich Politik und Kriegführung durch leichtfertige Annahmen, veraltete Kriegsbilder und Fehlentscheidungen manövriert hatten.

Nun wäre es sicher falsch und vermessen, in diesem Rahmen einen Überblick über den Ersten Weltkrieg geben zu wollen. Es gibt aber Einzelereignisse, die große historische Abläufe und Phasen wie in einem Brennspiegel reflektieren, indem hierin gleichsam paradigmatisch die Charakteristika, Probleme und Entwicklungen der ganzen Epoche deutlich werden. Ein solches Phänomen, in dem sich die Epoche um den Ersten Weltkrieg historisch, politisch und militärisch fokussiert, ist zweifellos der Schlieffenplan. So war er nach 1918 das meistererörterte Problem der deutschen Militärgeschichtsschreibung; dies gilt tendenziell auch heute noch, da er untrennbar mit der „Kriegsschuldfrage" verbunden ist.[1]

Der Schlieffenplan wurde in Berlin erdacht, ausgearbeitet und ausgelöst. Gleich neben Reichstag und heutigem Kanzleramt stand seine Keimzelle, der heute völlig verschwundene Ziegelbau des „Großen Generalstabes", die „rote Bude". Dort agierten seine Protagonisten,[2] der geistige Vater und Namensgeber Alfred Graf Schlieffen, der dominante „Grand Chef" des Generalstabes von 1891-1905, und sein wenig glücklicher Nachfolger Helmuth von Moltke, Neffe des „großen" Moltke und Chef des Generalstabes von 1906-1914, der die Suppe, die er dort mit eingebrockt hatte, dann auslöffeln musste.

Die „Physik" der Mittellage – zwischen allen Stühlen

Auch nach über hundert Jahren ist die „Kriegsschuldfrage", hinter der natürlich die Fragen nach Ursachen, Anlass und Vermeidbarkeit, und damit auch der Schlieffenplan, stehen, ein Reizthema, dessen Ergebnis – Geschichte ist nun mal keine exakte Wissenschaft – natürlich auch vom jeweiligen Mainstream und der jeweiligen „political correctness" abhängt.[3] Deshalb wollen wir uns nicht auf dieses Glatteis begeben, sondern übergeordnete historische, gleichsam physikalische „Gesetze" suchen.

So bestehen zwischen benachbarten Staaten Wechselwirkungen, die wesentlich von deren innerer Dynamik – Bevölkerungszahl und -wachstum, Wirtschaftskraft, Industrialisierungsgrad, Infrastruktur, politisch-administrative Organisation, Militärmacht und Sendungsbewusstsein – abhängen. Der stärkere Staat übt nolens volens Einfluss auf die schwächeren Nachbarstaaten aus, kulturell, wirtschaftlich und politisch. Dieser „Druck" führt zu kultureller Beeinflussung – französische Fremdworte, Mode, Küche in den Nachbarländern – aber durchaus auch zu Kriegen und territorialen Veränderungen, z.B. die West-Ost-Wanderung der französischen Grenze über Jahrhunderte. Natürlich wehren sich die Schwächeren, indem sie Bündnisse gegen den Stärkeren schließen, z.B. gegen Ludwig XIV und Napoleon, wodurch diese schließlich gestoppt werden;

hieraus entwickelte sich das für Europa über Jahrhunderte typische komplexe System des Mächtegleichgewichts, von Großbritannien als „Balance of Power" zur politischen Leitlinie entwickelt.

Besonders ausgeprägt ist dies Phänomen in der Mittellage, weil sich solche Staaten nach zwei oder mehr Seiten in dieser Beeinflussungssituation befinden. Kritisch wird dies für „schwache" Länder zwischen Großmächten, weil der Druck von mehreren Seiten auf sie einwirkt und die Kriege sich zumeist auf ihrem Territorium abspielten; dabei ist „schwach" relativ zu den Nachbarn zu sehen. Dies zeigt sich etwa beim „Heiligen Römischen Reich" im 30jährigen Krieg oder um die Wende 17./18. Jahrhundert zwischen Franzosen- und Türkenkriegen, bei Österreich 1740 und besonders prekär Polen am Ende des 18. Jahrhunderts.

Vor dem Sturm – die politische Lage vor 1914

Die „klassische" Konstellation der schwachen europäischen Mitte geriet im 19. Jahrhundert in Unordnung. Insbesondere Preußen, vom Wiener Kongress wieder in die Rolle einer Großmacht gegen Frankreich geschoben, gewann, auch relativ gegenüber den anderen europäischen Mächten, dramatisch an innerer Dynamik. Die Einigungskriege und die Gründung des „Deutschen Reiches" 1871 zeigten alsbald, dass Preußen Österreich und Frankreich deutlich überholt hatte. Vermochte Bismarck bis dahin mit genialer Außenpolitik die Gegner zu isolieren und abzuwarten, bis sie sich selbst ins Unrecht setzten, begannen jetzt die Regeln der Balance of Power gegen Deutschland zu wirken: Frankreich, das zwar selbst 1866 und 1870 auf territoriale Gewinne aus war, akzeptierte den Verlust Elsass-Lothringens nicht und machte „Revanchepolitik", war also ständiger, gleichsam gesetzter Kriegsgegner für das Deutsche Reich. Bismarck erkannte die Gefahr der Mittellage, erklärte das Reich für „saturiert" und konterte wiederum mit überlegener Diplomatie und einem ausgeklügelten Bündnissystem, in dem er neben Österreich-Ungarn auch Italien – „Dreibund" 1882 und 1887 – und vor allem Russland – Drei-Kaiser-Bündnis 1873, 81, 84 – auf die deutsche Seite brachte.

Aber selbst Bismarck hatte mit diesem „Jonglierspiel mit fünf Kugeln" zunehmend Schwierigkeiten – „Krieg in Sicht"-Krise 1875, Russlands gefühlte Düpierung in der Bulgarischen Krise und auf dem Berliner Kongress, wonach das Drei-Kaiser-Bündnis 1887 zum – aber immerhin noch – Rückversicherungsvertrag „downgesized" werden musste. Dies lief seinen mediokren Nachfolgern immer mehr aus dem Ruder: Schon 1890 wurde der Rückversicherungsvertrag nicht erneuert; über das Bündnis mit Österreich-Ungarn wurde Deutschland in die Balkan-Wirren und damit den Gegensatz zu Russland und später auch Italien hineingezogen. Wirtschaftliche Überflügelung und Konkurrenz auf den Weltmärkten – Made in Germany(!) – Kolonialpolitik, Gefährdung des britischen „two-power-standards" durch den deutschen Flottenbau und Deutschlands „dynamische", tatsächlich naive Außenpolitik – China, Marokko, Türkei (Bagdad-Bahn) – ließen auch Großbritannien zum potentiellen Gegner Deutschlands werden. So brach nicht nur Bismarcks Bündnissystem zusammen, es entstand vielmehr ein komplexes Bündnissystem (potentieller) Gegner, das von Deutschland als „Einkreisung" empfunden wurde: Zweibund Frankreich-Russland 1894, Bündnis England-Japan 1902, Entente Großbritannien-Frankreich 1904, Entente England-Russland 1907, und selbst Italien zeichnete sich als Gegner ab (Kriegseintritt 1915). Insbesondere auf dem Balkan akkumulierten sich die Gegensätze durch gegen Österreich-Ungarn gerichtete groß-serbische Ambitionen und russischen Panslavismus; die Gegensätze zwischen den kleineren Mächten entluden sich schließlich in zwei Balkan-Kriegen, die ihre jeweiligen Schutzmächte Gewehr bei Fuß stehen und wettrüsten ließen. Insbesondere hier musste der nächste Funke einen Krieg auslösen, der bei den bestehenden Verflechtungen und Bündnissystemen kaum regional würde eingegrenzt werden können.

Das „strategische Dilemma" des Deutschen Reiches

Angesichts dieser Kriegsgefahr war die geostrategische und militärische Situation des Deutschen Reiches also denkbar schlecht:

Es war mindestens mit einem „Zwei-Fronten-Krieg" gegen Russland und Frankreich zu rechnen. Hinzu kam die Bedrohung der Seewege bei wirtschaftlicher Abhängigkeit von Exporten einerseits und Importen von Rohstoffen und Lebensmitteln andererseits. Schließlich schaffte es Deutschland – entgegen seinem militaristischen Image – nicht, seine Wehrkraft auszuschöpfen – nur etwa 50 Prozent der Wehrpflichtigen eines Jahrganges wurden eingezogen, und der Verteidigungshaushalt mit dem Instrument des Budgetrechtes des nicht sehr wehrfreudigen Reichstags, Art. 69 der Reichsverfassung von 1871, wurde von der politischen Opposition und den kritischen Teilen der „Öffentlichkeit" durchaus als Hebel im innenpolitischen Machtkampf gesehen. So hielt Frankreich trotz wesentlich kleinerer Bevölkerung, getragen von einem weitgehenden gesellschaftlichen Konsens, durch eine Einberufungsquote von 75 Prozent den 1:1-Standard bei der Heeresrüstung. Hinzu kam natürlich das zahlenmäßig überlegene russische Heer, das als „russische Dampfwalze" gefürchtet war, wenn die dortige Mobilisierung erst einmal in Gang gekommen sein würde. Vor allem aber machte Russland, ganz abgesehen vom natürlichen Reichtum an Bevölkerung und Rohstoffen, in industrieller Entwicklung und Infrastruktur (Eisenbahnwesen mit französischen Krediten!) erhebliche Fortschritte und verringerte ständig den Abstand zu Deutschland. Die deutschen Militärs sahen deshalb einen langen Krieg, der immer mehr die Züge eines Wirtschaftskrieges angenommen hätte, als nur schwer „gewinnbar" an.[4]

Die „Lösung": der Schlieffenplan

Ein Ausweg konnte „eigentlich" nur darin liegen, einen der Gegner schnell und vollständig zu schlagen und sich dann mit der Masse der Streitkräfte dem anderen Gegner entgegen zu werfen. Bei der Größe Russlands, seinen Reserven an Menschen und Material, seiner Infrastruktur und seinem Klima war hier an einen schnellen Sieg nicht zu denken. Also blieb nur, Frankreich in einem schnellen Feldzug auszuschalten.

Alfred Graf von Schlieffen (1833 – 1913) als Chef des Großen Generalstabs.

Hierfür wäre ein „ordinärer Sieg" (Friedrich der Große) natürlich nicht ausreichend: Ein Land zu „schlagen" musste in diesem Fall das völlige Ausschalten seiner Streitkräfte sein.[5] Die Problematik lässt sich leicht mit Ballon und Hammer demonstrieren: Die schwächere Armee – Ballon – wird zwar von der Stärkeren – Hammer – ohne Chance auf effektiven Widerstand oder gar Sieg zurückgetrieben, bleibt aber als solche mit relativ wenig beeinträchtigter Kampfkraft erhalten. Sie stellt also weiterhin ein militärisches Potential dar, eine Bedrohung, die zwangsläufig verhindert, dass wesentliche Teile der stärkeren Armee für andere Aufgaben abgezogen werden können. Grundlegend anders wird es allerdings, wenn der Ballon – die schwächere Armee – nicht mehr ausweichen kann, z.B. gegen ein Hindernis gedrückt wird: Beim nächsten Schlag des Hammers platzt der Ballon – die Armee ist vernichtet. Oft wird dies nicht durch die Grenzen des feindlichen Landes oder geographische Hindernisse möglich sein – die einzige Lösung ist dann das Drücken gegen die eigene Armee selbst, d.h. die Einkesselung. Idealtypisch hierfür war der grandiose Sieg des karthagischen Feldherrn Hannibal über die Römer bei Cannae 216 v. Chr., der namengebend und sprichwörtlich wurde: Selbst im zivilen Bereich wird gelegentlich jemandem ein „Cannae" bereitet.

Plötzlich schien die Lösung des „strategischen Dilemmas" ganz klar: Das französische Heer musste in einer Art Blitzkrieg eingekesselt und dadurch schnell und vollständig vernichtet werden, womit die Masse der deutschen Truppen für die zweite Phase, den Krieg gegen Russland, frei würden, bevor die „russische Dampfwalze" gefährlich werden könnte.[6]

In dieser Fixierung auf das „große Cannae" kamen weitere Denkschulen und Gedankengänge zusammen: Aus Mittellage und Unterlegenheit hatte sich eine preußisch-deutsche Militärdoktrin entwickelt, politisch-strategisch wie aber auch taktisch die schnelle Offensive zu suchen: „Unsere Kriege müssen sein kurz und viv" und „je wiver die Attaquen seynd, je weniger Leute kosten sie", (Friedrich der Große), der so nicht nur die drei Schlesischen Kriege geführt und letztlich gewonnen hatte, sondern dies auch als Führungsgrundsatz und taktisches Prinzip definierte, praktizierte und lehrte. Deshalb wurde der Siebenjährige Krieg im Generalstab und auf der Kriegsschule eifrig studiert, wobei die Schlacht bei Leuthen (15. Dezember 1557 – trotz Unterzahl glänzender Sieg durch Angriff mit Flankierung und teilweiser Umfassung) als maßgeblich und als Anwendung des Cannae-Prinzips angesehen wurde. Dies schien auch durch Königgrätz (3. Juli 1866) und vor allem durch den Deutsch-Französischen Krieg bestätigt zu werden, in dem bei Sedan (2. September) und Metz (20. August bis 27. Oktober 1870) tatsächlich Kesselschlachten gelangen, wobei aber „übersehen" wurde, dass sie nicht durch die Planung so angelegt waren, sondern sich erst durch die beiderseitige Operationsführung zu solchen entwickelten. Dies wurde darüber hinaus in einer „Borussenideologie" überhöht, die im hohenzollerisch-preußisch-deutschen Sendungsbewusstsein schwelgte, z.B.: „Die Geschichte des Hauses Hohenzollern ist nunmehr des neuen deutschen Reiches Vorgeschichte, und der Preußen seine europäische Machtstellung errang, Friedrich der Große, steht nunmehr wirklich da als dieses Reiches Gründer" (Kriegsminister Du Bois-Reymond auf einer Festrede 1871).[7] Als Kehrseite wurde im Erfolg die Rechtfertigung gesehen, auch für einen Angriffs- und Eroberungskrieg, so dass nicht nur übergeordnete politische Gesichtspunkte negiert, sondern auch moralische Bedenken verdrängt wurden. Bei der Bewertung aus heutiger Sicht muss allerdings darauf hingewiesen werden, dass die Schrecken des modernen Krieges so erst im Ersten Weltkrieg begriffen wurden und es erst dadurch zur kollektiven Ächtung und moralischen Verwerfung des (ungerechtfertigten) Krieges kam. Schließlich waren Kulturgeschichte und Ideologie des Kaiserreiches vom Klas-

> *Aus Mittellage und Unterlegenheit hatte sich eine preußisch-deutsche Militärdoktrin entwickelt, politisch-strategisch wie aber auch taktisch die schnelle Offensive zu suchen*

sizismus, der Antikenrenaissance, beeinflusst, so dass auf dieser Welle auch die Kriege der Antike und damit natürlich die Schlacht bei Cannae populär wurden.[8] So wurden im militärischen Denken und der Offiziersausbildung des späten Kaiserreiches wuchtige Offensive, „Cannae-Prinzip" und schneller Sieg die alles beherrschenden Grundsätze.[9]

Die Grundzüge des Schlieffenplans[10]

Die französische Armee war also durch ein großes Cannae zu schlagen, d.h. sie musste in kürzester Zeit eingekesselt werden. Nun war aber das deutsch-französische Grenzgebiet mittelgebirgig und nicht günstig für militärische Großoperationen: Schon 1870 hatte es hier schwere Schlachten, Verzögerungen und hohe Verluste gegeben. Seitdem hatten die Franzosen die Grenze stark befestigt. Ein schneller Sieg oder gar eine Einkesselung mit Millionenheeren schien deshalb hier wenig aussichtsreich. Es musste also eine Möglichkeit gefunden werden, die französische Armee bei günstigerem Gelände und schwächerem Widerstand zu umgehen. Da die Schweiz aus geografischen Gründen ausfiel, blieb hierfür (nur) der nördliche Weg, über Luxemburg und Belgien; ursprünglich waren auch noch durch den Maastrichter Zipfel die Niederlande einbezogen. Danach ergab sich folgender Operationsplan:[11] Ein schwacher linker Flügel – (nur) zwei Armeen – hatte zunächst die deutsche Grenze zu schützen und später als Amboss zu dienen, und ein entsprechend starker rechter Flügel sollte den Umgehungsangriff führen. Das Stärkeverhältnis beider Flügel sollte 1:7 betragen. Die entscheidende Aufgabe hatte dabei die (preußische) 1. Armee: Sie sollte durch Nordbelgien bis fast zum Kanal marschieren, dann nach Süden schwenken, Paris vom Norden und Westen einnehmen und westlich von Paris schließlich mit einem weiten Schwenk nach Osten, auf die schweizer und deutsche Grenze zu, die Einkesselung der französischen Armee vollenden. Dies war das Herzstück des Schlieffen-Plans und der deutschen Kriegführung – mit dem Erfolg dieser Operation standen und fielen Plan, Feldzug und Krieg. Folgerichtig sollen auf dem Sterbebett die letzten Worte Schlieffens gewesen sein: „Macht mir den rechten Flügel stark!"

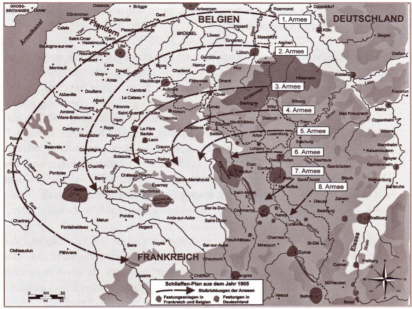

Die deutsche Angriffsplanung nach dem Schlieffenplan aus dem Jahr 1905.
(siehe auch Wikipedia.de)

Der Schlieffenplan als Fata Morgana? – Politische und militärische Risiken

Zunächst fallen die politischen Implikationen ins Auge: Mit dem Bruch der belgischen Neutralität würde sich Deutschland – selbst Garantiemacht hierfür(!) – nicht nur völkerrechtlich und moralisch, sondern auch politisch-propagandistisch ins Unrecht setzten. Außerdem würde mit Belgien ein weiterer Kriegsgegner mit durchaus relevanten Streitkräften und zahlreichen Festungen erwachsen.[12] Vor allem aber musste dies wahrscheinlicher Anlass für den Kriegseintritt Großbritanniens sein – mit seinen Dominions (Kanada, Australien, Neuseeland, Südafrika) und weltweiten Kolonien, insbesondere Indien. Auch von dort musste also alsbald mit Truppenkontingenten gerechnet werden, wobei die britische Seemacht Deutschland von den Seeverbindungen und seinen Kolonien abschneiden würde.

Auch militärisch war der Schlieffenplan ein zwar kühnes und ausgeklügeltes, doch höchst riskantes Unternehmen:

- Belgien und Nordfrankreich wurden nicht als strategischer Raum, sondern nur als Aufmarschgebiet für die eine Kesselschlacht wahrgenommen. Es gab (deshalb) fast keine Koordination mit der Marine, für die die Kanalhäfen als Ausgang aus dem „nassen Dreieck" von größter Bedeutung waren. So sollte der Marschweg der 1. Armee westlich von Abbeville 30 km entfernt am Ärmelkanal vorbei erfolgen, ohne die Küste zu besetzen. Natürlich spielte auch der Mangel an Kräften eine Rolle; eine wesentliche Wurzel für diese Versäulung des Denkens war aber auch die Reichsverfassung, die Heer und Marine völlig getrennt, Art. 57ff vs. Art. 53ff, behandelte und, aus heutiger Sicht unverständlich, kein gemeinsames „Dach" vorsah – auch der Kaiser war nur jeweiliger, nicht etwa gemeinsamer, Oberbefehlshaber.

- Seit den großen Kriegen im 19. Jahrhundert war eine beträchtliche Waffenentwicklung eingetreten, die mit Repetiergewehren (Magazin), Maschinengewehren und Schnellfeuerkanonen mit brisanter Artilleriemunition (Splitterwirkung) die Defensive begünstigte. Obwohl dies im russisch-japanischen Krieg 1904/05 bereits „erprobt" war und Waffenexperten und Statistiker entsprechende Werte vorlegten, war dies von den „Operateuren" (beider Seiten!) noch nicht internalisiert und in den Planungen berücksichtigt.[13]

- Operative Reserven waren nicht vorgesehen – eine militärische Todsünde; so konnte auf „Friktionen" (unerwartete Störungen)[14] kaum reagiert werden. Dies zeigt, wie sehr der belgische Widerstand, ein mögliches britisches Expeditionskorps und französische Gegenmaßnahmen unterschätzt wurden.

- Seit Mitte des 19. Jahrhunderts war der militärische Aufmarsch wesentlich durch den Eisenbahntransport bestimmt, der eine gewaltige Rolle in der militärischen Planung spielte. Beim Aufmarsch im Feindesland musste aber mit erheblichen Störungen des Eisenbahnbetriebes durch Boykott und Zerstörung gerechnet werden; Achillesferse war also der immer länger werdende Weg von den eigenen Endbahnhöfen zur kämpfenden Truppe.[15] LKW wurden zwar, mit Schwerpunkt durch 1. Armee, genutzt, die bei entsprechender Mobilisierung und Requirierung vorhandenen Möglichkeiten wurden aus Konservatismus und Unverständnis aber nicht ausgeschöpft. Damit musste die Logistik – für eine Millionenarmee mit Maschinenwaffen und (schwerer) Artillerie! – wesentlich durch Pferdefuhrwerke erfolgen, wobei die enormen Futtermengen wiederum mit Fuhrwerken herbeitransportiert werden mussten. Gemessen an dem, was man sich vorgenommen hatte, mutet besonders dies doch als recht antiquiert an.

- Demgegenüber hatten die Verteidiger den Vorteil der „inneren Linie", der Verkürzung der Wege und der besseren Infrastruktur, insbesondere Eisenbahn und Kommunikationsmittel.

- Da eine Motorisierung noch kaum existierte, die Kavallerie durch die modernen Waffen fast zur Statistenrolle degradiert und der Eisenbahnbetrieb schwer gestört war, musste die große Einkesselung mit Infanterie, d.h. zu Fuß mit 30 km/Tag und 38 kg Gepäck in der Sommerhitze(!), bewerkstelligt werden. Der Einschließungsflügel hatte also nicht nur keine größere operative und tatsächliche Beweglichkeit, sondern war durch die Eisenbahnprobleme und die immer länger werdenden Nachschubwege in der Beweglichkeit dem Einzukesselnden unterlegen.

- Hinzu kommt die endlos lange, ungeschützte Flanke (800 km) der einschließenden 1. Armee, die gefährlich offen für französische Gegenmaßnahmen war, insbesondere wenn die schnelle und vollständige Einkesselung nicht gelang.

- Schließlich wurden keine Überlegungen angestellt, was nach der (erfolgreichen) Einkesselung passieren sollte, wenn Frankreich weiterkämpfen würde – auch im deutsch-französischen Krieg kam die längere, härtere und verlustreichere Phase erst nach Sedan gegen die neuen republikanischen Armeen – und auch konkrete Planungen für den dann folgenden Krieg gegen Russland bestanden nicht.

Insgesamt wurde also ignoriert, dass sich ein Kriegsverlauf nur „bis zum ersten Schuss" planen lässt (Moltke d.Ä.). Stets kommt es zu „Friktionen", und vor allem reagiert der Gegner so effektiv wie möglich (Jargon: Gesetz der größten Schweinerei); ein zu ausgeklügelter, detaillierter und komplexer Plan ist deshalb in der Regel zum Scheitern verurteilt – zu jedem Hannibal, der einkesselt, gehört auch ein Varro, der sich einkesseln lässt! Die Kesselschlacht, dieser Traum jedes Feldherrn, konnte deshalb in der

Damit konnte der Schlieffenplan „eigentlich" nur gelingen, wenn es nicht zu unvorhergesehen Störungen käme und das deutsche Heer überlegen geführt würde.

Kriegsgeschichte nur ganz selten verwirklicht werden – und selbst Hannibal, das idealtypische Modell, hatte trotz dieses grandiosen Sieges den Krieg am Ende kläglich verloren, was von der Schlieffen-Schule nicht genügend internalisiert worden zu sein scheint. Damit konnte der Schlieffenplan „eigentlich" nur gelingen, wenn es nicht zu unvorhergesehen Störungen käme und das deutsche Heer überlegen geführt würde. Die überragende Feldherrngestalt à la Friedrich gehörte tatsächlich zu dieser Denkschule; nicht zufällig sprach Schlieffen gern, vielleicht sich selbst dafür haltend, von der Notwendigkeit eines „neuen Alexander".[16]

Trotz dieser Probleme war die deutsche Führung in diesen Einkesselungsgedanken völlig verrannt, so dass dieser zu mehr als einem Operationsplan wurde, zu einer Denkschule, einem „Dogma" (Wallach[17]). Dafür wurde sogar die Kriegsgeschichte manipuliert: Die Schlieffen-Schule wollte nicht aus dieser lernen, sondern bog sie bewusst – Instrumentalisierung und Finalisierung der Geschichte – zur Untermauerung ihrer Position zurecht.[18] Von diesem einen Weg war sie so überzeugt, dass über Alternativen gar nicht mehr nachgedacht wurde/werden durfte. So wurde 1913 der „Ostaufmarsch", die Planalternative für einen prioritären Aufmarsch gegen Russland, aufgegeben, so dass das Deutsche Reich nur noch diesen einzigen Plan hatte (zum Vergleich: Österreich-Ungarn 16 Versionen), ohne Alternativen und Möglichkeiten, auf politische Entwicklungen zu reagieren. Selbst wenn wir zugutehalten, dass der Zweifrontenkrieg gegen überlegene Gegner tatsächlich nur mit einem großen, kühnen Plan zu gewinnen, der Schlieffenplan also auch der Not gehorchend, aus Schwäche, entstanden war – der Generalstab forderte ständig mit Hinweis auf Lage und Stärkeverhältnisse Verstärkungen von Kriegsministerium und Politik – so drückt er doch zweifellos Ignoranz (Unterschätzung wichtiger politischer und militärischer Faktoren) und Überheblichkeit („weil wir so gut sind, schaffen wir das") aus. Lässt sich dafür aus der Froschperspektive rein militärischer Betrachtung noch eine gewisse Logik und innere Berechtigung finden, hätten die kaum vermeidbaren politischen Folgen die „politische Führung", d.h. den Reichskanzler – der zwar in militärischen Angelegenheiten erstaunlich wenig verfassungsmäßige Befugnisse hatte, aber die Außenpolitik steuern konnte – und natürlich den Kaiser als „obersten Kriegsherrn" und „Chef" des Reichskanzlers, alarmieren müssen: Überschritt die politische Spannung eine bestimmte Intensität, konnte die deutsche Führung nur noch mit der Keule des sofortigen Großangriffes auf Belgien und Frankreich reagieren – was Zeitrahmen und Handlungsspielraum der Diplomatie in Krisenphasen dramatisch einschränkte. Zudem musste sie bei den Stärkeverhältnissen ein Scheitern des

Schlieffenplanes zumindest einkalkulieren. Der Bruch der belgischen Neutralität und der wahrscheinliche Kriegseintritt Großbritanniens mussten dann schwerer wiegen als die Chance, vielleicht Frankreich tatsächlich in einem „Blitzkrieg" auszuschalten, wie es ja auch der Verlauf des Zweiten Weltkrieges zeigt. Somit verdeutlicht der Schlieffenplan auch, wie weit in Deutschland das militärische Denken ein Übergewicht über die schwache politische Führung einschließlich Kaiser gewonnen hatte. Dies wurde durch die insoweit in der Tradition des preußischen Spätabsolutismus stehende Reichsverfassung begünstigt, die – abgesehen vom bereits erwähnten Budgetrecht – den militärischen Bereich der „Politik" – Reichskanzler und Reichstag – weitgehend entzog. Allerdings: Der Ausgang von Schlachten und Kriegen ist nie sicher vorherzusagen. Die gleiche „Lagebeurteilung" am 2. August 216 v. Chr., dem Morgen der Schlacht bei Cannae, hätte auch zu dem Ergebnis geführt, dass Hannibal die Schlacht „eigentlich" nicht gewinnen kann; wir sollten also eine „Denksekunde" einlegen und uns vorstellen, wie wir Schlieffenplan und Operationen im August/September 1914 beurteilen würden, wenn Deutschland gewonnen hätte, was, wenn wir die Fehler und Versäumnisse im September 1914 wegdenken, zumindest als „ordinärer Sieg" durchaus möglich gewesen wäre.

Somit verdeutlicht der Schlieffenplan auch, wie weit in Deutschland das militärische Denken ein Übergewicht über die schwache politische Führung einschließlich Kaiser gewonnen hatte.

(Folgerichtiges?) Scheitern im September 1914 (Marneschlacht, Wettlauf zum Meer)

Seit der Konzeption des Schlieffenplans 1905 bis zum Ausbruch des 1. Weltkrieges traten weitere Entwicklungen zu ungunsten des Deutschen Reiches ein:

In Russland, das sich von der Niederlage im Russisch-Japanischen Krieg erstaunlich gut erholt hatte, wurden Entwicklungsstand und Infrastruktur ständig besser, so dass sich das Aufmarschtempo entsprechend beschleunigte. Es musste also eine deutsche Armee, die 8., von Anfang an im Osten eingesetzt werden. Nachdem sich das deutsch-englische Verhältnis durch außenpolitische Reibereien und das Flottenwettrüsten politisch schon verschlechtert hatte, schuf Großbritannien durch die Haldanschen Reformen auch ein zwar kleines, aber effektives Heer, mit dessen sofortigem Eingreifen in Belgien und Frankreich zu rechnen war.[19] Vor allem aber Frankreich hielt bei allen deutschen Truppenvermehrungen, insbesondere 1913, durch die dreijährige Wehrpflicht mit und erreichte einen optimalen Ausbildungsstand. Zusätzlich verstärkte es seine Feldartillerie dramatisch mit einem überlegenen 75 mm Geschütz, das bis 30 Schuss/Min(!) feuerte und eine deutlich höhere „Munitionsrendite" (Brisanz) als die „Konkurrenz" aufwies und gerade im Bewegungskrieg hochwirksam war (Hintergrund der Dreyfus-Affäre!). Zudem setzte es auch operativ und mental voll auf Offensive („Offensive à Outrance", Plan XVII, Foch) mit dem Schwerpunkt Lothringen, d.h. Angriff auf die deutsche Grenze. Das französische Heer war also im Schwerpunkt des Schlieffenplans in Nordfrankreich oder gar Belgien nicht zu stellen und zu schlagen.

Schlieffens Nachfolger Moltke d.J. sah damit Süddeutschland bedroht; er verkleinerte zwar den rechten Flügel nicht, führte aber alle Truppenverstärkungen, die bis 1914 erfolgten und vor allem letztlich auch die aufgewachsene Reserve von 6 1/2 Divisionen dem linken Flügel zu, so dass ein Verhältnis von 2,5:7 entstand.[20] Auch wenn er auf die neuen Entwicklungen reagieren musste und ein massiver französischer Einfall in Süddeutschland zum Abzug von Truppen des rechten Flügels hätte zwingen können und der rechte Flügel in Infrastruktur, Logistik und bei den Führungsmitteln schon an der Grenze war und Verstärkungen zweifellos noch zur Vergrößerung der Probleme geführt hätten, wurden hierdurch natürlich klare Grundidee, Schwerpunkt und Kühnheit des Schlieffenplans abgeschwächt und damit militärische Grundsätze verletzt (deshalb von der Mehrzahl der Kommentatoren als „Verwässerung" (Hindenburg) gesehen[21]: „Wer alles konservieren will, wird nichts konservieren" (Friedrich der Große)). Selbst der politisch weise Entschluss, den Marsch durch den Maastrichter Zipfel fallen zu lassen – um die Niederlande im Notfall als „Luftröhre" für das Deutsche Reich zu erhalten – barg Nachteile: Die Festung Lüttich musste jetzt quasi im Handstreich genommen werden – schon militärisch ein hohes Risiko, vergrößerte dies noch mehr den Zeitdruck, zu schneller Mobilmachung und Kriegserklärung zu kommen, was die Möglichkeiten der Diplomatie in der über Krieg oder Frieden entscheidenden Phase weiter einschränkte.

Helmuth von Moltke der Jüngere, Nachfolger von Schlieffens, schwächte die Grundidee des Schlieffenplanes entscheidend zu ungunsten der deutschen Truppen ab.

So drängte 1914 in der Julikrise die militärische Führung Deutschlands frühzeitig – aus ihrer Sicht folgerichtig – auf eine schnelle, klare (Kriegs-)Entscheidung. Obwohl es erst als letztes mobil gemacht hatte, stand Deutschland so, wie vorherzusehen, politisch und moralisch im August 1914 als Angreifer da.

Trotz insgesamt schnellen Vormarsches verliefen bereits die Operationen in Belgien keineswegs planmäßig: Bis alle Außenforts erobert waren, verzögerte schon „Lüttich" den Vormarsch beträchtlich, und die Masse des belgischen Heeres samt König entkam der Umklammerung in Antwerpen, so dass es bis Ende des Krieges ein wesentlicher militärischer Faktor blieb; auch andere Festungen (Namur) zwangen zum Abzweigen von Kampftruppen für Belagerungen; viele Eisenbahneinrichtungen wurden boykottiert oder zerstört; überhaupt leistete Belgien unerwartet zähen Widerstand – die Erbitterung hierüber und eine hysterische Angst vor „Franctireurs" führten zu zahlreichen Kriegsverbrechen, die von der gegnerischen Propaganda weidlich ausgeschlachtet wurden.

Auch in Frankreich setzten sich die Friktionen fort: Deutschland war zwar insbesondere bei Steilfeuergeschützen und schwerer Artillerie deutlich, aber auch an Zahl insgesamt und an Beweglichkeit den anderen Mächten voraus, dies nützte aber nur im Belagerungs- und späteren Stellungskrieg. In den Feldschlachten des Bewegungskrieges dominierte die französische Feldartillerie und wurde zum Mythos und ist aus allen kitschigen französischen Kriegsbildern nicht wegzudenken. Insbesondere dies führte zu ständigen überhöhten deutschen Verlusten. Auch die deutsche „Wunderwaffe" für das Gelingen des Schlieffenplans, der 42 cm Mörser „Dicke Berta" (nach Berta Krupp), wobei das „Wunder" weniger in den Schießleistungen – es gab bereits Marine- und Festungsgeschütze höherer Leistung – als in der für die Gegner unerwarteten Beweglichmachung im Schienen- und vor allem LKW-Transport lag, stieß an ihre Grenzen: Zwar war die Wirkung auf ältere Festungen in der Tat „durchschlagend", mit 6 war die Zahl der Mörser aber zu gering, und der moderne französische Beton erwies sich als widerstandsfähiger als erwartet, was auch wieder Belagerungen erforderte und Kampftruppen band (Givet, Maubeuge). Dies und die mit der Länge der Versorgungswege wachsenden logistischen Schwierigkeiten führten zu ständiger quantitativer, physischer sowie mentaler Schwächung des deutschen rechten Flügels, der gefürchteten „abnehmenden Kraft des Angriffs" (Clausewitz). Zwar scheiterte die französische Offensive in Lothringen. Die dadurch verfügbar werdenden Truppen setzte Moltke aber nur zu einem halbherzigen Durchbruchsversuch südlich Paris ein (dabei zeigten sich auch erhebliche Probleme mit der beanspruchten Sonderstellung des Bayerischen Kontingentes, der 6. Armee), und er versuchte nicht (wegen antizipierter Transportprobleme?), den rechten Flügel zu verstärken. Die (Kriegs-)Entscheidung erfolgte schließlich in

Der 42 cm Mörser „Dicke Berta" erfüllte die in ihn gesetzten Erwartungen als „Wunderwaffe" nicht.

der Marneschlacht vom 5. - 12. September 1914:[22] Durch den mit den Franzosen koordinierten beschleunigten russischen Einmarsch in Ostpreußen nervös geworden, wollte die deutsche Führung die dortige 8. Armee um 2 Armeekorps aus der Westfront verstärken – gegen deren Willen, die Schlacht bei Tannenberg war schon im Gang. Hierfür suchte sie aus kaum verständlichen Gründen (keine Süddeutschen zur Verteidigung Ostpreußens?) die 1., die Einkesselungsarmee, aus,[23] wodurch bei dieser letztlich eine Lücke entstand – von Moltke später als sein entscheidender Fehler bezeichnet. Parallel entglitt Moltke bei unsicherem Führungsstil zunehmend die Führung seines Angriffsflügels: In Missverstehen seiner Freiheiten in der berühmten deutschen „Auftragstaktik" schwenkte der Befehlshaber der 1. Armee (von Kluck) eigenmächtig ohne Absprache mit dem Generalstabschef und dem Befehlshaber der 2. Armee (von Bülow, mit dem er erhebliche fachliche und persönliche Differenzen hatte) bereits 46 km vor Paris nach Osten ein, ohne dass die französische Armee dort – Garnison von Paris, Kräfte aus Lothringen – geschlagen gewesen wäre, und machte so „eigentlich" schon die geplante Einkesselung unmöglich. Als Grund werden heute auch logistische Probleme und Überdehnung durch die ständige Abschwächung betont; selbst dies wäre aber keine Entschuldigung für die mangelnde Koordination und Absprache. Dieser erneute Fehler wurde vom französischen Oberkommando (Joffre) sofort und energisch ausgenutzt. Nach dem Scheitern seiner Offensive in Lothringen hatte Joffre dort Truppen abgezogen und fiel mit einer neuaufgestellten Armee unerwartet in die Flanke der 1. Armee, unterstützt durch die von Gallieni requirierten Taxis aus Paris (was, militärisch von eher geringer Bedeutung, noch heute von den Franzosen mystifiziert wird – ein Gallieni-Taxi ist Pflichtexponat in jedem Kriegsmuseum). Dieser Angriff konnte zwar von der 1. Armee abgewehrt werden (Schlacht am Ourcq), wofür aber Kräfte von deren östlichen Flanke nach Westen abgezogen werden mussten. Dadurch vergrößerte sich die durch die nach Osten abgezogenen Truppen entstandene Lücke auf über 40 km, in die jetzt Engländer und Franzosen, wenngleich nicht sehr energisch, eindrangen – eine nicht allzu dramatische Lageentwicklung, die aber Moltke und die Führer der 1. und 2. Armee nicht in den Griff bekamen – Affäre um Oberstleutnant (!) Hentsch, den von Moltke entsandten „fahrenden Boten", dessen pessimistischen Äußerungen trotz unklarer Kompetenz und Vollmacht (nicht ungern?) als Rückzugsbefehl gedeutet wurden. Mangelnde Koordination, führungstechnische Probleme und Unsicherheit in der Führung führten so schließlich zu einem (zu) allgemeinen (und zu weitgehenden) Rückzug. Mit diesem „Wunder an der Marne" waren nicht

Mit diesem „Wunder an der Marne" waren nicht nur der Schlieffenplan gescheitert, sondern auch Feldzug und letztlich der Krieg

nur der Schlieffenplan gescheitert, sondern auch Feldzug und letztlich der Krieg: Moltke, jetzt weitsichtig, stellte fest: „Majestät, wir haben den Krieg verloren". Dabei werden in neueren Untersuchungen das „Wunder" relativiert und stärker die numerischen, logistischen, führungstechnischen und mentalen Probleme betont. Zweifellos bestätigt aber das „Hängen" an zwei Korps und einem Oberstleutnant, dass der Schlieffenplan ein äußerst riskantes und überdehntes Unternehmen und außerdem der „Kulminationspunkt des Angriffes" (Clausewitz) eindeutig überschritten war. Mangels vorheriger Planung und energischer Führung verlor Deutschland auch noch den „Wettlauf zum Meer". Die Front kam ostwärts Arras, Ypern und Nieuport zum Stehen: Die Front verlief zwar auf feindlichem Boden, Kanal und Kanalhäfen blieben aber in alliierter Hand, und die deutsche Flotte war im „nassen Dreieck" gefangen. So lassen bereits die ersten sieben Wochen prospektiv Verlauf und Ende des Krieges aufscheinen: Russland schlägt Österreich, Deutschland schlägt Russland, aber die Entente schlägt Deutschland.

Technisierung, Globalisierung und Totalisierung – das Gesicht des Ersten Weltkrieges

Damit wurde der Alptraum der Deutschen Führung wahr – Deutschland musste einen langen (Wirtschafts)Krieg gegen überlegene Gegner führen, wobei sich die englische Seeherrschaft mit Blockade und fast weltweitem Ressourcenzugang zunehmend bemerkbar machte.

Insbesondere an der Westfront erstarrte der Krieg zum Stellungskrieg mit bis zu 12 km tiefen Graben- und Bunkersystemen, was zum „Gesicht" des gesamten Krieges wurde. Als einzige operative Option wurde, jedenfalls bis Sommer 1918, gesehen, Soldaten und vor allem Artillerie zu massieren und nach tagelangem „Trommelfeuer" einen Frontalangriff zu führen. Bei den erforderlichen wochenlangen Truppen- und Munitionstransporten erkannte die Gegenseite natürlich Ort und Zeitpunkt des Angriffs und führte nun ihrerseits analoge Verstärkungen heran, wodurch es zu den berüchtigten „Materialschlachten" kam, die bei grauenhaften Verlusten allenfalls kleinere Frontbeulen, aber nie Einbrüche oder gar Durchbrüche brachten.

Im Schützengraben

Parallel dazu schritten Massenproduktion und Technik fort. Die Waffen wurden immer mehr, schwerer und besser und der Munitionseinsatz immer größer:

Die Trommelfeuer überschritten die Kilotonnen-Grenze und erreichten die Wirkung taktischer Atomwaffen. Hinzu kamen neue, wirksamere und grausamere Waffen wie Flammwerfer, Giftgas, Panzer und Flugzeuge; der Krieg wurde immer technischer, er mutierte zum „Maschinenkrieg".

Hierfür mussten zwangsläufig die Industrien, aber auch die Wissenschaft, die Infrastruktur und die ganze Volkswirtschaft in den Dienst der Kriegsproduktion gestellt werden. Militärische und wirtschaftliche Mobilmachung, Verwundete und Hinterbliebene, staatliche Eingriffe und Regulierung, Rationierung von Lebensmitteln und allgegenwärtige Propaganda „totalisierten" den Krieg und führten zu tiefen Einschnitten in das Leben der Bürger und zu nachhaltigen Veränderungen der Gesellschaft.

Militärische und wirtschaftliche Mobilmachung, Verwundete und Hinterbliebene, staatliche Eingriffe und Regulierung, Rationierung von Lebensmitteln und allgegenwärtige Propaganda „totalisierten" den Krieg und führten zu tiefen Einschnitten in das Leben der Bürger und zu nachhaltigen Veränderungen der Gesellschaft

Bemerkenswert sind die militärischen und politischen Probleme der deutschen Führung, trotz großer Siege Gegner wirklich auszuschalten, und ihre außenpolitische Unfähigkeit, den Kriegseintritt weiterer Staaten zu verhindern. So traten immer mehr Länder in den Krieg ein, er „globalisierte"; spätestens mit dem Kriegseintritt der USA 1917 und in ihrem Gefolge der meisten Staaten in Lateinamerika wurde er zum echten „Weltkrieg".

**Das unvermeidliche Ende und die Folgen:
Niederlage, Versailler Vertrag, Dolchstoßlegende**

Diese weltweite Vorherrschaft der Alliierten wirkte sich zunehmend aus und führte zum empfindlichen Mangel an Rohstoffen und Lebensmitteln. Hieraus folgte nicht nur individuelle und kollektive Not in der „Heimat", sondern auch eine wachsende quantitative und qualitative (Panzer!) Unterlegenheit, so dass die deutsche Niederlage im November 1918 unvermeidlich wurde.

Die enormen gesellschaftlichen und politischen Umwälzungen, die als zu hart und diskriminierend empfundenen Bedingungen des Versailler Vertrages und durch Reparationen und Weltwirtschaftskrise verschärfte materielle Not schufen eine gefährliche Gemengelage und boten den Gegnern der Republik reichlich „Futter" für ihre aggressive Propaganda. Parallel wurden Krieg und „Fronterlebnis" zunehmend verklärt und die militärische Niederlage in einen „Dolchstoß" der „Heimat" und „linker Kräfte" umgedeutet. Dies und das wenig überzeugende Agieren „der Politik", ihre Zerrissenheit, nicht zuletzt die ständigen Regierungswechsel, weckten die Sehnsucht nach einem starken „Führer". So kam nach gut 14 Jahren das Ende der Weimarer Republik, und der NS-Staat etablierte sich mit Aufrüstung, Revanchepolitik und Expansionsgelüsten. Damit herrschte 1939, nach nur 25 Jahren, wieder eine analoge geostrategische Situation wie 1914!

Parallel wurden Krieg und „Fronterlebnis" zunehmend verklärt und die militärische Niederlage in einen „Dolchstoß" der „Heimat" und „linker Kräfte" umgedeutet.

Der „Sichelschnitt" Mai/Juni 1940 – „lessons learned" oder nur „pathologisches Lernen"?

Was hatte nun die deutsche militärische und politische Führung aus dem Scheitern des Schlieffenplans gelernt?

Als „lesson learned" erscheint die durch den Hitler-Stalin-Pakt vom 23. August 1939 zunächst beseitigte Gefahr des „Zwei Fronten-Krieges". Strategisch (Seekrieg) gilt dies auch für die Sprengung des „nassen Dreiecks" für Flotte und Überseeverbindungen durch die Besetzung Dänemarks und Norwegens, dies aber schon mit militärischer Gewalt und dem erneuten Bruch von deren Neutralität.

Nächste „Aufgabe" war nun der Feldzug im Westen, wobei wieder das als stärkste Landmacht geltende Frankreich zu schlagen war. Aber auch Großbritannien war bereits in den Krieg eingetreten und hatte ein Expeditionsheer – deutlich stärker als 1914 – nach Frankreich entsandt. Diesmal war die strategische Bedeutung der Kanalküste, (auch) als Basis für die Kampfführung gegen Großbritannien, voll erkannt. Da Frankreich seine Ostgrenze noch weit stärker befestigt hatte als vor 1914 (Maginotlinie) wurde zunächst wieder ein Vormarsch durch die neutralen Staaten, diesmal einschließlich der Niederlande, für nötig gehalten. Es stand aber inzwischen mit der Panzerwaffe ein Instrument überlegener operativer Beweglichkeit zur Verfügung, was von Deutschland schneller und besser verstanden wurde (Guderian) als von seinen Gegnern. Nachdem die ersten Entwürfe in der Tat eine Art Neuauflage des Schlieffenplans vorsahen, der rechte, der Umgehungsflügel allerdings diesmal auf Panzerverbände gestützt, wurde dann mit dem Angriff im Mai 1940 mit dem Manstein-Plan die ideale „Lösung" gefunden, die Optimierung der „verbunden Waffen" zum „Blitzkrieg": Ausschaltung der feindlichen Luftwaffen, Massierung der Panzer in der Mitte und mit diesen, immer unterstützt durch Schlachtflieger (StuKas) und Luftlandetruppen, ein Angriff durch die Ardennen, bei Sedan über die Maas, Durchbruch durch die alliierte Front und ein „Sichelschnitt" (Churchill) entlang der Somme zum Ärmelkanal und dadurch das Abschneiden und Einkesseln aller alliierten Truppen in Nordfrankreich. Nach den Niederlanden (4 Tage) und Belgien (19 Tage) konnte dann in der Tat auch Frankreich mit Anschlussoperationen nach dem gleichen Schema nach Süden und Westen in weniger als sieben Wochen zur Kapitulation gezwungen werden.

Alles, was man aus dem Scheitern des Schlieffenplans und der Niederlage im Ersten Weltkrieg hätte lernen müssen – „Gesetze" der Mittellage, Vermeidung von Anti-Koalitionen durch Vorsicht und Zurückhaltung, Grenzen des militärisch Erreichbaren gegenüber ökonomischer Überlegenheit, bescheidene und moralische Kriegsziele statt Überheblichkeit und Arroganz – wurde nicht nur negiert, sondern noch weit schlimmer praktiziert.

Operativ war also, allerdings gestützt auf militärtechnische Innovationen, Entscheidendes gelernt worden. Dies konnte aber nicht zu einem Sieg über Großbritannien ausgebaut werden, und Ungeduld, Ignoranz, erneute Selbstüberschätzung und maßlose Kriegsziele führten dann alsbald wieder nicht nur zum „klassischen" Zwei-Fronten-Krieg auch gegen die Sowjetunion, sondern darüber hinaus auch erneut zum Krieg gegen die USA, so dass Deutschland zwangsläufig wieder unterliegen musste.

Alles, was man aus dem Scheitern des Schlieffenplans und der Niederlage im Ersten Weltkrieg hätte lernen müssen – „Gesetze" der Mittellage, Vermeidung von Anti-Koalitionen durch Vorsicht und Zurückhaltung, Grenzen des militärisch Erreichbaren gegenüber ökonomischer Überlegenheit, bescheidene und moralische Kriegsziele statt Überheblichkeit und Arroganz – wurde nicht nur negiert, sondern noch weit schlimmer praktiziert. Das Lernen hatte sich also auf das „handwerkliche" beschränkt und den Vorrang der politischen Machbarkeit und die geostrategischen und ökonomischen Grenzen wiederum ignoriert, es war also lediglich „pathologisch" – dieselben Fehler noch einmal „besser" machen!

Zum Autor: Dr. Joachim Welz, Ministerialdirigent a.D., Jahrgang 1946; Studium von Rechtswissenschaft, Wirtschaftswissenschaften und Geschichte, nach beiden juristischen Staatsexamen Promotion zum Dr. jur. (parlamentarische Finanzkontrolle), nach Tätigkeiten als Assistent, als Richter, an verschiedenen Universitäten und in Landes- und Bundesministerien sowie als Vizepräsident des Bundesgesundheitsamtes, von 2000 bis 2011 Abteilungsleiter im Kultusministerium Sachsen-Anhalt; von 2007 bis 2011 Vorsitzender des Hochschulausschusses der Kultusministerkonferenz; 1966-1968 Wehrdienst (Z 2, Pionier), Oberstleutnant der Reserve. Dr. Welz ist Mitglied der Clausewitz-Gesellschaft.

Anmerkungen:

1. Insbesondere Jubiläumsjahre führen zu Publikationstsunamis. Die Literaturangaben beschränken sich deshalb auf hervorzuhebende Einzelhinweise und auf für das Verständnis hilfreiche Gesamtdarstellungen. Zur Vertiefung einzelner Topoi wird auf Nachschlagewerke verwiesen, z.b. Gerd Krumeich, Der 1. Weltkrieg, Die 101 wichtigsten Fragen, München 2014; Hirschfeld/Krumeich/Renz, Enzyklopädie des Ersten Weltkrieges, Paderborn et al., 2005; Wörterbuch zur Deutschen Militärgeschichte, (Ost)Berlin 1985; sehr anschaulich zum Ganzen Pöhlmann/Potempa/Vogel (Hg.), Der Erste Weltkrieg 1914-1918, Potsdam 2014
2. Walter Görlitz, Kleine Geschichte des deutschen Generalstabes, 2. Auflage, Berlin 1977, insbes. 122ff, 146ff
3. Der Versailler Vertrag hat sie ausschließlich Deutschland zugewiesen, Art. 231 (Deutschland) und Art. 227 (Kaiser Wilhelm); von der deutschen Politik und Wissenschaft lange scharf zurückgewiesen; seit der Fischer-Kontroverse 1961ff von der herrschenden Meinung auch in Deutschland ein Überwiegen der deutschen Schuld gesehen; in letzter Zeit wieder Gegentendenz, z.B. Clark, Münkler oder betont frankreichkritisch Simonnot, Phillippe, Non, L´Allemagne n´etait pas coupable, Berlin 2014; gute Zusammenfassung des aktuellen Diskussionsstandes Annika Mombauer, Julikrise und Kriegsschuld – Thesen und Stand der Forschung in: APuZ 16-17/2014, S. 10ff
4. Gerhard P. Groß, Mythos und Wirklichkeit, Geschichte des operativen Denkens im deutschen Heer von Moltke d.Ä. bis Heusinger, Paderborn 2012, S. 73; zur Gesamtlage Gerhard Ritter, Staatskunst und Kriegshandwerk, Band II, München 1960
5. „Das Ziel ist, den Feind wehrlos zu machen", „Die Streitmacht muss vernichtet… werden" und „Die Vernichtung der feindlichen Streitkräfte ist das Hauptprinzip und der Hauptweg zum Ziel", Carl von Clausewitz, Vom Kriege, 18. Aufl., Bonn 1980, S. 194, 225, 467; zum – nur relativen - militärischen Vernichtungsbegriff Groß, a.a.O., S. 76f
6. Schlieffen, Generalstabsreisen, zitiert nach Gerhard P. Groß, a.a.O., S. 74; dort fortfolgend auch ausführliche Beschreibung und Skizze S. 91
7. Sven Lange, Hans Delbrück und der Strategiestreit, Freiburg 1995, S. 73f
8. Wechselwirkung zu Forschungsarbeiten und Publikationen Schlieffens, z.B. Die Schlacht bei Cannae, Gesammelte Schriften Band I, S. 27ff; Hannibal, Gesammelte Schriften Band II, S. 3ff
9. Groß, a.a.O., S. 79

10 Die Bezeichnung Schlieffenplan wird üblicherweise pauschal für drei Versionen gebraucht: 1. Die „Denkschrift" von 1905, in der Schlieffen die Grundzüge und die dafür theoretisch benötigten Kräfte darlegt, 2. seine konkrete Planung mit den tatsächlich vorhandenen Kräften, wobei die Lücken und Defizite hervorgehoben werden, was erkennen lässt, wie sehr seine Planung „auf Kante " genäht ist, und 3. die geänderte Version seines Nachfolgers Moltke, nach der im August 1914 tatsächlich vorgegangen wurde

11 Statt vieler z.B.: Ehlert/Epkenhans/Groß (Hg.), Der Schlieffenplan, 2. Aufl. Paderborn et al., 2007; Ritter a.a.O., S. 239ff; Jehuda L. Wallach, Das Dogma der Vernichtungsschlacht, Taschenbuchausgabe, München 1970

12 Luc de Vos, Belgien: Operationsplanungen und Taktik eines neutralen Landes, in: Ehlert/Epkenhans/Groß (Hg.), Der Schlieffenplan, 2. Aufl.,. Paderborn et al., 2007, S. 293ff

13 Zu allen hier angesprochenen speziellen Aspekten des Artilleriewesens Daniel Reichel, Ein Jahrhundert moderne Artillerie 1871-1970, in: Kanonen – Geschichte der Artillerie in Bildern, Lausanne 1971/Herrsching 1975, S. 162 bis 177

14 Begriff von Clausewitz geprägt und definiert, a.a.O., S. 261ff

15 zu den logistischen Problemen generell Martin van Creveld, Supplying War Logistics - from Wallenstein to Patton, Cambridge et al., 1977, S. 110ff; Wallach, a.a.O., S. 174ff

16 Schlieffen, Der Feldherr, in: Handbuch für Heer und Flotte (ohne weitere Angaben), Nachdruck in: Feldmarschall Graf Schlieffen, Cannae, Berlin 1925; generell zum Kult des genialen Feldherrn: Lange a.a.O.

17 Jehuda L. Wallach a.a.O., „Dogma" als Titel und „Wahn" als Fazit S. 181

18 Groß, a.a.O., S. 79f; Lange a.a.O.

19 Paul Kluke, Die englische Heeresreform 1906-1914, in: BMVg. (Hg), Schicksalsfragen der Gegenwart Band II, Tübingen 1957, S. 256ff, 270ff; Hew Strechan, Armee, Generalstab und das Problem des "continental commitment" in Großbritannien 1904 bis 1914, in: Ehlert/Epkenhans/Groß a.a.O., S. 269ff

20 Angelika Mombauer, Der Moltkeplan: Modifikationen des Schlieffenplans bei gleichen Zielen? In: Ehlert/Epkenhans/Groß a.a.O., S. 79ff; Wallach, a.a.O., S. 136

21 sehr abwägend Wallach, S. 129ff, der Moltkes Planung verteidigt und die Kritiker kritisiert, aber gleichfalls Moltkes Operationsführung kritisiert

22 Neben den generellen Quellen zum Verlauf des Feldzuges – Groß, a.a.O., Ritter a.a.O., Wallach a.a.O. – speziell Robert B. Asprey, Die Marneschlacht, in: Cyril Falls (Hg), Große Landschlachten, (Dt. Ausgabe ohne Ort und Jahr), S. 220ff

23 Wallach, a.a.O., S. 163,166

Verdun – eine strategische Schlacht?

Anatomie einer Schlüsselschlacht des 20. Jahrhunderts
und ihrer Nachwirkungen.

Christian E.O. Millotat
Manuela R. Krueger

Um aus Schlachten der Vergangenheit für unsere Zeit lernen zu können, bedarf es intellektueller Werkzeuge zu ihrer Analyse. Nur dann gelingt es, aus ihnen Erkenntnisse herauszufiltern und sie mit heutigen Verhältnissen zu vergleichen. Goethe hat in seinen Maximen und Reflexionen festgestellt: „Wer klare Begriffe hat, kann befehlen."[1]

Das gilt in übertragenem Sinne auch für die intellektuellen Werkzeuge zum Durchdringen historischer Schlachten. Diese können ohne klare Begriffe nicht in ihren politischen und militärischen Facetten erschlossen werden. Eine zutreffende Beurteilung der Akteure einer Schlacht und ihrer Beweggründe blieben versiegelt, ihr Führungsverhalten schattenhaft. Bei fehlenden oder untauglichen Analysewerkzeugen haben aus diesem Grund viele Autoren häufig den Weg beschritten, Lehren aus einer Schlacht der Vergangenheit vor allem in der psychologisch-moralischen Sphäre zu suchen und sie auf Begriffe wie „Schrecken und Grauen des Krieges", „Leiden der Soldaten", „Verwundung und Tod" als Lehren für die heutige Zeit zu reduzieren.

Wie ein roter Faden zieht sich dieser Ansatz auch durch viele Arbeiten über die Schlacht um Verdun von 1916. Sowohl zum differenzierten Analysieren einer Schlacht der Vergangenheit als auch für die heutigen internationalen Krisenreaktionseinsätze hilft das Werk „Vom Kriege" des Generalmajors Carl v. Clausewitz. Mit ihm wollte dieser „manchen Faltenkniff in den Köpfen der Strategen und Staatsmänner ausbügeln" und zeigen, was bei einem Kriege, „also der schärfsten Form der Sicherheitsvorkehrungen eines Staates, in Betracht zu ziehen ist". (Carl von Clausewitz hinterlassenes Werk „Vom Kriege" 18. Auflage mit erweiterter, historischer Würdigung von Professor Dr. Werner Hahlweg, Bonn 1973, S. 180). Wenn man eine historische Schlacht

Friktionen und Fehler treten immer dann auf, wenn die verantwortlichen Politiker, Diplomaten, Soldaten und anderen Akteure in militärischen Einsätzen sich nicht nach den geltenden Mandaten sowie den für sie aus ihnen abgeleiteten Kompetenzen verhalten und sich in Führungsebenen, an den Verantwortlichen vorbei, einmischen oder sie übergehen.

auswertet, findet man solche Faltenkniffe ebenso wie in unserer Zeit, in der die Erfahrungen aus den internationalen Krisenreaktionseinsätzen, an denen sich die Bundeswehr beteiligt hat, ausgewertet werden und zutage treten. Sie haben zu Fehlern der Verantwortlichen geführt, die Verwundete und Gefallene zur Folge hatten.

Friktionen und Fehler treten immer dann auf, wenn die verantwortlichen Politiker, Diplomaten, Soldaten und anderen Akteure in militärischen Einsätzen sich nicht nach den geltenden Mandaten sowie den für sie aus ihnen abgeleiteten Kompetenzen verhalten und sich in Führungsebenen, an den Verantwortlichen vorbei, einmischen oder sie übergehen.

Übereinkunft besteht in unserer Zeit darüber, dass – wie dies Clausewitz gefordert hat – die politisch-strategische Führung den Auftrag zum Einsatz der Streitkräfte unmittelbar – im heutigen Deutschland immer in Bündnisstrukturen – erteilt und das Ziel eines militärischen Einsatzes festlegt, und dass die militärische Führung von Streitkräften im Einsatz aus drei miteinander verflochtenen Ebenen besteht:

Die *militärstrategische Ebene* legt den anzustrebenden militärischen Endzustand sowie die militärstrategischen Zielsetzungen zum Erreichen der politischen Zielsetzungen fest. Sie schlägt der politisch-strategischen Führung militärische Handlungsoptionen vor und setzt diese nach der Entscheidung in militärstrategische Weisungen um. Die *operative Ebene* setzt die politischen Absichten und militärstrategischen Vorgaben in streitkräftegemeinsame Weisungen an die taktische Ebene um und führt „joint operations" der Streitkräfte.

Clausewitz hat gefordert, dass zwar die politisch-strategische Ebene die „Hauptlineamente" militärischer Einsätze bestimmt, jedoch „nicht in die Einzelheiten eindringen" soll. „Politiker", hat er gesagt, „stellen keine Feldwachen auf und führen keine Patrouillen".

Die *taktische Ebene* führt die Operationen durch, die zum Erreichen der militärischen Zielsetzungen erforderlich sind. Dazu setzt sie militärische Kräfte und Mittel auf der Grundlage taktischer Führungsgrundsätze ein.

Wer dieses Ordnungsgerüst verstanden hat, es beachtet und auf der Führungsebene, auf der er eingesetzt ist, sein Handeln danach ausrichtet, macht weniger Fehler als diejenigen, die sie vermischen und sich nicht führungsebenengerecht verhalten. Das geschieht allzu oft. Clausewitz hat gefordert, dass zwar die politisch-strategische Ebene die „Hauptlineamente" militärischer Einsätze bestimmt, jedoch „nicht in die Einzelheiten eindringen" soll. „Politiker", hat er gesagt, „stellen keine Feldwachen auf und führen keine Patrouillen". (Vom Kriege, S.992). Und weiter: „Die Politik stellt an die Soldaten keine Forderungen, die sie nicht zu leisten vermögen". (Vom Kriege, S. 994 f.) Dann, sagt Clausewitz, der „Kriegsplan" – wir sagen heute das strategische und militärstrategische Konzept, das jedem Einsatz von Streitkräften zugrunde liegt – „muss den ganzen kriegerischen Akt zusammenfassen" und, dass eine militärische Operationen „kein bloßes Morden" werden dürfe. Ihre Wirkung solle mehr ein „Totschlagen des feindlichen Mutes als der feindlichen Krieger" sein.

Ein Krieg habe „ursprünglich nur den Sieg als Mittel und, in letzter Instanz die Gegenstände, welche unmittelbar zum Frieden führen sollen, als Zweck." (Vom Kriege, S. 952 und S. 239). Für ihn war es „unzulässig" und „schädlich", wenn „ein großes kriegerisches Ereignis oder der Plan zu einem solchen nur militärisch beurteilt wird". Er hielt es für „widersinnig, die vorhandenen Kriegsmittel dem Feldherrn", dem obersten Soldaten, „zu überweisen und danach einen rein militärischen Entwurf zum Kriege oder Feldzuge zu machen."(Vom Kriege, S. 994).

Gegen viele dieser Erkenntnisse und Forderungen haben Verantwortliche in Deutschland bei der Planung und Leitung der internationalen Krisenreaktionseinsätze mit Beteiligung der Bundeswehr immer wieder verstoßen, weil sie sich nicht führungsebenengerecht verhalten haben, aus Unkenntnis oder willentlich. In der im Folgenden analysierten Schlacht um Verdun im Jahre 1916 ist das häufig ebenso gewesen. Das Handeln der Akteure auf den unterschiedlichen Führungsebenen in dieser Schlacht, die vor 100 Jahren stattfand, hat lehrreiche Parallelen zu heute.

Wege zur Schlacht

Zwischen der ersten Schlacht an der Marne im September 1914, in der die deutschen Truppen fast bis Paris vorstießen, und der Folge von Angriffsschlachten im Frühjahr und Frühsommer 1918, mit denen Deutschland in einer letzten gewaltigen und dennoch vergeblichen Kraftanstrengung den militärischen Sieg vor Wirksamwerden der Streitkräfte der Vereinigten Staaten von Amerika auf dem westlichen Kriegsschauplatz erzwingen wollte, lagen dreieinhalb Jahre. In dieser langen Zeit hatten sich die deutschen Truppen im Westen aus einem Dispositiv der strategischen Defensive aus Feldbefestigungen von der

Kanalküste durch Belgien und Ostfrankreich bis zur Schweizer Grenze gegen die anstürmenden Streitkräfte ihrer verbündeten Gegner erfolgreich verteidigten können.

Bei Ypern 1915 gegen die Briten mit dem ersten Einsatz von Chlorgas im Ersten Weltkrieg und im Februar 1916, als deutsche Truppen aus ihrem Verteidigungsdispositiv heraus im Raum um Verdun auf einer Breite von zunächst nur 12 Kilometern Kräfte der Französischen Armee angriffen, wichen sie von dem Konzept der strategischen Verteidigung ab und erschütterten mit ihrem Elan den französischen Gegner. Der Angriff im Raum von Verdun begann zunächst nur mit schwachen Kräften, nämlich 9 deutschen Divisionen. Daraus entwickelte sich in den folgenden zehn Monaten ein Kampf, den Teilnehmer und Kriegsgeschichte als die grauenvollste Schlacht des Ersten Weltkrieges mit den größten Nachwirkungen bewerten.

Der Angriff im Raum von Verdun begann zunächst nur mit schwachen Kräften, nämlich 9 deutschen Divisionen. Daraus entwickelte sich in den folgenden zehn Monaten ein Kampf, den Teilnehmer und Kriegsgeschichte als die grauenvollste Schlacht des Ersten Weltkrieges mit den größten Nachwirkungen bewerten.

Das Deutsche Reichsarchiv zählte 336.831 deutsche, der Service Historique 362.000 französische Verluste, von denen 231.000 deutsche und 264.000 französische Soldaten, also insgesamt 495.000, fielen. Diese Zahlen sind umstritten. Manche Historiker halten sie für zu hoch.[2] Diese Kontroverse ist für die folgende Untersuchung aber nebensächlich.

Die Schlacht um Verdun war eine Schlüsselschlacht des Ersten Weltkrieges und des 20. Jahrhunderts, weil sie eine strategische Entscheidung, das Kriegsende, herbeiführen sollte wie die am 9. September 1914 gescheiterte erste Schlacht an der Marne und später die vergeblichen Durchbruchsversuche der Deutschen am 21. März 1918 bei St. Quentin, am 9. April bei Armentières und am 17. Juli am Chemin des Dames in der Verantwortung des Chefs des Generalstabes des Feldheeres und Chefs der 3. Obersten Heeresleitung (OHL), Generalfeldmarschall v. Hindenburg, und seines ersten Generalquartiermeisters, d.h. Stellvertreters, General der Infanterie Ludendorff. Allen drei Schlüsselschlachten fehlte das von der politischen Führung mit militärischem Rat zu errichtende Dach. Sie beschleunigten die militärische Niederlage des Deutschen Reiches und seiner Verbündeten im Ersten Weltkrieg. Ein Zugang zur Schlacht um Verdun erschließt sich durch die Untersuchung folgender Bereiche:

- einer Analyse ihrer strategischen, militärstrategischen operativen und taktischen Rahmenbedingungen im Lichte des politisch-strategischen und militärstrategischen Konzepts des Chefs der 2. Obersten Heeresleitung (OHL) vom Herbst 1914 bis August 1916, des Generals der Infanterie v. Falkenhayn;

- einer Untersuchung der operativen und taktischen Vorbereitungen durch die Angriffstruppe;

- der Darstellung ihres Verlaufs und

- einer Bewertung ihrer Nachwirkungen.

Strategische und militärstrategische Rahmenbedingungen

Für Deutschlands Gegner war das Kriegsjahr 1915 das erfolgloseste im Ersten Weltkrieg. Die Versuche der Französischen Armee, im Mai und Juni 1915 im Artois bei der 6. Armee und im September und Oktober in der Champagne bei der 3. Armee die deutschen Stellungen zu durchbrechen, scheiterten vor allem wegen des Mangels an schwerer Artillerie und Munition. Frankreich verlor in diesen Schlachten etwa 350.000 Soldaten in kräftezehrenden Frontalangriffen, Großbritannien etwa 51.000. Die deutschen Verluste waren etwa halb so hoch wie die französischen. Mit Ausnahme des räumlich beschränkten, von Chlorgas unterstützten Angriffs der deutschen 4. Armee bei Ypern im April blieben die deutschen Truppen 1915 an der Westfront in der Defensive.

An der Ostfront durchbrachen die 11. deutsche und die 4. k.u.k Armee unter Generaloberst v. Mackensen bei Gorlice in Galizien die russischen Stellungen und machten 750.000 Gefangene. Dem Oberbefehlshaber Ost, Generalfeldmarschall v. Hindenburg, wäre beinahe die Einschließung der russischen Hauptarmee gelungen. Serbien kapitulierte 1915. Die britische Landung bei Gallipoli wurde von türkisch-deutschen Truppen verlustreich abgewehrt.[3]

Zwischen dem Ärmelkanal und der Schweizer Grenze hielten auf einer Frontlänge von etwa 700 Kilometern deutsche Truppen ihre Stellungen gegen belgisch-britische und französische Truppen. Die belgisch-britische Heeresgruppe Nord in Belgien und Nordfrankreich hatte einen Abschnitt von etwa 200 Kilometern zu behaupten, die französische Heeresgruppe verteidigte einen Abschnitt von etwa 240 und die französische Heeresgruppe Ost von 240 Kilometern Breite.

Die Festungen Verdun und Belfort wurden als befestigte Räume (Régions fortifiées) in die Feldbefestigungen der Franzosen integriert. Als 1914 die deutsche Artillerie die belgischen Forts überraschend schnell zertrümmert hatte, waren Festungen in französischen Augen als Bollwerke der Verteidigung wertlos geworden. Die Französische Armee baute im Verlauf des Jahres 1915 die für die Feldschlacht verwendbaren Geschütze aus den Forts im Raum von Verdun aus, um sie in ihr einzusetzen. Die abgerüsteten Fortanlagen wurden in die französische Stellungsfront integriert. Der so entstandene, etwa 80 Kilometer breite befestigte Raum von Verdun kam mit 10 Divisionen unter das Kommando von General Herr, einem erfahrenen Artillerieoffizier.

Der Oberbefehlshaber Ost, Generalfeldmarschall v. Hindenburg, und sein Chef des Generalstabes, General der Infanterie Ludendorff, forderten von der OHL, die etwa 25 Divisionen starke deutsche Heeresreserve im Osten einzusetzen, zunächst die Russen zu schlagen und erst danach eine Entscheidung im Westen zu suchen.

Am 6. Dezember 1915 leitete der französische Oberbefehlshaber, General Joffre, in seinem Hauptquartier in Chantilly die erste alliierte Koordinierungskonferenz des Ersten Weltkrieges. Während dieser Besprechung beugte sich der Oberbefehlshaber der britischen Expeditionsstreitkräfte, Feldmarschall Haig, dem Vorschlag Joffres, im Sommer 1916 an der Somme eine gemeinsame Großoffensive gegen die Deutschen durchzuführen. Haig wollte sein neues, in England aufgestelltes Freiwilligenheer, das noch ohne Einsatzerfahrung war, lieber in Flandern einsetzen. Schließlich wurde Übereinkunft erzielt, mit 40 französischen und 25 britischen Divisionen nördlich und südlich der Somme bei Amiens auf einer Breite von etwa 45 Kilometern die Stellungen der 2. deutschen Armee anzugreifen und ihr Stellungssystem zu durchbrechen.[4]

Der Oberbefehlshaber Ost, Generalfeldmarschall v. Hindenburg, und sein Chef des Generalstabes, General der Infanterie Ludendorff, forderten von der OHL, die etwa 25 Divisionen starke deutsche Heeresreserve im Osten einzusetzen, zunächst die Russen zu schlagen und erst danach eine Entscheidung im Westen zu suchen.

Der Chef des Generalstabes des Feldheeres und Chef der 2. OHL, General der Infanterie v. Falkenhayn, der nach Abbruch der ersten Marneschlacht durch die Deutschen und ihrem Verlust im September 1914 Generaloberst v. Moltke abgelöst hatte, war der Leiter der deutschen Landkriegführung. Seit 1866 hatten preußische Chefs des Generalstabes des Feldheeres das Recht, Operationen im Namen des Monarchen zu planen und zu leiten. Kaiser Wilhelm II. ließ

Falkenhayn weitgehend freie Hand. Er verfügte damit über eine weit größere Machtfülle als seine alliierten Gegenspieler, die viel stärker als er von der politisch-strategischen Ebene ihrer Länder kontrolliert und geleitet wurden.

Im Dezember 1915, das hat Falkenhayn 1920 in seiner Arbeit „Die Oberste Heeresleitung 1914 – 1916 in ihren wichtigsten Entschließungen" behauptet, will er seine Gedanken zur Kriegführung für das Jahr 1916, ohne den österreichischen Bündnispartner zu unterrichten, in einer Denkschrift für Kaiser Wilhelm II. niedergelegt haben.[5] Sie wurde bis heute nicht aufgefunden, ihre Existenz wird von Historikern mit überzeugenden Gründen und mit Quellen dicht belegt bezweifelt. Herfried Münkler hat in seiner Arbeit von 2013, „Der Große Krieg, Die Welt 1914 – 1918", zur Denkschrift ausgeführt, viel wichtiger als ihre Existenz sei, dass Falkenhayn nach ihren Gedanken gehandelt habe. Aus diesem Grunde habe er sie zu seiner Deutung der Schlacht um Verdun herangezogen.[6] Dieses Argument überzeugt, und ihm wird gefolgt, was noch begründet wird. Falkenhayn zitiert seine Denkschrift wie folgt:

Falkenhayn als Generalstabschef

„Frankreich ist militärisch und wirtschaftlich bis nahe an die Grenze des Erträglichen geschwächt. Russlands Wehrmacht ist nicht voll niedergerungen, aber seine Offensivkraft doch so gebrochen, dass sie annähernd in der alten Stärke nicht wiederaufleben kann. [...] Unser Hauptfeind, der die ganze gegen uns gerichtete Koalition zusammenbrachte und zusammenhält, ist England. Ein Verständigungsversuch ist ausgeschlossen. [...]Die Zeit arbeitet für unsere Gegner, verschiebt die beiderseitigen Kräfteverhältnisse zu unseren Ungunsten. [...]Nur durch einen kräftigen Schlag kann England die Aussichtslosigkeit seines Beginnens (Deutschland in einem Ermattungskrieg langfristig niederzuringen) vor Augen geführt werden."

Nach Abwägen verschiedener Möglichkeiten, wie England am besten zu überzeugen sei, die Kriegskoalition gegen Deutschland zu verlassen und seine Kriegsziele aufzugeben, kam Falkenhayn zu folgendem Schluss:

„Es bleibt somit nur Frankreich. [...] Gelingt es, seinem Volke klar vor Augen zu führen, dass es militärisch nichts mehr zu hoffen hat, dann wird die Grenze überschritten, England sein bestes Schwert aus der Hand geschlagen werden. Das zweifelhafte und über unsere Kraft gehende Mittel des Massendurchbruchs ist dazu

nicht nötig. Auch mit beschränkten Kräften kann dem Zweck voraussichtlich Genüge getan werden. Hinter dem französischen Abschnitt der Westfront gibt es in Reichweite Ziele, für deren Behauptung die französische Führung gezwungen ist, den letzten Mann einzusetzen. Tut sie es, so werden sich Frankreichs Kräfte verbluten, da es ein Ausweichen nicht gibt,(...)gleichgültig, ob wir das Ziel selbst erreichen oder nicht. Tut sie es nicht, und fällt das Ziel in unsere Hände, dann wird die moralische Wirkung in Frankreich ungeheuer sein. [...] Deutschland wird nicht gezwungen sein, sich für die räumlich eng begrenzte Operation so zu verausgaben, dass alle anderen Fronten bedenklich entblößt werden. [...] Es steht ihm frei, seine Offensive schnell oder langsam zu führen, sie zeitweise abzubrechen, oder sie zu verstärken, wie es seinen Zwecken entspricht. Die Ziele, von denen hier die Rede war, sind Belfort und Verdun. [...] Verdun verdient jedoch den Vorzug"[7]

Das strategische Ziel Falkenhayns, den von ihm angenommenen Hauptgegner Deutschlands, nämlich England, durch Ausbluten der Armee seines Verbündeten Frankreich mittels einer so noch nie angewendeten Militärstrategie zur Beendigung des Krieges zu bewegen, lässt den Atem anhalten.

Das strategische Ziel Falkenhayns, den von ihm angenommenen Hauptgegner Deutschlands, nämlich England, durch Ausbluten der Armee seines Verbündeten Frankreich mittels einer so noch nie angewendeten Militärstrategie zur Beendigung des Krieges zu bewegen, lässt den Atem anhalten. Dabei ist unerheblich, ob seine Absicht, „Ausbluten der Französischen Armee", seine gesamte Strategie umfasste oder ob sie die Grundlage für weitere Aktionen des deutschen Feldheeres oder Auslöser für Reaktionen der Gegner schaffen sollte. Ihre erfolgreiche Verwirklichung hätte vorausgesetzt, dass der vorgesehene sparsame Einsatz eigener Kampftruppen von der militärischen Führung steuerbar gewesen wäre. Weiterhin beruhte sie auf der Annahme, dass Frankreich aus nationalen Prestigegründen mit dem Einsatz aller verfügbaren militärischen Kräfte den Raum um Verdun um jeden Preis zu behaupten versuchen würde.

In seiner Arbeit von 2014, „Verdun 1916. Urschlacht des Jahrhunderts", stellt Olaf Jessen heraus, Falkenhayn habe in seiner nach dem Ersten Weltkrieg angefertigten Denkschrift und der in ihr dargestellten ausschließlichen Absicht, die Fanzösische Armee bei Verdun durch überlegene Artillerie bei sparsamem Einsatz von Kampftruppen „aus- bzw. weißzubluten", seine weitergehenden operativen Absichten verschwiegen. In Wirklichkeit habe er mit seiner Militärstrategie des Ausblutens der Französischen Armee die Briten dazu bewegen wollen, mit ihrer noch unfertigen neuen Freiwilligenarmee ohne Einsatzerfahrung und ohne nachhaltige Unterstützung durch die bei Verdun angeschlagenen Franzosen einen überhasteten Entlastungsangriff durchzuführen, der leicht pariert und für einen großangelegten deutschen Durchbruch durch die Tiefe der britischen Front hätte ausgenutzt werden können. Hierfür seien Reserven bereitgehalten worden. Er habe dies getan, bringt Jessen, mit Quellen reich belegt, vor, um nach dem Ersten Weltkrieg seine gescheiterte Militärstrategie beim Kampf um Verdun auf der Grundlage der von ihm fälschlicherweise angenommenen weit höheren Verlustzahlen der Französischen Armee als deutschen Sieg darzustellen und auf seine Fahnen zu heften.[8]

Im Band 10 des Reichsarchivwerks von 1936, „Die Operationen des Jahres 1916 bis zum Wechsel in der Obersten Heeresleitung", wird dargestellt, dass Falkenhayn erst am 11. Februar 1916, 10 Tage vor Beginn des Angriffs auf Verdun, bei einer Chefbesprechung im deutschen Hauptquartier in Mézières den Chefs der Generalstäbe der deutschen Armeen seine Militärstrategie erstmals ausführlich im Zusammenhang erläutert habe. Vor dem Ausgang der Schlacht materielle Vorbereitungen gegen möglicherweise ergriffene Gegenzüge des Gegners in Angriff zu nehmen, die von seinen Operateuren und von ihm durchdacht worden waren, habe er bei der Chefbesprechung abgelehnt. Vor diesem Hintergrund bildet die angebliche Denkschrift Falkenhayns Handeln in der Schlacht zutreffend ab, wie dies Münkler betont hat, auch wenn es sich bei ihr, wie Holger Afflerbach in seiner Arbeit „Falkenhayn. Politisches Denken und Handeln im Kaiserreich" um eine um Authentizität bemühte Selbstinterpretation gehandelt haben sollte, in der Falkenhayn seine wirklichen militärstrategischen Ziele verschleierte: nach Jessens Auffassung die erfolgreiche Schlacht um Verdun mittels seiner Militärstrategie des Ausblutens der Französischen Armee als Auslöser für die Wiederaufnahme des Bewegungskrieges und eines deutschen Durchbruchs durch die Stellungen der Kriegsgegner bei Verdun, im britischen Abschnitt der Front, oder, wo sich sonst eine Gelegenheit auftun sollte.[9] In dieser Arbeit soll vor allem herausgearbeitet werden, wie Falkenhayn die Schlacht leitete und beeinflusste. Darüber ist viel in seiner angeblichen Denkschrift zu finden.

Die Ausgangslage zur Schlacht

Obwohl die Forts des befestigten Raums von Verdun im Verlauf des ersten Kriegsjahres um 43 schwere Batterien, etwa 128.000 Schuss Munition und 11 Feldartilleriebatterien abgerüstet worden waren, boten sein Gelände und die nach ihrer artilleristischen Ausdünnung verbliebene Infrastruktur des Festungsgebiets weiterhin ausgezeichnete Verteidigungsmöglichkeiten. Die Stadt Verdun wird von allen Seiten von den steil abfallenden Maashöhen umschlossen. Durch ihre konzentrische Lage bilden sie eine natürliche Festung mit einem Durchmesser von 8 bis 16 Kilometern mit der Stadt im Zentrum.[10]

Die Maas teilt den befestigten Raum in zwei Abschnitte: Das Gelände auf dem ostwärtigen Ufer ist durch zahlreiche Schluchten und steile, bewaldete Hänge gekennzeichnet. Westlich der Maas liegt offenes Acker- und Grasland mit flachen Hängen und breiten Tälern, die gute Beobachtungsmöglichkeiten für Artilleriebeobachter bieten.

Nach dem Deutsch-Französischen Krieg von 1870/71 begann der französische Festungsbauer General Seré de Rivière damit, in diesem verteidigungsgünstigen Gelände Befestigungsanlagen anzulegen. Bei Ausbruch des Ersten Weltkrieges gab es 18 Hauptforts und 25 Zwischenforts, von den Franzosen als „ouvrages" bezeichnet, davon 9 Infanteriewerke, die zwischen den Forts eingebaut worden waren, um die Räume zwischen ihnen durch Infanteriekräfte beherrschen zu können. Ihr Modernisierungsstand war unterschiedlich. Die Forts auf dem ostwärtigen Maasufer bildeten einen äußeren und zwei innere Festungsgürtel. Insgesamt verfügte die Festung bei Kriegsbeginn über 7 15,5- Zentimeter-Geschütze mit einer Schussweite von 7.500 Metern in 6 versenkbaren Türmen, 70 7,5-Zentimeter-Geschütze in 28 versenkbaren Türmen, 21 Geschütze dieses Kalibers mit anderer Lafettierung und 58 Maschinengewehre in 29 versenkbaren Türmen. Verdun war die stärkste Festung in Ostfrankreich.

Fort Douaumont Anfang 1916

Zum äußeren Festungsgürtel gehörten die Forts Moulainville, Vaux und Douaumont. Im inneren Gürtel lagen die Forts Tavannes und Souville, im innersten Gürtel auf den Höhen, von denen man die Stadt Verdun überblicken kann, die Forts Belrupt, Saint Michel und Belleville. Auf dem westlichen Maasufer wurden zwei weitere Festungsgürtel angelegt. Hier verlief der äußere Gürtel, der aus fünf Forts bestand, entlang dem Bourrus-Wald auf der dort verlaufenden Höhenrippe. Sie konnten in Zusammenwirken mit den Forts Douaumont und Souville das Maastal durch Feuer sperren. Auf der 400 Meter hoch gelegenen beherrschenden Höhe ostwärts der Maas wurde als stärkste Befestigungsanlage das Fort Douaumont erbaut. Von ihm aus bieten sich hervorragende Beobachtungsmöglichkeiten in das gesamte Gelände des befestigten Raums von Verdun.

Die Werke waren so angelegt, dass sie, sich gegenseitig unterstützend, jeden Feind bekämpfen konnten, der versuchen sollte, eines der Nachbarforts zu nehmen. Die Geschütze der Forts konnten nur durch Volltreffer schwerster Artillerie außer Gefecht gesetzt werden. Die Besatzung der Festung Verdun betrug zu Beginn des Ersten Weltkrieges 65.000 Soldaten, die der größeren Forts hatten Kompaniestärke, also etwa 150 Soldaten. Die modernen Panzerforts Douaumont, Vaux und zum Teil Souville waren von einer Decke aus armiertem Beton von bis zu 2,50 Metern Dicke und von einer zusätzlichen Sand- und Erdschicht von 2,5 bis 5 Metern Dicke gegen Artillerietreffer geschützt. Wie gezeigt, waren die Geschütze, die in der Feldschlacht eingesetzt werden konnten, und die meisten Maschinengewehre vor Beginn des deutschen Angriffs am 21. Februar 1916 für die Feldschlacht ausgebaut worden.

Im Verlauf der ersten Kämpfe nach Ausbruch des Ersten Weltkrieges hatte die Französische Armee vorwärts des äußeren Befestigungsgürtels im Verlauf der Hügelketten im Norden zusätzliche Feldbefestigungen über eine Tiefe von 3 bis 5 Kilometern angelegt, die von einem Angreifer überwunden werden mussten. Sie bildeten die erste Verteidigungsstellung des befestigten Raumes von Verdun. Die zweite Verteidigungsstellung verlief parallel zur ersten in den ein bis vier Kilometer südwestlich gelegenen Wäldern. Sie war in trapezförmige Stützpunkte gegliedert und durch Betonblockhäuser und Drahthindernisse verstärkt. Viele Kampfgräben waren betoniert. Im Dezember 1915 beklagte sich der spätere Verteidiger des Caures-Waldes, der pensionierte Oberstleutnant und Deputierte von Nancy, Driant, beim französischen Kriegsminister über die mangelhaften Verteidigungsvorkehrungen im befestigten Raum von Verdun. General Joffre sandte daraufhin seinen Chef des Stabes, General de Castelnau, nach Verdun, der die Anlage einer dritten Verteidigungsstellung befahl, die zwischen 1,5 bis 4 Kilometer südwestlich der zweiten angelegt werden sollte. Sie war bei Beginn der Schlacht am 21. Februar 1916 nicht fertig geworden. Die vierte Verteidigungsstellung bildeten die artilleristisch abgerüsteten Forts, zahlreiche befestigte Ortschaften und Zwischenwerke.

Die vorderste deutsche Linie, die bis zum Abschluss des Aufmarsches vom V. Reservekorps (RK) der 5. Armee als Stellungstruppe zu halten war, verlief zwischen 100 und 600 Meter nördlich und nordostwärts parallel zur ersten französischen Feldbefestigungslinie von Malencourt – nördlich von Berthincourt – zwischen Forges-Wald und der Ortschaft Forges auf die Maas zu. Zwischen Consenvoye und Brabant verlief sie quer über die Maas und von da nach Osten über die Straße Ville-Vacherauville südlich von Ville, danach durch den Herbebois-Wald auf der Hochebene von Woevre.

Zwischen dem 15. und 22. Dezember 1915 überzeugte General v. Falkenhayn Kaiser Wilhelm II., wahrscheinlich durch mündlichen Lagevortrag, von seinem strategischen Plan, die Entscheidung des Krieges 1916 bei Verdun zu suchen ohne den österreichischen Bündnispartner an diesem Plan zu beteiligen. Der Angriff sollte durch 4 Korps der deutschen Heeresreserve mit 9 Divisionen sowie 1.250 Geschützen unter dem Kommando des Oberbefehlshabers der Heeresgruppe Deutscher Kronprinz und ihrer 5. Armee, Generalleutnant Wilhelm, Kronprinz des Deutschen Reiches und von Preußen, geführt werden. Diese Auswahl erfolgte aus dynastischen Gründen. Der Thronfolger sollte als erfolgreicher Feldherr brillieren wie sein Großvater, der spätere Kaiser Friedrich III., im deutsch-deutschen Bruderkrieg von 1866 und im deutsch-französischen Krieg von 1870/71.

Weder Kronprinz Wilhelm noch sein Generalstabschef hatten offenbar Falkenhayns militärstrategischen Plan, die Französische Armee zunächst in eine Ausblutungsschlacht zu verwickeln, sie durch Einsatz überlegener Artillerie auszubluten und ihr untragbar hohe Verluste zuzufügen, vollständig erkannt.

Kronprinz Wilhelm, damals 34 Jahre alt, war nach dem Willen des Kaisers von seinem Chef des Generalstabes, Generalleutnant Schmidt v. Knobelsdorf, abhängig. Er war für die höhere Truppenführung nicht geschult. Kaiser Wilhelm II. hatte daher seinen Sohn angewiesen, in allen Angelegenheiten dem Rat seines Chefs des Generalstabes zu folgen. Weder Kronprinz Wilhelm noch dieser hatten offenbar Falkenhayns militärstrategischen Plan, die Französische Armee zunächst in eine Ausblutungsschlacht zu verwickeln, sie durch Einsatz überlegener Artillerie auszubluten und ihr untragbar hohe Verluste zuzufügen, vollständig erkannt.

Während der Planung der Schlacht im Oberkommando der 5. Armee kam es vor diesem Hintergrund zu Differenzen zwischen dem Chef der OHL und der Führung der 5. Armee. Der Kronprinz und sein Chef des Generalstabes wollten, taktisch richtig, gleichzeitig auf beiden Seiten der Maas angreifen, um Flankenfeuer auf nur ostwärts des Flusses eingesetzte deutsche Truppen auszuschalten. Beide nahmen wahrscheinlich an, Ziel des Angriffs sei es, die Stadt Verdun durch Angriff zu nehmen und, falls möglich, danach in die Tiefe des Raumes durchzubrechen und mittels starker Reserven den nach der ersten Marneschlacht zum Stillstand gekommenen Bewegungskrieg wieder aufzunehmen. Nach Jessen hat Falkenhayn auch diese Option in Erwägung gezogen.

Falkenhayn hingegen wischte diese Vorschläge vom Tisch und beharrte auf einem Angriff nur im ostwärtigen Maasabschnitt, weil er glaubte, die Höhen auf dem Westufer der Maas, die Côtes, so rasch nehmen zu können, dass sich französisches Flankenfeuer auf die Truppe nicht auswirken werde. Ungewöhnlich ist, dass er keine Weisung an die 5. Armee zur Operationsführung erließ. Diese legte am 4. Januar 1916 einen Angriffsentwurf vor, der Falkenhayns Intentionen entsprach. Er lautet auszugsweise: „Der Entschluss die Festung Verdun in beschleunigtem Verfahren fortzunehmen, beruht auf der erprobten Wirkung der schweren und schwersten Artillerie. [...] Wer im Besitz der Côtes auf dem Ostufer der Maas ist, indem er die auf ihnen gelegenen Befestigungen erobert hat, ist im Besitz der Festungen"[11]

Die Côtes waren das Angriffsziel, nicht das Nehmen von Verdun, als Voraussetzung des Ausblutens der Truppen, die Frankreich zum Halten des Raumes von Verdun einsetzen würde. Auch im Befehl für die Angriffskorps der 5. Armee vom 27. Januar 1916 wird als Angriffsziel nicht das Nehmen von Verdun befohlen, sondern die „gesamte Kampfhandlung um die Festung Verdun" als Angriffsziel formuliert. Falkenhayn habe den Angriffsentwurf und den Befehl für die Angriffskorps ohne Kommentar akzeptiert, schreibt das Reichsarchiv.[12] Wir wissen nicht, warum Falkenhayn den Kronprinzen über seine politisch-strategischen und militärstrategischen Absichten nicht hartnäckiger aufklärte. Vielleicht nahm er an, die deutschen Truppen würden besser kämpfen, wenn sie das Nehmen der Stadt durch Angriff als Ziel der Schlacht vor Augen hätten und man ihnen verschwieg, dass eine Abnutzungs- und Ausblutungsschlacht mit sparsamem Einsatz von Kampftruppen und überlegenem Artilleriefeuer geplant sei. Diese Vermutung kann aber nicht belegt werden.

Die Führung der 5. Armee ging offenbar aufgrund des entstandenen Dissenses über die Absichten Falkenhayns davon aus, eine Schlacht planen zu sollen und zu führen, in deren Verlauf starke Reserven verfügbar gemacht werden sollten, um Erfolge unverzüglich mit nachgeführten frischen Kräften auszunutzen. Die Militärstrategie Falkenhayns für die Schlacht um Verdun baute aber nicht auf starke und verfügbare Reserven von Kampftruppen, sondern auf die überlegene deutsche Artillerie. Im Gegensatz zur Französischen Armee hatte zu Beginn des 20.Jahrhunderts die deutsche Heeresleitung damit begonnen, große Teile der in der Feldschlacht einsetzbaren schweren Festungsartillerie zur schweren Artillerie des Feldheeres in bespannte Bataillone umzugliedern, um die Feldartilleriekräfte zu verstärken und die Angriffe der Infanterie wirkungsvoller mit Feuer unterstützen zu können.

Die Französische Armee verfügte 1914 zwar über eine hervorragende Feldartillerie, die mit der 7,5-Zentimeter Feldkanone mit dem leistungsfähigsten Schnellfeuergeschütz der Zeit ausgestattet war. Anders als die Führung des Deutschen Reichsheers vor dem Ersten Weltkrieg schuf der französische Generalstab jedoch keine schwere Artillerie für die Feldschlacht, weil er aus ideologisch begründeter, leichtfertiger sowie unprofessioneller Überschätzung der angeblich in der französischen Psyche angelegten überlegenen Angriffslust und Leistungsfähigkeit auf seine Infanterie sowie die Feuerkraft der 7,5-Zentimeter Feldkanone setzte. Bei Kriegsausbruch waren von den 9.388 im deutschen Feldheer vorhandenen Geschützen 1. 396 schwere Geschütze. Von den 4.300 der Französischen Armee waren nur 308 schwere Geschütze, meistens noch ohne Rohrrücklauf und mit veralteten Richt- und Visiermitteln ausgestattet.[13] Wegen ihrer Unbeweglichkeit waren sie nur eingeschränkt zur unmittelbaren Feuerunterstützung der französischen Infanterie in der Feldschlacht einsetzbar.

Operative und taktische Vorbereitungen

Das Armeeoberkommando (AOK) 5 plante, in der ersten Phase des Angriffs 6 1/2 Divisionen mit 60 Bataillonen einzusetzen und 2 1/2 Divisionen zunächst in Reserve, 2 Tagesmärsche vom Schlachtfeld entfernt, zu belassen. Insgesamt hatte die Angriffstruppe eine Stärke von etwa 140.000 Mann und 1.250 Geschützen aller Kaliber. Die Schlacht um Verdun erhielt den Decknamen „Gericht". Die französischen Truppen im Angriffsraum bestanden zunächst aus der 72. und 51. Division des III. Korps mit 30 Bataillonen und etwa 235 Feldgeschützen sowie der wenigen in den Forts verbliebenen Artillerie.[14]

Das AOK 5 unterteilte das Schlachtfeld von etwa 22 Kilometern Breite in die vier Angriffsabschnitte von A bis D. Zunächst sollten 306 leichte Feldgeschütze, 542 schwere Geschütze und 152 Minenwerfer, die durch die Artillerie der Flankenkorps des VII. Reservekorps (RK) auf dem Westufer der Maas und der Armeeabteilung Gaede unterstützt werden sollten, auf den anfangs nur 12 Kilometer breiten Raum der Angriffstruppe ostwärts der Maas wirken.

Der Aufmarsch von Angriffstruppe und Artillerie erfolgte ab Januar 1916 unter strenger Geheimhaltung. Er wurde durch das schlechte Wetter Anfang Januar und im Februar, die dichten Wälder im Aufmarschgebiet sowie zahlreiche Täuschungsmaßnahmen verschleiert. Die Truppen für den Angriff wurden in den deutschen vordersten Stellungen in sogenannten Stollen untergebracht, ausgedehnten unterirdischen und besonders geschützten Unterständen.

Die erste Luftsperre der Kriegsgeschichte durch die jungen deutschen Luftstreitkräfte erschwerte die französische Luftaufklärung über dem Aufmarschraum. Teile der Angriffstruppen wurden im neuen Stoßtruppverfahren ausgebildet, das sich aus Kampferfahrungen aus der Truppe heraus entwickelt hatte. Die zugstarken Stoßtrupps erhielten gemischte Waffen und vielfältige Kampfmittel. Der überwiegende Teil der Infanterie blieb mit dem Infanteriegewehr 98 einheitlich ausgerüstet und kämpfte nach den Einsatzgrundsätzen des veralteten Exerzier-Reglements für die Infanterie von 1906. Altes stand bei der Angriffstruppe neben Neuem. Die hohen Verluste der deutschen Infanterie im Jahre 1914 beim Angriff nach dem Exerzier-Reglement von 1906 in zunächst aufgelockertem Vorgehen, Kompaniechefs und Zugführer vor der Front, dem „Auffüllen" der Züge von hinten zu einer dichten Schützenlinie, ihrem geleiteten Feuerkampf mit dem Ziel, Feuerüberlegenheit auf die Einbruchstelle zu erzielen, dann einem Vorkämpfen bis zur Sturmausgangsstellung und schließlich dem Einbruch in den Feind mit der blanken Waffe sollten mit dem neuen Stoßtruppverfahren in tief gegliederten Zügen und selbstständig kämpfenden Gruppen, die sich geschmeidig dem Gelände anpassten, vermindert werden.

Die Gegner Deutschlands blieben bis zum Ende des Ersten Weltkrieges beim Masseneinsatz der Infanterie und räumten den Teileinheitsführern, insbesondere den Unteroffizieren, weit weniger Selbstständigkeit ein als die Deutschen.

Neu war dabei, dass die Stoßtrupps in Zugstärke und ihre Gruppen, die mit den neu entwickelten Handgranaten, Flammenwerfern, Minenwerfern und Infanteriebegleitgeschützen ausgerüstet waren, mit diesen gemischten Kampfmitteln und Waffen auf der untersten taktischen Ebene erstmals den Kampf der verbundenen Kräfte nach dem Prinzip der Auftragstaktik selbstständig führen konnten. Die Infanteriegruppe, von Unteroffizieren geführt, gewann an Selbstständigkeit und Gewicht im Kampf. Die Gegner Deutschlands blieben bis zum Ende des Ersten Weltkrieges beim Masseneinsatz der Infanterie und räumten den Teileinheitsführern, insbesondere den Unteroffizieren, weit weniger Selbstständigkeit ein als die Deutschen. Für die Waldkämpfe zu Beginn der Schlacht um Verdun war die Masse der Infanterie mit dem langen Gewehr 98 unzweckmäßig ausgerüstet.[15]

Am 27. Januar 1916 erteilte das AOK 5 den Befehl für die Angriffskorps. Die „gesamte Kampfhandlung um die Festung Verdun" wird in ihm unpräzise formuliert, die im Angriffsentwurf der 5. Armee vom 04. Januar 1916 geforderte Besitznahme der Côtes am Ostufer der Maas als Angriffsziel erstaunlicherweise

Die operativen und taktischen Vorbereitungen des AOK 5 zur Schlacht um Verdun waren eine Meisterleistung. Obwohl die französische Seite durch Überläufer vom V. RK wusste, dass im Verdunabschnitt ein deutscher Angriff geplant war, konnten Aufmarsch und Angriffsbeginn weitgehend verschleiert werden.

nicht erwähnt. Er beschränkt sich auf das Nehmen der ersten französischen Verteidigungslinie durch Artilleriefeuer, infanteristischen Kampf und das Aufklären der zweiten französischen Stellung, also in heutiger Terminologie ein Zwischenziel der gesamten Schlacht. Gleichzeitig erging der Befehl für den Artillerieeinsatz durch den General der Fußartillerie beim AOK 5.

Am Vormittag des Angriffstags sollte die Schlacht mit der Beschießung der französischen Stellungen auf der ganzen, die Festung umschließenden Front begonnen werden. Um 17.00 Uhr sollten die Truppen in den Abschnitten A, B und C in lichten Schützenlinien gegen die erste Verteidigungslinie der Franzosen vorfühlen und sie – verstärkt durch Flammenwerfer und Handgranatentrupps – nehmen sowie den Verlauf der zweiten französische Linie aufklären. Dabei sollten Erkenntnisse für den weiteren artilleristischen Feuerkampf gewonnen werden.

Die Armeekorps (AK) erhielten folgende Aufträge:

- Im Abschnitt A sollte das VII. RK über den Haumont-Rücken in Richtung Samogneux auf die Maas vorstoßen.

- Im Abschnitt B sollte das XVIII. AK über den Caures-Wald die Höhe 344 nehmen.

- Im Abschnitt C sollte das III. AK über den Höhenrücken östlich der Straße Ville-Devant-Chaumont-Vacherauville angreifen, den Herbebois-Wald säubern und Richtung Fort Douaumont weiter angreifen.

- Der Angriffsbeginn des XV. AK im Abschnitt D wurde vom Angriffsverlauf der anderen AK abhängig gemacht.

- Das V. RK hatte den Aufmarsch der AK zum Angriff auf der ganzen Breite des Angriffsraumes zu sichern.

Die operativen und taktischen Vorbereitungen des AOK 5 zur Schlacht um Verdun waren eine Meisterleistung. Obwohl die französische Seite durch Überläufer vom V. RK wusste, dass im Verdunabschnitt ein deutscher Angriff geplant war, konnten Aufmarsch und Angriffsbeginn weitgehend verschleiert werden. Die einzige Maßnahme, die von der französischen Seite rechtzeitig ergriffen wurde, war der beschleunigte Ausbau der dritten Verteidigungsstellung.

Die Schlacht

Die Schlacht um Verdun verlief in vier Phasen, die vielfach miteinander verzahnt waren.

Auf einem Schlachtfeld von zunächst 12, dann 22 Kilometern Breite und einer Tiefe von 12 Kilometern wurden Armeekorps, also Großverbände, vom AOK 5 nach den Grundsätzen der Taktik eingesetzt. Im Folgenden wird das Schlachtgeschehen skizziert.[16]

Zwischen dem 21. und dem 25. Februar 1916 traf der deutsche Überraschungsangriff auf einer Breite von 12 Kilometern ostwärts der Maas die französische 72. und 51. Division sowie die eingeschobene 37. afrikanische Division und zerschlug diese in kräftezehrendem Angriff. Im Verlauf des 24. Februar 1916 nahmen die Deutschen überraschend das schwach besetzte Fort Douaumont und damit den das Schlachtfeld beherrschenden Geländeabschnitt ostwärts der Maas im Handstreich.[17]) Das vom Bourrus-Rücken westlich der Maas immer stärker in die rechte Flanke des Angreifers wirkende französische Artilleriefeuer konnte den deutschen Sturmlauf zunächst nicht nachhaltig verzögern. Das änderte sich erst, als der deutsche Angriff am 29. Februar 1916 ins Stocken geriet.

Wenn am Abend des 25. Februar Reserven verfügbar gewesen wären, hätte der Angreifer mit großer Wahrscheinlichkeit Verdun nehmen und möglicherweise das Tor zur Wiederaufnahme des Bewegungskrieges im Westen aufstoßen können. Falkenhayn hielt die zur Ausweitung des deutschen Erfolgs benötigten beiden Divisionen jedoch im Raum von Metz zurück, zwei Marschtage vom Schlachtfeld entfernt, und setzte sie nicht operativ ein. Er wollte offenbar sein militärstrategisches Konzept nicht ändern, bei sparsamem Kräfteeinsatz die französische Seite zu zwingen, immer mehr Truppen im Raum von Verdun einzusetzen und das Französische Heer mittels seiner Artillerie auszubluten, und vergab durch dieses Festhalten an seiner bisherigen Militärstrategie möglicherweise eine Möglichkeit, das Kriegsglück zugunsten Deutschlands zu wenden.

Wenn am Abend des 25. Februar Reserven verfügbar gewesen wären, hätte der Angreifer mit großer Wahrscheinlichkeit Verdun nehmen und möglicherweise das Tor zur Wiederaufnahme des Bewegungskrieges im Westen aufstoßen können.

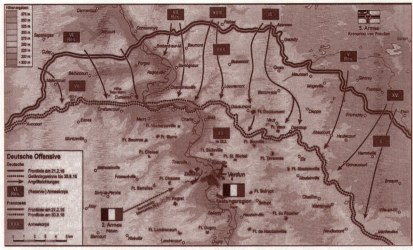

Verdun Februar bis Dezember 1916 – Deutsche Offensive

Falkenhayns Beurteilung der französischen Psyche, Verdun aus nationalen Prestigegründen um jeden Preis halten zu wollen, erwies sich als zutreffend. Das zeigen die Maßnahmen des französischen Oberbefehlshabers, General Joffre. Er betraute General Pétain mit dem Oberbefehl über das Schlachtfeld und verbot die Aufgabe des Raumes ostwärts der Maas. Die Forts Belleville, Saint Michel, Souville, Tavannes und Moulainville sollten eine letzte französische Auffangstellung bilden, die von den Deutschen nicht überschritten werden durfte. Sie wurden durch Feldbefestigungen miteinander verbunden. Diese letzte Stellung vor der Stadt Verdun wurde als „Paniklinie" („ligne de la panique") bezeichnet.

Starke französische Kräfte wurden rascher als erwartet herangeführt. Am 27. Februar waren das gesamte französische XX. Korps in Stellung und die Truppen der französischen 2. Armee dicht herangeführt. Alle deutschen Angriffe scheiterten. Trotz härtester Kämpfe wurde nirgends ein Erfolg erzielt.

General Pétain verstärkte rasch vor allem die Artillerie auf dem Bourrus-Rücken mit seinen Möglichkeiten, den deutschen Angriff mit flankierendem Feuer zu fassen, und organisierte den Nachschub für seine Truppen über die einzige, ihm zur Verfügung stehende Nachschubstraße, die unter deutschem Feuer liegende Straße von Bar-le-Duc nach Verdun mit 1.700 Lastkraftwagen. Nach dem Ersten Weltkrieg erhielt sie die Bezeichnung „Heilige Straße" („Voie

Sacrée"). Die angreifenden Deutschen mussten hingegen Kriegsgerät, Munition und Verpflegung von Trägern durch zerschossene und verschlammte Versorgungsgräben nach vorne zu den Kämpfern schleppen.

Die Ergebnisse der ersten Phase der Schlacht waren für die deutsche Seite enttäuschend. Stundenlanges Trommelfeuer hatte es nicht vermocht, die französischen Feldbefestigungen zu zerschlagen und die Verteidigung auszuschalten. Die Truppe büßte nach Steckenbleiben des Angriffs ab dem 29. Februar durch immer höhere Verluste für den Fehler Falkenhayns, den Angriff nicht zugleich auf beiden Seiten der Maas angesetzt und das französische Flankenfeuer aus Stellungen am Bourrus-Rücken ausgeschaltet zu haben. Bei seinen Planungen hatte er diese Gefahr zwar erkannt, sie aber wegen des von ihm angenommenen Tempos der Angriffstruppe, die Höhenlinie der „Côtes" in einem Sturmanlauf in wenigen Tagen zu nehmen, in Kauf genommen. Moral und Kampfwille der französischen Seite blieben intakt.

Die Ergebnisse der ersten Phase der Schlacht waren für die deutsche Seite enttäuschend. Stundenlanges Trommelfeuer hatte es nicht vermocht, die französischen Feldbefestigungen zu zerschlagen und die Verteidigung auszuschalten. Die Truppe büßte nach Steckenbleiben des Angriffs ab dem 29. Februar durch immer höhere Verluste für den Fehler Falkenhayns

Am 29. Februar 1916 verlangte der Kronprinz von General v. Falkenhayn, den Angriff unverzüglich auch westlich der Maas zu führen oder ihn abzubrechen. Falkenhayn lehnte dies ab und ließ vom 25. Februar bis 6. März die Armeeabteilung Strantz ostwärts der Maas angreifen. Sie kam bis in die allgemeine Linie Fort Vaux – Les Esparges voran.

Am 6. März griffen die Deutschen dann doch westlich der Maas an. Damit begann die zweite Phase der Schlacht um Verdun, die Abnutzungsschlacht. Der Angriff fraß sich Schritt um Schritt mit immer größeren Verlusten bis zum 7. März bis zur Höhe Toter Mann („Mort Homme") vor. Erst am 20. Mai konnte diese von den Deutschen genommen werden.

Am 8. März griffen die Deutschen auch wieder ostwärts der Maas an. Der Versuch, Fort Vaux zu nehmen, scheiterte. Um jeden Meter Boden wurde erbittert gerungen. In diesen Wochen entstand der Begriff der Blutmühle von Verdun, ein Begriff, der die erbitterten und verlustreichen Kämpfe grausig treffend beschrieb.

Nach einem Monat erfolgloser Kämpfe griffen die Deutschen am 9. April 1916 mit den neu gebildeten Angriffsgruppen v. Mudra und v. Gallwitz gleichzeitig auf beiden Seiten der Maas an. Der Angreifer konnte sich an den Hängen der Höhe „Toter Mann" festsetzen. Ostwärts der Maas gelang es den Deutschen aber nicht, den Pfefferrücken zu nehmen. Psychologisch geschickt erließ General Pétain am 10. April einen Tagesbefehl, in dem er behauptete: „Der 9. April ist ein glorreicher Tag für unsere Waffen. Die heftigen Angriffe der Soldaten des Kronprinzen sind überall gebrochen worden. Die Deutschen werden ohne Zweifel erneut angreifen [...] Mut, man wird sie kriegen."[18]

Westfront 1916 – erbitterter Kampf um jeden Meter

Bis zum 1. Mai 1916 hatten 26 deutsche und 40 französische Divisionen an der Schlacht teilgenommen. Nach 8 bis 20 Tagen Einsatz ließ General Pétain seine Divisionen durch unverbrauchte Kräfte ablösen und im rückwärtigen Gebiet auffrischen. Die deutschen Divisionen blieben dagegen im Einsatz, bis sie ausgebrannt waren. Bei den deutschen Sturmtruppen mehrten sich Zeichen von Erschöpfung. Viele ihrer Soldaten ergaben sich dem Gegner immer rascher. Zwischen April und Mai 1916 waren die deutschen Verluste von 81.607 auf 120.000 Mann angewachsen. Ende Mai 1916 näherten sich die französischen Verluste der Zahl 185.000.

Am 21. April 1916 erklärte der Kronprinz das Unternehmen „Gericht" für gescheitert. Falkenhayn war anderer Auffassung und befahl, die Schlacht mit mehr Tempo zu führen.

Wegen der Vorbereitungen zur Sommeschlacht verlangsamte sich der Zustrom von Nachschub und Truppen auf der französischen Seite. General Pétain protestierte dagegen beim französischen Oberbefehlshaber, General Joffre. Er wurde daraufhin zum Oberbefehlshaber der französischen Heeresgruppe Mitte ernannt und weggelobt. Sein Nachfolger wurde General Nivelle.

Die dritte Phase, die Abnutzungsschlacht, begann, als Ende Mai 1916 die Deutschen die Höhe „Toter Mann" nehmen konnten. Die Angriffe ostwärts der Maas wurden wieder aufgenommen. General Mangin scheiterte dort trotz großen Kräfteeinsatzes und der Unterstützung durch 300 Geschütze, die im neuen Verfahren der „Feuerwalze" eingesetzt wurden, bei dem Versuch, das Fort Douaumont wieder zu nehmen. Alarmiert durch die aufgeklärten Vorbereitungen zur Sommeschlacht führten die Deutschen einen letzten Großangriff ostwärts der Maas. Dabei sollte ausgenutzt werden, dass ihre Artillerie mit 2.200 gegen 1.700 französische Geschütze an Zahl überlegen war. Sie konnte das flankierende Feuer vom Bourrus-Rücken zunehmend erfolgreicher ausschalten.

Auf einer Breite von nur 5 Kilometern griffen die Deutschen mit zwei Armeekorps die französische Paniklinie zwischen Thiaumont und Fleury sowie die Forts Souville und Tavannes an. Am 7. Juni fiel Fort Vaux. Am 11. Juni hätten die 70.000 deutschen Angreifer die Paniklinie im Abschnitt Thiaumont-Fleury-Fort Vaux beinahe durchbrochen. Am 11. Juli verengte das AOK 5 den Angriffsstreifen auf etwa 3.500 Meter im Abschnitt Fleury-Damloup. Der Angriff kam fast bis zum Fort Souville voran, wurde dann aber durch die Franzosen zum Stehen gebracht.

Am 24. Juni 1916 begann die britisch-französische Sommeschlacht, die Joffre als Entlastungsoffensive für die erschöpfte Französische Armee von dem britischen Oberbefehlshaber Haig gefordert hatte. Die deutsche Seite musste von der Verdun-Front starke Kräfte abziehen, um diesen Großangriff abwehren zu können. Der 11. Juli 1916 war der letzte deutsche Angriffstag auf dem Schlachtfeld um Verdun.

Am 8. August 1916 konnten die Truppen des Generals Mangin Thiaumont und Fleury unter hohen Verlusten zurückerobern. Am 21. Oktober 1916 gaben die Deutschen das durch ständigen Artilleriebeschuss und Explosionen im Inneren für die Verteidigung unbrauchbar gewordene Fort Douaumont auf. Es wurde am 24. Oktober von den Franzosen besetzt, ebenso das Fort Vaux. Bis zum 15. Dezember 1916 waren die deutschen Truppen auf ihre Sturmausgangsstellungen vom 10. Juli 1916 zurückgeworfen. Die Schlacht um Verdun war zu Ende.

Verdun Februar bis Dezember 1916 – Französischer Gegenangriff

Nachwirkungen

Aus heutiger Sicht hat die Schlacht um Verdun drei Dimensionen:

· Die erste und sicher bedeutsamste dieser strategischen Schlacht liegt darin, dass Falkenhayns Strategie mittels seiner von ihm erdachten Militärstrategie der Ausblutungsschlacht England zu einem überhasteten Gegenangriff und letztendlich zum Ausscheiden aus dem Ersten Weltkrieg zu bewegen, scheiterte. Die deutschen Verluste konnten nicht gering gehalten werden, und die Schlacht entglitt ihm und seinen Truppenführern. Die Gegenmaßnahmen der französischen Führung waren rascher und durchschlagender als von Falkenhayn für möglich gehalten, der Angriff blieb stecken und das Angriffsziel der Côtes am Ostufer der Maas konnte nicht im Sturmlauf genommen werden. England begann am 24. Juni 1916 zusammen mit Frankreich die erste Sommeschlacht mit ungeheurer Kraftentfaltung. Kompromisslos blieb das englische strategische Ziel, Deutschland militärisch niederzuringen.

· Die zweite Dimension der Schlacht um Verdun ist darin zu sehen, dass sie Änderungen im operativ-taktischen, technischen und Ausbildungsbereich bewirkte. Sie ist das Verbindungsglied zu einer Reihe von Entwicklungen, die zu neuen beweglichen Kampfverfahren sowie zu Änderungen der Ausrüstung und Ausbildung führten, die im Zuge der zunehmenden Technisierung des Stellungskrieges notwendig geworden waren.

- Eine psychologische dritte Dimension beeinflusste zunächst fatal die französischen Verteidigungsvorkehrungen nach dem Ersten Weltkrieg. Später galt Verdun als Sinnbild für die Schrecken des Krieges und führte zu Veränderungen in der Einstellung zum Krieg. Verdun trug somit letztendlich zur Aussöhnung zwischen Deutschland und Frankreich bei.

Bereits zu Beginn der zweiten Phase der Schlacht um Verdun war deutlich geworden, dass die Militärstrategie Falkenhayns für die Schlacht gescheitert war. Es war nicht möglich, wie er angenommen hatte, bei eigenen geringen und sehr hohen französischen Verlusten die Schlacht zu steuern. Sie lief ihm vielmehr aus der Hand. Am Ende waren die Verluste beider Seiten fast gleich hoch.

Falkenhayn – es sei wiederholt – wollte mit schwachen eigenen Angriffstruppen die Franzosen in die Falle eines Schlachtfeldes locken, das sie aus nationalem Prestige nicht aufgeben konnten, und dann mit überlegenem Artilleriefeuer „ausbluten". Erst danach wollte er Maßnahmen zum Ausnutzen dieses Erfolgs ergreifen. Die deutschen Truppenführer dagegen wollten die Stadt Verdun als Voraussetzung für einen Durchbruch durch die französischen Stellungen mit dem Ziel einer Wiederaufnahme des Bewegungskrieges im Westen nehmen. Bei der Planung zum Kräfteansatz ließen sie sich von dem überkommenen Grundsatz preußisch-deutschen Führungsdenkens leiten, die Verluste der eigenen Truppe möglichst gering zu halten. Sie forderten daher bereits in der Planungsphase der Schlacht und in ihrem Verlauf immer drängender von Falkenhayn einen Angriff zugleich auf beiden Seiten der Maas, um das immer stärker werdende, kräftezehrende Flankenfeuer auf die eigene Truppe auszuschalten. Sie gingen von der Bereitstellung starker Reserven aus, um eintretende Erfolge zum operativen oder gar strategischen Durchbruch durch die französischen Linien rasch ausweiten zu können.

Falkenhayn beurteilte zwar die französische Psyche hinsichtlich der Nichtaufgabe von Verdun zutreffend, nicht jedoch die Wirksamkeit der für ihn unerwartet schnell ergriffenen französischen Gegenmaßnahmen, vor allem des raschen Einsatzes starker Reserven. Er glaubte so fest an den Erfolg seiner Militärstrategie, dass er es unterließ, kampfkräftige und frische Reserven dicht an das Schlachtfeld heranzuführen und die sich am 25. Februar abzeichnende

Möglichkeit eines deutschen Durchbruchs nach frühzeitiger Aufgabe seines ursprünglichen Plans auszunutzen. Als im weiteren Verlauf der Schlacht die deutschen Verlustziffern nie für möglich gehaltene Höhen erreichten, als er erkannte, dass seine Militärstrategie gescheitert war, hatte er nicht das Format, Kaiser Wilhelm II. zu bitten, die Schlacht abbrechen zu dürfen. Hierauf abzielendes Drängen der hohen Truppenführer schob Falkenhayn zu lange beiseite.

Die erste Sommeschlacht, kein überhasteter, sondern ein sorgfältig vorbereiteter Gegenangriff der Engländer und Franzosen mit großer Kraftentfaltung vom 24. Juni bis 13. November 1916, in der England 420.000, Frankreich 195.000 und Deutschland fast 650.000 Mann verloren, zeigte Englands ungebrochenen Willen, Deutschland militärisch niederzuringen. Es erscheint heute unbegreiflich, dass die politischen Autoritäten Deutschlands die Entwicklung einer Strategie zur erfolgreichen Beendigung des Krieges im Jahre 1916 in die Hand des Leiters der militärischen Operationen legten, dessen Aufgabe die Umsetzung strategischer Vorgaben der politischen Führung in militärstrategische Konzepte und die Führung des deutschen Feldheeres im Krieg war. Falkenhayn hat das Versagen der politischen Führung der damaligen Zeit gewiss nicht zu verantworten, die hinnahm, dass gegen den Grundsatz des Generalmajors Carl v. Clausewitz verstoßen wurde, wonach das Ganze die Politik, der Krieg nur ein Teil von ihr ist.

Falkenhayn hat das Versagen der politischen Führung der damaligen Zeit gewiss nicht zu verantworten, die hinnahm, dass gegen den Grundsatz des Generalmajors Carl v. Clausewitz verstoßen wurde, wonach das Ganze die Politik, der Krieg nur ein Teil von ihr ist.

Eine Militärstrategie ohne das überwölbende, von der politischen Führung zu errichtende Dach der Strategie kann nur militärische Lösungen anbieten. Sie beantwortet nicht die Frage, was geschehen soll, wenn sie scheitert. Eine Strategie, die bei ihrer Entstehung nicht alle Facetten des gesamten politischen, diplomatischen sowie wirtschaftlichen Umfelds und die Ressourcen aller Feindstaaten realistisch einbezieht, hat kein tragfähiges Fundament. Ihre Formulierung ist nicht Aufgabe des höchsten Soldaten, sondern der politischen Leitung, deren erster militärischer Berater dieser ist. Falkenhayn hat in den Jahren 1914 bis 1916 als Chef der 2. OHL den französischen Durchhaltewillen und die militärische Leistungsfähigkeit Frankreichs unterschätzt. Sein Denken und Handeln war besessen von seiner unüberwindlichen Abneigung gegen England. Hierin liegt eine Wurzel seines Scheiterns. Ein schweres Versäumnis Falkenhayns war zudem, dass er seine Militärstrategie nicht mit dem österreichischen Bündnispartner und seinem Chef des Generalstabes, Generaloberst

Conrad Freiherr von Hötzendorff, abstimmte, der 1916 die Kriegsentscheidung im Osten gegen Russland und Italien suchen wollte.

Die Gefühlskälte von Falkenhayns gegenüber den hohen Verlusten seiner Soldaten ist für viele Menschen unserer Zeit abstoßend. Nach seiner Ablösung als Chef der 2. OHL zeigte er dann großes operatives Talent und auch menschliche Seiten: Er führte erfolgreich die 9. Armee gegen Rumänien. Im Jahre 1918 verhinderte er, dass die türkische Armee alle Juden in Palästina ermordete, weil sie von ihr für britische Spione gehalten wurden.

Die Gefühlskälte von Falkenhayns gegenüber den hohen Verlusten seiner Soldaten ist für viele Menschen unserer Zeit abstoßend.

Die Schlacht um Verdun bedeutete für Frankreich mit 40 Millionen Einwohnern eine proportional weit höhere Verlustrate als für das Deutsche Reich mit 60 Millionen Einwohnern. Verdun, die letzte Schlacht, die Frankreich ohne Hilfe von Verbündeten gewinnen konnte, hat dort bis heute besonderes Gewicht. In der ihr nachfolgenden, für die Alliierten gescheiterten Sommeschlacht vom Sommer und Herbst 1916 sowie der ebenfalls fehlgeschlagenen Nivelle-Offensive im Jahre 1917 zerbrach vorübergehend der innere Zusammenhalt der Französischen Armee. Ausbrechende Meutereien konnten nur mühsam mit Gewalt unterdrückt werden. Die französischen Politiker und sicher auch manche ihrer soldatischen Ratgeber zogen aus der Schlacht um Verdun falsche Schlüsse. Das sollte sich im Westfeldzug von 1940 für Frankreich verhängnisvoll auswirken. Während der französische Generalstab nach dem Fall der belgischen Festungen beim deutschen Vormarsch von 1914 diese für überholt gehalten hatte, bewirkte nach dem Ersten Weltkrieg ein ehemaliger Verdunkämpfer, Verteidigungsminister André Maginot, den Bau der nach ihm benannten befestigten Linie, die beim Westfeldzug 1940 Tausende der besten französischen Soldaten der Feldschlacht entzog. Die deutsche Wehrmacht umging 1940 die Maginotlinie und bezwang ihre Forts in der zweiten Phase des Feldzugs.

Die französischen Politiker und sicher auch manche ihrer soldatischen Ratgeber zogen aus der Schlacht um Verdun falsche Schlüsse. Das sollte sich im Westfeldzug von 1940 für Frankreich verhängnisvoll auswirken.

Im operativ-taktischen und technischen Bereich liegt die Schlacht um Verdun in einem Grenzbereich zwischen Altem und Neuem. Auf der einen Seite potenzierten sich in ihr die operativen und taktischen Fehler der Schlachten und Gefechte seit Ausbruch des Ersten Weltkrieges. Auf der anderen Seite wurden in ihr neue Ansätze erprobt und weiterentwickelt, die 1917 und 1918 zur beweglich geführten Abwehrschlacht sowie zu neuen Angriffsverfahren mit breitgefächerter Ausrüstung durch neue technische Kampfmittel und Waffen führten. In vielen Bereichen war Verdun ein wichtiger Impulsgeber, ein Verbindungsglied zwischen den Schlachten und Gefechten davor, der Sommeschlacht im Sommer und Herbst 1916 und den Entwicklungen bis zum Kriegsende von 1918.[19]

Wenn auch zu Beginn der Schlacht um Verdun ein Teil der Sturmtruppen in der ab 1915 entwickelten Stoßtrupptaktik ausgebildet war, führte dennoch die Masse der Infanteriekräfte weiterhin Angriffe und Gegenstöße in der dargestellten Form der verstärkten Schützenlinie aus, ein Verfahren, das bereits zu Beginn des Ersten Weltkriegs angesichts der gesteigerten Feuerkraft des Verteidigers durch Maschinengewehre, Artillerie und andere Kampfmittel überholt war.

Die Verteidigung wurde in der Schlacht um Verdun noch ohne Ausnutzung der Tiefe des Raumes geführt. Geländeabschnitte mussten so verteidigt werden, dass die erste Stellung um jeden Preis gehalten werden konnte. Sie wurde daher mit vielen Kämpfern dicht besetzt. Folglich musste die Infanterie in den Schützengräben und Granattrichtern im feindlichen Artilleriefeuer so lange statisch und inaktiv ausharren, bis der Angreifer zum Sturm antrat. Das Infanteriegewehr wurde im Stellungskrieg immer bedeutungsloser, der geschliffene Spaten, Handgranate, Minenwerfer und Flammenwerfer traten an seine Stelle. Die Artillerie unterstützte die Infanterie zunächst vornehmlich durch unbeobachtetes Sperrfeuer, bevor beweglichere Verfahren der Feuerleitung eingeführt wurden. Truppenführer wie auf französischer Seite General Mangin erprobten neue Verfahren der artilleristischen Unterstützung für Angriff und Gegenstoß zum Bereinigen von Einbrüchen in ein Verteidigungsdispositiv. Bei seinem Versuch, im Mai 1916 Fort Douaumont wieder zu nehmen, schoss die Artillerie in geleitetem Feuer die angreifende Truppe nach vorne, indem sie ihr Feuer im Angriffstempo der Infanterie auf das Angriffsziel hin verlegte. Dieses Verfahren wurde als „Feuerwalze" bezeichnet und bei allen Kriegsgegnern ständig vervollkommnet. Neue Verfahren des Gaskrieges wurden erprobt. Die Kriegsgegner lernten im Ersten Weltkrieg immer schnell voneinander.

Der Kampf eines großen Teils der Truppen nach überholten taktischen Einsatzgrundsätzen von Infanterie und Artillerie war in der Schlacht um Verdun ein maßgeblicher Grund für die hohen deutschen Verluste. Jedoch wurden zugleich neue Kampfformen wie die Stoßtrupptaktik in ihr weiterentwickelt und neue Grundsätze für eine bewegliche Verteidigung vor dem Hintergrund der in ihr gemachten Erfahrungen von den Truppenführern gefordert.

Der Kampf eines großen Teils der Truppen nach überholten taktischen Einsatzgrundsätzen von Infanterie und Artillerie war in der Schlacht um Verdun ein maßgeblicher Grund für die hohen deutschen Verluste. Jedoch wurden zugleich neue Kampfformen wie die Stoßtrupptaktik in ihr weiterentwickelt und neue Grundsätze für eine bewegliche Verteidigung vor dem Hintergrund der in ihr gemachten Erfahrungen von den Truppenführern gefordert. Während der Schlacht entwickelten sich bei der Infanterie frühe Formen der späteren Schützengruppentaktik, in der das neue, auf der Kompanie- und Zugebene eingeführte leichte Maschinengewehr 08/15 und die Gewehrträger Schützengruppen bildeten, deren Feuerkraft durch Gewehrgranaten verstärkt wurde. Dem schweren Maschinengewehr fiel bei dieser neuen Kampfform die Aufgabe zu, den Schützengruppen das Heranarbeiten an den Feind aus rückwärtigen Stellungen durch Unterfeuerhalten des Gegners zu erleichtern. Das Prinzip der Auftragstaktik galt immer mehr auch für die Führungsebene der Gruppe. Das erhöhte die Bedeutung der Unteroffiziere als Führer im Kampf.[20]

Nach Falkenhayns Ablösung als Chef des Generalstabes des Feldheeres und Chef der 2. OHL im August 1916 gingen sein Nachfolger, Generalfeldmarschall v. Hindenburg und General der Infanterie Ludendorff als dessen Erster Generalquartiermeister mit voller Mitverantwortung für die Planung und Leitung der Operationen zielstrebig daran, die Lehren aus der Schlacht um Verdun und aus der Sommeschlacht in neue Einsatzgrundsätze zu fassen und die Truppe rasch nach ihnen auszubilden. Die Division und nicht mehr das Armeekorps war hinfort der Träger von Schlacht und Gefecht mit hoher Selbstständigkeit. In ihrer Vorschriftenreihe über den Stellungskrieg wurden 1917 neue Grundsätze für eine bewegliche Führung der Abwehrschlacht befohlen und erstmals die Gefechtstätigkeit aller Waffen und deren Zusammenwirken teilstreitkraftübergreifend und miteinander verzahnt geregelt. Die Konzentration der Infanterie in der ersten Verteidigungsstellung zum Abwehrkampf wurde aufgegeben, Artillerie, Minenwerfer und Maschinengewehre sollten den Angreifer früh fassen. Das Kampffeld wurde in ein Vorfeld und eine Hauptkampfzone eingeteilt, das bisherige Gebot zum Halten der ersten Stellung um jeden Preis aufgehoben. Stellungsdivisionen sollten im Rahmen der ihnen erteilten Weisungen den Kampf selbstständig und elastisch führen, Eingreifdivisionen bildeten bewegliche Reserven, um Einbrüche zu bereinigen und durch Gegenangriff und Gegenstoß verlorengegangenes Gelände wieder zu nehmen.

Der verlustträchtige Angriff von Bataillon und Kompanie in Angriff und Gegenstoß in dichten Schützenlinien wurde aufgegeben. Gruppe und Stoßtrupp in Zugstärke waren fortan die kleinste infanteristische Kampfeinheit. Die Zahl der Sturmbataillone, besonders ausgebildeter, als Sturmkeile vor den Infanterieverbänden einsetzbarer Spezialverbände, wurde vermehrt und der Stahlhelm eingeführt. Am Ende des Ersten Weltkrieges verfügten 19 Armeeoberkommandos über je ein Sturmbataillon. Die damals entwickelten Grundsätze der beweglich geführten Abwehrschlacht sind auch heute noch in vielen Teilen gültig.[21]

Aufgrund der Erfahrungen in der Schlacht um Verdun wurde die Artillerie fortan in den Schwerpunkten der Divisionsabschnitte eingesetzt und einem Artillerieführer der jeweiligen Division unterstellt. Für die Zusammenfassung in artilleristische Befehlsverbände war nicht länger die geographische Lage der Feuerstellungen, sondern das Zusammenwirken in den gleichen Zielraum maßgebend. Es wurde im lageangepassten Feuer ausgebildet, Sperrfeuer und starrer Feuerplan wurden aufgegeben, die Verfahren der Feuerwalze wurden ständig perfektioniert.

Die junge deutsche Luftwaffe erhielt in der Schlacht um Verdun vielfältige Impulse. Durch Zusammenziehen der bislang über die Westfront verstreuten Fliegerabteilungen und durch ihren zusammengefassten Einsatz über dem Schlachtfeld konnte die deutsche Seite vorübergehend Luftüberlegenheit herstellen und den Aufmarsch verschleiern.

Mit letzter Gewissheit lässt sich die Zahl der in der Schlacht um Verdun verwundeten und gefallenen deutschen und französischen Soldaten nicht ermitteln. Zahlen über Verdunkämpfer, die verstümmelt und seelisch beschädigt die Schlacht überlebten und an Spätfolgen starben, liegen nicht vor. Die Dimension der Verluste bei Verdun mit 495.000 Gefallenen auf einem Schlachtfeld von 22 km Breite und 12 km Tiefe, einem Gefechtsstreifen, der in unserer Zeit einer gepanzerten Brigade zugewiesen wird, wird erst im Vergleich mit anderen Schlachten deutlich: Im Zweiten Weltkrieg betrugen die deutschen Verluste im Feldzug von 1940 27.074 Gefallene, 18. 384 Vermisste, 111. 034 Verwundete, also insgesamt 156.492 Soldaten.[22]

Auf Gedenksteinen und Erinnerungstafeln deutscher und französischer Städte und Dörfer für die Gefallenen des Ersten Weltkrieges sind Namen von Verdunkämpfern verzeichnet. Verdun traf viele Familien in beiden Ländern. Die hohen Verluste und die nach dem Ersten Weltkrieg weiterwirkende seelische Erschütterung der Überlebenden wirkten bis in unsere Tage hinein bewusstseinsprägend. Das Geschehen um Verdun wischte in Deutschland und Frankreich endgültig Auffassungen hinweg, die Kriege als Stahlbad zivilisationsmüder Männer zu stilisieren suchten, vom romantisierten Heldentod auf der Walstatt und vom forschen Siegen hinter flatternden Fahnen und ihre verklärte Darstellung in Literatur, Malerei und in der bildenden Kunst. Nach der Schlacht um Verdun scheiterten alle Versuche europäischer Staatsführer, kriegerisches Handeln in heroisch überhöhtem Licht zu zeichnen und es als Triebkraft zum verklärten Opfergang in die Schlachten des Zweiten Weltkriegs zu nutzen.

Das Geschehen um Verdun wischte in Deutschland und Frankreich endgültig Auffassungen hinweg, die Kriege als Stahlbad zivilisationsmüder Männer zu stilisieren suchten, vom romantisierten Heldentod auf der Walstatt und vom forschen Siegen hinter flatternden Fahnen und ihre verklärte Darstellung in Literatur, Malerei und in der bildenden Kunst.

Für viele Franzosen wurde nach dem Ersten Weltkrieg die Schlacht um Verdun zum Symbol des Durchhaltewillens ihrer Nation gegen den deutschen Feind, der nur unter heroischem, aufopferndem Einsatz aller Kräfte und Kampfmittel niedergerungen werden konnte. In Deutschland wurde die Schlacht zum Synonym des Kriegswahnsinns, eine Bewertung, die nach dem Zweiten Weltkrieg mit der Deutung der Katastrophe von Stalingrad eine Symbiose einging.

Nach dem Ersten Weltkrieg wurde das Schlachtfeld um Verdun als Monument des Krieges in seinem verwüsteten Zustand erhalten und nur teilweise aufgeforstet. Wer heute auf immer wieder freigelegten Wegen das Schlachtfeld begeht, sieht, dass es die mittlerweile hochgewachsenen Bäume nur vordergründig verändert haben: Eine von Granattrichtern übersäte Landschaft, Reste von durch Artilleriefeuer und Kampf untergegangenen Ortschaften, Kriegsgerät, Blindgänger, Granatsplitter und verrosteter Stacheldraht werden von Buschwerk und Bäumen kaum zugedeckt. Hinzu kommen die zerschossenen Festungswerke, Gräben und künstlichen Hindernisse, die von der „Association Nationale du Souvenir de la Bataille de Verdun et de la Sauvegarde de ses Hauts Lieux" mit Hilfe der französischen Armee und zahlreicher freiwilliger Helfer erhalten

In Deutschland wurde die Schlacht zum Synonym des Kriegswahnsinns, eine Bewertung, die nach dem Zweiten Weltkrieg mit der Deutung der Katastrophe von Stalingrad eine Symbiose einging.

werden. In den von Wasser tropfenden, immer feuchten Kasematten der großen Forts, an deren Wänden jedes Geräusch vielfältig verstärkt widerhallt, kann das Leiden der dort im Artilleriebeschuss ausharrenden Soldaten nachempfunden werden. Der Besuch des kaltes Pathos ausstrahlenden

„Beinhauses"(„Ossuaire") , das in den Jahren nach dem Ersten Weltkrieg auf dem Schlachtfeld erbaut wurde, und die Besichtigung von Überresten Tausender gefallener Soldaten beider Seiten, die dort für Besucher sichtbar hinter Glasfenstern aufgeschichtet sind, wühlt Gefühle auf, die Menschen unserer Zeit unbekannt geworden sind.

Vor diesem Monument am großen französischen Soldatenfriedhof besiegelten 1984 Staatspräsident Mitterrand und Bundeskanzler Kohl die vollendete Überwindung der jahrhundertelangen Feindschaft zwischen Deutschland und Frankreich. Sie erfüllten damit den Willen der Frontkämpfer beider Länder nach Versöhnung, für die sie zwischen den Weltkriegen erfolglos eingetreten waren. Nur ganz wenigen Verdunkämpfern war es beschieden, Zeuge dieser Versöhnungsstunde zu sein und zu erleben, wie die Schlacht um Verdun zu einem symbolischen Ausgangspunkt einer neu gestalteten deutsch-französischen Freundschaft geworden ist. Zu ihnen gehörte der Dichter Ernst Jünger, ein hoch dekorierter Frontoffizier und Stoßtruppführer des Ersten Weltkrieges.

Zu den Autoren:
Generalmajor a.D. Christian E.O. Millotat war von 1963 bis 2004 Angehöriger der Bundeswehr. Nach zahlreichen nationalen und internationalen Verwendungen war er zuletzt Befehlshaber im Wehrbereich II, Mainz. Nach seiner Zurruhesetzung war er 2006/2007 „Director of the Department of Security Cooperation" der OSZE und Sicherheitsberater des Hohen Beauftragten für Bosnien-Herzegowina.

Millotat war zwei Jahre lang Sprecher des Beirats der Clausewitz-Gesellschaft und leitet den Regionalkreis Südwest der Gesellschaft sowie das Forum Mainz der Deutschen Atlantischen Gesellschaft in Kooperation mit der Clausewitz Gesellschaft.

Manuela R. Krueger, selbstständige Friseurmeisterin und Bachelor of Education, befindet sich im Masterstudiengang an der Technischen Universität Darmstadt. Thema ihrer Bachelorarbeit, die demnächst veröffentlicht wird: „Militäruniformen zwischen Funktionalität und Körperbild". Verfasserin von zahlreichen Buchbesprechungen zusammen mit Christian E.O. Millotat in deutschen und ausländischen Militärzeitschriften. Managerin des Forum Mainz.

Anmerkungen und Quellenangaben:

1 Goethe, Maximen und Reflexionen. Aphorismen und Aufzeichnungen. Nach den Handschriften des Goethe- und Schillerarchivs hrsg. von Max Hecker. Verlag der Goethe-Gesellschaft, Weimar 1907.

2 Verlustzahlen nach Ettighoffer, P.C.: Verdun, Das Große Gericht, dritte, neu bearbeitete Auflage, Wiesbaden und München 1976 und Wendt, Hermann: Verdun 1916, Berlin 1916, Anlage 2. Nach Wert, German: Verdun, Bergisch Gladbach 1979, S. 286 ff, wären „nur" 81.668 Soldaten auf deutscher Seite gefallen.
Zu den unterschiedlichen Verlustzahlen in der Schlacht um Verdun und die Problematik ihres Ermittelns vgl. Münch, Matti: Der deutsche Verdun- Mythos, in: Verdun. Ein Name schreibt Geschichte. hrsg. vom Volksbund Deutsche Kriegsgräberfürsorge e.V., Landesverband Rheinland-Pfalz, Mainz 2008, S. 75 f. : Laut dem Sanitätsbericht über das Deutsche Heer habe die 5. Armee während der Schlacht um Verdun vom 21.2. bis 10.9. 1916 an Kranken, Verwundeten, Gefallenen und Vermissten insgesamt 708.524 Soldaten verloren. 68.371 seien gefallen oder vermisst.

3 Zur Kriegslage 1915 und am Jahresende 1915/16 vgl. Der Weltkrieg 1914 bis 1918, bearbeitet im Reichsarchiv, Die militärischen Operationen zu Lande, Neunter Band, Berlin 1933, S. 1-311 und Zehnter Band, Berlin 1936, S. 1-53.
Vgl. ebenso Münkler, Herfried: Der Große Krieg, Die Welt 1914 bis 1918, 5. Auflage März 2014, Berlin 2014, S. 386 - 412.
Vgl. ebenso Afflerbach, Holger: Falkenhayns Politisches Denken und Handeln im Kaiserreich, München 1994, Kapitel V.

4 Zur Konferenz von Chantilly und Haigs Ringen mit Joffre über den Einsatz des noch nicht fertig ausgebildeten neuen britischen Massenheeres vgl. Barnet, Correli: Britain and her Army 1509 - 1970. A Military, Political and Social Survey, London 1970, S. 393 - 397.

5 Vgl. Falkenhayn, Erich v.: Die Oberste Heeresleitung 1914-1916 in ihren wichtigsten Entschließungen, Berlin 1920, S. 176 ff.
Die Denkschrift ist in Teilen ebenfalls abgedruckt in Der Weltkrieg 1914 bis 1918, Band 10, a.a.O., S. 9f.

6 Zu Falkenhayn Lagebeurteilung, die zu seiner angeblichen Weihnachtsdenkschrift für die Kriegsführung im Jahre 1916 geführt haben soll, vgl. Münkler, Herfried: Der Große Krieg, a.a.O., S. 407 - 413.
Vgl. ebenso Afflerbach, Holger: Falkenhayn: , a.a.O., Kapitel 17 und S. 543 ff.
Zu Münklers Auffassung, die Gedanken der angeblichen Denkschrift als deckungsgleich mit Falkenhayns Denken und Handeln bei der Vorbereitung der Schlacht um Verdun und ihrer Führung anzunehmen, vgl. derselbe, Der Große Krieg, a.a.O., S. 833, Anmerkung 17.

7   Falkenhayn, Erich v.: Die Oberste Heeresleitung 1914- 1916, a.a.O., S. 176 ff.
8   Vgl. Jessen, Olaf: Verdun 1916. Urschlacht des Jahrhunderts, München 2014, „Weihnachtsdenkschrift". Ein Blick auf die Quellen", S. 364 - 388 sowie „Die Tappen-Befragung", S. 389 - 406. Jessen hat die Ergebnisse der Befragung hoher Offiziere zu Falkenhayns Absichten zur Planung und Führung der Schlacht um Verdun in der 30er Jahren des 20. Jahrhunderts, darunter des Chefs der Operationsabteilung der II. OHL, Generalmajor Tappen, des Chefs des Generalstabes der Heeresgruppe Deutscher Kronprinz und der 5. Armee, Generalleutnant Schmidt v. Knobelsdorf und eines hohen Truppenführers bei Verdun, des Generals v. Lochow. Das Tagebuch des OB der 6. Armee, Generaloberst Kronprinz Rupprecht von Bayern, bisher weitgehend unbekannte Aufzeichnungen der Ersten Generalstabsoffiziere der 5. und 6. Armee, Oberst i.G. Heymann und Oberst i.G. Ritter Mertz von Quirnheim und den sog. Teutler-Bericht von 1916 hat er ebenfalls zu den Zielen Falkenhayns ausgewertet.Er schließt sich dem Ergebnis einer Gruppe von Angehörigen der Forschungsanstalt für Kriegs- und Heeresgeschichte unter Leitung ihres Direktors, Wolfgang Foerster, der sog. Potsdamer Gruppe, an, der Angriff auf Verdun habe auf die Rückkehr zum Bewegungskrieg über einen raschen operativen Durchbruch im Nach- oder Gegenstoß nach raschem Zermürben (Ausbluten) der französischen Kräfte im Raum von Verdun gezielt. Das Ausbluten der Franzosen sei damit nicht das Hauptziel der Schlacht um Verdun gewesen, was Falkenhayn in seiner angeblichen Denkschrift behauptet habe. Sie habe es nie gegeben.
All das kann Falkenhayns Ziel, die Franzosen bei Verdun auszubluten, ihnen so schwere Verluste zuzufügen, dass sie zu einer effizienten Kriegsführung nicht mehr in der Lage waren, wie es Holger Afflerbach in seiner Arbeit „Falkenhayn. Politisches Denken und Handeln im Kaiserreich", a.a.O., S. 374, zusammenfassend als Fazit der Absichten Falkenhayns formuliert hat, nicht vom Tisch wischen, unabhängig davon, ob sie existiert.
9   Vgl. Reichsarchiv, Band 10, a.a.O., S. 39-41.
    Vgl. die Bewertung der Denkschrift Falkenhayns durch Holger Afflerbach in: Afflerbach, Holger: Falkenhayn. Politisches Denken und Handeln im Kaiserreich, a.a.O., S. 545.
10 Die Darstellung des befestigten Raums von Verdun und die Gliederung der Truppen beider Seiten wurde anhand des Kartenmaterials aus Band 10 des Reichsarchivwerks, a.a.O, und des Guide Historique Illustré, Verdun, Éditions Lorraines Frémont, Verdun o.J., durch mehrere Erkundungen des Schlachtfeldes erarbeitet. Ebenso wurden herangezogen:
    Schlachten des Weltkrieges in Einzeldarstellungen, bearbeitet und herausgegeben im Auftrag des Reichsarchivs, Band 13, Die deutsche Offensivschlacht, Berlin

1926, Band 14. II. Teil, Das Ringen um Fort Vaux, Berlin 1926, und Die Zermürbungsschlacht, III. Teil: Toter Mann- Höhe 304, und IV. Teil, Thiaumont-Fleury, Berlin 1929, und Horne, Alistair: The Price of Glory. Verdun 1916, London 1962, S. 48 ff., und Ceux de Verdun, Les chemins de la mémoire, in: Le Figaro, Sonderheft 2006, Les cartes de la Bataille.

Die beste Darstellung der Fortanlagen von Verdun bei Massing, Marcus: Der Festungsgürtel von Verdun, Studienarbeit, http://www.hausarbeiten.de/faecher/Vorschau/99894.html, Hausarbeit 2000, S. 3f.

11 Zum Angriffsentwurf vom 4. Januar 1916 vgl. Reichsarchiv, Band 10, a.a.O., S. 58.

12 Der vollständige Befehl für die Angriffskorps vom 27. Januar 1916 befindet sich im Band 13 der Schlachten des Weltkrieges in Einzeldarstellungen, a.a.O., Anlage 1, S. 258 - 260.

Zur Akzeptanz des Angriffsentwurfs vom 04. Januar und zum Befehl für die Angriffskorps vgl. Reichsarchiv, Band 10, a.a.O., S. 65.

13 Zur französischen, anfänglich den Deutschen unterlegenen Ausstattung mit moderner schwerer Artillerie für die Feldschlacht vgl. General Herr: Die Artillerie in Vergangenheit, Gegenwart und Zukunft, Charlottenburg 1925, Kapitel I und Kapitel II.

Vgl. ebenso Linnenkohl, Hans: Vom Einzelschuss zur Feuerwalze. Der Wettlauf zwischen Technik und Taktik im Ersten Weltkrieg, Bonn, 1996, S. 216 - 229. Geschützzahlen auf S. 283 und Storz, Dieter, Kriegsbild und Rüstung vor 1914. Europäische Landstreitkräfte vor dem Ersten Weltkrieg, Herford; Berlin; Bonn 1992, S. 207 - 213

14 Zur Darstellung der operativen und taktischen Vorbereitungen der Schlacht wurden die in Anmerkung 10) aufgeführten Werke herangezogen.

15 Zu den neuen Kampfverfahren, die in der Schlacht um Verdun erstmals angewendet wurden, vgl. Stachelbeck, Christian: Deutschlands Heer und Marine im Ersten Weltkrieg, Beiträge zur Militärgeschichte, hrsg. vom Zentrum für Militärgeschichte und Sozialwissenschaften der Bundeswehr, Band 5, München 2013, S. 44 - 50.

Vgl. ebenso Lupfer, Timothy L: Die Dynamik der Kriegslehre. Der Wandel der taktischen Grundsätze des deutschen Heeres in Ersten Weltkrieg, Militärgeschichtliches Beiheft zur Europäischen Wehrkunde in: Wehrwissenschaftliche Rundschau 3,(1988), Heft 5, S. 1-17.

Vgl. vor allem Ludendorff, Erich: Meine Kriegserinnerungen 1914-1918, Berlin 1919, S. 460 - 468. Dort befindet sich die Begründung zur Einführung neuer Kampfverfahren im Lichte der Erkenntnisse aus den Schlachten um Verdun und an der Somme.

Vgl. ebenso Linnenkohl, Hans: Vom Einzelschuss zur Feuerwalze, a.a.O., S. 209 - 215.

16 Der Verlauf der Schlacht wurde ebenfalls mit den in Anmerkung 10) aufgeführten Werken sowie durch Geländeerkundungen entschlüsselt.

17 Zum überraschend schnellen Nehmen von Fort Douaumont durch Oberleutnant v. Brandis und Hauptmann d. Res. Haupt und die von Falkenhayn verpasste Möglichkeit, durch Einsatz von Reserven nach Aufgabe seines militärstrategischen Konzepts einer Ausblutungsschlacht einen Durchbruch in die Tiefe zu erzielen, vgl. Brandis, Cord v.: Vor uns der Douaumont, Aus dem Leben eines alten Soldaten, Druffel-Verlag, S. 139-170.

18 Pétain, Philippe: Tagesbefehl vom 10. April 1916, in: Guide Historique Illustré, a.a.O., S. 30.

19 Zu den neuen Gefechtsvorschriften der Obersten Heeresleitung aufgrund der Erfahrungen in den Schlachten um Verdun und an der Somme vgl. Urkunden der Obersten Heeresleitung über ihre Tätigkeit 1916/1918, hrsg. von Erich Ludendorff, XXIV, Militärische Schriften, Berlin 1920, S. 568 - 704 und hier insbesondere Grundsätze für die Abwehrschlacht im Stellungskriege, S. 604 - 640 und Der Angriff im Stellungskriege, S. 604 - 640.
Die Gründe für ihre Entwicklung, ihr Entstehen und ihre neuen Elemente sind dargestellt bei Ludendorff, Erich: Meine Kriegserinnerungen 1914 -1918, a.a.O., S.306 - 313.

20 Eine ausführliche Analyse der taktischen Einsatzgrundsätze der Truppengattungen bei Beginn und während des Ersten Weltkrieges bei General der Infanterie Liebmann: Die deutschen Gefechtsvorschriften von 1914 in der Feuerprobe des Krieges, in: Militärwissenschaftliche Rundschau, hrsg. vom Kriegsministerium, 2. Jahrgang 1937, 4. Heft, S. 31 ff.
Zu den technischen Entwicklungen vgl. Linnenkohl, Hans: Vom Einzelschuß zur Feuerwalze. Der Wettlauf zwischen der Technik und Taktik im Ersten Weltkrieg, a.a.O., S. , Bonn 1996, S.165 - 229 .
Vgl. ebenso Lupfer, Timothy: Die Dynamik der Kriegslehre. Der Wandel der taktischen Grundsätze des deutschen Heeres im Ersten Weltkrieg, a.a.O., S. 1-17.

21 Zur Entwicklung der Einsatzgrundsätze für die Artillerie im Stellungskrieg vgl. Linnenkohl, Hans: Vom Einzelschuss zur Feuerwalze, a.a.O., S. 268 - 285.
Vgl. ebenso Anmerkung 15).

22 Vgl. Die Wehrmachtsberichte 1939 - 1945, Band 1, 1. September 1939 bis 31. Dezember 1941, Unveränderter Photomechanischer Nachdruck, April 1985, Deutscher Taschenbuch Verlag GmbH & Co. KG, München 1985, S. 244 f.,

Grundzüge und Wesensmerkmale der Bismarck'schen Politik und Strategie

Michael Epkenhans

Die Gründung des Deutschen Reiches im symbolträchtigen Spiegelsaal von Versailles war außenpolitisch eine bedeutsame Weichenstellung für die weitere Zukunft des europäischen Staatensystems. Zum ersten Mal seit Jahrhunderten gab es wieder eine starke Mitte in Europa. Seit 1866 war diese Entwicklung zwar tendenziell absehbar, ihre konkrete Ausgestaltung aufgrund der starken französischen Stellung aber durchaus offen gewesen. Es war daher nicht weiter erstaunlich, dass die nun unverkennbare Veränderung der Staatengeometrie, die das Reich nolens volens auf die Bahn einer auf die Stärke der preußisch-deutschen Armee gestützten staatlichen Machtpolitik lenkte, in den anderen europäischen Hauptstädten aufmerksam und nicht ohne eine gewisse Besorgnis zur Kenntnis genommen wurde. „Dieser Krieg", so urteilte der Führer der englischen Konservativen, Disraeli, bereits Anfang Februar 1871, „bedeutet die deutsche Revolution, ein größeres politisches Ereignis als die Französische Revolution des vergangenen Jahrhunderts. [...] Das Gleichgewicht der Macht ist völlig zerstört, und das Land, welches am meisten leidet und die Wirkungen dieser großen Veränderung am meisten spürt, ist England".

Dies war sicherlich eine dramatisierende Zuspitzung aus der Sicht eines führenden Politikers des Landes, das das Gleichgewicht in Europa seit dem Frieden von Utrecht 1713 zu einem europäischen Ordnungsprinzip ersten Ranges erklärt hatte; an seiner Gültigkeit bestand jedoch kein Zweifel. Sollte das Deutsche Reich, so lautete die unmissverständliche Botschaft, jemals nach der vollen Hegemonie auf dem Kontinent streben oder weltpolitischen Ehrgeiz entwickeln, so würde es unzweifelhaft auf den erbitterten englischen Widerstand stoßen. Die deutschen Weltpolitiker unter Wilhelm II., die, dies sei hier vorweggenommen, glaubten, diese Warnung im Hochgefühl der eigenen Stärke großspurig außer Acht lassen zu können, sollten deren Ernst kaum mehr als eine Generation später bitter erfahren.

Doch nicht nur England war besorgt; auch Österreich-Ungarn betrachtete das neue Gebilde durchaus misstrauisch. Aus österreichischer Sicht war keineswegs auszuschließen, dass der nationale Rausch auch die deutschen Gebiete der Doppelmonarchie erfassen und eine Art Anschlussbewegung ins Leben rufen könnte. Nach allen Erfahrungen mit Bismarck, der sich zur Realisierung seiner

Ziele auch der Nationalbewegung bedient hatte, wurde diesem durchaus zugetraut, diese Karte zu spielen, um die außenpolitische Handlungsfreiheit der Donaumonarchie einzuengen.

Selbst Russland, last but not least, die große Flügelmacht im Osten, beobachtete das Reich, so hatte es zumindest den Anschein, trotz aller historischen Verbundenheit, ideologischen Gemeinsamkeiten und verwandtschaftlichen Beziehungen nicht ohne Misstrauen. Allein aufgrund ihrer historischen Verbindungen schien ein deutscher Zugriff auf die baltischen Provinzen nicht ausgeschlossen.

Mit Hilfe welcher Strategien, so meine Frage, konnte Bismarck versuchen, diese Befürchtungen zu zerstreuen und dabei gleichzeitig das Reich, dessen fragile Lage in der Mitte Europas ja unübersehbar war, aber auch den Frieden in Europa zu sichern?

Öffentlicher Verzicht auf weitere Expansion

Bismarck hat sich von Anfang an bemüht, die Befürchtungen der Nachbarn – Frankreich ausgenommen – zu zerstreuen und Europa mit der Existenz des Deutschen Reiches zu versöhnen. In der feierlichen Thronrede zur Eröffnung des ersten deutschen Reichstages am 21. März 1871 erklärte er daher, dass Deutschland die „Achtung", die es für seine eigene Selbständigkeit in Anspruch nehme, „bereitwillig der Unabhängigkeit aller anderen Staaten und Völker, der schwachen wie der starken", zolle. Diese Erklärung war zunächst ein Gebot kluger Staatsräson, drohte doch jede weitere Expansion jenen „cauchemar des coalitions" heraufzubeschwören, der den Reichsgründer zeitlebens plagen sollte. Aufgrund der elsass-lothringischen Hypothek war das Bekenntnis, „saturiert" zu sein, aber auch schlichtweg eine absolute Notwendigkeit, war die Strafe weiterer Expansion doch der Untergang des gerade errichteten Reiches. Durch Frankreich war das Deutsche Reich nunmehr tatsächlich „immobilisiert", wie es die graue Eminenz im Auswärtigen Amt, Friedrich von Holstein, später ausdrückte. Da, wie Bismarck selbst von Anfang an deutlich sah, „jede [französische] Regierung, welcher Partei sie auch angehören möge, die Revanche als ihre Hauptaufgabe betrachten wird," war er gezwungen, die von ihm später so genannte „politische Gesamtsituation" so zu konzipieren, dass Frankreich im Spiel der Mächte quasi außen vor blieb.

Orientierung nach Osten

Um Frankreich außen vor zu halten, betrachtete Bismarck ein enges Verhältnis mit den beiden anderen Ostmächten Österreich-Ungarn und Russland daher als die beste Möglichkeit der Konsolidierung des Reiches in Europa. Bereits im Oktober 1870, also noch vor dem Ende des Krieges gegen das inzwischen republikanische Frankreich, hatte er betont: „Wir würden ungern uns gegen Österreich erklären, dessen deutsche Elemente ein Bindeglied zwischen uns sind, welches gleichzeitig die Grundlage der Stärkung und Konsolidierung der österreichisch-ungarischen Monarchie bildet. Wir sind auf der anderen Seite der Politik des Kaisers Alexander und seiner Haltung [...] so viel Dank schuldig, dass wir uns nicht auf die Seite seiner Gegner stellen können. Es ist daher unser Wunsch, durch solche Beziehungen zwischen beiden Reichen, wie sie bei richtiger Erkenntnis der gemeinsamen Interessen und der gemeinsamen Gefahr natürlich und erreichbar scheinen, dieser Wahl überhoben zu sein."

Die Proklamierung des deutschen Kaiserreiches am 18. Januar 1871 in Versailles

Für diese Orientierung nach Osten sprachen zudem nicht nur die konservative monarchische Ordnung und das damit einhergehende Interesse dieser drei Staaten an stabilen Verhältnissen in Europa ähnlich wie zu Zeiten der Heiligen Allianz, sondern auch das solidarische Interesse der in diesen herrschenden Dynastien an einer Zähmung der nationalrevolutionären, vor allem aber der seit 1871 so bedrohlich erscheinenden sozialistischen Bewegungen. Implizit schwang freilich auch die Hoffnung mit, durch eine derartige Konstellation den worst case zu verhindern, d.h. einen Konflikt zwischen Russland und Österreich, der unweigerlich Frankreich mit ins Spiel bringen musste.

Das Drei-Kaiser-Abkommen, das 1873 schließlich zustande kam, war – nicht zuletzt aufgrund des Fehlens der ihm ursprünglich vorschwebenden Militärkonvention – kaum mehr als eine unverbindliche Willenserklärung, und insofern sollte es keinesfalls überschätzt werden, aber der Gedanke, gemeinsam den Frieden zu bewahren, anstatt, wie Klaus Hildebrand es ausgedrückt hat, „den Kriegsfall vorzubereiten", war an sich durchaus bemerkenswert.

Bismarcks Rechnung, dadurch das Reich in Europa zu stabilisieren und – zugleich – Frankreich niederzuhalten, ging dennoch nicht auf. Im Gegenteil, sein euphorischer Ausspruch, das Geschick Europas könne von ihm „stets in 10 bis 15 Minuten beim ersten Frühstück abgemacht, gekämmt und gebürstet" (1872) werden, erwies sich schneller als erwartet als kühne Hoffnung. Weder Russland noch Großbritannien waren bereit, dem Reich eine größere Rolle zuzugestehen als unbedingt notwendig. In der „Krieg-in-Sicht"-Krise 1875, als Bismarck im Übermut der eigenen Kraft fahrlässig mit dem Gedanken eines Präventivkrieges gegen Frankreich spielte, musste er dies schmerzlich erfahren. Diese Erfahrung zwang ihn, sich komplett neu zu orientieren.

Ablenkung der Spannung in Europa an die Peripherie

Die – dritte – idealtypische Alternative bestand darin, sich – der eigenen militärischen Stärke gewiss – der „Großmacht Diplomatie" zu bedienen und dabei die Interessen der übrigen Mächte gegeneinander zu lenken und die Spannungen möglichst von der Mitte an die Peripherie Europas zu dirigieren. Dahinter stand das Bemühen der Herbeiführung einer, wie es in dem „Kissinger Diktat" vom Sommer 1877 schließlich hieß, politischen „Gesamtsituation, in welcher alle Mächte außer Frankreich unser bedürfen und von Koalitionen gegen uns durch ihre Beziehungen zueinander nach Möglichkeit abgehalten werden".

Das „Aufbrechen des orientalischen Geschwürs" im Sommer 1875 erleichterte die Realisierung dieser Strategie ganz erheblich. Die gegenläufigen Interessen der anderen Großmächte in dieser Region machten eine anti-deutsche Koalition nicht nur unwahrscheinlich. Das Deutsche Reich, das als einzige Macht in dieser Region, aber auch in anderen Regionen der Welt keine Interessen hatte, die, wie Bismarck es ausdrückte, „auch nur die gesunden Knochen eines einzigen pommerschen Musketiers" wert waren, befand sich plötzlich vielmehr sogar in der Rolle eines von allen umworbenen Partners im Spiel der Mächte.

Auf den ersten Blick betrachtet verlief die Entwicklung – trotz mancher gefährlicher Klippen, die im Verlaufe der Balkankrise zu umschiffen gewesen waren – freilich ganz in Bismarcks Sinne: Der Berliner Kongress 1878, auf dem er glanzvoll „als ehrlicher Makler" Europas durch Wiederherstellung des allgemeinen Friedens wirken konnte, war diesbezüglich eine eindrucksvolle Bestätigung seines Kalküls und zugleich auch wohl der Höhepunkt seines Ansehens bei den europäischen Mächten. Dennoch, das berühmte Kongressgemälde Anton von Werners, das viele Schulbücher wie auch wissenschaftliche Werke ziert, verbirgt die langen Schatten, die der Kongress auf die Bismarcksche Außenpolitik werfen sollte.

Zunächst gilt es zu bedenken, dass dieser Friede auf Kosten der Völker des Balkans, deren Recht auf nationale Selbstbestimmung entsprechend den Interessen der Großmächte definiert worden war, wie auch zu Lasten der Türkei erkauft worden war. Die Folge war eine politische Instabilität, die dem Deutschen Reich kurzfristig von Nutzen sein mochte, da sie, wie Klaus Hildebrand argumentiert hat, zur Heilung des orientalischen Geschwürs „Europas Mächte so dringend auf die Heilkunst des deutschen Arztes verwies"; langfristig war diese Instabilität jedoch verantwortlich für die Anhäufung des Pulvers, das nach den Schüssen von Sarajewo Europa 1914 in Flammen setzen sollte und die dennoch bis heute nicht als beseitigt betrachtet werden kann.

Der Berliner Kongress 1878, auf dem er glanzvoll „als ehrlicher Makler" Europas durch Wiederherstellung des allgemeinen Friedens wirken konnte, war diesbezüglich eine eindrucksvolle Bestätigung seines Kalküls und zugleich auch wohl der Höhepunkt seines Ansehens bei den europäischen Mächten.

Weitaus bedrohlicher und unmittelbarer aus Bismarcks Sicht war freilich die Tatsache, dass Russland, so sehr man dies auch zu kaschieren versuchte, ein Verlierer war. Es musste große Teile der im Zuge der Auseinandersetzungen mühsam erkämpften Beute herausgeben – eine Tatsache, die aus russischer Sicht nur schwer erträglich war und für die es den undankbaren deutschen Kanzler alsbald offen verantwortlich machen sollte.

Der Preis für die Rolle des Maklers, der allein aus russischer Perspektive nicht so ehrlich war wie er vorgab, weil er Österreich nicht preiszugeben bereit war, war freilich hoch: Das Dreikaiser-Abkommen wurde 1878 endgültig zu Grabe getragen, ohne dass eine Konstellation in Sicht war, die dieses ersetzte und das Reich dadurch sicherte. Bismarck hat daher später, aus der Rückschau, den Berliner Kongress als „die größte Torheit meines politischen Lebens" bezeichnet. Anstatt frei zwischen den Mächten zu agieren, war er nunmehr, insbesondere nach dem berühmten „Ohrfeigenbrief" des Zaren, gezwungen, aktiv zu werden, d.h. Partner zu finden, die die Stellung des Reiches sichern halfen.

Bündnispolitik als Mittel der Außenpolitik

Spätestens die Nachwirkungen des Berliner Kongresses machten Bismarck deutlich, dass er nach – so Lothar Gall – „Aushilfen" suchten musste, um das ins Schlingern geratene Schiff wieder auf Kurs zu bringen. Das Mittel dazu konnten nur Bündnisse sein. Wie ein Spinnennetz haben diese sich über Europa gelegt – mit eben einer Ausnahme – Frankreich. Dieses galt es seit 1871 zu isolieren. Gleichwohl, die Annahme, Bündnisse seien von Anfang an das Ziel Bismarckscher Politik gewesen, geht fehl.

Bündnisse enthielten zunächst das Risiko, für einen Partner optieren zu müssen, damit gleichzeitig aber einen anderen zwangsläufig zu verprellen. Darüber hinaus konnten sie Verpflichtungen enthalten, die im Falle des Eintretens des casus foederis angesichts der Großwetterlage unter Umständen unerwünscht waren.

Schließlich konnten sie Partner geradezu ermutigen, Konflikte zu suchen, in die das Reich dann nolens volens hineingezogen werden würde, ohne wirkliche eigene Interessen zu verteidigen zu haben.

Bismarck hat sich daher lange Zeit gescheut, Bündnisse einzugehen. Das lockere Dreikaiserabkommen von 1873 spricht nicht dagegen. Wenn er sich nach 1878 dennoch dazu entschloss, dann aus zweierlei Gründen. Nach dem politischen Debakel des Berliner Kongresses war eine Option unvermeidbar, um das Reich zu sichern. Das Ergebnis war der Zweibund mit Österreich. Zugleich hoffte er, dadurch das Zarenreich in einer Zeit wachsender Konflikte doch wieder an das Reich heranführen zu können.

Zumindest temporär sollte ihm dies gelingen, wie das zweimal erneuerte Dreikaiserabkommen von 1881 und 1884 belegt. Auch der Dreibund, der von 1882 an eine wichtige Konstante in der deutschen Außenpolitik war, wenn es darum ging, Frankreich zu isolieren, aber auch zwischen Österreich und dem Nachbarn im Süden den Frieden zu erhalten, gehört in diesen Rahmen. Ebenso die unter Bismarcks Einfluss, aber ohne deutsche Beteiligung geschlossene Mittelmeer- und Orintentente des Jahres 1887. Durchaus selbstzufrieden konstatierte er 1882, „die auswärtige Politik bereite ihm auch keine einzige schlaflose Stunde. Die Sache sei seit zehn Jahren so aufgezogen, dass sie von selbst ginge." Aber bereits der „Rückversicherungsvertrag" von 1887 machte die engen Grenzen deutlich, innerhalb derer er sich bewegte. Zudem darf nicht vergessen werden, dass es vor allem das geheime Zusatzprotokoll war, das ihm „Luft" verschaffte. Ob es tatsächlich im Konfliktfall funktionieren würde, war selbst nach Aussage des eigenen Sohnes eine offene Frage.

Anders als viele vorherige oder spätere Verträge zielten die von Bismarck geschlossenen Abkommen darauf ab, den Krieg zu verhindern, nicht ihn zu ermöglichen.

Entscheidend bei der Beurteilung dieser Strategie ist der Leitgedanke der Bündnispolitik. Anders als viele vorherige oder spätere Verträge zielten die von

Bismarck geschlossenen Abkommen darauf ab, den Krieg zu verhindern, nicht ihn zu ermöglichen. Nur dann, wenn einer der Vertragspartner angegriffen worden war, griffen die Bestimmungen überhaupt.

Funktionieren konnte dieses System allerdings nur solange, wie es nicht durch andere Faktoren zum Einsturz gebracht wurde. Zu nennen sind hier zunächst die immer schwer zu kontrollierenden nationalen Bestrebungen auf dem Balkan. Sie schufen Unruhe und zwangen andere Mächte – Russland, Österreich, aber auch England – aus ihrer jeweiligen Perspektive dazu, die eigenen claims abzustecken. Diese Reibungen wiederum hatten Rückwirkungen auf das Deutsche Reich. Ob es wollte oder nicht, musste es Partei ergreifen, wollte es nicht den einen oder anderen Partner verprellen. In den Orientkrisen der späten 1880er-Jahre sollte Bismarck dies erkennen.

Doch mit Hilfe welcher Strategie konnte er das Reich bei einem Zusammenbruch seines Systems retten?

Die eine Alternative war an Radikalität kaum zu überbieten: eine Opferung der Existenz der Donaumonarchie zugunsten einer dauerhaften Verständigung mit Russland, die eben auch eine Garantie des Besitzes von Elsass-Lothringen beinhaltete. Bismarck hat diese Option gelegentlich erwogen, sie als „reservatio mentalis" bezeichnet, wohlwissend, dass sie politisch nicht durchsetzbar war.

Vielversprechender war diesbezüglich der andere Weg: Dennoch, an der Einsicht, stärkere Widerlager aufzubauen, ging auch aus Bismarcks subjektiver Sicht kein Weg vorbei. Vorsichtig tastete er sich daher an England heran. Das Bündnisangebot, dessen Wert in der Forschung bis heute kontrovers beurteilt wird, ließ England aber vorläufig auf dem Tisch liegen – der Versuch, sein politisches System neu zu fundamentieren, blieb damit im Ansatz – zunächst jedenfalls – stecken. Die Entlassung im Jahr darauf hatte dann eine Neuorientierung der deutschen Außenpolitik zur Folge, die freilich eher als orientierungslos denn als zielstrebig zu bezeichnen ist.

Krieg als Mittel der Außenpolitik

Allein das Bild des „Eisernen Kanzlers" in der Uniform eines preußischen Generals suggeriert, dass der Krieg, die Drohung mit diesem oder zumindest die Bereitschaft, diesen zu führen, Teil Bismarckscher Politik und Strategie waren.

Die Einigungskriege von 1864, 1866 und 1870 machen deutlich, dass es keinen Zweifel geben kann, dass Bismarck bereit war, Krieg zu führen. Gleichwohl, schaut man sich die Genese dieser Kriege oder auch Bismarcks Verhalten in den Jahren zuvor wie auch in den Jahren danach an, dann wird deutlich, dass Bismarck keineswegs der „Eisenfresser" war, als der er gelegentlich bezeichnet worden ist.

Bismark in Kürassieruniform (um 1875)

1864 war es schließlich die politisch unverständliche und unvernünftige Weigerung Dänemarks, auf den Boden des Londoner Protokolls zurückzukehren, die den Krieg schließlich möglich machte. 1866 gilt es zu berücksichtigen, dass Bismarck bei aller Bereitschaft zum Krieg angesichts der mit diesem verbundenen enormen Risiken wohl bis zuletzt eine Einigung mit Österreich einem militärischen Konflikt vorgezogen hätte. 1870 hat Bismarck mit der „Emser Depesche" zwar Napoleon III. provoziert; allerdings wird man nicht vergessen dürfen, dass dieser es seinerseits darauf angelegt hatte, Preußen zu demütigen. Wäre er nur ein wenig klüger gewesen, so wäre ihm dies auch gelungen, und Bismarck hätte das Nachsehen gehabt.

Um dieses zu erklären, gilt es zu bedenken, dass Bismarcks Haltung zum Krieg sich teilweise grundlegend von der vieler seiner Zeitgenossen unterschied. Noch vor dem Beginn seiner politischen Karriere hatte Bismarck in einer ersten, politisch höchst bedeutsamen Rede im preußischen Abgeordnetenhaus deutlich gemacht, dass er in anderen Kategorien dachte als viele seiner Zeitgenossen. In einer äußerst hitzigen Debatte über die Frage von „Krieg oder Frieden" verteidigte er die umstrittene Unterwerfung der Regierung unter das als schmachvoll empfundene „Diktat von Olmütz" 1859 gegenüber jenen, die einer kriegerischen Auseinandersetzung mit Russland und Österreich – zwei Großmächten – den Vorzug gegeben hätten mit dem Hinweis, dass Kriege, die allein der „Ehre" oder irgendwelcher „Prinzipien" wegen geführt würden, abzulehnen seien. „Warum", so fragte er die Befürworter eines von den Liberalen eingebrachten Antrags, die Politik der Regierung zu missbilligen, „führen große Staaten heutzutage Krieg?", um sogleich eine, seine auch später grundsätzliche Haltung in dieser Hinsicht beschreibende Antwort zu geben: „Die einzig gesunde Grundlage eines großen Staates, und dadurch unterscheidet er sich wesentlich von einem kleinen Staate, ist der staatliche Egoismus und nicht die Romantik, und es ist eines großen Staates nicht würdig, für eine Sache zu streiten, die nicht seinem eigenen Interesse angehört. [...] Es ist leicht für einen

Staatsmann, sei es in dem Kabinette oder in der Kammer, mit dem populären Winde in die Kriegstrompete zu stoßen und sich dabei an seinem Kaminfeuer zu wärmen oder von dieser Tribüne donnernde Reden zu halten, und es dem Musketier, der auf dem Schnee verblutet, zu überlassen, ob sein System Sieg und Ruhm erwirbt oder nicht. Es ist nichts leichter als das, aber wehe dem Staatsmann, der sich in dieser Zeit nicht nach einem Grunde zum Kriege umsieht, der auch nach dem Kriege noch stichhaltig ist."

An dieser Linie hat Bismarck zeitlebens festgehalten, vor allem, nachdem die Reichsgründung vollzogen worden war. Jeder Krieg konnte nur Unruhe in das europäische Konzert bringen und zugleich Konstellationen hervorrufen, die nicht mehr beherrschbar waren. Auch wenn Bismarck, vielleicht im Übermut eigener Stärke, 1875 noch einmal meinte, mit einem Präventivkrieg drohen zu müssen, so beschränkte er sich in den Jahren danach darauf, mit dem Hinweis auf die militärische Stärke des Reiches den Nachbarn deutlich zu machen, dass sich ein Krieg nicht lohne. Das war freilich was ganz anderes. Damit einher ging das unbeirrte Beharren auf dem Primat der Politik. Allen Versuchen der „Halbgötter im Generalstab", wie er sie spöttisch nannte, in streng militärischen Fragen den Kanzler beiseite zu schieben, ist er mit der Autorität seines Amtes vehement entgegengetreten. Moltke hat dies 1870 vor Paris ebenso erfahren müssen wie all jene, die 1887/88 auf einen Präventivkrieg gegen Russland, aber auch gegen Frankreich drängten.

Bismarcks Standfestigkeit ist diesbezüglich nicht zuletzt deswegen bedeutsam, weil nicht nur führende Militärs, sondern auch Teile der Öffentlichkeit in den 1880er Jahren unverhohlen einen Krieg forderten. Bismarcks Rede vom Februar 1888, in der er u.a. den zum geflügelten Wort gewordenen Ausspruch tat, „Wir Deutsche fürchten Gott und sonst nichts auf der Welt", ist insofern bereits von Zeitgenossen missverstanden worden. Bewusst übersahen sie nicht nur den Nachsatz „aber die Gottesfurcht ist es, die uns den Frieden leben lässt", sondern auch Bismarcks Versicherung, dass das Deutsche Reich ein „saturierter Staat" sei und es daher „keine Bedürfnisse [gäbe], die wir durch das Schwert erkämpfen könnten". In der Öffentlichkeit wurde dies, nicht zuletzt vor dem Hintergrund der großen Doppelkrise und der deutsch-russischen Spannungen aufgrund des Lombardverbots ganz anders beurteilt: „Hier ist eigentlich alle Welt für den Krieg", stellte die graue Eminenz im Auswärtigen Amt, von Holstein, im Januar 1888 fest, „mit fast alleiniger Ausnahme von Seiner Durchlaucht, die die äußersten Anstrengungen macht, um den Frieden zu erhalten."

Expansion nach Übersee

In diesem Gefühl – relativer – Sicherheit ist auch eine wesentliche Ursache dafür zu sehen, dass Bismarck Mitte der 1880er-Jahre das tat, was ihm eigentlich verboten war: zu expandieren, wenn auch nicht in Europa, so aber doch in Übersee, dort, wo die anderen Mächte in einer Art Raumrausch begonnen hatten, die „freie" Welt unter sich zu verteilen, um ihre Macht, ihr Prestige und ihre ökonomische Potenz zu verstärken und zugleich die dort lebenden Völker mit den jeweiligen zivilisatorischen Ideen zu beglücken. Aber auch aus außenpolitischen Erwägungen gab es in dieser konkreten Situation offenkundig gute Gründe für den Erwerb von Kolonien. Einmal war die außenpolitische Großwetterlage außerordentlich günstig, zum anderen glaubte Bismarck, durch eine Kolonialentente mit Frankreich das gespannte Verhältnis zu verbessern, indem er dieses von „dem Loch in den Vogesen" ablenkte. Langfristig hätte darüber sogar, wie Lothar Gall mit durchaus guten Argumenten dargelegt hat, vielleicht die gesamte Mächtekonstellation in Europa durch die Schaffung einer „Art kontinentaler Blockbildung" gegen die Flügelmächte auf eine neue Basis gestellt werden können.

Am Ende haben sich die von Bismarck gehegten Hoffnungen nicht erfüllt: Die deutsch-französische Annäherung, insbesondere auf der Berliner Kongokonferenz, erwies sich als ein kurzes Intermezzo, die ökonomischen Erwartungen blieben weit hinter der Realität zurück, und der erhoffte Wahlerfolg stellte sich ebenfalls nicht ein. Hinzu kam, dass die Lage in den Kolonien selbst mehr als nur trostlos war. Vergeblich versuchte Bismarck daher, diese an den italienischen Ministerpräsidenten Crispi zu verkaufen. Die Sorge, dass koloniale Konflikte schließlich doch in das Zentrum Europas zurückschlagen könnten, gab dann den Ausschlag, dass der Kanzler weiteren kolonialen Abenteuern seine Unterstützung entzog, wie der Afrikaforscher Eugen Wolff nach einem Besuch in Friedrichsruh Ende 1888 enttäuscht in seinem Tagebuch notierte: „Ihre Karte von Afrika ist ja sehr schön, aber meine Karte von Afrika liegt in Europa. Hier liegt Russland und hier [...] liegt Frankreich, und wir sind in der Mitte; das ist meine Karte von Afrika."

Resumée

Will man resümierend die Bismarcksche Außenpolitik beurteilen, dann wird man zunächst zugestehen müssen, dass sie kompliziert, aber auch einfach zugleich war: Es handelte sich um eine auf die militärische Macht des Reiches gestützte flexible Sicherheits- und Stabilitätspolitik, die das halbhegemoniale Machtpotential zu zügeln und, wie unvollkommen auch immer, in ein europäisches Gleichgewichtssystem einzubinden versuchte. Dieser Versuch, das saturierte Reich im Stil der Metternichschen Politik zu sichern, stieß jedoch zunehmend an die Grenzen der Machbarkeit:

So verkannte Bismarck im internationalen wie auch im nationalen Rahmen die Wirkungen der Nationalisierung von Außenpolitik. Die Enttäuschung, ja der wachsende Unmut über Bismarcks Politik waren in den 1880er-Jahren unverkennbar. Bismarcks Zurückhaltung war mit dem Stolz auf das bisher Erreichte, das Gefühl militärischer Stärke und ökonomischer Macht und den daraus abgeleiteten Ansprüchen auf mehr als nur eine latente Hegemonie auf dem Kontinent immer schwerer in Einklang zu bringen. Dieser Druck wurde nicht nur in der Kolonialpolitik deutlich, in der es, entgegen Bismarcks gelegentlicher Hoffnung, kein Zurück mehr gab; auch im Hinblick auf das Verhältnis zu Russland in den späten 1880er Jahren, als einflussreiche Kreise offen einen Krieg forderten, war nicht mehr zu übersehen, dass weite Teile der Öffentlichkeit andere Ziele als der Reichsgründer verfolgten.

Gleichermaßen verkannte Bismarck aber auch den sich vollziehenden grundlegenden Wandel des Staatensystems. Seine außenpolitische Konzeption, die Lothar Gall zutreffend als ein System der „Aushilfen" bezeichnet hatte, wurde den neuen Herausforderungen und Zwängen immer weniger gerecht. In einer Epoche, in der Europa das Zentrum der Welt war und das Denken der Staatsmänner bestimmte, war es sicherlich eine erfolgversprechende Konzeption gewesen, nicht aber in einer Zeit, in der die Europäisierung der Welt einsetzte, neue Zentren entstanden und die Gewichte sich rapide verlagerten. Dass diese „Aushilfen" aber immerhin fast zwei Jahrzehnte den Frieden erhalten haben, und die Alternativen dazu – Präventivkrieg, wie es in den späten 1880er Jahren öffentliche Meinung, Militärs und Angehörige des Auswärtigen Amts forderten, oder Aufgabe des Status quo und Expansion so wie die anderen Mächte es vormachten – kaum kalkulierbare Risiken in sich bargen, war für die junge Generation ohne Belang.

Zum Autor: Professor Dr. Michael Epkenhans ist der Leitende Wissenschaftler des Zentrums für Militärgeschichte und Sozialwissenschaften der Bundeswehr.

Anmerkung: Vortrag gehalten im Rahmen des 7. Clausewitz-Strategiegesprächs am 22. April 2015

Waterloo und Wien – zwischen 1648 und heute

Eine Nachlese

Ulrich Kleyser

Vorbemerkungen

Sicherlich gibt und gab es für das Jahr 2015 eine Reihe anderer wichtiger politischer wie kultureller Gedenk- oder Erinnerungsanlässe als Waterloo und Wien. Nimmt man jedoch die überaus aktuelle Frage nach Deutschlands Führungswillen, Führungsfähigkeit oder Führungsnotwendigkeit, wie sie beispielsweise Herfried Münkler in seinem Buch „Macht in der Mitte" stellt[1], so lässt sich feststellen, dass gerade diese Frage spätestens seit 1648, dann aber besonders nach 1815 mit den Ereignissen um Waterloo und in Wien virulent war und auch noch heute aktuell ist.

Zum anderen gilt, dass nach der Monadologie des großen Hannoveraners Leibniz jede Darstellung, also auch eine historische, von der jeweiligen Perspektive des Betrachters abhängt, damit nie objektiv sein kann und auch durchaus in ihrer Bewertung wechseln kann[2]. Für die Geschichtsbetrachtung gilt ganz allgemein: „Eindeutigkeit und Widerspruchsfreiheit ist etwas für Vereinfacher und schlichte Gemüter"[3]. Im Folgenden wird eine weitgehend auf Deutschland bezogene Sicht vorgestellt, auch und gerade dann, wenn die Abkehr von einer nationalen Perspektive oder vom Eurozentrismus diskutiert wird. Aus dem großen historischen Mosaik sollen jedoch nur einige wesentliche Steine herausgegriffen werden, der Zusammenhang des Ganzen soll dabei aber gewahrt bleiben. Auf eine Darstellung oder Analyse der Festivitäten, der amourösen Abenteuer oder des Lebens im Wien des Kongresses wird hierbei bewusst verzichtet, obgleich diese in der historischen Betrachtung oft als wichtiger als der Kongress selbst dargestellt wurden. Der berühmte Satz eines der letzten großen Vertreter dieses alten „Kultureuropas", des Fürsten von Ligne[4], „le congrès danse mais ne marche pas", war eine der Grundlagen dieser einseitigen Bewertung; ein gutes Beispiel dafür, dass Bonmots oder Sottisen oft langlebiger sind als die nüchterne Realität.

Für die Geschichtsbetrachtung gilt ganz allgemein: „Eindeutigkeit und Widerspruchsfreiheit ist etwas für Vereinfacher und schlichte Gemüter".

Deutschlands allgemein weitgehend auf Schuld reduzierte und orientierte Geschichtspolitik – dabei weit über die berechtigte des Nationalsozialismus hinausgehend – tut sich schwer mit nationalen Gedenk- und Erinnerungstagen. Im Verständnis einer Art frühchristlichen „felix culpa", mit allen ihren emotionalen wie irrationalen Auswirkungen bis in die aktuelle Tagespolitik hinein, werden auch Fragen alter deutscher Geschichte vernachlässigt. Während beispielsweise in Frankreich der 14. Juli oder der 2. Dezember („Die Sonne von Austerlitz") – diese zumindest in den Streitkräften – gefeiert werden oder die Kämpfe um den Hartmannsweilerkopf in den Vogesen zwischen 1914 und 1918 eine Gedenkbriefmarke wert sind oder auch Großbritannien der Schlacht wie des Sieges von Azincourt (25. Oktober 1415) gedenkt, hält sich die Bundesrepublik mit nationalen Gedenktagen zurück. So hat Deutschland nur einen – zudem noch umstrittenen – 3. Oktober. Im Übrigen ist dies ein glücklicher und zudem mit dem Datum auch noch historisch unbelasteter Tag – und gerade einmal 25 Jahre alt. Auf die Anführung der zahlreichen anderen, weitgehend belasteten Gedenktage soll hier verzichtet werden[5]. Dennoch, diese spezifisch deutsche untergründige Präsenz einer belasteten Vergangenheit irritiert, behindert eine freie Auseinandersetzung, spaltet zudem und wirkt somit wenig integrativ.

Dieser schwierige Umgang mit unserer Geschichte mag erklären, dass zwischen dem 7. Oktober 2007 – dem zweihundertsten Tag der ersten Steinschen Reformen – und heute in keiner zentralen Veranstaltung der Bundesrepublik dieses gerade Deutschland so prägenden Ereignisses gedacht wurde. Hierzu zählen unter anderem der 10. Oktober 2010, der gleichzeitige Gründungstag von Universität und Kriegsakademie in einem Gebäude in Berlin am 10. Oktober 1810, die Umsetzung der zumeist preußischen Reformen, die Freiheitskriege allgemein – oder historisch genauer die Befreiungskriege – mit Leipzig oder Waterloo. Dies gilt auch für den Abschluss dieser 1789 beginnenden Revolutions-, Kriegs- und Reformepoche mit dem Frieden von Paris und der europäischen Neuordnung von Wien der Jahre 1814 und 1815. Hierbei ist nicht uninteressant, dass ausgerechnet die DDR schon 1952 die Reformer und ihre Zeit für sich instrumentalisierte, wie folgendes Zitat aus dem „Neuen Deutschland" zeigt:

„...*Es wird unsere vornehmste Aufgabe sein, die große politische, vaterländische Bedeutung dieser Männer [Scharnhorst, Stein, Fichte, Jahn, Kleist und Gneisenau] in ihrem vollen Glanze wiederherzustellen...*"[6].

Der Westfälische Frieden von 1648

Eine Darstellung der Bedeutung des Wiener Kongresses muss mit 1648 beginnen. Bei allen Unterschieden in der Struktur der Verhandlungen, in der Zusammensetzung der Teilnehmer und auch der Ergebnisse – eins bleibt gleich: die Suche nach einer Ordnung in Europas Mitte, das heißt, auch die Suche danach, wie das Reich zwar in seiner Existenz gesichert, für die Nachbarn aber ungefährlich in dieses Europa eingebunden werden soll. Nicht vergessen werden dabei darf, dass spätestens mit der Gründung der politischen Strukturen der katholischen „Liga" und der protestantischen „Union", also weit vor dem Dreißigjährigen Krieg, die unselige, fast dem Limes entsprechende religiös-politische Teilung Deutschlands von innen heraus zementiert wurde. Der dann folgende Krieg nicht nur um die Mitte, sondern vor allem in der Mitte Europas hatte zwar keine eindeutigen Sieger, aber von nun an regierten die beteiligten äußeren Mächte in das Deutsche Reich hinein[7]. 1648 bedeutete daher dann faktisch das Ende des „Heiligen Römischen Reiches", bzw. leitete seine Agonie ein mit einer deutschen Binnenstruktur, die von den Partikularinteressen seiner Mitglieder geprägt wurde und deren Erhalt durch die militärisch überlegenen Signatarmächte Frankreich und Schweden zu garantieren war. Das Reich wurde zu einem Puffer, zeitweise Spielball, der die aggressiven Anstrengungen der Flügelmächte auffing und zuweilen neutralisierte[8] und damit – trotz seines Kaisers – zu einem frühen postimperialen Raum, in dem aber der *„Kaiser nur noch eine Art moralischer Instanz"* war[9], der sich weitgehend auf seine Habsburg beschränkte. Zusätzlich, und historisch möglicherweise schwerwiegender, war, dass *„dem Nachbarn im Westen nicht nur die politische, sondern auch die kulturelle Hegemonie zugefallen [war]"*[10], was eine besondere Art eines deutschen „Reichspatriotismus" begründen sollte. Und auch dieser, ein Ergebnis dieses Essays vorwegnehmend, sollte sich 1815 nicht einstellen.

Pufendorfs Feststellung aus dem Jahre 1667, die er unter dem Pseudonym Severinus von Monzambano verfasst hatte, ist nicht zu widerlegen: Das Deutschland nach dem Westfälischen Frieden bestand für ihn aus *„einem unregelmäßigen und einem Monstrum ähnelndem Staatskörper"*.[11] Er verurteilte diesen Frieden; der *„ausländische Mächte in den Stand gesetzt [hatte], durch Bündnisse mit Deutschen Deutschland niederzuhalten und bei günstiger Gelegenheit ihre Macht auf Kosten der Gesamtheit auszudehnen"*[12]. Diese, von Simms als „Interventionscharta" begriffene Bewertung kann aber auch für das Wien des Jahres 1815 gelten.

Die Praxis der folgenden anderthalb Jahrhunderte war einerseits ein internes Ringen um die Vorherrschaft im Reich, andererseits ein unterschiedlich erfolgreiches Verteidigen der Ostgrenze gegen die Türken und der Westgrenze gegen Frankreich – und dies gegen die Bestimmungen der Verträge mit unterschiedlichen Koalitionen, so zeitweise Bayern oder Hannover mit Frankreich [Rheinischer Bund 1658 oder im Spanischen Erbfolgekrieg], gegen das Reich. Eine besondere Bedeutung sollte der Rhein erlangen. Frankreich forderte, fast zeitgleich mit 1648, den Rhein als seine natürliche Ostgrenze – der Begriff der „Réunionskriege" Ludwig XIV. unter dem Schlagwort „brûler le Palatinat", also der Aufforderung zur nachhaltigen Zerstörung eines der kulturellen Kernländer des Reiches, mag hier genügen. Dagegen erkannte nur England die historische Bedeutung des Rheins und des mit diesem verbundenen Raumes – weitgehend identisch mit dem frühmittelalterlichen karolingischen Lotharingien – und verhinderte erfolgreich, dass die Rhein- und Scheldemündungen in feindliche Hand gerieten. In der Tat war und ist der Rhein – politisch-geographisch und wirtschaftlich – als „la Banane bleu" verortet. Im Übrigen ist er noch heute eine der wichtigsten Lebensadern Europas, von der Nordseeküste bis nach Oberitalien. Der Rhein ist eben keine Grenze, sondern ein Wirtschafts- und Kulturraum, der nicht trennt, sondern nach beiden Seiten hin vereinigt.

In der Tat war und ist der Rhein – politisch-geographisch und wirtschaftlich – als „la Banane bleu" verortet. Im Übrigen ist er noch heute eine der wichtigsten Lebensadern Europas, von der Nordseeküste bis nach Oberitalien. Der Rhein ist eben keine Grenze, sondern ein Wirtschafts- und Kulturraum, der nicht trennt, sondern nach beiden Seiten hin vereinigt.

Die Fragen der Binnen- oder Verfassungsstruktur Deutschlands und des Rheins sollten in Wien wieder Bedeutung erlangen.

Dennoch, nicht nur Kissinger[13] folgend, begründete der Westfälische Frieden eine europäische Rechts- und Friedensordnung, die mit den Frieden von Ryskwijk 1697, Utrecht und Rastatt von 1713/14, in dessen indirekter Folge Großbritannien mit der hannoverschen Sukzession auch tatsächlich kontinentale europäische Macht wurde, bis hin zu Aachen 1748 weitgehend bestätigt wurde. Allerdings, die Mitte Europas blieb schwach, oftmals zerstritten, blieb das Schlachtfeld Europas und wurde häufig auch von außen kontrolliert gehalten, während diese Lage England fast ungefährdet seine außereuropäische Machtentfaltung ermöglichte. Gleichzeitig verlagerten sich die bisherigen nicht nur gefühlten Einkreisungsängste Frankreichs auf Deutschland, wo sie später zu einer „regelrechten Obsession"[14], und auch hier nicht ganz zu Unrecht, werden sollten.

Der Weg zu Waterloo und Wien

Der große Umbruch erfolgte dann mit der Französischen Revolution und mit deren Vollender oder Überwinder: Napoleon. Aus den allgemein bekannten Ereignissen sollen nur einige wenige seiner Entscheidungen wie Taten hervorgehoben werden, die einen wesentlichen Einfluss auf unsere nationale Geschichte haben.

Das Ende der Agonie des Reiches beginnt mit dem Frieden von Luneville (9. Februar 1801), der nur noch vom „Deutschen Reich" spricht, also die verfassungsrechtlich bedeutsamen Begriffe „Heilig" und „Römisch" in seiner französischen Fassung nicht mehr verwendet, aber dennoch als ein Reichsgrundgesetz verbindlich wurde. Die Abtretung der linksrheinischen Gebiete erforderte einen Ausgleich, der mit der folgenden Mediatisierung und Säkularisierung als „Reichsdeputationshauptschluß" am 24. März 1803 das letzte Reichsgesetz werden sollte. Die Reichskirche und 112 Reichsstände wurden beseitigt. Es folgte der Verfassungsbruch des Rheinbundes mit dem Austritt aus dem Reich vom 1. August 1806, die „Despotie der 36 Häuptlinge", wie Stein diesen Verbund von Napoleons Gnaden bezeichnete. In gewisser Hinsicht folgerichtig legte Franz dann am 6. August nach Aufforderung durch Napoleon die Kaiserkrone nieder – auch dies war verfassungsrechtlich nicht vorgesehen, so dass das Reich zwar real aufgelöst, dennoch rechtlich bis zur Bundesakte von 1815 weiter bestand.

Es folgte der Diktatfrieden von Tilsit 1807, und auf dem Höhepunkt seiner Macht konnte Napoleon als Hegels „Weltgeist zu Pferde" 1808 den Fürstentag von Erfurt zelebrieren. Die „Napoleonisierung" Deutschlands ging jedoch auch mit dessen Verwaltungsreformen, der Einführung des „code civil" und gesellschaftlichen Veränderungen einher – und war damit indirekt weniger Auslöser als Beschleuniger der Reformbestrebungen, insbesondere in Preußen. Mit 1812 beginnt dann die Zäsur – das Verblassen des militärisch unbesiegbaren Nimbus – zumindest teilweise, außer beispielsweise bei Goethe – und besonders der hohe Blutzoll Deutscher in Russland trugen ihr Übriges dazu bei.

Analog und mit Rückgriff auf die spanischen Guerilla oder Hofers Tiroler bildeten sich in Deutschland Befreiungsbewegungen. Mit russischem Druck – durch die Emigrantenkolonie um Madame de Stael, die Gebrüder Schlegel, Arndt, Stein oder Clausewitz gestützt – wurde auch der zögerliche Preußenkönig zur Erhebung getrieben, wenn er auch nicht davon überzeugt war. In diesen Zusammenhang gehört eine Aussage zu Hannover. Simms hebt in seinem beeindruckenden Bändchen „Der längste Nachmittag" die Leistung der Hannoveraner bei Waterloo zu Recht hervor[15]. Die Gründung der „Kings German Legion" war aber eben doch eine rein britische Sache, einer Legion, die zudem außer bei Waterloo nie in Deutschland, sondern vor Kopenhagen, in Spanien oder Sizilien eingesetzt war, dabei niemals geschlossen, geschweige denn unter dem Kommando ihres nominellen Kommandeurs, des Grafen von Alten. Dies führte dazu, dass sich in Hannover, wie übrigens auch in den Rheinbundstaaten, keine Freikorps wie unter Dörnberg, Schill, Lützow oder dem „Schwarzen Herzog" bildeten, und im deutschen kollektiven Gedächtnis gilt Hannover nicht als Hort dieser Befreiungs- oder Freiheitsbewegungen. So entstand dort auch keine dieser Bewegung entsprechende Dichtung, auch wenn die neugeschaffene Hannoversche Armee neben der Legion tapfer bei Waterloo focht.

Gestattet sei hier ein Einschub zu Gneisenau, den Schlieffen als den eigentlichen Überwinder Napoleons bezeichnet hat. Der in der Konferenz von Trachenberg 1813 vorgezeichnete Operationsplan, der zur Schlacht von Leipzig führte, war gegen die Widerstände von Schwarzenberg und Bernadotte Gneisenaus Plan. Leipzig musste das Ende Napoleons sein, und wäre es geworden, wenn nicht Schwarzenberg Napoleon mit fast 80.000 Mann hätte nach Westen entkommen lassen, wahrscheinlich auf Weisung Metternichs. Zwar blieb die Stadt Leipzig erhalten, aber welche Folgen hätte ein früher entscheidender, zudem weitgehend deutscher (zwar mit Russland, aber ohne England) Sieg haben können! Bei Waterloo wird auf Gneisenau zurückzukommen sein.

August Neidhardt von Gneisenau

Das weitere zögerliche alliierte politische wie militärische, als wie ein „Stillstand im kriegerischen Akt"[16] zu sehende Vorgehen, das erst im März 1814 geschlossene Bündnis der Vier [die Quadrupelallianz aus England, Preußen, Russland und Österreich] von Chaumont und die zähen Verhandlungen über den 1. Pariser Frieden vom 30. Mai unterstreichen das latente Misstrauen wie auch die unterschiedlichen Interessen in der Koalition. Die von Clausewitz später formulierten Vorbehalte gegen die Wirksamkeit einer erfolgreichen Koalitionskriegsführung werden unter anderem hier ihren Ursprung gefunden haben. Entscheidend für diesen Frieden und dem diesem folgenden Wiener Kongress, aber auch für die territorialen Regelungen mit Frankreich, waren die Prinzipien von monarchischer Legitimität, Souveränität, Erhaltung oder Wiederherstellung der Ordnung und des Machtgleichgewicht. Der Gegner war Napoleon, nicht jedoch das Bourbonenhaus, und auch nicht Frankreich selbst. Daher kam dieses mit der Anerkennung der Rheinlinie und seinen Grenzen von 1792 glimpflich davon, wurde im Gegensatz zu Deutschland im Friedensvertrag von Versailles 1919 nicht als Kriegsverbrecher behandelt und in Wien bald wieder als gleichberechtigter Partner in den Kreis der großen Mächte aufgenommen.

Der Artikel 32 dieses Friedens legte die Teilnehmer auf einen allgemeinen Kongress in Wien[17] binnen zweier Monate fest. Wien, damals die drittgrößte europäische Stadt, wurde für mehrere Monate tatsächlich ein nicht nur politisches „Centrum Europae"[18]. Dabei wurde das Ziel dieses Kongresses in zwei Bereiche aufgeteilt. Zuerst die großen Interessen Europas mit Gebietsteilungen wie Grenzziehungen und mit den Beziehungen der Mächte untereinander. Sodann gemäß Artikel 5 die zukünftige Regelung der deutschen Frage mit einer politischen Struktur und Verfassung für Deutschland. Wien blieb in der Realität jedoch mehr eine „Friedensvertragsvollzugskonferenz" als eine tatsächliche Neuordnung.

Wien blieb in der Realität jedoch mehr eine „Friedensvertragsvollzugskonferenz" als eine tatsächliche Neuordnung.

Unter der unangefochtenen „Präsidentschaft" Metternichs, des „Schiedsrichters Europas" und seines Kongresssekretärs, des Freiherrn von Gentz, wurde nach mehrmaligen Verzögerungen der Kongress zum 1. November 1814 schriftlich eröffnet. In diesem Kontext ist festzuhalten, dass der Begriff Kongress – als öffentliche Versammlung aller Repräsentanten – täuscht, eine solche Vollversammlung aller hat es nie gegeben. Dagegen wurde der Kongress geprägt von unterschiedlich besetzten Geheimverhandlungen, erst durch die großen Vier, dann Dank Talleyrand mit Hinzuziehung Frankreichs und später auf englische Initiative hin auch der Acht mit Spanien, Portugal und Schweden. Die wesentlichen Entscheidungen wurden dennoch von den Vertretern der Vier bzw. Fünf getroffen. Hinzu kamen Gespräche der Souveräne, meist ohne Protokoll, so dass sich manche Ergebnisse durch die hohe „Mündlichkeit" dieses Kongresses nur schwer nachvollziehen lassen. Aus dieser Gemengelage heraus ergab sich zudem eine Unzahl von Einzelverträgen. Die wesentliche Arbeit allerdings wurde in den insgesamt 15 Kommissionen oder Komitees geleistet. Eine von diesen bedarf einer besonderen Erwähnung – das „Statistische Komitee". Eine Kommission der großen Fünf, wahrscheinlich das arbeitsreichste, das über 31 Millionen Menschen, davon 17 Millionen Deutsche, in den Blick nahm und die rechnerischen Grundlagen für den territorialen Neuzuschnitt des Kontinents lieferte[19]. Dass dieser Neuzuschnitt nach wie vor über die Köpfe der betroffenen Untertanen hinweg ging, und damit insbesondere über deren Lebensbedürfnisse und Vorstellungen von teilweise gerade neugewonnener Freiheit, sei nur am Rande erwähnt.

Ein Schwerpunkt der Kongressarbeit lag in der Auseinandersetzung um die zukünftigen, bislang miteinander verwobenen Rollen von Polen und Sachsen, die am 3. Januar 1815 sogar zu einer geheimen Allianz von Österreich, England und Frankreich gegen Preußen und Russland als eine frühe „Krieg in Sicht-Krise" führte. Der kurz vorher abgeschlossene Frieden von Gent zwischen den jungen USA und Großbritannien stärkte dessen Position, politisch wie militärisch, in Europa. Napoleons überraschende Rückkehr im März beendete allerdings schnell diese Unstimmigkeiten, wenn auch das Misstrauen blieb und nach wie vor persönliche wie zwischenstaatliche Rivalitäten und nationale Egoismen austariert werden mussten. Und bei dieser Rückkehr scheint es fast, als habe der Himmel Gneisenaus Wunsch vom 18. Februar 1815 erhört, wenn er an Clausewitz über das neue Preußen schreibt: *„Ich hatte einen etwas sehr kühnen Rat gegeben, wenn der Widerstand der anderen Mächte allzu offen und feindselig sich zeigen sollte,..., dass man Napoleon wieder auf die Bühne riefe... Frankreich dadurch nach außen untätig mache ...und in Frankreich den bürgerlichen Krieg stets nähre".*[20]

Erstaunlich bleibt, welche geringen Konsequenzen diese Rückkehr Napoleons auf den Kongress selbst hatte. Zwar wurden die Arbeiten, nicht zum Wohle ihrer Inhalte, beschleunigt und etwas hektisch zum 8. bzw. 9. Juni – also noch bevor Napoleon das Kommando über sein neuaufgestelltes Heer übernahm – beendet. Es lassen sich jedoch daraus keine Ergebnis- oder Textveränderungen ableiten. Es scheint fast, als hätten sich die Verhandlungen im Kongress und die politisch-militärischen Unternehmungen nicht nur getrennt, sondern vollkommen unabhängig voneinander abgespielt. Ein Grund hierzu mag in den zeitraubenden und umständlichen Kommunikationsbeziehungen liegen. Der Sieg vom 18. Juni wurde zum Beispiel erst am 23. Juni in Wien bekannt. Immerhin, nach der zügigen politischen, ausgerechnet von Talleyrand formulierten und öffentlich gemachten Ächtung Napoleons vom 13. März gelingt schon am 25. März die Neuauflage der Koalition von Chaumont mit der Verpflichtung der Vier, jeweils mindestens 150 000 Mann aufzubieten, einer Allianz auf zwanzig Jahre und einer Einladung an alle übrigen Staaten Europas, dieser Allianz beizutreten. Wieder geht es um die Beseitigung einer gesamteuropäischen Gefahr: des Usurpators Napoleon. So wird auch der 2. Pariser Frieden vom 20. November 1815 unabhängig von der Wiener Schlussakte geschlossen.

Hierzu ein kurzer Ausblick auf Waterloo – für die Berliner auf Belle Alliance. Der Ablauf der Schlacht ist intensiv erforscht und wird weitgehend bekannt sein. Für die deutsche Seite ist interessant, dass die politische, mit viel Freiraum versehene Grundsatzweisung Hardenbergs vom 29. März an Gneisenau – nicht an Blücher! – mit folgenden Worten ging: *„Wellington bringt Ihnen einen kleinen Brief von mir und eine Ordre vom König mit, vermöge welcher Sie angewiesen werden, sich mit ihm zu konnektieren und den Umständen nach zu handeln"*. Hardenberg verhehlt in seinem Schreiben dabei nicht die Sorge, dass Wellington, also England, die versprochenen Truppen selbst nicht stellen könne, und *„mit deutschen Truppen, das was ihm fehlt ersetzen wolle"*[21]. Im Übrigen, nicht nur eine historisch sehr berechtigte, sondern bei Waterloo mit nur gut einem Drittel rein britischer Truppen auch berechtigte Sorge. Der berühmte Satz „The germans to the front" aus dem Boxeraufstand in China soll hier seinen Ursprung haben und war somit nur eine Neuauflage von Wellingtons Forderung gegenüber den Teilen der „Kings German Legion" in Spanien[22]. In mehreren Vorträgen[23] vertritt und vertieft Simms seine These, hier handelte es sich um eine Art „erster NATO-Operation". Bei allen Schwächen historischer Analogien wäre hier eher die Koalition des Spanischen Erbfolgekrieges anzuführen. Bei Wellingtons Armee handelte es sich jedoch, wie schon oben erwähnt, um eine rein britische und damit von möglichen „caveats" der Verbündeten unabhängige Struktur[24], und von tatsächlich gemeinsamen oder zentral geführten Operationen kann man schon gar nicht sprechen. Vielmehr lässt sich für die Jahre 1813 bis 1815 eher Clausewitz mit seinen oben schon angesprochenen kritischen wie grundsätzlichen Bemerkungen zu Koalitionskriegen heranziehen: *„Niemals wird man sehen, daß ein Staat, der in der Sache eines anderen auftritt, diese so ernsthaft nimmt wie seine eigene"*[25]. Ein gemeinschaftlich geführter Krieg *„setzt einen Grad von Befreundung und gemeinschaftlichem Interesse voraus, der selten stattfinden wird"*, wobei das selbständige Interesse eines Bundesgenossen zusätzlich noch durch die persönlichen Eigentümlichkeiten oder egoistischen Ansichten der Heerführer ergänzt werden kann[26].

„Niemals wird man sehen, daß ein Staat, der in der Sache eines anderen auftritt, diese so ernsthaft nimmt wie seine eigene"

Und Gneisenau handelt entsprechend. Nach der Niederlage der Preußen gegen Napoleon bei Ligny, analog zu Quatre Bras gegen Ney, mit dem Ausfall Blüchers, übernimmt Gneisenau als Generalstabschef das Kommando über die Armee, die in der Rangfolge höheren Korpskommandeure übergehend. An der Mühle zu Brye verspricht er Wellington, sich mit diesem zu vereinen. Nur auf Grund dieses Versprechens wagte Wellington die Annahme der Schlacht bei

Waterloo. Gegen den Rat seiner Kommandeure weicht Gneisenau nicht, wie von Napoleon erwartet und von Grouchy verfolgt, nach Osten Richtung Brüssel aus, sondern bewegt sich aus der Niederlage heraus in einem „retour offensif" auf Waterloo zu, um dort seiner Verpflichtung gemäß gerade noch rechtzeitig einzutreffen, um die trotz dessen Standhaftigkeit drohende Niederlage Wellingtons zu verhindern. Wie eng die Situation wirklich war, zeigen die Entscheidungen, nur ein Korps (Thielmann mit Clausewitz) zur Deckung gegen Grouchy im Rücken zu belassen – auf dessen Hilferuf antwortet Gneisenau: *„Die Entscheidung liegt vor uns, nicht hinter uns"* –, sowie der unübliche sofortige regimentsweise Einsatz in Wellingtons linker Flanke, welcher damit dort die letzten französischen Reserven band und so die Niederlage Napoleons einleitete und besiegelte. Dennoch, aus den Erfahrungen einer ausgebliebenen Verfolgung[27] nach dem Sieg an der Katzbach oder bei Leipzig heraus rafft Gneisenau aus eigenem Entschluss Teile der ermüdeten Truppe zusammen und führt diese mit einem Tambour hinter den Franzosen her.

Gneisenau bestimmte damit den Kulminationspunkt der Schlacht und erfüllte fast lehrbuchhaft die spätere Feststellung von Clausewitz, dass ein endgültiger Sieg, als „zweiter Akt des Sieges [und] in vielen Fällen sogar wichtiger als der erste" erst mit dem Abschluss einer Verfolgung erreicht sei.

Sieben Mal jagt er diese in der Nacht aus einem Biwak auf, bis die Reste der Armee nun in regelloser Flucht auseinander brechen und seine eigene Truppe im Morgengrauen am Rande der Erschöpfung steht. Napoleon selbst muss seine Kalesche verlassen und zu Pferde weiter fliehen. Gneisenau bestimmte damit den Kulminationspunkt der Schlacht und erfüllte fast lehrbuchhaft die spätere Feststellung von Clausewitz, dass ein endgültiger Sieg, als *„zweiter Akt des Sieges [und] in vielen Fällen sogar wichtiger als der erste"* erst mit dem Abschluss einer Verfolgung erreicht sei[28]. Doch damit nicht genug. Gneisenau nutzt die Gunst der Stunde gegen den Willen der anderen Alliierten und marschiert in 11 Tagesmärschen ostwärts um Paris, um sich bei Versailles zwischen die noch intakte Loire-Armee und die Hauptstadt zu legen. Hierdurch zwingt er Paris zur Kapitulation und mit dem weisen Tagesbefehl vom 3. Juli *„sämtliche Franzosen sind mit Ernst und Kälte zu behandeln, aber jede mutwillige Beleidigung von unserer Seite soll streng bestraft werden. Ich erwarte, dass die Armee sich nicht durch Übermut entehre, sondern sich auch als Sieger menschlich und bescheiden betragen werde"*[29] können – endlich – preußische Truppen in diese einziehen. Unbeabsichtigt hat Gneisenau mit dieser großräumigen und entscheidenden Flankenbewegung die Vorlage für den späteren, dann aber nicht so ausgeführten Schlieffenplan geliefert. Im deutschen Gedächtnis jedoch fiel Waterloo hinter Leipzig zurück und die weitgehenden Forderungen Gneisenaus, nämlich aus diesem Sieg, *„der herrlichsten Nacht mei-*

nes Lebens" nach *„unserer Schlacht, die schön war wie keine, entscheidend wie keine, der Feind vernichtet wie nie ein Feind"*[30] auch politisches Kapital zu schlagen, wurden von Friedrich Wilhelm III. und Hardenberg nicht erfüllt. Dennoch, Waterloo war ein gemeinsamer Sieg, nicht nur britisch, deutsch und preußisch, sondern auch der *„eines englischen Berufsheeres und eines preußischen Volksheeres"*.[31]

Auf Waterloo, also nach Beendigung des Wiener Kongresses, folgt am 20. November 1815 der zweite Pariser Frieden, im Wesentlichen mit territorialen Zusatzvereinbarungen. Deutsche Revisionsforderungen, unter anderem wiederum Elsass-Lothringen, wurden erneut vor allem durch England abgeblockt. Frankreich verliert jedoch Gebiete in seinem Osten am Rhein und im Süden, wird für fünf Jahre unter alliierte Militärkontrolle gestellt und muss eine finanzielle Kriegsentschädigung und Besatzungskosten tragen. Endlich wird über eine, wenn auch nur teilweise, Rückgabe der geraubten Kunstschätze entschieden. Die Kontrolle wird nach drei Jahren aufgehoben, und 1818 bei der ersten Folgekonferenz in Aachen ist Frankreich wieder Vollmitglied der bestätigten und nun zu einer europäischen Pentarchie erweiterten Allianz von Chaumont. Die in Artikel 6 dieses Friedens in Verbindung mit der Heiligen Allianz zu sehende Festlegung, von Zeit zu Zeit – je nach aktueller Lage – Zusammenkünfte der Monarchen vorzusehen[32], kann als ein früher „Sicherheitsrat" gesehen werden, wenn auch unter der Hegemonie der Pentarchie. Somit wurde die Struktur eines europäischen kollektiven Sicherheitssystems gefunden, welches nach einer Politik unter dem Prinzip der christlichen Religion agieren sollte, um den allgemeinen Frieden zu bewahren, aber auch um die bisherigen inneren Ordnungen abzusichern. Hierzu wurde eigens ein Interventionsrecht entwickelt. Fast alle europäischen Souveräne schlossen sich an, außer dem Sultan und dem Papst. Trotz des Krimkrieges und der Deutschen Einigungskriege hat dieses System insbesondere auch mit dem Berliner Kongress von 1878, der Kongokonferenz von 1885 und der Entwicklung der Genfer und Haager Konventionen bis 1914 gehalten. Dann allerdings war die politische Belastbarkeit dieser rein europäischen Pentarchie erschöpft.

Somit wurde die Struktur eines europäischen kollektiven Sicherheitssystems gefunden, welches nach einer Politik unter dem Prinzip der christlichen Religion agieren sollte, um den allgemeinen Frieden zu bewahren, aber auch um die bisherigen inneren Ordnungen abzusichern.

Doch zurück zu Wien:
Die weitere „Wiener Ordnung" als am Gleichgewicht ausgerichtete strukturierte Machtpolitik soll nur auszugsweise mit ihren wesentlichen Konsequenzen vorgestellt werden:

- Sie ist eine Reduzierung auf Europa; damit blieb auf Betreiben Großbritanniens das von Hugo Grotius entwickelte Recht des „de mare liberum" mit festen Regeln im Gegensatz zur „res nullius" zu Gunsten von „Britannia rules the waves" außerhalb dieser Ordnung. Dies ermöglichte Großbritannien seine weltweite Machtentfaltung und erleichterte seine wirtschaftliche Dominanz. Und selbst das benachbarte und in europäischen Fragen nicht nur historisch involvierte Osmanische Reich blieb außen vor.

- Sie gestattet ein, wenn auch eingeschränktes Interventionsrecht (right of interference) bei inneren Umstürzen, welche die Sicherheit aller und die innere Legalität des Betroffenen bedrohen.

- Sie verpflichtet sich auf die Einstellung des Sklavenhandels – nicht der Sklavenhaltung – mit Schwarzafrika (8. Februar 1815), bestärkt in der Konferenz von Verona im November 1822, allerdings ohne Justiziabilität.

Wiener Kongress

Wichtig darüber hinaus waren folgende Verträge:

- Russland erhält in Personalunion das Königreich Polen („Kongresspolen"), während Preußen mit Posen, Thorn und Danzig und Österreich mit galizischen Kreisen entsprechend bei dieser 4. Teilung entschädigt werden. Russland, welches auch Finnland erhält, verschiebt seine Westgrenze und wird damit endgültig zu einem europäischen und hier mitbestimmenden Staat.

- Sachsen, welches Preußen schon besetzt und verwaltungstechnisch organisiert hatte, bleibt vor allem auf Initiative Frankreichs hin erhalten, verliert aber zwei Drittel seines Territoriums und die Hälfte seiner Einwohner an Preußen und verzichtet für alle Zeiten auf Polen (18./22. Mai, als ein Vertrag außerhalb des Deutschen Komitees).

- Die ewige Neutralität der Schweiz, welche im 2. Pariser Frieden endgültig festgeschrieben wird.

- Die Bildung des Königreichs der Niederlande („Scheldemündung in Freundeshand") – von Englands Gnaden bis 1830. In diesem Zusammenhang steht die Übergabe Helgolands als nordeuropäisches Gibraltar von Dänemark an England wie auch die des Kaps der Guten Hoffnung von den Niederlanden oder die von Malta von den Franzosen,

- Die Entwicklung von internationalen Verhandlungsstrukturen und -verfahren, die bis heute nachklingen, sowie die Festlegung einer noch heute gültigen diplomatischen Rangordnung.

Mit der Einsetzung eines „deutschen Komitees" sollte die deutsche Verfassungsfrage geregelt werden, und dies mit zwei Sitzungsperioden, beginnend am 14. Oktober 1814, zuerst mit fünf Teilnehmern [Österreich mit Vorsitz, Preußen, Hannover, Bayern und Württemberg] – in alleiniger Zuständigkeit in deutschen Verfassungsfragen. Dann ab dem 23. Mai 1815[33] mit dem erheblich erweiterten Kreis der sogenannten „Mindermächtigen" mit acht weiteren Sitzungen bis zur – durch die Rückkehr Napoleons überhastet beendeten – „Bundesakte" eines föderativen ewigen Bundes am 8. Juni 1815. Nach dieser kann Deutschland als ein auch nur loser Staatenbund mit bundesstaatlichen Elementen gesehen werden[34]. Interessant und von historischem Charme hierbei ist es, dass sich Hannover noch vor der verschobenen vorgesehenen Eröffnung des Kongresses und der ersten Sitzung diese Komitees am 12. Oktober 1814 auf weitgehende Eigeninitiative des Grafen Münster noch schnell zum Königreich erklärte, was dann als „fait accompli" von allen Teilnehmern auch akzeptiert wurde. Damit war Hannover zumindest den süddeutschen Königreichen von Napoleons Gnaden ebenbürtig.

Wilhelm von Humboldt hatte noch im Dezember 1813 in seiner Verfassungsdenkschrift gefordert: *„Deutschland muß frei und stark sein…, weil nur eine auch nach außen hin starke Nation den Geist in sich bewahrt, aus dem auch alle Segnungen im Inneren strömen; es muß frei und stark sein, um das notwendige Selbstgefühl zu nähren, seiner Nationalentwicklung ruhig und ungestört nachzugehen, und die wohltätige Stelle, die es in der Mitte der europäischen Nationen für dieselben einnimmt, behaupten zu können"*[35]. Von dieser an Fichte angelehnten Forderung lässt sich in dieser Bundesakte, sowohl durch den Einfluss der europäischen Koalitionspartner, aber auch auf Grund der Widerstände vor allem der ehemaligen Rheinbundstaaten nur wenig oder gar nichts wiederfinden. Zudem wird das Ende des „Heiligen Römischen Reiches Deutscher Nation" nun auch rechtlich besiegelt, wenn der neue „Deutsche Bund" nicht der Rechtsnachfolger dieses Reiches wird.

Dennoch gilt für Deutschland, dass von den über 300 deutschen Einzelstaaten nach 1648, von denen Napoleon und das Reich im Zusammenhang mit Säkularisierung und Mediatisierung von 1802 und 1803 weitere 112 auflösten, 1815 nur 38 und später nur noch 41 übrigblieben – also eine durchaus erfolgreiche wie sinnvolle „Flurbereinigung" dieses Flickenteppichs [1871 noch 26 und mit Weimar 18, heute 16].

Die wesentlichen, schon 1815 zu Recht kritisierten Schwächen der Bundesakte[36] vom 08. Juni liegen:

- in dem Verzicht auf ein oberstes Bundesgericht,

- in der Einstimmigkeit, von wenigen Ausnahmen abgesehen, bei Abstimmungen der Bundesversammlung und damit einem möglichen Übergewicht der sogenannten „Mindermächte",

- in der monarchischen Souveränität der Mitgliedstaaten, wenn auch außenpolitisch eingeschränkt,

- in dem Verzicht auf die ehemalige und bewährte Kreisordnung,

- in der Zementierung des preußisch-österreichischen Dualismus, wobei sich allerdings andere Möglichkeiten ausschlossen. Damit war auch der Verzicht auf eine Zentralgewalt oder eine eigene Exekutive des Bundes verbunden. Durch die föderative Gesamtstruktur wurden diese beiden deutschen Großmächte jedoch gleichzeitig gegeneinander neutralisiert und insgesamt die außenpolitische wie militärische Machtmöglichkeit des Bundes eingeschränkt. Zusätzlich *„rangierten diese beiden Mächte in der Stufenleiter der realen Machtverhältnisse erst hinter Großbritannien, Russland und auch Frankreich"*[37];

- in der nur vagen Zukunftsforderung nach landständischen Verfassungen in den Mitgliedsstaaten ohne Vorgaben und ohne Justiziabilität. Dies wurde eine wesentliche Voraussetzung für 1848 und für eine verspätete demokratische Entwicklung. Damit verbunden ist eine fehlende Festlegung von Freiheits- oder Staatsbürgerrechten einschließlich der Pressefreiheit;

- in der Einschränkung des nationalen Selbstwertgefühls durch die „übernationale Garantie"[38] von fremden Mächten, insbesondere Großbritannien und Russland in der Ablösung von Frankreich und Schweden des Jahres 1648. Hierzu bedarf es jedoch noch eingehender Untersuchungen;

- in die Verschiebung einer Judenemanzipation (damals ca. 350 000 im Bund) auf zukünftige gesetzliche Regelungen sowie;

- in dem in seiner historischen Bewertung bislang vernachlässigten bedeutsamen Verzicht auf eine großräumige und übergreifende Wirtschaftsentwicklung, die unterschiedliche und eigenständige Wirtschaftsordnungen geradezu hervorrufen musste[39].

Territorial, politisch und historisch bedeutsam war der zwar schon 1735 begonnene[40], nun aber endgültige, teilweise durch territoriale Bestimmungen erzwungene, teilweise freiwillige Rückzug Habsburgs aus seiner historischen Verantwortung am Rhein hin zu einem Schwerpunkt in seinem Zentrum beziehungsweise von dort nach Osten und nach Italien. Damit verzichtete Habsburg auch darauf, in Süddeutschland eine ähnlich beherrschende Stellung zu erlangen wie Preußen in Norddeutschland[41]. Nicht nur auf französische Vorstellungen und auf englischen Druck hin erfolgte der Verzicht auf die Wiedererlangung von Elsass-Lothringen. Dies sollte dann nach 1871 zu einem unseligen Zankapfel werden. Mit der Verlegung des protestantischen Preußens in das katholische Rheinland, jenseits von Mark, Kleve und Ravensberg, wurden weitere Weichen gestellt. Dies kann als eine Ablösung der „Wacht am Rhein", aber auch als ein „Danaergeschenk" bewertet werden. Die Voraussetzungen für die spätere kleindeutsche Lösung wurden hier gelegt, auch wenn in dieser Entwicklung kein Automatismus gesehen werden darf. Der ursprünglich vorgesehene Ansatz, das sächsische Haus Wettin mit den Rheinlanden abzufinden, wurde durch französischen und britischen Einfluss verworfen[42]. Dennoch war gerade England, und dies durchaus im Gegensatz zu hannoverschen Vorstellungen, bestrebt, in Sinn seines Konzeptes eines europäischen Gleichgewichts Preußen eine entscheidende Rolle am Rhein, auch gegen Frankreich, zu zugestehen[43]. Interessant ist es hierbei, dass sich die Sachsen (Provinz Sachsen) in Preußen schneller eingelebt haben, als die Rheinländer unter dem Begriff „Musspreußen", wozu allerdings eine preußisch-starre Verwaltung erheblich beigetragen hat; ein Fehler, der sich nach 1871 in Elsass-

Interessant ist es hierbei, dass sich die Sachsen (Provinz Sachsen) in Preußen schneller eingelebt haben, als die Rheinländer unter dem Begriff „Musspreußen", wozu allerdings eine preußisch-starre Verwaltung erheblich beigetragen hat; ein Fehler, der sich nach 1871 in Elsass-Lothringen in ähnlicher Form wiederholen sollte.

Lothringen in ähnlicher Form wiederholen sollte. In einem Sondervertrag vom 29. Mai 1815 einigten sich Hannover und Preußen auf Gebietsaustausche, wobei sich insbesondere Hannover arrondieren konnte[44]. Die damit auch erneut festgezogene, sogar noch verstärkte Trennung Preußens in einen größeren östlichen und kleineren, wenn auch wirtschaftsstarken westlichen Teil konnte nur durch die vertragliche Regelung über vier Militärstraßen etwas gemildert werden[45]. Diese letztlich unzulängliche Situation sollte die Bundespolitik belasten und wurde erst 1866 – dann militärisch – gelöst.

Auch 1815 setzte sich – neben den Interessen der großen europäischen Politik – der regionale Eigennutz der deutschen Klein- und Mittelstatten wieder durch. Nur durch diese Kräftekorrelation konnte es kommen, dass die Gedanken von nationaler Freiheit und Einheit, wie sie insbesondere von Fichte, Stein und Humboldt gefordert wurden, nicht realisiert wurden. Ob diese Vorstellungen damals tatsächlich unrealistisch und nur visionär oder gar utopisch waren, bleibt der Interpretation überlassen.

Und für unser heutiges Europa stellt sich unter anderen Rahmenbedingungen ebenfalls die Frage nach einem Zentralstaat, einem Bundesstaat – oder doch nur nach einem föderativen Staatenbund?

Doch ein gutes halbes Jahrhundert nach Wien trat Deutschland als „verspätete Nation" auf, agierte dann aber mit Macht nicht nur auf der europäischen Bühne, sondern sogar auf der Weltbühne. Trotz einer sich ändernden Bewertung wurde Wien mehr *„von der Vergangenheit [wenn auch rational und zweckbewusst] als von den vorwärtsweisenden Kräften der Epoche - des langen 19. Jahrhunderts - bestimmt"*.[46]

Die abschließende Frage, ob es sich mit der Bundesakte um die Kunst des Möglichen oder um einen Rückschritt handelt, wird dennoch offen bleiben müssen. Die Wiener Beschlüsse wurden jedoch damals von den Diplomaten und Regierungen trotz kritischer Einschränkungen überwiegend begrüßt, und das bissige Urteil Friedrich von Gentz´, die Absicht des Kongresses sei *„die Aufteilung der dem Besiegten entrissenen Beute zwischen den Siegern"* gewesen[47], ist zwar ironisch, aber gleichzeitig auch falsch.

Und für unser heutiges Europa stellt sich unter anderen Rahmenbedingungen ebenfalls die Frage nach einem Zentralstaat, einem Bundesstaat – oder doch nur nach einem föderativen Staatenbund?

Bedeutender jedoch erscheint die Frage nach der mit den Befreiungskriegen verbundenen Suche nach gesellschaftspolitischer Freiheit und bürgerlicher Mitbestimmung. Statt einem erwarteten wie geforderten Aufbruch in diese Freiheit versank Deutschland mehr in eine Art Restauration. Die neuere Forschung kritisiert diesen Begriff zu Recht. In der Tat handelte es sich nicht um ein einfaches wie formales Überstülpen der gesellschaftlichen wie politischen Strukturen vor 1789. Hierzu waren die Umbrüche zu durchdringend und nachhaltig, nicht nur mit dem „code civil", neuen Verwaltungsstrukturen oder dem vorsichtigem Erwachen einer Bürgergesellschaft, so dass nicht etwa alte Zustände erneuert, sondern neue, radikalere Zustände mit der Zielrichtung von „Ruhe und Ordnung" entwickelt wurden. Wesentlich hierfür waren weniger die Wiener Ordnungsbeschlüsse als die Folgen der schon angesprochen „Heiligen Allianz", gegründet am 26. September 1815 in Paris, eine Allianz aus je einem protestantischen, katholischen und orthodoxen Staat. Obgleich von Castlereagh *als ein Stück hochtrabender Mystizismus und Nonsens* oder sogar von Metternich als *"ein laut tönendes Nichts"* bezeichnet, sah sich diese Allianz als ein aktives Bollwerk für einen „ewigen Frieden" nach innen und damit gegen jede aus der Unruhe der Zeit erwachsende mögliche politische Unkalkulierbarkeit, die vor allem in demokratischen und liberalen Strömungen gesehen wurde. Daher lässt sich eher von einer Reaktion auf revolutionäre Freiheit sprechen. Diese neuen Ansätze zum Erhalt der Ordnung, wie vor allem die schon bei Gneisenau 1815 nachgewiesene Zensur, waren nicht nur besorgniserregend, sondern stießen Deutschland in eine politische Erstarrung. Weitere Beispiele sind die Karlsbader Beschlüsse von 1819 mit der bezeichnenden Einführung des Studienfaches „Polizeywissenschaften" sowie die über reine Zensur hinausgehenden weitgehenden Einschränkung der Pressefreiheit – der „Rheinische Merkur" von Görres, den Napoleon als 5. Großmacht des Feindes bezeichnet hatte, wurde schon um die Jahreswende 1815/16 verboten. Auch das Verbot des Turnens 1820 als Ausdruck der nationalen Freiheitsbewegung, mit der Demagogenverfolgung und das Verbot studentischer Verbindungen fallen darunter. Die Ämterenthebung, Ausweisung oder Flucht, Verfolgung bis Einkerkerung gerade von Freiheitskämpfern der Jahre 1812 bis 1815 wie von Görres, Arndt, Jahn oder Schleiermacher – um nur einige Beispiele zu nennen –, sprechen eine deutliche Sprache. Weitere Beispiele sind die Verweigerung der Übernahme in staatliche Dienste für Teilnehmer am Wartburgfest bis hin zu den Göttinger Sieben oder die virtuose Briefüberwachung. Andere, wie der Freiherr vom Stein, zogen sich zumeist verbittert in die innere Emigration zurück. 1820 war keiner der Reformer mehr im Amt! Nur so erklärt sich die noch über den Vormärz und 1848 hinausgehende Abstinenz des Bürgers in

Heinrich Friedrich Karl vom und zum Stein

der Politik oder etwas deutlicher, der Rückzug in die Nischengesellschaft der Romantik. Einer Romantik, die nicht nur Poesie, Musik und große Malerei hervorrief, sondern mit dem „Biedermeier" auch die Spottbilder des Spießbürgers und den Begriff der „Krähwinkelei" Dass ausgerechnet der von dem Studenten Sand ermordete August von Kotzebue dieses von Jean Paul erfundene Wort verbreitet hat, ist ein Schuss historischer Ironie. Auch wenn sicherlich überzogen, manches der polizeistaatlichen Willkür erinnert an das Leben in der ehemaligen DDR: bedrückende Kontrollverfahren und der gleichzeitige Versuch, diese zu umgehen. Und zu der Verfassungsfrage kann beispielsweise der Bruch des Versprechens des preußischen Königs vom 22. Mai 1815 herangezogen werden, unter dem Druck von Napoleons Rückkehr aus Elba der Rheinprovinz und Preußen eine Verfassung zu geben. Gneisenau, der preußische Jakobiner, wurde einer der größten Kritiker dieses Bruchs. Als erster Kommandierender General in Koblenz – in „Wallensteins Lager am Rhein", wie Berlin das sehr von Freigeistern bestimmte Umfeld bissig bezeichnete – wurde Gneisenau unter anderem deshalb schon 1816 gegen seinen Willen zur Ruhe gesetzt.

Zugleich war diese Zeit trotz Ansätzen von Freihandel und der Verringerung von Zollschranken auch hier eine Zeit der Stagnation, wenn nicht gar Industriefeindlichkeit, und verhinderte einen notwendigen Industrialisierungsschub. So trugen die in Wien festgelegten Strukturen auch wirtschaftlich – zumindest indirekt – dazu bei, Deutschland auch auf diesem Gebiet eine verspätete Nation mit hohem Nachholbedarf werden zu lassen. Dies, obgleich die Aufhebung der Zünfte, die zukunftsweisende „Europäisierung" des Rheins[48] und seiner Nebenflüsse oder technische Entwicklungen durchaus Ansätze zu einer Industrialisierung wie in England oder Frankreich boten. Und schließlich, vielleicht ein wenig überspitzt formuliert, hielt mit diesen Vorstellungen der Reaktion *„das Volk oder besser die Angst vor dem Volk Einzug in die deutsche Geschichte"*[49], eines Volkes, das damals noch *„nicht weiß, was es will und was es vermag"*[50]. Doch diese Frage bezieht sich nicht nur auf Deutschland.

Insgesamt war so also, trotz aller äußeren Befriedung und Stabilität, ein – Wiener oder Metternich'sches – System der Bevormundung mit lähmenden Wirkungen entstanden, welches dann später geradezu Aufbruchsstimmungen, auch gewaltsame, erzwingen musste[51]. In Wien *„herrschte noch nicht der Bürger, der nach Goethe stets etwas werden musste, sondern der europäische Hochadel, der schon immer etwas war"*[52]. Die politische Vision, an einem bestimmten Gesellschaftsbild ausgerichtet, war nach rückwärts, nicht in die Zukunft gewandt

– wobei es im Nachhinein sicher leicht fällt, zu einer solchen Bewertung zu gelangen, denn *„oft schon das Erkennen ist die vielleicht schwierigste Aufgabe staatsmännischer Führung"*[53].

Letztlich jedoch machte sich dieses Deutschland, historisch zu groß für Europa und zu klein für die Welt, um mit Münkler zu sprechen, wie auch nach der Umwälzung von 1990 wieder *„als neue Mitte erst einmal klein und schmal, um nicht als solche aufzufallen"*[54]. Wie sich die „Führung aus der Mitte" heute entwickeln und auswirken wird, bleibt abzuwarten.

Clemens Wenzel von Metternich

Die Bildung des kleindeutschen Reiches von 1871 war somit eine fast zwangsläufige Folge von Wien mit dem allmählichen Rückzug Habsburgs aus Deutschland und der Herausbildung Preußens als zentraler Macht. Und es kommt nicht von ungefähr, dass fast gleichzeitig auch Italien seine nationale Struktur fand oder wiederfand.

Dennoch, bei aller Kritik, leben wirkmächtige Auswirkungen dieser Epoche weiter, unter anderem Ziele wie „Keine Besteuerung ohne Repräsentation" oder die Umsetzung der Menschen- und Freiheitsrechte im globalen Kontext. Dies zeigte sich schon bald in den Befreiungsbewegungen um Simon Bolivar in Südamerika oder im weitgehend von Westeuropäern getragenen und romantisch verklärten Freiheitskampf Griechenlands gegen das Osmanische Reich.

Spricht man von Gewinnern und Verlierern von Wien, so zählen zu ersteren sicherlich Großbritannien durch Castlereagh, Russland durch Zar Alexander und Frankreich durch Talleyrand, obgleich dieser zwar geschickt, oftmals hinter den Kulissen, seine Strippen zog, aber durchaus nicht zu den leitenden Figuren des Kongresses zählte[55]. Die Feststellung von Lentz einer europäischen „pax britannica" geht dagegen zu weit[56]. Vordergründig aus regionaler Sicht kann man auch Österreich durch Metternich, Preußen durch Humboldt und die deutschen Mittelmächte zu den Gewinnern zählen. Eindeutiger Verlierer jedoch ist Deutschland in seiner Gesamtheit, was selbst Graf Münster mit dem Satz ausdrückte: „Die Erwartungen der deutschen Nation haben sich nicht oder nur zum Teil erfüllt"[57]. Varnhagen kommentiert seine Enttäuschung noch treffen-

Verlierer jedoch ist Deutschland in seiner Gesamtheit, was selbst Graf Münster mit dem Satz ausdrückte: „Die Erwartungen der deutschen Nation haben sich nicht oder nur zum Teil erfüllt"

der: *„Unterdrückung, Sieg, In Deutschland war alles zersetzt, das Aufgelöste zum Teil wieder neu gebunden, zum Teil preisgegeben und verloren... Eine Verwirrung von Zuständen [nach den Wechselgebilden der Franzosenherrschaft der letzten dreißig Jahre], daß allenthalben die alten Verhältnisse zerstört, die neuen nicht abgeschlossen und Recht, Verdienst, Vorteil und Verlust wunderlich gemischt waren"*[58]. Und in einer ähnlichen Situation ist Italien zu sehen, wo Österreich zur beherrschenden Macht aufsteigt.

Exkurs

Abschließend seien zwei Bemerkungen gestattet: Zum einen über das Bürgerverständnis des 1813 an seiner bei Großgörschen erlittenen Verwundung zu früh verstorbenen Scharnhorst, dessen 260. Geburtstag sich am 12. November 2015 gejährt hat. Sein noch heute gültiges, aber dennoch wieder zu erweckendes Leitbild vom Staatsbürger und Staatsdiener, weit über das Bild des Soldaten der Bundeswehr hinausgehend, liegt in dem gebildeten Bürger, der sowohl sein fachliches Metier souverän beherrscht und der sich zur Gewinnung von Urteilskraft zu politischem Mitdenken und daraus abgeleitetem abgewogenem Handeln seinem Gemeinwesen verpflichtet weiß und Mitverantwortung übernimmt. Zu den Elementen dieses Bildes vom Staatsbürger gehören charakterliche Integrität, Selbstachtung, Kameradschaft oder Freundschaft, Pflichterfüllung sowie ein Patriotismus, der seinen Rückhalt in geschichtlichen Vorbildern und ihren geistigen Kräften findet[59]. Dieses Bild kann und soll für den Bürger des Jahres 2015 und darüber hinaus als Mahnung wie auch als Verpflichtung aus den Erfahrungen der Jahre zwischen 1789 und 1815 dienen. Verbunden ist damit die kulturelle wie politische Beziehung aus dem berühmten „Karzerlied" über die Gedankenfreiheit und anderen ähnlichen Gesängen, die bezeichnenderweise fast nur in den studentischen Kommersbüchern tradiert wurden und bis heute Orientierung bieten können, sich nicht durch Denkverbote oder freiwillige Unterwerfung unter einen vermeintlichen Zeitgeist oder eine „Correctness" – welcher Art auch immer – einzwängen zu lassen. Hier kann zu der zweiten Bemerkung übergeleitet werden, die sich speziell auf das weitgehend verbundene, aber oft zu Unrecht kritisierte, deutsche Verbindungsstudententum bezieht. So oder ähnlich stehen diese oben aufgezählten staatsbürgerlichen Anforderungen in den verschiedenen Konstitutionen, die ja gerade in diesen Jahren – und nicht nur 1815 in Jena – ihren Ursprung fanden und noch heute gültig sind. Die Verpflichtung jedes Bundesbruders, aus dem reichen Fundus historisch-kultureller und politischer Bildung zu schöpfen, sich Urteilskraft anzueignen und daraus in Charakterstärke eine freie Meinung und

Mut zum Handeln zu entwickeln – wohlgemerkt in Offenheit und Toleranz und selbstverständlich auf der Grundlage unserer bewährten Werteordnung des Grundgesetzes – sollte der zentrale Eckstein dieser Verbindungen wie auch des allgemeinen Studententums sein. Und natürlich können und sollen diese Anforderungen gleichermaßen für jeden mündigen Bürger gelten.

Mit dem militärischen wie politischen Abschluss der Befreiungskriege ist demnach kein neues Europa entstanden, wenn auch ein zumindest anfangs austariertes europäisches Gleichgewicht gebildet wurde. Entsprechend wurde auch für die Lösung der nationalen Fragen Deutschlands und Italiens keine deren Interessen befriedigende Antwort gefunden. Eine schon damals erforderliche und zumindest zweckmäßige gesamteuropäische Öffnung nach außen wurde vermieden, bzw. diese weitgehend Großbritannien, und anderen Kolonialmächten in kleinerem Umfang, überlassen. Auch mit dem britisch-amerikanischen Frieden in Gent[60] [!] untermauert, schien sich Europa als „Mittelpunkt der Welt" bestätigt zu sehen[61]. Die Dialektik der angesprochenen inneren Widersprüche – gesellschaftlich, politisch, geistig und wirtschaftlich – musste sich jedoch auch auf das Äußere auswirken, und gerade hierin ist wiederum erstaunlich, wie lange das „System Wien" gehalten hat.

Zum Autor: Ulrich C. Kleyser, Offizier der Panzeraufklärungstruppe, Oberst a.D., ist Mitglied der Clausewitz-Gesellschaft e.V. und Alter Herr des Corps Rhenania zu Tübingen. Er durchlief die Generalstabsausbildung in Hamburg und Rio de Janeiro und war u.a. Leiter Heereshauptverbindungsstab Frankreich sowie im Einsatz bei SFOR und KFOR. 2010 M.A. in Geschichte.

Anmerkungen:

1 Herfried Münkler, Macht in der Mitte, Hamburg 2015. Sein Verzicht oder genauer die Ablehnung von einem für die „Macht Europa" notwendigen identitätsbildenden historisch-kulturellem Unterbau ist allerdings kritisch zu hinterfragen.
2 Gottfried Wilhelm Leibniz, Monadologie und andere Schriften, hrsg., übersetzt, mit Einleitung, Anmerkungen und Register versehen von Ulrich Johannes Schneider, Hamburg 2002, 135 (§ 57).
3 So Richard David Precht, Rezension zu „Erkenne die Welt" in der FAZ vom 16. 10. 2015.

4   Charles Joseph de Ligne (Brüssel 23. 05. 1735 – Wien 13. 12. 1814), Fürst, Diplomat, Offizier [Feldmarschall] und Schriftsteller. Den Tod des Fürsten benennt Lentz (a.a.O., 149) sicherlich zu Recht als „symbolisch für das Begräbnis einer ganzen Epoche".
5   Dennoch erscheint es zweckmäßig, diese in einer Fußnote aufzuführen wie der 27. Januar, der 18. März, der 23. Mai, der 17. Juni, der 20. Juli, der 01. September, der 09. November bis hin zum Volkstrauertag.
6   Fritz Lange in „Neues Deutschland, zitiert nach Dieter Wildt, Deutschland deine Preußen, Stuttgart 1966, 178.
7   Münkler, a. a. O., 122.
8   Ebda, 125.
9   Thierry Lentz, 1815. Der Wiener Kongress und die Neuordnung Europas, München 2014, 49.
10 August Heinrich Winkler, Der lange Weg nach Westen. Deutsche Geschichte 1806 – 1933, Band 1, Bonn 2006, 37.
11 Severinus von Monzambano (Samuel von Pufendorf), Über die Verfassung des deutschen Reiches, Berlin 1922, 94, siehe auch 47, 109.
12 Brendan Simms, Kampf um Vorherrschaft. Eine deutsche Geschichte Europas 1453 bis heute, München 2014, 97.
13 Henry Kissinger, World Order, New York 2014. Kissinger stellt beispielhaft die Westfälische Ordnung heraus als Grundlage für die Bildung einer internationalen Ordnung überhaupt.
14 Münkler, a. a. O., 78.
15 Brendan Simms, Der längste Nachmittag, 400 Deutsche, Napoleon und die Entscheidung von Waterloo, München 2014.
16 Carl von Clausewitz, Vom Kriege, hrsg. von Werner Hahlweg, Bonn 1973, 406 ff.
17 Hier ist der wesentliche Unterschied zu 1648 zu sehen. Dort handelte es sich um Friedenschlüsse, hier – trotz Napoleons Rückkehr – um die weitgehend gleichberechtigt gestaltete Suche nach einer staatlichen (Neu-) Ordnung Europas nach einem Friedensschluss.
18 Duchhardt, a. a. O., 65. Wien hatte nach London und Paris knapp 240 000 Einwohner und musste, ggf. etwas zu hoch gegriffen, um die 100 000 Gäste aufnehmen.
19 Reinhard Stauber, Der Wiener Kongress, Wien u. a., 2014, 69.
20 Dyroff, a.a.O., 160.
21 Ebda., 259.
22 Dieter Wildt, a. a. O., 73.
23 Simms, Vorträge im Celler Schloß am 31. 05. 2015 sowie vor dem Billard-Club Hannover von 1693 am 25. 11. 2015. Unabhängig von der tatsächlich rein britisch

geführten, ausgerüsteten und besoldeten Armee Wellingtons unterschätzt Simms in seinem aus Waterloo abgeleiteten Plädoyer für eine aus dieser Traditionslinie zu erwachsenden „Europaarmee" nicht nur die unterschiedlichen „Militärkulturen" und Fragen der Kommando- wie Befehlsstrukturen, sondern vor allem die Frage nach dem Verzicht auf nationale Souveränitätsrechte, Vorbehalte oder Binnenverpflichtungen [beispielsweise Parlamentsvorbehalt oder nationale Rüstungsindustrien].

24 Eine Struktur, die eher der des Amerikanischen Unabhängigkeitskrieges mit gemieteten Hessen und Nassauern oder der bei Gallipoli mit Neuseeländern und Australiern entspricht.
25 Clausewitz, a. a. O., 987.
26 Ebda., 1031.
27 Ebda., 1021.
28 Ebda., 480 f.
29 Heinz Stübig, Erziehung und Gesellschaft im Denken Gneisenaus bis zum Beginn der preußischen Reformen in: Militärgeschichtliche Mitteilungen 2/74, MGFA, Freiburg 1974, 127.
30 Dyroff, a. a. O., 263/264.
31 Hans Hezfeld, Die moderne Welt 1789 -1945, I.Teil. Die Epoche der bürgerlichen Nationalstaaten, Braunschweig 1966, 71.
32 Folgekonferenzen, jedoch weitgehend im Rahmen der „Heiligen Allianz", von Aachen 1818 mit den folgenden Karlsbader Beschlüssen, Troppau 1820, Laibach 1821 und Verona 1822.
33 Die Verkündigung des Grundgesetzes der Bundesrepublik vom 23. Mai 1949 wird hierauf nicht bezogen worden sein.
34 Siehe Michael Hundt, Der Wiener Kongress und Braunschweig in: Gerd Biegel (Hrsg.), Auf dem Weg nach Waterloo…Der Schwarze Herzog – Für Braunschweig gegen Napoleon, Göttingen 2015, 211.
35 Klaus Hornung, Scharnhorst, Soldat – Reformer – Staatsmann. Ein Lebens- und Zeitbild. Erweiterte und überarbeite Neuauflage München 2013, 273.
36 Vom 10. Juli zurückdatiert, um Teil der Schlussakte des Kongresses – auf Grund der Garantieverpflichtungen – bleiben zu können. Eine Akte der Vereinigung „zu einem beständigen Bunde, welcher der Deutsche Bund heißen soll", mit XX Artikeln, davon die ersten XI später in die Kongressakte aufgenommen. Erst dadurch wurden die fremden Signatarstaaten implizit zu Garantiemächten des Deutschen Bundes.
37 Heinrich Lutz, Zwischen Habsburg und Preußen. Deutschland 1815 – 1866, Gütersloh 1985, 14.
    Die innere machtpolitische Situation wurde noch dadurch beeinflusst, dass nach

der Bundeskriegsverfassung (erst 1821 geschaffen) Österreich und Preußen mehr Truppen aufstellen durften, als ihnen nach dieser Verfassung zustanden, da diese Mächte Territorien außerhalb des Bundes besaßen

38 Jürgen Osterhammel, Die Verwandlung der Welt. Eine Geschichte des 19. Jahrhunderts, München 2009, 592. Besonders aufschlussreich ist hier, dass der Wiener Kongress im weltgeschichtlichen Kontext eher beiläufig angesprochen wird.
39 Vgl. hierzu A. R. L. Gurland, Übergang zum Zeitalter der Industrie in: Golo Mann (Hrsg.), Propyläen Weltgeschichte, Band 8. Das neunzehnte Jahrhundert, Berlin - Ffm 1986, 307.
40 Brendan Simms, Kampf um Vorherrschaft, a. a. O., 140. Der sog. Polnische Thronfolgekrieg um Stanislaus Leszczynski war eine der Grundlagen.
41 Siehe Dyroff, a. a. O., 151.
42 Für Frankreich stand die Frage der dynastischen Legitimität im Vordergrund, für England das politisch-militärische Gleichgewicht.
43 Vgl. Dyroff, a. a. O., 52 f.
44 Hannover erhielt im Wesentlichen das Bistum Hildesheim, Goslar, Ostfriesland (dabei Emden als eine Art Freihafen) und Teile von Lingen. Preußen dagegen nur das ostelbische Lauenburg, wurde neben Westfalen aber überregional – endlich – mit Vorpommern entschädigt.
45 Eine dieser Straßen durch Hessen, zwei aus Richtung Halberstadt durch das Königreich Hannover nach Minden bzw. aus der Altmark über Gifhorn und Neustadt nach Minden sowie eine für Hannover von Osnabrück über Ibbenbüren nach Bentheim.
46 Herzfeld, a. a. O., 72.
47 Erich Pelzer, a. a. O., 347.
48 Jedoch erst 1831 mit der Rheinschifffahrtsakte abgesichert.
49 Joseph Rovan, Geschichte der Deutschen. Von ihren Ursprüngen bis heute, München – Wien 1995, 416.
50 Goethes Gespräche, zitiert nach Möller, a. a. O., 666.
51 Vgl. hierzu Heinrich Lutz, a. a. O., 27 f.
52 Horst Möller, Fürstenstaat oder Bürgergeneration, Deutschland 1763 – 1815, Gütersloh 1989, 648.
53 Vgl. Kissinger, Das Gleichgewicht der Großmächte, a. a. o., 600 ff., hier über das Wesen staatsmännischer Führung. Zitat S. 614.
54 Münkler, a. a. O., 136.
55 Lentz, a. a. O., 227.
56 Lentz, a. a. O., 353.
57 Stauber, a. a. O., 198.
58 Karl August Varnhagen von Ense, Denkwürdigkeiten und vermischte Schriften,

      Leipzig2 1843, zitiert nach Dyroff, a. a. O., 153.
59 Siehe hierzu Klaus Hornung, Scharnhorst. Soldat – Reformer – Staatsmann. Ein Lebens- und Zeitbild. Überarbeitete und erweiterte Neuauflage 2013 München 2013, 278.
60 Frieden von Gent zwischen den USA und Großbritannien vom 24. 12. 1814, Kompromissfrieden, der dadurch Englands Kräfte – politisch wie militärisch – für die europäischen Interessen frei gab. Interessant hierbei die ansteigende Rolle Russlands, welches seine Vermittlung anbieten konnte.
61 Golo Mann, Politische Entwicklung Europas und Amerika 1815 – 1871 in: Golo Mann (Hrsg.), Propyläen Weltgeschichte, Band 8. Das neunzehnte Jahrhundert, Berlin – Ffm. 1986, 376.

Wesentliche Literatur:

Biegel, Gerd (Hrsg.): Auf dem Weg nach Waterloo….Der Schwarze Herzog – Für Braunschweig gegen Napoleon, Göttingen 2015.

Cooper, Duff: Talleyrand, München 1962.

Cornwell, Bernard: Waterloo. Eine Schlacht verändert Europa, Hamburg 2015.

Duchhardt, Heinz: Der Wiener Kongress. Die Neugestaltung Europas 1814/15, München 2013.

Dyroff, Hans-Dieter (Hrsg.): Der Wiener Kongress 1814/15. Die Neuordnung Europas, München 1966.

Gruner, Wolf D.: Der Wiener Kongress 1814/15, Stuttgart 2014.

Hornung, Klaus, Scharnhorst: Soldat – Reformer – Staatsmann. Ein Lebens- und Zeitbild, überarbeitete und erweiterte Neuauflage München 2013.

Kissinger, Henry: Das Gleichgewicht der Großmächte, Metternich, Castlereagh und die Neuordnung Europas 1812 -1822, Zürich 1986.

Kissinger, Henry: World Order. Reflections on the Character of Nations and the Course of History, New York 2014.

Lentz, Thierry: 1815. Der Wiener Kongress und die Neugründung Europas, München 2014.

Luh, Jürgen: Der kurze Traum der Freiheit. Preußen nach Napoleon, München 2015.

Lutz, Heinrich: Zwischen Habsburg und Preußen. Deutschland 1815 – 1866, Gütersloh 1985.

Mann, Golo (Hrsg.): Propyläen Weltgeschichte. Band 8. Das neunzehnte Jahrhundert, Berlin –Ffm 1986.

Möller, Horst: Fürstenstaat oder Bürgergeneration, Deutschland 1763 – 1815, Gütersloh 1989.

Münkler, Herfried: Macht in der Mitte. Die neuen Aufgaben Deutschlands in Europa, Hamburg 2015.

Nipperdey, Thomas: Deutsche Geschichte 1800 - 1866, Bürgerwelt und starker Staat, München 1983.

Palmer, Alan: Metternich. Eine Biographie, Düsseldorf 1977.

Pelzer, Erich: Restauration und Vormärz, in: Zeitverlag (Hrsg.), Welt- und Kulturgeschichte, Band 10, Zeitalter der Revolutionen, 341 – 414.

Simms, Brendan: Der längste Nachmittag, 440 Deutsche, Napoleon und die Entscheidung von Waterloo, München 2014.

Simms, Brendan: Kampf um Vorherrschaft, Eine Geschichte Europas 1463 bis heute, München 2014.

Stauber, Reinhard: Der Wiener Kongress, Wien u. a., 2014.

Wildt, Dieter: Deutschland deine Preußen, Stuttgart 1966.

Zamoyski, Adam: 1815. Napoleons Sturz und der Wiener Kongress, München 2014.

Zur Zukunft der Nationalstaaten in Europa: Was man aus mehr als 1000 Jahren mitteleuropäischer Geschichte folgern könnte[1]

Hans-Herbert Schulz

Gedenktage haben gerade wieder einmal Konjunktur: Das Jahr 2014 gab Gelegenheit, an den Ausbruch des I. Weltkrieges zu erinnern, 2015 an das Kriegsende vor 70 Jahren oder an 60 Jahre Bundeswehr, 25 Jahre Deutsche Einheit, aber auch an 200 Jahre Ende der Napoleonischen Kriege, das Ende des Wiener Kongresses, und auch an den 200. Geburtstag Bismarcks. Mit diesem Strauß von Ereignissen ist für uns Deutsche ein Wechselbad der Erinnerungen verbunden; Schlussfolgerungen für unsere Zukunft ergeben sich daraus nicht so ohne weiteres. Ein Blick auf die politische Landkarte Europas zeigt, dass Deutschland geopolitisch gegenüber anderen Staaten in einer besonderen Rolle ist, nämlich in einer Mittel- oder Zentrallage.

Anders die klassischen Nationalstaaten, die sich eher an der Peripherie befinden, wie Großbritannien, die Skandinavischen Staaten, aber auch Frankreich oder z.B. die Niederlande, die im Wesentlichen unverändert – zum Teil seit Jahrhunderten – existieren. Ich denke, die Frage muss gestellt werden, warum Entwicklungen so unterschiedlich verlaufen, auch, warum es in einem Teil Europas frühzeitig Nationalstaaten gegeben hat, während in Deutschland noch Schiller und Goethe in den Xenien 1796 feststellten: „Zur Nation euch zu bilden ihr hofft es Deutsche vergebens, bildet, ihr könnt es, dafür freier zu Menschen euch aus"[2]

Zum Begriff der Nationalstaaten

Schiller postulierte auch „Deutsches Reich und deutsche Nation sind zweierlei Dinge",[3] etwas, was uns aus heutiger Sicht eher verwundert. Offensichtlich lohnt es sich, einen Blick auf den Begriff ‚Nation' zu werfen. Wie Heinrich August Winkler in seiner „Geschichte des Westens" ausführt, hat es zwei unterschiedliche Begriffe von Nation gegeben: Im Westen verband sich der Begriff mit dem jeweiligen Staat, im Osten eher sprachlich-kulturell.[4] „Wo die Nationalbildung von der Monarchie ausging, erhielt der Begriff der Nation einen Bezug auf den Staat"[5] (nämlich in Westeuropa). Anders bei den multiethnischen Königreichen, so in Mittel- und Osteuropa, ähnlich auch in Italien: „In Ansätzen bildeten sich also bereits im Mittelalter zwei unterschiedliche Nationsbegriffe heraus: ein staatlich politischer in Westeuropa und ein sprachlichkultureller, der sich bei den Deutschen und Italienern sowie im östlichen Mitteleuropa durchsetzte."[6]

Die Peripherie

In Großbritannien gab es seit dem Feldzug Wilhelms des Eroberers 1066 – trotz aller inneren Kämpfe zwischen Engländern, Walisern, Schotten und Iren, die noch zu Schlachten im 18. Jahrhundert führten – dennoch eine kontinuierliche Entwicklung bis heute. Ähnlich war es auch in Frankreich, das eine Entwicklung vom westfränkischen Reich hin zum heutigen Territorium erreichte, natürlich auch mit Kämpfen (man denke nur an den Hundertjährigen Krieg mit England), letztlich aber kontinuierlich und ohne Identitätskrisen.

Auch in Skandinavien haben sich Nationen und Nationalstaaten herausgebildet, bei denen vielleicht als einzige Besonderheit die vorübergehenden unterschiedlichen Zuordnungen zu Reichen in Personalunion war. Dennoch bestand eigentlich nie ein Zweifel daran, wo Dänemark, Norwegen, Schweden oder auch Finnland zu „verorten" gewesen wären – Gebiet, Staat, Volk und Sprache bildeten weitgehend eine Einheit.

Russland, als halb europäische, halb asiatische Macht, von der man oft nicht so recht weiß, wohin sie kulturell gehört[7], hat seit den Zeiten des Großfürstentums Moskau im 15. Jahrhundert kontinuierlich seine Expansion nach Osten betrieben und erstreckte sich zur Zeit Peters des Großen bereits bis an den Pazifik. Allerdings sind „die politischen Grenzen zwischen Russland und seinen (jeweiligen) westlichen Nachbarn [...] seit dem 18. Jahrhundert durch Staatsteilungen, Kriege und Regimeverfall immer wieder verschoben worden".[8]

Eine gewisse Sonderrolle nimmt Polen in diesem Zusammenhang ein – denkt man an das frühe Polnisch-Litauische Großreich, an drei polnische Teilungen (1772, 1776, 1795), an das wiedererstandene Polen nach dem Ersten Weltkrieg und an die Westverschiebung nach dem zweiten Weltkrieg – auch ein Problem der Mitte und Peripherie, das gesondert betrachtet werden müsste.

Auch Italien nimmt bei dieser Betrachtung eine Sonderrolle ein: Der Norden bis Rom war lange Zeit als Teil des Heiligen Römischen Reiches Teil der Mitte-Problematik. Seit der ebenfalls späten Entstehung eines Nationalstaates kamen aber Staat, Volk, Sprache und Kultur weitgehend zur Deckung, sieht man von Südtirol und einigen im Faschismus ausgelebten Macht- und Expansionsphantasien einmal ab. An der südwestlichen Peripherie Europas hat es nach der Re-Christianisierung der Iberischen Halbinsel ebenfalls eine Entwicklung hin zu Nationalstaaten gegeben, die sogar lange Zeit Welt- und Kolonialreiche waren. Ihr innerer Bestand und ihr Platz auf der Landkarte wurden im Grundsatz nicht in Frage gestellt. Höchstens jetzt gibt es Gefährdungen durch starke Regionalisierung.

Die Mitte

Im Gegensatz zur Peripherie hatte die Mitte in Europa eine ganz andere Entwicklung genommen. Vom Reich Karls des Großen, das im Wesentlichen deckungsgleich war mit der späteren Europäischen Wirtschaftsgemeinschaft (EWG), über die Reichsteilungen von 843 (Verdun) und 870 (Meersen) entwickelte sich das Reich der Deutschen[9] zu einem machtvollen Gebilde in Mitteleuropa. Es verstand sich als abendländische Universalmacht, als das „Heilige Römische Reich", Sacrum Imperium, also als legitimer Rechtsnachfolger des antiken Reiches, obwohl es mit Ostrom (Byzanz) bis 1453 einen legitimen Rechtsnachfolger gegeben hätte. Erst im 15. Jahrhundert wurde es üblich, dieses Reich mit dem Zusatz „deutscher Nation" zu versehen. „Gemeint waren die deutschen Lande als Kernland, unterschieden vom welschen Reichsitalien und dem französisch-sprachigen Burgund, das seit 1034 zum Reich gehörte".[10] Dieses Reich erlebte um 1200 n. Chr. eine Blütezeit, und wurde später unter Karl V. (um 1525) für eine kurze Zeit tatsächlich zur Universalmonarchie, in der der Kaiser zu Recht sagen konnte „In meinem Reich geht die Sonne nie unter"[11] (das natürlich auch nur, da der spanische Habsburger mit seinem Kolonialreich zugleich abendländischer Kaiser war). Es erlebte einen Tiefpunkt zum Ende des 30-jährigen Krieges, der ein Reich, mit – heute würde man sagen – 1700 „Entities" unter dem für Krieg und Frieden mit äußeren Feinden unverändert zuständigen Kaiser hinterließ, und wurde schließlich 1806 unter Napoleon formal aufgelöst. Danach gab es ein ähnliches Konstrukt wie das Alte Reich mit dem neugeschaffenen Deutschen Bund, bis sich mit der Reichsgründung 1871 erstmals ein Nationalstaat im modernen Verständnis in Mitteleuropa bildete, der nicht unerheblich an den nachfolgenden Katastrophen des 20. Jahrhunderts beteiligt war. Insgesamt also unterscheidet sich die Entwicklung in der Mitte Europas

Karl d. Gr. legte den Grundstein für das neue „Römische Reich"

Mit der Reichsgründung 1871 wurde erstmals ein Nationalstaat im modernen Verständnis in Mitteleuropa gebildet, der nicht unerheblich an den nachfolgenden Katastrophen des 20. Jahrhunderts beteiligt war.

signifikant von der Peripherie. Dieses Phänomen will ich im Folgenden etwas näher betrachten.

Mitte und Peripherie: das Problem der Außengrenzen Europas und der europäischen Mitte

Dazu allerdings sind ein paar Bemerkungen über das Problem der Außengrenzen Europas angebracht und den Begriff der Mitte. Geographie ist für die meisten Europäer nicht identitätsstiftend – sieht man von den Briten ab.

Was also ist Europa? Als Ostgrenze ist der Ural erst seit 200 Jahren verstanden worden[12]. Grundsätzlich kann man feststellen, dass nach Osten die Ränder unseres Kontinents unscharf werden, es handelt sich eher um eine Konvention, eine Denkgewohnheit oder Betrachtungsweise aus einer bestimmten Sicht. Europa kann man ebenso gut als ein Vorgebirge der asiatischen Landmasse betrachten. Vermutlich ist das auch die Sicht einer Moskau-zentrierten Betrachtungsweise. Mitteleuropa hingegen ist nicht so unscharf: Im Allgemeinen zählen wir Deutschland, Österreich, die Schweiz, aber auch traditionell Böhmen und Mähren, also die heutige Tschechische Republik und die Slowakei dazu. Nach der Wende haben wir uns auch (wieder) angewöhnt, mit einem Blick auf Polen als von Ostmitteleuropa zu sprechen. Aber eine natürliche Begrenzung gibt es für diesen Raum nicht. Dieser Raum und seine unmittelbare Nachbarschaft sollen unser Betrachtungsgegenstand sein, seine unscharfen Konturen weisen schon darauf hin, dass vielfältige Beeinflussungen stattfinden können.

Das Dilemma von Mitte und Peripherie:
das Auf und Ab in der Mitte Europas

Wir konnten also schon jetzt feststellen, dass sich Mitte und Peripherie in Europa unterschiedlich entwickelt haben. Dem Auf und Ab in der Mitte Europas will ich mich im Folgenden ein wenig näher zuwenden. Die bereits erwähnte Dreiteilung des Karolingerreiches erzeugte zunächst eine starke Mitte (das Reich Lothars), die später schrumpfte, obwohl dort die Kaiserwürde angesiedelt war, und spielte bald keine Rolle mehr[13]. Dafür entwickelte sich das ehemals ostfränkische Reich mit den Ottonen zum neuen Kaiserreich, das mit dem Papsttum um die Vorherrschaft im Abendland stritt und immer neben der Machtsicherung im heutigen Deutschland seinen Einfluss in Italien sichern wollte. Für den Machtanspruch war es bedeutsam, dass das Reich einen legitimen Anspruch auf das Römische Reich geltend machen konnte. Bischof Otto von Freising, der Onkel und Berater des Stauferkaisers Friedrich Barbarossa, sprach daher um die Mitte des 12. Jahrhunderts mit Blick auf 962 (Kaiserkrönung Ottos des Großen) von einer Rückübertragung: Das Reich der Römer sei nach den Franken und Langobarden an die Deutschen („ad Teutonicos"), oder, wie es sich anderen darstellte, an die Franken, denen es gewissermaßen entglitten sei, wieder übertragen worden (retranslatum est).[14] Dieses Heilige Römische Reich zeigte zur Zeit Barbarossas bereits Ansätze zur Weltherrschaft, die bereits mit „ideologischen Ansprüchen" untermauert wurden[15].

Sein Sohn Heinrich VI. (1190-97) trieb tatsächlich staufische Weltpolitik: „Einen mächtigeren Herrscher als Heinrich VI. hat das mittelalterliche deutsche Reich nicht mehr erlebt"[16]. Dessen Sohn Friedrich II. war bereits mehr sizilianischer als deutscher Herrscher – machtpolitisch eine Vernachlässigung der Mitte, die ihren Zenit offenbar überschritten hatte. Dennoch blieb dieses Gebilde machtvoll und wurde erst im 16. Jhdt. durch Glaubensspaltungen erschüttert. Trotz der Glanzzeit unter Karl V., in dessen Reich ja die Sonne nie unterging, fand das Reich seinen Tief- (besser: Tiefst-)Punkt im 17. Jhdt. während des 30-jährigen Krieges. „Fast alle europäischen Mächte waren [...] in diesen Krieg verwickelt [...] der Kampf um die europäische Hegemonie wurde in der Mitte des Kontinents, vor allem in Deutschland, ausgetragen".[17]

Karl V. Kaiser des Heiligen Römischen Reiches Deutscher Nation, König von Spanien, in dessen Reich „die Sonne nie unterging"

„Von Böhmen ging jener Dreißigjährige Krieg aus, der nie nur ein Religions- und Bürgerkrieg, sondern immer auch ein Krieg der Staaten und der Staatenbündnisse war. Doch es war Zufall, dass ein Streit um die Rechte von Glaubensgemeinschaften am Beginn des großen Mordens stand. Der unmittelbare Verursacher des Krieges war Matthias, der deutsche Kaiser [...] Als er sich anschickte, die Religionsfreiheit aufzukündigen, die sein Bruder und Amtsvorgänger Rudolf II. im Jahr 1609 den überwiegend protestantischen Ständen Böhmens gewährt hatte, war das der Anlass zur gewaltsamen Auflehnung. Dass aus der böhmischen Revolution binnen kurzem ein europäischer, vor allem auf deutschem Boden ausgetragener Krieg wurde, lag zum einem am transnationalen Charakter der konfessionellen Gegensätze. Jede der beiden böhmischen Konfliktparteien, die katholische wie die protestantische, hatte kampfbereite Gesinnungsgenossen außerhalb Böhmens, und nirgendwo war die Gefahr, dass der Hass auf die jeweils andere Konfession in offenen Krieg umschlug, so groß wie im multikonfessionellen Heiligen römischen Reich deutscher Nation."[18]

Dass es aber hinter den konfessionellen auch immer noch andere Gründe gab, in diesem Krieg in und um die Mitte Europas mitzumachen, wird an den Kriegskoalitionen deutlich: „In der zweiten Hälfte des Großen Krieges, von 1635 bis 1645, focht das katholische Frankreich an der Seite des lutherischen Schweden gegen das katholische Haus Habsburg, das im Reich wie in Spanien die Herrscher stellte und die Macht in [den] spanischen Niederlanden, dem späteren Belgien, ausübte".[19] Der Westfälische Friede, der 1648 in Osnabrück (für Kaiserreich und Schweden) und zeitgleich in Münster für Kaiserreich und Frankreich) geschlossen wurde, „stellte für das Reich den Religionsfrieden von 1555 wieder her und dehnte ihn auf die Reformierten aus."[20]

„Die Schwäche der Mitte war seit Mitte des 17. Jahrhunderts eine Voraussetzung für die politische Ordnung Europas". Diese Ordnung geriet aber mit der französischen Revolution, den Revolutionskriegen und der sich anschließenden napoleonischen Hegemonialpolitik völlig aus den Fugen.

Wichtiger für die Betrachtung mitteleuropäischer Geschichte erscheint mir aber, dass „das Reich durch den Westfälischen Frieden weiter an politischem Gewicht (verlor). Da es den deutschen Status quo sichern half, lag der Fortbestand des Reiches im Interesse der europäischen Großmächte und der kleineren Reichsstände. Ein Machtfaktor aber, der sich mit Frankreich oder England, Schweden oder Spanien hätte messen können, war das schwerfällige und altertümliche Gebilde nicht mehr."[21]

„Die Schwäche der Mitte war seit Mitte des 17. Jahrhunderts eine Voraussetzung für die politische Ordnung Europas".[22] Diese Ordnung geriet aber mit der französischen Revolution, den Revolutionskriegen und der sich anschließenden napoleonischen Hegemonialpolitik völlig aus den Fugen.

Nach dem Sieg über die Österreicher 1802 mussten „es diese wie die übrigen Reichsstände hinnehmen, dass der erste Mann Frankreichs zum Schiedsrichter über Deutschland aufgestiegen war. Der Reichsdeputationshauptschluß vom Februar 1803 brachte dem Reich eine radikale Gebietsreform, die dem Zweck diente, die vom Verlust linksrheinischer Gebiete betroffenen Reichsstände zu entschädigen."[23] Zuvor hatte Napoleon bereits die linksrheinischen Gebiete einschließlich der habsburgischen, des späteren Belgien, auch formal Frankreich eingegliedert. Im Rahmen der von ihm durchgeführten Säkularisation verloren fast alle geistlichen Fürstentümer ihre Besitzungen, zahlreiche nachgeordnete Herrscher des Reiches büßten ihre Reichsunmittelbarkeit ein, so auch die meisten freien Reichsstädte bis auf sechs. Aber: „Preußen, Bayern, Württemberg und Baden konnten ihr Territorium erheblich vergrößern"[24], während sich „die Zahl der knapp 300 Reichsstände um 112 (verringerte). Etwa drei Millionen Menschen wechselten die Herrschaft"[25]. 1804 wandelte Napoleon Frankreich durch Senatsbeschluss und Plebiszit in ein erbliches Kaiserreich um und krönte sich selbst, von Papst Pius VII zuvor gesalbt, zum Kaiser der Franzosen. Man kann daraus den Anspruch auf eine modernere, aber an das Heilige Römische Reich anknüpfende Reichsidee ableiten, der das Alte Reich in der Mitte Europas im Wege war. 1806 bildeten 16 deutsche Fürsten, darunter die neuen Könige (von Napoleons Gnaden) von Bayern und Württemberg in Paris den Rheinbund, der sie zur militärischen Beistandsleistung für Napoleon verpflichtete, und erklärten damit den Austritt aus dem Reich. Der römisch-deutsche Kaiser, Franz II von Österreich, legte daraufhin – einem Ultimatum Napoleons folgend – die Kaiserkrone nieder, behielt aber den zuvor in Erwartung der Napoleonischen Forderung schon angenommen Titel Kaiser von Österreich bei[26]. „Die Auflösung des Heiligen Reiches wirkte wie die notarielle Beurkundung eines Ablebens, das sich allzu lange hingezogen hatte. Spätestens seit Preußen sich im Siebenjährigen Krieg als Großmacht behauptet hatte, war das Reich nur noch ein Schemen" – so Heinrich August Winkler in seiner Deutschen Geschichte „Der lange Weg nach Westen".[27]

Napoleon Bonaparte, Kaiser der Franzosen, für eine Dekade Beherrscher der Mitte Europas

Die Feldzüge Bonapartes sollen hier nicht näher betrachtet werden. Interessant ist aber, wie das neue Kaisertum versuchte, sich als die beherrschende Macht in Europa zu etablieren, sozusagen als die neue starke Mitte. Dazu zählt die Gründung neuer Königreiche, regiert von Verwandten Napoleons, z.B. Westfalen mit der Hauptstadt Kassel, oder in Italien, sowie das Schaffen von Abhängigkeiten der profitierenden Staaten in Süddeutschland und Eroberungen auf der iberischen Halbinsel. Abgesichert werden sollte die neue starke Macht in der Mitte des Kontinents durch das Fern- oder Niederhalten Englands durch die Kontinentalsperre und durch einen Feldzug gegen Russland 1812. Bekanntlich war dieser Versuch, aus der Position der Mitte heraus die Peripherie zu bezwingen, nicht erfolgreich, vielmehr der Anfang vom Ende, der zur Völkerschlacht bei Leipzig 1813 und zur ersten Niederlage Napoleons vor Paris 1814 und schließlich zu seinem endgültigen Waterloo 1815 führte.

Der Wiener Kongress 1814/15 schuf eine neue Friedensordnung in Europa, die maßgeblich von Metternich gestaltet wurde und die politisch restaurativ und machtpolitisch eine Rückkehr zur Politik des europäischen Gleichgewichts war. „Eine Rückkehr zur vorrevolutionären „balance of power" war die Antwort auf den Versuch der Errichtung der Hegemonie *eines* Landes, Frankreichs, im Zeitalter Napoleons. Deswegen war es wichtig, die Bourbonenherrschaft in Paris durch Entgegenkommen der bisherigen Alliierten zu fördern und zu festigen. Denn nur ein Frankreich, das „legitim" im Sinne der alten Monarchien war, konnte im Konzert der europäischen Mächte die ihm zugedachte konstruktive Rolle spielen."[28]

„Tatsächlich war vor allem England, neben Russland, der Hauptgewinner des Wiener Kongresses. Die neue „balance of power" auf dem europäischen Kontinent erlaubte es Großbritannien, seinen Einfluss außerhalb Europas zielstrebig auszubauen und, gestützt auf seine Flotte und seine industrielle Überlegenheit, zur führenden Weltmacht des 19. Jahrhunderts aufzusteigen.[29] Da beide Großmächte an der Peripherie Europas, England und Russland, mit dem Ergebnis des Wiener Kongresses zufrieden sein konnten, hat es dann tatsächlich im 19. Jahrhundert keine Einmischung der Peripherie mehr in die machtpolitische Ausgestaltung der Mitte gegeben.

„Für einen Teil Europas, das Gebiet des ehemaligen Heiligen Römischen Reiches deutscher Nation, wurde am 8. Juni 1815 ... eine verfassungsähnliche Sonderregelung vereinbart: die deutsche Bundesakte ... Staatsrechtlich bildete die Bundesakte einen Vertrag zwischen den Mitgliedern des Deutschen Bundes. Mitglieder waren neben den Freien Städten alle souveränen Fürsten Deutschlands, darunter der Kaiser von Österreich und der König von Preußen, beide für die Besitzungen, die vormals dem Alten Reich angehört hatten, der König von Dänemark als Herzog von Holstein und Lauenburg und der König der Niederlande als der Großherzog von Luxemburg".[30] Als König von Hannover war auch der König von Großbritannien und Irland Mitglied des deutschen Bundes, solange diese Personalunion bestand.

Die neue „balance of power" auf dem europäischen Kontinent erlaubte es Großbritannien, seinen Einfluss außerhalb Europas zielstrebig auszubauen und, gestützt auf seine Flotte und seine industrielle Überlegenheit, zur führenden Weltmacht des 19. Jahrhunderts aufzusteigen.

Zum deutschen Bund gehörten auch Böhmen, Mähren, Triest, Krain, aber nicht Galizien, Ungarn, und Lombardei-Venetien. Auch gehörten Schleswig sowie Ost- und Westpreußen, die nie Teil des Römischen Reiches waren, nicht dazu[31].

Der Deutsche Bund war kein Bundesstaat, sondern ein Staatenbund, gedacht als Ersatz für das Heilige Römische Reich Deutscher Nation, dessen Wiedererrichtung nicht ernsthaft zur Debatte stand. Joseph Görres, der Herausgeber des Rheinischen Merkur, beschrieb die Nachkriegsordnung „als eine jämmerliche, unförmliche, missgeborene, ungestalte Verfassung, ... ohne Kraft, ohne Einheit und Zusammenhang, das Gespött künftiger Jahrhunderte, das Spiel aller benachbarten Völkerschaften".[32] Mit dem Wiener Kongress rückte Preußen ohne Landbrücke zur Macht am Rhein auf – an 200 Jahre preußische Rheinlande wird gerade jetzt häufiger erinnert. Preußens Vorrücken nach Westen war eine Folge des britischen Bemühens, Frankreich von einem neuen Vorstoß in Richtung Rheingrenze abzuhalten – ein Sachverhalt, der wie eine Ironie der Geschichte wirkt, da Preußen früher oder später versuchen würde, die „Lücke zu schließen" und damit auch zur Hegemonialmacht in Deutschland zu werden.[33]

Die europäische Friedensordnung von 1815 hing von einer Balance von Österreich, Preußen und Frankreich ab, die noch durch die österreichisch-preußische Rivalität eine besondere Note erhielt und durch die Großmächte Russland und England garantiert wurde. Diese europäische Ordnung änderte sich 1866 mit dem preußischen Sieg über Österreich und „geriet aus den Fugen, als mit der deutschen Reichsgründung am 18. Januar 1871 eine starke Mitte entstand und Deutschland in eine semihegemoniale Position auf dem europäischen Kontinent hineinwuchs."[34] Großbritannien hatte keine Einwände gegen diese Entwicklung, da Bismarck bei den Briten den Eindruck erweckte, „das in der kleindeutschen Lösung geeinte Deutschland werde ihre bisherige Rolle nicht in Frage stellen."[35] Erste Zweifel entstanden in England mit dem wirtschaftlichen Aufstieg Deutschlands nach der Reichsgründung und führten zu einer Annäherung an Frankreich und Russland. „Bismarck hatte das Problem der starken Mitte ... begriffen und das Deutsche Reich für saturiert erklärt"[36]. Mit Russland hatte er einen Rückversicherungsvertrag geschlossen, seine Politik drehte sich um die „Balance ... und die Verhinderung einer gegen die Mitte gerichteten Koalition." Es war „das Spiel mit den fünf Kugeln", von dem er gelegentlich sprach.

Bismark, Kanzler des neuen Deutschen Reiches, der sich auf das „Spiel mit den 5 Kugeln" verstand.

Mit dem Abgang Bismarcks fehlte dieses Verständnis für die machtpolitische Balance. In der Folge kam es zu einer Fülle von Fehlern und Ungeschicklichkeiten Deutschlands in der Zeit zwischen 1890 und 1914, die zwar nicht ursächlich für den Ausbruch des Ersten Weltkrieges waren, den Weg dorthin aber begünstigten.

Insbesondere führte die zunehmend nervösere Reaktion Deutschlands auf die Position in der Mitte zu Einkreisungsängsten, gekoppelt mit dem Wunsch, als spät auf die Weltbühne getretene Nation einen „Platz an der Sonne" zu gewinnen. Kriegsausbruch und auch erneut die Kriegsschuldfrage sind gerade kürzlich bei den zahlreichen Veranstaltungen und Veröffentlichungen anlässlich „100 Jahre Beginn I. Weltkrieg" beleuchtet worden – dazu will ich nichts zusätzlich beitragen. Aber vor dem Hintergrund meiner Thematik ist es gerechtfertigt, das deutsche Verhalten im Ersten Weltkrieg als ein Ausbrechen aus der Position der Mitte zu interpretieren und als Versuch, Dominanz aus dieser Position zu erzielen. Bekanntlich schlug dieser Versuch nachhaltig fehl.

In der Nachkriegsordnung von 1945 gab es eigentlich dieses Mitteleuropa, das ich versucht habe, mit seinem Auf und Ab zu schildern, nicht mehr. Man könnte sagen, die Peripherie traf sich am Eisernen Vorhang, und die ehemalige Mitte spielte keine Rolle mehr.

Der Versuch, 25 Jahre später dieses Ergebnis zu korrigieren, führte zu einem wesentlich größeren Fiasko. Damit endete 1945 ein „stark von der jeweiligen Politik Deutschlands bestimmtes Dreivierteljahrhundert"[37], für das wir feststellen müssen, dass Deutschland an den Herausforderungen der Mitte gescheitert ist.[38]

In der Nachkriegsordnung von 1945 gab es eigentlich dieses Mitteleuropa, das ich versucht habe, mit seinem Auf und Ab zu schildern, nicht mehr. Man könnte sagen, die Peripherie traf sich am Eisernen Vorhang, und die ehemalige Mitte spielte keine Rolle mehr.

Das änderte sich mit der friedlichen Revolution in Ost-Mitteleuropa (Polen, Ungarn, Tschechoslowakei) und dem Mauerfall, der (Zeiten-)Wende 1990, auch wenn es zunächst so nicht wahrgenommen wurde.[39] „Für zwei Jahrzehnte nämlich war Deutschland nach dem Mauerfall und dem Ende der staatlichen Teilung mit sich selbst beschäftigt, da sich die sozialen und wirtschaftlichen Herausforderungen des Vereinigungsprozesses als sehr viel größer denn angenommen erwiesen."[40] Scheinbar waren die Sorgen Mitterands und auch Thatchers, dass die deutsche Vereinigung dauerhaft die europäische Balance stören könnte, unbegründet gewesen.

Artikuliert wurden diese Sorgen bekanntlich vor der deutschen Einigung, und wir dürfen es Kanzler Kohl zugute halten, dass er das „Window of Opportunity" erkannt und genutzt hat, bevor die jahrhundertealte Diskussion um die Rolle Deutschlands in der Mitte Europas erneut aufflammen konnte. Flankiert wurde diese Politik durch ein „Tauschgeschäft"[41] Kohls mit Mitterand: Die D-Mark sollte im EURO aufgehen.

Deutschland kam so in den Genuss der Friedensdividende – schließlich war Deutschland statt von Feinden wie früher nun von neun befreundeten Staaten umgeben. Damit ist „die Bundesrepublik Deutschland ... zur Zentralmacht Europas geworden. Sie hat sich freilich nicht nach dieser Position gedrängt, ja nicht einmal um sie beworben, sondern sie ist ihr durch das Zusammenspiel einer Reihe von Entscheidungen und Entwicklungen zugefallen,"[42] und muss – nolens volens – auch diese neue Rolle spielen, denn: „Tendenziell alle Erwartungen, die auf die EU gerichtet sind, werden immer auch in positiver oder negativer Form an Deutschland adressiert. Gleichgültig, ob mehr oder weniger Deutschland in Europa gefordert wird – es führt kein Weg an Deutschland vorbei."[43]

Diese neue Situation ist nun keineswegs konfliktfrei, wie wir spätestens seit Beginn der Euro-Krise wissen. Gespenster aus der Vergangenheit wurden schon bemüht, vor allem in Südeuropa (Forderung nach Reparationen, die These vom „Vierten Reich", das mit wirtschaftlichen Mitteln erreicht werden soll u.ä.)[44].

Die Mitte dominiert oder wird dominiert, aber wenn sie geschickt ist, führt sie einen Interessenausgleich herbei.

Um dem zu begegnen, und um nicht allein als der „spiritus rector" einer strengeren Fiskalpolitik in Europa am Pranger zu stehen, hatte Deutschland von Anfang an bis heute den Schulterschluss mit Frankreich gesucht und auf die Zusammenarbeit mit der EU, der EZB und der Weltbank gesetzt.[45]

Lösungen für das Dilemma

In einem Rückblick auf mehr als ein Jahrtausend Politik in Mitteleuropa wurde aufgezeigt, dass es offenbar ein grundsätzliches Problem von Mitte und Peripherie in Europa gibt und eine offenkundige Lösung: Die Mitte dominiert oder wird dominiert, aber wenn sie geschickt ist, führt sie einen Interessenausgleich herbei.

Beispiele dafür sind die Blütezeit des Heiligen Römischen Reiches oder auch die Friedensperiode nach dem Wiener Kongress, in gewisser Weise auch das Deutsche Reich zur Zeit Bismarcks.[46] Ein für unser Thema interessantes Gebilde stellte die Hanse in ihrer Blütezeit dar: Sie war im heutigen Verständnis supranational, auf Interessenausgleich und wirtschaftlichen Erfolg ausgerichtet und hat im damals notwendigen Maße auch Ordnungsfunktionen übernommen, quasi ein sehr früher Vorläufer der EWG, sozusagen eine nicht-staatliche Lösung des Mitte-Peripherie-Problems.

Letztlich könnten die Europa innewohnenden Konfliktpotentiale am besten in einem demokratischen, vereinten Europa gebändigt werden.

Nach dem Scheitern der Abstimmungen über die europäische Verfassungsordnung in Frankreich und den Niederlanden 2005 darf allerdings die Idee, es könne sich irgendwann einmal – ähnlich wie in den USA – eine europäische Nation entwickeln, als gescheitert gelten.[47] „Europa wird, in welcher Verfassung auch immer es sich präsentiert, ein Ensemble von Nationen bleiben."[48]

Damit bleiben uns die geopolitischen und historischen Dilemmata unserer Politik erhalten – die Frage ist, wie wir damit am besten in der Zukunft umgehen.

Fazit

Glücklicherweise sind wir auf einem langen Weg zu Nationalstaat und Demokratie im Westen angekommen, sowohl faktisch durch NATO- und EU-Mitgliedschaft, als auch gefühlsmäßig.[49] Ein Rückversicherungsvertrag (Bismarck) oder eine Rapallo-Politik (wie in der Weimarer Republik) würde die Verankerung im Westen sprengen und vermutlich auch das Ende der EU bedeuten.

Lernen aus der Geschichte kann im Hinblick auf die deutsche Rolle in Europa bedeuten, wie Münkler in seiner Abhandlung „Macht in der Mitte"[50] ausführt, dass die Deutschen, „nachdem sie in der ersten Hälfte des 20. Jahrhunderts die Herausforderungen ihrer europäischen Mittellage als Chance (oder auch Erfordernis) missverstanden haben, ... das unverhoffte Wiedereinrücken in die Position der europäischen Mitte dieses Mal als eine Aufforderung einer Mittler- und Vermittlerrolle verstehen" sollten.[51]

Zum Lernen aus der Geschichte gehört aber auch, „dass sich Deutschland in der Position, die es innerhalb der Europäischen Union nun einmal einnimmt, aus eigentlich keinem Problem mehr heraushalten und bestimmte Herausforderungen schlichtweg anderen Mitgliedsstaaten zur Bearbeitung überlassen kann."[52] Die liebgewordene Sonderrolle der alten Bundesrepublik gibt es seit dem Ende der Blöcke nicht mehr. Daher gilt: „Durch Nichthandeln gefährdet Deutschland die europäische Handlungsfähigkeit, und es schadet obendrein den Chancen seiner eigenen Interessenverfolgung"⁵³, wie man kürzlich am Beispiel der Libyen-Intervention mitverfolgen konnte. „Das heißt nicht, dass die Bundesrepublik immer und überall für Militäreinsätze sein und sich an ihnen beteiligen muss, aber sie kann nicht länger dafür sein und sich dann nicht daran beteiligen. Sicherheitspolitisch gefährliche Entwicklungen verlangen von der *Macht in der Mitte* kohärente Entscheidungen und konsequentes Handeln. Beides muss neu eingeübt werden."⁵⁴

Sicherheitspolitisch gefährliche Entwicklungen verlangen von der Macht in der Mitte kohärente Entscheidungen und konsequentes Handeln.

Dabei wird Deutschland auch Entscheidungen unter Risiko treffen müssen, und „wir werden uns abgewöhnen müssen, von allen und jedem geliebt werden zu wollen, denn das ist für eine Macht in der Mitte nicht möglich, wenn sie ihren Aufgaben gerecht werden will."⁵⁵

Deutschland wird aber dabei die Schatten der eigenen Vergangenheit in absehbarer Zeit nicht loswerden. Münkler bezeichnet daher unser Land als den „verwundbaren Hegemon". Unsere Nationalstaatgeschichte von 1871 bis 1945, und schlimmer noch, Nationalsozialismus und Judenvernichtung bleiben uns als Konstante erhalten. Immer dann, wenn Interessen von Partnern vermeintlich oder tatsächlich verletzt werden und Deutschland aus einer Position der Stärke heraus handelt oder argumentiert, werden die Geister der Vergangenheit wieder auf den Plan gerufen.

> **Zitate von Helmut Schmidt zu Deutschland und Europa**
> (aus: „Was ich noch sagen wollte", München 2015)
>
> „ Wenn aber Europa als Ganzes sich behaupten will, muss es die Grenzen nationalstaatlichen Denkens überwinden und die Integration weiter voranbringen. Nur im Rahmen der Europäischen Integration sind wir den globalen Herausforderungen gewachsen, nationalistische Tendenzen dürfen nicht die Oberhand gewinnen."
>
> „Aber Deutschland liegt immer noch im Zentrum unseres kleinen Kontinents. Es entspricht dem kardinalen, strategischen Interesse der Deutschen, sich auf keinen Fall zu isolieren; deshalb gehört die europäische Integration zu den elementaren Voraussetzungen unserer Politik."

Deutschland kann dem nur durch eine kluge Politik entgehen, die versucht, innerhalb von Europa Interessen auszugleichen und starke Bündnisse zu schmieden, ohne dabei demonstrativ in den Vordergrund zu treten. Zurzeit scheint das ganz gut zu gelingen, wie man aus der Behandlung sowohl der Ukraine- als auch der Griechenland-Krise ableiten kann.[56] Die „Kompatibilität von Eigeninteresse und Gemeinwohl ist die Idealdefinition der Macht in der Mitte"[57], wobei gerade bei diesen beiden Beispielen schon die Vermeidung des Misserfolges oder des Erfolgs der Gegenseite als Minimal-Erfolg gelten kann.[58]

Aus all dem folgt, dass Deutschland sich keine Europamüdigkeit oder -skepsis erlauben sollte. Um ein letztes Mal Münkler zu zitieren: „Ist das doch der Fall, kann das verfasste Europa eine Legislaturperiode mit einer „europaskeptischen" Regierung überstehen, aber nicht mehr. Danach würde es in Analogie zu den erwähnten Reichsteilungen und Kirchenspaltungen zerfallen." Wir sind also zum Erfolg verdammt und müssen mit Europa pfleglich umgehen, auch wenn es manchmal schwerfällt.

Zum Autor: Brigadegeneral a.D. Hans-Herbert Schulz ist Geschäftsführer der Clausewitz-Gesellschaft e.V.

Anmerkungen:
1 Der Beitrag basiert auf einem Vortrag des Verfassers vom Juni 2014
2 Heinrich August Winkler (nachfolgend als HAW zitiert) 3, S. 390
3 HAW 1, S. 50
4 HAW 3, S. 72
5 ebda.
6 ebda.
7 vgl. Münkler, S. 57
8 ebda.
9 Seit 919 n. Chr., mit der Wahl Heinrichs I zum König im ostfränkischen Reich, kann man von Deutschland in unserem heutigen Verständnis sprechen
10 HAW 3, S. 72
11 vgl. HAW, S. 91
12 vgl. Münkler, S.57
13 vgl. Münkler, S. 117)
14 HAW1, S.6
15 vgl. HAW 1. S. 72
16 ebda.S.73
17 Münkler, S. 121/122

18	HAW 3, S. 121
19	ebda. S. 121/122
20	ebda. S. 123
21	ebda.
22	Münkler, S. 123
23	HAW 1, S. 49
24	ebda.
25	ebda.
26	ebda. S. 50
27	ebda. S.51
28	HAW3, S. 443
29	ebda. S. 445
30	ebda. S. 446
31	vgl. ebda. S.447
32	Ebda. S. 448
33	vgl. ebda.
34	Münkler, S. 123
35	ebda S. 124
36	ebda. S. 128
37	HAW 3, S. 1199
38	vgl. Münkler, S. 131 ff.
39	vgl. auch die besonders im US-amerikanischen Raum aufgekommene These vom „Ende der Geschichte", u.a. in DIE ZEIT vom 21.05.2015
40	Münkler, S. 39
41	vgl. Münkler S.39
42	ebda. S. 43
43	ebda. S. 44/45
44	vgl. Münkler S. 138
45	vgl. ebda. S. 139
46	Anm.: mit Einschränkungen, weil m. E. der Interessenausgleich mit Frankreich nach der Niederlage stärker hätte gesucht werden müssen, um den Revanche-Gedanken nicht aufkommen zu lassen und vor allem, weil das Konstrukt seiner Politik mit den „fünf Bällen" offenbar zu anspruchsvoll für seine Nachfolger war.
47	Vgl. Münkler S.18/19
48	ebda. S.19
49	vgl. Münkler, S. 49
50	vgl. Münkler, S. 146 f.
51	ebda.
52	ebda. S. 147

53 ebda. S.148
54 ebda. S. 149
55 ebda. S. 180
56 Anm.: Wenn die Behandlung der Flüchtlingsfrage durch Deutschland (so gerechtfertigt sie aus ethischer und juristischer Sicht auch ist) dauerhaft als Sonderrolle in Europa wahrgenommen werden sollte, erwächst hier ein neues Problem für den „verwundbaren Hegemon".
57 ebda. S. 161
58 Anm.: Bei aller Skepsis, die inzwischen ein Verbleib der Briten in der EU auslöst, scheint mir der Erhalt der Möglichkeiten der Politik innerhalb der Union ein starkes Element für den Verbleib in der EU zu sein, mit anderen Worten: Die Achse Berlin-Paris sollte gelegentlich durch eine Achse Berlin-London ergänzt werden können, idealerweise auch durch ein Dreieck Berlin-Paris-London, von dem wir allerdings weit entfernt sind.

Literaturnachweis:

Heinrich August Winkler: Der lange Weg nach Westen. Deutsche Geschichte vom Ende des Alten Reiches bis zum Untergang der Weimarer Republik, München 2001 (HAW 1)

Heinrich August Winkler: Der lange Weg nach Westen. Deutsche Geschichte vom „Dritten Reich" bis zur Wiedervereinigung, München 2000 (HAW 2)

Heinrich August Winkler: Geschichte des Westens. Von den Anfängen in der Antike bis zum 20. Jahrhundert, München 2009 (HAW 3)

Herfried Münkler: Macht in der Mitte. Die neuen Aufgaben Deutschlands in Europa, Hamburg 2015

DIE ZEIT, 21.05.2015, S.4: Welt. Macht. Europa. Luuk van Middelaar, Philosoph und Historiker, ist Autor des Buchs »The Passage to Europe: How a Continent Became a Union«, das auf Deutsch bei Suhrkamp erscheinen wird. Bis 2014 war er Redenschreiber des EU-Ratspräsidenten Herman Van Rompuy. Aus dem Englischen von MATTHIAS SCHULZ

Frei zugängliche Kartendarstellungen im Internet:
Mitteleuropa zur Zeit Karls d.Gr.: http://deutschland-im-mittelalter.de/bilder/landkarten/reich-karls-des-grossen-und-nach843-g.jpg

Mitteleuropa 919-1125 n.Chr.: http://deutschland-im-mittelalter.de/bilder/landkarten/mitteleuropa-919-1125-g.jpg

Europa zur Stauferzeit: http://deutschland-im-mittelalter.de/bilder/landkarten/europa-staufer-g.jpg

Europa zur Zeit Karls d. V.: http://deutschland-im-mittelalter.de/bilder/landkarten/europa-karlV.-g.jpg

Europa 1648: http://www.gen.heinz-wember.de/karten/MEu1648.html

Europa zur Zeit Napoleons: http://media.diercke.net/omeda/800/100770_091_3.jpg

Deutscher Bund 1815-1866: http://media.diercke.net/omeda/800/100770_060_1.jpg

Mitteleuropa 1871: http://media.diercke.net/omeda/800/100770_060_2.jpg

Mitteleuropa im Ersten Weltkrieg: http://www.bpb.de/cache/images/6/158726-st-original.jpg?90E78

Mitteleuropa im 2. Weltkrieg: https://jpg

Europa zur Zeit des Kalten Krieges: Europa ohne Mitte:

*http://*images.google.de/imgres?imgurl=http://wikis.zum.de/zum/images/thumb/5/59/Cold_war_europe_economy_map_de.png/180px-Cold_war_europe_economy_map_de.png&imgrefurl=http://wikis.zum.de/zum/Kalter_Krieg&h=188&w=180&tbnid=JhDTDyh2F_TLnM:&tbnh=91&tbnw=87&docid=2pjyObbYJxa4bM&client=safari&usg=__uWzyvWA_DJP8iCyPb61CwpanWOo=&sa=X&ved=0ahUKEwjA-Lux4KT-LAhVFkXIKHbYrAFkQ9QEISTAK

Europäische Union: https://www.weltkarte.com/typo3temp/images/map-european-union.jpg

Streitkräfte – ein Instrument der Innenpolitik in Preußen und Deutschland 1820 bis 1918

Michael P. Vollert

Einführung

Am 29. März 1848 erklärte der spätere preußische Generalstabschef, Helmuth von Moltke: „Nicht von außen kommen unsere Feinde, wir haben sie bereits im Innern." Damit beschrieb Moltke zutreffend die vorrangige Aufgabe der preußischen Armee während der Revolution. In vielen hundert Fällen gingen Soldaten gewaltsam gegen Aufständische, streikende Arbeiter, hungernde Bürger oder andere vor, die das politische und gesellschaftliche System des Vormärz verändern wollten.

Gewaltanwendung durch die Armee oder deren Androhung gegen das eigene Volk gab und gibt es bis heute in fast allen Staaten der Welt mit sehr unterschiedlichen politischen Voraussetzungen, Rechtsgrundlagen und Erscheinungsformen. Nicht nur in Preußen und ab 1871 im Deutschen Reich waren Streitkräfte ein Mittel der Außen- *und* Innenpolitik.

Erstmals gab es im Jahre 1820 für die preußische Armee eine förmliche Vorschrift, mit der der Kampf (oder dessen Androhung) gegen die eigene Bevölkerung legitimiert werden konnte. Eine königliche „Kabinettsordre" mit dem Titel *Mitwirkung der Militärbehörde zur Herstellung der Ordnung, wenn die öffentliche Ruhe durch Excesse gestört* wird, gültig bis 1918, ermächtigte die Armee, bei derartigen Ereignissen einzuschreiten. Dabei lag die Leitung dieser Einsätze beim zuständigen Militärbefehlshaber, nicht bei der Polizei.

Bis zum Ende des Ersten Weltkrieges wurde diese „Kabinettsordre" durch weitere Gesetze und militärische Vorschriften ergänzt, zum Beispiel für den Waffengebrauch. Die wichtigste Ergänzung war das preußische Gesetz über den Belagerungszustand von 1851, das nach Artikel 68 der Reichsverfassung ab 1871 im gesamten Reich galt. Nach Paragraph 5 dieses Gesetzes erhielt das Militär bei einem *verschärften* Belagerungszustand weitere Rechte, mit denen wesentliche bürgerliche Freiheiten eingeschränkt werden konnten. Auch wenn die Truppe häufig unverhältnismäßig hart oder brutal gegen Demonstranten, Aufrührer oder streikende Arbeiter vorging, so handelte sie nicht in einem rechtsfreien Raum.

Im Zeitabschnitt zwischen 1820 und 1918 sowie davor und danach gab es auch in anderen Staaten Aufruhr und andere Formen des Widerstandes gegen die Staatsgewalt, die mit militärischen Mitteln bekämpft wurden. Gleichwohl soll die folgende Darstellung auf den genannten Zeitraum und auf Preußen-Deutschland beschränkt bleiben, da jede weitere Betrachtung über den Rahmen dieser historischen Skizze hinausginge.

Am Beispiel ausgewählter Ereignisse wie Aufruhr, Tumult, Revolutionen und Arbeitskämpfen soll die Rolle des *Militärs* dabei untersucht werden. Die politischen und sozialen Ursachen dieser Ereignisse werden nur insoweit angesprochen, wie es zum Verständnis des Truppeneinsatzes erforderlich ist.

Abgesehen von den bereits genannten Vorschriften und Gesetzen war die verfassungsrechtliche Grundlage für Einsätze des Militärs im Innern die *Königliche Kommandogewalt* in Preußen, die ab 1871 im gesamten Reich galt. Nach Artikel 63 der Reichsverfassung war der Kaiser „Bundesfeldherr" sämtlicher Kontingente. Bis 1918 entsprach diese Stellung des Monarchen damit dem Staats- und Verfassungsverständnis des Absolutismus. Nicht nur symbolisch stand der Kaiser als Staatsoberhaupt an der Spitze von Heer und Marine.

Durch die Königliche Kommandogewalt waren die Streitkräfte der Kontrolle durch die Regierung oder das Parlament weitgehend entzogen. Dies galt auch für Einsätze im Innern. Alle Entscheidungen konnte der Monarch allein treffen. Eine Ausnahme war der Etat. Die „immediat" gestellten, also dem Kaiser unmittelbar unterstellten Kommandierenden Generale der 25 Armeekorps, die entsprechenden Befehlshaber der Marine, der Chef des Generalstabes und weitere insgesamt 57 hohe Offiziere erhielten ihre Befehle direkt vom Monarchen, nicht vom Reichskanzler, dem Kriegsminister oder ihren militärischen Vorgesetzten. Nach Verhängung des Belagerungszustandes hatte das Militär unter Berufung auf die Königliche Kommandogewalt faktisch die Kontrolle über die gesamte Verwaltung einschließlich der Polizei.

> *Durch die Königliche Kommandogewalt waren die Streitkräfte der Kontrolle durch die Regierung oder das Parlament weitgehend entzogen. Dies galt auch für Einsätze im Innern. Alle Entscheidungen konnte der Monarch allein treffen.*

Eine im Jahre 1907 abgeschlossene Studie des preußischen Generalstabes *Der Kampf in insurgierten Städten* wertete neun Fälle von Unruhen zwischen 1830 und 1905 aus. Wichtigste Erkenntnis war, dass es um einen „Kampf auf Leben und Tod oder Unterwerfung auf Gnade und Ungnade" ginge. „Insurrektionen" erwartete der Generalstab in den Städten mit ihrer sozialdemokratischen Arbeiterschaft, nicht in ländlichen Regionen. Die mit diesem Zitat erschreckend deutlich gewordene Brutalität spricht für die Entschlossenheit der Verfasser, bei künftigen Einsätzen der Armee im Innern hart durchzugreifen.

In den folgenden Jahren wurde die Studie von den Generalkommandos umgesetzt und durch Zusatzbefehle ergänzt. Das VII. Armeekorps in Münster und das IV. in Magdeburg bestimmten dazu unter anderem die Verhaftung sozialdemokratischer Reichstagsabgeordneter ohne Rücksicht auf deren parlamentarische Immunität. Als dies trotz Geheimhaltung bekannt wurde, hob das Kriegsministerium die Befehle der beiden Armeekorps in diesem Punkt auf.

Bereitschaft und Einsatzwilligkeit der Soldaten in einem Kriege standen, vor allem in Preußen zwischen 1820 und 1914, nie in Frage. Dennoch zweifelten Angehörige des Königlichen Hauses, führende Militärs und konservative Politiker immer wieder: *War auf die Armee bei einem Einsatz gegen die eigenen Landsleute Verlass?*

Nur in wenigen Einzelfällen waren diese Zweifel berechtigt. Beim Hambacher Fest 1832 wurden bayerische Truppen zurückgehalten, weil man deren Solidarisierung mit den Teilnehmern an dieser Veranstaltung befürchtete. In der Endphase der Revolution 1849 meuterten badische Soldaten, einige Einheiten gingen geschlossen zu den Aufständischen über. Abgesehen von derartigen Einzelfällen erfüllte das Militär die ihm übertragenen Aufgaben im Innern, in vielen Fällen mit unverhältnismäßiger Brutalität, auch aufgrund fehlender Ausbildung, Unsicherheit oder durch Überreaktion.

Wichtigste Vorkehrung gegen eine mögliche Unzuverlässigkeit der Truppe bei Einsätzen im Innern war, vor allem nach Auffassung des Prinzen Wilhelm, des späteren Königs und Kaisers, eine möglichst lange Dienstzeit der Wehrpflichtigen. Obwohl sämtliche Kommandierenden Generale 1837 festgestellt hatten, dass 18 Monate für den Einsatz im Krieg ausreichen würden, bestand der Prinz auf drei Jahren. Erst dann sei der Soldat „revolutionsfest" und ausreichend immunisiert gegen liberales und sozialistisches Ideengut. Auch die Einberufungspraxis diente diesem Ziel. Da ohnehin nicht alle jungen Männer eingezogen werden konnten, wählte man vorzugsweise solche aus den ländlichen Gebieten Altpreußens und nicht die selbstbewussteren „sozialdemokratisch verseuchten" Industriearbeiter.

Bei einer Rekrutenvereidigung forderte Wilhelm II. am 23. November 1891, „auf seinen Befehl auch auf die sozialdemokratischen Väter und Brüder der Soldaten zu schießen." Ob diese Erwartung des Kaisers erfüllt würde, bezweifelte dagegen Kriegsminister Walter Bronsart von Schellendorf 1911 im Reichstag. „Die absolute Einsatzfähigkeit der Armee gegen den Feind im Innern" gäbe es nicht mehr. Er stellte dann die Frage, „ob […] die Armee gegen Ansteckungsstoffe jeder Art immun wäre. Nur ein Teil der Rekruten käme noch unverdorben, gottesfürchtig und königstreu zu den Fahnen." Dagegen schrieb der Kommandierende General des VII. Armeekorps, General der Kavallerie Karl von Einem, nach dem Bergarbeiterstreik 1912 im Ruhrgebiet: „Die Truppe war in festester Disziplin, keiner der vielen Bergleute in ihren Reihen hat versagt."

Arbeitskämpfe

Im 19. Jahrhundert, vor allem nach 1850, waren Streiks in der Wahrnehmung der Behörden die bei weitem häufigste und schwerwiegendste Form der Störung von Ruhe und Ordnung. Allein in den fünf Jahren zwischen 1864 und 1869 kam es in Preußen zu über tausend, ab 1871 im Deutschen Reich jährlich zu über hundert „Strikes", so die damalige Schreibweise. Besonders viele Ausstände brachen

Ausstände waren somit in der Wahrnehmung der Behörden und Unternehmer eine Bedrohung des politischen und wirtschaftlichen Systems des Staates, was den Einsatz von Militär rechtfertigte.

während der Revolution 1848/49, in den rheinisch-westfälischen Bergbaugebieten zwischen 1872 und 1912 und ab 1916 in der Rüstungsindustrie aus.

Mit der steigenden Zahl der Teilnehmer erreichten diese Konflikte aus der Sicht der Obrigkeit immer größere, kaum mehr beherrschbare Dimensionen. „Bis weit in das 20. Jahrhundert blieb [bei Arbeitgebern und in bürgerlichen Kreisen] die Vorstellung lebendig, Streiks seien *Unbotmäßigkeiten*, Ausdruck ungerechtfertigter Bedürfnisse und Störungen des gesellschaftlichen Lebens" (Klaus Tenfelde). Arbeitnehmer, so wurde vermutet, stellten bei Streiks die politische Ordnung des Staates und die Eigentumsverhältnisse in Frage. Alfried Krupp, der führende Industrielle des Kaiserreiches, schrieb 1872, dass Streiks eine „Verschwörung gegen Ruhe und Ordnung" wären. Und noch 1912 nannte das Preußische Kriegsministerium in einem Erlass Streikende „Unbotmäßige Kreise". Ausstände waren somit in der Wahrnehmung der Behörden und Unternehmer eine Bedrohung des politischen und wirtschaftlichen Systems des Staates, was den Einsatz von Militär rechtfertigte.

Bei Arbeitskämpfen wurden dem Militär drei sehr unterschiedliche Aufgaben zugewiesen. Vorrangig war die angeblich bedrohte Ruhe und Ordnung wieder herzustellen. Außerdem sollten die Soldaten die Beschädigung von Fabriken und Zechenanlagen durch Streikende verhindern. Schließlich sollten arbeitswillige Streikbrecher, die häufig Opfer von Angriffen ihrer Kollegen waren, ebenfalls davor geschützt werden.

Wie die Truppe dabei vorgehen sollte, befahl das VII. Armeekorps für den zu diesem Zeitpunkt aktuellen Streik. In den *Gesichtspunkten für die Verwendung der in die Kohlenbergwerksgebiete entsandten Truppen* vom 10. Mai 1889 wurde bestimmt, dass „sofort in durchgreifendster und rücksichtslosester Weise vorgegangen werden [soll]", um den „Civil- und Polizeibehörden Gehorsam zu verschaffen".

In den folgenden Jahren kam es in den neuen Industriegebieten, vor allem an der Ruhr, in Schlesien, Hamburg und Berlin zu zahlreichen Arbeitskämpfen, von denen die wichtigsten hier genannt werden sollen, wenn dabei Militär eingesetzt wurde.

Wie schnell die Behörden bereits bei einem *Verdacht auf Unbotmäßigkeit* reagierten, zeigt ein Vorfall aus Dortmund. Im November 1848 gründeten Maschinenarbeiter dort eine Handwerker-Unterstützungskasse. Bei der Gründungsversammlung erschien auf Anforderung des Regierungspräsidenten eine Kompanie Infanterie, um die Versammlung aufzulösen. Es genügte also der Verdacht, dass der Verein mehr sein könnte als eine Unterstützungskasse für kranke oder invalide Arbeiter.

Ein Vorfall aus dem Jahre 1890 zeigt, wie sehr die Behörden Unruhen in der Arbeiterschaft befürchteten. Da am 1. Mai Ausschreitungen erwartet wurden, wies die Regierung des Fürstentums Lippe den Landrat von Bückeburg an, sich mit dem Kommandeur des dortigen Jäger-Bataillons 7 in Verbindung zu setzen. Mit einer demonstrativen „Felddienstübung" im Kohlenrevier sollten allein durch die Präsenz des Militärs am Tag der Arbeit die Bergleute von Ausschreitungen abgehalten werden.

Der erste Massenstreik in dem im Jahr zuvor gegründeten Kaiserreich brach am 16. Juni 1872 in Essen und einigen benachbarten Städten aus. Mit 20.000 Teilnehmern war dieser Streik weit größer als frühere Ausstände im Ruhrgebiet. Auch die Arbeitsniederlegung von nur 3.000 Bergleuten in Oberschlesien im

Jahr davor, bei der Ulanen „die Straße säuberten" und dabei sieben Bergleute erschossen, hatte nicht das Ausmaß und die Folgen wie der Streik im folgenden Jahr in Essen und Umgebung.

Die Zechendirektoren forderten unmittelbar nach Ausbruch des Ausstandes Militär an, um die Arbeiter von ihrer „Unbotmäßigkeit" abzuhalten. Außerdem fürchteten sie die Beschädigung der Schachtanlagen sowie Angriffe auf Streikbrecher. Reichskanzler Otto von Bismarck ließ durch den preußischen Innenminister mitteilen, dass „besser drei Bataillone als nur eins" sofort in das Streikgebiet verlegt werden sollten. Schwerwiegende Zusammenstöße der Bergleute mit der Polizei oder dem Militär blieben 1872 jedoch aus.

Im Frühjahr 1889 kam es in mehreren deutschen Bergbaugebieten erneut zu spontanen Streiks, die im Mai des Jahres auch das Ruhrgebiet erreichten. Mit über 90.000 Teilnehmern war dieser Arbeitskampf der vorerst größte im Kaiserreich. Die unerwartet hohe Zahl streikender Bergleute, aber auch zahlreiche Ausschreitungen, alarmierten die Behörden und Unternehmer und überforderten die örtlichen Polizeikräfte. Auf Drängen der Grubenbesitzer forderte der Oberpräsident der Provinz Westfalen beim Generalkommando des VII. Armeekorps in Münster Militär an.

Ein erster blutiger Zusammenstoß zwischen Soldaten des Infanterie-Regiments 13 mit streikenden Bergleuten ereignete sich am 7. Mai 1889 auf der Zeche Moltke, als Arbeiter angeblich das Kesselhaus besetzen wollten. Ein Zug unter Führung von Leutnant von Stralendorf feuerte eine Salve ab. Drei Arbeiter waren tot, und sieben weitere wurden verletzt. Am Bochumer Bahnhof traf ein anderer, erst 19jähriger Leutnant auf eine Menschengruppe, die er für „aufständische" Bergleute hielt. Er ließ schießen, und auch hier gab es zwei Todesopfer und sieben Verletzte. Später stellte sich heraus, dass die Soldaten auf unbeteiligte Reisende geschossen hatten.

Ein weiterer blutiger Zwischenfall ereignet sich auf der Zeche Schleswig. Weil Arbeiter angeblich Zechenbeamte bedroht und Soldaten verhöhnt hätten, wurden zwei Bergleute und eine unbeteiligte Frau erschossen sowie sechs weitere Arbeiter verletzt. Vor den tödlichen Schüssen hatte Leutnant Pape, ebenfalls vom Infanterie-Regiment 13, die Leute angeblich zum Auseinandergehen aufgefordert und „Trommeln wirbeln" lassen.

Bei den hier genannten Militäreinsätzen wurden jedoch auch deren Grenzen deutlich. General von Alberdyll, Kommandierender General des VII. Armeekorps, schrieb an Oberpräsident von Hagemeister: „Ew. Excellenz ersuche ich sehr ergebenst, daß Sie [...] die Anforderungen um militärische Hülfe an die Kommandeure in Recklinghausen und Gelsenkirchen richten, dabei im Auge behalten, daß eine dauernde Besetzung aller Zechen nicht möglich ist [...]. Wo Anwendung von Waffengewalt nothwendig werden sollte, [ist] sofort in schärfster Weise vorzugehen."

Eigentliche Ursache des Blutvergießens war vor allem die Überreaktion junger, unerfahrener Offiziere. Mit den Kundgebungen vieler tausend Arbeiter, Drohungen, der Beschädigung von Grubenanlagen und der Gewalt gegen Streikbrecher waren die 19- oder 20jährigen Leutnante überfordert, was ihr Handeln jedoch nicht entschuldigt.

Eigentliche Ursache des Blutvergießens war vor allem die Überreaktion junger, unerfahrener Offiziere. Mit den Kundgebungen vieler tausend Arbeiter, Drohungen, der Beschädigung von Grubenanlagen und der Gewalt gegen Streikbrecher waren die 19- oder 20jährigen Leutnante überfordert, was ihr Handeln jedoch nicht entschuldigt.

In der Geschichte des Infanterie-Regiments 13, zu dem die Leutnante von Stralendorf und Pape gehörten, heißt es, das Jahr 1889 habe dem Regiment Gelegenheit gegeben, „ein treffliches Zeugnis für seine Gesinnungstüchtigkeit und Disziplin abzulegen". Leutnant von Stralendorf, der den Schießbefehl auf Zeche Moltke gegeben hatte, sei die „vollste Anerkennung von oberster Stelle zuteil geworden."

Ein vorläufiger Höhepunkt der Arbeitskämpfe war der Streik der Hamburger Hafenarbeiter vom 26. November 1896 bis zum 6. Februar 1897. Regional zuständiger Militärbefehlshaber war Alfred Graf von Waldersee, seit 1895 Kommandierender General des IX. Armeekorps in Altona, ein Hardliner in der Innenpolitik des Kaiserreiches. Davor war er als Nachfolger des älteren Moltke Chef des Generalstabes.

Bei einem Besuch in Hamburg am 27. November 1896 forderte Wilhelm II. von Waldersee „energisches Eingreifen. Fassen Sie nur ordentlich zu, ohne anzufragen." Umso erstaunlicher ist es, dass während des Hamburger Hafenarbeiterstreiks das Militär nicht eingeschritten ist. Obwohl ihm der Kaiser freie Hand gegeben hatte, nutzte Waldersee nicht die Gelegenheit, gegen die von ihm als Staatsfeind eingeschätzte Arbeiterschaft vorzugehen. In einer früheren Denkschrift hatte er noch gefordert, „[...] die Armee für den Kampf der Besitzlosen gegen die Besitzenden schlagkräftig zu halten, d. h. garantieren, daß die Armee [...] bedenkenlos die Kanaille zusammenschießt." Bedauernd stellte er 1897 jedoch fest, dass die Disziplin der Streikenden ihm keine gesetzliche Handhabe zum Einschreiten der Truppe geboten habe, obwohl am 12. Januar in Hamburg der Kleine Belagerungszustand verhängt worden war.

Mit einem Erlass vom 8. Februar 1912 an alle Generalkommandos fasste das preußische Kriegsministerium sämtliche Gesetze und sonstigen Bestimmungen für die *Verwendung von Truppen zur Unterdrückung innerer Unruhen* zusammen. Es liegt daher die Vermutung nahe, dass den Militärbehörden zuvor nicht klar war, welche Befugnisse sie bei derartigen Ereignissen hätten. In der Einleitung zu diesem Erlass wurde erwähnt, dass die Erfahrungen beim *Mansfelder Streik* im Oktober 1909 berücksichtigt worden seien. An diesem Streik nahmen nur etwa 1.000 bis 3.000 Bergleute teil. Nach einem kleineren Zusammenstoß von Streikenden mit Arbeitswilligen marschierten einige Bataillone Infanterie, eine Maschinengewehr-Abteilung und eine Schwadron Kürassiere in das Streikgebiet ein.

Drei Monate nach dem Ende des Mansfelder Bergarbeiterstreiks debattierte der Reichstag – wie nicht anders zu erwarten höchst kontrovers – über die Ereignisse. Der Abgeordnete Heinrich Sachse (SPD), Vorsitzender des Bergarbeitervereins, in Mansfeld Streikleiter und Augenzeuge, warf der Regierung und den Militärbehörden ungesetzliches, überzogenes und brutales Verhalten der Soldaten während des Ausstandes vor. Die Gewerkschaften hätten *Ordnungsmänner* eingeteilt, um die Streikenden unter Kontrolle zu halten. Das Militär habe die Ordnungsmänner in mehreren Fällen vertrieben, um die alleinige Zuständigkeit für Ruhe und Ordnung zu behalten.

Sachse schilderte dann mehre Beispiele von nach seiner Überzeugung rechtswidrigen, willkürlichen und überzogenen Maßnahmen der Soldaten. So sperrte das Militär einen Bahnhof ab und hinderte damit Unbeteiligte an der Fahrt zu ihren Arbeitsplätzen. Als ein Ordnungsmann den zuständigen Unteroffizier darauf hinwies, ließ dieser *scharf durchladen* und drohte, den Ordnungsmann zu erschießen. Andere Ordnungsmänner wurden nach einem Wortwechsel mit Offizieren verhaftet. Ein weiterer erhielt unter Berufung auf ein Gesetz aus dem Jahre 1798 (!) eine Geldstrafe von neun Mark wegen „Amtsanmaßung".

In den Straßen im Streikgebiet hatte die Truppe Maschinengewehre in Stellung gebracht, um damit jederzeit auf die Arbeiter schießen zu können. Auch nachdem der Streik bereits beendet war, ließ ein Leutnant von Stein scharf durchladen, als ein 15jähriger Junge weglaufen wollte.

Staatsminister Clemens von Delbrück erwiderte in Vertretung des Reichskanzlers, die Heranziehung des Militärs sei im Einklang mit der Verfassung erfolgt, und Arbeitswillige hätten geschützt werden müssen. Kriegminister Josias von Heeringen ergänzte, dass der Kommandierende General des regional zuständigen IV. Armeekorps, Paul von Hindenburg, bei der unklaren Lage die Menge an Truppen aufgeboten habe, die er für erforderlich gehalten hätte. Maschinengewehre seien mitgeführt worden, weil diese zur Bewaffnung der Infanterie gehörten. Der Kriegsminister ging nicht auf das Argument von Sachse ein, dass diese Waffen für eine polizeiliche Aktion gegen unbewaffnete Arbeiter völlig ungeeignet wären. Außerdem erklärte der Kriegsminister, man müsse darüber hinweg sehen, wenn ein einzelner Leutnant oder Unteroffizier sich einmal nicht korrekt verhalten hätte. Naheliegende Schussfolgerungen aus den Ereignissen beim Mansfelder Streik blieben aus: Verstärkung der Polizei, Deeskalation, Verhältnismäßigkeit der Mittel beim Einsatz des Militärs, also keine Kavalleriesäbel oder Maschinengewehre.

Mit fast 250.000 Teilnehmern erreichte im Jahre 1912 ein weiterer Ausstand von Bergarbeitern im Ruhrgebiet eine noch größere Dimension als die vorhergehenden. Am 14. und 15. März rückten 5.000 Soldaten in den Nordostteil des Reviers ein, nachdem die Polizei in mehreren Orten Ruhe und Ordnung nicht mehr sicherstellen konnte. Die Essener Volkszeitung sprach in ihrer Ausgabe vom 12. März von der „schlappen Haltung der Polizei, dann solle eben Militär kommen". Und nach Ausschreitungen in Hamborn telegrafierte der Bürgermeister: „Verstärkung Polizei zwecklos, Militär dringend notwendig." Wilhelm II. wies den Innenminister an: „Vor allem Schutz der Arbeitswilligen in der energischsten Form! Scharfschießen!" Vier Bergleute fanden im Verlauf des Ausstandes den Tod.

41 Orden wurden verliehen, und die Zechenbesitzer verteilten Geldgeschenke an die bei dem Streik eingesetzten Polizisten. Dass dabei vier Bergleute erschossen wurden und 299 Gerichtsurteile wegen Beteiligung an dem Ausstand, auch gegen 84 Frauen, verhängt worden waren, empörte allein die Arbeiterschaft.

Für ihren Einsatz bei den Unruhen (nicht etwa bei einem Tarifkonflikt) erhielten die Behörden, besonders die Polizei, als allerhöchsten Gnadenbeweis ein Lob des Kaisers. 41 Orden wurden verliehen, und die Zechenbesitzer verteilten Geldgeschenke an die bei dem Streik eingesetzten Polizisten. Dass dabei vier

213

Bergleute erschossen wurden und 299 Gerichtsurteile wegen Beteiligung an dem Ausstand, auch gegen 84 Frauen, verhängt worden waren, empörte allein die Arbeiterschaft.

Erster Weltkrieg

Nach Kriegsausbruch verschärften sich die bereits vor 1914 im Deutschen Reich ungelösten politischen und sozialen Probleme. Mit einem am 28. Juni 1916 in Berlin begonnenen Proteststreik gegen die Verurteilung von Karl Liebknecht durch ein *Militärgericht*, obwohl er als Reichstagsabgeordneter Immunität genoss, erhielt die Streikbewegung eine neue politische Qualität, auch weil 29 weitere Politiker der SPD in Schutzhaft genommen worden waren.

Im April 1917 beteiligten sich in Berlin 200.000 Menschen am sogenannten Brotstreik, um gegen den sich verschärfenden Mangel an Lebensmitteln zu protestieren. Die Behörden gingen dagegen mit der Einberufung von mehreren tausend wehrpflichtigen Arbeitern vor, die damit den Militärgesetzen und der Militärgerichtsbarkeit unterstanden.

An einem weiteren, am 28. Januar 1918 begonnenen Streik der Berliner Metallarbeiter mit zum Teil bürgerkriegsähnlichen Erscheinungsformen beteiligten sich über 400.000 Menschen, mehr als je zuvor. Die Militärbehörden waren aus mehreren Gründen alarmiert. Dieser Streik gefährdete empfindlich die Munitionsversorgung von Heer und Marine, und die genannte Zahl der Teilnehmer übertraf bei weitem die bei allen bisherigen Arbeitskämpfen. Wie schon 1916 waren dabei die *politischen* Forderungen besonders bedrohlich, weil sie das System des Kaiserreiches in Frage stellten: Abschaffung des Drei-Klassen-Wahlrechts (in Preußen), Aufhebung des 1914 verhängten Belagerungszustandes, Beendigung der militärischen Leitung der Betriebe, Meinungs- und Versammlungsfreiheit.

Bis Ende 1918 war die Armee der einflussreichste Machtfaktor in der Innen-, Außen- und Wirtschaftspolitik des Kaiserreiches, teilweise auch in Bereichen, für die sie nach dem Gesetz überhaupt nicht zuständig war.

Der Oberbefehlshaber in den Marken reagierte am 31. Januar 1918 darauf mit der Verhängung des verschärften Belagerungszustandes und ließ verkünden, „daß ich jeden Versuch, die Ruhe und Ordnung zu stören, mit allen mir zu Gebote stehenden Mitteln unterdrücken werde. […] Beim Gebrauch der Waffe läßt sich ein Unterschied zwischen Ruhestörern und Unbeteiligten nicht machen." Er nahm folglich die Tötung Unschuldiger in Kauf. Wie bedrohlich das

Oberkommando die Lage einschätzte, wird aus dem Befehl an fünf weitere Stellvertretende Generalkommandos, also nicht nur an das Berliner III. oder das Gardekorps deutlich. Zur Streikabwehr und zum Schutz des Regierungsviertels sollte sich die gesamte Infanterie dieser fünf Generalkommandos feldmarschmäßig ausgerüstet, bewaffnet mit Maschinengewehren und Handgranaten, zum Kampf gegen Ausständige bereithalten. Da absehbar war, dass die Polizei nicht ausreichen würde, teilte man ihr 5.000 Unteroffiziere des Heeres als Verstärkung zu. Das Stellvertretende Generalkommando IX in Altona kündigte am 3. Februar 1918 die Einberufung von 5.600 Werftarbeitern in Hamburg an. Auch bei *Säumigkeit während der Arbeit* hätte sich dieses Verfahren angeblich „glänzend bewährt".

Am Ende dieses bisher größten Ausstandes in der deutschen Geschichte waren sechs Tote zu beklagen. Geschossen hatten die Polizei, die zu ihrer Verstärkung zugeteilten Unteroffiziere, aber auch streikende Arbeiter, unter denen sich im letzten Kriegsjahr zahlreiche ehemalige Soldaten befanden.

Mit der Verkündigung des Belagerungszustandes über das gesamte Reichsgebiet bei Kriegsbeginn 1914 erhielt das Militär umfassende Befugnisse auf nahezu allen Gebieten der Politik und des öffentlichen Lebens. Bis Ende 1918 war die Armee der einflussreichste Machtfaktor in der Innen-, Außen- und Wirtschaftspolitik des Kaiserreiches, teilweise auch in Bereichen, für die sie nach dem Gesetz überhaupt nicht zuständig war.

Die Aufgaben der an die Front verlegten 25 aktiven und weiteren Reservekorps übernahmen im Heimatgebiet die Stellvertretenden Generalkommandos, die dazu erheblich verstärkt wurden. Militärbehörden mussten sich jetzt mit hungernden Hausfrauen auseinandersetzen. Ein General war vorübergehend als *Lebensmitteldiktator* vorgesehen. Als das Stellvertretende Generalkommando VII in Münster am 30. April 1917 den Regierungspräsidenten mitteilte, dass die Wegnahme einiger Kartoffelsäcke nicht die Anwendung von Waffengewalt rechtfertigen würde, war das auch ein Eingeständnis der Hilf- und Ratlosigkeit des Militärs.

Mit der Verhängung des Belagerungszustandes wurde das Streikrecht nicht grundsätzlich aufgehoben. Bei den meisten Ausständen in den beiden letzten Kriegsjahren wurde vor allem die bessere Versorgung mit Lebensmitteln, die Freilassung der in militärischer Schutzhaft befindlichen Gewerkschafter und ein Friede ohne Annexionen gefordert. Dies waren nach Auffassung der Behörden politische Themen, die ein Verbot der Streiks rechtfertigten. Und nach einem Urteil des Reichsgerichts war die Forderung nach einem Frieden ohne Annexionen Landesverrat.

Die Armee griff so in vielfältiger Weise in die Politik ein. Dem elsässischen Reichstagsabgeordneten Franz Xaver Haegy drohte die Militärbehörde Schutzhaft, Ausweisung und Polizeiaufsicht an. Während einer Reichstagsdebatte stellte sie dem 46jährigen den Gestellungsbefehl zu, was nach der Geschäftsordnung des Reichstags überhaupt nicht zulässig war. Nachdem in Berlin im Januar 1918 der Verschärfte Belagerungszustand verhängt worden war, wurde der Reichtagsabgeordnete Wilhelm Dittmann (USPD) durch ein *außerordentliches* Kriegsgericht wegen Beteiligung am Streik der Metallarbeiter zu fünf Jahren Festungshaft verurteilt. Der Vorwurf: Seine Beteiligung am Streik sei *versuchter Landesverrat*.

Auch in die Außenpolitik schritt das Militär, insbesondere die Oberste Heeresleitung unter den Generalen Paul von Hindenburg und Erich Ludendorff, wiederholt ein. Sie bestimmte ab November 1917 die harten Friedensbedingungen in Brest-Litowsk, definierte die Kriegsziele, erzwang den Rücktritt des Staatssekretärs im Auswärtigen Amt, Richard von Kühlmann und die Entlassung des Reichskanzlers Theobald von Bethmann Hollweg. Die Ernennung seiner Nachfolger Georg Michaelis und Georg Friedrich Graf Hertling erfolgten ebenfalls auf Druck der Obersten Heeresleitung.

Hindenburg, Wilhelm II., Ludendorff (v. l. n. r.)

Alle, auch nur eingeschränkt feldverwendungsfähigen Soldaten, waren 1918 an der Front, soweit sie nicht in der Rüstungsindustrie benötigt wurden. Die wenigen in der Zuständigkeit der Stellvertretenden Generalkommandos Verbliebenen waren kaum ausgebildete Rekruten, Kranke und Verwundete, also für den Kampfeinsatz nicht geeignete Männer. Offiziere und Unteroffiziere der Ersatztruppenteile waren überaltert und für den Einsatz an der Front nicht tauglich. In vielen Fällen waren sie dort wegen Unfähigkeit abgelöst worden.

Der Hunger aufgrund der alliierten Blockade und schlechter Ernten, die steigenden Verlustmeldungen und die Erkenntnis, dass ein Sieg nicht mehr zu erwarten war, prägten die Stimmung. Hinzu kamen die bereits vor 1914 ungelösten sozialen und politischen Probleme. Auch die erfolgreiche Russische

Revolution mit ihren Ideen blieb in Deutschland ab 1917 nicht ohne Auswirkungen. Das Volk und seine Armee waren kriegsmüde.

Im Sommer 1918 wurde die wachsende Unruhe, besonders in den Industriegebieten und Berlin von den Stellvertretenden Generalkommandos erkannt und gemeldet. Ein Aufruhr könne nur noch durch das Militär, nicht mit den völlig unzureichenden Polizeikräften niedergeschlagen werden. Für Straßenschlachten gegen ihre hungernden und desillusionierten Landsleute wären jetzt besonders ausgebildete Einheiten erforderlich gewesen. Deren Gegner wären, so wurde zu Recht vermutet, aufständische Arbeiter, vielfach ehemalige Kriegsteilnehmer, die mit Waffen und Sprengmitteln vertraut waren.

Revolution und Umsturz 1918

In dieser Lage genügte ein Funke, um das Feuer der Revolution auf einen Schlag zu entzünden, und dieser Funke entstand überraschend am 28. Oktober 1918 in Wilhelmshaven. Als an Bord der dort liegenden Kriegsschiffe bekannt wurde, dass die Führung der Marine eigenmächtig einen in dieser Lage militärisch aussichtslosen Angriff auf die britische Flotte plante, meuterten zahlreiche Matrosen, die keinen sinnlosen Opfertod mehr erleiden wollten. Um den Aufruhr besser unter Kontrolle halten zu können, wurden die Kriegsschiffe des III. Geschwaders nach Kiel verlegt und den Besatzungen Landurlaub gewährt.

Bei einer spontanen Demonstration einiger tausend Werftarbeiter und Matrosen ließ der Gouverneur des Reichskriegshafens Kiel, Admiral Wilhelm Souchon, durch einen Zug seiner Marinelandeinheiten das Feuer auf die Demonstranten eröffnen. Dabei gab es acht Tote und 27 Verletzte. Souchon hatte die revolutionäre Stimmung und Dynamik der Proteste völlig falsch eingeschätzt. Er forderte Heerestruppen an, um den Aufruhr zu bekämpfen, nahm diese Anforderung jedoch zunächst wieder zurück. Wie hilf- und konzeptionslos die Führung der Marine in Kiel reagierte, zeigt die Entsendung eines Admirals, gemeinsam mit einer Delegation der Meuterer, nach Berlin zur Besprechung der Situation. Dies war kein ernstzunehmender Versuch der Deeskalation, sondern Kapitulation. Zu besprechen gab es zu diesem Zeitpunkt nichts mehr.

Um die Lage zu beruhigen, wurde der Reichstagsabgeordnete Gustav Noske (SPD) nach Kiel geschickt. Für die weitere Entwicklung in den folgenden Tagen war im Hinblick auf Einsätze des *Militärs im Innern* entscheidend, dass es Noske mit den sich formierenden Arbeiter- und Soldatenräten, örtlichen sozialdemokratischen Politikern – nicht etwa dem Militär – gelang, die Situation in den Griff zu bekommen.

Am 6. und 7. November reisten die Matrosen aus Kiel in andere Städte, um auch dort Arbeiter- und Soldatenräte zu gründen. Die Revolution breitete sich jetzt wie ein Flächenbrand auf das gesamte Reichsgebiet aus.

Wegen seines Auftrags *„Revolutionsabwehr"* war das nach 1848/49 in Berlin aufgestellte, bereits erwähnte *Oberkommando in den Marken* 1914 nicht an die Front verlegt worden. Ihm unterstanden für den genannten Auftrag keine eigenen Truppen. Für einem Einsatz hätten dazu Soldaten des Garde- oder des III. (Berliner) Armeekorps angefordert werden müssen.

Wie realitätsfern und rücksichtslos die Pläne des Militärs im Herbst 1918 teilweise waren, zeigen Überlegungen, auf die Berliner Arbeiterviertel mit Artilleriegeschützen zu schießen oder Flugzeuge mit Giftgas im Häusermeer der Millionenstadt gegen Aufrührer einzusetzen. Unklar und widersprüchlich blieben bis zum 9. November auch die Befehle für den Waffengebrauch. Außerdem mussten die Berliner Einheiten seit Monaten mit kleinen, kurzfristig zusammengestellten Gruppen eine wachsende Zahl von Behörden, wichtigen Betrieben und öffentlichen Einrichtungen bewachen. Dies schwächte den ohnehin nur wenig entwickelten Zusammenhalt der Ersatztruppenteile mit ihrem schnell wechselnden Personal.

Noch am 25. Oktober 1918 ging der preußische Innenminister von einem bolschewistischen Putsch, das Oberkommando in den Marken dagegen von einer Hungerrevolte aus. Als am 26. und 27. Oktober die am Brandenburger Tor eingesetzten Soldaten von Demonstranten abgedrängt worden waren, wurde befürchtet, dass die Ersatztruppenteile des glanzvollen Gardekorps, einst Elite der Armee, bereits *bolschewistisch verseucht* wären.

Entgegen den Vermutungen der Behörden lösten nicht kommunistische Arbeiter, sondern meuternde Matrosen aus Kiel die Revolution aus. Es formierten sich erste Soldatenräte, die Urlaubs- und Passierscheine ausstellten. Auch gelang es nicht, die an zahlreichen Objekten für Wachaufgaben eingesetzten kleinen Gruppen rechtzeitig abzuziehen und für einen neuen Auftrag zu sammeln. In vielen Fällen verließen die Soldaten eigenmächtig ihre Wachobjekte, weil sie am 7. und 8. November keine Verpflegung mehr erhalten hatten.

In einer Berliner Kaserne wurde das Jäger-Bataillon 4 des Feldheeres bereitgehalten, das sich im Osten beim Kampf gegen russische Revolutionäre bewährt hatte und als besonders zuverlässig galt. Unmittelbar vor dem Abmarsch richtete der SPD-Reichstagsagbeordnete Otto Wels den Appell an die Soldaten des Bataillons, einen Bürgerkrieg zu verhindern. Danach weigerten sich diese, gegen ihre Landsleute vorzugehen.

Seit dem Morgen des 9. November bewegten sich Kolonnen mit weit über 100.000 Menschen, Arbeitern und Bürgern, einzelnen Frauen und Kindern, auch bewaffneten Revolutionären in Richtung Stadtzentrum. Am Mittag dieses für die deutsche Geschichte so folgenreichen Tages löste sich die Truppe überall auf und solidarisierte sich mit den Berlinern. Nur vereinzelt fielen Schüsse, die befürchtete Straßenschlacht gegen hunderttausende, desillusionierte und hungernde Bürger mit einem ungeheuren Blutbad blieb aus. Die Armee des Kaiserreiches, jahrzehntelang das gefürchtete Machtinstrument des Staates nach Innen und Außen, brach innerhalb weniger Stunden zusammen. Kein auf den König von Preußen oder einen anderen Monarchen vereidigter Soldat widersetzte sich den politischen Umwälzungen, der Flucht des Kaisers und der Ausrufung der Republik.

Nach Kriegsende wurde wiederholt gefragt, ob Verbände des Feldheeres die Revolution in Berlin hätten verhindern können. Zwar gab es seit dem 20. Januar 1918, lange vor Ausbruch der Revolution und der katastrophalen militärischen Lage an der Front, eine Zusage der Obersten Heeresleitung, bei inneren Unruhen einige Bataillone des Feldheeres in die Heimat zu verlegen. Ob deren Einsatz Erfolg gehabt hätte, muss bezweifelt werden. Am 8. November gab die Oberste Heeresleitung alle Pläne zur Rückeroberung der Heimat auf. So fanden nach fast einem Jahrhundert die Einsätze der Armee im Innern bei Aufruhr und Revolution in Deutschland ein vorläufiges Ende. Der Waffenstillstand am 11. November und die Aufhebung des Belagerungszustandes am Tag beendeten die Einsätze der Armee im Innern nur vorübergehend. Bis 1923 herrschte in Deutschland mit Unterbrechungen Bürgerkrieg, an dem das Militär in erheblichem Maße beteiligt war.

Einsätze der Bundeswehr im Innern

Bis 1968 gab es für einen etwaigen Einsatz der Bundeswehr im Innern keine Rechtsgrundlage. Der Hamburger Innensenator Helmut Schmidt, der spätere Bundeskanzler, forderte 1962 bei der Sturmflut in Norddeutschland deutsche und alliierte Soldaten an, ohne sich dabei auf die Verfassung oder andere Vorschriften berufen zu können. Erst mit dem *12. Gesetz zur Änderung des Grundgesetzes* wurden im Jahre 1968 die Voraussetzungen, aber auch die verfassungsrechtlichen Grenzen für *Einsätze der Bundeswehr im Innern* festgelegt. Die Gegner dieser Verfassungsänderung beriefen sich auf historische Erfahrungen bei früheren Einsätzen des Militärs im Innern vor 1918. Ihre Wortführer waren der Vorsitzende der Industriegewerkschaft Metall, Otto Brenner, der Physiker und Nobelpreisträger Max Born und weitere prominente Wissenschaftler, Publizisten und Politiker aus verschiedenen Lagern. Sie befürchteten die Möglichkeit einer Militärdiktatur oder den Erlass von Notverordnungen ohne Billigung durch das Parlament, wie es nach Artikel 48 der Weimarer Verfassung zulässig war. Besonders die Gewerkschaften kritisierten die nach Artikel 12 Absatz 2 des Grundgesetzes jetzt mögliche Dienstverpflichtung von Männern. Dies sei nichts anderes als die zwangsweise Einberufung von Arbeitskräften durch die Stellvertretenden Generalkommandos während des Ersten Weltkrieges.

Nach dieser Änderung des Grundgesetzes können die Streitkräfte unter bestimmten Bedingungen Aufgaben der Polizei übernehmen, zum Beispiel den Schutz ziviler Objekte oder den Kampf gegen organisierte und militärisch bewaffnete Aufständische. Obwohl derartige Einsätze nur unter sehr restriktiven Voraussetzungen möglich sind, wurde gerade dies mit Blick auf die historischen Erfahrungen aus der Zeit vor 1918 kritisiert.

Nach dem 11. September 2001, an dem Terroristen in den USA Passagierflugzeuge in ihre Gewalt und anschließend zum Absturz gebracht hatten, wurde in der Bundesrepublik untersucht, wie deutsche Streitkräfte bei ähnlichen Vorfällen reagieren sollen und dürfen. Bundesinnenminister Wolfgang Schäuble forderte, dass Kampfflugzeuge der Luftwaffe unter bestimmten Voraussetzungen eine von Terroristen entführte Maschine abschießen dürfen, wenn deren Absturz auf bewohntes Gebiet zu befürchten sei.

Ein solcher Einsatz von Streitkräften im Innern wirft ethische, verfassungsrechtliche und praktische Probleme auf. Polizeihubschrauber können Passagierflugzeuge nicht abschießen, nur die Luftwaffe verfügt über dafür geeignetes Fluggerät. Mit seinem Urteil vom 15. Februar 2006 beendete das Bundesverfassungsgericht vorerst diese Diskussion. Der Abschuss eines von Terroristen gekaperten Passagierflugzeugs ist danach unzulässig. Das Gericht revidierte am 6. August mit einem neuen Urteil seine bisherige Rechtsauffassung, hielt aber an dem Verbot des Abschusses von Passagierflugzeugen durch die Luftwaffe fest.

Schlussbetrachtung

Warum ging das Militär zwischen 1820 und 1918, davor und danach, immer wieder, nicht nur in Deutschland, häufig mit unverhältnismäßiger Waffengewalt gegen die eigene Bevölkerung vor? Antworten auf diese Frage ergeben sich aus der politischen, sozialen, verfassungsrechtlichen oder aktuellen Situation vor Ort, bisweilen auch aus Zufällen.

Zuständig für das Aufrechterhalten von Ruhe und Ordnung sowie den Schutz des Eigentums war und ist die Polizei. Bei größeren Störungen reichten einzelne Dorfgendarmen oder die wenigen Polizisten in den Städten nicht aus. Die in mehreren hundert Garnisonen über das gesamte Staatsgebiet verteilte Armee mit ihrer hierarchischen Kommandostruktur und umfangreichen Bewaffnung konnte Kompanien, Bataillone oder größere Verbände unter einheitlicher Führung bei Aufruhr, Streiks oder ähnlichen Ereignissen geschlossen einsetzen. Die Behörden hielten solche Ereignisse grundsätzlich für gefährlich oder revolutionär, und der Einsatz der Armee entsprach insoweit ihren Ordnungsvorstellungen. Die für den Kampf gegen das Militär anderer Staaten gegliederte, ausgerüstete und ausgebildete Armee war das Machtinstrument des Staates, auch im Innern. Regelmäßig wurden die rechtlichen Grundlagen dafür aktualisiert. Nur die Armee war vor 1918, zum Teil auch noch später, nach der Überzeugung der politischen Klasse und weiter Kreise des Bürgertums in der Lage, einen drohenden Umsturz zu verhindern. Kritisiert wurde allein das bisweilen brutale Vorgehen der Soldaten. Der Grundsatz der Verhältnismäßigkeit, für die Armee ein Fremdwort, wurde erst 1931 in das preußische Polizeiverwaltungsgesetz eingeführt. Auch war ein Zurückweichen der Truppe vor revolutionärer Gewalt oder streikenden Arbeitern mit dem Verständnis von „Ehre" unvereinbar.

Der Grundsatz der Verhältnismäßigkeit, für die Armee ein Fremdwort, wurde erst 1931 in das preußische Polizeiverwaltungsgesetz eingeführt. Auch war ein Zurückweichen der Truppe vor revolutionärer Gewalt oder streikenden Arbeitern mit dem Verständnis von „Ehre" unvereinbar.

Die Stellung der Armee außerhalb der Verfassung war ein Relikt aus der Zeit des Absolutismus, an dem Bismarck, die Kaiser Wilhelm I. und II. sowie die Generalität festhielten. Mit seinen obrigkeitsstaatlichen und feudalen Traditionen war das Militär bis 1918 Garant für den Bestand des Reiches und seiner gesellschaftlichen Ordnung, versagt hat die Armee im Innern nur einmal: Im November 1918.

Nicht nur in totalitären und (teil)-absolutistischen Staaten oder Ländern der Dritten Welt wurden und werden Soldaten gegen die eigene Bevölkerung eingesetzt, sondern auch in Demokratien. Als im November 1918 die Revolution die im Ersten Weltkrieg neutrale Schweiz erreichte, wurden in Zürich sechs Füsilier-Bataillone und zwei Kavallerie-Brigaden gegen Demonstranten und Streikende eingesetzt.

1932 bot die Kantonalregierung von Genf gegen eine von linken Gruppen angekündigte Großdemonstration Militär auf. Die erst vor wenigen Wochen einberufenen Rekruten fühlten sich von den Demonstranten bedroht, es wurde geschossen, und am Ende waren dreizehn Tote und 65 Verletzte zu beklagen. Auch eine der ältesten Demokratien war bis in die 1930er Jahre nicht vor Übergriffen (oder Überreaktionen?) des Militärs sicher.

Auf dem Höhepunkt der Rassenunruhen im September 1957 verlegte der amerikanische Präsident Dwight D. Eisenhower Teile der 101. Luftlandedivision, einen Eliteverband der US-Armee, nach Little Rock im Bundesstaat Arkansas, nachdem weder die Polizei noch die Nationalgarde dieses Bundesstaates die Rechte farbiger Schüler und Studenten durchsetzen konnten oder wollten. In diesem Fall unterdrückte die Armee nicht etwa den Kampf für Bürgerrechte, sondern half, diese durchzusetzen.

Einsätze der Armee im Innern waren nicht nur in Deutschland, sondern sind bis heute in zahlreichen Staaten eine Konstante in der Politik.

Zum Autor: Oberst a. D. Dr. Michael P. Vollert war 35 Jahre Berufsoffizier der Bundeswehr im Truppen- und Generalstabsdienst, nach dem Wechsel in die Wirtschaft acht Jahre Abteilungsleiter und Senior Manager in einem Kölner Industrieunternehmen. Im Ruhestand studierte er Verfassungs-, Sozial- und Wirtschaftsgeschichte an der Universität Bonn und wurde 2008 zum Dr. phil. promoviert.

Der vorstehende Text ist das Typoskript eines Vortrags, den der Verfasser am 10. August 2015 vor dem Regionalkreis West der Clausewitz-Gesellschaft gehalten hat, eine stark gekürzte Fassung seines Buches

Für Ruhe und Ordnung
Einsätze des Militärs im Innern (1820 – 1918)
Verlag J.H.W. Dietz Nachf. GmbH, Bonn 2014.
ISBN 978-3-8012-0449-5

Kapitel III

Beiträge aus der Arbeit der Clausewitz-Gesellschaft e.V. zu aktuellen Themen

Der Simplonpass
Militärstrategische Bedeutung im Wandel der Zeit[1]

Igor Perrig

Stolz steht auf der Passhöhe des Simplonpasses ein steinerner Adler. Mit trotzigem Blick nach Süden wacht er über die Passhöhe. Erbaut wurde dieses über neun Meter hohe, eindrucksvolle Monument von den Soldaten der Gebirgsbrigade 11 während des Zweiten Weltkrieges. Im Herbst 1944 wurde das Mahnmal eingeweiht und ist seither das Wahrzeichen des Simplonpasses. 20 Kilometer weiter unten am Fuße des Simplons steht der Stockalperpalast in Brig. Dieser größte barocke Privatbau der Schweiz steht als Wahrzeichen des Handels über den Simplonpass. Schloss und Adler, Handel und Militär, manifestieren die Bedeutung des Simplonpasses, dieses Königs der Passstraßen, wie er oft auch genannt wird. Mehrheitlich hat der Simplon in seiner Geschichte eher eine Bedeutung als Handelsweg. Während rund 150 Jahren im 19. und 20. Jahrhundert spielte dieser alte Passübergang aber auch eine militärische Rolle.

Simplon Adler

1. Lage und Geschichte

Wie ein kaum durchdringbarer Riegel zwischen Nord- und Südeuropa erstreckt sich der Alpenbogen von der französischen Riviera im Westen bis vor die Tore Wiens im Osten. Die mächtigen Berggipfel erreichen in der Schweiz über 4000 Meter, allein im Kanton Wallis ragen 41 Viertausender in den Himmel. Seit Menschengedenken aber wurden die Alpen überquert, wurde Handel zwischen den Talschaften aber auch im gesamteuropäischen Kontext geführt. Viele traditionelle Alpenquerungen sind heute vergessen oder sind nur noch für Wanderer von Interesse. Berühmt geworden sind jene Routen, auf denen heute der Fernverkehr auf Hochleistungsstrassen oder Eisenbahntunnels führt. Zu nennen sind hier der Brenner im Osten und der Große St. Bernhard im

Westen. Im Zentrum der Alpen ist es der Gotthard, welcher international am bekanntesten ist und in der Schweiz gar mythischen Charakter hat. Er ist das Herz der Schweiz und bildet die Wasserscheide nach allen Himmelsrichtungen. An der westlichen Flanke des Gotthardmassivs liegt in den Walliser Alpen der Simplonpass, eingebettet in eine imposante Bergwelt und doch ganzjährig befahrbar. Der Simplonpass mit seiner Scheitelhöhe von 2005 Metern über Meer verbindet das zwischen Berner- und Walliser Alpen entlang der Rhone eingebettet Oberwallis mit Oberitalien. Brig und Domodossola sind die Städte am Nord- und Südfuß des Simplons.

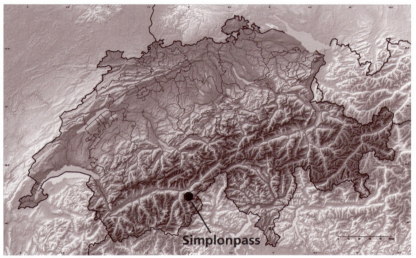

Reliefkarte Schweiz

Bereits die Römer kannten und nutzten den Simplonpass. Der auch heute noch so genannte Römerweg wurde bis weit übers Mittelalter als Handelsroute genutzt und fand gar Aufnahme ins Netz der grossen Fernhandelsstrassen. Eine Blütezeit erlebte die Route über den Simplon ab dem 12. Jahrhundert als kürzester Weg zwischen den großen Wirtschaftsräumen der Lombardei und der Champagne, wo damals berühmte Warenmessen stattfanden. Lange Zeit verlief die Entwicklung der Bedeutung von Simplon und Gotthard parallel. Doch um 1320 verloren die Messen in der Champagne an Bedeutung und der Bau der Schöllenenbrücke Ende des 13. Jahrhunderts machte den Gotthardpass leistungsfähiger. Innere Spannungen im Wallis führten ausserdem dazu, dass der Unterhalt der Verkehrswege vernachlässigt wurde. Der Handel verlagerte sich deshalb ab Mitte des 14. Jahrhunderts nach Osten über den Gotthard und die Bündner Pässe. Nach der Niederlage der Eidgenossen in Marignano im September 1515 und dem Ende der eidgenössischen Großmachtpolitik kam der Passverkehr über den Simplon für hundert Jahre zum Erliegen.

Während des Dreißigjährigen Krieges brach der Verkehr über die Bündnerpässe und den Gotthard ein. Es gelang Kaspar Stockalper aus Brig, große Teile des Warenverkehrs auf die sichere Route über den Simplon und entlang der Rhone an den Genfer See umzuleiten. Der kürzeste Weg zwischen Paris und Mailand führt über den Simplonpass. Stockalper besaß das Monopol des Handels und schuf sich in wenigen Jahren ein gigantisches Handelsimperium. Er ließ den Weg über den Simplon stark ausbauen, dennoch blieb es ein Säumerweg. Immerhin baute er entlang des Weges zahlreiche Susten (befestigte Lagerhäuser). Heute ist dieser Weg, genannt „Stockalperweg", eine beliebte Wanderroute von Brig über den Simplon nach Gondo. Nach seinem Sturz 1678 zerfiel das Handelsimperium und die Bedeutung des Simplons nahm erneut rasch ab. Andere Alpenpässe, v.a. der Gotthardpass wurden wieder wichtiger. Der Simplonpass fiel erneut in einen weiteren 100-jährigen Schlaf. Geweckt wurde der Simplon erst um 1800 wieder, als seine Bedeutung von Napoleon Bonaparte entdeckt wurde. Nun stand der Simplon aber nicht mehr als Handelsroute im Fokus, sondern als kürzeste Verbindung nach Oberitalien von militärstrategischer Bedeutung

2. Militärstrategische Bedeutung des Simplons

In den letzten 200 Jahren hatte der Simplon verschiedene Male herausragende militärstrategische Bedeutung. Die Alpen bilden ein Bollwerk zwischen Nord- und Südeuropa. Je raumgreifender und gesamteuropäischer die Kriege und Feldzüge wurden, desto mehr rückten auch immer die Alpenübergänge in den Fokus. Ein Blick auf die Karte vermag dies zu verdeutlichen.

2.1 Zeit Napoleon

Napoleon Bonaparte sah sich in den Koalitionskriegen gezwungen, seine Feldzüge mal gleichzeitig, mal abwechslungsweise im Norden und im Süden der Schweiz zu führen. Die Schweiz geriet mehrfach in diese Auseinandersetzungen hinein und wurde schliesslich auch von Frankreich besetzt. Das Wallis wurde zeitweise ganz Frankreich einverleibt. Napoleon erkannte früh die strategische Bedeutung der Simplonroute in einem gesamteuropäischen Kontext. Er war deshalb bestrebt, im Gegensatz zu anderen, östlich gelegenen Alpenübergängen die Simplonroute ganz unter französische Kontrolle zu bringen. Damit konnte ein Aufmarsch im Westen und eine Überquerung der Alpen über den Simplon von Feinden praktisch unbemerkt bleiben, eine wichtige Voraussetzung jeder auf Schnelligkeit und Überraschung ausgelegten Operationsführung. Voraussetzung war, dass eine entsprechend gut ausgebaute Strasse vorhanden war. Auf den bisherigen Säumerpfaden, die teilweise seit den Römern denselben Routen folgten oder in den Zeiten von Stockalper etwas verbessert und verstärkt wurden, konnten jedoch keine grossen Armeen des beginnenden 19. Jahrhunderts verschoben werden.

Geprägt durch seine Erfahrungen in den Italienkriegen von 1796/97 und unter der Notwendigkeit, die neu geschaffene Cisalpinischen Republik ans Mutterland zu binden, gab Napoleon bereits im Mai 1797 den Auftrag, das Recht auf die Passage durch das Wallis und über den Simplon mit den lokalen Behörden zu verhandeln und zu garantieren. Gleichzeitig wurde der Entschluss gefasst, die kürzeste Verbindung von Frankreich in die Cisalpinische Republik mittels einer leistungsfähigen Straße zu erschließen. Allerdings konnte dieses ambitiöse Vorhaben in einer ersten Phase nicht umgesetzt werden. Einerseits fand sich lange Zeit keine Lösung mit den Walliser Repräsentanten, andererseits entwickelte sich die generelle Lage in jenen Monaten und Jahren so dynamisch, dass auch der Simplon hin und wieder weniger hohe Priorität bei Napoleon einnahm. Vergessen hatte er seine Visionen allerdings nicht. Im Italienfeldzug 1800 mit der Entscheidungsschlacht von Marengo als Höhepunkt, spielte der Simplon noch eine sehr untergeordnete Rolle. Das Gros der

Stockalperschloss

Armée de réserve wurde im Frühjahr 1800 über den Großen St. Bernhard nach Oberitalien geführt. In der Gesamtstrategie Napoleons blieben aber das Wallis und der Simplon in allen Jahren seiner Herrschaft eine feste Größe. Dies erklärt auch, weshalb Napoleon nach dem Friedenschluss von Lunéville vom Februar 1802, welche u.a. auch der Helvetischen Republik eine gewisse Unabhängigkeit garantierte, das Wallis an Frankreich abtreten ließ. Damit war nun der Simplonpass fest in der Hand von Frankreich. Damit konnten französische Heere endlich den Simplon passieren ohne einerseits französisches Territorium zu verlassen oder andererseits die schweizerische (helvetische) Neutralität zu verletzen. Was noch fehlte, war eine gut ausgebaute Straße über den Simplonpass, um diesen strategischen Vorteil auch zu nutzen.

Im Herbst 1800, also kurz nach dem Sieg in Oberitalien, gab Napoleon den Befehl, diese Straße nun endlich zu bauen. „Pour faire passer les canons" – so die prägnante Anforderung des Feldherren an seinen Ingenieur Nicolas Céard, welcher im Frühjahr die Projektleitung übernahm. Unmittelbar nach Céards Ankunft in Brig wurden Ende März 1801 die Arbeiten aufgenommen und entsprechende Projektpläne erstellt. Ausgangspunkt der Straße wurde die Kirche von Glis. Noch war die Routenführung von Brig auf die Passhöhe, also die Umgehung der Saltinaschlucht nicht abschließend bestimmt und im Süden war noch völlig unklar, wie die Gondoschlucht überwunden werden konnte. Die furchteinflössende Gondoschlucht bildete das „pièce de résistance" der Planung und Ausführung. Erst 1803 konnte man sich dort nach persönlicher Intervention Napoleons auf eine Linienführung einigen. Das durch diese Schlucht gebaute Trassee der Simplonstraße gilt denn auch als ein Wunderwerk der Straßenbaukunst.

Obwohl Carl von Clausewitz von August bis Oktober 1807 auf Schloss Coppet am Genfer See in Internierungshaft weilte, also nur 200 Kilometer von Brig entfernt, hat er sich nicht für die strategisch wichtige Achse Genf, Genfer See, Oberwallis, Simplon, Mailand interessiert und weder das Wallis noch den Simplon besucht.

Endlich, am 9. Oktober 1805, konnte die Vollendung der Simplonstraße gefeiert werden. Die Passtrasse gilt als erster moderner Fahrweg über die Hochalpen. Die Feierlichkeiten fanden ohne Napoleon statt. Zusätzlich zur Straße wurden 1806 noch neun Schutzhäuser entlang der Route gebaut. Sie stehen auch heute noch und leisten, meist umfunktioniert als Gasthöfe, immer noch gute Dienste.

Viele Reiseberichte aus jenen Jahren zeugen davon, dass die Passstraße über den Simplon schon von Zeitzeugen als technisches Wunderwerk bewundert wurde. Obwohl Carl von Clausewitz von August bis Oktober 1807 auf Schloss Coppet am Genfer See in Internierungshaft weilte, also nur 200 Kilometer von Brig entfernt, hat er sich nicht für die strategisch wichtige Achse Genf, Genfer See, Oberwallis, Simplon, Mailand interessiert und weder das Wallis noch den Simplon besucht. Ihm hat die liebliche Gegend um den Genfer See durchaus gefallen, doch scheint er sich vor den hohen Bergen und engen Tälern des Wallis zu fürchten.[2]

Napoleon selber hat die Alpen nie über den Simplonpass überquert. Und auch seine Armee hat die für sie gebaute Straße nie im grossen Stil benutzt. Dies war den alliierten Heeren vorbehalten, welche nach Napoleons Rückkehr an die Macht, Truppen von Oberitalien via den Simplon nach Frankreich verschoben.

Im Juni 1815 überquerten 80'000 österreichische und russische Soldaten unter der Führung von General Ferdinand von Bubna den Simplon auf der „Napoleonstraße".

Die Straße über den Simplon war auch Gegenstand der Verhandlungen am Wiener Kongress 1815. Damals wurde von den Grossmächten beschlossen, das der nunmehr neutralen Schweiz die Rolle des Wächters über die Alpenpässe zukommen soll, um zu verhindern, dass die Grossmächte mit einem Stoß durch die Schweiz einen strategischen Vorteil erlagen könnten. Deshalb wurde auch das Wallis als neuer Kanton der Eidgenossenschaft eingegliedert, sehr zum Verdruss vor allem der deutschsprachigen Oberwalliser, also jenem Gebiet, in dem auch der Simplon liegt. Man wäre wohl lieber eine unabhängige Republik geblieben. Den Vorschlag des waadtländischen Patrioten Frédéric-César de La Harpe, einem Mitglied der Eidgenössischen Delegation in Wien, der zum Schutz der Neutralität die Simplonstraße einreißen und den Weg über den Pass wieder unpassierbar machen wollte, wurde jedoch als Unsinn allerseits verworfen.

2.2 Erste Fortifikationen auf der Simplonroute

Eine undatierte Denkschrift (verfasst vermutlich Mitte der 30er Jahre des 20. Jahrhunderts) des Genieoberst J. Rebold „ Die schweizerischen Befestigungsbauten seit 1815" gibt einen guten Überblick über die Entwicklung der Befestigungen und Festungswerke an den verschiedenen Achsen durch die Schweiz. Den Räumen St.Maurice, Gotthard, Sargans und Bellinzona kommt durchgehend hohe Bedeutung zu. Aber auch der Simplon wird wiederholt erwähnt.

Ausgangspunkt der Überlegungen ist eine Eingabe der Eidgenössischen Militäraufsichtsbehörde von 1928 an die Tagsatzung. In diesem Bericht werden verschiedene Maßnahmen zum Schutz der schweizerischen Neutralität gefordert, u.a. „5. Zur kraftvollen Behauptung der schweizerischen Neutralität sei eine der wesentlichsten Vorkehren diejenige, dass die Simplonstraße sowohl gegen den Andrang einer Armee, welche von Frankreich nach Italien oder von Italien nach Frankreich zu marschieren willens wäre, beschützt werden könne. Dafür sei eine Befestigung des Passes und des Rhodanüberganges (Rhone) bey St. Moritz (gemeint ist das französisch sprachige St.Maurice im Westen des Wallis. Anmerk. des Autors) im Wallis notwendig". Die militärische Forderung wurde von der Politik verworfen. Immerhin gab man der Eidgenössischen Militärschule den Auftrag, die Forderung zu vertiefen und Rekognoszierungen vorzunehmen.

Unter dem Eindruck der Spannungen in Europa um 1830/31 beschloss die Tagsatzung im Dezember 1830 die militärisch relevantesten Punkte der Schweiz zu befestigen. Bedeutende Fortifikationen wurden in der Folge am Gotthard und in St. Maurice gebaut und in den kommenden Jahrzehnten stets ausgeweitet. Auch wurde der Simplon als strategische Achse gewürdigt, und mit Befestigungen in Gondo sollte dieser Passübergang gesichert werden. Die furchterregende Gondoschlucht, südlich der Passhöhe gelegen, aber noch auf Hoheitsgebiet der Schweiz, wurde dabei zum Schlüsselgelände der Verteidigung der Simplonstraße. Bereits um 1830 begann man mit dem Bau von Festungsanlagen in der Gondoschlucht. Unter anderem wurde eine 1815 erstellte befestigte Mauer, welche als Stellung zur Beschiessung der auf der gegenüberliegenden Seite des Flusses Doveria verlaufenden Strasse diente, wieder hergerichtet. Viele der damals erstellten Anlagen wurden um 1859 erneut verstärkt, verfielen aber in der Zeit nach dem Krieg von 1870. Zwar setzte dannzumal eine intensive Auseinandersetzung über den Wert von Landesbefestigungen und des Gebirgskampfes ein. In einigen dieser Denkschriften tauchte um 1880 der Gedanke eines Alpenreduits erstmals auf. Diese, wie auch andere Optionen, wurden allesamt als zu aufwendig und zu teuer verworfen. Man einigte sich schließlich auf den dringenden Auf- und Ausbau einiger weniger Werke, u.a. am Gotthard und bei Bellinzona. Alle anderen militärisch wichtigen Punkte, so auch der Durchgang bei St. Maurice und der Simplonpass sollten nur provisorisch vorbereitet werden.

Die Neutralität der Schweiz sah vor, dass keine Großmacht oder kein Machtbündnis, konkret der Dreibund zwischen Deutschland, Österreich und Italien mit der Inbesitznahme des Tunnels einen strategischen Vorteil erlagen könnten.

Der Bau der Gotthardbahn führte dazu, dass in der Folge fast alle Mittel in den Ausbau der Gotthardfestung, also in die Sicherung des Eisenbahntunnels flossen. Man war der Ansicht, dass dieser strategisch wichtige Alpendurchstich nicht ohne militärische Sicherung bleiben dürfe. Die Neutralität der Schweiz sah vor, dass keine Großmacht oder kein Machtbündnis, konkret der Dreibund zwischen Deutschland, Österreich und Italien mit der Inbesitznahme des Tunnels einen strategischen Vorteil erlagen könnten.

Ähnlich war die Lage später mit der Eröffnung des Simplontunnels im Jahr 1906. Schon bei der Durchtunnelung um 1898 beauftragte der Chef der Generalstabsabteilung, Oberst Keller, die Anbringung von Minenkammern und Sprengobjekten im Tunnel. Der neue Verkehrsknotenpunkt Brig und der Simplon mussten gesichert werden. Eine erste Idee eines Forts in Brig wurde allerdings aus Kostengründen verworfen. Man einigte sich darauf, dass in Brig nur der Tunnelausgang befestigt werden sollte und „einen Durchzug feindlicher Truppen durch das Wallis durch Verstärkung der Furkabefestigung und durch Ergänzung der Befestigung von St. Maurice zu begegnen sei".

Der Bericht von Oberst Rebold schließt mit Gedanken zum Sinn und (Kampf-) Wert von Befestigungsanlagen nach den Erfahrungen des Ersten Weltkrieges. Er plädiert letztlich dafür, neben den Befestigungen von St. Maurice und Gotthard auch eine solche im Talkessel von Sargans zu schaffen, „ dann wäre die Alpenbarriere geschlossen und die Südfront, auf der sich bereits auch noch die vorgeschobenen Sperren bei Gondo (also Simplon) und Bellinzona befinden, genügend gesichert."

2.3 Zeit der Weltkriege

Nach der Eröffnung des Simplontunnels 1906 und während des Ersten Weltkrieges wurden die verfallenen Verteidigungsanlagen in der Gondoschlucht zu einem Sperrfort ausgebaut. In den operativen Übungen und Überlegungen der Armeespitze vor dem Ersten Weltkrieg nahm der Simplon allerdings nur eine untergeordnete Bedeutung ein. Angriffe von Frankreich oder Deutschland durch die Schweiz sollten im Jura sowie an befestigen Stellungen bei Murten und am Hauenstein abgewehrt werden. Angriffe aus Italien sah man eher im Tessin und in Graubünden, da sich diese im Rahmen eines Konfliktes mit Österreich abspielen würden. Aus dieser Lageanalyse wurde die Befestigung von fünf operativen Schlüsselräumen (Gotthard, St.Maurice, Hauenstein, Murten und Bellinzona) vorbereitet. Sie bildeten die statischen Elemente einer eigentlich offensiv zu führenden Verteidigung der Schweiz. Diese Grundannahmen der Feindbedrohung haben sich während des ganzen Krieges bewahrheitet. Ein feindlicher Angriff gegen oder durch die Schweiz wurde weder von Frankreich noch von Italien via Simplonachse geplant.

In der Zwischenkriegszeit wurden mehrfach Befestigungen und Geländeverstärkungen gebaut. Diese entsprangen aber nicht einer Gesamtkonzeption der Schweizer Armee. Inspiriert wurden sie vielmehr auf Grund der Befestigungen im Ausland, v.a. in Frankreich und Belgien. Erst Ende der 30er Jahre entwickelte sich nach und nach eine Einsatzdoktrin der Schweizer Armee, welche

Befestigungen zu Fixpunkten einer Kampfführung gegen einen modernen Gegner machte. Dies galt insbesondere für den Fall Süd, will heißen eines Angriffes aus Süden gegen die Schweiz. Die Feldarmee sollte den Entscheidungskampf gestützt auf die grossen Alpenfestungen im Reduit ausfechten. Von den Grenzbrigaden wurde erwartet, dass sie ihre Stellungen so lange wie möglich zu halten und den Verzögerungskampf zu führen. Dies galt auch für die Grenzbrigade am Simplon.

Grundsätzlich ging man in der Zwischenkriegszeit davon aus, dass in Deutschland keine Offensive gegen die Schweiz geplant war. Dazu war die Reichswehr nicht in der Lage. Diese Annahme galt auch weit über die Zeit der Machtergreifung Hitlers bis etwa 1937/38. Auch von Frankreich sah man sich eher nicht gefährdet, und in Frankreich selber war in jener Zeit nie eine Offensive gegen die Schweiz geplant. Bedrohlicher war die Einschätzung betreffend Italien. Man wusste in der Schweiz über die territorialen Gelüste und Ansprüche des italienischen Duce Benito Mussolini. Er träumte davon, die Bündner Südtäler, das Tessin und das Wallis seinem neuen Imperium Romanum einzuverleiben.

Bedrohlicher war die Einschätzung betreffend Italien. Man wusste in der Schweiz über die territorialen Gelüste und Ansprüche des italienischen Duce Benito Mussolini. Er träumte davon, die Bündner Südtäler, das Tessin und das Wallis seinem neuen Imperium Romanum einzuverleiben.

Verschiedene Studien in Italien gingen von einem Konflikt zwischen Italien und Frankreich aus. Dabei schloss Italien nicht aus, dass Frankreich den Großen St. Bernhard und den Simplon als Eingangspforten nach Italien nutzen könnte.

Nach der Verbrüderung von Deutschland und Italien bildete der Gotthard eine wichtige Verbindung zwischen den Achsenmächten. Damit kam auch der Verteidigung des Simplonpasses eine grosse Bedeutung zu. Die Beobachtung der Ebene von Domodossola wurde als möglicher Aufmarschraum Italiens zu einem nachrichtendienstlichen Schlüsselauftrag.

Die Verteidigung des Simplons war der Hauptauftrag der Grenzbrigade 11, auch Simplonbrigade genannt. Diese Brigade, zunächst bezeichnet als Gebirgsbrigade, später Grenzbrigade, wurde mit der Truppenordnung von 1938 geschaffen und blieb bis zur Armeereform von 1995 bestehen. Sie wurde speziell für die Verteidigung des Simplongebietes geschaffen und bildete sich immer aus Oberwalliser und Berner Oberländer Truppen. Bei Mobilmachung im

Herbst 1939 erhielt die Brigade den Auftrag „Die Geb Br 11 sperrt die Zugänge ins Oberwallis, richtet sich mit ihrem Gros auf dem Simplonpass zur Verteidigung ein und hält sich bereit, den Grimselpass mit starken Teilkräften zu besetzen". Dieser einfache Grundauftrag „ Sicherung der Simplonachse" blieb mehr oder weniger bis zum Ende des Bestehens der Brigade erhalten. Die Zeit des Aktivdienstes 1939-45 prägte die Geschichte der Simplonbrigade. Während der ganzen Kriegszeit waren die Stellungen besetzt. Komplizierte Ablösungen sorgten für die nötige Kontinuität. Vier Mal wurde die gesamte Brigade mobilisiert: am 28. August 1939, am 10. Mai 1940, am 9. September 1943 und am 15. Juni 1944. In jeder kritischen Phase des Krieges war die Brigade also mit allen Kräften bereit. Geführt wurde die Simplonbrigade während des ganzen Krieges vom Berner Brigadier Hans Bühler, welcher gerade auch im Oberwallis höchst geschätzt wurde. Geplant und geführt wurde der Kampf als Gebirgskrieg. Das Hochgebirge zwischen Matterhorn und Grimsel stellte an Führung und Truppe höchste Anforderungen. Erschwerend zur Erfüllung des Auftrages war die Tatsache, dass das Südportal des Simplontunnels im Ausland liegt und somit nicht direkt verteidigt werden kann. Dennoch war es gerade der Tunnel, welcher ja die eigentliche strategische Bedeutung des Simplons ausmachte. Mit mannigfaltigen nachrichtendienstlichen Mitteln und Methoden wurde dieser Tatsache Rechnung getragen.

Die größte Gefahr, beziehungsweise den grössten Schaden für die Schweiz hätte die Zerstörung, (will heißen die Sprengung) des Tunnels bedeutet. Auch auf Schweizer Seite wurde die Sprengung des Portals in Brig vorbereitet. Die unter den Gleisen angebrachten Sprengladungen wurden erst 2001 entfernt. Auf italienischer Seite wurde eine Sprengung von den sich zurückziehenden deutschen Truppen im Frühjahr 1945 erwogen. Der Schweizer Nachrichtendienst war über die Lagerung von großen Mengen Sprengmittel beim Tunnelportal in Iselle und Varzo im Bild. Zwei Schweizer Beamte schafften es mit Hilfe italienischer Partisanen, diesen Sprengstoff (64 Tonnen TNT) in einer kühnen Operation gezielt abzubrennen und die Gefahr so zu bannen. Die beiden Tunnelröhren hatten den Krieg unbeschadet überstanden.

Um die Räume Nordportal Simplontunnel, Bahnhof Brig, Eingang Goms, Ebene von Termen/Ried-Brig sowie die Passhöhe des Simplons und die Gondoschlucht mit Artilleriefeuer zu erreichen, wurde oberhalb des Dorfes Naters, gegenüber Brig aber am Nordufer der Rhone im Natischer Berg ein Artilleriefort gebaut. Dies im Gegensatz zum Ersten Weltkrieg, als man glaubte, dass ein paar Artilleriestellungen an selber Stelle genügen würden. Mit dem Bau der Festung wurde 1939 begonnen, bereits 1940 konnten Teile davon durch die Truppe bezogen werden. Die Festung blieb bis zur großen Armeereform von 1995 im Dienst.

2.4 Kalter Krieg

Nach dem Ende des Zweiten Weltkrieges veränderte sich die Bedrohungslage für die Schweiz fundamental. In wenigen Jahren sah sich das Land umgeben von Nachbarstaaten, die sich politisch, wirtschaftlich und sicherheitspolitisch durch EU, WEU und NATO zu einer immer tieferen Zusammenarbeit bekannten. Die traditionellen Konflikte zwischen Frankreich, Italien, Österreich und Deutschland würde es so nicht mehr geben. Der strategische Vorraum zu einem potentiellen Feind, nämlich der Sowjetunion, wurde immer tiefer. Kein Mensch dachte daran, dass sich die Westmächte aggressiv gegen die Schweiz richten würden. Politisch war die Schweiz verlässlich neutral, geistig waren die Schweizer voll und ganz der westlichen Welt zugewandt. Grundsätzlich hielt die Schweizer Verteidigungsdoktrin noch für etliche Jahre angelehnt an das Reduit National fest, also an die Alpenfestungen in den drei grossen Schlüsselräumen St. Maurice, Gotthard und Sargans. Aber es wurde in der Folge die Armee zunehmend motorisiert und mechanisiert. Die Idee einer tief gestaffelten Abwehr mit sehr autonom kämpfenden Armeekorps, welche sich von Ost nach West über das Land positionierten und über jeweils starke Artillerie und Panzerkräfte und eine schlagkräftige Luftwaffe verfügte, prägte die Schweizer Armee bis zum Ende des Kalten Krieges.

Die Grenz- bzw. Gebirgsbrigade 11 am Simplon mit ihrem Festungswerk ob Naters, blieb während der gesamten Zeit zwischen 1945 und 1995 aktiv, bis sich schließlich unter dem Eindruck der sich auflösenden Sowjetunion auch die Simplonbrigade im Zuge einer grossen Armeereform 1995 auflöste. Militärisch war damit die große Zeit und Bedeutung des Simplons vorbei.

3. Ausblick und Fazit

Seit dem Ende des Kalten Krieges verlor das Alpenreduit und die bis dahin seit dem Zweiten Weltkrieg stetig weiterentwickelte Doktrin an militärstrategischer Bedeutung. Die seit 1995 erfolgten mehrfachen Reformen der Schweizer Armee führten dazu, dass einerseits die Alpenfestungen teilweise ausser Dienst gestellt und anderseits die Armeebestände stark reduziert wurden. Eine in Zukunft noch 100.000 Mann starke Milizarmee kann nicht mehr flächendeckend dieselben Aufträge erfüllen, wie dies noch bis zum Ende des Kalten Krieges der Fall war. Geblieben ist die strategische Rolle der Schweiz als Hüterin der Alpenpässe. Diese zu schließen und zu verteidigen, steht in einem friedlichen Europa nicht mehr im Vordergrund. Vielmehr geht es heute darum, diese lebenswichtigen Verkehrsadern für den gesamteuropäischen Waren- und Personenverkehr offen zu halten. Aus diesem Grund baut die Schweiz diese Straßen- und Eisenbahnachsen auch ständig aus. Sie tut dies auf eigene Kosten, nicht für sich, sondern für Europa und leistet damit einen wichtigen Beitrag zur Erfüllung des freien Personen- und Warenverkehrs. 2016 wird der neue alpendurchquerende Hochleistungseisenbahntunnel durch den Gotthard eröffnet werden. Schon wird darüber diskutiert, wie die in ein paar Jahren fällige Sanierung des Gotthard-Straßentunnels erfolgen kann, ohne diese Verkehrsader über Jahre schließen zu müssen. Geplant ist der Bau eines zusätzlichen Straßentunnels. Auch der Simplonpass wird zurzeit an mehreren Stellen saniert, Kunstbauten werden verstärkt und ausgebaut, damit auch in Zukunft diese ganzjährig befahrbare Strasse den immer größeren Verkehrsstrom bewältigen kann.

Geblieben ist die strategische Rolle der Schweiz als Hüterin der Alpenpässe. Diese zu schließen und zu verteidigen, steht in einem friedlichen Europa nicht mehr im Vordergrund. Vielmehr geht es heute darum, diese lebenswichtigen Verkehrsadern für den gesamteuropäischen Waren- und Personenverkehr offen zu halten.

All dem schaut der steinerne Adler auf der Passhöhe unbeirrt wachsam zu. Noch ist die Schweizer Armee auf dem Pass präsent. Noch wird scharf geschossen auf dem Simplon. Jährlich finden Wiederholungskurse der Artillerie auf dem Schießplatz auf der Passhöhe statt. Die Bedeutung des Simplons als Handelsstrasse und als Eisenbahntunnel im gesamteuropäischen Kontext bleibt auch in Zukunft. Militärisch scheint der Simplon (wie schon des Öfteren in der Geschichte), in einen erneuten Tiefschlaf zu verfallen. Es bleibt zu hoffen, dass der Adler wachsam bleibt.

Zum Autor: Dr. Igor Perrig, Oberstlt a D, (Jahrgang 1964) ist Mitglied der Clausewitz-Gesellschaft und Geschäftsführer der Sektion Schweiz seit deren Gründung 2003. Er studierte Neuere Geschichte, Schweizer Geschichte und Kommunikationswissenschaften an der Universität Fribourg. Er war als wissenschaftlicher Mitarbeiter am Center for International Security Studies an der University of Maryland und als Mitarbeiter im Sekretariat der North Atlantic Assembly in Brüssel tätig. Dr. Perrig war Referent für Sicherheitspolitik des Generalstabschefs der Schweizer Armee und Sektionschef Partnerschaft für den Frieden, Internationale Beziehungen Verteidigung im Eidgenössischen

Departement für Verteidigung, Bevölkerungsschutz und Sport. 2008 – 2015 war Dr. Perrig als Public Affairs Manager bei swisselectric, der Organisation der grossen Schweizer Stromproduzenten, tätig. Zurzeit arbeitet Dr. Perrig als freier Historiker und Publizist.

Anmerkungen:

1   Der Jahresausflug 2015 der Sektion Schweiz der Clausewitz-Gesellschaft führte die Mitglieder nach Brig an den Fuss des Simplonpasses. In der ehemaligen Simplonfestung bei Naters wurde den Teilnehmern des Anlasses die strategische Bedeutung des Simplon näher gebracht. So entstand die Idee eines kurzen Beitrages über den Simplon für das Jahrbuch der Clausewitz-Gesellschaft.
2   „Jetzt ein paar Worte über meinen Aufenthalt hier. Die Gegend des Genfer Sees gehört zu den schönsten in der Welt und ist auch in der Schweiz einzig in ihrer Art. In meinem Tagebuch habe ich mich aller Beschreibungen soviel als möglich enthalten und zuweilen gar getadelt, daher kann ich mir nicht versagen, hier ein paar Pinselstriche zur Ehre dieser schönen Natur zu tun. Zwischen dem Jura und der großen Masse der Schweizer Alpen zieht sich bekanntlich in der Richtung von Nordosten nach Südwesten ein breites Tal, ein Bild des gelobten Landes an Fruchtbarkeit und Anbau. In der Mitte liegt der Genfer See, der mit seiner himmelblauen Spiegelfläche fast die ganze Breite des Tales einnimmt, so daß an beiden Seiten nur einige Stunden flaches Land übrigbleibt. Von Coppet aus übersieht man den See seiner ganzen Länge nach auf der einen Seite bis Genf, auf der anderen fast bis da, wo aus dem allergeheimsten Winkel der Erde von Pforten, aus den Wohnungen ewiger Nacht der Fluss Rhodan seine Fluten hervorwälzt …" Brief vom 5. Oktober 1807 an seine Verlobte, Marie von Brühl. In: Carl von Clausewitz, Kleine Schriften, in: Projekt Gutenberg, S. 37 f.

Literaturverzeichniss:

Braun Peter: Der Schweizer Generalstab, Band X, Teil 1 und 2; von der Reduitstrategie zur Abwehr. Die militärische Landesverteidigung der Schweiz im Kalten Krieg 1945 – 1966. Baden 2006.

Deschwanden von Peter: der Simplon in der napoleonischen Strategie, in: Blätter aus der Walliser Geschichte, Herausgegeben von: Geschichtsforschender Verein Oberwallis, Brig 1997

Flückiger-Seiler Roland: Nicolas Céard, die Entstehung der ersten Kunststrasse über die Hochalpen, in: Blätter aus der Walliser Geschichte, Herausgegeben von: Geschichtsforschender Verein Oberwallis, Brig 1997.

Fuhrer Hans Rudolf: Die Schweizer Armee im Ersten Weltkrieg, Bedrohung, Landesverteidigung und Landesbefestigung, Zürich 1999

Grenzbrigade 11 (Hersg): Simplon Brigade. Soldatenleben unter den Viertausendern zwischen Binntal und Matterhorn. Brig, 1994.

Keller Anton, Imhof Georg: Militärgeographie der Schweiz und ihrer Grenzgebiete, Sektor Oberwallis, 1911. Herausgegeben von der Eidgenössischen Militärbibliothek, Bern 2005

Köppel Thomas/Haas Stefan (Hersg): Simplon, 100 Jahre Simplontunnel, Zürich 2006

OK „Diamant" (Hersg): Herbst 1939. Bangen und Entschlossenheit. Brig, 1989.

Rapold Hans: Der Schweizerische Generalstab, Band V, Zeit der Bewährung? Die Epoche um den Ersten Weltkrieg 1907 – 1924, Basel 1988

Senn Hans: Der Schweizerische Generalstab, Band VI, Erhaltung und Verstärkung der Verteidigungsbereitschaft zwischen den beiden Weltkriegen, Basel 1991

Sprecher Daniel: Generalstabschef Theophil Sprecher von Bernegg, eine kritische Biographie, Zürich 200

Wyder Theodor: Simplon im Zeitgeschehen, Sitten 1996

Deutschlands Rolle in der NATO und in Europa

Vortrag gehalten vor dem Regionalkreis Nord der Clausewitz-Gesellschaft am 16. September 2015 in Hamburg

Wolf-Dieter Löser

Ich bedanke mich bei Herrn Tiedt für die freundliche Einladung zu diesem Vortrag und freue mich, nach langer Zeit wieder einmal in Hamburg zu sein.

Natürlich ist die Flüchtlingsfrage das Thema der Stunde, die auch die Bundeswehr mehr und mehr fordert. Diese Problematik tangiert zwar auch mein heutiges Thema in gewisser Weise, sie steht aber nicht im Mittelpunkt meines Vortrages, der sich auf die sicherheitspolitischen Aspekte unserer Verantwortung in der NATO und in Europa konzentriert.

Vor gut einem Jahr hat Bundespräsident Gauck bei der Münchner Sicherheitskonferenz mehr deutsche Verantwortung eingefordert und Deutschland eine größere Rolle in der Welt, nicht nur in Europa, zugemessen. Außenminister Steinmeier und Verteidigungsministerin von der Leyen sind diesem Tenor gefolgt. Von Kriegstreiberei sprachen die einen, Zustimmung signalisierten vor allem unsere Verbündeten. Skepsis war und ist angebracht, ob nicht, wie nach der Rede des damaligen Bundespräsidenten Köhler zum 50. Bestehen der Führungsakademie der Bundeswehr, das Thema nach kurzem Rauschen im Blätterwald versandet.

Bundespräsident Gauck bei der Münchner Sicherheitskonferenz 2014

Warum diese Kurskorrektur zu dieser Zeit? Da gibt es sicher mehrere Erklärungsansätze: zum Einen die Erkenntnis, dass die USA nicht mehr bereit und in der Lage sind, den Europäern alle Lasten abzunehmen. Zum Anderen aber auch, wie Münkler in seinem neuesten Buch „Macht in der Mitte" erklärt, die nicht nur wirtschaftliche Schwäche Frankreichs und somit das Stottern des deutsch-französischen Motors, die Probleme in den südlichen Ländern und die wirtschaftliche Ausnahmestellung Deutschlands. Wahrscheinlich kommt hinzu die Einsicht der Großen Koalition, dass sich eine Politik wie im Fall Libyen nicht wiederholen dürfe, die außenpolitisch viel Schaden angerichtet hat und bei unseren ausländischen Kameraden – ich habe das damals als Kommandant des NATO Defense College hautnah miterlebt – Unverständnis hervorgerufen hat.

Doch es war ja nicht nur Libyen, das besonders uns im internationalen Umfeld eingesetzten Soldaten zugesetzt hat. Zu meiner Zeit als Stellvertretender Kommandeur ISAF in Afghanistan war es unseren ausländischen Partnern kaum zu vermitteln, dass wir – damals 2004/2005 – nicht in gefährlicheren Regionen unterstützen wollten und selbst AWACS-Einsätze gefährdet waren oder ausfielen, weil deutsches Personal nicht dabei sein durfte. Selbst der Einsatz deutscher Offiziere in NATO-Stäben, die eine Funktion in nicht von Deutschland mandatierten Einsätzen hatten, wurde in Frage gestellt.

Auch dieses Themas hat sich die neue Bundesregierung angenommen, indem der Deutsche Bundestag am 20.03.2014 die sogenannte „Rühe-Kommission" beauftragt hat, „zu prüfen, wie auf dem Weg fortschreitender Bündnisintegration und trotz Auffächerung von Aufgaben die Parlamentsrechte gesichert werden können". Die Kommission hat, wie Sie wissen, vor genau drei Monaten ihren Bericht vorgelegt und im Wesentlichen folgende Vorschläge unterbreitet:

- Jährlicher Bericht der Bundesregierung an das Parlament über die multilateralen Verflechtungen und Einsatznotwendigkeiten(„Verbundfähigkeiten" = arbeitsteilige Struktur[1]), um für den Fall von kurzfristigen Einsätzen größere Handlungssicherheit zu haben.

- Zustimmungspflicht des Bundestages für den Einsatz von Soldaten in Stäben nur, wenn diese Soldaten im Gebiet des bewaffneten Konflikts eingesetzt sind.

- ggf. Überprüfung des verfassungsrechtlichen Rahmens für Auslandseinsätze.

Soweit der Bericht der Rühe-Kommission, der aus meiner Sicht sinnvolle Empfehlungen gibt. Eine Einschränkung der Rechte des Parlaments zugunsten von schnelleren Einsatzentscheidungen war kaum zu erwarten. Nun ist abzuwarten, wie die Entscheidungsträger mit dem Bericht umgehen.

Sicherheitspolitische Entwicklungen

Weiterer Anlass für die neue Denkrichtung waren sicher auch die verschärften sicherheitspolitischen Entwicklungen, die Ihnen bekannt sind und die ich daher nur kurz erwähne.

An erster Stelle zu nennen sind der Konflikt in der Ukraine und die völkerrechtswidrige Annexion der Krim, die dazu führten, dass die Partnerschaft mit Russland sowohl in Europa als auch mit der NATO auf Eis gelegt ist. Dennoch führt es meiner Ansicht nach zu weit, bereits von einem neuen Kalten Krieg zu sprechen, und ich glaube auch nicht, dass Russland unser größtes Problem ist. Ich komme darauf zurück.

Die größere Herausforderung, ja Bedrohung, ist die Terrororganisation IS, die durch den Zerfall staatlicher Ordnung im Irak, in Syrien und im Libanon gestärkt ist und auch andere Länder wie Jordanien, Ägypten und sogar die Türkei bedroht. Sie hat im Nahen Osten al-Qaida weitgehend abgelöst und gewinnt auch mehr und mehr Einfluss in Ländern Afrikas, wobei die Gefahr durch al-Qaida aus Pakistan heraus und in Afrika weiter nicht zu unterschätzen ist.

Ziel des IS ist es, im Gegensatz zu al-Qaida, nicht in erster Linie die USA und den Westen zu vernichten, sondern zunächst den für sie größeren Feind und Rivalen innerhalb des muslimischen Glaubens, vorwiegend Schiiten und Alawiten, zu bekämpfen, somit die Herrschaft im Nahen/Mittleren Osten zu erlangen, Israel auszulöschen und sich dann der übrigen Welt zuzuwenden[2]. Der „Islamische Staat" ist mitverantwortlich für den Flüchtlingsstrom, den wir derzeit in Europa erleben, und auf den wir noch keine Antwort haben.

Nur mit Russland und dem Iran kann Assad zu Verhandlungen mit der Opposition gebracht werden, vielleicht sogar mit Vermittlung Deutschlands, und der IS in Syrien könnte verdrängt werden.

Das hat mehrere Konsequenzen:
Die seit Jahren/Jahrzehnten bestehenden sicherheitspolitischen Lager und Fronten werden verschoben oder gar aufgelöst. Der Iran könnte zu einem wichtigen Partner werden. Ich bin mir auch nicht sicher, ob wir es uns leisten können, von uns als solche definierte Diktaturen wie Ägypten oder sogar Syrien links liegen zu lassen, und wir werden auch Russland brauchen. Nur mit Russland und dem Iran kann Assad zu Verhandlungen mit der Opposition gebracht werden, vielleicht sogar mit Vermittlung Deutschlands, und der IS in Syrien

könnte verdrängt werden. Hoffen wir, dass die nun angestrebte Kontaktgruppe zusammen findet und Erfolge verzeichnet.

Die vielen vom IS zurückkehrenden Europäer, darunter auch Hunderte Deutsche, werden zur Gefahr in ihren Heimatländern. Daher ist nicht nur eine enge Zusammenarbeit aller Geheimdienste unabdingbar, sondern auch gemeinsames internationales Handeln einschließlich Deutschlands. Dabei geht es in erster Linie um Stabilisierung von Staaten wie z.B. des Irak, aber auch einiger in Afrika, um sie dadurch in die Lage zu versetzen, den IS einzudämmen, aber auch um Einflussnahme auf sunnitische Staaten wie Katar oder Saudi-Arabien, die das IS-Kalifat mit Geld versorgen oder Geldströme aus Ölverkauf zulassen. Nicht zuletzt nimmt die Türkei eine Schlüsselrolle ein. Es darf jedoch bezweifelt werden, dass die USA, geschweige denn die EU, Erdogan von einer klareren Positionierung gegen den IS statt gegen die PKK oder Assad überzeugen können.

Militärisch sollten wir im Nahen Osten, wie schon von Anfang an in Syrien, Zurückhaltung wahren, da wir sonst Gefahr laufen, zwischen die Fronten zu geraten. Dennoch kann man dort noch mehr tun.

Cyber Warfare/ Abwehr ist ein weiteres Thema, bei dem die Bundesrepublik Deutschland einigen Nachholbedarf hat. Ich erinnere mich an eine nationale Konferenz im Cäcilienhof zur Vorbereitung des neuen strategischen Konzepts der NATO, bei der ich als Kommandant des NDC gebeten wurde, zur Bedeutung von Cyber Defense/ Warfare vorzutragen. Ich habe damals (2010) auf die künftige Bedrohung hingewiesen und auch darauf, welche Bedeutung die Amerikaner dem Thema mit dem damals schon bestehenden Cyber Warfare Command zugemessen haben. Die mangelnde Vorstellungskraft der kleinen Gruppe hochrangiger Vertreter unserer Ministerien gipfelte in der Bemerkung des Vertreters des BMI, das sei doch alles vollkommen übertrieben und typisch amerikanisch.

Die Problematik von Cyber Warfare liegt genauso wie bei der Terrorismusbekämpfung darin, dass Sie Ihren Gegner/Feind nicht oder schwer identifizieren können: Manipulation der Finanzmärkte, Eindringen in lebenswichtige Energie- oder Sicherheitssysteme, Knacken von Codes für militärische Abwehrsysteme, Lahmlegen von Gefechtsständen und vieles mehr – was wir bisher mit der Welt von James Bond oder Science Fiction assoziiert haben – alles das ist nicht auszuschließen. Daher müssen wir nicht nur national unsere Anstrengungen verstärken, wie wir dies jetzt mit einem eigenen Organisationsbereich CYBER im BMVg beginnen, sondern sind nach wie vor trotz NSA-Debatte auf die USA angewiesen.

Natürlich könnte man die Aufzählung der Herausforderungen noch weiterführen, z. B. die Bedrohung durch Epidemien, der Kampf um Ressourcen wie Wasser und Öl, nukleare Proliferation, demografische Entwicklung in Europa/Afrika/den Arabischen Ländern, zunehmende Einflussbereiche Chinas etc. Aber ich will mich jetzt der Frage zuwenden, wie die NATO und Europa darauf reagieren und welche Rolle Deutschland dabei spielt.

Die Rolle der NATO und der Beitrag Deutschlands

Das in Lissabon 2010 verabschiedete neue strategische Konzept der NATO stellt zwar weiterhin die gemeinsame Verteidigung des Bündnisgebietes und die Abschreckung in den Vordergrund, beschreibt aber mehr die globale Rolle im Krisenmanagement, fußend auf den Erfahrungen in Afghanistan und im Kampf gegen den Terror. Daneben werden unter dem Schlagwort der Kooperativen Sicherheit die Notwendigkeit und der Ausbau von Partnerschaften wie z.B. mit der UN und arabischen/afrikanischen Staaten im Rahmen des „Mediterranean Dialogue" und der „Istanbul Cooperation Initiative" (ICI) sowie der sogenannte Comprehensive Approach hervorgehoben. Auch der Ausbau von Partnerschaften im vormaligen Einzugsbereich des Warschauer Paktes, wie z. B. der Ukraine, sollte vorangetrieben und die Partnerschaft mit Russland weiter ausgebaut werden.

Doch bei aller Gipfelrhetorik zeigte sich, dass die Einheit des Bündnisses, die nach dem 9/11-Anschlag noch zur Feststellung des Bündnisfalles nach Artikel 5 des NATO-Vertrages geführt hatte, nach dem langen und auszehrenden Einsatz in Afghanistan und den finanziellen Lasten im Zuge der Finanzkrise Risse zeigte. Dies gipfelte in der Reaktion auf die Libyenkrise 2011, bei der die NATO zwar gemeinsam den Einsatz beschlossen hatte, aber nur wenige Staaten sich aktiv, zusammen mit einigen arabischen Staaten, beteiligten. Im UN-Sicherheitsrat stimmte Deutschland mit China und Russland gegen seine in der Wertegemeinschaft Verbündeten und setzte damit die Einheit des Westens aufs Spiel.

Der uns allseits bekannte und von uns geschätzte General Naumann beklagt diese, wie er sie nennt, „deutsche Kastanienpolitik", bei der Deutschland die anderen die Kastanien aus dem Feuer holen lässt und sie dann dafür auch noch kritisiert, obwohl die deutliche Mehrheit der Bevölkerung für ein Eingreifen in Libyen war, allerdings ohne deutsche Beteiligung. Wie schon eingangs erwähnt, waren dieses Trauma und die Wahl einer neuen Regierung der Auslöser für die Rede des Bundespräsidenten und die beginnende Hinwendung der Bundesregierung zu einer neuen Verantwortung Deutschlands.

Doch auch ohne Libyen fiel es der NATO vor der Ukrainekrise schwer, ihre Strategie mit Leben zu füllen. Sieht man von den Golfstaaten einmal ab, so gerieten die Partnerschaftsprogramme durch den Arabischen Frühling und dessen Scheitern ins Stocken, zumal sich viele dieser Staaten von der NATO eine Art Beistandspflicht, z.B. gegen den Iran, erhofft hatten, die natürlich nicht zu leisten war. Manche dieser Staaten glaubten sogar, sie könnten uns im Kampf gegen ihren Hauptfeind Nr. 1 Israel auf ihre Seite ziehen. Dabei brauchen wir diese Staaten heute mehr denn je als Partner, weil ohne sie Terrororganisationen wie IS oder al-Qaida nicht zu schlagen sind.

Spätestens zum Ende des Kampfeinsatzes in Afghanistan war klar, dass die internationale Gemeinschaft und die Bevölkerung der beteiligten Staaten einen solchen Einsatz auf absehbare Zeit nicht mehr oder nur unter extremsten Voraussetzungen führen und verkraften könnten. Das Gute zu wollen und dafür zu riskieren, die Menschen eines ganzen Landes, ja einer ganzen Region, Ethnie oder Religion gegen sich aufzubringen, das wird man sich in Zukunft eher zweimal überlegen. Beispiel dafür ist Syrien: Zwar mögen einige meinen, wir hätten das Erstarken des IS in Syrien und im Irak verhindern können, wenn wir frühzeitig die Opposition gegen Assad unterstützt hätten. Ich bin da ganz anderer Meinung. Wir wären mit einem Eingreifen dort zwischen die Fronten geraten mit dem Ergebnis, dass sich alle gegen uns, die „Ungläubigen aus dem Westen und Vasallen der USA" verbündet hätten. Ein direktes Eingreifen mit Bodentruppen in diesen Ländern kann ich mir in naher Zukunft nur vorstellen, wenn es dem IS gelingen sollte, seine Schreckensherrschaft so auszuweiten, dass unsere elementaren Interessen und eine substantielle Bedrohung unserer Bevölkerung auf dem Spiel stehen. Ansonsten sind wir gut beraten, die Länder in dieser Region im Kampf gegen den IS so zu unterstützen, wie wir dies zur Zeit tun – aus der Luft oder mit Ausbildung und Ausrüstung bzw. Waffen. Auch hier haben Regierung und Parlament nach langer Diskussion Maßnahmen ergriffen, die vor Jahren so noch nicht denkbar gewesen wären. Es werden jedoch wohl noch mehr Maßnahmen erforderlich sein, um Iraker, Kurden und andere zu unterstützen.

Interessanter-, aber nicht überraschenderweise stimmt die Bevölkerung diesen Maßnahmen umso mehr zu, je größer die Gefahr durch den IS wird, auch wenn nicht auszuschließen ist, dass bei zunehmender Bedrohung wie in Frankreich die Angst vor Anschlägen so wächst, dass wie in der Vergangenheit ein „Wegducken" eher unterstützt wird als ein gemeinsamer Kampf dagegen.

ISIS-Kämpfer 2014 in Raqqa, Syrien

Deutschland hatte sich bis dahin zunächst immer mehr in die internationalen Einsätze eingebracht. Unter Verteidigungsminister zu Guttenberg wurden deutsche Politik und Gesellschaft erstmals wieder mit Begriffen wie Krieg und Gefallenen konfrontiert. Dennoch lief Deutschland immer nur hinterher, übernahm meist die nicht so gefährlichen Rollen und versteckte sich gern hinter Rhetorik und Verbündeten wie den USA, Großbritannien, Frankreich und sogar kleineren Ländern wie den Niederlanden.

Dies lag ausschließlich an der Politik, nicht an den Soldaten der Bundeswehr, die sich nie geduckt, sondern ihre Aufträge immer sehr couragiert und professionell bewältigt haben und sich auch in den Einsätzen heute dadurch viel internationalen Respekt und Anerkennung verschaffen.

Die Erkenntnis der NATO-Mitgliedsstaaten nach der Finanzkrise 2008 und vor dem Hintergrund zunehmender Aufgaben führte beim Gipfel in Chicago 2012 zur Verabredung einer zunehmenden Lasten- und Rollenverteilung, der sogenannten „Smart Defense". Schlagworte wie Pooling und Sharing waren keineswegs neu, sollten allerdings mit neuem Leben erfüllt werden. Doch auch hier standen und stehen nationale Eigeninteressen durchschlagenden Erfolgen im Wege. Nur die kleineren Nationen, die sich den gesamten Satz an Fähigkeiten nicht mehr leisten können, sind aus schierer Notwendigkeit heraus bereit, dieses Konzept mit Leben zu erfüllen. Positive Beispiele sind die immer engere Zusammenarbeit Deutschlands mit den Niederlanden im Deutsch-Niederländischen Korps oder mit Polen mit dem Stettiner Korps. Ich komme auf diese Thematik noch einmal beim Thema Europa zurück.

Eine gewisse Erschöpfung und Lethargie hatte sich in der NATO breitgemacht. Einmal dadurch, dass alle Kraft in die Bewältigung der Finanzkrise gesteckt werden musste, zum anderen, weil die USA als Motor für die euro-atlantische

Partnerschaft nicht mehr so sichtbar waren, und nicht zuletzt, weil der Rückhalt der Bevölkerung für weltweite Einsätze selbst in Ländern wie Großbritannien oder Frankreich, von uns nicht zu reden, geschwunden war.

Die Annexion der Krim und die russische Beteiligung am Bürgerkrieg in der Ostukraine haben die NATO „wachgeküsst" und zu den Beschlüssen auf dem Gipfel von Wales im letzten Jahr (2014) geführt. Begriffe aus der Vergangenheit wie Abschreckung oder Vorausstationierung machen wieder die Runde. In Ergänzung der bereits bestehenden NATO-Verstärkungskräfte (NRF) wurde neben 6 kleinen integrierten Stäben (40 Soldaten) im Baltikum, in Polen, Rumänien und Bulgarien die neue Very High Readiness Joint Task Force (VJTF), die sogenannte Speerspitze, beschlossen, die innerhalb von zwei bis sieben Tagen in Brigadestärke vor allem in das Baltikum oder nach Polen verlegt werden kann . Die VJTF mit einer Stärke von 5.000 bis 7.000 Soldaten wird ein Jahr in höchster Bereitschaft gehalten, eine weitere bereitet sich vor und die vorher verantwortliche bleibt für ein weiteres Jahr abrufbereit. Zusammen mit Luft-, See-, Spezialkräften und sogenannten „Force Multipliern" will man somit auf eine Stärke von ca. 40.000 Soldaten kommen. Sieben Nationen haben sich für eine sogenannte Führungsrolle gemeldet. Deutschland hat mit dem Deutsch-Niederländischen Korps den Anfang gemacht und schnell erkannt, welche Herausforderung eine solche Aufgabe bedeutet.

Neue alte Fähigkeiten müssen wieder geschaffen und eingeübt werden: Alarmkalender, Verlegungen in kurzer Zeit, andere taktische und operative Verhaltensmuster, Übungen ähnlich REFORGER[3] in lange nicht geübten Größenordnungen usw. Deutschland, wie sicher auch andere Nationen, stößt aber vor allem an seine Grenzen, was Verfügbarkeit von Truppe und Material betrifft. Noch ganz im Zeichen von Strukturreform nach Aufgabe der Wehrpflicht, deutlicher Reduzierung von Personal und Material und der Konzentration auf bestehende Krisenmanagementeinsätze zeigt sich, dass der konzeptionelle Ansatz von „Breite vor Tiefe" nicht nur keine Tiefe, sondern auf Grund der mangelnden Kräfte und Fähigkeiten auch keine Breite im Hinblick auf die Landes- und Bündnisverteidigung ermöglicht. Die Kräfte für zwei Gefechtsverbände mussten aus dem gesamten Heer „zusammengekratzt" werden, und auch bei Luftwaffe und Marine ist die Situation nicht besser, wie die Inspekteure immer wieder betonen. Aufgrund des bei der Strukturreform aus der Not geborenen sogenannten „dynamischen Verfügbarkeitsmanagements" verfügt die Truppe nicht über eigenes Gerät und

Übung der NATO Response Force (NRF)

muss es für Übungen und Einsatz immer aus den gesamten Streitkräften zusammenführen. Das kostet Zeit und Geld und ist natürlich unter den neuen Erfordernissen der NATO völlig ungeeignet. Um diesen Ansatz zu berichtigen, ist viel Geld nötig, das man dann nicht auch noch wie im Fall des Gewehres G 36 verschwenden sollte, und vielleicht sind auch leichte strukturelle Nachbesserungen erforderlich. Jüngst wurde zwar der Begriff „dynamisches Verfügbarkeitsmanagement" verbannt, und die Verfahren wurden so geändert, dass die Truppe jetzt selbst die Verfügbarkeit organisieren soll. Das ändert aber nichts am fehlenden Material.

Die NATO hat ja auf dem Gipfel in Wales die Nationen noch einmal auf das alte Ziel eingeschworen, wonach 2 Prozent des Bruttoinhaltsproduktes (BIP) für Verteidigung ausgegeben werden sollten. Auch die Bundesregierung hat zugestimmt, dieses Ziel innerhalb von zehn Jahren erreichen zu wollen, entfernt sich aber trotz zusätzlicher 8 Mrd. Euro bis 2019 weiter von diesem Ziel. In den letzten drei Jahren hat dieser Anteil immer mehr abgenommen und beträgt in diesem Jahr 1,2 Prozent. Deutschland liegt damit gleichauf mit anderen NATO-Ländern an 11. bis 14. Stelle – zum Vergleich: Großbritannien 2,1 Prozent und Frankreich 1,8 Prozent. Fakt ist, dass England und Frankreich trotz hoher finanzieller Belastungen durch ihre Nuklearstreitkräfte mit 160.000 bzw. 210.000 Soldaten deutlich mehr einsatzbereite Gefechtsverbände auf die Beine stellen als Deutschland mit seinen 180.000.

Das Ziel der Bundesregierung, für die Landesverteidigung zumindest eine Division rasch verfügbar zu haben, ist zurzeit Illusion und mit dem finanziellen Ansatz auch nicht zu erreichen. Sprechen Sie mit deutschen Repräsentanten in Brüssel, so erfahren Sie vom Frust über die mangelnde Möglichkeit – und manchmal auch Bereitschaft –, etwas „liefern" zu können. Der Vizepräsident des Europäischen Parlaments, Graf Lambsdorf, hat es auf den Punkt gebracht: „Die Bündnispartner wissen schon lange von der mangelnden Einsatzbereitschaft des Geräts

Das Ziel der Bundesregierung, für die Landesverteidigung zumindest eine Division rasch verfügbar zu haben, ist zurzeit Illusion und mit dem finanziellen Ansatz auch nicht zu erreichen.

und setzen deshalb nicht mehr auf Deutschland, wenn es darum geht, internationale Krisen zu beherrschen"[4]. Mag dies auch etwas übertrieben sein, so steckt doch ein wahrer Kern darin. Der vorige Inspekteur des Heeres, Generalleutnant Kasdorf, hat in mehreren Interviews die Finanz- und Fähigkeitslücken des deutschen Heeres beklagt. Verfügbarkeit von Großgerät, Munition, Modernisierung, Ausbildungseinrichtungen und Infrastruktur sind nur einige Beispiele der Defizite. Die aus seiner Sicht „grundsätzliche Lageänderung" durch die neue Konfrontation mit Russland erfordert massive Verbesserungen und finanzielle Anstrengungen. Die USA und andere Bündnispartner werden hier weiter Druck auf Deutschland machen, immerhin das bevölkerungsreichste und wirtschaftlich mit Abstand stärkste Land in Europa.

Die USA haben durch die Ukrainekrise und die Abkühlung der Partnerschaft mit Russland ihr Augenmerk wieder mehr auf Europa gerichtet. Mit ihrer Ankündigung, schweres Gerät für ca. 5.000 Soldaten an 6 Stützpunkte im Baltikum, in Polen, Rumänien und Bulgarien zu verlegen, zeigen sie nicht nur ihr Engagement, sondern verlangen im gleichen Atemzug ein ähnliches von ihren Bündnispartnern. Wir sind uns, glaube ich, einig, dass die völkerrechtswidrige Annexion der Krim und der klar nachgewiesene Einmarsch russischer Verbände in die Ostukraine nicht hinnehmbar sind. Wir verstehen auch, dass Balten oder Polen aufgrund ihrer Geschichte und geographischen Nähe zu Russland aus Angst und Erfahrung größere Solidarität in Form von Stationierung größerer Truppenkörper jenseits der NATO-Russland-Akte fordern und erwarten. Wir sehen auch, wie Norwegen, Finnland oder Schweden ihre Verteidigungsanstrengungen im Hinblick auf eine mögliche russische Bedrohung erhöhen und sogar die Wiedereinführung der Wehrpflicht erwägen. Wir dürfen jedoch nicht in alte historische Fehler verfallen, die durch eine Kalte-Kriegs-Rhetorik und eine Spirale von Maßnahmen und Gegenmaßnahmen den Konflikt schüren.

> *Die USA haben durch die Ukrainekrise und die Abkühlung der Partnerschaft mit Russland ihr Augenmerk wieder mehr auf Europa gerichtet.*

Putin wird sich nicht davon abhalten lassen, seinen Einflussbereich im alten sowjetischen Machtbereich und somit den Stolz des russischen Volkes wiederherzustellen und zu stärken. Die Demütigung einer „Regionalmacht", wie Obama Russland einst despektierlich nannte, wird er trotz wirtschaftlicher Schwäche auch militärisch zu widerlegen suchen. Eine unmittelbare Bedrohung, wie sie von einigen propagiert wird, sehe ich jedoch nicht. Dazu ist Russland trotz großer Anstrengungen in jüngster Zeit militärisch und wirtschaftlich nicht in der Lage, und es liegt auch nicht in Russlands Interesse.

Die Ukraine aus der NATO, wenn möglich auch aus der EU herauszuhalten und in die russisch-eurasische Einflusszone zu ziehen, das will Putin erreichen, und er hat dies ja de facto zumindest zum Teil geschafft. Dabei hat er die Mittel der hybriden Kriegsführung zur Perfektion gebracht und so genutzt, dass eine klare Völkerrechtsverletzung auch in den Augen vieler westlicher Bürger und sogenannter Experten als sein gutes Recht angesehen und eher die NATO und „der Westen" an den Pranger gestellt werden.

Deutschland ist und bleibt der zentrale Ansprechpartner und Vermittler mit Russland und muss zwischen den osteuropäischen Anliegen, den USA und den anderen Verbündeten ausgleichen. Deutschland sollte auch darauf hinwirken, den NATO-Russland-Rat zu reaktivieren und Gespräche wieder aufzunehmen. „Harmel" hat nichts von seiner Relevanz verloren. Auch, aber nicht nur im Hinblick auf Russland, kommt Deutschland daher mehr als in den letzten zwei Jahrzehnten eine zentrale Rolle und Verantwortung in der NATO und Europa zu, die Kanzlerin Merkel und Außenminister Steinmeier auch angenommen haben.

Deutschland ist und bleibt der zentrale Ansprechpartner und Vermittler mit Russland und muss zwischen den osteuropäischen Anliegen, den USA und den anderen Verbündeten ausgleichen.

Die Bedrohung aus dem Südosten ist jedoch, wie schon erwähnt, größer. Man hat jedoch manchmal den Eindruck, dass die Bedrohung im Osten aufgebauscht wird, um im Süden nicht handeln zu müssen.

Deutschland und Europa

Doch lassen Sie mich nun der Europäischen Sicherheits- und Verteidigungspolitik und der Rolle Deutschlands zuwenden.

Die Kanzlerin hat ja vermehrt den Versuchsballon „Europaarmee" gestartet, und die Verteidigungsministerin hat diese dezidiert gefordert. Kommissionspräsident Juncker hat sich im Zuge der Ukrainekrise sogar dazu verstiegen, eine solche als Gegenpol zu Russland zu etablieren. Eine solche Äußerung halte ich nicht nur für unsinnig, sondern auch gefährlich, schließt sie doch Russland endgültig aus dem europäischen Verbund aus.

Schon 1989 und 1993 hatten Kohl und Mitterand mit der Deutsch-Französischen Brigade und dem Eurokorps militärische Symbole geschaffen, die mangels Alternativen in der Fortentwicklung gemeinsamer Interessen in Fragen der Sicherheit und Verteidigung Instrumente für gemeinsames europäisches Handeln schaffen sollten. Tatsächlich aber waren diese Großverbände und Stäbe entgegen den ursprünglichen Plänen mehr im Rahmen der NATO als der Europäischen Union eingesetzt. So war das Eurokorps zweimal in Afghanistan unter ISAF-Kommando.

Während es dem Frankreich Mitterands sicher eher darum ging, eine eigene europäische Streitmacht zu entwickeln, die es ja 1955 noch abgelehnt hatte, um unabhängiger von der NATO und den USA zu werden, ging es Kohl sicher eher um die Stärkung des europäischen Pfeilers innerhalb der NATO und ein Ausbalancieren der verschiedenen Akteure und Interessen. Durch eine Politik weg von der Stärkung des europäischen Pfeilers in der NATO (ESDI) hin zur „Gemeinsamen Außen- und Sicherheitspolitik" (GASP) suchte man durch Errichtung eigener Stäbe, Gefechtsstände und auch schnell verfügbarer EU Battlegroups nach dem Vorbild der NRF der europäischen Politik auch militärisch ein eigenes Gesicht zu geben. Man hat aber, wie im Fall Kosovo, schnell gemerkt, dass ohne USA und NATO eigene Operationen und Einsätze nur sehr begrenzt oder gar nicht zu führen sind und die Fähigkeiten der EU sich eher auf kleinere Krisenreaktionseinsätze wie im Kongo oder auf die Zusammenarbeit mit zivilen Organisationen beschränken. Nun also eine „Europäische Armee"!? Der neue Präsident der Bundesakademie für Sicherheitspolitik, Dr. Karl-Heinz Kamp, hat in einem Papier sehr gut Pro und Kontra aufgelistet und offene Fragen wie die geografische Ausdehnung auf die EU oder ganz Europa, den Grad der Integration und des Souveränitätsverzichts, die Kompetenzaufteilung unter den Organen der EU, die Rolle der nationalen Parlamente, die Finanzierung, die Rolle der französischen und britischen Nuklearkräfte etc. angesprochen.

Für eine Europaarmee wird von den Befürwortern vorgebracht, dass
- eine politische Union mit einer gemeinsamen Währung das Militär nicht dauerhaft außen vor lassen könne;

- Pooling und Sharing nahezu automatisch zu einer gemeinsamen Streitmacht führten;

- gemeinsame Streitkräfte Redundanzen vermieden und effizienter seien – so umfassten die Verteidigungshaushalte der EU zusammen fast 200 Mrd. Euro, entsprächen aber nur 10 bis 15 Prozent der Leistungsfähigkeit des amerikanischen Militärs;

- eine NATO-kompatible Europaarmee ein wichtiges Element der durch die USA geforderten Lastenteilung wäre und die transatlantischen Bindungen eher stärken als schwächen würde, und schließlich

- gemeinsame Streitkräfte die EU-Mitglieder zwingen würden, ihre nationalen Entscheidungsprozesse zu harmonisieren, um so die Reaktionsfähigkeit zu erhöhen.

Als Gegenargumente der Kritiker, denen ich mich gerne anschließe, führt Dr. Kamp auf, dass
- die Europaarmee einen Grad der Integration und des Föderalismus voraussetze, über den die EU nicht verfüge und den die meisten Mitglieder nicht akzeptieren würden;

- eine Duplizierung von Strukturen, Infrastruktur und Streitkräften zu kostspielig wäre und den europäischen Beitrag eher schwächen würde;

- besonders Osteuropäer warnten, dass durch illusorische Europakonzepte die Bindungen zu den USA und deren „Commitments" nicht aufs Spiel gesetzt werden dürften;

- die NATO in der Zwischenzeit ihre Strukturen so flexibel gestaltet habe, dass, wie in Afghanistan, Nicht-NATO-Staaten in Operationen eingebunden werden könnten, genauso wie nur EU- oder europäische Mitgliedsstaaten im Rahmen der NATO eigene Einsätze durchführen könnten;

- zudem die Russlandkrise gezeigt habe, dass die Arbeitsteilung zwischen dem eher militärischen Akteur NATO und dem sicherheitspolitischen, aber nicht militärischen Akteur EU gut funktioniere; und

- solche Ideen noch eher einer Loslösung Großbritanniens von der EU („BREXIT") Vorschub leisten könnten.

Für mich ist das entscheidende Argument, dass vor der Schaffung einer solchen Armee eine Harmonisierung der sicherheitspolitischen Interessen unabdingbar ist. Sonst geht es uns wie mit der Deutsch-Französischen Brigade und dem Eurokorps: viel Symbolik, aber wenig praktischer Nutzen, zumindest für die EU, bei hohem Ressourcenaufwand.

Wichtiger wäre eine Stärkung des europäischen Pfeilers innerhalb der NATO. Einer solchen Politik steht auch nach der vollen militärischen Integration Frankreichs unter Präsident Sarkozy nichts mehr entgegen. Die zarten Ansätze eines Pooling und Sharing müssen weiter vorangetrieben werden, und Deutschland muss hier weiter ein Motor sein. Das europäische Lufttransportkommando, gemeinsame Kommandobehörden wie das Deutsch-Niederländische Korps oder das multinationale Korps in Stettin sind richtungweisend. Der vorige Inspekteur des Heeres, Generalleutnant Kasdorf, hat die bilaterale Kooperation mit den Niederländern und Polen weiter voran getrieben, sodass es zur gegenseitigen Unterstellung von Verbänden bzw. Großverbänden kommen soll bzw. schon gekommen ist. Gemeinsame Ausbildungseinrichtungen wie die der Fallschirm- und Gebirgsjäger mit Frankreich oder Österreich können erst der Anfang sein. Gerade in der Ausbildung, bei Rüstungsprojekten, in der Aufgaben- und Rollenverteilung bei Luftwaffe und Marine, bei der Cyber-Abwehr und vielem mehr müssen nationale Vorbehalte und Eigeninteressen beiseite geschoben werden. Dies geht nur durch einen Top-Down-Approach und auf einer langen Zeitachse Schritt für Schritt – auch unter Aufgabe nationaler Fähigkeiten. Wir müssen aber darauf achten, dass militärische Effektivität Vorrang hat oder zumindest einhergeht mit politischer Symbolik oder rein wirtschaftlicher Effizienz.

Deutschlands Rolle, Position und Verantwortung ist sicher durch die jüngsten Krisen gewachsen, und die Erwartungen an eine deutsche, mit Augenmaß und Verantwortungsgefühl für ganz Europa betriebene, Führungsrolle sind hoch.

Deutschlands Rolle, Position und Verantwortung ist sicher durch die jüngsten Krisen gewachsen, und die Erwartungen an eine deutsche, mit Augenmaß und Verantwortungsgefühl für ganz Europa betriebene, Führungsrolle sind hoch. Dies kann nicht nur für den Bereich der Politik und Wirtschaft gelten. Unsere Nachbarn und Freunde erwarten auch im militärischen Bereich eine stärkere Übernahme von Verantwortung und einen größeren und robusteren militärischen Beitrag.

Ein Umdenken der Bundesregierung in diese Richtung wird wohlwollend zur Kenntnis genommen. Militärische Beiträge wie beim Kampf gegen den IS durch Ausbildungs- und Ausrüstungshilfe der Kurden werden begrüßt. Entwicklungspolitische Initiativen zur Bekämpfung der Ursachen von Migration, Terror oder Epidemien werden genauso von Deutschland erwartet wie Deutschland der zugleich bewunderte wie unverstandene Vorreiter in der Energiewende ist. Deutschlands Vorreiterrolle in der Flüchtlingsfrage wird von unseren europäischen Partnern gerne angenommen. Vielleicht sehen auch manche nach deutscher Dominanz in der Griechenland-Frage mit Schadenfreude die finanziellen und gesellschaftlichen Folgen.

Fazit und Schlussbemerkungen

Deutschlands Gesellschaft ist in Fragen der Sicherheit und Verteidigung immer noch gespalten, oft desinteressiert und verunsichert und von der 68er Generation dominiert. Viele erwarten, dass Sicherheit auch ohne großes Zutun Deutschlands, das sich ja nach den schrecklichen Ereignissen und Verbrechen im 20. Jahrhundert militärische Zurückerhaltung auferlegt hat, gewährleistet wird. Auslandseinsätze werden von der Mehrheit ohnehin abgelehnt, auch die stärkere Verknüpfung von innerer und äußerer Sicherheit, die angesichts der qualitativ veränderten neuen Bedrohung auf die Agenda gehörte. Der gesellschaftliche Konsens, den es in Frankreich oder, wenn auch abnehmend, in Großbritannien gibt, ist auch nach der Rede des Bundespräsidenten und der Neuausrichtung der Bundesregierung nicht gegeben. Selbst in der Ukraine-Russlandfrage sind die Ansichten geteilt. Eine Mehrheit bei uns ist nicht bereit, die Sicherheit, die uns über Jahrzehnte von anderen gewährt wurde, anderen zu garantieren, wie die Ihnen bekannte Umfrage ergeben hat. Die Politik der militärischen Zurückhaltung, die zu Lasten unserer Verbündeten geht, sind diese aber nicht mehr bereit zu akzeptieren. Dieser Erkenntnis konnte sich unsere Bundesregierung in Zeiten zusätzlich krisenhafter Entwicklungen nicht entziehen.

Deutschlands Gesellschaft ist in Fragen der Sicherheit und Verteidigung immer noch gespalten, oft desinteressiert und verunsichert und von der 68er Generation dominiert.

Der „Review 2014"[5] von Außenminister Steinmeier ist sicher ein wichtiger Schritt zur Abstimmung unserer Interessen und Reaktionen auf die internationalen Krisen und im Hinblick auf die Erstellung des neuen Weißbuches 2016, das nun hoffentlich ein Weißbuch der gesamten Bundesregierung und nicht nur, wie in der Vergangenheit, des Verteidigungsministeriums wird. Die Vorbereitungen hierzu stimmen einen zuversichtlich. Aus meiner Sicht reicht ein Weißbuch alle paar Jahre aber nicht aus, um das für ein Land wichtigste Thema, nämlich die Sicherheit, zu diskutieren und der Öffentlichkeit die Auffassung der Bundesregierung zu präsentieren.

Wie Rühe in seinem Kommissionsbericht eine jährliche Information des Parlaments zu möglichen Einsätzen angeregt hat, so sollten eine regelmäßige sicherheitspolitische Information und Debatte wie in anderen Ländern selbstverständlich werden. Ich fürchte jedoch, dass ein Umdenken in unserer Gesellschaft nur möglich ist, wenn, was wir nicht hoffen mögen, Gefahren für unsere Sicherheit noch unmittelbarer fühlbar werden. Erst dann wird durch die Bevölkerung eine größere militärische Rolle akzeptiert. Doch die von der internationalen Gemeinschaft geforderte und von der Bundesregierung akzeptierte größere Führungsrolle Deutschlands erfordert ein Umdenken, größere Anstrengungen und sicher auch, wie Michael Rühle schreibt, mehr „Leadership".

So sehr Deutschlands Führungsrolle im Fall Griechenlands und in der Flüchtlingsfrage deutlich erkennbar wurde, so sehr ist Deutschland im Moment und auf absehbare Zeit nicht in der Lage, dieser Führungsrolle militärisch gerecht zu werden, weder quantitativ noch qualitativ. Das bedeutet aber im Gegenzug nicht, dass die Bundeswehr eine passive oder nachgeordnete Rolle bei der Bewältigung von Konflikten spielen muss. Wie Dr. Bagger, der Leiter des Planungsstabes des Auswärtigen Amtes es bei der Sicherheitspolitischen Informationstagung der Clausewitz-Gesellschaft 2014 hier in Hamburg formulierte, müsse Deutschland sich den Herausforderungen in dieser Welt stellen und könne sich nicht abschotten. Das bedeute aber, „dass wir dann auch schweren Entscheidungen nicht ausweichen können". Ein „Verstecken" sei nicht länger möglich.

So sehr Deutschlands Führungsrolle im Fall Griechenlands und in der Flüchtlingsfrage deutlich erkennbar wurde, so sehr ist Deutschland im Moment und auf absehbare Zeit nicht in der Lage, dieser Führungsrolle militärisch gerecht zu werden, weder quantitativ noch qualitativ.

Der Bundespräsident formulierte es etwas anders, und damit möchte ich schließen: „Deutschland, der Welt stärker zugewandt, wird ein noch besserer Freund und ein noch besserer Alliierter sein – und übrigens ganz besonders in Europa".

Ich füge hinzu: Das müssen wir jetzt nur noch unserem Volk klarmachen.

Zum Autor: Generalleutnant a.D. Wolf-Dieter Löser war u.a. Kommandeur der 13. Panzergrenadierdivision, Stellvertretender KG Eurokorps und Kommandeur der Führungsakademie der Bundeswehr. 2004/2005 diente er im Stab ISAF in Afghanistan und war dort für die Operationsführung verantwortlich. In seiner letzten Verwendung führte er bis August 2011 das NATO Defence College in Rom. Er ist Mitglied der Clausewitz-Gesellschaft e.V. und war von 2005 bis 2008 Vizepräsident der Gesellschaft.

Anmerkungen:

1. Beispiele für Verbundfähigkeiten sind AWACS, das System zur Bodenaufklärung aus der Luft (AGS), die EU Battle groups, die very high readiness joint task force der NATO(VJTF), die integrierte NATO-Kommandostruktur und Pooling-Ansätze wie das Europäische Lufttransportkommando (EATC).
2. Buch von Guido Steinberg „Kalifat des Schreckens" oder „Die schwarze Macht" von Spiegelkorrespondent Christoph Reuter.
3. Return of Forces to Germany (Rückkehr von Streitkräften nach Deutschland), kurz REFORGER, war eine Serie von Großmanövern der NATO. Die Manöver fanden von 1969 bis 1993 statt. Ziele der Übungen waren die Überprüfung und Verbesserung der geplanten Abläufe, das Training der beteiligten Truppen und die Machtdemonstration gegenüber dem potentiellen Gegner, dem Warschauer Pakt. Da weder die USA noch die Bundesrepublik Deutschland die für einen Krieg in Europa erforderlichen konventionellen US-Streitkräfte ständig in Deutschland stationieren wollten, ergab sich die Notwendigkeit dieser Übungen. Das Material (Kampf- und Transportfahrzeuge, Waffen, Versorgungsgüter usw.) mehrerer Großverbände der US Army war in Deutschland eingelagert. Durch schnelles Heranführen des Personals aus Übersee sollte eine rasche Verstärkung der konventionellen Streitkräfte in Europa ermöglicht werden.
4. siehe dazu auch den Blog „Augen geradeaus" mit Hinweisen aus der Truppe
5. Krise - Ordnung - Europa: Unter diesem Titel steht der Abschlussbericht des zwölfmonatigen Projekts „Review 2014" des Auswärtigen Amts. Einzelheiten siehe www.auswaertiges-amt.de

Chinas innere Stabilität und äußere Sicherheit – die Politik des Managements komplexer Widersprüche

Oliver Corff

Einleitung

Im Gespräch über China wird das Wort Widerspruch häufig verwendet, wenn Fragen der inneren Stabilität des Landes, aber auch Fragen seiner Außen-, Sicherheits- und Verteidigungspolitik diskutiert werden. Zum einen ist dies der Tatsache zu verdanken, dass China ein großer Staat mit höchst unausgewogenen Wirtschafts- und Lebensverhältnissen ist, zum andern ist es aber auch so, dass Denken und Argumentation in Kategorien von Widersprüchen in der Philosophie der chinesischen Politik tief verankert sind. Die Instrumentalisierung von Widersprüchen gehört in China zum politischen wie rhetorischen Handwerkszeug. Im Folgenden soll daher versucht werden, die Widersprüche Chinas begrifflich näher zu fassen, um im nächsten Schritt zu betrachten, wie China mit Widersprüchen kommunikativ umgeht und wie Widersprüche operationalisiert werden, um daraus angesichts gegebener politischer Ziele die entsprechende Handlungsfähigkeit zu entwickeln.

Ein kursorischer Blick über die aktuelle Literatur zu China führt zu einer Auswahl von Begrifflichkeiten, die in Wesensgehalt und Bildsprache einander ähneln. So ist von *Major Challenges*[1] die Rede, von *Fault Lines* oder Bruchlinien, womit ein Bild aus der Geologie bemüht wird, von *Potential Adversities*, von Widersprüchen, von *Disparitäten* (besonders im sozialwissenschaftlichen Kontext), oder aber der *Gleichzeitigkeit des Ungleichzeitigen*.[2] Das verbindende Element aller dieser Begriffe und Betrachtungsweisen ist, dass die gleichzeitige Existenz gegensätzlicher oder dem Anschein nach unvereinbarer Verhältnisse ein gegenseitiges Negationspotential bedingt; wenn die eine Situation wahr ist, wie kann dann die andere Situation möglich sein – und umgekehrt. Solchermaßen perzipierten Widersprüchen wohnt ein im weitesten Sinne stabilitätsgefährdendes Potential inne, ihr dynamisches Potential

Mao Zedong

muss entweder in konstruktivem Sinne instrumentalisiert oder im gefahrenabwehrenden Sinne eingehegt werden. All dies konzentriert sich im Begriff des Widerspruchs, oder um Mao Zedong zu zitieren: „Die Welt besteht aus Widersprüchen. Ohne Widersprüche würde die Welt aufhören zu existieren. Es ist unsere Aufgabe, die Widersprüche richtig zu handhaben."[3] Damit sind aus chinesischer Perspektive die auch heute unverändert aktuellen Hauptaufgaben der Staatslenkung auf den kleinstmöglichen Nenner gebracht. Gleichzeitig wird aus Maos Aussage auch sichtbar, dass eine Partei- und Staatsführung nicht die Widersprüche an und für sich als gefährlich einschätzt, sondern, die eigentliche Gefahr in der falschen Handhabung der Widersprüche sieht.

Faktoren Innerer Stabilität Chinas

Die gesellschaftliche Stabilität Chinas ist zentrales Anliegen der chinesischen Staats- und Parteiführung. Gesellschaftliche Stabilität beruht wesentlich auf Wirtschaftswachstum und der damit verbundenen beständigen Schaffung neuer Arbeitsplätze (pro Jahr mussten bis jetzt angesichts des anhaltenden Bevölkerungswachstums ca. 8 – 10 Mio. Arbeitsplätze neu geschaffen werden[4]), sowie der Reduzierung verschiedener Disparitäten, wovon die deutlichste Diskrepanz im Lebensstandard zwischen der wohlhabenden Ostküste Chinas und dem in der Entwicklung hinterherhinkenden Zentral- und Westchina besteht. Die Schaffung eines positiven Wirtschaftsklimas wird von Staats- und Parteiführung als wesentlicher Legitimationsfaktor sowie als Mittel gesellschaftlicher Befriedung wahrgenommen; gesellschaftliche Stabilität ist demzufolge politische Stabilität. Der Ruf nach politischem Pluralismus wird in diesem Kontext nicht als stabilitätsfördernd gesehen: Die Kommunistische Partei beansprucht ein umfassendes Machtmonopol in allen Fragen des Staatswesens, der Wirtschaft und der Gesellschaft.

Elemente äußerer Sicherheit

China betrachtet alle Fragen territorialer Integrität als „Kerninteresse", so die offizielle Begrifflichkeit (*hexin liyi*). Dies betrifft sowohl die Wahrung der territorialen Integrität (Xinjiang und Tibet) als auch die Wiederherstellung der Integrität (Staatsziel der Wiedervereinigung mit Taiwan). Die umfassenden Ansprüche Chinas im Ost- und Südchinesischen Meer werden von den Anrainerstaaten nicht anerkannt und als Erweiterung des Territoriums wahrgenommen. Im Aufbau seiner regionalen Vormachtstellung nimmt China als Herausforderer und ebenbürtigen Antagonisten nur die USA als beherrschende Kraft im Pazifikraum wahr, nach-

Im Aufbau seiner regionalen Vormachtstellung nimmt China als Herausforderer und ebenbürtigen Antagonisten nur die USA als beherrschende Kraft im Pazifikraum wahr, nachdem mit dem Ende des Kalten Krieges die ehemalige UdSSR als dritter Machtfaktor eines Kräftedreiecks entfallen ist.

dem mit dem Ende des Kalten Krieges die ehemalige UdSSR als dritter Machtfaktor eines Kräftedreiecks entfallen ist. Ein weiterer Aspekt äußerer Sicherheit ist Sicherung des Zugangs zu Märkten und Rohstoffquellen sowie der benötigten Transportwege.

Widersprüche und Zielkonflikte

Aus der Perspektive des klassischen chinesischen Staatswesens besteht kein wirklicher Unterschied zwischen den beiden Sphären der inneren Stabilität und der äußeren Sicherheit, was auch im modernen chinesischen Sprachgebrauch sofort erkennbar ist. Die Öffnungs- und Reformpolitik Deng Xiaopings betrachtet Öffnung (zum Ausland) als notwendige Bedingung für (Wirtschafts-)Reform im Inland, und die wachsende Wirtschaftskraft im Gegenzug als Motor auswärtiger Beziehungen. Die dialektische Einheit von Reform und Öffnung spiegelt sich nicht nur in dieser Bezeichnung wieder, sondern zieht sich als roter Faden durch den gesamten wirtschafts- und außenpolitischen Diskurs chinesischer Politiker.

Anfänglich verborgene Zielkonflikte treten heute offen zutage; das hohe Wirtschaftswachstum hat in Verbindung mit niedrigen technologischen Standards in der Industrie und in der Vergangenheit nur punktuell durchgesetzten administrativen Vorgaben zu enormen Umweltproblemen geführt, deren Bekämpfung mittlerweile substantielle Anteile des volkswirtschaftlichen Zugewinns verzehrt. Eine wichtige Rolle spielt auch die von der chinesischen Regierung immer deutlicher als ungenügend eingestufte Innovationsfähigkeit. China ist mit seiner bisherigen Rolle als „Werkbank der Welt" nicht mehr zufrieden, zumal die Lohnstückkosten in einigen Bereichen bereits zum Abwandern ganzer Industriezweige der Leichtindustrie, meistens Joint Ventures mit ausländischen Unternehmen, in andere Länder geführt haben.

Gleichzeitig ist jedoch die wirtschaftliche Verflechtung mit den USA so stark, dass die positiven Interessen aus Sicht der chinesischen Regierung jederzeit überwiegen, was im insgesamt pragmatischen Umgang miteinander während vergangener Krisen ablesbar ist; Konflikte mit militärischem Eskalationspotential wurden bisher stets zugunsten der beiderseitigen strategischen Interessen rasch beigelegt.

Widersprüche erwachsen ebenfalls aus den bereits genannten Kerninteressen Chinas. Deutlich wird dies am Beispiel Taiwans, das von der Volksrepublik China als innere Angelegenheit definiert ist. Mit dem Anti-Sezessions-Gesetz von 2005 hat sich die Volksrepublik ermächtigt, gegen echte Unabhängigkeitsbestrebungen Taiwans mit Waffengewalt einschreiten zu können. Dies ist auch einer der Hauptaufträge der Volksbefreiungsarmee. Da die USA jedoch nicht nur historisch in mehrfach sehr angespannter Beziehung zur Volksrepublik China stehen, sondern gleichzeitig auch militärische Schutzmacht Taiwans sind, ist diese innere Angelegenheit tatsächlich auch eine äußere Angelegenheit. Nicht nur aufgrund des in der Vergangenheit sehr belasteten bilateralen Verhältnisses (atomare Drohung gegen die VR China zwecks Beendigung des Koreakriegs 1953, mehrere Taiwankrisen (1954-55, 1958 und 1995-96, Bombardierung der VR-Chinesischen Botschaft in Belgrad durch NATO-Kräfte im Jahr 1999), sondern auch durch die Präsenz der USA im Pazifikraum und Zentralasien hat die VR China in Bezug auf die USA eine ausgeprägte Bedrohungsperzeption und fühlt sich in der Entfaltung ihrer Regionalhegemonie gestört. Gleichzeitig ist jedoch die wirtschaftliche Verflechtung mit den USA so stark, dass die positiven Interessen aus Sicht der chinesischen Regierung jederzeit überwiegen, was im insgesamt pragmatischen Umgang miteinander während vergangener Krisen ablesbar ist; Konflikte mit militärischem Eskalationspotential wurden bisher stets zugunsten der beiderseitigen strategischen Interessen rasch beigelegt.[5] Die Beziehungen der beiden Staaten sind so komplex, dass in der jüngeren Vergangenheit vielfache Deutungsversuche und Begriffsprägungen stattgefunden haben. Wiederkehrende Begrifflichkeiten sind „weder Freund noch Feind", „sowohl kooperierend als auch konkurrierend", etc. In der höchsten möglichen Steigerung wird dann von „G2" (Bergsten, Brzezinski), „Chimerica" (Ferguson, Schularick) oder der „strategischen Wahl einer Großmachtbeziehung neuen Typs"[6] gesprochen, während andere Autoren das Bild des „Peaceful War"[7] bemühen.

Darüber hinaus ist die VR China zwar Mitglied des UN-Seerechtsübereinkommens UNCLOS (Beitritt und Ratifikation im Jahr 1996), besteht aber auf bilateraler Klärung mit den Anrainerstaaten bezüglich der Dispute im Ost- und Südchinesischen Meer und verweigert sich beispielsweise der Position der Philippinen im Streit um die Spratly-Inseln, diesen Streit durch eine internationale Organisation klären zu lassen. Die Philippinen haben vor dem Internationalen Seegerichtshof eine Klage angestrengt, China hat jedoch schon im Vorfeld erklärt, entsprechende Urteile grundsätzlich nicht anerkennen zu wollen.[8]

Im Bereich internationaler militärischer Kooperation verändert sich die Haltung Chinas: während noch bis vor wenigen Jahren militärische Bündnisse kategorisch ausgeschlossen wurden (ebenfalls hier besteht eine widersprüchliche Position: der Freundschafts- und Verteidigungspakt mit Nordkorea von 1961, der bis heute besteht, wird in diesem Kontext von China nie thematisiert[9]), ist heute die fallweise militärische Kooperation im Rahmen internationaler Einsätze möglich, wie die erfolgreiche Teilnahme der Marine der Volksbefreiungsarmee im Kampf gegen die Piraterie am Horn von Afrika seit 2008 zeigt.

Deutliche Unterschiede zeigen sich im Umgang Chinas zwischen benachbarten und weiter entfernten Staaten. Während die Beziehungen beispielsweise mit Deutschland sich hervorragend entwickeln, sind sie mit Nachbarländern regelmäßig von Friktionen und Spannungen geprägt, die durchaus als Erbe der kulturellen Dominanz des chinesischen Kaiserreiches gesehen werden können. Sprichwörtlich ist die chinesische Redewendung „In der Ferne Beziehungen pflegen, aber in der Nähe angreifen" (*yuan jiao jin gong*).[10]

Prägend für die politische Denkschule Chinas ist außerdem die Abhandlung Mao Zedongs „Über den Widerspruch" aus dem Jahr 1937. Ursprünglich verfasst, um den eigenen Genossen in der KPCh zu erklären, warum zum Kampf gegen Japan ein (temporärer) Schulterschluss mit den nationalistischen Kräften der „Nationalen Volkspartei" (Kuomintang, KMT) den einzig möglichen Weg darstellt, wurde mit der darin spezifisch für China interpretierten Begrifflichkeit des Haupt- und des Nebenwiderspruchs ein Instrumentarium zur Abwägung größerer und kleinerer Übel geschaffen, dessen Strukturen in der Beurteilung der Sicherheitslage Chinas aus chinesischer Perspektive bis heute unverändert gültig sind. So werden beispielsweise die nuklearen Ambitionen Nordkoreas trotz großer Verstimmung eher hingenommen als die Vorstellung, eines Tages ein vereinigtes Korea mit US-Truppen als unmittelbaren Nachbarn an der chinesisch-koreanischen Grenze ertragen zu müssen. Nordkorea ist hiermit ein klassischer Pufferstaat, auch wenn es sich selbst nicht so wahrnehmen sollte.

Politische Antworten

Der Umgang mit Widersprüchen prägt zum einen den Bereich der politischen Kommunikation, zum andern aber auch das gesamte Aufgabenfeld der staatlichen Entwicklung. Auf beide Bereiche soll kurz eingegangen werden: In der politischen Kommunikation spielen Schlagworte und Narrative, politische Erzählungen, eine herausragende Rolle, während das Aufgabenfeld der staatlichen Entwicklung von einem straffen Managementdenken geprägt ist, das sich im Begriff der Comprehensive National Power (internationalem Gebrauch folgend als CNP abgekürzt) kondensiert.

Politische Kommunikation

China entwickelt im politischen Diskurs im In- und Ausland verschiedene Bilder und Vorstellungen, um seine Leitideen zu kommunizieren und im Idealfall auch durchzusetzen. Nach innen ist dies aktuell der „Chinesische Traum" oder „China-Traum", der analog zum „American Dream" verstanden werden kann; nach außen würde ein solches Bild, als Leitbild in der diplomatischen Kommunikation verwendet, wohl kaum auf uneingeschränkte Akzeptanz stoßen: nicht jeder diplomatische Gesprächspartner Chinas wird dem selben Traum nachhängen. Von daher wird seit ca. 2013 mit dem Begriff der „Schicksalsgemeinschaft" (*mingyun gongtongti*) operiert, der von China nicht nur auf die Pazifikregion, sondern auch konkret auf die bilateralen Beziehungen zu Einzelstaaten bezogen wird; in zahlreichen Ansprachen verwenden chinesische Diplomaten diesen Begriff. Das Außenministerium der VR China spricht vom „aktiv betriebenen Aufbau einer asiatischen Schicksalsgemeinschaft mit jedem Land"[11], um seine Ziele für das Jahr 2016 zu beschreiben.

Ein wirkmächtiges Instrument sind außerdem verschiedene Narrative, Erzählungen, die eine gemeinsame Vorstellungswelt beschwören. So gibt es ein Kontinuitätsnarrativ, das weit in die chinesische Vergangenheit ausholt, um gegenwärtige politische Positionen zu rechtfertigen und zu bekräftigen („seit alters her", aber ohne irgendeine zeitliche Eingrenzung; „5000 Jahre chinesischer Geschichte"[12]). Eine besonders nützliche Eigenheit dieses Narrativ ist, dass zwar die Faktenlage der Tatsachenbehauptungen nicht unbedingt eine robuste Grundlage hat, das Narrativ aber dennoch ohne Risiko politischen Flurschadens kaum widerlegbar oder zurückweisbar ist.[13] Ein anderes Narrativ ist das Opfer- oder Leidensnarrativ, das bestimmte Phasen der Geschichte (etwa das „Jahrhundert der Schande") als Rechtfertigung für politisches Handeln heranzieht oder sogar versucht, die bilateralen Beziehungen zum einen Staat für den Umgang mit einem anderen Land zu instrumentalisieren (etwa im Falle der Aufarbeitung von und dem Umgang mit Kriegsschuld).

Das eigentliche Konzept, das zum Verständnis des strategischen Handelns Chinas in puncto aller oben angeschnittenen Fragen beizutragen vermag, ist der Begriff der Umfassenden Nationalen Kraft bzw. Macht („Comprehensive National Power", chin. zonghe guoli, abgek. CNP).

Diese Bilder, Vorstellungen und Narrative sind nur Mittel zum Zweck. Das eigentliche Konzept, das zum Verständnis des strategischen Handelns Chinas in puncto aller oben angeschnittenen Fragen beizutragen vermag, ist der Begriff der Umfassenden Nationalen Kraft bzw. Macht („Comprehensive National Power", chin. *zonghe guoli*, abgek. CNP). In moderner chinesischer Definition bezeichnet CNP die aus der nationalen Leistungsfähigkeit (zu verstehen primär im wirtschaftlichen Sinne) sowie dem internationalen Einflussvermögen gebildete umfassende Leistungsfähigkeit, von der ein Staat für seine Existenz und seine Entwicklung abhängt. Das Konzept der Mess- und Vergleichbarkeit von Nationalstaaten wurde ursprünglich von westlichen Denkern entwickelt und in systematischer Form in den 1980er Jahren in China eingeführt, wurde jedoch als Handlungsmaxime von Mao Zedong bereits Mitte der 1950er Jahre benutzt; mehr dazu im weiteren Verlauf dieses Aufsatzes.

Anhand der Regierungsberichte des Staatsrates der VR China lässt sich gut nachvollziehen, wie sich das Konzept dieses Begriffs von der reinen volkswirtschaftlichen Kennzahl weiterentwickelt hat. Wurde anfangs nur eine Steuerung im Sinne ausgewogener, volkswirtschaftlich gesunder Wirtschaftsentwicklung damit verbunden, so wird das Konzept seit den 1990er Jahren weiter ausgebaut und um zahlreiche Merkmale staatlicher Leistungsfähigkeit erweitert. So gehören dazu heute die bemannte Raumfahrt und die Monderkundung ebenso wie die nationale und internationale Krisenreaktionsfähigkeit: national etwa im Umgang mit SARS 2003, international die erfolgreiche Bewältigung der Finanzkrise von 2008. Schließlich finden auch Innovationen sowie die Modernisierung der Landesverteidigung und der Streitkräfte Eingang in dieses Konzept (alle genannten Beispiele sind Regierungserklärungen entnommen).

In der Gesamtschau wird sichtbar, dass die Prioritätensetzung Chinas sich eng an die Berechnungsgrundlage der CNP anlehnt; welcher Faktor auch immer in den verwendeten Formeln betrachtet wird, er wird mit hoher Wahrscheinlichkeit zur nächsten Entwicklungspriorität Chinas, wenn die politische Führung der Überzeugung ist, in einem Punkt schwach zu erscheinen.

Zonghe guoli – Comprehensive National Power
Zur systematischen Entwicklung von Staatszielen in China

Spätestens im Jahr 1992 führt Huang Shuofeng[14] mit seinem Werk *Zonghe guoli lun* („On Comprehensive National Power") den titelgebenden Begriff seines Buches in die strategische Diskussion Chinas ein.[15] Im Mittelpunkt soll hier allerdings nicht die Diskussion von Huangs Werk stehen, sondern die Herleitung der Entwicklung dieses Begriffs anhand seiner Verwendung in den jährlichen Regierungsberichten des Staatsrates. Außerhalb Chinas wird der Begriff eher kursorisch diskutiert, Michael Pillsbury widmet ihm in *China Debates the Future Security Environment* ein ausführliches Kapitel, Lora Saalman untersucht die militärische Dimension der Comprehensive National Power im Hinblick auf Kernwaffen und internationale Abrüstungsbemühungen.[16]

Der Begriff Comprehensive National Power (im Folgenden: CNP) spielt seit den 1980er Jahren in der regierungsamtlichen Berichterstattung Chinas eine stetig zunehmende Rolle. Im Regierungsbericht des Staatsrates der VR China zum Sechsten Fünfjahresplan 1982 erscheint zum ersten Mal der Begriff National Power (*chin. guoli*), hier noch mit rein wirtschaftlicher bzw. volkswirtschaftlicher Konnotation: „Die Erfahrungen aus über 30 Jahren wirtschaftlichen Aufbaus haben wiederholt gezeigt, dass die Größenordnung der Investitionen in Infrastruktur mit der *Nationalen Leistungsfähigkeit* in angemessenem Verhältnis stehen muss, wobei es sich um eine Grundbedingung für ein stabiles gesamtstaatliches Wirtschaftsgeschehen handelt."[17] Sinngemäß erscheint der Begriff so auch im Bericht zum Jahr 1983[18], um in den folgenden Jahren nicht verwendet zu werden. Erst in den Jahren 1986 bis 1991 wird der Begriff wieder verwendet und erscheint in einzelnen Berichten nun mehrfach, wobei auch eine volkswirtschaftliche Präzisierung und Abgrenzung erfolgt.

In den jährlichen Regierungsberichten des Staatsrates wird der Begriff *zonghe guoli* „Umfassende Nationale Macht", Comprehensive National Power, erstmals 1992 eingeführt. Richtschnur für Erfolg oder Scheitern der Reform- und Öffnungspolitik ist nicht nur, ob sie der Entwicklung der gesellschaftlichen Produktivkräfte im Sozialismus nützt, sondern, ob sie der Stärkung der CNP des sozialistischen Staatswesens dienlich ist.[19] Das Jahr 1992 ist auch das Erscheinungsjahr des gleichnamigen Buches "*Zonghe Guoli* – Comprehensive National Power" von Huang Shuofeng. In den Jahren 1994 und 1995 findet der Begriff vorübergehend keine Verwendung. Im Jahr 1996[20] wird der Begriff auf eine gleichrangige Stufe mit den gesellschaftlichen Produktivkräften und dem Lebensstandard der Bevölkerung[21] gestellt; spätestens hier hat er seinen rein volkswirtschaftlichen Interpretationshorizont verlassen. Im Jahr 1998 wird der Begriff zum ersten Mal im Kontext internationalen Wettbewerbs und Vergleichs[22] eingesetzt.

Aus dieser Betrachtung verschiedener Fundstellen lässt sich ablesen, dass sich der Begriff der Nationalen Macht seit den 1980er Jahren hin zum Begriff der Umfassenden Nationalen Macht entwickelt hat. Dieser Begriff hat nun eine stabile und erkennbar zentrale Position im politischen Diskurs der VR China.

In den Jahren 1999 und 2000 wird der Begriff wiederum nicht gebraucht. Im Jahre 2002 wird im gleichen Absatz mit den guten materiellen Grundlagen der

CNP erstmals auch die Stabilität der Gesellschaft[23] betont. Im Jahr 2004 wird das Anwachsen der CNP anhand von Erfolgen in sieben verschiedenen Gebieten[24] belegt; neben volkswirtschaftlichen Kennzahlen sind dies der siegreiche Kampf gegen die Virusepidemie SARS und der erste chinesische bemannte Raumflug im Jahre 2003. Im Bericht des Jahres 2008 wird die CNP zum ersten Mal mit der Zunahme der internationalen Position der Volksrepublik China und ihrem wachsenden Einfluss[25] verknüpft. In Retrospektive[26] des 11. Fünfjahresplans nimmt der damalige Ministerpräsident Wen Jiabao neben volkswirtschaftlichen Kennzahlen auch die erfolgreiche Abwehr der internationalen Finanzkrise, die bemannte Raumfahrt, die Monderkundung, Durchbrüche beim Bau von Supercomputern sowie die Erfolge der Modernisierung von Landesverteidigung und Armee in die Würdigung der CNP auf.

Aus dieser Betrachtung verschiedener Fundstellen lässt sich ablesen, dass sich der Begriff der Nationalen Macht seit den 1980er Jahren hin zum Begriff der Umfassenden Nationalen Macht entwickelt hat. Dieser Begriff hat nun eine stabile und erkennbar zentrale Position im politischen Diskurs der VR China. Er umfasst nicht nur eine volkswirtschaftliche Perspektive, sondern schließt andere Dimensionen mit ein, wird aber in keinem programmatischen Regierungsdokument[27] näher erläutert.

Die CNP ist in ihrer Genese keine chinesische Idee, sondern ein gutes Beispiel der Aneignung eines westlichen Konzepts und seiner anschließenden spezifisch chinesischen Instrumentalisierung im Rahmen eines politischen Diskurses und Prozesses.

In gröbster Zusammenfassung besteht das Konzept der CNP in einer Quantifizierung der wirtschaftlichen, technologischen Leistungs- und Innovationsfähigkeit sowie der durch die Beherrschung dieser Domänen gestaltbaren militärischen Fähigkeit. Vereinfachend gesagt, lässt sich CNP definieren als diejenige umfassende Fähigkeit, die ein Land durch zielgerichtete Aktivitäten entwickelt, um seine strategischen Ziele zu verfolgen.[28] Wir werden diese Definition an anderer Stelle erneut aufgreifen.

Schlüsselwerke für die Entwicklung dieser Denkschule in China stammen hauptsächlich von folgenden Autoren: Ashley Tellis e. a. (*Measuring National Power in the Postindustrial Age*[29], 2000), etwa Kenneth Waltz (*Theory of International Politics*, Boston 1979), Michael Porter (The Competitive Advantage of Nations, New York 1990), Klaus Knorr (*The War Potential of Nations*, Princeton 1956), Clifford German[30], Wilhelm Fucks (Formeln zur Macht, Stuttgart 1965) e. a. Insbesondere Fucks ist das Verdienst zuzuschreiben, schon Mitte der 1960er Jahre China rein kennzahbasierend als führendes Land im 21. Jahrhundert zu positionieren.

Ausgehend von der wirtschaftlichen Wettbewerbsfähigkeit eines Landes als zentraler Grundlage schließen sich an: Internationales politisches Gewicht und Einflussfähigkeit als wichtige Ziele, die strategische Bedeutung von wissenschaftlich-technischer Innovationsfähigkeit und Pionierleistung, die militärischer Kraft als unverzichtbares Abschreckungsmittel, sowie zunehmend die Fähigkeit zum kulturellen Wettbewerb als Element der *soft power*. Die Wettbewerbsfähigkeit im Bereich von Talent und Qualifikation der Bevölkerung rundet diese Aufzählung ab. Unschwer sind die großen Leitlinien zu erkennen, die auch als Hauptaufgaben in der staatlichen Entwicklungsplanung erscheinen.[31]

Shanghai – Symbol für das moderne China

Aus zahlreichen statistischen Größen wird eine Rangfolge führender Nationen aufgestellt (z.B. von der Chinesischen Akademie für Sozialwissenschaften). Für das Jahr 2013 ergibt sich aus chinesischer Perspektive die Rangfolge der zehn führenden Nationen wie folgt: USA, China, Russland, Japan, Großbritannien, Frankreich, Deutschland, Indien, Brasilien und Kanada.

Aus der Verwendung des Begriffes im Kontext offizieller Stellungnahmen der chinesischen Regierung wird sichtbar, dass CNP am Anfang in den 1980er Jahren noch als rein volkswirtschaftliche Maßzahl betrachtet wurde, die aber bereits eine Steuerungskomponente zur Erreichung einer ausgewogenen, volkswirtschaftlich gesunden Entwicklung enthielt (siehe das oben zitierte Beispiel aus dem Jahr 1982). Mit der Erweiterung des Begriffes zur Umfassenden Nationalen Kraft im Jahre 1992 erweitert sich das Verständnis fundamental und umfasst nun auch die technologische Leistungsfähigkeit (Beispiel Raumfahrt), die nationale Krisenreaktionsfähigkeit (Beispiel SARS), das internationale Gewicht und die internationale Krisenreaktionsfähigkeit (Beispiel Internationale Finanzkrise), sowie die Modernisierung von Landesverteidigung und Streitkräften. Aus der Konsistenz der Verwendung, der Logik der Entwicklung der Bedeutungsdimensionen sowie dem großen Grad an Übereinstimmung zwischen der begrifflichen Dimensionsentfaltung einerseits und den Zielen der laufenden staatlichen Rahmenplanung andererseits darf geschlossen werden, dass sich die CNP von einer reinen Kenn- und Messgröße hin zur Stellgröße und damit zu einem Herzstück nationaler strategischer Entwicklung der VR China gewandelt hat.

In dem Maße, wie im System der CNP militärische Stärke nicht nur in Kopfzahlen und Ausstattung mit Rüstungsgütern gemessen wird, sondern auch die Einsatzerfahrung der Truppe in die Berechnung der CNP einfließt, wächst auch das Engagement der VR China als größter Truppensteller der Friedenstruppen der Vereinten Nationen. Hier wird sichtbar, dass dieser Leistungsbeitrag zur internationalen Sicherheit auch noch die zweite Funktion hat, die Rolle der chinesischen Streitkräfte im Kontext der CNP aufzuwerten.[32]

Die Bedeutung, die der CNP in China beigemessen wird, übersteigt die Perzeption ihrer Bedeutung in Nationen des westlichen Kulturkreises bei weitem. Mehrere Faktoren kommen hier zusammen:

1. westliche grundsätzliche Skepsis ob der potentiellen Kommensurabilität und daraus folgenden Vergleichbarkeit verschiedener Staaten (ein Apfel-Birne-Problem in anderem Gewand);

2. die westlichen rechtsphilosophischen Konzepten von politischer Gleichberechtigung trotz unterschiedlicher Ausstattung mit Ressourcen diametral entgegengesetzte Vorstellung vertikal organisierter Beziehungen im chinesischen Denken, die Gleichrangigkeit verschiedener Entitäten nur schwer akzeptieren kann (vergleiche die grundlegenden Beziehungen konfuzianischer Gesellschaftsordnung: Fürst – Untertan, Lehrer – Schüler, Ehemann – Ehefrau, älterer Bruder – jüngerer Bruder etc.); und

3. die daraus folgende extreme Zahlengläubigkeit chinesischer Entscheider; sowie

4. eine chinesische Disposition zur ganzheitlichen Beurteilung multifaktorieller Systeme, die einerseits wiederum ihre Wurzeln in chinesischer Philosophie hat, andererseits aber durch die Denkschule marxistisch-leninistischer dialektischer Weltsicht in der Interpretation durch Mao Zedong eine moderne Ausprägung erfahren hat, deren Bedeutung in der westlichen Literatur in den Augen des Verfassers dieser Zeilen nur ungenügend wahrgenommen wird.

Mit Mahan und Mao ins 21. Jahrhundert

Jenseits des „Werkzeugkastens" der CNP stehen allerdings staatliche Ambitionen, an denen sich die CNP orientiert. Hu Angang, einer der führenden Denker Chinas in diesem Bereich, benennt sechs Merkmale einer „Großmacht neuen Typs"[33]:

1. Kulturelle Überlegenheit,
2. mit großem Land- oder Seegebiet ausgestattet,
3. wirtschaftlich und finanziell von außergewöhnlicher Stärke,
4. große Bevölkerung mit gutem Bildungsstandard und guter Infrastruktur,
5. einheitliche Militärmacht mit adäquaten Überlebens-, Zerstörungs- und Projektionsfähigkeiten,
6. politisch und ideologisch fähig zu Einflussnahme und Ressourcenallokation zwecks Erreichung ihrer politischen Ziele.

Hier erscheint A. T. Mahan nicht weit – die obige Aufzählung ist eine Verknüpfung chinesischer Selbstbilder (besonders des Selbstverständnisses kultureller Einzigartigkeit – ein ganz spezifisch chinesischer Exzeptionalismus) mit den sechs Elementen, die Alfred Thayer Mahan für eine Seemacht postuliert: I. Geographical Position. II. Physical Conformation, including, as connected therewith, natural productions and climate. III. Extent of Territory. IV. Number of Population. V. Character of the People. VI. Character of the Government, including therein the national institutions.[34]

Hatte Mao Zedong noch 1956 vorgegeben, dass die USA zu überholen seien,[35] ohne jedoch einen konkreten Plan dafür vorzulegen, so ermöglicht das System der CNP nun nicht nur, den jeweils nächsten Schritt in einem geordneten Bezugsrahmen verschiedener Stellgrößen vorzunehmen, sondern auch, die erwarteten Ergebnisse einzelner Handlungen in Zahlen zu fassen.

Insgesamt erweist sich China, wie auch in vielen anderen Bereichen, als höchst lernfähiges System, das in der Lage ist, wissenschaftliche Erkenntnis stringent in politisches und strategisches Handeln umzusetzen. Gleichzeitig führen die durch das Denken in Haupt- und Nebenwidersprüchen vorgegebenen Betrachtungen der internationalen Lage oft zu unzulässigen Vereinfachungen; mit dem Ergebnis einseitiger Schuldzuweisungen versperrt sich der Blick auf konstruktive und möglicherweise kollektive Lösungsansätze.

Insgesamt erweist sich China, wie auch in vielen anderen Bereichen, als höchst lernfähiges System, das in der Lage ist, wissenschaftliche Erkenntnis stringent in politisches und strategisches Handeln umzusetzen.

Zum Autor: Dr. Oliver Corff ist Sinologe, Politik- und Wirtschaftsberater. Er ist Mitglied der Clausewitz-Gesellschaft e.V.

Anmerkungen:

1. Major Challenges, Fault Lines, Potential Adversities: Vgl. hierzu Wolf, Charles, K. C. Yeh, Benjamin Zycher, Nicholas Eberstadt and Sungho Lee. Fault Lines in China's Economic Terrain. Santa Monica, CA: RAND Corporation, 2003. http://www.rand.org/pubs/monograph_reports/MR1686.html. Auch in gedruckter Form erhältlich.
2. Michael Kahn-Ackermann . Die Gleichzeitigkeit des Ungleichzeitigen: Zur Situation der chinesischen Gegenwartskultur. S. 435-462. In: Doris Fischer / Christoph Müller-Hofstede (Hrsg.) . Länderbericht China. Bonn: Bundeszentrale für politische Bildung, 2014.
3. Mao Zedong: Über die zehn großen Beziehungen. Rede vor dem erweiterten Politbüro des ZK der KPCh 25. April 1956. In: Ausgewählte Werke, Band V.
4. Seit dem Jahr 2011 leben in China erstmals mehr Menschen in Städten als auf dem Land, was für das traditionell agrarische China eine Revolution darstellt. Quelle: http://de.statista.com/statistik/daten/studie/166163/umfrage/urbanisierung-in-china/. Abgerufen am 21. Januar 2016.
   In der demographischen Entwicklung Chinas machen sich außerdem langsam die Folgen der jahrzehntelangen Geburtenkontrolle ("Ein-Kind-Politik") bemerkbar; der Altersmedian, der noch im Jahr 1975 bei 20,5 Jahren lag, liegt aktuell bei rund 37 Jahren und steigt deutlich an. Quelle: http://de.statista.com/statistik/daten/studie/200667/umfrage/durchschnittsalter-der-bevoelkerung-in-china/. Abgerufen am 12. Januar 2016.
5. Vgl. Burles, Mark and Abram N. Shulsky. Patterns in China's Use of Force: Evidence from History and Doctrinal Writings. Santa Monica, CA: RAND Corporation, 2000. http://www.rand.org/pubs/monograph_reports/MR1160.html.

Auch in gedruckter Form erhältlich.
Außerdem: Henley, Lonnie D.: War Control: Chinese Concepts of Escalation Management. S. 81-103, in: Scobell, Andrew and Larry M. Wortzel: Shaping China's Security Environment: The Role of the People's Liberation Army. US Army War College, Strategic Studies Institute, 2006. http://www.strategicstudiesinstitute.army.mil/pubs/download.cfm?q=709. Zuletzt aufgerufen am 12. Jan. 2016.

6   Staatspräsident Xi Jinping während seines Staatsbesuches in den USA am 25. September 2015. http://www.fmprc.gov.cn/web/gjhdq_676201/gj_676203/bmz_679954/1206_680528/1209_680538/t1300765.shtml, abgerufen am 12. Januar 2016. Außerdem: http://www.fmprc.gov.cn/mfa_eng/wjb_663304/zzjg_663340/bmdyzs_664814/gjlb_664818/3432_664920/3434_664924/t1300771.shtml, abgerufen am 12. Januar 2016.

7   Mendis, Patrick: Peaceful War. How the Chinese Dream and the American Destiny Create a Pacific New World Order. Lanham: University Press of America, 2014.

8   Südchinesisches Meer: Auf ziemlich verlorenem Posten. FAZ Online vom 23. Juli 2015. http://www.faz.net/aktuell/politik/ausland/asien/philippinen-verteidigen-anspruch-auf-spratly-inseln-gegen-china-13713804-p2.html. Zuletzt abgerufen am 12. Januar 2016.

9   Vgl. Wacker, Gudrun: Sicherheitskooperation in Ostasien. Strukturen, Trends und Leistungsgrenzen. SWP-Studie, Berlin, Januar 2015. http://www.swp-berlin.org/fileadmin/contents/products/studien/2015_S02_wkr.pdf. Zuletzt aufgerufen am 12. Januar 2016.

10 Zhang Rong und Sha Jinsong: Junshi moulüe cidian [Wörterbuch militärischer Strategeme], S. 451. Beijing: Jiefangjun chubanshe, 1992.

11 Rede des Außenministers Wang Yi am 12. 12. 2015. Gemeint ist wohl eher eine Reihe bilateraler Beziehungen, weniger ein kollektiver Mechanismus. Quelle: http://www.fmprc.gov.cn/web/wjbzhd/t1323783.shtml, abgeufen am 12. Januar 2015.

12 Hier steht China allerdings nicht allein da: mehrere ostasiatische Staaten pflegen entsprechende Narrative, die im Kern die eigene Sagenwelt sowie die eigene Vor- und Frühgeschichte als Nationalgeschichte deklarieren.

13 Siehe hierzu: Jürgen Osterhammel: Vergangenheiten. Über die Zeithorizonte der Geschichte. Rede gehalten am 17. Juli 2014 im Konrad-Adenauer-Haus anlässlich des 60. Geburtstags von Frau Bundeskanzlerin Dr. Angela Merkel. https://www.cdu.de/sites/default/files/media/dokumente/rede-osterhammel-berliner-gespraech-spezial.pdf. Zuletzt aufgerufen am 12. Januar 2016.

14 Huang Shuofeng: Zonghe guoli lun. Beijing: Zhongguo shehui kexueyuan chubanshe 1992.

15 Siehe hierzu Michael Pillsbury: China Debates the Future Security Environment.

Washington: National Defense University Press, 2000, S. 211 ff.
16 Saalman, Lora: „Placing a Renminbi Sign on Strategic Stability and Nuclear Reductions". In: Colby and Gerson (eds): Strategic Stability: Contending Interpretations, US Army War College, 2013, S. 343—382.
17 1982 nian Guowuyuan zhengfu gongzuo baogao. Guanyu diliuge wunian jihua de baogao. 1982 nian 11 yue 30 ri zai diwujie quanguo renmin daibiao dahui diwuci huiyi shang. Zongli Zhao Ziyang. http://www.gov.cn/test/2006-02/23/content_208652.htm, abgerufen 2015-02-18. Hervorhebung durch den Autor.
18 1983 nian Guowuyuan zhengfu gongzuo baogao. 1983 nian 06 yue 06 ri zai diliujie quanguo renmin daibiao dahui diyici huiyi shang. Guowuyuan zongli Zhao Ziyang. http://www.gov.cn/test/2006-02/16/content_200823.htm, abgerufen 2015-02-18.
19 1992 nian Guowuyuan zhengfu gongzuo baogao. 1992 nian 03 yue 20 ri zai diqijie quanguo renmin daibiao dahui diwuci huiyi shang. Guowuyuan zongli Li Peng. http://www.gov.cn/test/2006-02/16/content_200922.htm, abgerufen 2015-02-18.
20 Der Begriff wird nicht durchgängig in allen Regierungsberichten verwendet, sondern schwerpunktmäßig um den Beginn neuer Planperioden herum.
21 1996 nian Guowuyuan zhengfu gongzuo baogao. 1996 nian 03 yue 05 ri zai dibajie quanguo renmin daibiao dahui disici huiyi shang. Guowuyuan zongli Li Peng. http://www.gov.cn/test/2006-02/16/content_201115.htm, abgerufen 2015-02-18.
22 1998 nian Guowuyuan zhengfu gongzuo baogao. 1998 nian 03 yue 05 ri zai dijiujie quanguo renmin daibiao dahui diyici huiyi shang. Guowuyuan zongli Li Peng. http://www.gov.cn/test/2006-02/16/content_201129.htm, abgerufen 2015-02-18.
23 2002 nian Guowuyuan zhengfu gongzuo baogao. 2002 nian 03 yue 05 ri zai dijiujie quanguo renmin daibiao dahui diwuci huiyi shang. Guowuyuan zongli Zhu Rongji. http://www.gov.cn/test/2006-02/16/content_201164.htm, abgerufen 2015-02-18.
24 2004 nian Guowuyuan zhengfu gongzuo baogao. 2004 nian 03 yue 05 ri zai dishijie quanguo renmin daibiao dahui dierci huiyi shang. Guowuyuan zongli Zhu Rongji. http://www.gov.cn/test/2006-02/16/content_201193.htm, abgerufen 2015-02-18.
25 2008 nian Guowuyuan zhengfu gongzuo baogao. 2008 nian 03 yue 05 ri zai dishiyijie quanguo renmin daibiao dahui diyici huiyi shang. Guowuyuan zongli Wen Jiabao. http://www.gov.cn/test/2009-03/16/content_1260198.htm, abgerufen 2015-02-18.
26 2011 nian Guowuyuan zhengfu gongzuo baogao. 2011 nian 03 yue 05 ri zai dishiyijie quanguo renmin daibiao dahui disici huiyi shang. Guowuyuan zongli Wen

Jiabao. http://www.gov.cn/2011lh/content_1825233.htm, abgerufen 2015-02-18.

27 Zu einer Reihe nationaler Fragen, besonders auch von Fragen, die im Ausland kontrovers diskutiert werden, hat die VR China Weißbücher (teilweise einmalige Publikationen, teilweise unregelmäßig überarbeitet, teilweise in festem Rhythmus erscheinend) und andere offizielle Grundsatzerklärungen veröffentlicht --- die CNP wird nicht behandelt.

28 Vgl. hierzu die Einleitung von Huang Shuofeng: Zongheguoli xinlun. Beijing: Zhongguo shehui kexue chubanshe, 1999.

29 Ashley J. Tellis, Janice Bially, Christopher Layne, Melissa McPherson, Jerry M. Sollinger: Measuring National Power in the Postindustrial Age. Analyst's Handbook, RAND 2000. http://www.rand.org/content/dam/rand/pubs/monograph_reports/2005/MR1110.1.pdf, abgerufen 2015-02-18.

30 F. Clifford German, "A Tentative Evaluation of World Power," Journal of Conflict Resolution, Vol. 4 (1960) pp. 138–144.

31 Vgl. hierzu die Fünfjahrespläne der VR China, aktuell läuft die 12. Planperiode aus, die 13. Planperiode beginnt im Jahr 2016.

32 Vertreter der Volksbefreiungsarmee beklagen im informellen Gespräch häufig die mangelnde Einsatzerfahrung der eigenen Streitkräfte.

33 Hu, Angang: China in 2020. A New Type of Superpower. Washington, D. C.: Brookings Institution Press, 2011.

34 Mahan, Alfred Thayer: The Influence of Sea Power upon History. Boston: Little, Brown and Company, 1898. Vgl. Chapter I. Discussion of the Elements of Sea Power, Seiten 28-29.

35 Mao Zedong: "Warum sollte es mit einer Bevölkerung von 600 Millionen (Chinas), die fleißig ist, nicht möglich sein, eine Bevölkerung von 170 Millionen (der USA) zu überholen? Die USA müssen wir auf jeden Fall überholen, wir sind nachgeradezu verpflichtet dazu." (Paraphrasierung: O. Corff, nach Mao Zedong: Die Einheit der Partei stärken, die Tradition der Partei weitertragen. Rede auf der Vorbereitungssitzung zum Achten Nationalen Kongress der KPCh am 30. August 1956.)

Betriebswirtschaftslehre und Militärwisschenschaft – Widerspruch oder Kooperation

Eine analytische Skizze aus „dogmengeschichtlichem" Interesse

Dietmar Schössler

Historisch und soziologisch bestehen zwischen Wehrordnung und Wirtschaftsordnung mannigfache Zusammenhänge. Die Isolierung der Armee ... erklärt sich aus besonderen Gegebenheiten in der Verfassungssituation des 19. und beginnenden 20. Jahrhunderts... Da eine Frontstellung „Soldat und Bürger" nicht mehr gegeben ist, mag es nützlich sein, die Menschenführung der Wirtschaft in ihrer Bedeutung für die Streitkräfte zu erörtern ... Es ist dann aber ebenso fruchtbar, auch umgekehrt die Frage zu stellen: Welche Lehren kann die Wirtschaft aus den Führungs-Erfahrungen, -Erkenntnissen und -Methoden der Armee ziehen? Die Armee ist eine der ersten und bedeutendsten Großorganisationen in der modernen Massengesellschaft, die mit der Levée en masse in der französischen Revolution beginnt.[1]

Führungstechnik bedingt Führungskunst und umgekehrt. Die Kunst der Führung schafft sich die Technik, derer sie zu ihrer Entwicklung bedarf, und nur mit einer zweckmäßigen Technik lässt sich die volle Führungskunst entfalten.

Führungstechnik bedingt Führungskunst und umgekehrt. Die Kunst der Führung schafft sich die Technik, derer sie zu ihrer Entwicklung bedarf, und nur mit einer zweckmäßigen Technik lässt sich die volle Führungskunst entfalten.[2]

Die Konzeption der optimalen Leitungsspanne wurde – wie die meisten Elemente der klassischen Organisationstheorie – am Erfahrungsobjekt der Streitkräfte als dem ältesten Großbetrieb entwickelt. Es stehen sich dabei zwei Denkschulen gegenüber: die Theorie der limitierten Leitungsspanne und die Theorie der Determinanten der Leitungsspannen.[3]

Zur Einführung / erkenntnisleitender Gedankengang

Militär und Gesellschaft und deren entsprechende Wissenschaften – Militär-Wissenschaft resp. Staats- und Verwaltungswissenschaft, insbesondere Betriebswirtschaftslehre – haben nie ein problemfreies Verhältnis gehabt. Während in den westlichen Demokratien sich der Bürger an der Militärpolitik zu beteiligen begann, standen sich in Kontinentaleuropa Staat/Militär auf der einen und sich entwickelnde bürgerliche Gesellschaften auf der anderen Seite eher konfrontativ gegenüber. Stehende Massenarmeen, gelenkt von straff organisierten (General-)Stäben und sich ausweitende Verwaltungsorganisationen: Diese Konstellation schuf eine Atmosphäre, in der sich sowohl eine militärische „Geheimpraxis" wie auch eine kritische Militärpublizistik entfalten konnte. Die Geheimpraxis von logenhaft organisierten Generalstäben ist dem angelsächsischen Denken fremd. Erst spät werden hier kontinentale Muster nachzuahmen versucht, wobei die preußisch-deutschen Siege (1866, 1870/71) das wichtigste Wehrstruktur-Modell lieferten.

In der vorliegenden kleinen Studie suchen wir eine Antwort darauf, wie sich – aus diesem skizzierten Grundmuster heraus – die Beziehungen resp. Nicht-Beziehungen von Betriebswirtschaftslehre (resp. deren fachliche Vorläufer) und Militärwissenschaft von den Anfängen in der „militärischen Aufklärung" (military enlightenment) über Perioden jeweiliger Dominanz bzw. Ignoranz bis hin zur heutigen Ideen-Konstellation entfaltet haben.

Dabei interessieren uns drei erkenntnisleitende Fragen und deren „tendenzielle" Beantwortung:

1. „Unvereinbarkeit" (Inkompatibilität): Woher kommt das verbreitete, ja, dominierende „zivile" Unbehagen an der Militär-Organisation und mithin an der Strategie- und Militärwissenschaft?

2. Inwiefern erhellt oder verdeckt das „Unvereinbarkeits-Theorem" die tatsächlichen Beziehungen von Wirtschafts- und Militär-Wissenschaft?

3. Wie sollte resp. könnte sich das Verhältnis von Betriebswirtschaftslehre und Militärwissenschaft unter „postmodernen" Vorzeichen weiterentwickeln?

4. In einem abschließenden Teil sei nochmals der Gedankengang rekapituliert – und der vorläufige Befund zusammenfassend skizziert.

1. Woher kommt das „zivile" Unbehagen an der Militärorganisation und mithin auch an der Militärwissenschaft?

Wir wollen hier von der These ausgehen, dass die Gründe für diese sog. „Inkompatibilität" von Militär und Gesellschaft in den gesellschaftlichen Bedingungen des frühen Industriezeitalters liegen: Denn aus der Sicht des aufgeklärten Bürgertums musste die Militär-Organisation als fortschrittshemmender, dem Geiste der entstehenden bürgerlichen Wirtschaftsgesellschaft zutiefst widersprechender Fremdkörper erscheinen. Diesem neuen zivilen Selbstbewusstsein gab etwa Saint-Simon um 1820 Ausdruck: Er wollte die „produktive Klasse" der Künstler und Industriellen an der Macht sehen. Der Staat, seine Verwaltung und insbesondere sein Militär sollten als die unproduktive Klasse auf die nachgeordneten Ränge verwiesen werden: „heute, da die Nationen das Bedürfnis ... spüren, so organisiert zu werden, wie es für die Produktion am vorteilhaftesten ist, darf die Klasse derer, die sich ausschließlich dem Soldatenhandwerk widmet, nur klein sein, und sie darf nur noch als untergeordnete Klasse angesehen werden."[4]

Denn aus der Sicht des aufgeklärten Bürgertums musste die Militär-Organisation als fortschrittshemmender, dem Geiste der entstehenden bürgerlichen Wirtschaftsgesellschaft zutiefst widersprechender Fremdkörper erscheinen.

Ironischerweise verlief die Entwicklung der zivil-militärischen Verhältnisse jedoch genau umgekehrt:

Während auf der Ebene des „zivilen" Denkens das Militär zum Anachronismus verfiel, stiegen die Streitkräfte tatsächlich in die „Produktivität" des neuen industriellen Zeitalters ein, ja, sie begannen eigentlich die Spitze dieses Fortschritts einzunehmen. Denn nicht das Militär ahmte zum Zweck der Effizienzsteigerung industrielle, also „bürgerliche" Organisationsformen und Verhaltensweisen nach. Vielmehr prägte das militärische Organisationsmuster („Division" seit 1760 in Frankreich, Stab-Linien-Prinzip in Preußen ab 1809) die industriellen Managementmuster.[5] Diese Avantgarde-Funktion[6] ist aber weniger ein Ergebnis fortschreitenden Reformdenkens als vielmehr die Folge eines Anpassungsdruckes, der sich nach verlorenen Gefechten und Feldzügen einstellt.

Vorreiter der ganzen Entwicklung ist – ungewollt – der Absolutismus gewesen. Die straffen zentralistischen Organisationsformen des Merkantilsystems und des stehenden Heeres haben modernisierend gewirkt, d.h. die bislang übliche Selbstequipierung beim Wehrstand wurde durch die absolutistischen Verwaltungsmaßnahmen überwunden, das ständische System dadurch im Militärbereich aufgelöst.[7]

Die Bürokratisierung des Militärs ist keine geschichtlich einzigartige Situation der Neuzeit. Max Weber hat ausgearbeitet, dass die Bürokratisierung im

Militärbereich bestimmten sozialökonomischen Konstellationen entspringt, die in verschiedenen Epochen und unterschiedlichen Kulturkreisen auftreten können.[8]

In einer ersten – und für das 19. Jahrhundert nahezu einzigen – systematischen Aufarbeitung der neuen Militärstruktur konnte der Soziologe Lorenz von Stein 1872 bereits von Selbstverständlichkeiten ausgehen. Ihn wundert es lediglich, dass die bürgerliche Wissenschaft immer noch einen weiten Bogen um die Analyse der Militärorganisation macht: „Während (das Heerwesen) mit einer unwiderstehlichen Gewalt immer tiefer in das Leben des Volkes auf allen Punkten hineindringt ... während seine Erfolge (1864 bis 1871! D.S.) mehr wie je mit dem innersten Leben des ganzen Volkes sich verschmelzen und verbinden, steht es in wissenschaftlicher Beziehung im Wesentlichen noch ganz außerhalb derjenigen Bewegung, der unsere allgemeine Bildung mehr und mehr angehört. Das Heerwesen, so tief es auch in alle Verhältnisse hineingreift, hat sich doch bis auf unsere Zeit von der übrigen Wissenschaft im Wesentlichen abgeschlossen."[9]

Von Stein folgert aus dieser Zustandsbeschreibung, dass die Wissenschaft für die Lösung dieser Aufgabe verantwortlich ist. Die (Sozial-)Wissenschaft soll das Verständnis des Heerwesens auf die Höhe der allgemeinen Bildung erheben, „und dasselbe in seinen großen und für Staat und Volk entscheidenden Momenten in das Bewusstsein des Letzteren einführen. Und das muss sie, weil es in allen Dingen das Kennzeichen der höheren Civilsation ist, alle großen Fragen und Verhältnisse des Gesamtlebens von demselben Standpunkt in sich aufzunehmen ..."[10] Von Stein beschließt dieses Plädoyer mit der mobilisierenden Parole: „Was man verstehen und lehren kann, das soll man auch verstehen und lehren ..."[11]

2. Erhellt oder verdunkelt das „Unvereinbarkeits-Theorem" die tatsächlichen Beziehungen von Wirtschafts- und Militär-Wissenschaft?

Solche Diagnose trifft genau einen schwachen Punkt der gesellschaftlichen Entwicklung in Deutschland (und in Europa überhaupt): Während sich einerseits eine immer stärkere Durchdringung der Militärorganisation durch Verwaltung, Wissenschaft und Technik abzeichnet, koppelt sich das geistig-politische Leben der Bürger von diesen Vorgängen ab. Für den heutigen Betrachter liegen die Folgen auf der Hand:

1. Auf der einen Seite vervollkommnet sich die Militärorganisation als Bürokratie modernen Zuschnitts, die unter Zuhilfenahme aller technisch-organisatorischen und wissenschaftlichen Mittel sich zur Vorhut der Industriegesellschaft auszuwachsen beginnt.

2. Hieran im Wesentlichen unbeteiligt, entfaltet sich das geistig-politische Leben des Bürgertums und später der organisierten Arbeiterschaft.

3. Daraus folgt(e): Diese „bürgerliche Indifferenz gegenüber dem Militärwesen" wirkte „auf die Perpetuierung des esoterischen Charakters von Militärpolitik hin. Insbesondere die Formulierung von Strategien bleibt als Kunst- und Geheimlehre militärischen Führern vorbehalten, womit ein Stück Arkanpraxis deren Epoche überdauert."[12]

4. Als Restgröße einer militärischen Öffentlichkeit bildeten sich Fachblätter und eine militärwissenschaftliche Literatur heraus. Deren Publikum bestand im Wesentlichen aus demjenigen Teil des aufsteigenden Wirtschaftsbürgertums, das in der Rolle des Reserve-Offiziers eine Orientierungshilfe suchte und sich in äußerlichen Verhaltensformen dem Kodex des aktiven Offiziers anzupassen bemühte.

Im somit verlässlich abgeschirmten Bereich des monarchischen Soldatenstaats entfaltet sich die bürokratisch organisierte Militärmaschine zu ihrer höchsten Wirksamkeit. Das Militär, über den bürokratischen Mechanismus zuverlässig an den langen Arm des Herrschers gebunden, übernimmt in der Friedensperiode nach den deutschen Einigungskriegen auch zunehmend innenpolitische Herrschaftsaufgaben. Insbesondere soll über die allgemeine Wehrpflicht die Arbeiterschaft in die Gesellschaft integriert werden, notfalls durch entsprechende Indoktrination. Hier erweist sich erst die mehrfache Funktion der Bürokratie für den Herrscher: Militär und Verwaltung bedingen sich wechselseitig und bringen sich gegenseitig hervor, weil die gewachsene Problemkomplexität anders nicht mehr zu bewältigen ist. Von einer „Unvereinbarkeit" der beiden Bereiche kann deshalb nur sehr eingeschränkt gesprochen werden. Es sind die objektiven Sachzwänge, aus denen sich zunehmend ein zivil-militärischer Funktionsverband herausentwickelt. Das Unvereinbarkeits-Theorem dient also eher der Verschleierung dieses „soziologischen Tatbestands" – und man darf dahinter handfeste ideologische Erkenntnis-Interessen vermuten.

Anhand eines kleinen Arbeitstableaus seien die Wechselbeziehungen von Wirtschafts- und Militärwissenschaft für die verschiedenen – „dogmengeschichtlich" relevanten – Perioden aufgezeigt, wobei es hier natürlich nur um erste Bewertungen und Kommentierungen dieser Relationen gehen kann.

	18. Jh. ~ 1750 – 1800	18. Jh. ~ 1750 – 1800
1.	Einfluss der <u>Militär</u>-Wissenschaft auf die <u>Wirtschafts</u>-Wissenschaft	Einfluss der <u>Wirtschafts</u>-Wissenschaft auf die <u>Militär</u>-Wissenschaft
	real = gering offiziell = gering	real = (sehr) hoch offiziell = (sehr) hoch
	19. Jh.	**19. Jh.**
	Einfluss der <u>Militär</u>-Wissenschaft auf die <u>Wirtschafts</u>-Wissenschaft	Einfluss der <u>Wirtschafts</u>-Wissenschaft auf die <u>Militär</u>-Wissenschaft
2.	ca. 1. Hälfte 19. Jh.: real = hoch offiziell = gering	ca. 1. Hälfte 19. Jh.: real = gering offiziell = gering
3.	ca. 2. Hälfte 19. Jh.: real = sehr hoch offiziell = gering	ca. 2. Hälfte 19. Jh.: real = sehr gering offiziell = gering
	20. Jh.	**20. Jh.**
4.	Einfluss der <u>Militär</u>-Wissenschaft auf die <u>Wirtschafts</u>-Wissenschaft	Einfluss der <u>Wirtschafts</u>-Wissenschaft auf die <u>Militär</u>-Wissenschaft
	real = gering offiziell = gering	real = hoch offiziell = hoch

TABLEAU: Einfluss der Militär-Wissenschaft auf die Wirtschafts-Wissenschaft und der Wirtschafts-Wissenschaft auf die Militär-Wissenschaft (1750 – 2000)

Kurze Kommentierung des Tableaus

18. Jahrhundert, insbes. ab ca. 1750 – 1800
Es hat sich in Deutschland/Mitteleuropa eine vitale Militär-Publizistik entwickelt, deren Produkte alle anderen militär-theoretischen Publikationen Europas weit überbieten. Es entfaltet sich in beabsichtigter Parallele zur zivilen Wissenschaft eine „militärische Aufklärung" (military enlightenment), die mit dem Zusammenbruch des Alten Regimes ebenfalls vernichtet wird. Die Wirtschaftswissenschaft befindet sich in den allerersten Anfängen (noch aus dem statisch-deskriptiven Ansatz der französischen Verwaltungswissenschaft heraus); sie vermag noch keinen Einfluss zu entwickeln.[13]

19. Jahrhundert, erste Hälfte (ca. 1800 – 1850)
Nach dem Kollaps des französischen Imperialismus folgt eine Periode der Erschöpfung und Restauration. Diese Lage spiegelt sich in der Wirtschafts-/Kameralwissenschaft ebenso wider wie in der preußisch-deutschen Kriegs- und Militärwissenschaft, die namentlich von Scharnhorst und seinem Schüler Clausewitz revolutioniert und zunehmend in verhaltensrelevante Dienstvorschriften, Bildungs- und Ausbildungsgänge umgesetzt wurde (allerdings vielfach mit einem „Methodismus" verbunden, den Clausewitz heftig kritisiert hätte!).

19. Jahrhundert, zweite Hälfte (– 1850 – 1940)
Die Spaltung der Gesamtgesellschaft verstärkt sich (Bürgerliche Gesellschaft: „Unvereinbarkeits"-Theorem usf.) Das Unvereinbarkeits-Theorem wirkte sich beispielsweise ganz konkret bei der Einrichtung von Lehrstühlen aus: Kriegs- resp. Militärwissenschaft hatten kaum eine Chance (vgl. als Beispiel Hans Delbrück!). Real steigen die Streitkräfte zur technisch-organisatorischen Avantgarde der sich entwickelnden Industriegesellschaft auf – offiziell dominiert die „zivile" Wirtschafts- und Verwaltungswissenschaft; tatsächlich ist jedoch ihr Einfluss noch sehr gering. (Das ändert sich mit dem massiven Aufbau von Handelshochschulen resp. entsprechenden Fakultäten ab 1898 und mit dem Aufwuchs der „Betriebswirtschaftslehre" als eigenständiges Lehrfach um 1900;[14] Eine „Strategie-Gemeinschaft" (Strategic Community) konnte sich – zum langfristigen Schaden der deutschen Außen-, Wirtschafts- und Sicherheitspolitik – angesichts dieser gesellschaftlichen Spaltung natürlich nicht entwickeln.

20. Jahrhundert
Im 20. Jahrhundert setzen sich diese komplexen Relationen von „Wirtschaft" und „Streitkräften" (und deren fachwissenschaftliche Entsprechungen) fort: Es bleibt zwar eine klare Scheidung in einem institutionell-organisatorischen Sinn. „Funktional" liegt jedoch eine weitgehende Verflechtung vor, so dass die Frage der zivil-militärischen Beziehungen nicht allein mehr mit juristischen (Wehrverfassung) und historisch-politikwissenschaftlichen Analysen zu beantworten ist. Es müssen jetzt zunehmend technologische und soziologische Variablen einbezogen und in ihrer Wechselwirkung mit den institutionellen und organisatorischen Variablen analysiert werden. In der Literatur wurde zunehmend mit dem übergreifenden Konzept einer allgemeinen „Revolution im Militärwesen"[15] gearbeitet. Ein anderer Terminus mit dem gleichen resp. ähnlichen Erkenntnisobjekt und Erkenntnisinteresse ist der Ansatz eines „militärisch-industriellen Komplexes". Ein dritter hier infragekommender Leitbegriff ist das Konzept einer „Strategie-Gemeinschaft" („Strategic Community").

3. Wie sollte resp. könnte sich das Verhältnis von Betriebswirtschaftslehre und Militär-Wissenschaft weiter entwickeln?

Dieses Verhältnis könnte/sollte sich entlang der in unserer Studie aufgezeigten Linien weiter so entfalten, dass

1. die Relationen von „BWL" und Militärwissenschaft durch offene Diskurse und in der Perzeption eines gegenseitigen Nutzens weiter entwickelt werden;

2. die an sich immer noch defizitäre Strategieforschung/Militärwissenschaft die „BWL" als methodischen Orientierungsrahmen – gewissermaßen als Leitbild einer inzwischen voll entfalteten (Sozial-)Wissenschaft – akzeptiert;

3. die entfaltete „BWL" Problembewusstsein dafür entwickelt, die tatsächlich zeitweilig dominierende (Strategie- und) Militärwissenschaft und deren weitreichende Wirkungen auf die Wirtschaftswissenschaft durch entsprechende Forschungsprojekte in den BWL-Kontext einbezieht

4. und beide Seiten akzeptieren, dass es sehr wohl eine „echte" Unvereinbarkeit beider Bereiche gibt: jene von der angelsächsischen Militärsoziologie so herausgehobenen „Kampfprämisse" als den Wesenskern der Militär-Organisation;

5. dass jedoch bislang überwiegend mit einem Unvereinbarkeitskonzept gearbeitet wurde, das primär einem Interesse der aufsteigenden bürgerlichen Klasse entstammte und in der zivilen deutschen (Nachkriegs-)Gesellschaft zumindest latent weiterwirkt.

4. Zusammenfassung

Militärisches Handeln zielt in letzter Instanz auf kollektive Gewaltanwendung. Die Zielvorstellungen der bürgerlichen Gesellschaft leiten sich aus den Prinzipien des friedlichen Warenverkehrs ab. Die Befreiung der Produktion von der Bevormundung durch die feudalstaatliche Obrigkeit führte zu einer Ablehnung militärischer Prinzipien durch die Produzenten überhaupt. Das Berufssoldatentum erschien als „parasitäre Klasse" (Saint-Simon). Die Schriften von Auguste Comte spiegeln jenes Selbstbewusstsein des sich über den Bereich des Warenverkehrs hinaus politisch emanzipierenden Industrie-Bürgertums. T. Parsons, R. Bendix, R. Dahrendorf u.v.a. haben jenen – von den westeuropäischen Nationalstaaten abweichenden – Integrationsprozess beschrieben, der dem Kompromiss aus obrigkeitlich zugestandener ökonomischer Emanzipation des Bürgertums und dessen Anerkennung des „feudal-militaristischen" (T. Parsons) Überbaus entsprang. Die aufsteigende deutsche Arbeiterbewegung hat eben diesen vom Bürgertum vollzogenen Integrationsprozess wiederholt.

Indem sich die deutsche Arbeiterbewegung oligarchisierte (R. Michels) resp. bürokratisierte, übernahm sie jenen Wertbezug, der auch der Bourgeoisie erst die Teilhabe am nationalen Aufstiegsprozess vermittelte.

Es kann deshalb festgehalten werden, dass die Inkompatibilitäts-Theorie – bürgerliche Gesellschaft versus Militär – sozialgeschichtlich unhaltbar ist. Max Webers Freiburger Antrittsrede spiegelt schon diese Gespaltenheit: Die „friedlichen" Zwecke des Warenverkehrs stellen sich nämlich im national-imperialistischen Kontext neuartig dar: Zwar büßte wegen der gesteigerten Produktivität des Faktors Arbeit der Krieg seine Erwerbsfunktion im engeren Sinne ein. Aber selbst für die liberale Imperialismus-Kritik – so schon H. Spencer – schien sich wegen des wachsenden staatlichen Interventionismus und der immer stärkeren Bürokratisierung der Industrie Gemeinsames zwischen bürgerlich-industrieller Verfassung und militärischen Organisationsprinzipien anzukündigen.

Es kann deshalb festgehalten werden, dass die Inkompatibilitäts-Theorie – bürgerliche Gesellschaft versus Militär – sozialgeschichtlich unhaltbar ist.

Zwar sind Kriege heute zwischen den „postmodernen" Gesellschaften etwas unwahrscheinlicher geworden. Doch die damit zusammenhängende Umfunktionierung moderner Militärorganisationen von tatsächlicher zu lediglich angedrohter Gewaltanwendung – sowie ein erweitertes Einsatzspektrum unterhalb der konventionellen Ebene – gründet sich – seit Beginn des Nuklearzeitalters – auf die militärtechnologisch ermöglichte flexible Erwiderung, NATO-Strategie der Flexible Response, jeder Gewaltintensität. Eine gesellschaftlich bedingte Inkompatibilität von „Arbeit" und „Krieg" lässt sich deshalb jedoch nicht vorweisen. Dennoch spiegelt sich als eine Art Residualfaktor auch in der (west-) deutschen Nachkriegsgesellschaft jene kritische Haltung, die sich im weitesten Sinne aus dem perzipierten Gegensatz von bürgerlichem Geist und militärischem Ethos ableitet.

Zum Autor: Professor Dr. habil. Dietmar Schössler, Diplom-Soziologe, Jahrgang 1937. Studium der Soziologie und Politische Wissenschaft, Promotion 1971, Habilitation 1982. Ab 1983 Professor für Politik-Wissenschaft (Uni Mannheim), ab 1992 Professor für Politik-Wissenschaft mit Schwerpunkt Sicherheitspolitik (Uni Bw München); emeritiert 2002. Der Autor ist Oberstleutnant der Reserve (35 Wehrübungen) und Mitglied der Clausewitz-Gesellschaft e.V.

Anmerkungen:

1 Wolfgang Schall: Führungstechnik und Führungskunst in Armee und Wirtschaft, Bad Harzburg 1965, S. 8
2 Wolfgang Schall, ebenda
3 Oswald Hahn: Die optimale Leitungsspanne: wiederentdeckter militärischer Forschungsansatz, in: Der Soldat als Ökonom, Regensburg 1989, S. 72
4 Saint-Simon, Henri de: Über die Gesellschaftsorganisation, in: Ramm, Thilo (Hrsg.) Der Frühsozialismus, Stuttgart 1956, S. 59f.
5 Karst, Heinz/Beermann, Friedrich/Grosse, Franz: Menschenführung, Personalauslese, Technik, in: Wirtschaft und Armee, Darmstadt 1954
6 Doorn, Jacques van: Militärische und industrielle Organisation, in: Matthes, J. (Hrsg.): Soziologie und Gesellschaft in den Niederlanden, Neuwied und Berlin 1965, Janowitz, Morris: Armed Forces in Western Europe: Uniformity and Diversity, in: Archives Européennes de Sociologie, 1965, Heft 2
7 Schössler, Dietmar: Militärsoziologie, Königstein/Ts. 1980, S. 40ff.
8 Weber, Max: Wirtschaft und Gesellschaft, Köln/Berlin 1964, S. 722
9 Lorenz von Stein: Die Lehre vom Heerwesen, 1872, Neudruck 1967, S. 1f.
10 Lorenz von Stein, ebenda

11 Lorenz von Stein, ebenda
12 Brandt, Gerhard/Friedeburg, Ludwig von: Aufgaben der Militärpublizistik in der modernen Gesellschaft, Frankfurt 1966, S. 11
13 Vgl. Lingenfelder, Michael (Hrsg.): 100 Jahre Betriebswirtschaftslehre in Deutschland, München 1999, Dass.
14 Vgl. Wöhe, Günter/Döring, Ulrich: Einführung in die Allgemeine Betriebswirtschaftslehre, 24. Aufl., München 2010, S. 13 f.
15 z.B. Slean, Elinor C.: The Revolution in Military Affairs, Montreal & Kinston 2002

Literaturhinweise:

Brandt, Gerhard/Friedeburg, Ludwig von: Aufgaben der Militärpublizistik in der modernen Gesellschaft, Frankfurt 1966

Doorn, Jacques van: Militärische und industrielle Organisation, in: Matthes, J. (Hrsg.): Soziologie und Gesellschaft in den Niederlanden, Neuwied und Berlin 1965

Oswald Hahn: Die optimale Leitungsspanne: wiederentdeckter militärischer Forschungsansatz, in: Der Soldat als Ökonom, Regensburg 1989

Janowitz, Morris: Armed Forces in Western Europe: Uniformity and Diversity, in: Archives Européennes de Sociologie, 1965, Heft 2

Karst, Heinz/Beermann, Friedrich/Grosse, Franz: Menschenführung, Personalauslese, Technik, in: Wirtschaft und Armee, Darmstadt 1954

Lingenfelder, Michael (Hrsg.): 100 Jahre Betriebswirtschaftslehre in Deutschland, München 1999

Looss, Wolfgang.: Die optimale Kontrollspanne als Grundlage organisatorischer Strukturmodelle, Bochum 1977

Millotat, Christian E.O.: Das preußisch-deutsche Generalstabssystem, Hochschulverlag AG an der ETH Zürich

Parsons, Talcott: Demokratie und Sozialstruktur in Deutschland vor der Zeit des Nationalsozialismus, in: ders.: Beiträge zur soziologischen Theorie, Neuwied und Berlin 1964

Saint-Simon, Henri de: Über die Gesellschaftsorganisation, in: Ramm, Thilo (Hrsg.) Der Frühsozialismus, Stuttgart 1956

Schall, Wolfgang: Führungstechnik und Führungskunst in Armee und Wirtschaft, Bad Harzburg 1965

Schössler, Dietmar: Militärsoziologie, Königstein/Ts. 1980

Slean, Elinor C.: The Revolution in Military Affairs, Montreal & Kinston 2002

Stein, Lorenz von: Die Lehre vom Heerwesen, 1872/Neudruck Osnabrück 1967

Weber, Max: Wirtschaft und Gesellschaft, Köln/Berlin 1964

Wittmann, Jochen: Auftragstaktik, Berlin 2012

Wöhe, Günter/Döring, Ulrich: Einführung in die Allgemeine Betriebswirtschaftslehre, 24. Aufl., München 2010

Aufgaben und Tätigkeit des Auslandsnachrichtendienstes BND

Norbert Stier

Sehr geehrte Damen und Herren,

ich danke Ihnen herzlich für die einführenden Worte und die Möglichkeit, vor diesem Kreis ausgewiesener sicherheitspolitscher Experten über die Arbeit des Bundesnachrichtendienstes vortragen zu dürfen.

Der Bundesnachrichtendienst ist seit jeher Gegenstand zahlreicher Spekulationen und Vorurteile, die sich im Laufe der vergangenen Monate sicherlich gesteigert haben durch die öffentliche Diskussion rund um das Thema NSA und Snowden. Grund dafür ist nicht zwingend politisches oder kommerzielles Kalkül, sondern häufig schlichte Unkenntnis über die Aufgaben und Arbeitsweise des BND.

In Teilen liegt dies in der Natur der Sache, denn der Quellen- und Methodenschutz ist für unsere Arbeit unverzichtbar. Würden wir diesen nicht einhalten, würden wir einen wichtigen Wettbewerbsvorteil preisgeben und uns vor unseren Quellen, aber auch vor unseren internationalen Partnern unglaubwürdig machen.

Gleichwohl muss es möglich sein, ein schärferes und vor allem zutreffenderes Bild von unserer nachrichtendienstlichen Arbeit zu zeichnen. Nur durch ein gewisses Maß an Offenheit und Transparenz können wir eine breitere gesellschaftliche Vertrauensbasis für unsere Arbeit gewinnen. Dazu möchte ich mit meinem heutigen Vortrag gerne beitragen. Lassen Sie mich zunächst zur Einordnung darstellen, welche Rolle der Bundesnachrichtendienst in unserer Sicherheitsarchitektur innehat.

Der Bundesnachrichtendienst ist der einzige Auslandsnachrichtendienst in Deutschland. Er hat den gesetzlichen Auftrag, Erkenntnisse über das Ausland zu gewinnen, die von außen- und sicherheitspolitischer Bedeutung sind.

Die gesetzlich zugestandene Methodik beinhaltet explizit die Nutzung so genannter nachrichtendienstlicher Mittel. Wir führen nicht nur menschliche Quellen, die uns geheime Informationen übermitteln, sondern erfassen zum Beispiel auch Kommunikation aus Krisengebieten, werten Satellitenbilder aus und lesen Medienberichte, wissenschaftliche Ausarbeitungen und Internetbotschaften.

Was diese Auftragserfüllung im Einzelnen bedeutet, möchte ich Ihnen anhand einiger Zahlen und Beispiele veranschaulichen. 150.000 Meldungen laufen jeden Monat bei unseren Auswertern ein – Meldungen aus aller Welt und in allen nur denkbaren Sprachen wie Malaiisch, Urdu, Paschtu oder Dari.

Aus diesen Meldungen erstellt der BND Lagebilder und Analysen, die für die Bundesregierung, für die Ministerien und für das Parlament zu einer wichtigen Entscheidungsgrundlage geworden sind. Tagesaktuell und wenn nötig auch stündlich übermittelt der BND seine Erkenntnisse, zum Beispiel zur aktuellen Lageentwicklung in der Ukraine, in Syrien oder im Irak. Standardmäßig verteilen wir pro Monat über 400 Berichte an die verschiedensten Adressaten. Hinzu kommen ebenfalls pro Monat rund 300 Antworten sowie Briefings zu ganz konkreten Anfragen der Ministerien.

Der BND ist also in erster Linie Dienstleister für Regierung und Parlament. Er versorgt die politischen Entscheidungsträger sach- und zeitgerecht mit verlässlichen Informationen, die auf anderen Kanälen nicht oder nur schwer erhältlich sind.

Der BND ist also in erster Linie Dienstleister für Regierung und Parlament. Er versorgt die politischen Entscheidungsträger sach- und zeitgerecht mit verlässlichen Informationen, die auf anderen Kanälen nicht oder nur schwer erhältlich sind.

Die besonderen historischen Umstände unseres Landes bringen es jedoch mit sich, dass die Gefahr des Missbrauchs der nachrichtendienstlichen Arbeit in der Öffentlichkeit gemeinhin als besonders hoch empfunden wird.

Seit jeher muss sich der BND daher kritischen und teilweise auch skeptischen Nachfragen stellen. Das ist auch richtig so, denn Existenz und Arbeit eines Nachrichtendienstes dürfen kein Selbstzweck sein. Berechtigter Kritik müssen wir uns stellen.

Um die Arbeitsweise des BND zu verstehen, ist es wichtig zu wissen, dass es in Deutschland eine klare Grenze gibt zwischen der Arbeit der Polizei und der Arbeit der Nachrichtendienste. Die Nachrichtendienste haben keinerlei polizeiliche oder Strafverfolgungsbefugnisse – und natürlich auch keine dahingehenden Weisungsbefugnisse.

Dass der BND nicht jenseits seiner Kompetenzen agiert liegt auch im wohlverstandenen Eigeninteresse, denn Nachrichtendienste können sich in der Regel nicht allein gegen eine öffentliche Vorwurfslage zur Wehr setzen – es sei denn, sie geben geheimhaltungsbedürftige Sachverhalte preis. Aufgrund dieser besonderen Ausgangssituation ist weltweit kaum ein Nachrichtendienst so umfassend eingebunden in ein ausgefeiltes System der Aufsicht und Kontrolle wie der BND.

Über diese Kontrollmechanismen möchte ich Ihnen gern einen kurzen Überblick geben.

Das Parlamentarische Kontrollgremium ist das maßgebliche Organ der Legislative zur Überwachung der Arbeit der Regierung mit Blick auf die Nachrichtendienste. Dort finden turnusmäßig Anhörungen zu einer Reihe von Themen statt, zu denen die Bundesregierung und der BND Rede und Antwort zu stehen hat. Diese Sitzungen sind geheim. Das Vertrauensgremium des Deutschen Bundestages übt dessen Budgethoheit gegenüber den Diensten aus und segnet in dieser Funktion jährlich den Wirtschaftsplan des BND ab, der ebenfalls geheim bleiben muss.

Unter besonderen Umständen sind die deutschen Nachrichtendienste befugt, das verfassungsmäßige Recht auf Wahrung des Post- und Fernmeldegeheimnisses einzuschränken, beispielsweise durch begründete Abhörmaßnahmen. Über die Zulässigkeit und Notwendigkeit dieser Maßnahmen entscheidet die so genannte G-10-Kommission. Auch deren Sitzungen sind geheim.

Neben dieser fachspezifischen Aufsicht unterliegt der BND aber auch den regulären Kontrollinstanzen des Bundes: dem Bundesrechnungshof und der Bundesbeauftragten für den Datenschutz und die Informationsfreiheit. Beide Instanzen sind in der Ausübung ihrer Tätigkeiten unabhängig.

Der BND ist eine Bundesoberbehörde im Geschäftsbereich des Bundeskanzleramtes. Er untersteht dem Chef des Bundeskanzleramtes, der durch einen Beauftragten für die Nachrichtendienste des Bundes unterstützt wird. Zum Zweck der Dienst- und Fachaufsicht verfügt das Bundeskanzleramt über eine eigene Abteilung. Dem vorgeschaltet sind selbstverständlich auch BND-interne Kontrollinstanzen. Im internationalen Vergleich ist der BND kapazitätsmäßig eher eine Mittelmacht. Insgesamt sind weltweit ca. 6.500 Mitarbeiter aus allen möglichen Fachrichtungen beim BND beschäftigt. Die Mehrheit arbeitet an den beiden Dienstsitzen in Berlin und Pullach bei München, zumindest bis zum bevorstehenden Gesamtumzug nach Berlin. Die Kommunikation und standortübergreifende Zusammenarbeit ist damit eine beständige Herausforderung.

Profitiert hat der BND davon, dass wichtige Komponenten, darunter die Auswertung, vor Jahren in die Hauptstadt gezogen sind. Die Nähe zu Regierung und Parlament hat einen kontinuierlichen Austausch über die Inhalte unserer Arbeit ermöglicht. Der BND ist im politischen Berlin heute präsenter als noch vor einigen Jahren. Wir fassen dies als Zeichen der Wertschätzung unserer Leistungsfähigkeit auf und versuchen der beständig wachsenden Zahl der Anfragen – auch in Zeiten knapper Ressourcen – so weit wie möglich nachzukommen.

Zunehmend bedeutsam ist geworden, dass mit dem wachsenden Auslandsengagement der Bundeswehr und mit der immer komplexeren Sicherheitslage in vielen Teilen der Welt auch qualitativ ganz neue Anforderungen an den BND gerichtet werden. Dies hat natürlich auch damit zu tun, dass Deutschland sich verstärkt international engagiert, einschließlich der Vielzahl von Bundeswehreinsätzen im internationalen Rahmen. Damit rückt die Rolle des BND in seiner Unterstützungsfunktion für die militärischen und zivilen Auslandsmissionen immer stärker in den Vordergrund.

Eindimensionale Lagebilder zur politischen, wirtschaftlichen oder sicherheitlichen Lage eines Landes oder einer Region sind nicht mehr gefragt; auch ist es nicht ausreichend, terroristische Gruppen oder Proliferations-Netzwerke isoliert zu betrachten. Der nachrichtendienstliche Fokus hat sich verändert. Heute sprechen wir von vernetzter Sicherheit und von integrierten Lösungen für die Krisenherde dieser Welt. Diese Lösungen verlangen einen substantiellen, oft auch taktischen Beitrag der Nachrichtendienste. Gleichzeitig gilt es, eine breit angelegte Informationsbasis zu einer Vielzahl von Themen und Ländern vorzuhalten, die aktiviert und ausgebaut werden kann, sobald eine Krise unvermittelt ausbricht. Hohe Flexibilität und rasche Reaktionsfähigkeiten sind daher gefragt.

Die inhaltliche Ausrichtung des BND wird durch das so genannte Auftragsprofil der Bundesregierung bestimmt. Dieses Profil bildet die Arbeitsgrundlage des Dienstes und gibt die Prioritäten für die zu bearbeitenden Themen und Länder vor. Es dient als Grundlage für die Verteilung von Ressourcen und den geeigneten Aufklärungskapazitäten – von der einfachen Zeitungslektüre bis hin zum komplexen All-Sources-Intelligence-Ansatz. Das Auftragsprofil wird entsprechend der aktuellen Lageentwicklungen regelmäßig aktualisiert.

Ausgehend von den beauftragten Themen beginnt die erste Phase des nachrichtendienstlichen Produktionsprozesses: Der Bereich der Auswertung steuert die beschaffenden Abteilungen durch kurzfristige Anfragen oder in längerfristigen Projekten. Wesentlich ist dabei die enge Verzahnung beider Bereiche. Nur wenn der Auswerter weiß, welche Informationen die Aufklärungskomponenten liefern können und wenn der Beschaffer weiß, welche Lagebausteine der Analyst benötigt, nur dann kann ein echter nachrichtendienstlicher Mehrwert erzeugt werden. Besonders wichtig ist dabei unser integrierte Ansatz: Zum einen gilt es – je nach Themenstellung – die gesamte Klaviatur der Beschaffungsinstrumente zu spielen. Zum anderen darf der Blick über den eigenen Tellerrand nicht vernachlässigt werden. Denn eines ist klar: viele wichtige sicherheitspolitische Themen sind nicht nur hochdynamisch in ihrer Entwicklung, sondern komplex miteinander verknüpft.

Die zweite Phase des Produktionsprozesses beinhaltet im Wesentlichen die Beschaffung nachrichtendienstlicher Informationen. Im BND unterscheiden wir vier Beschaffungsarten: HUMINT, SIGINT, IMINT und OSINT.

HUMINT, die Anwerbung und Führung menschlicher Quellen, ist ein mühsames und risikoreiches Geschäft, das aber – bei Erfolg – hervorragende Möglichkeiten bietet, die Fragen der Analysten zeitnah und aktiv einsteuern zu können. SIGINT, das Fernmeldeaufkommen, ist rezeptiv angelegt, bietet aber ein risikoärmeres Agieren und gewinnt durch die wachsende Online-Kommunikation zunehmend an Bedeutung. Durch IMINT, der Satelliten- und Luftbildanalyse, können unterstützende Informationen z. B. zu Baufortschritten oder zur Infrastrukturentwicklung gewonnen werden. Die offene Informationsgewinnung, OSINT, bietet die Möglichkeit, durch professionelles Data Mining bedarfsgerechte Online-Produkte in allen Sprachen der Welt zu beschaffen.

Eine weitere wichtige Informationsquelle ist der Austausch mit ausländischen Nachrichtendiensten. Internationale Zusammenarbeit ist im wahrsten Sinne des Wortes überlebenswichtig. Die Nachrichtendienste gleichen ihre Informationen ab, fügen die Puzzleteile zusammen und verbessern gegenseitig ihre Lagebilder. Dieser Austausch basiert auf einem austarierten Geben und Nehmen nach Recht und Gesetz. Je weltumspannender ein Thema, je weitreichender eine Krise, desto enger muss der Austausch der betroffenen Länder sein.

Ich komme zur dritten Phase der Produktion. Hier werden die beschafften Informationen in der Auswertung zu komplexen Lagebildern zusammengefügt, die in Form von Berichten an unsere Auftragnehmer kommuniziert werden. Dabei gibt es die unterschiedlichsten Berichtsformate: taktische Gefährdungshinweise, kontinuierliche Krisenberichterstattung, Grundlagenberichte bis hin zu strategischen Analysen oder Perspektivpapieren. Kern aller Produkte ist in aller Regel der bereits erwähnte nachrichtendienstliche Mehrwert. Die letzten Jahre haben gezeigt, dass sich Krisen- und Konfliktpotenziale oftmals hochdynamisch entwickeln und der Politik rasches Entscheiden und Handeln abverlangen. Deutschland kann sich nicht isolieren. Wir spielen im internationalen Geflecht von Krisenmanagement und Konfliktbewältigung eine signifikante Rolle.

Deutschland kann sich nicht isolieren. Wir spielen im internationalen Geflecht von Krisenmanagement und Konfliktbewältigung eine signifikante Rolle.

In Reaktion darauf hat sich das Auftragsspektrum des BND fundamental verändert. Der Dienst hat diesen Entwicklungen mit umfangreichen Anpassungen seiner Struktur und seiner Berichterstattung Rechnung getragen: Der BND des Jahres 2015 hat folglich mit dem BND des Kalten Krieges nicht mehr viel gemein.

Die Sicherheitspolitik im 21. Jahrhundert erfordert übergreifende Ansätze. Nur wer sich vernetzt, behördenübergreifend, branchenübergreifend, aber ganz besonders auch international einbringt, kann den neuen Herausforderungen verantwortungsbewusst begegnen.

In der sicherheitspolitischen Architektur der Bundesrepublik hat der BND seine feste Rolle. Unsere Aufgabe ist es, die freiheitlich-demokratische Ordnung und die Bürgerinnen und Bürger dieses Landes vor Gefahren von außen zu schützen. Zu diesem Zweck versorgt der BND Regierung und Parlament mit zuverlässigen Informationen über die aktuellen Entwicklungen im Ausland – rund um die Uhr, zuverlässig und nach Maßgabe seiner gesetzlichen Befugnisse. Dieser Rolle fühlen wir uns mit Stolz verpflichtet.

Zum Autor: Generalmajor a.D. Norbert Stier war Vizepräsident für militärische Angelegenheiten des Bundesnachrichtendienstes. Er hat diesen Vortrag am 27.04.2015 vor dem Regionalkreis West der Clausewitz-Gesellschaft e.V. gehalten.

Drama und Dreimaleins der Strategie: Charakter, Struktur, Bedeutung

Yskert von Kodolitsch
Oliver Heinicke
Olliver Pfennig

Einführung

Das Theoriecluster des Clausewitz-Netzwerks für Strategische Studien (CNSS) befasst sich mit strategischen Denkmethoden in der Tradition von Clausewitz. Dieses Denken befähigt dazu, werte-orientiert zu handeln, Ziele richtig zu bestimmen und gewählte Ziele mit Erfolg zu erreichen. Der Zweck des Aufsatzes ist die Verbreitung strategischer Denkmethoden. Das Ziel ist, für diese Methoden Interesse zu wecken und sie gebrauchsfähig zu machen für ein breites Publikum potentieller Anwender. Das Mittel ist die Erstellung eines Strategie-Instrumentes, das diese Anforderungen erfüllt.

Nach Rogers Diffusionsmodell der Innovation handelt es sich bei unserer Zielgruppe um „Pragmatiker", die eine Innovation nur unter fünf Voraussetzungen annehmen[1]:

1. Die Innovation muss ein Problem lösen oder einen klaren Vorteil gegenüber bislang bekannten Problemlösungen bieten. In unserem Fall: Ein Akteur ist in seiner Zielverfolgung abhängig von anderen Akteuren und stößt dabei auf Probleme: Das gesuchte Strategie-Instrument sollte helfen, sein Problem zu lösen oder seine Lage deutlich zu verbessern.

2. Der Nutzen muss den Aufwand weit überwiegen. Das neue Instrument darf um keinen Preis das Studium der tausend Buchseiten „Vom Kriege"

erfordern. Stattdessen muss sie auf einer Zigarettenlänge, oder beim Kaffeeholen erklärbar sein.

3. Jeder muss das Instrument auf Anhieb verstehen: Das wollen wir erreichen, indem wir es auf Wissensquellen aufbauen, die jedem Menschen als universelles Wissen zur Verfügung stehen. Gleichzeitig soll das Instrument komplexes Wissen über eine einfache Formel abrufbar machen.

4. Das Instrument muss leicht verfügbar sein: Unser Benutzer soll bei seinem Einsatz keine Hilfsmittel benötigen.

5. Der Nutzen erklärt sich mit maximal acht Worten: Der Anwender unseres Instrumentes soll sagen: „So funktioniert Strategie".

Für die Entwicklung des Strategie-Instruments setzen wir die Cross-Industry-Technik ein[1]. Diese Technik löst Probleme der Produktentwicklung indem sie nach Lösungen sucht, die in anderen Branchen bereits vorhanden sind. Das Verfahren besteht aus den drei Schritten Abstraktion, Analogie und Adaptation[1]:

1. Abstraktion: Abstrakt formuliert wollen wir ein breites Interesse wecken für ein strategisches Instrument, das Akteuren zu Erfolg verhilft, wenn diese bei der Verwirklichung ihrer Ziele mit ihren Mitmenschen in Konflikt geraten.

2. Analogie: Die dramatische Erzählung schien uns mit Abstand als am meisten für das Vorhaben geeignet. Sie fasziniert seit Menschengedenken ein Massenpublikum, ganz gleich, ob als Prosa, Theater oder Film. Das Drama handelt von Protagonisten, die konsequent ein Ziel verfolgen, und dabei in Konflikt geraten. Schließlich erklärt die Lehre vom dramatischen Schreiben, wie ein Protagonist bei seiner Zielverfolgung Konflikte produziert, und welche Konsequenzen daraus erwachsen. Also beschlossen wir: Zur Entwicklung unseres Instrumentes nutzen wir die Lehre des dramatischen Schreibens: „Poetik" von Aristoteles[2], „Dramatisches Schreiben" von Egri[3], und „Story" von McKee[4].

Die dramatische Erzählung fasziniert seit Menschengedenken ein Massenpublikum. Das Drama handelt von Protagonisten, die konsequent ein Ziel verfolgen, und dabei in Konflikt geraten.

3. Adaptation: Die Analyse zur Literatur erbrachte drei thematische Cluster mit der größten Relevanz für die Lehre des dramatischen Schreibens und für strategische Betrachtungen. Erstens: Charaktere. Sie sind die tragende Kraft der dramatischen Handlung. Zweitens: Struktur der dramatischen Handlung. Drittens: Sinn der Handlung, der aus dem Bezug auf Werte und Ideen entsteht. Im Folgenden strukturieren wir die Arbeit entlang dieser drei Cluster: Charakter, Struktur, Bedeutung. Wir werden zeigen, dass diese drei grundlegend sind für strategisches Denken wie das Einmaleins beim Rechnen.

1. Charakter

Viele Dramatiker sehen im Charakter die entscheidende Kraft, die die Handlung eines Dramas antreibt. Besonders Egri zeigte auf faszinierende Weise, wie der Dramatiker aus Charakteren ein bühnenreifes Drama baut[3]. Er war überzeugt, dass die Arbeit des Autors darin besteht, seine Charaktere ins letzte Detail und bis in ganzer Tiefe zu kennen. Dann laufen die Charaktere los und schaffen selbst ihr Drama. Egri setzt auf die Kraft skrupelloser Schlüsselfiguren. Schlüsselfiguren sind skrupellos, weil sie bereit sind, ihre Sache durchzuziehen und nicht einknicken, wenn sie auf Widerstände stoßen.

Treibende Kraft

Am besten beginnt das Drama durch eine Grenzverletzung, meint Egri. Er bezeichnet den Auftakt des Dramas als Angriffspunkt: zum Beispiel der Entschluss eines Charakters, Chef zu werden, das Haus zu verkaufen, oder seine Frau zu verlassen. Der dramatische Charakter ist bereit, Risiken einzugehen um sein Ziel zu erreichen. Das provoziert die Gegenwehr seiner Mitmenschen. Äußere Dynamik gewinnt das Drama also durch Konflikt. Dabei eskaliert der Protagonist seinen Einsatz gegen ständig wachsende Widerstände. Innere Dynamik entwickelt das Drama durch Erfüllen einer Prämisse. Die Prämisse gehört dem Autor des Dramas. Sie enthält seine tief empfundene Ansicht über das Leben. Der Autor darf seine Prämisse nicht offen nennen. Er beweist sie durch den Verlauf des Dramas. Macbeth zum Beispiel beweist die Prämisse „skrupelloser Ehrgeiz führt zur eigenen Vernichtung" und Othello die Prämisse „Eifersucht zerstört sich selbst und das Objekt ihrer Liebe". Indem Charaktere die Prämisse erfüllen, vollziehen sie einen tiefen Wandel, von Ehrgeiz zum Nihilismus, oder von Eifersucht zum Selbsthass. Der Charakter wandelt sich stufenweise durch steigende Konflikte bis er nach Durchschreiten von Krise und Höhepunkt des Dramas die Prämisse erfüllt hat.

Exemplarische Adaptation

Im realen Leben leisten sich Akteure Grenzverletzungen bei der Zielverfolgung. Sie setzen so oft unbedacht eine dramatische Kettenreaktion in Gang. Clausewitz beschreibt den Krieg entsprechend dieser Kettenreaktion: Krieg, sagt er, ist nichts als ein erweiterter Zweikampf. Agonist und Antagonist eskalieren ihren Einsatz, bis einer tot am Boden liegt[5].

Zwei Beispiele dienen der Illustration: Um Konflikte zu dramatisieren, rät Egri Protagonist und Antagonist mit Hilfe einer Konstruktion, die er als „Einheit der Gegensätze" bezeichnet, aneinander zu ketten. Zwei Akteure stehen in Abhängigkeit zueinander und können deshalb ihrem Konflikt nicht entweichen.

Clausewitz: Krieg ist nichts als ein erweiterter Zweikampf. Agonist und Antagonist eskalieren ihren Einsatz, bis einer tot am Boden liegt.

Mann und Frau, Mutter und Kind, Chef und Mitarbeiter, Arzt und Patient[6] bilden diese Art der Einheit. Das erklärt, warum ihre Konflikte die fatale Tendenz haben bis zum Äußersten zu gehen. Zweites Beispiel: Egri sagt, dass ein Charakter drei Dimensionen hat: Physiologie, Soziologie und Psychologie. Er zeigt in vielen Beispielen, wie man in Kenntnis der Details aus diesen Dimensionen menschliches Verhalten erklären und vorhersagen kann. Gute Strategen üben sich in genau dieser Kunst. Wenn sie gut sind, ahnen sie im Voraus, was ihre Mitmenschen in bestimmten Situationen tun werden. Bei Austerlitz beispielsweise wurde die vereinte Übermacht von Russen und Österreichern Opfer einer List der Franzosen. Napoleon kannte die Motive seiner Gegner und rechnete damit, dass ihre emotionalen Befindlichkeiten sie direkt in seine Falle führen würden[7]. Auch in der Therapie muss der Arzt die Charakterdimensionen seines Patienten erfassen, um abzuschätzen, wie sich sein Patient in der Krise der Erkrankung verhalten wird. Nur wenn er das richtig einschätzt, kann er erfolgreich therapeutisch tätig sein[6].

Prinzip: Der Charismatiker

Die zentrale Rolle des Charakters ist nicht nur im Drama typisch. Auch die Klassiker der Strategie heben auf die tragende Rolle charismatischer Akteure ab: Ein Fürst oder ein Feldherr hat einen Wusch: Er will seine Macht erhalten, einen Krieg gewinnen oder etwas Land dazu gewinnen. Clausewitz beschäftigt sich in seinem Hauptwerk „Vom Kriege" ausführlich mit der tragenden Rolle von Charakteren. Kriegerischer Genius, moralische Größen, moralische Hauptpotenzen, die Kühnheit, und Beharrlichkeit sind Titel aus einigen seiner glanzvollsten Kapitel. Wörtlich schreibt er: „Sowie die Kräfte in dem einzelnen ersterben, diese nicht mehr vom eigenen Willen angeregt und getragen werden, lastet nach und nach die ganze Inertie der Masse auf dem Willen des Feldherrn; an der Glut in seiner Brust, an dem Lichte seines Geistes soll sich die Glut des Vorsatzes, das Licht der Hoffnung aller anderen von neuem entzünden; nur insoweit er dies vermag, insoweit gebietet er über die Masse und bleibt Herr derselben …"[5].

2. Struktur

Die herrschende Lehre über das dramatische Schreiben liest sich fast wie eine Umkehrung dessen, was wir im vorigen Absatz schreiben: Nicht der Charakter, sondern die Struktur erzeugt das Drama. Seit Aristoteles die Poetik verfasste versteht sich die Lehre vom dramatischen Schreiben zuerst als Kunst der Konstruktion. Arthur McKee ist Hollywoods große Autorität im Bereich des Drehbuchschreibens. In seinem Lehrbuch „Story" liefert er dem Autor Bauanleitungen für Filme mit dramatischer Handlung[4]. Bei ihm werden Charaktere zu Puzzleteilchen, die der Autor in die Struktur der Story einpasst. Ändert der Autor die Struktur, fällt der Charakter aus ihr heraus. Ändert er den Charakter, zerstört er die Struktur. Die Konstruktion des Dramas fordert vom Autor also eine wechselnde Anpassung von Handlung und Charakter, bis die Gesamtkonstruktion vollkommene Stimmigkeit erreicht.

Stützapparat der Handlung

McKee sagt, dass Formen die Kunst definieren. Die Form macht in der Musik aus Lärm beispielsweise eine Symphonie oder ein Rockstück. In der Malerei macht sie aus Gekritzel eine impressionistische Zeichnung oder ein kubistisches Gemälde[4]. In gleicher Weise macht die Form des Dramas aus Begebenheiten dramatische Handlung. Trotz endloser Variationen ist die Grundform des Dramas universell.

Die Konstruktion des Dramas ist komplex und erinnert an die Architektur einer Kathedrale. Zur Konstruktion der Statik dienen Szenen als kleinste Baueinheit. Diese setzt der Autor mit Hilfe ausgeklügelter Pläne zu einem kompletten Drama zusammen. Aus Szenen fügt der Autor Sequenzen. Aus Sequenzen erstellt er einen Akt. Nach der Zahl der Akte bestimmt sich der Modelltyp des Dramas, wobei McKee drei Akte für die Mindestausstattung eines Dramas in klassischer Erzähltechnik hält. Jede Handlungseinheit hat Anfang, Mitte,

Ende und enthält einen Wendepunkt. Wir stellen uns jede Handlungseinheit als bogenförmige Bauelemente der Kathedrale vor. Die Bedeutung der Wendepunkte steigt mit der Größe der Baueinheit. Einen Akt baut der Autor so, dass die Konstruktion auf einen bedeutenden Wendepunkt der Handlung zuführt. Der letzte Akt enthält den entscheidenden Wendepunkt. Dieser ist Höhepunkt des Dramas und Schlussstein der Konstruktion. Die Lage im Grundriss des Dramas bestimmt die dramatische Funktion der Ereignisse. Wichtigste Handlung im ersten Bauabschnitt ist das auslösende Ereignis, gefolgt von komplizierenden Ereignissen im Mittelteil. Zum Ende folgen dann Krise, Höhepunkt und Auflösung. McKee empfiehlt dem Autor eine Baurichtung entgegen der Handlungsrichtung: Zuerst Konstruktion des Höhepunkts, dann Erstellung des auslösenden Ereignisses und zum Schluss Ausbau der Zwischenstufen.

Exemplarische Adaptation

Die Folgerung aus der oben angestellten Betrachtung für die Strategie lautet: Zum Erfolg baucht das Handeln Strukturen. Ein drei-aktiges Drama ist natürlich kein Bauplan für Projektmanagement. Dennoch sind einige Prinzipien der Dramakonstruktion informativ für den Strategen. Insbesondere setzen Dramaautoren zahlreiche Konstruktionsprinzipien ein, um Konflikte punktgenau in der Handlung zu platzieren und diese dann nach Plan der Handlung zu eskalieren. Die Konstruktion der Konflikte erfolgt durch Aufbau von Differenzstrukturen, bei denen wir drei Arten unterscheiden. Erstens, horizontale Differenzen erzeugt der Autor aus Wandel im zeitlichen Verlauf. Beispielsweise kann der Autor einen Ehekonflikt erzeugen, indem er in die Handlung eine plötzliche Veränderung des männlichen Charakters einbaut. Zweitens, vertikale Differenzen entstehen aus der Konstruktion von Oben und Unten, oder von Oberfläche und Tiefe. Beispielsweise schätzen Autoren Hierarchien, um Konflikte zu erzeugen. Drittens, diagonale Differenzen, die der Autor durch ungleiche Verteilung eines Wertes oder einer Handlungsoption erzeugt. Dem einen ist erlaubt, was dem anderen verboten ist, beispielsweise.

Horizontale Differenzstrukturen (1)

Differenz aus Erwartung und Ergebnis (1.1).
McKee sieht in dieser Differenz die Kluft, die jedes dramatische Ereignis antreibt. Ein Beispiel: Eine Figur will wissen, wie spät es ist. Erste Handlung zur Zielerreichung: Er fragt eine Frau, die neben ihm in der U-Bahn sitzt. Die sagt nichts, sondern versetzt ihm eine Ohrfeige. Die Kluft ist offen und die Neugier

des Publikums erwacht: Was macht die Figur jetzt? Fragt er die Frau noch einmal nach der Uhrzeit? Wie weit wird er gehen, um die Uhrzeit zu erfahren? Die Diskrepanz aus Erwartung und Wirklichkeit ist das Motiv strategische Aktivität. Eine berühmte Version der Kluft bei Clausewitz: „Der Eroberer ist friedliebend ... er zöge ganz gern ganz ruhig in unseren Staat ein". Der Krieg beginnt mit der Vereidigung, die aus der Bereitschaft resultiert, die Erwartungen des Eroberers zu enttäuschen. Strategisches Denken sollte erkennen, dass Erwartungen wahre Konfliktgeneratoren sind. Man könnte Strategie als Management von Erwartungen verstehen.

Differenz nach Wendepunkten (1.2).
Das Drama beginnt mit einem auslösenden Ereignis. Dieses Ereignis markiert den Wendepunkt, von dem aus es in einer Geschichte kein Zurück mehr gibt. Caesar überquert den Rubikon. Ab jetzt heißt es: Caesar oder die römische Republik. Wendepunkte ohne Zurückoption gibt es nicht nur im ganz großen Kino. Sie sind Teil des Alltags: Eine abfällige Bemerkung des Chefs zu seinem Mitarbeiter zerstört zehn Jahre loyaler Zusammenarbeit. Eine unbeherrschte Drohung führt zum Abbruch langjähriger Verhandlungen. Eine andere Form des Wendepunktes ist die Krise. Krisen bringen Gefahr und Gelegenheit. Sie markieren Punkte, an dem Agonist und Antagonist eine letzte Anstrengung unternehmen, um ihr Ziel zu erreichen. Clausewitz beschreibt die Krise als den Zustand der Auflösung und Schwächung, den jedes Gefecht durchläuft[5]. Jenseits des Wendepunktes der Krise sind alle Kräfte verbraucht, und die Entwicklung hat einen Punkt erreicht, über den hinaus keine weitere Handlung mehr vorstellbar ist, so McKee. Auch Clausewitz' Kulminationspunkt des Angriffs ist ein Wendepunkt. Der Taktiker erkennt die Punkte, deren Überschreiten Richtungsänderung oder Unumkehrbarkeit der Handlung zur Folge haben können. Entscheidend ist die Fähigkeit, Pläne im rechten Moment anzupassen.

Clausewitz beschreibt die Krise als den Zustand der Auflösung und Schwächung, den jedes Gefecht durchläuft.

Vertikale Differenzstrukturen (2)

Differenz von Text und Subtext (2.1).
Nach McKee ist der Text eines Filmes die „sensorische Oberfläche" aus Bild, Dialog, Musik und Klangeffekten. Unter dieser Oberfläche, Subtext genannt, findet das wahre Leben statt: Gedanken, Gefühle, das eigentlich Gemeinte, das in Wahrheit Gewollte. Eine wichtige Variante dieses Konzeptes ist die Oberflächencharakterisierung einer Figur in Gegensatz zu ihrem Tiefencharakter. Der

Stratege muss Text und Subtext lesen. Er muss die wahren Motive erkennen, um erfolgreich agieren zu können. Auch Organisationen haben ihren Subtext. Dieses Phänomen bezeichnen Organisationsforscher als Entkopplung: Unter der Oberfläche einer formal legitimierten Struktur lebt die Organisation nach völlig anderen Regeln[8].

Diagonale Differenzstrukturen (3)

Differenz von Freiheit und Beschränkung (3.1).
Der Autor unterwirft sich den Beschränkungen durch Setting, Genre- und Designkonventionen seiner Erzählform. McKee zitiert T.S. Eliot, um das grundlegende Prinzip der Kreativität zu erläutern: „Wenn die Phantasie gezwungen wird, innerhalb eines strengen Rahmens zu arbeiten, wird sie bis zu ihrem Äußersten belastet – und wird ihre reichsten Ideen hervorbringen. Wird dem Werk völlige Freiheit gewährt, ufert es aus". In der Strategie fehlt es immer an etwas: Zeit, Ressourcen, Gelegenheit. Eine Führungsaufgabe kann darin bestehen, Knappheit aller Art als notwendigen Motor für Kreativität zu verstehen und Knappheit gezielt zu diesem Zweck zu nutzen.

Differenz von Wissen und Unwissen (3.2).
McKee nennt drei Strategie-Varianten, mit deren Hilfe er Wissen gezielt so verteilt, dass der Dramatiker Macht über sein Publikum ausübt. Erstens: „Wissen als Geheimnis". Mit dieser Technik enthält der Autor dem Publikum das Wissen seiner Figuren vor, um dieses mit Andeutungen zu narren und auf falsche Fährten zu setzen. Zweitens: „Alle wissen nichts". Hier verheimlicht der Autor Publikum und Figuren den Ausgang der Handlung bis zum Ende, das für alle eine Überraschung ist. Schließlich: „Dramatische Ironie". Der Autor lässt nur das Publikum wissen, was die ahnungslosen Figuren wissen müssten, um ihrem Schicksal zu entrinnen. Die gezielte Allokation von Wissen schafft Machtdifferenzen und erzeugt Konflikt. Wissen ist Macht, das weiß jeder Stratege. Transparenz heißt Gleichgewicht des Wissens und zerstört diese Macht.

Differenz von Dipol und Dreiecksdesign der Entscheidung (3.3).
Dramatische Figuren verfolgen ihr Ziel rigoros. James Bond jagt den Bösen und muss nicht entscheiden, ob er vielleicht doch mit dem Bösen paktiert. Dramatische Figuren überwinden Hindernisse, aber Umkehr steht nicht zur Entscheidung an. Wirkliche Entscheidungen stellen einen Charakter vor unvereinbare Alternativen: Der Greenpeace-Aktivist verliebt sich unsterblich in eine Tierfellhändlerin. Ein Strafrichter macht dem Mafiosi den Prozess, dessen

Komplizen seine Frau in ihrer Gewalt haben. Der Autor konstruiert ein Dilemma, indem er von polarem Ja-nein-Konflikt-Design auf Dreiecks-Design umsteigt. Clausewitz erklärt den Krieg in der Theorie als Dipol: der erweiterte Zweikampf. In der Wirklichkeit ist der Krieg deutlich komplexer. Clausewitz erzeugt diese Komplexität durch ein Dreiecks-Design: Volk, Regierung und Feldherr verwandeln den einfachen Dipol in ein chamäleonartig changierendes Gebilde, das sich in wundersamer Schwebe befindet und sich dem Versuch einer genaueren Beschreibung verweigert[5].

Prinzip: Der unsichtbare Konstrukteur

Aristoteles und McKee zeigen, wie die ausgeklügelte Konstruktion von Strukturen die Charaktere eines Dramas in Bewegung setzt und wie diese Struktur ihr Handeln bis zur letzten Szene führt.

Strategisches Handeln übernimmt selbstverständlich nicht die Baupläne eines Dramas. Aber Strategen nutzen vielleicht die Idee von Aristoteles: Sie lenken die Figuren durch Formen und Strukturen. Der Chinese Sun Tsu (544 – 496 v. Chr.) hatte das strategische Potential von Strukturen erkannt. Seine Generäle nutzten das Prinzip, um zu siegen, ohne zu kämpfen. Dieser Typus des Strategen sorgt dafür, dass die Umstände für ihn arbeiten. Genauso wie McKee Autoren dramatische Ereignisse gestalten lässt, so gestalten Sun Tsus Generäle den Konflikt: Die Soldaten eines Heeres bewegen sich

Der Chinese Sun Tsu (544 – 496 v. Chr.) hatte das strategische Potential von Strukturen erkannt. Seine Generäle nutzten das Prinzip, um zu siegen, ohne zu kämpfen.

wie Figuren im Drama auf den Bahnen, die ihr Konstrukteur für sie vorsieht. Seine Soldaten wollen nicht kämpfen? Sun Tsu lenkt sie in eine aussichtslose Umzingelung, und sie kämpfen. Ein Gegner ist übermächtig? Sun Tsu sät Zwietracht, ermüdet den Gegner, lockt ihn in tödliches Gelände und bringt ihn so in hilflose Lage. Der beste General ist der, den keiner kennt. Er kämpft nicht, weil die Umstände die Arbeit für ihn erledigen. Taoismus funktioniert so: Der zweitbeste Arzt des chinesischen Reichs war berühmt, weil er Schwerstkranke heilte. Der beste Arzt des Reiches war sein Bruder. Den kannte niemand: In seiner Obhut erkrankte keiner, zu heroischer Rettung hatte er nie Gelegenheit[9]. Große Feldherren, charismatische Politiker, mächtige Manager: Bei funktionierenden Strukturen sind sie reine Randfiguren. Stattdessen bestimmen unsichtbare Konstrukteure den Lauf der Handlung.

3. Bedeutung

Im Drama geht es um Bedeutung: Einblicke in tiefe Wahrheit, Erfassen eines Gedankens, Erkenntnis einer Idee. Drama ergreift den Leser, erfreut, erschüttert, führt zu Katharsis, wie Aristoteles schrieb. Niemals ist ein Drama der wertneutrale Bericht von Taten oder nüchternes Aufzeigen von Strukturen.

Die Kraft einer Idee

Drama schafft Bedeutung. Nehmen wir die letzte Szene aus dem Film EINSAM SIND DIE TAPFEREN: Wir sehen, wie ein Hut auf der Straße liegt. Wir wissen: Dieser Hut gehörte einem tapferen Cowboy. Der konnte Stacheldraht nicht leiden, und er hatte etwas gegen Ausweispapiere. Die Straße ist der Ort, an dem dieser Mann von einem LKW angefahren wurde. Sein Pferd ließ hier das Leben. Verletzt, dann erschossen vom Sheriff, der sie beide gejagt hatte. Ende eines Kampfes gegen Stacheldraht und Ausweispapiere. Wir sehen den Hut, und wir wissen, dass das ein Abschied ist. Abschied von Männern, die solche Hüte tragen. Abschied von einer Lebensweise. Abschied von einer Ära und Ende einer Idee: der Idee von Freiheit.

Exemplarische Adaptation

McKee zeigt, wie die dramatische Erzählung Bedeutung schafft. Drei Bespiele zeigen das und erklären die Auswirkung auf strategisches Handeln.

Struktur als Rhetorik (1).

Der Autor eines Dramas stellt sich nicht vor das Publikum und sagt: Freiheit ist wichtig, ihr müsst sie verteidigen. Die Ereignisstruktur des Dramas beweist den Wert der Freiheit. Manager lernen heute, wie sie sich eine Vision ausdenken, die sie auf Hochglanzbroschüren drucken, um damit ihre Mitarbeiter zu begeistern. Sie sollten McKee lesen und sich fragen, wie sie Bedeutung selber leben, statt sie anderen zu verschreiben. Was sind die wahren Werte eines Unternehmens? Wie kann ein Unternehmen den Wert einer Idee durch Handlung beweisen?

Beherrschende Idee (2).

Ohne Werte gibt es kein Drama, sagt McKee. Liebe, Loyalität, Tapferkeit, Erfolg sind Beispiele. Das Publikum identifiziert sich mit der positiven Dimension eines Wertes. Die positive Dimension eines Wertes kann man schlecht steigern: frei, noch freier, völlig frei? Deshalb konzentriert sich Drama auf die negative Dimension. Die Konter-Idee der Freiheit ist nur all zu leicht zu steigern. Zuerst einfacher Widerspruch zur Freiheit: Kondensstreifen am Himmel, Stacheldraht, Ausweispapiere. Als nächstes kommt das Gegenteil von Freiheit: Der Cowboy wird eingesperrt. Letzte Steigerung: Sein Freund wehrt sich, als der Cowboy ihn mit aus dem Gefängnis befreien will. Freiwillige Sklaverei ist „doppelte Negation der Freiheit", so nennt es McKee. Lehren für die Strategie: Menschliches Handeln braucht Werte. Menschen identifizieren sich mit positiven Werten. Positive Werte treten dann zu Tage, wenn sie gegen antagonistische Kräfte kämpfen. Werteaufladungen wirken in Konfliktsituationen aber wie Brandbeschleuniger. Deshalb überredete Platon seine Stadtväter, Poeten und Geschichtenerzähler aus der Stadt zu werfen[4]. Dennoch brauchen Strategen Werte. Sie sollten aber alles tun, um unnötige Werteaufladungen zu vermeiden und diese nicht zu eskalieren. Dinge unnötig mit Werten aufzuladen offenbart Mangel an Verantwortung. Wer selber zu faul ist, den Müll hinauszubringen, sollte seinem Sohn keine wertgeladene Rhetorik über die vernichtenden Folgen der Faulheit zumuten, nur damit dieser den Mülleimer hinausbringt.

Menschliches Handeln braucht Werte. Menschen identifizieren sich mit positiven Werten.

Prinzip: Sinn durch Werte

Ohne Werte ginge es in einer Geschichte um nichts. Erst die Verbindung von Handlung mit Werten erzeugt Sinn. Sinn ist das, was jeder Mensch zum Leben braucht. Geschichten stiften Sinn. Die Geschichten in der Bibel sind der beste Beweis. Handeln ohne Sinn ist Nihilismus, der mit einem erfüllten, glücklichen Leben kaum vereinbar ist.

Nicht nur der Einzelne muss Sinn in seinem Handel sehen, auch Gruppen, Unternehmen oder ein Staatswesen brauchen Werte und verbindende Ideen, um auf Dauer zu existieren.

Strategisches Handeln ist zweckrationales Handeln. Den Zweck des Handelns allein mit dem Zweck zu begründen, ist nihilistisch: Wir machen Gewinne, um Gewinne zu machen. Wir sind umweltfreundlich, damit wir umweltfreundlich sind. Kein Mensch möchte sich für so etwas einsetzen. Deshalb muss eine Strategie Zwecke benennen, hinter denen wirkliche Werte stehen. Beispiel aus dem Management: Wir machen Gewinne, damit jeder Mensch, der für uns arbeitet, auch selber gut leben kann. Wir sorgen nicht nur für zufriedene Kunden. Es geht uns um das Wohlergehen von Menschen. Dazu gehören die Menschen, die das Unternehmen sind. So ergibt das Gewinne-machen Sinn. Der Wert ist klar: Menschlichkeit. Der Zweck ist mit diesem Wert begründet. Ein Beispiel aus der Politik: Gesetze, deren Sinn niemand versteht, gefährden auf Dauer ihren eigenen Bestand oder gar den Bestand des Staates, der solche Gesetze erlässt. Nicht nur der Einzelne muss Sinn in seinem Handel sehen, auch Gruppen, Unternehmen oder ein Staatswesen brauchen Werte und verbindende Ideen, um auf Dauer zu existieren.

Fazit

Das Dreimaleins der Strategie liefert mit Charakter, Struktur, Bedeutung ein alltagstaugliches, aber in die Tiefe weisendes Strategieverständnis. Ergänzend bietet es eine Auswahl von Strategiekonzepten, abgeleitet aus dem dramatischen Schreiben, in Übereinstimmung mit klassischen Konzepten des strategischen Denkens. Das Dreimaleins der Strategie ist keine konsistente Theorie des strategischen Denkens. Im Gegenteil: Es ist eben ein kleines Dreimaleins. Es lädt dazu ein, selber zu rechnen.

Danksagung

Wir danken Herrn Prof. Lennart Souchon, Herrn Dr. Arnim Sachweh und Herrn Dr. Alexander Bernhardt für die Durchsicht und Kommentare zum Manuskript, sowie den Teilnehmern des Theorieclusters des CNSS für die fruchtbare Diskussion der hier diskutierten Themen.

Zu den Autoren:
Prof. Dr. med. *Yskert von Kodolitsch* ist Oberarzt am Universitären Herzzentrum am Universitätsklinikum Hamburg-Eppendorf. Er ist Leiter des Theorieclusters des Clausewitz-Netzwerks für Strategische Studien (CNSS).

Fregattenkapitän *Olliver Pfennig* wird aktuell im Bundesministerium der Verteidigung in der Abteilung Strategie und Einsatz verwendet. Als Mitglied im Clausewitz Netzwerk für Strategische Studien (CNSS) engagiert er sich u.a. im Forschungscluster Theorie.

Fregattenkapitän *Oliver Heinicke* ist Branch Head im NATO Maritime Command in Northwood und Mitglied des Theorieclusters des Clausewitz-Netzwerkes für Strategische Studien (CNSS).

Anmerkungen:
1. Gassmann O, Friesike S. 33 Erfolgsprinzipien der Innovation. München: Hanser; 2012.
2. Aristoteles: Poetik: Philipp Reclam; 1961.
3. Egri L, Winter K. Dramatisches Schreiben: Theater, Film, Roman: Autorenhaus-Verlag; 2003.
4. McKee R. Story: die Prinzipien des Drehbuchschreibens: Alexander-Verlag; 2000.
5. von Clausewitz C. Vom Kriege. 19 ed. Bonn: Ferdinand Dümmler Verlag; 1991.
6. von Kodolitsch Y, Bernhardt AM, Kölbel T, Detter C, Reichenspurner H, Debus ES. Maximizing therapeutic success: The key concepts of individualized medical strategy (IMS). Cogent Medicine 2015;2:1109742.
7. Neurohr RE. Strategien für Herausforderer: Mit Caesar, Napoleon & Co. die Branchenführer herausfordern und den Wettbewerb gewinnen: GABAL; 2012.
8. Kieser A, Ebers M. Organisationstheorien: Kohlhammer; 2006.
9. Sun Tsu S. Wahrhaft siegt, wer nicht kämpft. Die Kunst des Krieges. Einführung des Herausgebers: Piper München Zürich; 2005.

Kapitel IV

Internationale Sicherheitspolitische Entwicklungen und Herausforderungen

Die Ukraine-Krise 2014/2015 aus miltiärstrategischer und operativer Sicht

Matthias Kuster

„Unter gleich Starken gilt das Recht,
unter ungleich Starken aber gilt das Recht des Stärkeren."
Thukydides, Der Peloponnesische Krieg, V, 89).

„Siegen ohne zu kämpfen ist wahre Kriegskunst."
(Sun Tzu, Die Kunst des Krieges, 3. Kapitel).

„Der Krieg ist also nicht nur ein wahres Chamäleon, weil er in jedem konkreten Falle seine Natur etwas ändert, …"
(Carl von Clausewitz, Vom Kriege, I. Buch, Ziff. 28).

„Wer glaubt, dass sich die ewige Frage von Krieg und Frieden in Europa nie mehr stellt, könnte sich gewaltig irren. Die Dämonen sind nicht weg, sie schlafen nur."
(Jean-Claude Juncker, ehemaliger luxemburgischer Premierminister, November 2013).

Für viele überraschend betrieb Russland 2014 mit der Annexion der Krim und dem Vorgehen in der Ostukraine wieder klassische Grossmachtpolitik in neuer Verpackung: Hybride Kriegführung (siehe dazu Kasten). Das Vorgehen bietet ein hervorragendes Lehrstück für militärstrategisches und operatives Denken, belegt aber auch die unveränderte Gültigkeit der Erkenntnisse der beiden herausragenden Kriegstheoretiker, Clausewitz und Sun Tzu.

Politische Entwicklung in der Ukraine

Die Ukraine ist das größte Land (603.700 km²), dessen Grenzen ganz in Europa liegen. 1954 schenkte der frisch gewählte sowjetische Parteiführer Nikita Chruschtschew die Krim der Ukraine.[1]

Als die Sowjetunion 1991 aufgelöst wurde, erlangte die Ukraine die Unabhängigkeit und wurde ein eigenständiger Staat. Bei der Anzahl russisch sprechender Personen besteht landesintern ein starkes Ost-West-Gefälle: Während im Donezkbecken (Donbass), bestehend im Wesentlichen aus den Verwaltungsbezirken Donezk und Luhansk, mehr als 60% der Bevölkerung russisch sprechend (davon 38,5% ethnische Russen)[2] sind, sind es im Westen der Ukraine nur gerade rund 10%.

Korruption ist eines der grössten Probleme des Landes. Eine Handvoll sehr reicher Oligarchen übt bis heute einen bestimmenden Einfluss auf die Politik aus.

Korruption ist eines der grössten Probleme des Landes.[3] Eine Handvoll sehr reicher Oligarchen übt bis heute einen bestimmenden Einfluss auf die Politik aus.

1994 unterzeichneten Russland, die USA und Grossbritannien das *Budapest Memorandum on Security Assurances*, in welchem sich die Ukraine verpflichtete, ihre Atomwaffen auf ihrem Territorium zu vernichten. Die Unterzeichnerstaaten sicherten der Ukraine im Gegenzug zu, ihre Souveränität und ihre Grenzen zu respektieren und verpflichteten sich, jegliche Gewaltandrohung oder den Gebrauch von Gewalt gegen ihr Territorium und ihre politische Unabhängigkeit zu unterlassen.[4]

2004 brach als Folge eines Wahlbetrugs bei den Präsidentschaftswahlen eine Revolution aus, welche unblutig verlief. Der westlich orientierte Viktor Juschtschenko konnte sich gegen den von Russland unterstützten Kandidaten Viktor Janukowitsch durchsetzen. Die Demonstranten, welche Viktor Juschtschenko unterstützten, trugen als Erkennungszeichen orangefarbene Schleifen, weshalb die Revolution auch als Orange Revolution bezeichnet wird. Die Aktivsten der Bewegung wurden in den Taktiken des gewaltlosen Widerstandes von professionellen westlichen Beratern geschult und insbesondere von den USA finanziell unterstützt.[5] Die bekannteste Organisation für gewaltlosen Umsturz ist Otpor, eine serbische Organisation, die bei politischen Umwälzungen in Osteuropa und der Kaukasusregion aktive Unterstützung von Oppositionsparteien und -gruppen leistete. Auch die Initiatoren der ägyptischen Revolution von 2011 hatten Kontakt zu Otpor und liessen sich von ihr inspirieren.[6]

Da sich die wichtigsten Protagonisten des orangen Lagers, Viktor Juschtschenko und Julija Tymoschenko, in den folgenden Jahren nicht auf einen gemeinsamen Weg einigen konnten und viele Hoffnungen der Ukrainer unerfüllt blieben, wählten die Ukrainer Anfangs 2010 Viktor Janukowitsch doch noch ins Präsidentenamt.[7]

Als sich Präsident Janukowitsch am 21. November 2013 überraschend weigerte, auf Druck Russlands das geplante Assoziierungsabkommen mit der EU[8] zu unterzeichnen, kam es auf dem Platz der Unabhängigkeit in Kiev, kurz Maidan genannt, zu anhaltenden Protesten, zu welchen der Journalist Mustafa Najem via Facebook aufgerufen hatte.[9] Die Demonstranten forderten die Absetzung des Präsidenten Janukowitsch, die Unterzeichnung des Assoziierungsabkommens sowie vorzeitige Präsidentschaftswahlen. Es war – ähnlich wie im arabischen Frühling – die Hoffnung auf Freiheit, Rechtsstaatlichkeit, Beseitigung der grassierenden Korruption sowie Verbesserung der wirtschaftlichen Zukunft, welche die Demonstranten antrieb.[10]

Was die Bevölkerung schließlich in Scharen auf die Strasse trieb, war das brutale Niederknüppeln der Demonstranten durch den Sicherheitsapparat.[11] Am 8. Dezember 2013 sollen mehr als 500.000 Demonstranten auf dem Maidan protestiert haben. Ab dem 18. Februar 2014 eskalierte das Geschehen auf dem Maidan, als Scharfschützen, deren Identität bis heute nicht ganz geklärt ist,[12] gezielt Demonstranten töteten; diese setzten ebenfalls Waffen ein, und es kam zu über 80 Toten.[13]

Unter Vermittlung Deutschlands, Frankreichs und Polens unterzeichnete Präsident Janukowitsch am 21. Februar 2014 mit den Maidan-Demonstranten eine Vereinbarung über die Beilegung der Krise und über Neuwahlen im Dezember 2014. Trotz der Unterzeichnung forderten die Maidan-Demonstranten aber weiterhin den sofortigen Rücktritt Janukowitschs, da dessen Verbleib im Präsidentenamt bis Dezember 2014 nach dem Blutvergießen für sie nicht hinnehmbar war.[14]

Es war – ähnlich wie im arabischen Frühling – die Hoffnung auf Freiheit, Rechtsstaatlichkeit, Beseitigung der grassierenden Korruption sowie Verbesserung der wirtschaftlichen Zukunft, welche die Demonstranten antrieb.

Vermutlich aus Angst vor dem eigenen persönlichen Umfeld, dem er offenbar nicht mehr zutraute, ihn zu schützen, floh dieser aber noch in der gleichen Nacht via Charkiw, Donezk und der Krim nach Russland.[15] Am 22. Februar 2014 erklärte das ukrainische Parlament Präsident Janukowitsch für abgesetzt.

Am 23. Februar 2014 beschloss das ukrainische Parlament die Herabstufung des Status der russischen Sprache in der Ukraine. Das erforderliche Änderungsgesetz wurde aber von Olexandr Turthschynow, der am 23. Februar 2014 zum Übergangspräsidenten der Ukraine gewählt worden war, mit einem Veto blockiert und trat nie in Kraft. Der russischen Propaganda lieferte der Beschluss des Parlaments aber willkommene Munition für die Behauptung, in der Ukraine würden russische Staatsbürger unterdrückt.

Am 26. Februar wurde eine Übergangsregierung unter Arsenij Jazenjuk gebildet. Die Absetzung von Präsident Janukowitsch und die Bildung der Übergangsregierung waren nicht gänzlich verfassungskonform,[16] was Russland in der Folge ebenfalls propagandistisch ausschlachtete.

Am 25 .Mai 2014 wurde Petro Poroschenko, ukrainischer Oligarch, der über ein geschätztes Vermögen von 1,6 Mia/Mrd. USD verfügt, zum Staatspräsidenten gewählt.

Am 27. Juni 2014 unterzeichnete die Ukraine das Assoziierungsabkommen mit der EU.

Bei den Parlamentswahlen vom 26. Oktober 2014 erzielten die drei Parteien Volksfront, Block Petro Poroschenko sowie die Vereinigung Selbsthilfe zusammen eine Mehrheit von rund 55% der Stimmen. Alle drei Parteien befürworten eine Annäherung an die EU und setzen sich für eine Lösung des Konfliktes im Donbass ein. Der Rechte Sektor, der sich im Zuge der Maidan-Demonstrationen aus verschiedenen rechtsgerichteten Splittergruppen formierte, erzielte lediglich 1,8% der Stimmen.[17]

Die Annexion der Krim

Nach der Flucht von Präsident Janukowitsch nahmen die prorussischen Demonstrationen an Umfang und Intensität zu.[18] Die Flucht war für Präsident Putin der Auslöser, am 23. Februar 2014 die Planung der Annexion der Krim und des Donbass in Auftrag zu geben.[19] Präsident Putin dürfte dabei folgende (strategische) Ziele verfolgt haben:[20]

1. Verhinderung von Maidan-ähnlichen Protesten in Russland, wo es 2012 wegen Wahlfälschungen bei den Parlamentswahlen zu heftigen Protesten auch gegen Präsident Putin gekommen war.[21]

2. Annexion der militärstrategisch wichtigen Krim, wo die russische Schwarzmeerflotte stationiert ist, sowie der Ostukraine, wo sich für Russland wichtige Rüstungsbetriebe befinden.

3. Verhinderung einer EU- und NATO-Mitgliedschaft der Ukraine.[22]

4. Wahrnehmung Russlands als Grossmacht.[23]

Am 25. Februar 2014 kam es auf der Krim zu gewalttätigen Zusammenstößen zwischen proukrainischen Krimtataren und prorussischen Aktivisten vor dem Parlamentsgebäude in Simferopol, als das Parlament über den Verbleib der Autonomen Republik Krim in der Ukraine entscheiden wollte. Zwei Tage später besetzten rund 60 prorussische Milizionäre, die sich als Selbstverteidiger der russischsprachigen Bevölkerung der Krim bezeichneten, den Regierungssitz und das Parlament in Simferopol und zwangen das Parlament unter Waffengewalt, einen Antrag über den Anschluss an Russland einzubringen und darüber ein Referendum abzuhalten.[24] Weitere prorussische Milizen besetzen die Landenge zum ukrainischen Kernland im Norden der Krim. Bereits am nächsten Tag besetzten Soldaten, die später von den Ukrainern als die „kleinen grünen Männchen" bezeichnet wurden, in grünen Uniformen und ohne nationale Hoheitsabzeichen die beiden auf der Krim gelegenen Flugplätze von Sewastopol und Simferopol, ohne dass dabei ein einziger Schuss fiel. Es handelte sich bei diesen Soldaten unter anderem auch um Einheiten der 3. russischen Speznas-Brigade[25] sowie des 45. Garderegiments,[26] die vom Militärgeheimdienst GRU geführt werden.[27] Sie verhinderten die auf der Krim stationierten ukrainischen Soldaten am Verlassen der Kasernen und besetzten wichtige Verwaltungsgebäude.[28] Ukrainische Schiffe der Küstenwache wurden in ihren Häfen blockiert.[29]

Die UN-Vollversammlung erklärte am 28. März 2014 das Referendum und die Sezession der Krim allerdings für ungültig, verletzt doch Russland damit mehrere völkerrechtliche Abkommen.

Zur Ablenkung der medialen Aufmerksamkeit von der Krim und um die Ukraine von einer Gegenwehr abzuschrecken,[30] setzte Russland Truppen ohne vorherige Ankündigung am 26. Februar 2014 im westlichen, an die Ukraine grenzenden Wehrbezirk[31] in Alarmbereitschaft und führte ein grosses Manöver durch.[32] Daran dürften mehr als 150.000 Mann, 900 Militärfahrzeuge, 120 Helikopter, 90 Flugzeuge und 80 Kriegsschiffe teilgenommen haben.[33]

Am 1. März 2014 beantragte Präsident Putin bei dem russischen Föderationsrat die Zustimmung zur Entsendung russischer Truppen in die Ukraine mit der Begründung, das Leben russischer Bürger sei in Gefahr. In den Staatsmedien wurde (fälschlicherweise) behauptet, es fände ein Genozid an der russischsprachigen Bevölkerung statt.[34] Am 6. März 2014 stimmte das Parlament der autonomen Republik Krim dem Anschluss an Russland mit grosser Mehrheit zu. Bereits am 16. März 2014 wurde ein Referendum über den Anschluss an Russland abgehalten, welches grosse Zustimmung fand – angeblich sollen 96,7% der Stimmenden zugestimmt haben.[35] Am 20. März 2014 stimmte auch die russische Duma der Aufnahme der Krim in die russische Föderation mit einer Gegenstimme zu, und bereits am 21. März 2014 wurde der Beitrittsvertrag der Krim zu Russland vom russischen Föderationsrat ratifiziert, womit die Aufnahme der Krim in die russische Föderation abgeschlossen war. Dadurch sollte der Annexion der Krim eine Fassade der Legitimität verliehen werden.[36] Innert weniger als einem Monat wechselte so die Krim von der Ukraine zu Russland. Die UN-Vollversammlung erklärte am 28. März 2014 das Referendum und die Sezession der Krim allerdings für ungültig, verletzt doch Russland damit mehrere völkerrechtliche Abkommen, etwa das Budapest Memorandum on Security Assurances vom 5. Dezember 1994,[37] den Freundschaftsvertrag Ukraine-Russland vom 31. Mai 1997[38] sowie die Charta von Paris über ein neues Europa.[39] Diese Abkommen verpflichten die Vertragspartner, die Souveränität und die Grenzen anderer Staaten zu respektieren und Konflikte auf friedlichem Weg zu lösen.

Am 16. April 2014 gab Präsident Putin in einer Fernsehfragestunde zu, dass russische Truppen auf der Krim die „Selbstverteidiger" aktiv unterstützt hätten, nachdem er zuvor jede Beteiligung russischer Truppen abgestritten hatte, und behauptete, russische Kampfanzüge könne man in jedem Armyshop kaufen.

Das äußerst erfolgreiche Vorgehen der Russen auf der Krim war das Resultat eines umfassenden Reformprogrammes der Streitkräfte, welches bereits zwei Monate nach dem Krieg in Georgien 2008 eingeleitet wurde; dieser hatte teilweise schwere Mängel in Bewaffnung, Führung und Taktik offengelegt.[40] Die Speznas sind heute mit modernsten Kampfanzügen (Ratnik) und Schutzwesten aus Keramikplatten sowie modernen Kommunikationsmitteln und Nachtsichtgeräten ausgerüstet.[41]

Das operative Konzept zur Annexion der Krim war einfach und wurde brillant umgesetzt, indem die verschiedenen Operationslinien perfekt koordiniert und die gegnerischen Schwächen konsequent ausgenützt wurden.

Am Einsatz auf der Krim dürften total rund 30.000 bis 35.000 russische Soldaten beteiligt gewesen sein. Normalerweise waren ungefähr 11.000 russische Truppen auf der Krim stationiert, welche aber mehrheitlich keine Kampftruppen waren, sondern logistische Aufgaben für die in Sewastopol stationierte Schwarzmeerflotte wahrnahmen; lediglich 2.000 Mann davon waren Marineinfanteristen. Diese wurden aber bis Anfang März 2014 um 7.000 Mann Infanterie und Sondertruppen auf dem Luft- und Seeweg verstärkt. Über die 4,5 km lange Fährverbindung, welche die Krim mit Südrussland verbindet, wurden weitere 15.000 Soldaten auf die Krim transportiert.[42]

Die Ukraine hatte rund 20.000 Mann auf der Krim stationiert.[43] Diese leisteten keinerlei Widerstand, da sie von der politischen Führung keine Instruktionen erhielten, weil die Telekommunikationsverbindungen zum Festland der Ukraine durch Cyber-Angriffe unterbrochen waren.

Das operative Konzept zur Annexion der Krim war einfach und wurde brillant umgesetzt, indem die verschiedenen Operationslinien perfekt koordiniert und die gegnerischen Schwächen konsequent ausgenützt wurden.

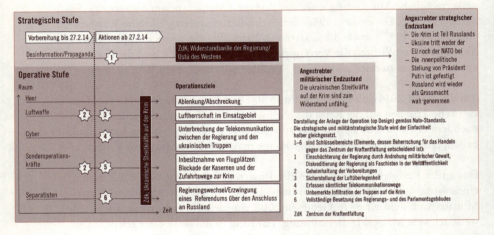

Der Umsturz im Donbass

Wohl motiviert durch die Erfolge auf der Krim besetzten ab 12. April 2014 russischsprachige Aktivisten unter der Leitung von Igor Strelkow, nach eigenen Angaben ehemaliger Oberst des (russischen) Staatssicherheitsdienstes FSB, mit rund 50 Anhängern das Gebäude der Staatsregierung in Sloviansk (Bezirk Donezk) in der Ostukraine.[44] Das Gros der Bevölkerung blieb allerdings passiv.[45] Am 7. April 2014 riefen die Separatisten die souveräne Volksrepublik Donezk und am 27. April 2014 die souveräne Volksrepublik Luhansk aus.[46] Am 25. Mai 2014 vereinigten sich die beiden Volksrepubliken zu Neurussland; der Zusammenschluss unter dieser Bezeichnung wurde aber mangels Unterstützung wieder aufgeben. Entlang der russisch-ukrainischen Grenze zogen die Russen auf russischer Seite über 20.000 Mann zusammen.[47]

Die Ukraine bezeichnete die prorussischen Milizen im Donbass als Terroristen und schickte Spezialeinheiten, die sich aber als unzuverlässig erwiesen.[48] In der Folge wurden Milizverbände aus Freiwilligen aufgestellt, darunter viele ehemalige Maidan-Aktivisten, und im Donbass eingesetzt. Die USA begannen, diese zudem mit Material zu unterstützen. Lokale Oligarchen gründeten und finanzierten ebenfalls Freiwilligenverbände. Den ukrainischen Verbänden und Teilen der regulären ukrainischen Armee gelang es in der Folge, die prorussischen Separatisten im Donbass zu neutralisieren und die Kontrolle zurückzuerlangen. Am 1. Mai 2014 schlugen die Separatisten unter der Leitung eines KGB-Veteranen zurück, und es kam in der Folge zu heftigen Kämpfen rund um den Flugplatz Donezk. Ein Waffenstillstand, der vom 20. - 30. Juni 2014 dauerte, erwies sich als sehr brüchig und wurde nicht eingehalten.[49]

Am 1. Juli 2014 wurden die Kämpfe wieder aufgenommen, und die ukrainischen Truppen, darunter auch drei Bataillone mit zweifelhaftem, rechtsextremistischem Ruf,[50] konnten Erfolge verbuchen und die Stadt Sloviansk am 5. - 6. Juli 2014 wieder einnehmen.

Der Erfolg der Ukrainer veranlasste die Separatisten, Russland um stärkere Unterstützung zu bitten. Am 13. Juli 2014 überschritten 100 gepanzerte Fahrzeuge die ukrainische Grenze zu Russland und fuhren in die Ostukraine.[51] Kontinuierlich wurden konventionelle Waffen wie das moderne, radargestützte Flugabwehrsystem des Typs BUK M1 mit einer Reichweite von rund 25 km, Mehrfachraketenwerfer, Kampf- und Schützenpanzer, Panzerhaubitzen, Minen, Scharfschützengewehre, tragbare Panzerabwehrwaffen und automatische Waffen aus Russland an die Separatisten geliefert.[52] Der Hybride Krieg (siehe auch Kasten am Schluss des Beitrags) nahm mehr und mehr Züge eines konventionellen Konfliktes an. Der Einsatz von Flugabwehrwaffen führte dazu, dass Mitte 2014 zehn Flugzeuge der Ukraine abgeschossen wurden, darunter Kampfflugzeuge, Truppentransporter und Helikopter.[53] In der Nacht vom 24. August 2014, dem Unabhängigkeitstag der Ukraine, überschritten weitere russische Truppen die Grenze zur Ostukraine und schlugen die ukrainischen Truppen zurück.[54]

Abschuss eines Passagierflugzeuges der Malaysia Airlines

Am 17. Juli 2014 wurde eine Boeing 777 der Malaysia Airlines mit Flugnummer MH17 aus Amsterdam kommend über der Ostukraine abgeschossen; die 298 Passagiere und Besatzungsmitglieder kamen ums Leben. Es liegen gewichtige Indizien vor, wonach das Flugzeug irrtümlich von der Rakete eines aus Russland gelieferten BUK-Flugabwehrsystems abgeschossen wurde.[55] Der am 13. Oktober 2015 von der niederländischen Regierung vorgelegte, offizielle Untersuchungsbericht bestätigt dies. Die russische Armeeführung legte aber bereits vier Tage nach dem Abschuss und erneut am Tage der Publikation des niederländischen Berichtes vom 13. Oktober 2015 Unterlagen vor, welche belegen sollten, dass das Flugzeug von einer ukrainischen Rakete oder von einem ukrainisches Kampfflugzeug abgeschossen worden war. Die vorgelegten Unterlagen erwiesen sich allerdings als manipuliert, wie das Recherchenetzwerk *bellingcat* belegen konnte.[56] Der von Russland finanzierte Auslandfernsehsender „Russia Today" behauptete, der Abschuss des Flugzeuges sei der missratene Versuch der Ukraine, die Maschine abzuschießen, mit welcher Präsident Putin von Brasilien nach Moskau zurückkehrte.[57]

Dieser Abschuss rückte die Ukrainekrise in den Fokus der Weltöffentlichkeit. Als bekannt wurde, dass russische Soldaten auf der Seite der Separatisten kämpften,[58] geriet die russische Regierung in Erklärungsnotstand, da sie eine Beteiligung Russlands stets verneint hatte. Prorussische Separatisten, welche die Beteiligung tausender russischer Soldaten zugegeben hatten, behaupten, diese würden samt Waffen und Geräte ihre Ferien in der Ostukraine verbringen, was eine russische Zeitung zur rhetorische Frage veranlasste, ob denn Panzer in die Ferien fahren können.[59] Als russische Fallschirmjäger in der Ostukraine aufgegriffen wurden, ließ die russische Regierung verlauten, diese hätten sich schlicht und einfach verirrt.[60]

Minsk-Protokolle

Als Folge der russischen Intervention auf Seiten der Separatisten erlitt die ukrainische Armee, welche über Jahrzehnte hinweg sträflich vernachlässigt worden war,[61] erhebliche Verluste. So wurden im August 2014 ukrainische Einheiten in der Ortschaft Ilowaisk östlich von Donezk eingekesselt und verloren zwischen 100 und 300 Kämpfer.[62] Die bereits mehr als 60 Jahre alten Panzer des Typs T-64, über welche die Ukraine hauptsächlich verfügt, waren den russischen T-72-Panzern hoffnungslos unterlegen.

Am 5. September 2014 wurde im weissrussischen Minsk ein Protokoll unterzeichnet, welches die Ergebnisse der Beratungen der trilateralen Kontaktgruppe, bestehend aus der Ukraine, der OSZE und Russland für die Umsetzung eines Friedensplanes zusammenfasste und einen Waffenstillstand herbeiführen sollte. Laut dem Protokoll hätten alle schweren Waffen aus einer 30 km breiten Pufferzone abgezogen werden müssen. Am 12. Februar 2015 kam auf Initiative von Deutschland und Frankreich unter dem Namen Minsk II ein erneuertes Waffenstillstandsabkommen zustande, welches folgende Punkte umfasst: Umfassende Waffenruhe in der Ostukraine ab 14. Februar 2015, Einrichtung einer Pufferzone mit dem Abzug schwerer Waffen, Gefangenenaustausch, Überwachung der Front und der Einhaltung der Vereinbarungen durch die OSZE, Autonomie für „bestimmte Regionen der Gebiete Lugansk und Donezk", ab Ende 2015 Aufnahme von Grenzkontrollen zwischen Ostukraine und Russland, Kommunalwahlen in den Separatistengebieten/Dezentralisierung, Rückzug fremder Truppen und Kämpfer („Söldner") aus der Ukraine, Amnestie für Straftaten im Zusammenhang mit dem Konflikt. Bis heute ist die Waffenruhe allerdings brüchig geblieben, und es kommt immer wieder zu Kampfhandlungen.

Nach Einschätzung des Kommandanten der amerikanischen Heerestruppen in Europa, General Ben Hodges, werden die Separatisten von rund 12.000 Mann der russischen Streitkräfte unterstützt (Militärberater, Kampftruppen, Bedienungspersonal für Waffensysteme), weitere rund 29.000 russische Militärangehörige befänden sich auf der Krim und 50.000 Soldaten seien jenseits der ukrainischen Grenze auf russischem Territorium stationiert, um bei Bedarf den Separatisten beistehen zu können.[63] Bis Ende Juli 2015 kamen rund 7.000 Personen bei den Kämpfen in der Ostukraine ums Leben.[64] Russland bestreitet bis heute jegliche direkte Teilnahme eigener Truppen im Donbass.[65]

Eine endgültige Beilegung des Konfliktes ist bis heute nicht in Sicht. Es ist vielmehr damit zu rechnen, dass ein weiterer eingefrorener Konflikt entsteht.

Eine endgültige Beilegung des Konfliktes ist bis heute nicht in Sicht. Es ist vielmehr damit zu rechnen, dass ein weiterer eingefrorener Konflikt entsteht, wie er bereits in Transnistrien, Abchasien und Südossetien besteht, um damit die Ukraine zu kontrollieren und an einem Beitritt in die NATO oder die EU zu hindern.[66]

Rechtfertigung des Vorgehens durch die Russen

Russland rechtfertigt sein Vorgehen auf der Krim und im Donbass im Wesentlichen mit folgenden Argumenten:

- Im Jahr 988 habe der Grossfürst Wladimir des Kiever Rus die Taufe empfangen, womit die Krim für Russland die gleiche Bedeutung habe wie der Tempelberg in Jerusalem für Juden und Muslime.[67]
- Die Abspaltung der Ukraine von der Sowjetunion im Jahr 1991 sei nicht korrekt erfolgt.[68]
- Die Schenkung der Krim an die Ukraine im Jahr 1954 durch Nikita Chruschtschew sei unrechtmässig gewesen.[69]
- Die NATO wolle Russland einkreisen und stelle eine Gefahr dar.[70]
- Russland habe auf der Krim nur getan, was die NATO in den Balkankriegen der 1990er Jahre gemacht habe.[71]
- Russland erfülle mit der Annexion ein Schutzbedürfnis der Russen auf der Krim.[72]
- Die Ukraine werde von einer faschistischen Regierung geführt und müsse vor den Nazis gerettet werden.[73]
- Die Ukraine sei Teil der russischen Welt geblieben.[74]

Keines der genannten Argumente vermag aber das völkerrechtswidrige Verhalten zu rechtfertigen.

Russland und der Westen

Das russische Vorgehen gegen die Ukraine muss stets im Lichte der Beziehung Russlands zum (europäischen) Westen betrachtet werden.

Nach dem Zusammenbruch der Sowjetunion öffnete sich Russland dem Westen und versuchte, Demokratie und Kapitalismus einzuführen. Die plötzliche Änderung führte aber statt zu Wohlstand ins Chaos. Einige Wenige konnten sich bei der Privatisierung staatlicher Betriebe massiv bereichern, während sich für viele Russen die wirtschaftliche Lage verschlechterte. Die russische Bevölkerung verknüpfte daher Demokratie und Kapitalismus mit Chaos. Da die russische Geschichte weder Reformation noch Aufklärung und die damit verbundene Anerkennung von Rechtsstaatlichkeit, Demokratie und Gewaltenteilung kennt, überrascht diese negative Entwicklung nicht.[75]

1994 wurde Russland Mitglied der Partnerschaft für den Frieden der NATO. 1997 unterzeichneten die NATO und Russland die „Grundakte über gegenseitige Beziehungen, Zusammenarbeit und Sicherheit zwischen der NATO und der Russischen Föderation", in welchem beide Parteien bestätigten, sich nicht als Gegner zu betrachten und die Spuren der früheren Konfrontation und Konkurrenz zu beseitigen.[76] Dabei wurde auch der NATO-Russland-Rat zur Verbesserung der Zusammenarbeit zwischen den NATO-Staaten und Russland in Fragen der Verteidigungs- und Sicherheitspolitik errichtet. Mit der Grundakte sollten Russlands Vorbehalte gegen die NATO-Osterweiterung im Vorfeld des Beitritts von Polen, Ungarn und Tschechien, die 1999 der NATO beitraten, abgeschwächt werden.[77] Die Grundakte ist bis heute in Kraft. Seit 1. April 2014 ist die Kooperation aber auf die diplomatischer Ebene der Botschafter beschränkt.

2005 bezeichnete Präsident Putin den Zusammenbruch der Sowjetunion als „die grösste geopolitische Katastrophe des 20. Jahrhunderts."

Als Putin 1999 Ministerpräsident und 2000 Staatspräsident wurde, führte er anfänglich die von Boris Jelzin eingeschlagene prowestliche Politik weiter. Im Laufe der Zeit veränderte sich aber seine Haltung zunehmend. 2005 bezeichnete Präsident Putin den Zusammenbruch der Sowjetunion als „die grösste geopolitische Katastrophe des 20. Jahrhunderts."[78] Er brachte damit indirekt den Willen zum Ausdruck, Russland wieder als Grossmacht zu etablieren.[79]

Die 2014 erfolgte Gründung der Eurasischen Wirtschaftsunion nach dem Vorbild der EU mit Kasachstan, Weißrussland, Armenien und Kirgistan und unter der Vorherrschaft Russlands dient der Ambition, ein anti-westliches Machtzentrum zu bilden,[80] dem auch die Ukraine einverleibt werden soll.

Innenpolitisch nutzt Präsident Putin den starken russischen Nationalismus und das damit verbundene Überlegenheitsgefühl über den als dekadent empfundenen Westen aus.

Präsident Putins Lieblingsdenker, der russische Philosoph Iwan Iljin (1883 – 1954), vertritt in seinen Schriften einen militanten Antibolschewismus und propagiert für Russland den Autoritarismus, der mithelfen soll, ein einiges und unteilbares Russland zu gründen.[81]

Innenpolitisch nutzt Präsident Putin den starken russischen Nationalismus und das damit verbundene Überlegenheitsgefühl über den als dekadent empfundenen Westen aus. Die russisch-orthodoxe Kirche unterstützt diese Politik in ihrer den Westen ablehnenden Haltung zusätzlich. Die Rechtfertigung der Annexion der Krim mit deren Bedeutung für die Christianisierung Russlands ist auch in diesem Lichte zu verstehen.

Präsident Putin nutzt die Anti-EU-Reflexe sowohl der Links- als auch der Rechtsextremisten im Westen zugunsten Russlands aus, um zu versuchen, die EU zu spalten und die engen Bande zwischen Europa und der EU zu lockern, um dann den russischen Einfluss in Europa verstärken zu können. Während die Rechtsextremisten die EU ablehnen, weil diese angeblich die nationale Identität zerrütten soll, lehnen die Linksextremisten die EU ab, weil sie in ihr eine Bedrohung der sozialen Gerechtigkeit sehen. Die Ursache für diesen Anti-EU-Reflex beruht letztlich auf einer antiwestlichen und antiamerikanischen Einstellung der Extremisten.[82]

Die neue Militärdoktrin Russlands, die Präsident Putin Ende 2014 unterzeichnete, bezeichnet die NATO und damit implizit die USA als grösste externe militärische Gefahr und einen gewaltsamen Sturz der verfassungsmässigen Ordnung als grösste interne Gefahr.

Die neue Militärdoktrin Russlands, die Präsident Putin Ende 2014 unterzeichnete, bezeichnet die NATO und damit implizit die USA als grösste externe militärische Gefahr und einen gewaltsamen Sturz der verfassungsmässigen Ordnung als grösste interne Gefahr. Der Kreml fürchtet sich also vor gesellschaftlichen Protesten und stellt den Arabischen Frühling sowie die Farbrevolutionen in den Ländern der ehemaligen Sowjetunion als von aussen, das heisst vom Westen gesteuerte Prozesse dar. Die EU wird zunehmend ebenfalls als Gefahr wahrgenommen.[83] Die Annexion der Krim und das Vorgehen im Donbass ist eine Konsequenz dieser Lagebeurteilung.

Zusammenfassung und Schlussbemerkung

Die Annexion der Krim war eine operative Meisterleistung, weil die eingesetzten Mittel geschickt koordiniert und die gegnerischen Schwächen gezielt ausgenutzt wurden und weil das Konzept der Hybriden Kriegführung konsequent umgesetzt wurde. Russland hat sich mit dem Vorgehen gegen die Ukraine erheblichen aussenpolitischen und wirtschaftlichen Risiken (u.a. Sanktionen des Westens) ausgesetzt, auch wenn die Annexion der Krim sehr erfolgreich verlaufen ist. Das Ziel, die Ukraine aus EU und NATO herauszuhalten, dürfte kurzfristig erreicht werden. Allerdings führte das völkerrechtswidrige Vorgehen dazu, dass die Ukraine nun vom Westen stark unterstützt wird.

Die Annexion der Krim war eine operative Meisterleistung, weil die eingesetzten Mittel geschickt koordiniert und die gegnerischen Schwächen gezielt ausgenutzt wurden und weil das Konzept der Hybriden Kriegführung konsequent umgesetzt wurde.

Sollte belegt werden können, dass prorussische Separatisten und Russland für den Abschluss des Passagierflugzeuges des Fluges MH17 verantwortlich sind, könnte dies zu einer neuen Welle von Sanktionen gegen Russland und zu einem Kurssturz des Rubels und der russischen Börse führen, die das Regime in Russland erschüttern könnten.[84]

Machtpolitisches Vorgehen unter Verletzung des Völkerrechts wird heute zunehmend weniger akzeptiert. Russland ist wirtschaftlich und militärisch zu wenig stark, um sich längerfristig ein solches Vorgehen leisten zu können. Sich mit der NATO, dem mächtigsten Militärbündnis der Welt, anzulegen, ist ein kühnes Unterfangen und dürfte vor allem innenpolitisch motiviert sein, um durch ein starkes Feindbild den Rückhalt der politischen Führung in der Bevölkerung zu sichern.

Die Schweiz als Kleinstaat kann keine Machtpolitik betreiben, sondern ist auf die Einhaltung der völkerrechtlichen Verträge angewiesen. Sie muss daher auf die Stärke des Rechts pochen und das Prinzip des Rechts des Stärkeren ablehnen. Die Schweiz hat daher Russlands Vorgehen scharf kritisiert.[85]

Die Hybride Kriegführung ist nur unter bestimmten Umständen erfolgreich und setzt ein starkes Protestpotential unter der Bevölkerung sowie starke konventionelle Streitkräfte zur Unterstützung voraus. Der klassische Krieg ist keineswegs obsolet geworden. Die Schweiz darf sich daher nicht einseitig auf diese Art Kriegführung ausrichten und insbesondere nicht auf konventionelle Mittel verzichten.

Zum Autor: Matthias Kuster ist selbständiger Rechtsanwalt in Zürich; Oberst d Gst, Astt 110 (operative Schulung). Er ist Mitglied des Internationalen Instituts für Strategische Studien (IISS) in London sowie Mitglied der Clausewitz-Gesellschaft, Sektion Schweiz. E-Mail: mkuster@anwaltkuster.ch

Anhang
Vorbemerkung der Redaktion: Aus Gründen der Umfangsbegrenzung des Jahrbuchs sind die ausführlicheren Ausführungen des Autors zum Thema Hybride Kriegführung nachstehend in gekürzter, komprimierter Form wiedergegeben. Wir bitten Leser und Autor dafür um Verständnis.

Hybride Kriegführung

Nach Kaltem Krieg, konventionellem Krieg, Guerillakrieg, Neuem Krieg, asymmetrischem Krieg, symmetrischem Krieg und Terrorkrieg findet in jüngster Zeit der Ausdruck Hybrider Krieg immer breitere Verwendung. Der Begriff entsprang einer Analyse des U.S. Marine Corps über die Erfahrungen im Irak und in Afghanistan.[86]

Der Generalstabschef der russischen Streitkräfte, General Valery Gerasimov, beschrieb dann 2013 in einem Artikel das Wesen des Hybriden Krieges, basierend auf der Analyse der Ereignisse während des Arabischen Frühlings. Seine Ausführungen werden auch als „Gerasimov-Doktrin" bezeichnet. Das Wesen der Hybriden Kriegführung besteht nach Gerasimov in der

General Valery Gerasimov und der Hybride Krieg.

geschickten Kombination militärischer mit nicht-militärischen Mitteln: Letztere hätten zur Erlangung politischer und strategischer Ziele an Bedeutung gewonnen, in vielen Fällen überträfen sie die Wirksamkeit der Waffengewalt. Selbst ein gut funktionierender Staat könne durch diese Mittelkombination innerhalb kürzester Zeit in eine Arena bewaffneter Konflikte mit ausländischen Interventionen und begleitet von Chaos und humanitären Katastrophen verwandelt werden. Das Schwergewicht hätte sich auf Maßnahmen politischer, wirtschaftlicher, informationsbezogener, humanitärer und anderer, nicht-militärischer Art verlagert. Diese würden mit dem Protestpotential der Bevölkerung koordiniert. All diese Maßnahmen würden durch verdeckte militärische Mittel, Sonderoperationskräfte und Informationskriegführung (Social Media, Fernsehen, Cyberwar, Desinformation) ergänzt und unterstützt.[87] Der Gebrauch offener Gewalt, oftmals getarnt als Friedensmission und Krisenintervention, erfolge erst ab einem gewissen Zeitpunkt, nämlich dann, wenn damit der Erfolg herbeigeführt werden kann und muss (also dann, wenn die

anderen Mittel versagt haben; Anm. des Verfassers).
In seinem Artikel stellt Gerasimov die traditionellen Formen und Methoden den neuen Formen gegenüber:

Hybrider Krieg

Traditionelle Formen und Methoden
- Militärische Aktionen starten erst nach einer Kriegserklärung.
- Grossverbände treffen auf dem Boden aufeinander und bekämpfen sich.
- Truppen des Gegners werden niedergerungen, die gegnerische Feuerkraft wird ausgeschaltet, Gebiete und Grenzen des Gegners werden besetzt und kontrolliert.
- Das wirtschaftliche Potential wird zerstört und das Territorium besetzt.
- Operationen werden zu Lande, zu Wasser und auf See geführt.
- Die Truppe wird streng hierarchisch geführt.

Neue Formen und Methoden
- Militärische Gruppierungen beginnen ihre Aktionen während Friedenszeiten, eine Kriegserklärung erfolgt keine.
- Bewaffnete Zusammenstösse zwischen hochmobilen Verbänden, gemischt aus regulären und irregulären Gruppierungen.
- Vernichtung des militärischen und wirtschaftlichen Potentials eines Landes innert kurzer Zeit durch präzise Schläge gegen die kritische militärische und zivile Infrastruktur.
- Massiver Einsatz von hochpräzisen Waffen und Sonderoperationskräften, Robotern und Waffen, die nach «neuen» physikalischen Prinzipien wirken wie LASER, Kurzwellen etc.
- Einsatz von bewaffneten Zivilisten (vier Zivilisten auf einen Militärangehörigen).
- Gleichzeitige Angriffe auf Truppen und Infrastruktur des Gegners in seinem ganzen Territorium.
- Gleichzeitiger Kampf zu Lande, zu Wasser, in der Luft und im Informationsraum.
- Einsatz von asymmetrischen und unkonventionellen Methoden.
- Führung der Truppe im Rahmen einer gemeinsamen Informationssphäre.

Das russische Vorgehen auf der Krim ist eine geradezu beispielhafte Umsetzung der Gerasimov-Doktrin. Während die hybride Kriegführung auf der Krim auch wegen des Überraschungseffekts äusserst erfolgreich war, führte sie dagegen im Donbass nicht zum erhofften raschen Erfolg, weil die Unterstützung der Bevölkerung für die prorussischen Separatisten zu schwach war. Die Konsequenz daraus ist, dass im Donbass die konventionellen militärischen Mittel (Panzer, Artillerie, Infanterie) wieder zum Hauptkampfmittel geworden sind.

Anmerkungen:
1. NZZ vom 19.04.2014, S. 57.
2. Andrew Wilson, Ukraine Crisis, Totton 2014, S. 118.
3. Die Ukraine lag 2014 auf Rang 142 von 175 durch Transparency International bewertete Länder; siehe http://www.transparency.org/cpi2014/results.
4. Text siehe https://en.wikisource.org/wiki/Ukraine._Memorandum_on_Security_Assurances.
5. https://de.wikipedia.org/wiki/Orange_Revolution.
6. https://de.wikipedia.org/wiki/Otpor!; NZZ vom 27.03.2011.
7. https://de.wikipedia.org/wiki/Orange_Revolution.
8. Kern dieses Abkommens ist ein umfassendes Freihandelsabkommen, mit dem nicht nur der zollfreie Zugang zu den Märkten der EU und der Ukraine eröffnet, sondern auch die Übernahme rechtlicher und wirtschaftlicher EU-Standards durch die Ukraine garantiert wird.
9. NZZ vom 18.04.2015, S. 25.
10. NZZ vom 18.04.2015, S. 25; Wilson, S. 70.
11. NZZ vom 27.12.2014, S. 62.
12. NZZ vom 27.12.2014, S. 62.
13. Wilson, S. 89.
14. NZZ vom 27.12.2014, S. 62.
15. Wilson, S. 93.
16. Lawrence Friedmann, Ukraine and the Art of Crisis Management, in: survival vol. 56, no. 3, Dezember 2014, S. 20.
17. https://de.wikipedia.org/wiki/Parlamentswahl_in_der_Ukraine_2014.
18. NZZ vom 18.07.2014, S. 7.
19. NZZ vom 10.03.2015, S. 2. Bemerkenswerterweise trägt aber die Medaille mit der Aufschrift „Für die Rückkehr der Krim", welche Russland verteilte, das Datum vom 20.02.2014.
20. Anne Applebaum, Interview in Das Magazin 14/2015, S. 25.
21. NZZ vom 10.08.2015, S. 15; NZZ am Sonntag vom 22.02.2015, S. 4.
22. NZZ vom 20.12.2014, S. 3
23. NZZ vom 22.04.2015, S. 9. Laut einer Umfrage soll eine Mehrheit von Russen das Leben in einem mächtigen Land demjenigen in einem wohlhabenden und freien vorziehen (NZZ vom 10.05.2014, S. 1).
24. Wilson, S. 110.
25. Speznas bedeutet Spezialnoje Nasnatschenje (Spezialeinsatzkommando).
26. NZZ vom 18.07.2014, S. 7; Wilson, S. 110.
27. NZZ vom 18.03.2015, S. 7.
28. NZZ vom 18.03.2015, S. 7.

29 Wilson, S. 110.
30 NZZ vom 18.07.2014, S. 7.
31 Russland ist vier Wehrbezirke eingeteilt, die je über ein Kommando der operativen Stufe verfügen.
32 NZZ vom 18.07.2014, S. 7.
33 NZZ vom 18.07.2014, S. 7.
34 NZZ vom 18.03.2015, S. 7.
35 Das Ergebnis dürfte massiv gefälscht sein (NZZ vom 27.12.2014, S. 62).
36 IISS Strategic Comments, Vol. 20, comment 40 - November 2014, S. 3.
37 Ziff. 1 des Abkommens lautet wie folgt: The United States of America, the Russian Federation, and the United Kingdom of Great Britain and Northern Ireland, reaffirm their commitment to Ukraine, in accordance with the principles of the CSCE Final Act, to respect the Independence and Sovereignty and the existing borders of Ukraine.
38 Artikel 2 des Ukraine-Russland-Paktes lautet wie folgt: „The High Contracting Parties, in accordance with the provisions of the UN Charter and obligations under the Final Act of the Council for Security and Collaboration in Europe, shall respect each other's territorial integrity, and confirm the inviolability of the borders existing between them".
39 Unter dem Titel „Freundschaftliche Beziehungen zwischen den Teilnehmerstaaten" wird folgendes bestimmt: „In Übereinstimmung mit unseren Verpflichtungen gemäß der Charta der Vereinten Nationen und der Schlussakte von Helsinki erneuern wir unser feierliches Versprechen, uns jeder gegen die territoriale Integrität oder politische Unabhängigkeit eines Staates gerichteten Androhung oder Anwendung von Gewalt oder jeder sonstigen mit den Grundsätzen oder Zielen dieser Dokumente unvereinbaren Handlung zu enthalten. Wir erinnern daran, dass die Nichterfüllung der in der Charta der Vereinten Nationen enthaltenen Verpflichtungen einen Verstoß gegen das Völkerrecht darstellt."
40 NZZ vom 18.07.2014, S. 7.
41 NZZ vom 18.07.2014, S. 7.
42 NZZ vom 18.07.2014, S. 7.
43 Wilson (FN 24), S. 111.
44 Wilson, S. 130.
45 NZZ vom 27.12.2014, S. 62.
46 Dieter Kläy, ASMZ 2015, S. 18.
47 Dieter Kläy, ASMZ 2015, S. 18.
48 Wilson, S. 136.
49 Wilson, S. 138.
50 Obwohl zahlenmässig gering, werden die rechtsextremistischen Kräfte des rech-

ten Sektors, die auch Nazi-Symbole verwenden, zu einer Hypothek für die amtierende Regierung; siehe NZZ am Sonntag vom 26.07.2015, S. 6 und NZZ vom 16.07.2015, S. 6.

51 Wilson, S. 140.
52 Wilson, S. 141.
53 Wilson, S. 140.
54 Wilson, S. 142; NZZ vom 5./6.09.2015, S. 1.
55 NZZ vom 17.07.2015, S. 7; NZZ vom 14.10.2015, S. 1.
56 NZZ vom 31.07.2015, S. 20; siehe den Bericht von bellingcat unter https://www.bellingcat.com/wp-content/uploads/2014/11/bellingcat_-_bericht.pdf
57 NZZ vom 24.07.2014, S. 41.
58 Siehe dazu das Geständnis eines verletzten russischen Panzerfahrers in der NZZ vom 04.03.2015, S. 5.
59 NZZ vom 30.08.2014, S. 3.
60 NZZ vom 30.08.2014, S. 3.
61 Wilson, S. 112.
62 NZZ vom 19.02.105, S. 3.
63 NZZ vom 05.03.2015, S. 6.
64 NZZ vom 06.08.2015, S. 20.
65 NZZ vom 17.04.2015, S. 3.
66 Dieter Kläy, ASMZ 2015, S. 20.
67 NZZ vom 28.01.2015, S. 19; NZZ vom 05.12.2014, S.3.
68 NZZ vom 17.4.2014, S. 3.
69 Friedmann, S. 13; NZZ vom 19.04.2014, S. 57.
70 Präsident Putin bezeichnete an der Internationalen Sicherheitskonferenz in München im Februar 2007 die Erweiterungsabsichten der NATO im Osten als ernste „Provokation".
71 NZZ vom 31.03.2014, S. 19.
72 NZZ vom 28.04.2014, S. 9 und vom 18.03.2015, S. 7.
73 NZZ vom 28.01.2015, S. 9; NZZ vom 24.07.2014, S. 41; NZZ vom 07.03.2015, S. 1.
74 NZZ vom 28.01.2015, S. 19.
75 NZZ vom 17.02.2015, S. 19.
76 Text abrufbar unter http://www.nato.int/cps/en/natohq/official_texts_25468.htm?selectedLocale=de.
77 https://de.wikipedia.org/wiki/NATO-Russland-Rat#Ukraine-Konflikt_ab_2014.
78 NZZ vom 22.04.2014, S. 9.
79 NZZ vom 22.04.2014, S. 9.
80 Putins Russland und Europäischer Sicherheit, CSS Analyse zur Sicherheitspolitik

Nr. 172, April 2015, S. 2.
81 NZZ vom 10.08.2015, S. 15; NZZ vom 27.11.2014, S. 45.
82 NZZ vom 25.06.2015, S. 6; NZZ vom 28.11.2014, S. 21.
83 Margarete Klein, Russlands neue Militärdoktrin, SWP-Aktuell 12, Februar 2015; NZZ vom 16.05.2015 S. 7.
84 Igor Eidmann, NZZ vom 10.08.2015, S. 15.
85 CSS Analysen zur Sicherheitspolitik Nr. 172, April 2015, S. 4.
86 IISS Strategic Comments, Vol. 20, comment 40 - November 2014, S. 1.
87 Siehe dazu IISS Strategic Comments, Vol. 20, comment 40 - November 2014, S. 2.

Der orientalisch-islamische arabische Staat als ständiges Phänomen der archaischen militärischen Soziokultur

Ilya Zarrouk

Einleitung

In diesem Aufsatz interessiert die zentrale Frage, weshalb der orientalisch-islamische arabische Staat immer dem Gewaltapparat oder einer islamisch-radikalen Strömung unterliegt. Genauso interessiert die Frage, warum es seit 2011 mit dem politischen Transformationsprozess im Orient nicht zu einem wirklichen politischen Wandlungsprozess gekommen ist. So schreibt Hannah Arendt: „Da aber Revolutionen, und nicht Kriege, die einzigen politischen Ereignisse sind, die uns inmitten der Geschichte direkt und unausweichlich mit einem Neubeginn konfrontieren, ist ihre Bedeutung für die Frage nach dem Sinn von Revolution im Bereich der menschlichen Angelegenheiten noch entscheidender."[1] In der arabischen Welt vermischen sich jedoch seit der Jasmin-Revolution in Tunesien Revolution, Krieg und Konterrevolution, sodass man hier kaum von einem politischen Neubeginn sprechen kann. Welche Position nimmt der staatliche Gewaltapparat in den politischen Umbrüchen im Orient ein? Um dieser Frage nachzugehen, gehen wir wie folgt vor: Zunächst sollen die Begriffe Revolution, bürgerlicher Rechtsstaat und das clausewitzianische Prinzip definiert bzw. erläutert werden. Danach folgt die Betrachtung der vorrevolutionären Zeit in der arabischen Welt seit der Dekolonisation, wobei vor allem der Gewaltapparat im Fokus steht. Zum Schluss stehen die revolutionäre und nachrevolutionäre Phase und die Chance der neuen Herrschaftsausdifferenzierung nach dem Jahr 2011 im Vordergrund.

Theoretische Grundlagen:
Der Begriff der Revolution und des bürgerlichen Rechtsstaates

Um die Vorgänge im Orient besser verstehen zu können, muss man die Begriffe Revolution und bürgerlicher Rechtsstaat verstehen. So schreibt denn auch Hannah Arendt, dass der Grundaspekt jeder revolutionären Umgestaltung im Grunde genommen zunächst aus der sozialen Frage entspringt.[2] Dies belegt sie wie folgt: „... sowie der aus diesen Zusammenhängen sich ergebende Verdacht, dass politische Macht nur die Folge ökonomischer Machtstellung sein könne, aus der sich schließlich die generalisierende Folgerung ergab, dass die Bewegkraft aller politischen Kämpfe ...", hieraus entstehen könnte.[3] Dies bedeutet im Umkehrschluss, dass dort, wo ökonomische Macht sich mit politischer Herrschaft vermischt, möglicherweise sogar zu einem kapitalistischen Machtkartell geformt wird, gesellschaftliche Veränderungen hervorgerufen werden können. Nach Arendts Darlegung, welche dem Ansatz von John Locke und Adam Smith und ihrem bürgerlich-liberalen Gedankengut folgt, ist Arbeitsleistung nicht einfach ein Beiwerk der Armut, sondern stellt immer einen Bestandteil von Reichtum und Wohlstand dar.[4] Demnach ist Revolution kaum eine Veränderung des Gesamtkonstrukts der politischen Ebene, vielmehr basiert revolutionäre Transformation und Neugestaltung spätestens seit der amerikanischen Unabhängigkeitsrevolution in der Regel auf einer Umorientierung der Gesellschaftsstruktur. Damit ist der Freiheitsbegriff ein zentraler Punkt für die Bewegung einer Revolution. Freiheit ist somit nicht ausschließlich ein politisches Grundmuster, sondern der Begriff von Freiheit ist abhängig von den politischen Rahmenbedingungen außerhalb des politischen Tätigkeitsfeldes.[5] Freiheit ist folglich historisch betrachtet keinesfalls die Grundlage des Verständnisses eines liberal-bürgerlichen Rechtsstaates, sondern primär ist der Terminus, der mit der Befreiung von Unrecht möglicherweise zu Freiheit führt, zunächst Freiheit für Leben und Eigentum, also wiederum ein Umverteilungsmechanismus im kapitalistischen Sinne.[6] Um den Revolutionsmodus bzw. seine Modifikation genauer zu erfassen, ist es daher äußerst wichtig festzuhalten, dass das Befreiungselement als Faktizität der Freiheit begriffen werden muss.[7] Ist dies nämlich nicht der Fall, dann droht Freiheit umgekehrt wieder zu Unfreiheit zu werden. Damit wird deutlich, dass nicht jeder Aufstand, jede Rebellion oder jeder Bürgerkrieg gleich als Revolution oder revolutionäre Transformation ausgelegt werden darf.[8] Das Einzige, was Aufstände oder Bürgerkriege mit einer Revolution oder Transformation gemein haben, ist die Gegebenheit der Gewaltanwendung.[9] Aber Gewaltdurchführung als Mittel zur Veränderung impliziert keinesfalls die Abänderung einer Staatskonstitution und führt auch nicht zur Freiheit der gesellschaftlichen Basis.[10] Deshalb ist Revolution nur dann verändernd, wenn ein Befreiungskampf in der Tat transformierende Realität mit sich führt. Genau dieses Phänomen lässt sich in der Revolutionshistorie, vor allem in diesem und dem vergangenen Jahrhundert feststellen, nämlich das Streben nach Befreiung und Freiheit.[11]

Dies sieht man letztlich auch an dem mohlschen Rechtsstaatsbegriff, der von dem höheren Wert des Rechts und dessen Legalität ausgeht.[12] Ingeborg Maus sieht darin die Vorform des sozialen Rechtsstaates.[13] Damit ist die Restauration einer Staatsstruktur im Sinne des Revolutionären gemeint, nicht nur die Akkumulation von Individuen unter die Rechtssetzung, wie der kantianische Rechtsdogmatismus ex ante zu formulieren versucht, sondern der Staat als Gesellschaftsgebilde ist eine Vereinigung von Menschen unter Recht und Gesetz. Die gesetzgebende Gewalt hat nur die Macht, welche ihr durch den zusammengefassten Willen der menschlichen Gemeinschaft zugestanden wird.[14] Nach Julius Stahl ist der Rechtsstaat als Gemeinschaftsgebilde gegen Ausnutzung und Unterdrückung immer ein System bestehend aus der Schutzmacht für die Individien und der administrativen Ausführung der Gesetzmäßigkeiten des gesellschaftlichen Daseins.[15] Nur so sind die soziale Frage und die Garantie der sozialen Ausgewogenheit rechtsstaatlich beantwortet.

Genauso so, wie der Revolutionsbegriff sowohl Freiheit wie soziale Austarierung im Sinne eines liberalen, sozialen Rechtsstaatsgebildes impliziert, ist der Rechtsstaat nur so weit bestandsfähig, wie er wehrhaft ist.

Der militärsoziale Aspekt des bürgerlichen Rechtsstaates

Genauso, wie der Revolutionsbegriff sowohl Freiheit wie soziale Austarierung im Sinne eines liberalen, sozialen Rechtsstaatsgebildes impliziert, ist der Rechtsstaat nur so weit bestandsfähig, wie er wehrhaft ist.[16] Hierbei ist die Fundierung einer bestimmten Werteordnung nolens volens notwendig, um den Status quo zu manifestieren. Nur so lässt sich eine „wehrhafte Demokratie" etablieren.[17]

Infolgedessen stellt sich unumgänglich die soziologische Frage nach dem Verhältnis einer revolutionierten, rechtsstaatlichen Gesellschaft zum militärischen Komplex, denn wie Janowitz zu Recht feststellt, haben selbst Hochkulturen wie die des 20. und 21. Jahrhunderts institutionalisierte Organisationen der Gewaltordnung und Gewaltanwendung.[18] Somit ist das Militär sowohl eine soziale, gesellschaftliche Einrichtung als auch ein Selbsterhaltungssystem, das die Innen- wie Außenpolitik des Staatskomplexes mit organisiert.[19] Der Gewaltapparat ist ein institutionalisierter Administrationskomplex sowie ein Kampforganisationssystem.[20] Daraus lässt sich die in *Abbildung 1* gezeigte Grundmatrix für die Analyse aufstellen.

	Syrien				Restliche arabische Welt			
	Systemebenen				Systemebenen			
Militärorganisation	International	National	Binnen	Gesellschaft	International	National	Binnen	Gesellschaft
Als bürokratische Organisation	▮▮▮▮▮	▮▮▮▮▮	▮▮▮▮▮	–	▮▮	▮▮▮	▮	▮▮▮▮▮
Als technische Organisation	▮▮▮▮	▮▮▮▮▮	▮▮▮	▮▮▮	▮▮▮	▮▮▮	▮▮▮	▮▮▮
Als Kampforganisation	▮▮	▮▮▮▮▮	▮▮▮▮▮	–	▮▮▮▮	▮▮▮▮	▮▮▮▮	▮▮▮▮ (contrat militaire)
Als Berufsorganisation	▮	▮▮	▮▮▮▮	–	▮▮	▮▮▮	▮▮▮	–

Abbildung 1: Die Menge ▮ zeigt den Ausprägungsgrad der jeweiligen Organisationsgrade innerhalb der jeweiligen Systemebenen, von – (nicht vorhanden) bis ▮▮▮▮▮ (besonders stark ausgeprägt).

Die in Systemebenen unterteilten verschiedenen Organisationsformen werden im Tableau der Abbildung 1 gezeigt und nach ihrer Bedeutung gewichtet. Gerade der gesellschaftliche Aspekt in Form eines contrat militaire scheint in der arabischen Soziokultur eine wesentliche Rolle zu spielen. Dasselbe gilt für das Militär als technische Organisation, was deutlich macht, dass der Gewaltapparat in sich ein revolutionäres Grundelement trägt und die Institution des Militärs als bürokratische und berufliche Organisation gesellschaftlich nach innen wie außen mitbestimmt.

Der orientalisch-islamische Staat aus historischer Perspektive

Bassam Tibi stellt in einer seiner wegweisenden Schriften fest, dass die Militärs des Orients sich selbst als Revolutionäre darstellen.[21] Damit haben wir gleich eine doppelte Erkenntnis, die ein Bindeglied zu unserem vorherigen Theorieverständnis zu sein scheint. Erstens: Revolution in der arabischen Hemisphäre bedeutet anscheinend etwas anderes als im Okzident, und zweitens: Das Militär scheint in der arabischen Welt selbst der Katalysator für die Ausdifferenzierung von Herrschaft zu sein. Demzufolge sind arabische Militärs aus Nordafrika und dem Nahen Osten nach Bassam Tibi Teil des sozioökonomischen Grundbaus und damit Teil der politischen Elite.[22] Demnach ist soziologisch gesehen das clausewitzianische Prinzip, nämlich dass das Militär als institutionalisierter Gewaltapparat nur die ausführende Gewalt der Politik ist, im Orient so gut wie nicht vorhanden.[23] Dies heißt wiederum, dass es an einer militärischen und nicht nur an einer gesellschaftlichen Aufklärung in der islamischen Welt fehlt. Essenziell erscheint dabei jedoch, dass alle arabischen Staaten von Marokko bis zum Irak und teilweise bis zum Iran eines gemeinsam haben, weshalb sie die kopernikanische Wende im gesellschaftlichen wie militärischen Sinne verpassten, nämlich, dass ihre soziale Grundstruktur zunächst und für lange Zeit vom Osmanischen Reich geprägt worden ist und damit auf den ländlichen Raum konzentriert war.[24] Eine umfassende Urbanisierung und eine grundlegende revolutionäre Umwandlung hin zu einer Bildungsgesellschaft wie in Europa im 18. und 19. Jahrhundert gab es so gut wie nicht. Der Orient verharrte stagnierend auf dem Wissen zwischen dem

11. und 16. Jahrhundert und wurde zusätzlich durch ständige kriegerische Auseinandersetzungen blockiert.²⁵ Interessant ist, dass mit der europäischen Expansion in den arabischen und vor allem zunächst im maghrebinischen Raum sowie nach dem Ende des Ersten Weltkrieges im Nahen Osten, eine national orientierte Revolutionierung der arabischen Soziokultur, beflügelt von westlich-liberalem Gedankengut des 19. Jahrhunderts, sich langsam vollzog. Gerade von intellektueller arabischer Seite wurde dieser politische Weg gestützt.²⁶ Nach dem Ersten Weltkrieg wurde dieser liberal-demokratische Kurs der arabisch-nationalen Bewegung wegen der Kolonialpolitik Westeuropas zunehmend aufgegeben und durch einen anti-europäischen Nationalismus ersetzt, der cäsaristisch-bonapartistische Züge trug.²⁷ Dies ging in den dreißiger Jahren des 20. Jahrhunderts, angeführt durch die Schriften von Sati Husri, so weit, dass viele arabische Nationalisten sich auf völkisches-germanophiles Gedankengut stützten.²⁸ Dies zeigen die vielzähligen Militärputsche der 50er und 60er Jahre, die endgültig mit dem westlich liberal-demokratischen Kurs der Entkolonialisierung brachen und sich letztlich für den bonapartistischen Nationalismus als Gesellschaftsmodell à la Orient entschieden. Damit begann aber auch eine Epoche der ständigen Putsche, wobei eines der stabilsten arabischen Staatssysteme das des Nasserismus war.²⁹ Wie weit der Gewaltapparat in der arabischen Soziokultur manifestiert ist, zeigt folgendes Zitat des ehemaligen marokkanischen Generals Mehdi Ben Barka aus dem Jahre 1962, also kurz nach einem Putschversuch der marokkanischen Streitkräfte gegen die Monarchie: „Armee und Polizei gelten als wichtige Stützen der gegenwärtigen Machthaber. Die Erfahrungen im Kongo haben erwiesen, dass gewisse Verantwortliche der marokkanischen königlichen Streitkräfte (Forces Armées Royales) eine dem Regime entgegengesetzte Politik betreiben können."³⁰ Dies bedeutet, dass die Armee, wie der Rest des Sicherheitsapparates, anders als zu Zeiten der Weimarer Republik, nicht nur einen Staat im Staate darstellt, sondern Teil des politischen Prozesses und sogar der Antriebsfaktor des politischen Geschäfts ist. In Marokko, Algerien, Tunesien, Libyen wie auch in den archaischen Gesellschaften der arabischen Halbinsel lässt sich daher konstatieren, dass eine Vielzahl von hohen Positionen innerhalb des staatlichen Apparates von Militärs und Polizeikräften besetzt sind, welche sich die Macht bzw. die Herrschaftsausdifferenzierung innerhalb des sozioökonomischen Systems mit der Agrarbourgeoisie teilen.³¹ In all diesen Ländern des Orients lässt sich zudem festhalten, dass sich die Privilegierung des Sicherheitsapparates nicht nur aufgrund der Machtaus-

General Gamal Abdel Nasser
(1918 - 1970)

differenzierung erklären lässt, sondern es liegt gerade bei den arabischen Monarchien von Marokko über Saudi-Arabien, den arabischen Emiraten, Kuwait und Oman bis hin nach Jordanien auf der Hand, dass diese zum Teil mit absolutistischer Machtfülle ausgestattete Privilegierung möglich erscheint, weil Militär und Polizei eine aus der Agrarbourgeoisie mitgebrachte außergewöhnliche Loyalität in ihren Berufsstand transferieren.[32] Somit ist der Gewaltapparat in der arabischen Hemisphäre, soziologisch betrachtet, nicht nur eine technokratische Kampforganisation, sie ist eine in sich geschlossene politisierende Berufsorganisation, die ihren Machtanspruch aus ihrer Herkunft, nämlich der archaischen Agrargesellschaft, ableitet. Dies heißt wiederum, dass die orientalisch-islamische Soziokultur nicht homogen ist, was natürlich Putsche und Aufstände gleich mit impliziert. Dass der Islam eine wesentliche Rolle neben dem nasseristischen Gedankengut spielt und zu bürgerkriegsähnlichen Verwerfungen in vielen arabischen Staaten führt, ist nicht erst seit dem Bürgerkrieg in Syrien oder Libyen bekannt. In Algerien war der Bürgerkrieg der 90er Jahre ein Nachfolgekrieg des antikolonialen Kampfes gegen die französische Besatzungsmacht.[33] Algerien kannte in den 60er Jahren keine Säkularisierung oder gar eine panarabische Bewegung.[34] Die Dekolonisation erfolgte auf der Basis einer islamisierten Massenbewegung, die zum Auslöser einer Machtprobe zwischen säkularisierter-moderater Militärelite und fundamental-islamischer Politelite in den 90er Jahren führte, wobei die Berufsorganisation des elitären Gewaltapparates obsiegte.[35] Somit kann man nicht nur für die algerische Ausgangslage feststellen, dass die islamische Soziokultur weniger moderat ist und damit eine demokratische Umstrukturierung ohne gesellschaftliche Konversion zwischen Militär und Gesellschaft sich als schwierig erweist; auch für den übrigen islamischen Orient erscheint dies schwer vorstellbar. Hinzu kommt, dass es in der arabischen Militärelite an einem clausewitzianischen Prinzip bzw. einer militärischen Aufklärung fehlt. Inwieweit es an einer allgemeinen sozioökonomischen Revolution fehlte, und auch dies bedingt durch den Konfrontationskurs zwischen panarabischem Militärsozialismus und islamischem Staatsfundamentalismus, zeigt das Mittelmeerland, aus dem jene Revolution des Jahres 2011 ihren Ursprung und Funkensprung in die arabische Welt fand, nämlich das ehemalige bourguibistische Tunesien. Dass es in dem kleinen nordafrikanischen Mittelmeerland nach dem intellektuellen Befreiungskampf gegen die französischen Okkupatoren nicht zum liberalen Rechtsstaat kam, liegt in erster Linie, wie in vielen orientalisch-

> *Somit ist der Gewaltapparat in der arabischen Hemisphäre, soziologisch betrachtet, nicht nur eine technokratische Kampforganisation, sie ist in sich eine geschlossene politisierende Berufsorganisation, die ihren Machtanspruch aus ihrer Herkunft, nämlich der archaischen Agrargesellschaft, ableitet.*

archaisch geprägten Staaten der 60er, 70er und 80er Jahre, daran, dass man den rechtsstaatlichen, von der Kolonialmacht verorteten Rechtsdualismus gänzlich zugunsten eines machtmonopolisierenden Rechtsmonismus aufgab.[36] Dies heißt im Falle Tunesiens, dass bis in die 80er Jahre hinein versucht wurde, die archaische Agrargesellschaft mit der streng islamischen Kultur gänzlich aufzulösen und diese Gesellschaft einer Radikalsäkularisierung zu unterziehen, welche so weit ging, dass selbst in der tunesischen Verfassung kaum noch etwas von der islamischen Prägung übrig blieb.[37] Dieser Weg wurde gerade in vielen archaischen Soziokulturen des Orients in den 50er und 60er Jahren beschritten, besonders nach der Niederlage im Sechs-Tage-Krieg. Dies gilt nicht nur für den Militär-Coup im Ägypten der 50er Jahre, sondern insbesondere auch für die Militärputsche in Libyen oder im Sudan in den 60er Jahren.[38] Damit demonstrierte die Militär- und Sicherheitselite in Arabien ihr Selbstverständnis, nämlich die Elite einer revolutionären Bewegung in der arabischen Welt zu sein.[39] Auf diese Weise formierten sie den Revolutionsbegriff um, der, wie am Anfang erläutert wurde, auf der sozialen Frage und der Befreiung und dem Freiheitsideal basiert. Revolution war für die Führer der Militärputsche von Marokko bis Syrien nicht die Umgestaltung des Gesellschaftssystems in ein rechtsstaatliches Fundament. Für sie war die Revolution die Umformung hin zu einer bonapartistischen Militärdiktatur, als Gegenpol zur fundamental-islamischen Agrargesellschaft, und ein Ventil für einen bis in die 70er Jahre und Anfang der 80er Jahre verhafteten Anti-Israelismus in Form eines panarabischen Nationalismus.[40] Dies erklärt, weshalb man eine progressive Blockbildung der arabischen Militärregime in den 70er und 80er Jahren vorantrieb.[41] Der Ursprung dieses militärischen Progressismus liegt insbesondere in den arabischen Niederlagen in den arabisch-israelischen Auseinandersetzungen, die immer häufiger die exponentielle Stellung des Gewaltapparates in Frage stellten, sodass die Militäreliten zu ihrer Machterhaltung nun dazu übergingen, sich als Bewahrer der national-sozialen Revolution zu stilisieren, um ihre Kritiker im liberalen wie islamischen Lager endgültig verstummen zu lassen.[42] Dies führte letztlich dazu, dass in den USA gut ausgebildete Offiziere in den arabischen Regierungen ihren Platz fanden, wie das Beispiel Tunesien zeigt, wo der Geheimdienstgeneral Zine el-Abidine Ben Ali in den 70er Jahren eine exponentielle Stellung in der Regierung Bourguiba einnahm, um ihn mithilfe des Sicherheitsapparates direkt zu stürzen. Er selbst wurde dann 2011 vom Militär gestürzt.[43]

Somit lässt sich für die vorrevolutionäre Epoche in der arabischen Welt zunächst sagen, dass „der neo-patrimoniale Staat hinter der Fassade aus modernen Rollen, Funktionen und Institutionen eine dem traditionalen Patrimonialismus gleichende Herrschaftspraxis entwickelt hat. Präsidenten oder Monarchen sahen sich selbst als Schiedsrichter zwischen administrativen Sektoren und konkurrierender Eliten."[44]

Der Versuch einer neuen revolutionären Staatsstruktur in der arabischen Hemisphäre und dessen Scheitern

Statistische Erhebungen beweisen, dass die moderne arabische Gesellschaft hochgebildet ist und ein großes Reservoir an Humankapital genauso wie ökonomisches Kapital gebildet hat und sich damit von der archaischen Kultur des 19. und 20. Jahrhunderts abhebt. Zum zweiten müssen wir leider erkennen, dass der soziologisch fundierte neo-patrimoniale Staat in seiner archaischen Verkrustung weiterhin Bestand hat wie vor der Revolution von 2011. Die fortbestehende massive Korruption und die horrenden Militärausgaben spiegeln dies deutlich wider.[45] Korruption und Militärtechnokratie gehen in der orientalischen Gesellschaft damit Hand in Hand und bauen auf diese Weise alte Strukturgegebenheiten weiter aus. Somit ist interessant, dass Catherine Simon schreibt: „Printemps arabe: la dieuxième indépendance."[46] Dieser Titel ist für die nachrevolutionäre Ära gewagt und drückt eine vage Hoffnung auf demokratischen Fortschritt aus. Doch eine wirkliche Veränderung erscheint kaum machbar, weil die Grundstruktur nicht gegeben ist. So schreibt Flavien Bourrat im Falle Tunesiens als Ursprungsland der Revolution, die durch die soziale Frage ausgelöst worden ist, Folgendes: „Angesichts der Spannungen und der wachsenden Sicherheitsprobleme, welche Tunesien seit dem Fall von Zine el-Abidine Ben Ali im Januar 2011 erkennt, hat die Armee, die durch die von einem getrübten regionalen Zusammenhang schon stark mobilisiert ist, keine Berufung, an die Stelle der schwachen Polizeigewalt zu treten, und doch haben die Streitkräfte bis jetzt gewacht und gleichzeitig eine strenge Neutralität behalten, die ihre eigene Legitimität bewahrt."[47] Dies zeigt, dass aus der sozialen Frage der Revolution des Jahres 2011 eine Frage der Machterhaltung geworden ist. Ein weiteres Zitat untermauert untermauert dies: „Wenn die arabischen Armeen – auf dauerhafte Art – den Anschein vermitteln, auf ihre Prätorianerstellung zu verzichten, machen sie es nicht weniger zum Gegenstand wiederholter Beschwerden. Unter diesen ist die Beschuldigung über Geschäftemacherei und Korruption eine von denjenigen, die am häufigsten vorkommt. Dennoch sind die Militärs dabei

Statistische Erhebungen beweisen, dass die moderne arabische Gesellschaftsstruktur hochgebildet ist und ein großes Reservoir an Humankapital genauso wie ökonomisches Kapital gebildet hat und sich damit von der archaischen Kultur des 19. und 20. Jahrhunderts abhebt.

nicht die einzigen Schauspieler, die aus persönlichen Bereicherungsmotiven im Sektor der Wirtschaft mitmischen. Somit tritt eine gewisse Verwirrung, auf: nämlich die Frage, was zum öffentlichen Leben gehört und was der privaten Sphäre unterliegt."[48] Damit wird offenbar, dass der Versuch zum Erhalt des Militärsozialismus, als Gewächs der Jasmin-Revolution in Arabien von Tunesien bis Syrien, letztlich eine Konterrevolution mit sich bringt, welche in ihrer Frontstellung gegen den politischen Islam gerichtet ist. Damit konnte die Militärelite wie zu Zeiten der 60er und 70er Jahre eine Legitimation für erneute Putsche begründen, was letztlich auch folgende Aussage deutlich macht: „Der innerliche Konflikt zwischen Milizen und putschenden Gruppen stärkt allein die einzigen Verwahrer des gesetzlichen Monopols auf die Gewalt in einem Staat, nämlich die nationalen Streitkräfte."[49] Also steckt quasi eine militärische Konsolidierungsphase in Form eines Coup d'État schon mit in der Revolutionsphase, was in der Tat im tunesisch-ägyptisch-jemenitischen Fall sichtbar geworden ist. Interessant erscheint dem Betrachter hierbei mit Sicherheit der Umstand, dass diese Form der militärischen Konterrevolution einhergeht mit einer Revolutionierung des Militärwesens, allerdings mit clausewitzianischem Gedankengut. „Man bemerkt dennoch die Tatsache, technisches Know How explizit zu behalten, um allgemein bekannte und oft strukturelle Unzulänglichkeiten planmäßig, technologisch und operationell notgedrungen auszugleichen."[50] Diese kleine kopernikanische Revolutionierung im militärischen Sinne verläuft nicht wie im Preußen des 19. Jahrhunderts in einer gesellschaftlich-sozioökonomischen Konversion zusammen, sondern in geschichtlicher Tradition des Orients bleibt die gesellschaftliche Revolutionsbasis, die levée en masse, außen vor, was ein weiteres Konfliktpotenzial in sich trägt. Letztlich kann man bei der Radikalisierung der militärischen Konterrevolution, ob in Libyen, Ägypten oder vor allem Syrien, eines festhalten, dass nämlich eine Fragmentierung der hauptsächlich agrarisch fundierten arabischen Gesellschaft stattgefunden hat, was dann in der Folgezeit zu einer zweiten Unabhängigkeit nach der Dekolonisation führen kann.

Der Bumerang der „liberal-bürgerlichen" Revolution zu einem extremistisch-militärisch-islamischen Feldzug im Nahen Osten und die Schwächen der neuen arabischen Strukturen

In einem kürzlich erschienenen FAZ-Beitrag wurde ein IS-Extremist mit folgendem Ausspruch zitiert: „Seit der „Arabische Frühling" ausgerufen wurde, hat für uns der „Islamische Frühling" begonnen."[51] Damit negiert die islamisch-fundamentalistische Revolutionierung den clausewitzianischen Grundgedanken einer stabilen staatlichen Ordnung.⁵² Zudem werden damit auch Grundbegriffe des staatlichen und ordnungsschematischen Handelns, wie sie Schössler in seiner Matrix dargelegt hat, ad absurdum geführt. Woran liegt es, dass gerade im Nahen Osten die staatliche Ordnung völlig zusammengefallen ist oder sich in völliger Auflösung befindet? Hierzu bietet uns Stéphane Valter ein sehr ausdrucksstarkes Bild. So schreibt er in Bezug auf Syrien als Ausgangsbasis der IS-Milizen: „Eine Besonderheit der familiären und clanistischen, alewitischen Führung ist die Brutalität sowie die Grausamkeit der Repression gegen die Sunniten, wofür eine Anzahl von Mitgliedern der Armee und der Rekruten nicht bürgen kann."⁵³ Diese Feststellung ist daher so essenziell, weil sie deutlich macht, wie die Macht- und Herrschaftsverteilungsmechanismen insbesondere im Nahen Osten gelagert sind, und dies nicht nur im bürgerkriegsgeschüttelten Syrien. Dadurch sind regierungsfreie Räume mehr denn je möglich. Dies wird durch folgende Faktizität noch deutlicher: „Die Legitimität der Staatsspitze und des gesamten Sicherheitsapparates wird durch die Unterstützung eines Großteils der Bevölkerung noch verstärkt. Rund 90 % der alewitischen Gemeinde und 60 % der Christen sowie Drusen als auch ein Teil der Sunniten gehören zu dieser Unterstützungsgruppe."⁵⁴ Durch diese Zahlen wird das gesamte Ausmaß der Fragilität der staatlichen Ordnung im gesamten Nahen Osten zwischen Libanon und Irak deutlich, denn die unterschiedlichen innerstaatlichen Interessen können kaum noch durch eine politische Macht zusammengehalten werden. Dies spiegelt sich sogar im syrischen und gerade im irakischen Militärapparat wider. Für die syrischen Streitkräfte liest sich das so: „Aber die Armee wird in Wirklichkeit wie auch das Regime aus konfessionellen Gründen treu diszipliniert. Dies führt zur Marginalisierung sunnitischer Politiker und zur Bloßstellung innerhalb der Armee als auch zu materiellen Ungleichheiten."⁵⁵ Durch diese Formation politischer und militärischer Herrschaftsverteilung wird auch klar, weshalb die Marginalisierung bestimmter religiöser Gruppen dazu führt, dass der Kampf bzw. der Kriegsbegriff nicht als Begriff rein nach außen verstanden wird, sondern als ein Gesellschaftsbegriff, der als Riss quer durch die Gesellschaft des Nahen Ostens zu gehen scheint. Somit ist mit Blick auf den Weltordnungs-Virusherd Syrien mit Sicherheit die Feststellung richtig, wenn Valter zu dem Schluss kommt: „Die syrische Armee bleibt trotz ihrer innerlichen Schwächen mit fast einer halben Million Soldaten für manche ein mächtiger Gegner. Zahlreiche Differenzen innerhalb der Armee kündigen jedoch eine Zersplitterung an."⁵⁶ So ist es nicht verwunderlich, dass gerade im Fall des Irak, als nicht politisches Pendant zu Syrien,

„Seit der „Arabische Frühling" ausgerufen wurde, hat für uns der „Islamische Frühling" begonnen."

Hélène Caylus zu der Erkenntnis kommt, dass der brutale politische Wandel eine andere politische Richtung genommen hat als beispielsweise in Tunesien oder gar Ägypten. Dies wird insbesondere durch eine Aussage des französischen Historikers Pierre-Jean Luizard deutlich: „... die Armee wird die Möglichkeit einer ethnischen-konfessionellen Einheit niemals finden, wenn sie sich nicht von der Vorstellung eines politischen Angestellten emanzipiert und die Rolle der patriotischen Nationsfindung nicht aufnimmt, von der viele Offiziere träumen."[57] Dieser panarabistische Grundgedanke, der von Gamal Abdel Nasser in die anti-monarchistische Revolution von 1958 im Irak in das Baath-Regime sowohl in Syrien wie im Irak reingeschwemmt und auch beibehalten wurde, war der Grundstein für das weitestgehend nationale Einheitswesen des Nahen Ostens.[58] Jener Umstand wird durch diese These untermauert: „Mit anderen Worten legten die Überlegungen der militärischen Eliten den Akzent auf soziale oder nationale Fragen, in diesem Fall hauptsächlich panarabistische oder irakische."[59] Jene Feststellung erinnert an den deutschen und italienischen Einungsprozess des 19. Jahrhunderts. Auch Otto von Bismarck und Moltke der Ältere sahen im nationalen Geist die Möglichkeit der nationalen Einigung, wobei beide die Militärmacht, wie Schössler es schon deutlich gemacht hat, als sozialpolitische Frage der Einigung der Nation ansahen. So ist es nicht verwunderlich, wenn Hélène Caylus für den Irak und die nähere Umgebung feststellt: „Durch die von General Kassem dirigierten Wahlen begründete er ein personelles Regime aus politischen Bündnissen, das seine Partner innerhalb des Staates und der Armeeoffiziere verdrängte und rechtfertigte. Er hat sich trotzdem mit anderen Offizieren umgeben, um patriotische Bündnisse mit Kurden und Kommunisten zu schließen."[60] Dies ist unweigerlich eine der wichtigsten Erscheinungen der nahöstlichen Politik, nämlich die Sammlung aller Ethnien unter einem politisch-nationalen Dach. Deshalb war auch die syrische ebenso wie die irakische Baath-Bewegung in ihrem Kern ideologisch auf den nationalen Sozialismus gestützt. Dies gilt ebenfalls für den ägyptischen Nasserismus. Damit fiel der Fundamental-Islamismus von vorherein im Militärwesen und in der Politik weg. „Die in den dreißiger Jahren von jungen Syrern ausgearbeitete baathistische Ideologie verbindet arabischen Nationalismus, Sozialismus und Säkularismus."[61] Dies unterstreicht nochmals, weshalb diese politische Ausrichtung unter der Baath-Ideologie die nationale Einheit im Nahen Osten und hier vor allem in Syrien und dem Irak garantierte. Jene politische Konstellation garan-

Dies ist unweigerlich eine der wichtigsten Erscheinungen der nahöstlichen Politik, nämlich die Sammlung aller Ethnien unter einem politisch-nationalen Dach. Deshalb war auch die syrische wie ebenfalls die irakische Baath-Bewegung in ihrem Kern ideologisch auf den nationalen Sozialismus gestützt.

tierte letztlich das politische Gleichgewicht im gesamten arabischen Raum. Aber mit der Amtsübernahme Saddam Husseins änderte sich etwas Grundsätzliches in diesem politischen Ordnungsmuster, es kam zu einer Marginalisierung bestimmter Volksgruppen: „Durch die sogenannte „Tikritisation" der Sicherheitsorgane und der militärischen Informationsinstitutionen erhielt der damalige Vizepräsident Saddam Hussein den Schlüssel über die Kontrolle der Armee. Dadurch erlangte jene Kaste von Offizieren, welche aus der irakischen Stadt Tikrit stammte, einen Machtzuwachs. Von da an war die Baath-Partei sunnitisch dominiert."[62] Der politische Kurswechsel der Führung der Baath-Partei trug in sich schon die Wurzel für ein politisches Vakuum, dadurch wurde impliziert, dass die Achse zwischen militärpolitischer Führung und den einzelnen Ethnien und religiösen Volksgruppen nicht mehr aufrechterhalten wurde. Damit war der Grundstein für eine spätere Schieflage in der Machtverteilung gelegt und für eine Behemothisierung der nahöstlichen Gesellschaftsstruktur.

Saddam Hussein 1974 als Funktionär der Baath-Partei

Dieses Problem wurde in der Nach-Hussein-Ära deutlich: „Die völlige Zerstörung des Staates war die Vorbedingung für die Zerstörung der Armee, was letztlich die Hauptursache für die Verschlimmerung der politischen Gewalt und des Chaos bildete. Die Ethnisierung und Konfessionalisierung der politischen Kämpfe, die Kriminalität als Teil des Überlebens und die Korruption, gelten als der zweite Aufstand gegen die Besatzung."[63] Genau das ist das Problem, woran der gesamte Nahe Osten leidet, an seiner Fragmentierung, die teils durch die alte politische Klasse hervorgerufen wurde und die teils auch ein Produkt falscher westlicher Einschätzung war. Hierbei war der Gedanke, die einzelnen Milizen wieder in eine einheitliche nationale Armee zu schweißen, zwar nicht falsch; was die Alliierten des Jahres 2003 allerdings nicht bedacht hatten, war der Umstand, dass bereits in den 90er Jahren die irakische Gesellschaft sichtbar fragmentiert war und erst einmal politisch erneuert hätte werden müssen. So blieben bis heute sowohl Armee wie die Gesellschaft ohne eine Integrationsmöglichkeit. Folglich blieb als Kohäsion nur die Religion in Form eines radikalen Schiitentums oder eines radikalen Sunnitentums, unter denen bis heute die anderen Konfessionen nicht nur leiden, sondern förmlich aufgerieben werden. Dadurch ist das gesamte politische Gleichgewicht des Orients verloren gegangen. Dieses basierte nicht auf unter-

Dadurch ist das gesamte politische Gleichgewicht des Orients verloren gegangen. Dieses basierte nicht auf unterschiedlichen religiösen Lehren, sondern auf drei feststehenden Elementen, dem arabischen Nationalismus, dem Sozialismus und dem Säkularismus.

schiedlichen religiösen Lehren, sondern auf drei feststehenden Elementen: dem arabischen Nationalismus, dem Sozialismus und dem Säkularismus. Durch das Hinwegfegen dieser drei Grundfaktoren der orientalischen nach-kolonialen Gesellschafts- und Ordnungsstruktur, welche durch die bewaffnete Macht garantiert wurde, konnte erst ein politischer Freiraum entstehen, in den nun jene Kräfte eindringen, die keine nationale Identität kennen. Sie negieren sogar die Nation als Begriff. Jene politische Einheit des Nahen Ostens in den Ländern Syrien, Irak und Libanon könnte nur wiedergewonnen werden, wenn es zu einer einheitlichen politischen Handlungsmacht à la General Kassem oder des ägyptischen Generals Sissi käme, die alle politischen, religiösen und ethnischen Kräfte für eine neue panarabische-soziale Einheit sammelt.

Schlussfolgerungen

Am Anfang unserer Erläuterung standen ein westlich-abendländisch geprägter Revolutionsbegriff und ein liberalistischer Rechtsstaatsterminus. Allerdings ist am Ende dieser Analyse festzustellen, dass beide Begrifflichkeiten nicht auf die orientalische Soziokultur anwendbar sind. Dies liegt zum einen an der Historie der arabischen Welt, die einerseits durch einen osmanischen-archaischen Überbau geprägt ist und die sich zum anderen an der Kolonialvergangenheit misst. Der erste Versuch, westliche Demokratiemodelle in der arabischen Hemisphäre zu manifestieren, scheiterte schon allein an dem Rechtsverständnis eines dualistischen Rechtsstaates und an der militärisch motivierten panarabischen Bewegung, die letztlich eine Frontstellung gegen die islamische Massenbewegung der 60er und 70er Jahre war. Der Versuch, den pervertierten militärsozialen Staat mit seinen korrupten Fundamenten im Jahre 2011 zu sprengen, um endlich das soziale wie das gesellschaftliche Vakuum zu beheben, führte aufgrund der staatlichen Grundstruktur jedoch nicht zu dem erwünschten „demokratischen Frühling". Hier erst brachen sich die Kontra-Linien zwischen politisch-islamischer Massenbewegung und militärsozialer Rekapitulation ihre Bahnen, was sich schlussendlich auch in folgendem letzten Zitat wiederfinden lässt: „Die arabischen Armeen als auch die anderen staatlichen Strukturen dieser Region müssen in einem strategischen Kontext gesehen werden, welcher sich in einem Prozess der Fragmentierung und der Unsicherheit befindet."[64]

„Die arabischen Armeen als auch die anderen staatlichen Strukturen dieser Region müssen in einem strategischen Kontext gesehen werden, welcher sich in einem Prozess der Fragmentierung und der Unsicherheit befindet."

Vorausschau

Wie wird sich letztlich der arabische Raum in der Zukunft entwickeln? Wirklich so, wie der damalige Außenminister Guido Westerwelle zu Anfang der arabischen Revolutionsausbrüche behauptet hat, wie Deutschland 1989 in eine offene, pluralistische Demokratie? Nach dem, was hier erläutert wurde, scheint dies mehr als fragwürdig.

1. Erste Anzeichen einer Konterrevolution sind schon sichtbar: In Ägypten hat das Militär aufgrund der chaotischen Sicherheitslage wieder die Macht an sich gerissen, nachdem die legal gewählte Muslim-Bruderschaft den Versuch unternommen hatte, den Staat völlig einem Religionsfundamentalismus zu unterwerfen, und dies in einer Zeit, da sich Ägypten in einer ökonomisch desaströsen Lage befindet. Selbige Situation können wir im Jemen und Bahrain feststellen, wo die Machthaber selbst wieder Militärs sind oder die Herrscher sich auf eine starke Militärjunta stützen. Das Korruptions- und damit Herrschaftsausdifferenzierungssystem ist wieder hergestellt.

2. In vielen arabischen Staaten kann man eine starke Fragmentierung der Gesellschaft feststellen, vor allem in Libyen, Libanon oder Syrien. Das erhöht die Bürgerkriegsgefahr und die Gefahr von „Failed States". Hierzu zählen im Grunde schon der Jemen und Libyen, wo seit dem Sturz des Diktators Gaddafi ein Milizsystem herrscht, sowie Syrien und der Irak.

3. In vielen Teilen der arabischen Welt, in denen revolutionäre Umbrüche stattgefunden haben, herrscht heute ein System der versteckten Schreckensherrschaft. Beispiele hierfür sind Tunesien, der Irak oder Libyen. In Tunesien haben seit der sogenannten Frühlingsrevolution mehrere politische Morde stattgefunden; dies erinnert weniger an das Deutschland von 1989/90 als vielmehr an die Weimarer Republik von 1918–1933.

4. In vielen Staaten des Nahen Ostens ist die staatliche Homogenität gänzlich verloren gegangen, es gibt nicht einmal mehr einen geordneten Militär- und Sicherheitsapparat. In dieses vollkommene Machtvakuum können nun Akteure eindringen, die keinen Staatsbegriff im traditionellen Sinne kennen. Sie setzen meist die Religion als Fundament des Staatsbegriffs fest. Somit ist dies für solche Kräfte ein „Islamischer Frühling", für den arabischen Raum und die Weltordnung hingegen ein „fragmentierender Winter".

Diese Ansicht ist schon ein bitterer Vorgeschmack auf die Zukunft, denn am Ende der Weimarer Republik stand eine totalitäre Diktatur. Möglich, dass am Ende des Revolutionsprozesses im Orient ein gleiches System herrscht, entweder absolute Militärdiktaturen oder religionsfundamentale Staaten. Das Fundament eines westlich-orientierten bürgerlichen Rechtsstaates braucht eben ein aufgeklärtes Bürgertum, und dies fehlt im Orient fast gänzlich.

Möglich, dass am Ende des Revolutionsprozesses im Orient ein gleiches System herrscht, entweder absolute Militärdiktaturen oder religionsfundamentale Staaten. Das Fundament eines westlich-orientierten bürgerlichen Rechtsstaates braucht eben ein aufgeklärtes Bürgertum, und dies fehlt im Orient fast gänzlich.

Zum Autor: Ilya Zarrouk, geboren 1981 in Mannheim, studierte Wirtschafts- und Sozialgeschichte/Neuere Geschichte und Politikwissenschaft in Mannheim, Heidelberg und Tunis. (Abschluss: M.A.) In Speyer studierte er Verwaltungswissenschaften (Abschluss: M.A.) Im Laufe seines Studiums spezialisierte er sich auf die Bereiche Militärgeschichte, Sicherheitspolitik, Militärpolitik und Völkerrecht sowie den arabischen Raum und dessen Strukturveränderung. Dieser Aufsatz basiert daher hauptsächlich auf französischen und arabischen Quellen. Zarrouk ist Mitglied der Clausewitz-Gesellschaft e.V..

Anmerkungen:

1 Hannah Arendt, Über die Revolution; 1. Aufl., München 1974; Neuauflage 2011, S. 23. Hannah Arendt, geb. 1906, gest. 1975; Hauptthemengebiete: Totalitarismusforschung und Revolutionsforschung.
2 Ebd., S. 24.
3 Ebd.
4 Ebd., S. 25.
5 Ebd., S. 35.
6 Ebd., S. 37, siehe hierzu auch John Locke (1632–1704) in seiner Schrift: Zweite Abhandlung über die Regierung. Hierin macht er sehr deutlich, dass das soziopolitische Element der liberalen Freiheit das Eigentum darstellt.
7 Hannah Arendt, Über die Revolution, erweiterte Aufl., München 2011, S. 39.
8 Ebd., S. 41/42.
9 Ebd.
10 Ebd., S. 42.
11 Ebd.
12 Ingeborg Maus, Entwicklung und Funktionswandel der Theorie des bürgerlichen Rechtsstaates, in: Mehdi Tohidipur (Hrsg.), Der bürgerliche Rechtsstaat, Bd. 1, Frankfurt am Main 1978, S. 20. Hier ist auch wesentlich, dass der liberale Rechts-

denker Robert von Mohl (Liberaler Politiker und Rechtsdenker 1799–1875) nicht wie Kant (Philosoph 1724–1804) den dogmatisierenden Rechtsstaat in den Vordergrund stellt, sondern den Rechtsstaat, der die ökonomischen Ungleichgewichte beseitigt.

13 Ebd., S. 22.
14 Ebd.
15 Ebd.
16 Günter Frankenberg, Politische Tendenzwende und Entwicklung des Rechts, in: M. Tohidipur (Hrsg.), Der bürgerliche Rechtsstaat, Bd. 1, Frankfurt am Main 1978, S. 248 ff. Siehe hierzu insbesondere auch Otto Depenheuer, Selbstbehauptung des Rechtstaates, 2. Aufl., Paderborn 2007.
17 Günter Frankenberg, ebd., S. 248 ff.
18 Morris Janowitz, Militärsoziologie, Königstein 1980, S. 11 ff. Wesentlich hierbei ist, dass er wie der Militärsoziologe Dietmar Schössler darauf hinweist, dass das Verhältnis zwischen der Militär- und Zivilebene, also die zivilmilitärische Konsultation, bisher nur sehr einfältig analysiert worden sei. Wesentlich für eine moderne, globale, militärsoziologische Betrachtung ist jedoch die gegenseitige Stimulierung von Politik, Ökonomie und Sicherheitspolitik im zivilmilitärischen Sinne.
19 Dietmar Schössler, Militärsoziologie, Königstein 1980, S. 11.
20 Ebd.
21 Bassam Tibi, Militär und Sozialismus in der Dritten Welt, Frankfurt am Main 1973, S. 50 ff. – B. Tibi, geboren 1944 in Damaskus, beschäftigt sich hauptsächlich mit dem Nahen Osten und dem Islam.
22 Ebd., S. 51.
23 Clausewitz geht in seinem Buch vom Kriege zum einen von einem anderen Militärbegriff aus und somit andererseits auch von einem anderen politischen Verständnis. Wesentlich für den Befreiungskriegsgeneral ist, dass der Gesellschaftsverband eines Staates bestimmte Kernaufgaben wahrnehmen muss. Um diese wahrnehmen zu können, bedarf er einer homogenen Ordnung, um nach außen hin die Erhaltung der souveränen Existenz gewährleisten und durchsetzen zu können. Dies bedeutet, dass die äußere Rechtsdurchsetzung der Souveränität dadurch politisch gewährleistet wird, indem er militärische Mittel einsetzt und zur Verfügung hat.
24 Bassam Tibi, ebd., S. 104 ff. Siehe hierzu auch: Paul Kennedy, Aufstieg und Fall der großen Mächte, 5. Aufl., Frankfurt am Main 2005. Albert Hourani, Die Geschichte der arabischen Völker, 5. Aufl., Frankfurt am Main 2006. Mevlut Bozdemir, Armee und Politik in der Türkei, Frankfurt am Main 1988.
25 Bassam Tibi, ebd., S. 104.
26 Ebd., S. 115. Die bekannteste Bewegung innerhalb des maghrebinischen Raumes

war die Bewegung des tunesischen Rechtsgelehrten und Anwalts Habib Bourguiba und seiner Destour-Bewegung (Verfassungsbewegung).
27 Bassam Tibi, ebd., S. 104.
28 Ebd.
29 Ebd., S. 118 ff.
30 Ebd., S. 131. Die marokkanische Armee wurzelt auf den Weltkriegsstreitkräften der französischen Streitkräfte. Der marokkanische König baute zu seiner Manifestierung der königlich-monarchistischen-absoluten Macht aus diesen Teilen unter dem Oberbefehl des marokkanischen Weltkriegsgenerals H. Kettani seine Streitkräfte auf, die ihre Privilegien daraus ableiten, dass sie ein besonderes Loyalitätsverhältnis zum Monarchen haben und hatten.
31 Ebd., S. 137. Siehe hierzu auch Georg Ludwig, Militär, Islamismus und Demokratie in Algerien (1978 bis 1995), Wiesbaden 1998.
32 Bassam Tibi, ebd., S. 140.
33 Ebd., S. 163.
34 Ebd., S. 168.
35 Ebd., S. 168/169. Siehe hierzu auch Georg Ludwig.
36 Bassam Tibi, ebd., S. 283. Siehe hierzu auch die alte tunesische Verfassung und stark zentralisierte Machtausstattung des tunesischen Präsidenten.

Die Totalsozialisierung der Sozioökonomie Tunesiens trug auch zur gesamtgesellschaftlichen Schwächung und zur Verschärfung der sozialen Frage bis ins Jahr 2011 bei, was dann auch bis zur Revolution zu vermehrten Hunger-Aufständen, wie bspw. 2008 und 2010 in Südtunesien, führte. Die Grundlage für die soziale Verschärfung sehen wir an folgender grafischer Darstellung von El-Hedi El-Temimi, Tunesien 1956–1987, Tunis 2011, S. 229.

Wirtschaftsanteile, prozentual	1962	1984
Landwirtschaft	45,8 %	28,1 %
Handwerk	20,9 %	36,7 %
Dienstleistung	33,3 %	35,2 %
Gesamt	100 %	100 %

37 Siehe alte tunesische Verfassung.
38 Bassam Tibi, Frankfurt am Main 1973, S. 303.
39 Ebd.
40 Ebd., S. 306/307.
41 Ebd.
42 Ebd. Bestes Beispiel dafür ist der Bourguiba-Kritiker Ben Salah von der Gewerkschaftsbewegung UGGT, der in den 70er Jahren vom tunesischen Innen-Geheim-

dienst ermordet wurde.
43 Ebd., S. 307/308. Siehe hierzu auch Le Monde – Bilan Géostratégie 2011.
44 Peter Pawelka, Der orientalische Staat im 21. Jahrhundert: Zur Reinkarnation des vormodernen Staates in einer globalisierenden Welt, in: P. Pawelka (Hrsg.), Der Staat im Vorderen Orient, Baden-Baden 2008, S. 43.
45 Siehe hierzu u. a. Le Monde – Bilan Géostratégie 2011.
46 Catherine Simon, Printemps arabe: la deuxième indépendance, in: Le Monde – Bilan Géostratégie 2011. Hier zeigt die Autorin mit ihrem französischen Titel der ungefähren Übersetzung nach auf, dass nach der Kolonisationsbefreiung die arabische Welt die Möglichkeit einer zweiten Befreiung vom Joch der Diktatur hat.
47 Amin Allal, Enjeux politiques en Tunisie – Des protestations de 2008 à la fuite de Ben Ali, in: Moyen-Orient; Numéro 10, 2011. Zur Erklärung des französischen Zitats: Nach dem Sturz des tunesischen Geheimdienstgenerals und Despoten Ben Ali (durch indirekten Putsch gegen den ersten Präsidenten und Despoten Habib Bourguiba 1987–2011) kam den tunesischen Streitkräften, welche gegen ihren eigenen Oberbefehlshaber putschten, das Sicherheitsmonopol nach innen zu, zumal die Polizeikräfte eher als präsidententreu galten als die Streitkräfte. Gleichzeitig, so das Zitat, versuchten die tunesischen Streitkräfte 2011 und die Zeit danach, eine strikte Neutralität zu bewahren. Ursprungszitat: „Face aux tensions et aux problèmes sécuritaires croissants que connaît la Tunisie depuis la chute de Zine el-Abidine ben Ali en janvier 2011, l'armée, déjà fortement mobilisée par la sécurisation de frontières mise à mal par un contexte régional troublé, n'a pas vocation à se substituer à un appareil de police en partie défaillant et a veillé jusqu'à présent à conserver une stricte neutralité qui préserve sa propre légitimité."
48 Flavien Bourrat, Les forces armées arabes, pilier central de l'État au défi des revolutions, in: Moyen-Orient, Numéro 17; Janvier-Mars 2013, S. 22. – Zur Erläuterung des Zitats: Die Streitkräfte der arabischen Hemisphäre sind die treibende Kraft des Korruptionssystems und ragen somit in sämtliche gesellschaftlichen und öffentlich-rechtlichen Räume hinein. Deshalb haben sie, so das Zitat, auch ein äußerst großes Eingriffsrecht v. a. in die Wirtschaft. Ursprungszitat: „Si les armées arabes semblent, de manière durable, avoir renoncé nolens volens à leur démarche prétorienne, elles n'en font, pas moins l'objet de griefs répétés. Parmi ces derniers, l'accusation d'affairisme et de corruption est un de ceux qui reviennent le plus souvent. Pourtant, à y regarder de plus près, les militaires ne sont pas les seuls acteurs à s'ingérer pour des motifs d'enrichissement personnels dans le secteur de l'économie et à confondre ce qui relève de la vie publique et ce qui concerne la sphere privée."
49 Flavien Bourrat, ebd., S. 23. – Durch die Revolution, so das Zitat, sind Miliz-

kräfte gegen die regulären Streitkräfte entstanden, welche natürlich nicht nur das Gewaltmonopol des Militärs in Frage stellen, sondern natürlich auch in sich ein hohes Konfliktpotenzial mit sich bringen. Ursprungszitat: „En effet, le conflit intérieur fait des milices et des factions armées les seuls dépositaires du monopole légal de la violence, alors que ce domaine, dans un État << fort >> est dudé ressort exclusif des forces nationales."

50 Ebd. Revolution im Militärwesen heißt dabei nicht nur, die technologische Innovation in den Vordergrund zu stellen, sondern die Revolutionierung muss hauptsächlich institutionell betrachtet werden. – Zum Originaltext: Nach der Revolution in vielen arabischen-orientalischen Staaten, versucht der Gewaltapparat, sich auch nach einer neuen technologischen und auch militärischen Struktur auszurichten. Ursprungszitat: „On remarque pourtant que le fait détenir des armements du dernier cri ne compense pas forcément des insuffisances notoires et souvent structurelles sur les plans technologique et opérationneel."

51 FAZ-Artikel vom 20.08.14.

52 Siehe hierzu auch: Herfried Münkler, Der Wandel des Krieges, Weilerswist 2006, hier insbesondere S. 212 ff.
Ebenso Otto Deppenheuer, Selbstbehauptung des Rechtsstaates. 2. Aufl., München 2008 und
Samuel P. Huntington, Kampf der Kulturen, München 1996.

53 Stéphane Valter, Rivalités et Complémentarités au sein des Forces Armées: Le Facteur Confessionel en Syrie, in: Flavien Bourrat (Hrsg.), Dossier: La place et le role des armées dans le monde arabe contreporaint, durch: Revue de l'Institut de recherche stratégique de L'École militaire, Paris 2012, S. 85 ff. Das Zitat zeigt die Clanstrukturen der Alewiten gegenüber den anderen Ethnien in Syrien (hier insbesondere die Sunniten) und das immens brutale Vorgehen dieses hauptsächlich durch Alewiten geprägten Systems auf. Ursprungszitat: „Une particularité du milieu alaouite dirigeant pour régler les différents – même familiaux et claniques – est souvent la brutalité, ce qui laisse présager de la sauvagerie de la repression contre des sunnites, que nombre d'éléments de l'armée (parmi les conscrits) ne peuvent cautionner."

54 Ebd., S. 86. „Le soutien indéniable d'une frange importante de la population au chef de l'État renforce indirectement la légitimité de tout l'appareil sécuritaire. Quelque 90% de la communauté alaouite soutiendraient le régime et environ 60% des chrétiens, mais aussi des druzes, bon gré mal gré, de même qu'un certain nombre de sunnites." Durch das Zitat wird aufgezeigt, dass die Herrschaftsverhältnisse hauptsächlich auf den Sicherheitsapparat aufbauen. Die Fragmentierung der syrischen Gesellschaft wird durch 90 % Alewiten und insbesondere 60 % Christen hervorgehoben.

55 Ebd., S. 87. Diese Textstelle macht deutlich, dass die Sunniten im Militärapparat Syriens kaum beachtet sind. Eher sind diese materiell und politisch benachteiligt. Ursprungszitat: „Mais l'armée n'est en réalité ni disciplinée ni fidèle au régime pour des raisons confissionelles (marginalisation des sunnites) politiques (compromission de l'armée dans la répression) et matérielles."

56 Ebd., S. 94. Dieses Zitat offenbart, dass eine halbe Million Soldaten der syrischen Streitkräfte quasi in einem Militärsystem verbunden sind, welches durch seine Fragmentierung quasi einem Virus erliegt. Ursprungszitat: „L'armée syrienne, malgré ses faiblesses internes, reste puissante avec presque un demi-million de soldats à l'attitude pour certains imprédictible. Les défictions de plus en plus nombreuses au sein de l'armée montrent bin une division – sur des lignes largement confissionelles – annonciatrice d'un éclatement."

57 Hélène Caylus, Le choix d'une démilitarisation brutale: Le cas de l'armée irakienne, in: Flavien Bourrat (Hrsg.), Dossier: La place et le role des armées dans le monde arabe contreporain, durch: Revue de l'Institut de recherche stratégique de L'École militaire, Paris 2012, S. 101. Caylus erklärt, dass durch eine patriotisch-nationale Haltung durchaus ethnische Fragmentierungen aufgehalten werden können. Ursprungszitat: „..., l'armée ne trouvera jamais la possibilité de s'emanciper du cadre politique qui l'enfermait dans un rôle confessionel et ethnique, le lien politique qui avait avec l' État nation lui interdisant de jouer le rôle patriotique dans lequel certains officiers rêvaient de s'illustrer."

58 Bassam Tibi verweist darauf, dass durch den coup d'état 1952 die Akkumulation zum Tragen kommt zwischen der Frustration über den verlorenen Palästina-Krieg 1948 und dem kolonialen Gebaren Großbritanniens, welches die sozioökonomischen Konflikte vor allem der ägyptischen Arbeiterbewegung seit 1919 außer Acht gelassen hatte. Siehe hierzu: Bassam Tibi, Militär und Sozialismus in der Dritten Welt, Frankfurt am Main 1973.

59 Hélène Caylus, ebd., S. 103. Dieses Zitat macht den Umstand bewusst, dass in der panarabischen Bewegung immer die soziale und militärische Frage zusammen behandelt wurde. Ursprungszitat: „En d'autres termes, les réflexions des élites militaires mettaient principalement l'accent sur des questions sociales ou nationales (dans ce cas panarabes ou irakiennes)."

60 Ebd. Diese Passage betont den patriotischen Gedanken, welchen General Kassem in den irakischen Staatsstreich von 1958 mit einbrachte und eine politische Achse zu den Kurden und letztlich auch zu den Kommunisten zustande brachte. Ursprungszitat: „Les choix politiques, assumés par le Général Kassem, induisaient l'instauration d'un regime personel et la décision d'alliances politiques qui justifiaient l'éviction de ses autres partenaires officiers du coup d'État. Il s'est entouré néanmoins d'autres officiers et fait le pari d'une alliance prioritairement axée au-

tour des Kurdes et des communists."

61 Ebd., S. 104. Es wird aufgezeigt, dass seit den 30er Jahren bei der syrischen Jugendbewegung und dann letztlich auch in der irakischen Baath-Bewegung die Ideologie des nationalen Arabismus, Sozialismus und Säkularismus praktiziert wurde. Ursprungszitat: „Élaborée dans les années 30 par des jeunes syriens, l'idéologie baathiste allie nationalisme arabe, socialisme et sécuralisme."

62 Ebd., S. 106. Dieses Zitat legt dar, dass die Fragmentierung durch den in Tikrit geborenen Hussein begann, indem von ihm als damaliger Vizepräsident Iraks der Militärapparat hauptsächlich mit sunnitischen Offizieren besetzt wurde. Ursprungszitat: „La „tikritisation" de la sécurité et des renseignements militaires avec la main mise de Saddam Hussein, vice-président, lui donne la clé du contrôle de l'armée. Celle-ci a donc permis aux Tikritis, nombreux dans la caste des officiers, de l'emporter sur d'autres clan sunnites au sein du Baath."

63 Ebd., S. 114. In dieser Textstelle wird erklärt, dass die vollkommene Demilitarisierung des Irak nach dessen Besetzung 2003 erst recht das Zerfallen der irakischen Gesellschaftsstrukturen in rivalisierende ethnische Gruppen und Konfessionen beförderte, wie sie auch die Korruption und Kriminalität dadurch steigerte. Ursprungszitat: „La destruction totale de l'État avec comme préalable le démantèlement de l'armée qui en a constitué l'étape majeure, a contribué à l'exacerbation de la violence politique et au chaos. L'ethnicisation, la confessionalisation des luttes politiques, la criminalité comme mode de survie et la corruption, qualifiée de "deuxième insurrection", en sont les principaux effets."

64 Ebd., S. 23. – Les armées arabes, comme les autres structures étatiques de la zone, sont amenées à évoluer dans un contexte stratégique régional qui s'inscrit dans une logique de rupture ou, à défaut, de forte incertitude. Zum französischen Zitat: Egal wie die staatliche Struktur in der Zukunft sein wird, der arabische Gewaltapparat wird sich immer nach der regionalen Strategielogik ausrichten.

Literaturangaben:

Zeitschriften:
Jeune Afrique: Jahrgänge 2011–14

Diplomatie: Jahrgänge 2011–14

Moyen-Orient: Jahrgänge 2011–14

The Economist: Jahrgänge 2012–14

Flavien Bourrat: Les champs de Mars; Revue de l'institut de recherché stratégique de l'École militaire; Dossier: La place et role des armées dans le monde arabe contemporain; Paris 2012

Monografien:
Robert von Mohl: Klassiker der Politiker – Band 3, Klaus von Beyme (Hrsg.), Düsseldorf 1966, Kapitel Rechtsstaat

Hans Kelsen: Principles of International Law, Second Edition, Robert W. Tucker (Hrsg.), New York 1967

Wilfried Fiedler: Das Kontinuitätsproblem im Völkerrecht, München 1978

Mathias Rohe: Das islamische Recht. Geschichte und Gegenwart, München 2009

Linda Schatowski Schilcher und Claus Schar: Der Nahe Osten in der Zwischenkriegszeit 1919–1939, Stuttgart 1989

El-Doustur el-Schoumhurjati el Tunisia (Tunesische Verfassung): die alte Fassung, Ausgabe 2002

Hans-Ulrich Wehler: Die neue Umverteilung: Soziale Ungleichheit in Deutschland, München 2013

Mehdi Tohidipur (Hrsg.): Der bürgerliche Rechtsstaat, 2 Bände, Frankfurt am Main 1978

Christian E. O. Millotat: Eliten der Bundeswehr im Einsatz, München 2009

M. Rainer Lepsius: Interessen, Ideen und Institutionen, Darmstadt 1988

Rainer Lepsius: From fragmented party democracy to government by emergency decree and national socialist takeover: Germany, als Aufsatz, Baltimore/London JAHRESZAHL???

Karl-Peter Sommermann: Demokratie als Herausforderung für das Völkerrecht, Kehl 2006

Bassam Tibi: Militär und Sozialismus in der Dritten Welt, Frankfurt am Main 1973

Mahmoud Ben Romdhane: Tunisie- État, Économie et Société; Ressources politiques, légitimation, regulations socials, Tunis 2011

Bernard Vernier: Armée et politique au Moyen-Orient, Paris 1966

Max Weber: Gesammelte politische Schriften, Johannes Winckelmann (Hrsg.), Tübingen 1988

Wolfgang J. Mommsen: Max Weber und die deutsche Politik 1890–1920, Tübingen 2004

Abu-l-A'la Maududi: Weltanschauung und Leben im Islam, München 1994

Dietmar Schössler: Militärsoziologie, Königstein 1990

Hannah Arendt: Über die Revolution, 1. Ausgabe, München 1965

Chalmers Johnson: Revolutionstheorien, Berlin 1971

Theodor Schweisfurth: Lehrbuch zum Völkerrecht, Tübingen 2006

Vom Islamischen Staat zum Weltkalifat

Die Arabellion als Wegbereiter des globalen „Heiligen Krieges"[1]

Berndt-Georg Thamm

Zeitenwende im Nahen und Mittleren Osten, dessen fast einhundertjährige regionale Ordnung, einst durch Siegermächte des Ersten Weltkrieges etabliert, zerfällt. Zum Brandbeschleuniger dieses Zerfalls, zu dem auch der provozierte Zusammenbruch des uralten orientalischen Kulturraumes gehört, wurden islamistische Milizionäre einer Dschihadistengruppe. Vom Bürgerkriegsland Syrien kommend, hatten sie auf ihrem Feldzug in Mesopotamien nach der Einnahme der Zweimillionenstadt Mossul im Irak im Fastenmonat Ramadan 1435 (29. Juni 2014) einen eigenen Islamischen Staat (IS) proklamiert. Auf diese entstandene „Großmacht des Terrors" reagierte der Westen kein sechs Wochen später mit Luftangriffen eines US-geführten Anti-IS-Bündnisses. Bis zum 8. August 2015, dem ersten Jahrestag dieses Zusammenschlusses, dem mittlerweile über 60 Länder angehören, hatte dieses Bündnis fast 6 000 Einsätze gegen den IS geflogen, der dadurch jedoch kaum geschwächt wurde, so die Einschätzung der US-Geheimdienste. Heute kontrollieren die IS-Soldaten – aus ihrer Miliz war eine Armee geworden –, als Folge ihrer militärischen Professionalität ein Territorium, das sich vom Osten Syriens bis zum Norden und Osten des Irak erstreckt. Die ideologische Anziehungskraft dieser neuen Macht ist ungebrochen, ermöglicht eine Entwicklung hin zu einem transnationalen Terrorimperium, dessen Kämpfer sich längst auch außerhalb des syrisch-irakischen Kerngebietes dschihad-terroristisch betätigen. So starben bei einem Selbstmordanschlag am 20. Juli auf ein Kulturzentrum in der süd-

> *Die ideologische Anziehungskraft dieser neuen Macht ist ungebrochen, ermöglicht eine Entwicklung hin zu einem transnationalen Terrorimperium*

türkischen Stadt Surus, urbaner Nachbar der nordsyrischen Kurdenstadt Kobane, 32 Menschen. Die Türkei machte für diesen Terrorakt den IS verantwortlich, öffnete in der Folge seine NATO-Basis Incirlik für US-Luftschläge gegen den IS und schloss sich deren internationaler Anti-IS-Koalition an. In einer unmissverständlichen Botschaft erklärte der IS daraufhin am 17. August der „nichtmuslimischen" Türkei den Krieg und rief zum Aufstand gegen deren Präsidenten Recep Tayyip Erdogan, den „Teufel", mit den Worten auf: „Alle Gläubigen sollen Istanbul erobern, die Stadt, die der verräterische Erdogan Tag und Nacht den Kreuzfahrern ausliefert". Der vor einem guten Jahr ausgerufene Islamische Staat (ad-Daula al-islamija) ist nicht irgendein Staat; er ist das Kalifat, das neue Kalifat. Und eben dieses erklärte mit der Türkei einem Staat den Krieg, der vor 91 Jahren per Gesetz das Kalifat abgeschafft hatte.

Der Tod des Kalifats – posttraumatische Belastung der islamischen Welt

Das letzte islamische Großreich hatte mit dem Ende des Osmanischen Reiches (1299 – 1922) nach dem Ersten Weltkrieg aufgehört zu existieren. Ende Oktober 1914 war es auf Seiten des Kaiserreiches Deutschland in den Krieg hineingezogen worden. Anfang November erklärten Russland, England und Frankreich den Osmanen den Krieg. In der Folge rief Sultan Mehmed Khan V. (1844 – 1918) als Kalif (und damit Oberhaupt der Muslime) zum Dschihad, zum „Heiligen Krieg" auf. Doch die Dschihad-Solidarität der muslimischen Welt blieb aus, das Osmanische Reich ging unter. Seine Vertreter unterzeichneten am 10. August 1920 in Sèvres bei Paris einen Diktatfrieden der Sieger, der quasi einen halbkolonialen Status des Landes festschrieb. Zwei Jahre später beschloss die Nationalversammlung, das über 500 Jahre bestehende Sultanat zum 1. November 1922 abzuschaffen. Mit Mehmet VI. ging der letzte Sultan (arab.: Herrscher) ins Exil. Im darauffolgenden Jahr ratifizierte die große Nationalversammlung den Friedensvertrag. Am 1. Oktober 1923 verließen die letzten Besatzungstruppen Istanbul. Keine vier Wochen später wurde die Republik Türkei gegründet, deren Präsident Mustafa Kemal (1881 – 1938), Atatürk („Vater aller Türken") genannt, eine laizistische Ordnung vorsah. Gut vier Monate später wurde am 3. März 1924 nicht nur das Haus Osman ausgebürgert, sondern auch nach über 400 Jahren (nach 1518 hatte der osmanische Sultan Selim I., nachdem er die Kontrolle über Mekka und Medina errungen hatte, auch den Titel des Kalifen angenommen) das Kalifat per Gesetz Nr.431 abgeschafft. Mit der Absetzung des letzten Kalifen Abdülmecid wurde die jahrhundertealte Personalunion von Sultan und Kalif beendet. „Der Sultan in seiner Eigenschaft als Kalif", so hieß es noch in der 1878 verabschiedeten Verfassung des Osmanischen Reiches, „ist der Schutzherr für die muslimische Religion". Nur eine Woche später wurden die Scharia-Gerichte und damit die islamische Rechtsordnung aufgelöst. Zum Schluss wurde am 10. April 1928 in der Türkei der Islam als Staatsreligion aus der Verfassung gestrichen. Insbesondere die Abschaffung des Kalifats löste in der gesamten islamischen Welt einen regelrechten Schock aus. Der Kalif war schließlich der „Nachfolger" (des Propheten Mohammed), eben der „Stellvertreter des Gesandten Gottes". Mit ihm wurde eine islamische Regierungsform dargestellt, in der die weltliche und die geistliche Führerschaft in der Person des Kalifen vereint war. Ein theokratisches Modell, das bereits zu Lebzeiten des Propheten in dessen Staat in Medina praktiziert wurde, war nun abgeschafft worden – welche Schmach, welche Schande.

**Die Idee der Kalifat-Wiedererrichtung –
aufgegriffen vom Dschihadterrorismus**

Nach dem Untergang des osmanischen Kalifats gab es in den ersten Jahren immer wieder Bestrebungen, das Kalifat zu beleben. Doch konnten sich auf einer internationalen Kalifatskonferenz, zu der Gelehrte der Azhar-Universität in Kairo 1928 eingeladen hatten, die Teilnehmer nicht mehr über den „staatsrechtlichen Charakter des Kalifats" einigen. Dennoch wurde der Kalifatsgedanke nie ganz ausgelöscht. So wurde in Ägypten unter der Führung des Lehrers Hassan al-Banna (1905 – 1949) die Gesellschaft der Muslimbrüder (jamiyat al-ikhwan al-muslimin) mit dem Ziel gegründet, den hegemonialen Ansprüchen europäischer Kolonialherren und den säkularistischen Tendenzen nach türkischem Vorbild islamische Moralvorstellungen entgegenzusetzen. Nur die Rückkehr zum wahren Islam könne den Unerträglichkeiten und Demütigungen für Muslime ein Ende bereiten und die islamische Ordnung neu etablieren. Die Allgemeine Ordnung der Muslimbrüder sah die Errichtung des Islamischen Staates vor, bis zum heutigen Tage. Von der Muslimbruderschaft spaltete sich nach dem Ersten Arabisch-Israelischen Krieg die 1953 von Exil-Palästinensern in Jordanien (Ostjerusalem) gegründete Hizb ut-Tahrir (HuT), die „Partei der Islamischen Befreiung" ab, die sich ebenfalls (bis heute) für die Wiedererrichtung des Kalifats einsetzte. Nicht zuletzt nahm der wahhabitische Saudi Osama bin Laden (1957 – 2011) als Kriegsfreiwilliger zum Ende des Afghanistankrieges 1988/89 die Idee, ein Kalifat zu errichten, wieder auf. Der Begründer der al-Qaida al-Dschihad, der „Basis des Heiligen Krieges", ließ Jahre später als Gast der Taliban in deren Emirat Afghanistan (1996 – 2001) in paramilitärischen Camps Tausende junger Muslime nach dem al-Qaida-Handbuch „Militärische Studien des Dschihad im Kampf gegen die Tyrannen" ausbilden. In der Einleitung dieses Terroristen-Handbuches hieß es u.a.: „Nach dem Fall unserer orthodoxen Kalifate am 3. März 1924 wurde unsere islamische Nation mit abtrünnigen Herrschern geschlagen … Diese … haben begonnen, das Wesen der islamischen Nation zu zerbrechen …" In der 1. Lektion des Handbuches hieß es vor dem Hintergrund vorgenannter Schmach dementsprechend: „Die wichtigste Mission der Militärorganisation ist der Sturz der gottlosen Regime und ihre Ersetzung durch ein Islamisches Regime". Dieses Ziel verfolgte die al-Qaida über zwanzig Jahre auf vielen Schauplätzen des Dschihad, ohne es jedoch realisieren zu können. Erst auf dem heutigen Dschihad-Schauplatz Irak wurde aus der Idee, das Kalifat wieder zu errichten, eine Realität. So schockiert die Welt des Islam 1924 über die Abschaffung des Kalifats war, so erstaunt war sie nun 2014, als das Kalifat wieder ausgerufen wurde – von Dschihadisten. Diese sprachen sowohl den saudischen Sunniten als auch den schiitischen Iranern nicht nur den Anspruch ab, die jeweils einzigen wahren Nachfolger des Propheten zu sein, sondern machten ihnen auch die Vorherrschaft, beginnend im Irak und in Syrien, streitig. Vor diesem Hintergrund waren die Begründer des neuen Kalifats für die etablierte arabisch-islamische Welt eben al-irhabiyyun – „die Terroristen".

Warnungen vor Kulturkrieg und Weltunordnung – die frühen Mahner

Nach dem Ende des Kalten Krieges sahen einige Politikwissenschaftler statt eines harmonischen Zusammenwachsens in einer zunehmend vernetzten Welt neue Konflikte globalen Ausmaßes entstehen. Als „Krieg der Zivilisationen" beschrieb der gebürtige Syrer Bassam Tibi 1995 die „Politisierung ethnischer Konfliktpotenziale, die den Ost-West-Konflikt ablösen und in der Folge von unterschiedlichen Kulturen in Kriegen ausgetragen werden". Schon zwei Jahre zuvor ging sein US-amerikanischer Kollege Samuel Phillips Huntington (1927 – 2008) in seinem Essay „Der Zusammenprall der Zivilisationen?" (Foreign Affairs, 1993) der Frage nach, ob es einen Kampf der Kulturen (The Clash of Zivilizations?) gebe. Huntington nannte diese Auseinandersetzungen „Bruchlinienkonflikte" bzw. „Bruchlinienkriege", wenn die Konflikte gewaltsam geworden waren. Der erste Krieg dieser Art war der sowjetisch-afghanische Krieg (1979 – 1989). Weltpolitisch gesehen war das zu dar al-Islam (Gebiet des Islam) gehörende Afghanistan zum finalen Schauplatz des Kalten Krieges geworden. Mit dem Sieg seiner „Gotteskrieger" (Mudschaheddin) über die Gottlosen aus dem sowjetischen „Gebiet des Krieges" (dar al-Harb) fand in der Folge eine bis dahin mehr oder weniger verlässliche Sicherheitsarchitektur der bis zu diesem Zeitpunkt gültigen bipolaren Weltordnung ihr Ende. Ein halbes Jahrzehnt nach diesem ersten Bruchlinienkrieg und seinen sicherheitspolitischen Folgen veröffentlichte Samuel P. Huntington 1996 sein Buch „Kampf der Kulturen – Die Neugestaltung der Weltpolitik im 21. Jahrhundert", das in 26 Sprachen übersetzt weltweit Aufsehen erregte. Ob seiner These, dass nach dem Ende der Blockkonfrontation nicht mehr Ideologien, sondern Kulturen, so die islamische und die westliche, aufeinandertreffen, ern-

Als „Krieg der Zivilisationen" beschrieb der gebürtige Syrer Bassam Tibi 1995 die „Politisierung ethnischer Konfliktpotenziale, die den Ost-West-Konflikt ablösen und in der Folge von unterschiedlichen Kulturen in Kriegen ausgetragen werden".

tete er auch massive Kritik. „Ein globaler Krieg unter Beteiligung der Kernstaaten der großen Kulturkreise der Welt", so Huntington, „ist höchst unwahrscheinlich, aber nicht unmöglich. Entstehen könnte ein solcher Krieg ... aus der Eskalation eines Bruchlinienkrieges zwischen Gruppen aus verschiedenen Kulturen, am wahrscheinlichsten unter Beteiligung von Muslimen auf der einen Seite und Nichtmuslimen auf der anderen …"

US-geführte Operationen am Hindukusch und in Nahost – Wegbereiter einer Islamistischen Internationalen

Am Hindukusch war in den 1980er Jahren ein Bruchlinienkrieg eskaliert. Ende 1979 waren sowjetrussische „Ungläubige" in die afghanische dar al-Islam einmarschiert. Für die UdSSR wurde der folgende Krieg zur größten militärischen Operation seit dem Zweiten Weltkrieg. Für die afghanischen Glaubenskämpfer, auf deren Seite in zehn Jahren Krieg rund 35.000 von Muslimbruderschaft, World Muslim League und Palestinian Islamic Radicals motivierte „ausländische Kämpfer" (Foreign Fighters) aus 43 islamischen Ländern standen, wurde der Verteidigungsdschihad zur „Mutter aller heiligen Kriege" der Neuzeit. Diesem Bruchlinienkrieg folgte ein mehrjähriger Bürgerkrieg, aus dem die radikalislamischen Taliban als Siegermacht hervorgingen, die Afghanistan 1997 zum Islamischen Emirat und damit zum „Modell für die gesamte islamische Welt" erklärten. Dieser „Gottesstaat" wurde für die al-Qaida zum sicheren Hafen, war ihr Begründer doch von 1995 bis 2001 Gast des Taliban-Führers Mohammed Omar (1950 – 2013). In ihren paramilitärischen Anlagen wurden mindestens 20.000 (bis 70.000?) junge Muslime mit dem Ziel beschult, den Dschihad in deren Heimatregionen von Zentralasien über den Kaukasus und Nahost bis nach Nord- und Ostafrika zu tragen und gegen die dortigen Tyrannen zu führen. Bin Ladens territorial ungebundener Dschihad gegen den „internationalen Unglauben" (al-Kufr al-Alami) kulminierte mit den 9/11-Terroranschlägen gegen die USA.

Operation Enduring Freedom in Afghanistan (2001 – 2014)

Für die USA begann in der Folge ein Global War on Terrorism, in dessen Rahmen die militärische Großoperation Enduring Freedom (OEF) stattfand, an der sich rund 70 Nationen beteiligten. Schon am 7. Oktober 2001 begann die US-geführte OEF in Afghanistan gegen Terroristen und Taliban, auf deren Seite 12.000 Foreign Fighters aus über 40 muslimischen Ländern, auch 2.000 al-Qaida-Dschihadisten standen. Mit der Taliban-Kapitulation nur acht Wochen später war am 5. Dezember die weltweit reaktionärste Klerikaldiktatur beendet. Um die Region sicherer zu machen und damit zu stabilisieren, wurde wenig später eine UN-Schutztruppe, die International Security Assistance Force (ISAF), geschaffen, die bis zum 31. Dezember 2014 in Afghanistan bleiben sollte. Anders als erhofft, hatte ihr Einsatz über 13 Jahre kein sicheres Umfeld entstehen lassen. Nach einer Studie an der US-amerikanischen Brown-Universität zu den Kosten des Krieges forderte der Anti-Terror-Krieg zwischen 2001 und 2014 allein in Afghanistan über 90.000 Menschenleben. Ob dieser Opferzahlen wertete Hamid Karsai, Afghanistans Präsident bis 2014, den NATO-Kampfeinsatz gegen Terrorismus, Extremismus und Radikalismus als Misserfolg: „Inzwischen stellt nicht nur das Terror-Netz al-Qaida, sondern auch die Terror-Miliz IS eine Bedrohung dar". Afghanistan war noch gefährlicher geworden, trotz der internationalen Unterstützungsmission „Resolute Support", die am 1. Januar 2015 die OEF abgelöst hatte.

ISAF-Einsatz der Bundeswehr in Afghanistan

Operation Iraqi Freedom im Irak (2003 – 2010)

Als am 20. März 2003 die US-geführte Koalitionsoffensive Operation Iraqi Freedom (OIF) am Golf begann, war sich die Weltgemeinschaft der Muslime in der Verurteilung dieser militärischen Intervention einig. Mit der Eroberung Bagdads, dem Sturz Saddam Husseins (1937 – 2005) und der Kapitulation seiner Armee erklärte US-Präsident George W. Bush am 1. Mai 2003 den Krieg für beendet. Es folgte nun ein Krieg nach dem Kriege, der sich nicht nur gegen die westlichen Besatzungstruppen richtete. Kriegshandlungen und Gewaltkriminalität verschiedener irakischer Gruppen untereinander sowie Geiselnahmen und Terroranschläge ausländischer Dschihadisten ließen ihn zum Bürgerkrieg werden. Einen nicht unerheblichen Teil trug dazu ein Foreign Fighter der al-Qaida bei. Vom ersten Kriegsjahr an beteiligte sich der palästinensische Jordanier Abu Mussab al-Zarqawi (1966 – 2006) mit seinen Kämpfern am Dschihad gegen die Besatzer und andere „Feinde des Islam", zu denen er insbesondere die „Schiiten als Abtrünnige vom wahren Glauben" zählte. Der Emir der al-Qaida im Irak, Statthalter bin Ladens in Mesopotamien, entwickelte ein auf Terroranschlägen basierendes Kriegskonzept gegen die „schiitischen Schlangen". Wegen des provozierten innerislamischen Religionskrieges überwarf sich Zarqawi mit der Qaida-Führung. Doch wurde er ob dieser Kompromisslosigkeit zum geachteten Vordenker und Wegbereiter des neuen Kalifats. Noch in seinem

Todesjahr 2006 wurde seine dschihadistische Kampfgruppe in „Islamischer Staat im Irak" (ISI) umbenannt. Sie war noch immer virulent, als US-Präsident Barack Obama am 31. August 2010 die OIF für beendet erklärte. Zur über siebenjährigen Bilanz dieses Golfkrieges gehörten auch über 105.000 tote irakische Zivilisten. Deren überwältigende Mehrheit war Opfer schiitischer und sunnitischer Todesmilizen oder starb durch über 2.000 Terroranschläge islamistischer Extremisten und Dschihadterroristen. Vor dem Krieg waren zwei Millionen Iraker ins Ausland geflüchtet, die Anzahl der Binnenflüchtlinge lag bei 1,8 Millionen. Auch Nordafrikaner hatten im Irak gekämpft. Als sich in ihren Heimatregionen 2010/2011 der Beginn einer Arabellion abzuzeichnen begann, traf diese auf eine arabisch-muslimische Welt, in der über den Zeitraum zweier Dekaden ein von Afghanistan-Kriegsveteranen begründeter regionaler militant-muslimischer Untergrund und ein globaler Dschihadterrorismus entstanden und zu einer Art „Islamistischen Internationalen" gewachsen war. Wegen ihrer professionellen Gewaltbereitschaft und -anwendung sollte diese zum eigentlichen Profiteur der kommenden Arabellion werden.

Lead Nation der Islamistischen Internationalen
Das neue Kalifat für den neuen sunnitisch-islamischen Menschen

Nach dem Abzug der US-Kampftruppen im Irak nahmen die Spannungen zwischen der schiitisch dominierten Regierung und dem sunnitischen Bevölkerungsteil zu, schlugen im Dezember 2012 in offene Proteste und schließlich gewaltsame Auseinandersetzungen um, an denen auch der ISI, seit 2010 vom sunnitischen Iraker Abu Bakr al-Baghdadi geführt, terroristisch beteiligt war. Mit dem durch die Arabellion ausgelösten Bürgerkrieg in Syrien fand sein ISI einen weiteren Kampfschauplatz, der diesen nun als Islamischer Staat im Irak und Syrien (ISIS) noch stärker werden ließ. So erstarkt begann der ISIS von Syrien aus im Juni 2014 mit einem Feldzug gegen Bagdad. Ob dieser Bedrohung rief das religiöse Oberhaupt der Schiiten im Irak, Großayatollah Ali al-Sistani, zum „Kampf gegen die sunnitischen Extremisten" auf. Diese hatten kurz danach im eroberten Mossul ein neues Kalifat deklariert, einen Islamischen Staat für alle sunnitischen Muslime. Zur vormodernen Weltsicht dieses dschihadistisch-salafistischen Gottesstaates gehört die religiös-politische Lehre, einen neuen sunnitisch-islamischen Menschen zu schaffen. Ein Lehrplan-Büro gibt die entsprechenden Bildungsinhalte (Scharia-Wissenschaft) vor, ein IS-Bildungsministerium (Diwan des Wissens) sucht die-

Zur vormodernen Weltsicht dieses dschihadistisch-salafistischen Gottesstaates gehört die religiös-politische Lehre, einen neuen sunnitisch-islamischen Menschen zu schaffen.

se im Kalifatsgebiet umzusetzen. Ob im totalitären IS dadurch das Denken einer jungen Muslimgeneration monopolisiert werden kann, ist so ungewiss wie der Umgang mit Gläubigen anderer Buchreligionen wie Christen und Juden. Gewiss hingegen ist, dass die IS-eigene Theologie andere Spielarten des Islam, die nach der ersten Spaltung (Schia) in den vergangenen 1.355 Jahren entstanden sind, im sunnitischen Kalifat nicht vorsieht. Neben diesen „Abtrünnigen" zählt die IS-Exekutive auch Andersgläubige, Andersdenkende zu den todeswürdigen „Ungläubigen". Vor diesem Hintergrund ist die Grausamkeit (Enthauptungen, Kreuzigungen, Verbrennungen, Leichenverstümmelungen) zum überlegten Kalkül und Bestandteil der Internetpropaganda geworden. Zur psychologischen Kriegführung gehört auch die „Strategie der kulturellen Säuberungen", die Zerstörung vor- und nichtislamischer Kulturgüter/-stätten des Alten Orients – von Ninive im Irak bis Palmyra in Syrien. Zur „Neugestaltung" des polyglotten nahöstlichen Kulturraumes für den neuen sunnitisch-islamischen Menschen rief nach der Kalifatsproklamation der alte ISIS-Führer und nun neue Kalif Ibrahim auf: „Muslime, eilt in euren Staat ... Das ist mein Rat für Euch. Wenn ihr ihm folgt, werdet ihr Rom erobern und Herren der Welt werden durch den Willen Allahs". Dem Ruf, der auf Arabisch, Englisch, Russisch, Französisch und Deutsch veröffentlicht wurde, folgten zigtausende Foreign Fighters aus mittlerweile 90 Ländern aller fünf Kontinente. In die Bürgerkriegsregion Syrien/Irak sind seit 2012 wohl über 6.000 Dschihad-Freiwillige aus Europa, Tausende aus Russland/Tschetschenien und Zentralasien und fast 15.000 oder mehr aus der arabischen Welt gekommen.

Fahne des sog. IS

Vom „Arabischen Frühling" zum „Islamischen Winter"
Die Arabellion als Wegbereiter einer neuen Welt-Unordnung

Die Potentaten in der arabischen Staatenwelt galten bis vor 2011 als sehr stabil. Doch als sich am 17. Dezember 2010 in Tunesien ein Gemüsehändler und Familienvater in wirtschaftlicher Not vor einem öffentlichen Gebäude in der Kleinstadt Sidi Bouzid aus Protest verbrannte, säte er revolutionären Wind, der zum Sturm der Arabellion wurde. Nach Massenprotesten in Tunesien gegen steigende Lebensmittelpreise, hohe Arbeitslosigkeit, schlechte Zukunftschancen und Polizeiwillkür kam es zu Protesten für Freiheit und Brot in fast allen Ländern Nordafrikas und des Nahen Ostens. Im Januar 2011 begann dieser „Arabische Frühling" in Algerien, Jordanien, Ägypten, Jemen, Saudi-Arabien und Sudan; im Februar in Bahrain, Libyen, Oman und Dschibuti, Kuwait,

Marokko, Irak, Mauretanien und Libanon. Nach den palästinensischen Gebieten erfasste die Arabellion Mitte März schließlich Syrien. Das Aufbegehren nutzend löste in den darauffolgenden Jahren die religiöse Gewaltideologie des IS in der arabischen Welt eine, so der Nahostexperte Martin Gehlen, „regionale Kernschmelze" aus.

Tunesien – von der Jasminrevolution zum Ausnahmezustand

Als einzigem Land in der arabischen Welt gelang es Tunesien, die Proteste (Jasminrevolution) in eine Demokratisierung zu überführen. Die ersten freien Wahlen zu einer verfassungsgebenden Versammlung fanden am 23. Oktober 2011 statt, aus denen die islamistische Partei Ennanda als stärkste Kraft hervorging. Nach einem schwierigen nationalen Dialog der politischen Kräfte wurde im Januar 2015 erstmals der Präsident frei gewählt und einen Monat später die neue Verfassung verabschiedet, die Glaubens- und Gewissensfreiheit sowie die Gleichstellung von Mann und Frau garantierte. Tunesien galt damit als Vorbild für die Region, war als Hoffnungsträger aber zugleich auch bedroht – von radikalen Islamisten (Dschihadisten-Netzwerken) im eigenen Land und durch den Staatszerfall im Nachbarland Libyen. So hatten sich zwei Millionen Libyer vor der Anarchie in ihrer Heimat in Tunesien in Sicherheit gebracht. In der Grenzregion zu Algerien hatte sich eine kleine, aber hochgefährliche al-Qaida-Szene angesiedelt. Unterstützt wurde diese von der tunesischen Ansar al-Scharia, im Zuge der Revolution im April 2011 gegründet und 2013 als Terrorgruppe verboten. Vor diesem Hintergrund kam es nur drei Monate nach der Präsidentenwahl am 18. März 2015 zu einem Terroranschlag in der Hauptstadt, bei dem erstmals seit 2002 (al-Qaida-Anschlag auf die Al-Ghriba-Synagoge auf Djerba, 21 Tote) wieder Touristen zum Terrorziel wurden. Vor dem Bardo-Museum in Tunis eröffneten IS-Dschihadisten das Feuer auf vornehmlich ausländische Museumsbesucher und töteten insgesamt 23 Touristen. Nach dem Bardo-Attentat fürchtete das Land um seine wichtigste Einnahmequelle – den Tourismus. Diesen traf der IS wenige Monate später noch härter. Am 26. Juni schoss in der Urlaubsmetropole Sousse ein Dschihadist am Strand des Hotels Imperial Marhaba auf westliche Gäste, tötete 38 ausländische Urlauber. In der Folge verließen Tausende von ihnen Tunesien, dessen Präsident gut eine Woche nach dem Terrorakt den Ausnahmezustand über das Land verhängte. Schätzungen zufolge haben sich in den vergangenen Jahren 3.000 junge Tunesier dem ISIS/IS angeschlossen, über 9.000 wurden bisher an der Ausreise gehindert, bis zu 500 sind zurückgekehrt, mindestens 170 im Kampfgebiet gestorben.

Als einzigem Land in der arabischen Welt gelang es Tunesien, die Proteste (Jasminrevolution) in eine Demokratisierung zu überführen.

Libyen – Dschihadisten als Profiteure des Staatszerfalls

Vier Jahrzehnte sicherte sich Libyens Langzeitherrscher Muammar al-Gaddafi (1942-2011) seine Macht durch skrupellose Gewalt. Mit den Islamisten stritt er, die Fundamentalisten rottete er weitgehend aus. Die Überlebenden beteiligten sich am Aufstand gegen ihn, der am 15. Februar 2011 begann. Vier Wochen später griff auch die NATO in den Krieg gegen den Diktator ein, der am 20.

Oktober getötet wurde. Die Menge seiner bei NATO-Angriffen unbeschädigt gebliebenen Waffenbestände wurde auf weit über 100.000 Tonnen geschätzt. In der Folge wurde Libyen zur Drehscheibe des illegalen Waffenhandels (schultergestützte Boden-Luft-Raketen u.a.) in Afrika. Die UNO verhängte ein Waffenembargo. Nach dem Sturz Gaddafis begann der Kampf um die Vorherrschaft um Städte und Regionen, Einfluss und Einnahmen, an dem sich bis heute rund 150 Stämme und 200 Milizen, darunter auch militante Islamisten (z.B. libysche Ansar al-Scharia) und darüber hinaus ausländische Dschihadisten (heute mehr als 5.000) beteiligen. Die Auseinandersetzungen zwischen Islamisten und gemäßigten Kräften haben Bürgerkriegsdimensionen und das Land in Chaos und Anarchie gestürzt. Vier Jahre nach dem Tod des Diktators ist Libyen ein zerfallenes Land, in dem zwei Premierminister (mit zwei Parlamenten und zwei Armeen) um die Macht streiten. Im Osten des Landes hat die nach Tobruk geflohene alte, von der internationalen Gemeinschaft anerkannte Regierung ihren Sitz. Im Westen des Landes regiert mit den Verbänden der „Libyschen Morgenröte" eine von der Muslimbruderschaft unterstützte illegitime islamistische Gegenregierung in Tripolis. Friedensverhandlungen der UN scheiterten bisher. Nutzer des Machtvakuums sind Dschihadisten, insbesondere die um Expansion bemühten IS-Kämpfer. Im Oktober 2014 erklärten diese die eingenommene Hafenstadt Darna zum Zentrum der IS-Provinz Barm (Cyrenaika), die sie wieder an lokale Mudschaheddin verlor. Dafür brachten sie im Februar 2015 weite Teile der Hafenstadt Sirte, im Mai die gesamte Stadt unter ihre Kontrolle. Nach der Niederschlagung letzter Widerstände renitenter Stämme im August ist Sirte dabei, Hauptstadt des IS in Libyen und im Zusammenwirken mit anderen salafistischen Milizen zur neuen Terrorzentrale des Maghreb zu werden. Bis zu 5000 Kämpfer soll der IS inzwischen in Libyen haben.

Ägypten – ein Militärregime und sein Feldzug gegen den Terror

Fast 30 Jahre war Mohammed Hosni Mubarak an der Macht, als die Ägypter am 25. Januar 2011 insbesondere in Kairo gegen das Regime ihres Präsidenten demonstrierten. Angesichts der Massenproteste trat dieser am 11. Februar zurück, wurde in der Folge vor Gericht gestellt, 2012 zu lebenslanger Haft verurteilt und nach einem Revisionsverfahren 2014 freigesprochen. Zu seinem Nachfolger wurde am 30. Juni 2012 der Muslimbruder Mohammed Mursi frei gewählt und nach Massenprotesten gegen seine Politik durch einen Militärputsch am 3. Juli 2013 gestürzt und inhaftiert. Mit Gewalt war damit das einjährige Experiment einer islamistischen Regierung beendet worden. Machtinhaber war nun wieder das Militär, das seinen Feldmarschall Abdel Fattah al-Sisi im Juni 2014 zum Präsidenten machte. Das von Saudi-Arabien und den VAE unterstützte Militärregime erließ seither 300 Gesetze per Dekret, nicht wenige davon schränken Grundrechte der Bürger ein. Bei Protesten wurden bis heute über 2.500 Menschen getötet, mehr als 40.000 kamen aus politischen Gründen in Haft. Schon im September 2013 war die Muslimbruderschaft verboten und Ende Dezember als Terrororganisation eingestuft worden. Knapp zwei Jahre nach seinem Sturz wurde Ägyptens Ex-Präsident von einem Gericht in Kairo im Mai 2015 wegen Verschwörung zum Tode verurteilt. Im Juni wurde das Todesurteil bestätigt. Darüber hinaus wurde Mursi wegen Spionage zu lebenslanger Haft verurteilt. Zeitparallel hatten im Lande die Terroranschläge zugenommen. Mit der im Februar 2011 gegründeten Gruppe Ansar Bait al-Maqdis (Unterstützer des „Heiligen Hauses", gemeint ist Jerusalem) hatten im Norden der Halbinsel Sinai Dschihadisten Fuß gefasst und sich Mitte November 2014 offiziell dem IS angeschlossen. Richteten sie anfangs ihre Terroraktionen vornehmlich gegen Israel, wurde nach dem Sturz Mursis das ägyptische Kernland zum Ziel. So wurde Ende Juni 2015 in Kairo der Generalstaatsanwalt durch ein Bombenattentat getötet. Anfang Juli überfielen die „Löwen des Kalifats" auf dem Sinai simultan 15 Militärposten. Zehn Tage später wurde auf das italienische Konsulat in Kairo ein Bombenattentat verübt. Nicht nur der IS auf dem Sinai, auch der IS in Libyen sucht Ägypten zu provozieren (im Februar 2015 mit einem Hinrichtungsvideo ägyptischer Gastarbeiter in Sirte) und in die direkte Konfrontation in den Krieg hineinzuziehen. Gegen diesen Dschihadterrorismus hat das Militärregime mit einem Feldzug begonnen. Mitte August setzte Präsident al-Sisi ein Anti-Terror-Gesetz in Kraft, das den Sicherheitskräften noch mehr Befugnisse gibt.

Syriens Nachbarn im Sog des Bürgerkrieges

Mitte März 2011 hatte die von Nordafrika kommende Arabellion Syrien erreicht. Aus kleinen Protesten wurden Massenproteste, bewaffnete Aktionen eskalierten zum militärischen Kampf gegen das autoritäre Regime Baschar al-Assads. Heute sind Hunderte von Widerstandsgruppen, vom säkularen Dachverband der Freien Syrischen Armee (FSA) bis zu diversen dschihadistisch-salafistischen Rebellengruppen, in einen mörderischen Bürgerkrieg involviert, der durch die Teilnahme von IS-Milizen des 2014 im Irak proklamierten Kalifats noch an Schärfe zunahm. Zur Bilanz des begonnenen fünften Bürgerkriegsjahres zählen rund 250.000 Tote. Große Teile des Landes sind zerstört, Gesundheits- und Bildungswesen sind zusammengebrochen. Die Hälfte der Bevölkerung (23 Millionen) ist auf der Flucht. Weit über sieben Millionen Syrer irren im eigenen Land umher, fast fünf Millionen sind ins Ausland, vornehmlich in die Nachbarstaaten geflüchtet, die sich mit zunehmender Länge des Krieges dem Sog der Gewalt nicht entziehen können.

Diese Schrecken kennt auch der Libanon (4,5 Millionen Einwohner) durch seine eigene Geschichte (Bürgerkrieg von 1975 – 1990). Seit 2011 hat das Land über 1,2 Millionen Flüchtlinge aus Syrien aufgenommen, was etwa einem Viertel der Bevölkerung entspricht. Damit ist, so das Londoner Strategieinstitut IISS im September, der bisher überwiegend von Schiiten bewohnte Libanon zu einem mehrheitlich sunnitischen Land geworden. Die Schiiten sehen sich insbesondere durch den IS bedroht, dessen Dschihadisten im August 2014 schon libanesische Sicherheitskräfte angriffen. Vor dem Hintergrund dieser Bedrohung werde die das Assad-Regime unterstützende Hisbollah, so ihr Generalsekretär Hassan Nasrallah im Mai 2015, künftig überall in Syrien eingreifen, wo es nötig ist.

Im Königreich Jordanien (6,5 Millionen Einwohner) billigten nicht alle Untertanen den Kriegskurs ihres Monarchen, der sich im September 2014 der US-geführten Anti-IS-Allianz anschloss. Bei einem Teil der Bevölkerung genoss der IS zumindest Sympathie, und mit 2.000 bis 2.500 Kämpfern stellt Jordanien im IS das drittgrößte arabische Ausländerkontingent. Nicht zuletzt werden über 630.000 geflüchtete Syrer, von denen 170.000 in der Hauptstadt Amman leben, zur Last. Bei seinen Luftschlägen gegen den IS stürzte am 24. Dezember 2014 ein Kampfflugzeug über Syrien ab, dessen Pilot Moaz al-Kasasba überlebte. In einem Käfig wurde dieser Gefangene bei lebendigem Leib verbrannt, als Video vom IS am 3. Februar 2015 ins Internet gestellt. In seiner Heimat demonstrierten nun Tausende gegen den IS, bekundeten Solidarität mit dem Clan des Ermordeten, der zu einem großen und einflussreichen Stamm gehört, der wichtiger Rückhalt des Königs ist. Zeitgleich griff die jordanische Luftwaffe erneut IS-Positionen an. Ob dieser Vergeltungsschläge befürchtet Amman größere Terrorattentate.

In der Folge ist auch der kurdische Südosten der Türkei wieder zum Kampfgebiet geworden. Die Gewalt könnte auf Istanbul und andere westtürkische Metropolen übergreifen. Die Gefahr eines Bürgerkrieges ist nicht auszuschließen.

Mit IS-Anschlägen muss auch die Türkei rechnen, nachdem sich Ende August das NATO-Land erstmals mit Kampfflugzeugen an den Luftschlägen der US-geführten internationalen Militärallianz beteiligte. Auch gehen seit der IS-

Kriegserklärung türkische Truppen verstärkt gegen Foreign Fighters vor, die über die Landesgrenze in das Kalifat in Syrien wollen. Aus diesem Bürgerkriegsland hat die Türkei seit 2011 fast zwei Millionen Flüchtlinge aufgenommen. Aus Sicht Ankaras ist der IS, für den auch 700 bis mehrere 1.000 Türken kämpfen, nicht das einzige Problem, hat doch im nordsyrischen Grenzbereich die kurdische Unionspartei (PYD) größere Gebiete unter ihre Kontrolle gebracht, aus denen einmal ein eigener Kurdenstaat entstehen könnte. Problem ist auch der Grenzbereich zum Irak, wo die Arbeiterpartei Kurdistans (PKK) – zum Leidwesen der Regionalregierung der irakischen Kurden (KRG) – in deren autonomen Zone ihr Hauptquartier hat. Nach der Aufkündigung des Friedensprozesses mit der Kurdenguerilla durch Staatspräsident Erdogan Ende Juli 2015 fliegt die türkische Luftwaffe wieder Einsätze gegen die PKK im Nordirak. In der Folge ist auch der kurdische Südosten der Türkei wieder zum Kampfgebiet geworden. Die Gewalt könnte auf Istanbul und andere westtürkische Metropolen übergreifen. Die Gefahr eines Bürgerkrieges ist nicht auszuschließen.

Der Jemen und die Golfmonarchien – „Arabia Felix" im Bürgerkrieg

„Arabia Felix" (Glückliches Arabien) hieß in der Antike der Süden der Arabischen Halbinsel. Heute ist der Jemen (24 Millionen Einwohner) ein politisch zerrüttetes Land, in dem Stammeskonflikte schon immer die Zentralgewalt schwächten. Die Zunahme religiöser Spannungen zwischen Zaiditen, einer alten schiitischen Splittergruppe und den Sunniten, aber auch die Niederlassung und Einflussnahme der al-Qaida auf der Arabischen Halbinsel (AQAH) und anderer Dschihadisten trugen zur Destabilisierung des Landes bei. Feste Größe trotz aller Unabhängigkeitsbestrebungen war über 34 Jahre der Dauerdiktator Ali Abdullah Saleh, bis auch den Jemen 2011 die Arabellion ereilte. Nach Massenprotesten in der Hauptstadt Saana trat der Schiit Saleh zurück, gab 2012 die Macht an seinen Vize Abed Rabbo Mansur Hadi ab, einem Sunniten. Schon seit 2004 kämpfte die im Nordjemen beheimatete schiitische Huthi-Bewegung gegen die Zentralregierung. Nach Jahren beherrschte sie den Nordwesten des Landes und bekämpfte ab 2009 zusätzlich auch die sunnitische AQAH. Mit der Arabellion eskalierten die Auseinandersetzungen, an denen sich auf Seiten der Huthis Ex-Präsident Saleh beteiligte. Am 21. September 2014 besetzten die Huthis die Hauptstadt. In der Folge floh Präsident Hadi in die Hafenstadt Aden, später nach Saudi-Arabien, wo er um Hilfe nachsuchte. Das Königreich kam dem nach, zusammen mit neun Alliierten (Kuwait, Katar, VAE, Bahrain, Jordanien, Ägypten, Sudan, Marokko und Pakistan). Im Februar/ März 2015 begann diese bisher größte sunnitische Militärallianz mit der gemeinsamen „Operation Entscheidungssturm" mit einem Luftkrieg gegen die schiitischen Huthi-Rebellen, aus ihrer Sicht die „Fünfte Kolonne des Iran". Das Kriegsziel, den vertriebenen Präsidenten Hadi wieder an die Macht zu bomben, wurde durch weit über 2.000 Luftschläge in fünf Monaten nicht erreicht. Vor diesem Hintergrund schickte die Golf-Koalition auch Bodentruppen. Zur panarabischen Streitmacht gehörten Mitte September schon 10.000 ausländische Soldaten aus Saudi-Arabien, Katar, Ägypten und dem Sudan, die die Hauptstadt zurückerobern wollen. In diesem Jahr hat sich der Krieg mit bisher 4.500 Toten, 23.000 Verletzten und 1,5 Millionen Flüchtlingen zu einer nationalen Katastrophe für das jemenitische Volk entwickelt.

Darüber hinaus könnte – nach dem Irak, Syrien und Libyen – die Eskalation des Bürgerkrieges im „Failed State" Jemen zur weiteren Destabilisierung der Region beitragen.

Darüber hinaus könnte – nach dem Irak, Syrien und Libyen – die Eskalation des Bürgerkrieges im „Failed State" Jemen zur weiteren Destabilisierung der Region beitragen. Ist der Konflikt doch auch ein weiterer Stellvertreterkrieg zwischen den Regionalmächten Saudi-Arabien und dem Iran, in dem sich Schiiten und Sunniten gegenüberstehen.

Iran – und die Gefahr eines 30-jährigen Krieges in Nahost

Das sunnitisch-arabische Bündnis wirft dem Iran vor, die schiitischen Rebellen im Jemen zu unterstützen. Diese bestreiten Hilfe aus Teheran, sehen sich vielmehr als Vorkämpfer gegen eine korrupte Regierung. Bis zum Beginn des aus der Arabellion erwachsenen Bürgerkrieges in Syrien war die Islamische Republik eher ein isoliertes Land. Mittlerweile ist die Theokratie (trotz hegemonialer Ansprüche) ein gefragter Partner im Kampf gegen den sunnitischen IS, erst recht nach dem Ende des langjährigen „Atomstreits" mit der internationalen Gemeinschaft und dem Abschluss des Atomabkommens von Wien am 14. Juli 2015. Nur vier Tage nach diesem Atom-Deal machte das geistliche Oberhaupt des Gottesstaates, Ayatollah Ali Chamene´i, deutlich, dass der Iran wegen eigener Interessen die Unterstützung für seine „Freunde in der Region wie die Palästinenser und die Menschen im Jemen, Irak, Libanon, in Syrien und Bahrain" niemals stoppen werde. Hatten doch erst vor wenigen Jahren Saudi-Arabien und die VAE geholfen, Unruhen von Schiiten in Bahrain niederzuschlagen. Nun, im nahöstlichen Bürgerkriegsgeschehen, nimmt der Iran Einfluss auf die schiitisch dominierte Regierung im Irak und leistet dort den gegen das Kalifat kämpfenden Schiiten-Milizen (Asaib Ahl al-Hakk, Hisbollah-Brigaden) militärische Hilfen. In Syrien ist man Präsident Assad im Kampf gegen eine zersplitterte Opposition und islamistische Gruppen unterstützend verbunden. Im Libanon ist der enge Waffenkontakt zur Hisbollah ungebrochen, machte deren Generalsekretär doch deutlich, dass „der IS eine Gefahr wie nie zuvor in der Geschichte darstellt" – was insbesondere für den sich vom Iran über Irak und Syrien bis zum Libanon erstreckenden „schiitischen Halbmond" gilt. Wohl auch vor diesem Hintergrund verstärkte Russland im September seine Präsenz in Syrien und sucht in der IS-Bekämpfung das Gespräch mit dem Westen. Im nahöstlichen Kriegschaos geht es nicht nur um Macht, Einfluss und Vorherrschaft – es geht auch um Religionsfragen. „Ich glaube, der Konflikt wird sich lange hinziehen, vielleicht entsteht daraus sogar ein 30-jähriger Krieg wie damals in Europa", so der renommierte pakistanische Publizist Ahmed Rashid im Dezember 2014. Kein Jahr später hat sich dieser „Konflikt" zur größten humanitären Katastrophe in der jüngeren Geschichte des Nahen Ostens entwickelt. Dessen arabische Welt erlebt den größten Flüchtlingsexodus seit dem Zweiten Weltkrieg, der mittlerweile auch Europa erreicht hat.

Im nahöstlichen Kriegschaos geht es nicht nur um Macht, Einfluss und Vorherrschaft – es geht auch um Religionsfragen.

Zum Autor: Berndt Georg Thamm, Berlin, ist Terrorismusexperte und Fachpublizist mit zahlreichen Veröffentlichungen zur Thematik. Der Autor ist Mitglied der Clausewitz-Gesellschaft e.V.

Anmerkung:

1   Der vorstehende Beitrag ist ein Nachdruck des Mittler-Briefs Nr. 3, 3. Quartal 2015. Wir danken dem Verlag für die freundliche Genehmigung.

Der Putin-Plan in Syrien:
Pax Russica und Lösung im Kampf gegen den IS?

Mehran Zolfagharieh

„Die Zeit ist vorbei, um über die Nachteile des Krieges zu räsonieren. Darüber ist schon alles gesagt worden. Jetzt bleibt nur eines zu tun, das, womit jeder Mensch hätte beginnen sollen: das heißt, nichts zu tun, wozu man nicht sittlich verpflichtet ist."
Lew Nikolajewitsch Graf Tolstoi

Einleitung

Der Bürgerkrieg in Syrien nähert sich dem fünften Jahr. Obwohl von Experten bereits früh vorausgesagt wurde, dass sich der Präsident Syriens, ähnlich der anderen autoritären Machthaber während des Arabischen Frühlings, nicht lange an der Macht halten kann, befindet sich Bashar al-Assad noch immer im Amt. Während die Verbündeten Bashar al-Assads das Regime mit aller Macht am Leben halten wollen, reichen die Folgen des Bürgerkriegs bis nach Europa und wirken sich nicht nur auf die europäische Innenpolitik aus, sondern stellen die Idee und die Struktur der Europäischen Union auf eine harte Probe und in einigen Staaten sogar in Frage. Der erwartete Spill-Over Effekt des Bürgerkriegs, der Flüchtlinge, aber auch des Terrors von Daesh[1], hat somit nicht nur angrenzende Staaten erfasst, sondern auch Europa. Die Europäische Union hat sich von Beginn an auf die Seite der USA gestellt und politisch die Abdankung Präsident al-Assads gefordert. Russland jedoch hat sich auf die Seite des syrischen Präsidenten gestellt und sich als loyaler Verbündeter erwiesen, auch wenn es sich selbst durch diese Haltung in der Frage des Nahen Ostens isoliert hat und anfangs nur auf den zweiten Verbündeten, die Islamische Republik Iran, setzen konnte. Russland verfolgt jedoch dabei nicht nur militärische oder wirtschaftliche Interessen, vielmehr weiß Russland, dass die Stabilität Syriens sowie der Kampf gegen den Terror des Daesh und die Beendigung des Bürgerkriegs in Syrien vital für die Sicherheit Russlands, Europas und des gesamten Nahen Ostens sind. Hierbei setzt Russland nicht auf eine Koalition, wie es die USA tun, sondern auf ein „Bündnis der Gleichgesinnten", die gemeinsam mit Russland, dem Iran und der syrischen Regierung den Kampf gegen Daesh aus der Luft und mit Bodentruppen führen und die nicht als lupenreine Demokratien gelten. Angesichts dieses „Alternativen Anti-IS-Bündnisses" stellt sich die Frage, ob der Plan Putins einer „Pax Russica" in Syrien erfolgreich sein und der Westen sich dieser Strategie anschließen wird. Hierbei ist hervorzuheben, dass sich Russlands Strategie in Syrien mit den Handlungsempfehlungen der Theorie nach Carl von Clausewitz erklären lässt, die in westlichen Strategien – wenn überhaupt – nur noch bedingt Anwendung finden.

In diesem Beitrag soll analysiert werden, inwieweit der putinsche Plan in Syrien erfolgreich sein und wie die Strategie Russlands erklärt werden kann. Hierzu wird zunächst auf Moskaus historischen Einfluss in Syrien eingegangen, wobei das Augenmerk auf die Zusammenarbeit zwischen der UdSSR und Syrien gelegt wird. Daran anschließend wird analysiert, welche wirtschaftlichen und militärischen Interessen Russland in Syrien hat. Im vierten Kapitel wird auf Russlands Haltung im syrischen Bürgerkrieg eingegangen sowie auf die komplizierte Wechselwirkung aus außenpolitischen Prinzipien Russlands und seiner Realpolitik. Kapitel Fünf erklärt die Strategie Russlands in Syrien und versucht, diese anhand der Zweck-Ziel-Mittel-Relation von Carl von Clausewitz darzustellen. Abschließend wird dargelegt, ob die Strategie einer „Pax Russica" das geeignete Mittel im Kampf gegen Daesh darstellt und welche Implikationen der russische Militäreinsatz in Syrien für die westliche Staatengemeinschaft hat.

1. Moskaus Einfluss in Syrien – Ein historischer Überblick

Die Unterstützung Syriens durch Moskau kann auf eine lange Geschichte zurückblicken, insbesondere, da sich Syrien klar von den islamisch geprägten Regierungen und Ideologien anderer arabischer Staaten abgrenzte. Seit dem Putsch General Hafiz al-Assads 1963 regiert in Syrien die säkulare Baath-Partei mit der Losung „Einheit, Freiheit, Sozialismus", die aus säkularen und nationalistischen Vorstellungen junger arabischer Intellektueller entwickelt wurde. Dieser „Baathismus" war nur einer der Gründe, der Syrien zu einem natürlichen Verbündeten der Sowjetunion machte und weshalb sich diese in Syrien engagierte, auch wenn die Ideologien nur wenig miteinander zu tun hatten.[2] Vielmehr war es „der arabische Protest gegen den westlichen Kolonialismus und Imperialismus"[3], der eine Basis schuf. „Das Engagement der UdSSR funktionierte [...][in Syrien] wie auch in der restlichen Welt gleich"[4], denn sie versuchte, ähnlich der USA, durch Waffenlieferungen eine Seite in einem Konflikt zu stärken, um somit ein Abhängigkeitsverhältnis entstehen zu lassen. Eine massive Aufrüstung Syriens erfolgte jedoch erst nach dem Sechstagekrieg 1967 zwischen Israel und seinen arabischen Nachbarn. Die Rüstungsausgaben Syriens wurden dabei von erdölfördernden Ländern wie Saudi-Arabien übernommen. Der Einfluss sowjetischer Militärberater jedoch wurde vom syrischen Militär stets sehr kritisch gesehen. Wurden die Sowjets in Syrien zu stark oder drohte dies, wurden sie ausgewiesen, denn „Syrien sah in der sowjetischen Militärhilfe stets nur den direkten Nutzen für die eigene Sache."[5] Dieses Verhalten Syriens wurde ab 1976 deutlich. Obwohl sich die Sowjetunion in Bezug auf die Lösung der Libanonkrise klar von einem Eingreifen distanzierte, marschierten in der Nacht vom 31. Mai auf den 1. Juni 1976 multinationale Truppen der Arabischen Liga im Libanon ein. Syrien stellte dabei das Hauptkontingent, bestehend aus einer Panzerdivision und einer Brigade. Der damalige sowjetische Premierminister Kossygin wurde bei seinem Besuch in Damaskus am 1. Juni 1976 von Hafiz al-Assad vor vollendete Tatsachen gestellt und die Sowjetunion somit brüskiert. Daraufhin stellte die UdSSR vorübergehend die Waffenlieferungen ein, während die Syrer den Zugang zum Hafen Tartus für die Schiffe des sowjetischen Mittelmeergeschwaders einschränkten.

Am 9. Oktober 1980 schlossen Syrien und die UdSSR einen Vertrag über Freundschaft und Zusammenarbeit. Experten sahen in dem Vertragsschluss einen Einflussverlust der Sowjetunion im Nahen Osten, da sich diese damit zunehmend an Syrien band. Neben der Erlaubnis zur Errichtung einer sowjetischen Marinebasis beinhaltete der Vertrag einen wichtigen Punkt, der auch heute noch aktuell ist, da sich Russland als Rechtsnachfolger der UdSSR sowie Syrien darauf beziehen. Der Vertragspunkt besagt, dass die Sowjetunion in die Ereignisse eingreifen wird, falls eine „Dritte Macht" in Syrien eindringt. Es wurde explizit darauf geachtet, diese dritte Macht nicht konkret zu benennen, denn nicht nur Israel hätte Syrien angreifen können, auch zum Irak hatte Syrien ein sehr angespanntes Verhältnis und stand auf der Seite der Islamischen Republik Iran, mit der im Jahr 2011 ein ähnlicher Vertrag geschlossen wurde[6]. Aufgrund des Vertrages von 1980 rüstete Moskau die syrischen Truppen weiter aus und Syrien stimmte 1981 dem Bau einer Marinebasis zwischen Tartus und Latakia sowie der Stationierung eines Raketen-Luftabwehrregiments – insgesamt ca. 2000 Militärangehörige – auf syrischem Territorium zu. Des Weiteren unterstützte Syrien den Afghanistan-Krieg propagandistisch, was die UdSSR auch politisch weiter an Syrien heranrücken ließ. Nach dem Zusammenbruch der Sowjetunion verlor Syrien jedoch den wichtigsten internationalen Partner, über den 95% aller Waffenlieferungen organisiert wurden und näherte sich zur Kompensation der Islamischen Republik Iran weiter an[7].

2. Die Interessen Russlands in Syrien

In Folge des Zusammenbruchs der Sowjetunion und dem Ende des Kalten Krieges war der Partner Syriens vor allem damit beschäftigt, die eigenen Teilrepubliken an sich zu binden, seinen neuen Platz auf internationaler Ebene zu finden und sich von der gefühlten Niederlage in Form der NATO-Osterweiterung zu erholen. Syrien indessen merkte auch, dass es nur noch von geringem Interesse für den Rechtsnachfolger der UdSSR, Russland, war. Dies wiederum bekam Moskau insbesondere auf politischer Ebene zu spüren, indem Syrien Konferenzen, wie das im Februar 2000 einberufene „Treffen der Multilateralen Steering Group für den Friedensprozess", boykottierte. Trotz kleiner Unstimmigkeiten zwischen Russland und Syrien hatte und hat Russland sowohl wirtschaftlich als auch militärisch ein Interesse an Syrien. Insbesondere russische Energiekonzerne haben ein großes Interesse an Syrien, denn im Oktober 2011 hatte der russische Ölkonzern Tatneft angekündigt, rund 13 Mrd. Dollar in die Erschließung des Ölfeldes „Süd-Kishma" im Gouvernement Deir ez-Zor[8] zu investieren. Auch wenn das Unternehmen die Arbeiten an dem Ölfeld bereits im Dezember 2011 aufgrund der zunehmenden Unruhen wieder einstellte, bleibt es ein wichtiges Projekt für die Zukunft, aufgrund der erwarteten 35 Millionen Barrel Rohöl. Auch die Rüstungsexporte sind als wichtig anzusehen, denn Syrien war in der Vergangenheit ein wichtiger Abnehmer von Rüstungsgütern aus russischer Produktion. Hierbei geht es nicht einzig um Bestandswahrung von alten Rüstungsverträgen, sondern auch um den Abschluss neuer Verträge, denn sollte die gemäßigte Opposition in Syrien oder gar Daesh die Oberhand gewinnen, so wird es zu keinen weiteren Verträgen mit Russland kommen.

Die bereits erwähnte russische Militärbasis bei Tartus ist die einzige Marinebasis Russlands außerhalb des postsowjetischen Raums. Sie wird insbesondere benötigt, um Einsätze im Mittelmeer und am Horn von Afrika durchführen zu können[9]. Bereits im März 2013 wurde der Plan bekannt gegeben, eine permanente russische Marinepräsenz im Mittelmeer aufzubauen. Hierbei ist der Hafen von Tartus ein wichtiger Mosaikstein. Erstens dient er als Versorgungspunkt der russischen Flotte und zweitens ist der Hafen ganzjährig eisfrei, was ihn zu einem wichtigen geostrategischen Stützpunkt macht, da die geplante Flottille in Tartus als Bindeglied zwischen der russischen Nordmeer- und Schwarzmeerflotte dienen sollte[10]. Letztendlich können die materiellen Interessen im wirtschaftlichen und die Interessen im militärischen Bereich die eigentlichen Motive hinter der russischen Syrienpolitik aber nicht abschließend

> *Letztendlich können die materiellen Interessen im wirtschaftlichen und die Interessen im militärischen Bereich die eigentlichen Motive hinter der russischen Syrienpolitik aber nicht abschließend erklären, denn diese betreffen die Prinzipien der internationalen Ordnung, die Machtbalance im Nahen Osten und sicherheitspolitische Risiken für Russland selbst.*

erklären, denn diese betreffen die Prinzipien der internationalen Ordnung, die Machtbalance im Nahen Osten und sicherheitspolitische Risiken für Russland selbst.

3. Die Haltung Russlands im Syrienkonflikt

Seit Beginn des Bürgerkrieges in Syrien hat Russland an seinen außenpolitischen Prinzipien festgehalten und sämtliche Versuche, im Rahmen des UN-Sicherheitsrates Druck auf das Regime Bashar al-Assads auszuüben, vereitelt[11]. Die vermeintliche Haltung Russlands ist die Gleiche, wie die der Islamischen Republik Iran: die Kämpfe in Syrien zwischen dem Regime und den zersplitterten Oppositionsgruppen sind nur inner-syrisch zu lösen, wobei ein möglicher Rücktritt Assads keine Vorbedingung zu sein hat. Ebenso hat sich Russland klar gegenüber der Einmischung durch externe Kräfte positioniert. Diese wird in jedweder Form strikt abgelehnt, egal ob es sich dabei um die Bewaffnung der Opposition, eine militärische Intervention oder lediglich Sanktionen gegen das Regime in Damaskus handelt. Mit dieser Haltung unterstrich Russland das traditionelle Souveränitätsprinzip und beharrte darauf, dass lediglich der UN-Sicherheitsrat über den Einsatz militärischer Mittel zu entscheiden habe[12]. Somit versucht Russland seine Neutralität zu unterstreichen, da die Resolutionsentwürfe im UN-Sicherheitsrat lediglich einseitige Auflagen gegen das Regime in Syrien beinhalteten, nicht jedoch gegenüber den bewaffneten Oppositionsgruppen[13]. Zusätzlich könnte eine Aufweichung dieses traditionellen Souveränitätsprinzips und des Nichteinmischungs-Gebots auch für die Führung in Moskau eine Gefahr darstellen. Das reale Verhalten Russlands wirkt insbesondere auf westliche Beobachter irrational statt rational, sodass eine Neutralität Russlands eher fraglich erscheint. Russland unterstützt das Regime von Bashar al-Assad in vielfältiger Weise. Insbesondere der Legitimationsanspruch des syrischen Regimes wird auf internationaler Bühne immer wieder gestützt und auf das Souveränitätsprinzip hingewiesen, während die oppositionellen Gruppen in Syrien als Fanatiker, Islamisten und Terroristen dargestellt werden, womit ihnen die Schuld am langen Bürgerkrieg und dem Gewaltausbruch gegeben wird[14]. Des Weiteren liefert Moskau Waffen an die syrische Regierung, zum Beispiel Luftabwehrsysteme[15] und Helikopter. Hierbei verweist Russland darauf, dass dies nach internationalem Recht zulässig sei, da der UN-Sicherheitsrat bisher kein Waffenembargo beschlossen hat. Dies scheiterte an einem russischen und chinesischen Veto[16]. Dennoch verweist Moskau darauf, dass seit Mitte 2012 neue Waffenlieferungen nach Syrien suspendiert und erst jetzt wieder aufgenommen wurden. Auch wirtschaftlich sichert Russland das Überleben des Assad-Regimes, indem die russische Staatsdruckerei syrische Banknoten druckt, damit das Regime wichtige Importgüter kaufen und die politische Unterstützung der regimefreundlichen Bevölkerung im Inneren sichern kann. Als Außenstehender kann man daher meinen, dass Russlands Position in Syrien irrational ist, wobei sich die Sturheit Moskaus eher damit erklären lässt, dass die USA und die NATO in der Vergangenheit russische Interessen schlicht ignorierten; hierbei sei lediglich die Causa Gaddafi genannt, die auch in einigen westlichen Staaten als „illegitimer Umsturz auf brüchiger völkerrechtlicher Grundlage"[17] angesehen wird. Russlands Haltung in Syrien lässt sich durch eine vermeintlich prinzipielle außenpolitische Linie erklären. Hierbei „gilt die staatliche Souveränität als höchstes Gut internationaler Politik"[18] und Russland kritisiert seit längerem die Einmischung westlicher Staaten in innerstaatliche Konflikte, wobei R2P-Missionen[19] nicht generell abgelehnt, sondern an den Schutz der Zivilbevölkerung gebunden werden ohne das Ziel eines „Regime Change" von außen. Insbesondere fürchtet Russland, dass der Sturz Bashar al-Assads einerseits der Schwächung des russischen Einflusses im Nahen Osten, andererseits der Destabilisierung der Islamischen Republik Iran dienen soll.[20] Syrien hat sich mittlerweile zu einem Schlachtfeld regionaler und internationaler Mächte entwickelt, auf dem keine klaren Fronten erkennbar sind. Die Haltung resultiert also aus geopolitischen Erwägungen, bei denen „Regimeumstürze als solche [...] kein legitimer Zweck internationaler Politik"[21] für Russland darstellen. Dies unterstrich Vladimir Putin erst kürzlich in einem Interview mit Al Jazeera, in dem er sagte: „It's only the Syrian people who are entitled to decide who should govern their country, and how"[22]. Gleichzeitig stellte er klar, dass die Entsendung russischer Truppen nach Syrien legitim sei, da diese von der syrischen Regierung eingeladen wurden, während die Koalitionsstreitkräfte diese Erlaubnis nicht haben und somit illegal in bzw. im Luftraum von Syrien operieren.[23] Insofern betreffen die Motive Russlands das Einhalten von Prinzipien der internationalen Ordnung und die Erhaltung einer Machtbalance im Nahen Osten.

Ein weiteres Motiv für Russlands Haltung im Syrienkonflikt ist die bereits angesprochene Sorge vor einem sicherheitspolitischen Spill-Over Effekt. In Syrien und dem Nordirak kämpfen in den Reihen von Daesh zirka 1700 Islamisten aus den Kaukasusrepubliken wie Dagestan und Tschetschenien. Die Führung des sogenannten Kaukasischen Emirates hat bereits einen Treueschwur auf den Führer von Daesh, al-Baghdadi, geleistet und auch in Russland selbst findet Daesh immer mehr Anhänger. Die russische Führung und auch russische Experten sahen den Arabischen Frühling in Bezug auf eine angehende Demokratisierungswelle in den Staaten der MENA[24] Region skeptischer, als es in westlichen Staaten der Fall war. Es wurde bereits früh auf eine mögliche Entstehung von Machtvakuen, dem damit einhergehenden Beginn von Chaos und regionaler Instabilität sowie Radikalisierung und Islamisierung einzelner Gruppierungen hingewiesen. Verwiesen wurde dabei auf den Zusammenbruch der UdSSR, da in vielen ehemaligen Teilrepubliken ethnische, politische und religiöse Konflikte Einzug gehalten haben, nicht jedoch Rechtstaatlichkeit, Demokratie und wirtschaftlicher Aufschwung. Für die russische Führung ist es naiv zu denken, dass Staaten mit schwacher Zivilgesellschaft und großen wirtschaftlichen Problemen, wie Libyen, Tunesien, Ägypten und Syrien, den Weg in eine Demokratie finden, sondern diese eher islamistisch geprägt sein werden. Als Beleg dafür dient die Einmischung Saudi-Arabiens und der Golfmonarchien in den syrischen Bürgerkrieg, wodurch sich Teile der Opposition weiter radikalisierten und Russland befürchtet, dass dadurch islamistische Kräfte im Nordkaukasus und Zentralasien Unterstützung erhalten könnten. Für Russland gilt es also, diesen möglichen Spill-Over Effekt zu unterbinden und strategisch in den syrischen Bürgerkrieg und den Kampf gegen Daesh einzugreifen.

4. Die Strategie Russlands im Syrienkonflikt

Die Strategie Russlands lässt sich durch die Zweck-Ziel-Mittel-Relation der Theorie nach Carl von Clausewitz erklären. Hierbei steht der politische Zweck an oberster Spitze, denn „die Politik übt den bestimmenden Einfluss auf den Krieg aus, um die Erfüllung des Zwecks zu erreichen."[25] Die Ziele und Mittel können dabei stets nur aus diesem politischen Zweck abgeleitet werden, wobei alle Elemente stets veränderlich sind und den Einflüssen von Friktionen, Wahrscheinlichkeiten und Zufällen unterstehen.[26] Diese Komponenten können sowohl den Zweck als auch die Ziele verändern und beeinflussen somit gleichzeitig die Bereitstellung der Mittel. Wichtig ist, dass der Feldherr aufgrund der Einflüsse von Friktionen, Wahrscheinlichkeiten und Zufällen nicht nur einen kriegerischen Genius herausbilden soll, um intuitiv bei veränderter Lage auf dem Schlachtfeld die richtige Entscheidung zu treffen, sondern es müssen für eine ganzheitliche Strategie auch von Seiten der Politik ständig die Ziele und die Kontingentierung der benötigten Mittel überdacht werden, da stets eine umfassende Lagebeurteilung benötigt wird.[27] Eine besondere Form von Friktionen erschwert jedoch die Lagebeurteilung, da sie auf falschen Informationen aufbaut. Hierbei handelt es sich um den Nebel des Krieges oder auch „Fog of War" genannt. „Ein großer Teil der Nachrichten, die man im Kriege bekommt ist widersprechend, ein noch größerer ist falsch und der bei weitem größte einer ziemlichen Ungewissheit unterworfen. Was man hier vom Offizier fordern kann, ist ein gewisses Unterscheiden, was nur Sach- und Menschenkenntnis und Urteil geben können."[28] Ein Befehlshaber muss also die Fähigkeit besitzen, „trotz unklarer Berichterstattung über die Feindlage ... zielgerichtet zu handeln."[29]

Die direkte Stationierung von russischen Soldaten und militärischem Gerät, wie Kampfpanzer und Kampfflugzeuge, lässt darauf schließen, dass Russland eine umfassende Lagebeurteilung vorgenommen hat. Es ist davon auszugehen, dass der russische Präsident Vladimir Putin nicht übereilt gehandelt hat, sondern das Vorgehen Russlands in Syrien bereits einer längeren Planungsphase unterworfen war. Im Rückblick waren die Anzeichen für ein Eingreifen Russlands nicht zu übersehen, denn bereits im Sommer 2015 hat die iranische Führung Moskau um eine Intervention gebeten. Auch wenn bislang von Moskaus Seite offiziell dementiert, zitiert Reuters eine diplomatische Quelle mit den Worten: „Putin hat gesagt: ‚Okay, wir werden intervenieren. Schicken Sie Qassem Soleimani!'"[30] Der oberste geistliche Führer der islamischen Republik Iran, Ayatollah Chamenei, hat den Oberkommandeur der Al-Quds-Brigade – der Spezialeinheit für Auslandseinsätze – der iranischen Revolutionsgarde, Generalmajor Qassem Soleimani, nach Moskau geschickt, insbesondere da dieser die Operationen der Revolutionsgarde in Syrien leitet.[31] Im Rahmen des Treffens hat die russische Seite die Situation in Syrien als sehr alarmierend befunden, zumal bereits Bashar al-Assad in einem Interview zur selben Zeit sehr offen über die missliche Lage der syrischen Armee gesprochen hat und einräumte, nur noch die Regionen verteidigen zu können, die wichtig für das Überleben des syrischen Regimes seien. Bei dem Treffen wurde die Übereinkunft geschlossen, dass Russland mithilfe von Kampfflugzeugen und technischem Gerät sowie logistischer Unterstützung eine Bodenoffensive der syrischen Armee und deren Verbündeten, den iranischen Revolutionsgarden und der Hisbollah, absichert.[32] Die islamische Republik Iran spielt hierbei eine Schlüsselrolle, denn sie strukturiere die syrische Armee neu und beorderte schiitische Milizen, zusätzlich zu der Hisbollah, aus dem Irak und Afghanistan nach Syrien. Des Weiteren unterstehen die syrischen Streitkräfte, an den wichtigsten Fronten Generälen der

> Es ist davon auszugehen, dass der russische Präsident Vladimir Putin nicht übereilt gehandelt hat, sondern das Vorgehen Russlands in Syrien bereits einer längeren Planungsphase unterworfen war.

iranischen Revolutionsgarde. Die Aufgabenverteilung zwischen dem Bündnis ist somit klar gegliedert. Dennoch gibt es Berichte darüber, dass auch russische Spezialeinheiten in Syrien operieren und eine Bodenoffensive unterstützen werden[33]. Ein Indiz hierfür ist, dass militärisches Personal und Kampfpanzer in die Stadt Hama verlegt wurden, was auf eine Beratermission, eine Verteidigungsmission der Stadt oder eine geplante Offensive gegen Regimegegner hindeuten könnte[34]. Zusätzlich dazu sind mehrere hundert Soldaten aus dem Iran in Syrien eingetroffen, um Bodenoffensiven zu unterstützen.[35]

Ein weiteres Mosaikstück für Russlands Strategie in Syrien ist ein gemeinsames Zentrum zur Informationsgewinnung in Bagdad, das dazu dient den oben genannten Nebel des Krieges zu lichten. Ein Informationsaustausch zur Bekämpfung von Daesh zwischen dem Irak, Iran und Syrien ist nichts neues, aber die offizielle Allianz zwischen Russland und dem Irak, für den die USA als hauptsächlicher Militärpartner gilt, ist ein Novum. Nach irakischen Berichten befindet sich dieses Zentrum in der „Grünen Zone" in Bagdad. Ein schiitischer offizieller Sprecher beschreibt die Idee „to formalise the relationship with Iran, Russia and Syria. We wanted a fullblown military alliance."[36] Die Kooperation wird auch vom irakischen Premierminister Haidar al-Abadi bestätigt, was letztlich dazu führt, dass Russland einen positiven strategischen Nebeneffekt erzielt. Der Irak wird näher in die Gravitationszentren der Rivalen der USA im Nahen Osten, nämlich Russland und dem Iran, gezogen. Durch diese Allianz und Vereinbarungen des Irak mit dem Iran, Russland und Syrien erhält die USA einen diplomatischen Rückschlag in ihrem Kampf gegen den Terror und gegen Bashar al-Assad. Russlands Strategie hat insofern noch eine weitere Signalwirkung an Bagdad und andere Staaten im Nahen Osten, die aussagt, dass Russland zurück im Nahen Osten und bereit ist, die alten Allianzen zu erneuern.[37] Dennoch hat der russische Präsident mehrfach betont, dass Russland die USA als militärischen Partner im Kampf gegen Daesh gewinnen möchte, wenn auch nur in Verbindung mit dem syrischen Regime von Bashar al-Assad. Eine Zusammenarbeit mit der von den USA angeführten Koalition würde Russlands Vorgehen weiter legitimieren und automatisch zu einem Partner auf Augenhöhe machen.

Die Strategie Russlands ist also kein wirrer Gedankengang, sondern rational geplant und anhand der Zweck-Ziel-Mittel-Relation ausgerichtet, wobei auch Friktionen, Zufälle und Wahrscheinlichkeiten bereits im Vorfeld genauestens einkalkuliert wurden.

Die Strategie Russlands ist also kein wirrer Gedankengang, sondern rational geplant und anhand der Zweck-Ziel-Mittel-Relation ausgerichtet, wobei auch

Friktionen, Zufälle und Wahrscheinlichkeiten bereits im Vorfeld genauestens einkalkuliert wurden. Moskau hat den politischen Zweck der Einmischung in Syrien exakt formuliert und ebenso die Ziele definiert sowie die benötigten Mittel bereitgestellt. Wie oben bereits beschrieben, verändern sich die Ziele stets und sind nicht statisch. Dies kann man am russischen Einsatz in Syrien sehr deutlich erkennen, denn statt alle Oppositionsgruppen anzugreifen hat sich Russland bereit erklärt, die mit der U.S. geführten Koalition verbündeten Oppositionsgruppen möglichst nicht weiter anzugreifen, sondern sich auf terroristische Gruppen wie die al-Nusra Front und Daesh zu konzentrieren.

5. Fazit – „Pax Russica" im Kampf gegen Daesh?

Russland hat sich nach dem Zusammenbruch der Sowjetunion in einer Selbstfindungsphase befunden. Die empfundene Demütigung durch die NATO-Osterweiterungen sowie der wirtschaftliche Kollaps haben den Rechtsnachfolger Russland eine lange Zeit nahezu lethargisch und weltpolitisch nur eingeschränkt handlungsfähig erscheinen lassen. Vladimir Putin hat sich jedoch als charismatische Persönlichkeit herausgestellt, die rational handelt, und während seiner Amtszeiten dabei auf das russische Nationalbewusstsein und teilweise auf die Größe und Stärke der Sowjetunion, aber auch auf das zaristische Russland zurückgegriffen. Putin scheint dabei das Beste aus der zaristischen und kommunistischen Zeit zu verbinden, um damit eine neue russische Zukunft zu stricken. Das erklärte Ziel Putins ist die erneute Etablierung Russlands als zweite Weltmacht neben den USA und somit der Wiederaufbau des Bipolaren Systems, ähnlich dem im Kalten Krieg, und weg vom jetzigen Multipolaren System, das von Unsicherheiten gekennzeichnet ist. Russland versucht somit ehemalige Verbündete wieder an sich zu binden und sich als zweite verlässliche Schutzmacht ins Gespräch zu bringen.

Während die Strategie, Russland als Schutzmacht darzustellen, im Ukrainekonflikt eher negative Effekte hervorbrachte, ist die Einmischung im Syrienkonflikt eine Bewährungsprobe der „putinschen" Außenpolitik im Nahen Osten. Die russische Außenpolitik setzt dabei bewusst rational an die einzelnen Konfliktfelder im gesamten Nahen Osten an, denn in Syrien und dem Irak laufen diese zusammen. Hierbei gilt es, die Auseinandersetzungen zwischen Sunniten und Schiiten, sowie die mittlerweile beschleunigte Verschränkung weiterer Konfliktherde durch hoch mobile Söldnergruppen, die zwischen den einzelnen Staaten im Nahen Osten, russischen Teilrepubliken und Afrika hin- und herwandern zu differenzieren und mit dem Maß der Mittel sowohl diplomatisch als auch militärisch zu reagieren. Während die westliche Staatengemeinschaft darauf besteht, dass eine Lösung im Syrienkonflikt nur möglich sei, wenn vorher Bashar al-Assad abdankt, sehen Vladimir Putin und sein Beraterstab dies ein wenig differenzierter. Für Russland ist klar, dass ein Syrien ohne Assad eher zu einem „Failed State" wird als zu einer Demokratie. Die politischen Strukturen für eine Transition sind genauso wenig gegeben wie ein Konsens zwischen den einzelnen Oppositionsgruppen und für Russland ist die FSA[38] nicht verlässlich, da diese im Konflikt militärisch eine untergeordnete Rolle spielt, auch wenn sie vom Westen unterstützt und anerkannt wird. Russland hat hierbei den Konflikt in Libyen nicht vergessen, bei dem sich Russland ausdrücklich gegen eine militärische Intervention ausgesprochen hat, und der Libyen-Resolution lediglich zustimmte, „um in dem Land humanitäre Korridore ein[zu]richten"[39]. Die westliche Staatengemeinschaft führte jedoch einen Regimewechsel herbei und hinterließ einen „Failed State" sui generis. Ein vorzeitiges Abdanken Assads würde auch in Syrien zu einem erneuten Machtvakuum führen, das Daesh ausnutzen würde, um weitere Teile des Landes zu kontrollieren und ihre Macht erstarken lassen würde. Es wäre dann nicht einfacher, Daesh militärisch zu schlagen, sondern weit komplizierter und für Russland ist der Kampf gegen Daesh von vitalem Interesse. Nachweislich sind bereits radikale muslimische Kämpfer aus Dagestan, Ossetien und Tschetschenien und sogar Krim-Tataren, im Irak und Syrien für Daesh im Kampf. Sollten diese radikalisierten und von Daesh indoktrinierten Kämpfer nach Russland zurückkommen, so wird das enorme Konsequenzen für Russland mit sich bringen, denn die Forderungen nach Abspaltung von Teilrepubliken von Russland gibt es bereits seit Jahren und ebenso die Bestrebungen, ein Kalifat zu errichten. Dieser eventuelle Spill-Over-Effekt in die peripheren Teilrepubliken Russlands würde sowohl innenpolitisch als auch außenpolitisch eine enorme Kraftanstrengung für Russland werden und weitere innenpolitische Spannungen erzeugen würde. Es ist also für Russland und insbesondere für Putin wichtig Daesh zu bekämpfen, bevor der Export der radikalisierten Kämpfer beginnt. Gleichzeitig ist die Hilfe Russlands aber auch vital für den Nahen Osten. Denn solange die westliche Staatengemeinschaft nicht mit Assad gegen Daesh zusammenarbeitet, ist eine politische Lösung für Syrien unmöglich und Assad wird gezwungen sein, sich weiterhin an seine Verbündeten zu halten sowie auf der Souveränität Syriens und dem Kampf gegen alle Gruppen, egal ob Opposition oder Islamisten, zu beharren.

Das Bündnis Russlands mit Präsident Bashar al-Assad und der Islamischen Republik Iran ist aber nicht nur dem eigennützigen Interesse vor einem Spill-

Over-Effekt geschuldet, sondern zeigt die neue außenpolitische Richtung sehr deutlich: Russland redet nicht lange, sondern handelt und lässt Verbündete und solche Staaten, die Hilfe brauchen, nicht im Stich. Hierzu ist die Etablierung einer alternativen Anti-IS-Koalition ein intelligenter Schachzug Putins, denn dieser gehören nicht nur Syriens Armee und der Iran an, sondern mittlerweile auch der Irak, und symbolisiert somit einen Fingerzeig an die von den USA geführte Anti-IS Koalition, dass die bisherigen Luftschläge keine große Wirkung im Kampf gegen Daesh zeigten. Hinzu kommt, dass einzig die Präsenz russischer und iranischer Streitkräfte sowie der Hisbollah in Syrien nach russischer Sicht völkerrechtlich legal ist, da diese offiziell vom syrischen Regime eingeladen wurden und es Verträge gibt, während eine Präsenz westlicher Streitkräfte oder gar die Luftschläge der von der USA geführten Koalition als illegitim angesehen werden.

Gleichzeitig zeigt Russland, dass die Staaten des Nahen Ostens den USA nicht trauen können, denn mit der Erlaubnis des Pentagons fliegen türkische F-16 Jets Angriffe gegen die kurdische Stellungen, obwohl diese eine der wenigen, wenn nicht gar der verlässlichste Alliierte der USA in der Region waren.

Putin zeichnet somit eine rote Linie in Syrien und fordert damit die katastrophale amerikanische Außenpolitik, die auf einen Regimewechsel setzt, heraus. Gleichzeitig zeigt Russland, dass die Staaten des Nahen Ostens den USA nicht trauen können, denn mit der Erlaubnis des Pentagons fliegen türkische F-16 Jets Angriffe gegen die kurdische Stellungen, obwohl diese eine der wenigen, wenn nicht gar der verlässlichste Alliierte der USA in der Region waren. Hier setzt Putin auch wiederum an, denn egal ob man die Einmischung Russlands verdammen oder begrüßen möchte, Russland hat sich als ein verlässlicher Alliierter für Syrien und den Iran gezeigt. Und auch die Islamische Republik Iran profitiert von Putins Strategie. Regional wird damit der Einfluss des Iran weiter zementiert und die Achse Teheran – Bagdad – Damaskus – Beirut als wichtiges sicherheitspolitisches Instrument in der Region hervorgehoben, denn der Iran ist keine überaktive Regionalmacht mehr, sondern verfügt mit Russland über eine Großmacht als Verbündeten, mit dem sie der USA und Saudi-Arabien Paroli bieten können.

Während die westlichen Staaten seit Beginn des Bürgerkriegs in Syrien die Abdankung Assads forderten, um dem steigendem Islamismus und der Radikalisierung in Syrien Herr zu werden, hat Russland Bashar al-Assad unterstützt. Die Haltung westlicher Staaten, Assad auch Schuld am Erstarken des Daesh zu geben, hat sich bisher nicht ausgezahlt und zeigt erneut die fehlende Strategie der westlichen Staatengemeinschaft im Nahen Osten. Es wird allzu häufig vergessen, dass Daesh erst nach dem Krieg der Koalition gegen Saddam Hussein entstanden ist und die Führungsriege um Abu Bakr al-Bagdadi aus ehemaligen Mitgliedern der Baath-Partei des Irak, Generälen Saddam Husseins und Mitarbeitern des ehemaligen irakischen Geheimdienstes besteht. Insofern war nicht Bashar al-Assad der Grund für das Erstarken von Daesh, sondern vielmehr die eklatant fehlerhafte Politik der USA und des Westens gegenüber den Sunniten und Schiiten im Irak sowie das entstandene Machtvakuum in Syrien, die den Daesh hervorbrachte und so erfolgreich werden ließ. So autoritär Bashar al-Assad auch in Syrien regiert hat, eine Zukunft Syriens ohne al-Assad ist nicht sinnvoll im Kampf gegen den Terror. Sowohl Assad selber als auch Putin haben bereits mehrmals signalisiert, dass eine politische Lösung für Syrien von zwei Punkten abhängig ist: Erstens dem Krieg gegen Daesh und andere islamistische Bewegungen, wie die al-Qaeda nahe al-Nusra Front, sowie der Wiederherstellung eines Status quo in Syrien; Zweitens von dem Umstand, dass sich die Opposition mit der syrischen Führung zu Verhandlungen bereit erklärt, was die Opposition bisher aber grundsätzlich abgelehnt hat und hierbei vom Westen in ihrer Haltung unterstützt wurde. Dennoch lässt sich in den letzten Wochen und insbesondere nach den tragischen Anschlägen von Paris ein Umdenken in einigen westlichen Staaten feststellen. Das ewige Mantra, dass Assad erst abdanken müsse, um einen Neuanfang in Syrien zu schaffen, ist angesichts des Terrorexports von Daesh und der Flüchtlingskrise nach Europa einer Aufgabe dieser Forderung gewichen. Es scheint in Anbetracht der vielen Toten bei den Anschlägen in Paris im November 2015 schon fast zynisch, dass ausgerechnet Frankreich, das zu den vehementesten Verfechtern einer Abdankung Bashar al-Assads zur Lösung des Syrienkonflikts gehörte, nun auf Russland zugeht und auch ein Bündnis mit Assads Regierungstruppen nicht mehr ausschließt. Die Strategie Putins von einer „Pax Russica" in Syrien scheint aufzugehen, denn insbesondere in Europa ist eine Zusammenarbeit mit Russland vorstellbar geworden und es wird erkannt, dass eine politische Lösung in Syrien nur mit Assad möglich ist, da er mit dem Iran und der Hisbollah die effektivste Kraft im Kampf gegen Daesh in Syrien ist und die Bodenoffensiven durchführen. Der Welt wird sonst ein weiterer „Failed State" drohen, der als Kalifat bezeichnet wird und der den gesamten Nahen Osten in seinen Sog zieht bei dem die Folgen nicht absehbar, geschweige denn beherrschbar sind und der weiter metastasiert. Letztendlich ist eines aber sicher: Russland greift nicht in den Syrienkonflikt und den Kampf gegen Daesh ein, um Europa oder dem Westen einen Gefallen zu tun. Russland verfolgt eigene Interessen, insbesondere, um der Isolation nach der Besetzung der Krim und der Einmischung in der Ukraine zu entkommen und außenpolitisch wieder auf Augenhöhe mit den USA zu stehen. Rational betrachtet kann Russland durch den militärischen Einsatz in Syrien, den Initiativen zu Verhandlungen über die Zukunft Syriens und der Strategie, nämlich zu zeigen, dass es ein verlässlicher Partner ist, nur gewinnen. Sowohl die Europäische Union als auch einzelne Staaten im Nahen Osten werden verstärkt in Richtung des Russischen Bären blicken und dies auch müssen.

Zum Autor: Mehran Zolfagharieh hat Politikwissenschaft an der Universität Potsdam studiert. Er schrieb seine Masterarbeit über Carl von Clausewitz und Hybride Kriege im 21. Jahrhundert. Zolfagharieh ist Mitglied der Clausewitz-Gesellschaft e.V. und des Clausewitz Netzwerk für Strategische Studien e.V.

Anmerkungen:

1. Daesh, ausgeschrieben Al-Daula al-Islamija fil-Irak wal-Scham, ist die arabische Bezeichnung für die Gruppierung, die sich hinter dem Islamischen Staat bzw. ISIS/ISIL verbirgt. Das Wort kann aber auch mit „Fanatiker" übersetzt werden und wird daher von den Mitgliedern des IS als abwertend angesehen.
2. Vgl. Hunter, Robert E., »Hammer und Sichel im Nahen Osten«, Zeit Online, 1969, S. 1.
3. Ebd., S. 1
4. Metzger, Nils, »Liebesgrüße aus Moskau – das Verhältnis zwischen Syrien und der UdSSR«, in: Al-Sharq Blog, http://www.alsharq.de/2009/mashreq/syrien/liebesgruse-aus-moskau-das-verhaltnis- zwischen-syrien-und-der-udssr/
5. Metzger, Nils, »Liebesgrüße aus Moskau – das Verhältnis zwischen Syrien und der UdSSR«, in: Al-Sharq Blog, http://www.alsharq.de/2009/mashreq/syrien/liebesgruse-aus-moskau-das-verhaltnis- zwischen-syrien-und-der-udssr/
6. Vgl. Zolfagharieh, Mehran, »Die Strategie der Islamischen Republik Iran in Syrien am Beispiel der Al-Quds-Brigade«, Clausewitz-Gesellschaft e.V. Band 10 Jahrbuch 2014: Eine Zusammenfassung von Beiträgen aus der Arbeit der Gesellschaft 2014, Hamburg 2014, S. 125.
7. Vgl. Zolfagharieh, Mehran, »Die Strategie der Islamischen Republik Iran in Syrien am Beispiel der Al-Quds-Brigade«, Clausewitz-Gesellschaft e.V. Band 10 Jahrbuch 2014: Eine Zusammenfassung von Beiträgen aus der Arbeit der Gesellschaft 2014, Hamburg 2014, S. 125.
8. Deir ez-Zor liegt derzeit im sog. Kalifat des Islamischen Staates. Lediglich die Stadt mit selbigem Namen ist trotz mehrmaliger Angriffe durch Daesh in der Hand der syrischen Armee.
9. Bundeszentrale für politische Bildung »Analyse: Russlands Syrienpolitik - Interessen, (Miss)erfolge, Chancen für eine gemeinsame Konfliktlösung«, in: Dossier März, bearbeitet von Margarete Klein, Bonn, 2013
10. Vgl. Stiftung Wissenschaft und Politik »Russische Nahostpolitik«, in: SWP Dis-

kussionspapier 5, bearbeitet von Hannes Adomeit, Berlin 2008.
11 Vgl. Bundeszentrale für politische Bildung, »Analyse: Russlands Syrienpolitik - Interessen, (Miss)erfolge, Chancen für eine gemeinsame Konfliktlösung«.
12 Vgl. Deutsche Gesellschaft für Auswärtige Politik e. V. »Russland und die Causa Syrien«, in: Articles September, bearbeitet von Ewald Böhlke, Berlin 2013.
13 Vgl. Bundeszentrale für politische Bildung, »Analyse: Russlands Syrienpolitik - Interessen, (Miss)erfolge, Chancen für eine gemeinsame Konfliktlösung«.
14 Vgl. Ebd.
15 Buk-M2 (Nato-Code: SA-17 Grizzly) und Panzir-S1 (Nato-Code: SA-22 Greyhound)
16 Vgl. Bundeszentrale für politische Bildung, »Analyse: Russlands Syrienpolitik - Interessen, (Miss)erfolge, Chancen für eine gemeinsame Konfliktlösung«.
17 Diplomatisches Magazin Verlagsgesellschaft mbH »Russische Außenpolitik in Syrien: irrational, illegitim, machtlos?«, in: Diplomatisches Magazin 02, bearbeitet von Malvin Oppold, Berlin 2013.
18 Ebd.
19 Resposibility to Protect, abgek. R2P (dt. Schutzverantwortung). Hierbei handelt es sich um Missionen zum Schutze des Menschen vor schweren Menschenrechtsverletzungen und Brüchen des humanitären Völkerrechts.
20 Vgl. Bundeszentrale für politische Bildung, »Analyse: Russlands Syrienpolitik - Interessen, (Miss)erfolge, Chancen für eine gemeinsame Konfliktlösung«.
21 Diplomatisches Magazin Verlagsgesellschaft mbH, »Russische Außenpolitik in Syrien: irrational, illegitim, machtlos?«.
22 Jazeera, Al, »Putin: Overthrowing Assad will lead to failed state«, Al Jazeera 2015, S. 1.
23 Vgl. Ebd.
24 Middle East and North Africa
25 Souchon, Lennart, Carl von Clausewitz: Strategie im 21. Jahrhundert, E.S. Mittler & Sohn, Hamburg, 2012. S. 75.
26 Vgl. Zolfagharieh, »Die Strategie der Islamischen Republik Iran in Syrien am Beispiel der Al-Quds-Brigade«.
27 Vgl. Souchon, Carl von Clausewitz: Strategie im 21. Jahrhundert. E.S. Mittler & Sohn, Hamburg, S. 85.
28 Clausewitz, Carl von, Vom Kriege: Hinterlassenes Werk des Generals Carl von Clausewitz. Vollständige Ausgabe im Urtext, Dümmler, Bonn 1991. S. 258.
29 Souchon, Carl von Clausewitz: Strategie im 21. Jahrhundert. E.S. Mittler & Sohn, Hamburg, S. 96.
30 Verenkotte, Clemens, »Bürgerkrieg in Syrien: Wie der Iran Putin bat, Assad zu retten, http://www.br.de/nachrichten/iran-russland-syrien-assad-100.html

31 Vgl. Zolfagharieh, »Die Strategie der Islamischen Republik Iran in Syrien am Beispiel der Al-Quds-Brigade«.
32 Verenkotte, »Bürgerkrieg in Syrien: Wie der Iran Putin bat, Assad zu retten«.
33 Vgl. Lockie, Alex/Rosen, Armin, »Russia reportedly just sent its version of Delta Force to Syria«, Business Insider, 2015, S. 1.
34 Vgl. Institute for the Study of War »Russian Deployment to Syria: Putin's Middle East Game Changer«, in: ISW Warning Intelligence Update September, bearbeitet von Hugo Spaulding/Christopher Kozak/Christopher Harmer u.a., Washington D.C. 2015.
35 Vgl. Bassam, Laila/Osborn, Andrew, »Iran troops to join Syria war, Russia bombs group trained by CIA«, Reuters, 2015, S. 2.
36 Jazeera, Al, »Iraq liaises with Syria, Russia and Iran to bomb ISIL«, Al Jazeera 2015, S. 1.
37 Middle East Institute »Putin Comes to Syria: Contexts and Consequences«, in: MEI Articles September, bearbeitet von Paul Salem, Washington D.C. 2015.
38 Freie Syrische Armee. Pro-Westliche und Pro-Demokratische Oppositionsbewegung in Syrien.
39 Deutsche Gesellschaft für Auswärtige Politik e. V., »Russland und die Causa Syrien«.

Literaturverzeichnis:

Bassam, Laila/Osborn, Andrew: »Iran troops to join Syria war, Russia bombs group trained by CIA«, Reuters, 2015, S. 1-5.

Bundeszentrale für politische Bildung »Analyse: Russlands Syrienpolitik - Interessen, (Miss)erfolge, Chancen für eine gemeinsame Konfliktlösung«, in: Dossier März, bearbeitet von Margarete Klein, Bonn 2013.

Clausewitz, Carl von, Vom Kriege: Hinterlassenes Werk des Generals Carl von Clausewitz. Vollständige Ausgabe im Urtext, Dümmler, Bonn 1991.

Deutsche Gesellschaft für Auswärtige Politik e. V. »Russland und die Causa Syrien«, in: Articles September, bearbeitet von Ewald Böhlke, Berlin 2013.

Diplomatisches Magazin Verlagsgesellschaft mbH »Russische Außenpolitik in Syrien: irrational, illegitim, machtlos?«, in: Diplomatisches Magazin 02, bearbeitet von Malvin Oppold, Berlin 2013.

Hunter, Robert E.: »Hammer und Sichel im Nahen Osten«, Zeit Online, 1969, S. 1-9.
Institute for the Study of War »Russian Deployment to Syria: Putin's Middle East Game Changer«, in: ISW Warning Intelligence Update September, bearbeitet von Hugo Spaulding/Christopher Kozak/Christopher Harmer u.a., Washington D.C. 2015.

Jazeera, Al: »Iraq liaises with Syria, Russia and Iran to bomb ISIL«, Al Jazeera 2015, S. 1-2.

Jazeera, Al: »Putin: Overthrowing Assad will lead to failed state«, Al Jazeera 2015, S. 1-2.

Lockie, Alex/Rosen, Armin: »Russia reportedly just sent its version of Delta Force to Syria«, Business Insider, 2015, S. 1-3.

Metzger, Nils: »Liebesgrüße aus Moskau – das Verhältnis zwischen Syrien und der UdSSR«, in: Al-Sharq Blog, http://www.alsharq.de/2009/mashreq/syrien/liebesgruse-aus-moskau-das-verhaltnis-zwischen-syrien-und-der-udssr/

Middle East Institute: »Putin Comes to Syria: Contexts and Consequences«, in: MEI Articles September, bearbeitet von Paul Salem, Washington D.C. 2015.

Souchon, Lennart, Carl von Clausewitz: Strategie im 21. Jahrhundert, E.S. Mittler & Sohn, Hamburg, Hamburg 2012.

Stiftung Wissenschaft und Politik: »Russische Nahostpolitik«, in: SWP Diskussionspapier 5, bearbeitet von Hannes Adomeit, Berlin 2008.

Verenkotte, Clemens: »Bürgerkrieg in Syrien: Wie der Iran Putin bat, Assad zu retten, http://www.br.de/nachrichten/iran-russland-syrien-assad-100.html

Zolfagharieh, Mehran: »Die Strategie der Islamischen Republik Iran in Syrien am Beispiel der Al-Quds-Brigade«, Clausewitz-Gesellschaft e.V. Band 10 Jahrbuch 2014: Eine Zusammenfassung von Beiträgen aus der Arbeit der Gesellschaft 2014, Hamburg 2014, S. 121-145.

Syrien im 5. Jahr des Krieges
Wir schaffen – Was?

Eine (Zwischen-) Bilanz mit Clausewitz' Einsichten

Klaus Olshausen

Zusammenfassung

Im Winter und Frühjahr 2011 erhoben sich die Menschen in vielen nordafrikanischen und arabischen Staaten. Während des erhofften „Arabischen Frühlings" gab es zwar Zusammenbrüche diktatorischer Regime in Tunesien und Libyen (dort mit westlicher Unterstützung bis zum Tod Gaddafis). Aber es entwickelten sich fragile und gescheiterte Staaten, es kam zur Rückkehr autokratischer Systeme und – in Syrien – zu einem nun schon fünf Jahre anhaltenden Bürgerkrieg, der von Assad von Anfang an mit größtmöglicher Brutalität geführt worden ist und wird. Bis heute haben weder die Rebellen (Opposition gegen Assad) noch Assad ihre Ziele erreichen können. Bei westlichen Staaten war bis zum Frühsommer 2015 die Blickrichtung v.a. durch die Frage geprägt, ob und wenn ja, wie man die Schutzverantwortung für die Syrer (R2P/Responsibility to Protect) gegen die beiden brutalen Mächte, Assad und sog. Islamischer Staat (IS), wirksam wahrnehmen kann.

Seit die Flüchtlinge massiv Europa erreichen und terroristische Angriffe in Europa sich verstärken sowie Russland massiv auf der Seite Assads eingreift, tritt für sie neben das humanitäre Interesse unter R2P ein spezifisches Eigeninteresse, den Bürgerkrieg beenden zu helfen und den sog. IS auszuschalten. Und mit dem russischen militärischen Eingreifen wird es für sie noch schwieriger, ihren politischen Zweck, Assad von der Macht zu trennen, zu verwirklichen. Die Entwicklung und die Handlungsmöglichkeiten internationaler und regionaler Akteure werden unter Anwendung von Methoden und Einsichten von Clausewitz[1] betrachtet und denkbare Entwicklungslinien aufgezeigt und bewertet.

Letztlich bleibt die Frage, wann die Erkenntnis reift, dass in diesem Krieg und dieser komplexen Krise der eine den anderen nicht ganz wehrlos machen kann. Dann werden die Motive zum Frieden in beiden Teilen steigen.

Letztlich bleibt die Frage, wann die Erkenntnis reift, dass in diesem Krieg und dieser komplexen Krise der eine den anderen nicht ganz wehrlos machen kann. Dann werden die Motive zum Frieden in beiden Teilen steigen. Sollte das schließlich für die Verhandlungen in Genf seit Mitte März – nach Wien und New York im Herbst 2015 – eintreten, könnte eine „Mitte ihrer politischen Differenz" entstehen, die in ihrer Summe hinreicht, den Frieden zustande zu bringen, „natürlich aber zum Besten dessen, der die schwächsten Motive dazu hatte" (S.50 – siehe auch Fußnote 1). Und darin liegt des „Pudels Kern", warum alle Parteien vor Ort und mit starken Partnern dafür kämpfen und arbeiten, diese „schwächsten Motive" zu haben.

Einleitende Hinweise

Seit März 2011 erleben wir als Bürger, als Analysten, als ‚politische Klasse' und als handelnde Regierungen den seit Sommer 2011 katastrophal verlustreichen Krieg in Syrien. Die nach Freiheiten rufende Opposition gegen das repressive Assad-Regime hat dabei mit der gesamten Zivilbevölkerung äußerst hohe Verluste erlitten. Ihr Ziel, den Sturz des Assad-Regimes zu erreichen, konnte sie (bisher) nicht erreichen. Denn auch nach der Bildung einer syrischen nationalen Koalition im November 2012, die viele Regierungen im „Westen" als legitime Vertretung Syriens anerkannten, beschränkte sich deren Unterstützung auf Worte und begrenzte Material- und Waffenlieferungen. Der fehlende Wille der sog. „Freunde Syriens", gemäß der Schutzverantwortung der VN (R2P) zu handeln, war der innenpolitischen Ablehnung eines direkten Eingreifens geschuldet. Legalistisch nutzte man mit „großem Bedauern" den Hinweis, dass man leider kein VN-Mandat für ein Eingreifen erreichen konnte.

Heute bleibt zu konstatieren, dass dieser Krieg – von Assad begonnen und brutal geführt – inzwischen nahezu 300.000 Tote gefordert und fast fünf Millionen zu Flüchtlingen und etwa zehn Millionen zu Binnenflüchtlingen in Syrien gemacht hat. Die kriegerischen Auseinandersetzungen haben sich vervielfältigt. Eine Koalition von ca. 65 Staaten unter quasi „Führung" der USA bekämpft den sog. IS im Irak und – begrenzt – in Syrien. Rebellen und Al Nusra sowie teilweise der sog. IS kämpfen mit unterschiedlichen Ansätzen gegen das Assad-Regime; Russland kämpft seit Ende September mit eigenen Luftstreitkräften an der Seite Assads gegen alles, was es Terroristen nennt[2], und das mit massiver Unterstützung Irans v.a. mit der Hizbollah und schiitischen Milizen.

Nach dem Absturz einer russischen Linienmaschine über dem Sinai am 31. Oktober, zwei schrecklichen Bombenattentaten in Beirut am 12. November waren es die sechs gezielten Angriffe an unterschiedlichen Orten mitten in Paris, die großes Entsetzen auslösten. Neben großer Empathie und aufrichtigem

Mitgefühl betonten viele Regierungen – auch in Moskau – ihre umfassende Solidarität und die enge Zusammenarbeit mit Frankreich beim Kampf gegen den internationalen Terrorismus. Kanzlerin Angela Merkel sagte „jedwede Unterstützung" zu. Nach diesen Angriffen stellte Präsident Hollande fest: „Dies ist ein Akt des Krieges". Dies entfachte erneut eine Diskussion, ob dies denn ein Krieg sei, ob man selbst Krieg gegen den transnationalen islamistischen Terrorismus führen müsse.

Zur Analyse der gegenwärtigen Lage[3]

Anfang 2016 gibt es eine ganze Reihe miteinander verknüpfter sowie gegenläufiger Entwicklungen, deren Analyse mit Methoden und Einsichten aus dem Werk von Clausewitz versucht werden kann, um daraus Hinweise für das weitere Vorgehen abzuleiten.

Folgende seiner Einsichten und Methoden bieten dafür sinnvolle Anhalte:

1. Das Handeln und Gegen-Handeln als Kennzeichen „lebendiger Reaktion" (S. 108) und dies bei zahlreichen Akteuren, die auf geographisch-/politisch, funktional und institutionell verschiedenen Handlungsebenen tätig werden;

2. Urteilen und Handeln „aus dem Gesamtüberblick aller Verhältnisse" (S. 659);

3. die systematische Abklärung der Zweck – Ziel – Mittel-Relationen für alle Akteure (S. 47 ff. u. S. 659);

4. Bewerten der Änderung von Natur, Form und Inhalt der Krise im Sinne der Aussage über den Krieg als Chamäleon (S. 46);

5. Untersuchen der Elemente ursprünglicher Feindschaft, des Raums von Wahrscheinlichkeiten und Zufällen sowie des politischen Werkzeugs mit rationalem wie irrationalem Handeln im Sinn der „wunderlichen Dreifaltigkeit" (S. 46);

6. Krieg (und Krise) als „Akt des menschlichen Verkehrs", ein Bürgerkrieg als „Konflikt großer Interessen, der sich blutig löst" (S. 121).

Jeder einzelne Akteur, aber auch die Gesamtlage können damit untersucht und beurteilt werden, um zusätzliche perspektivische Orientierungen für absehbare Entwicklungen zu erarbeiten.

Beschreibt man die Vorgänge extensiver Gewalt in Syrien selbst als das Kerngebiet der Krise, dann reihen sich darum – wie schon seit 2011 – mit unterschiedlichem Handeln und Einfluss

- die direkten Nachbarstaaten, v.a. Saudi-Arabien und die Türkei

- weitere regionale Mächte, dabei v.a. Iran und institutionell die Arabische Liga, sodann

- im internationalen Rahmen die Vereinten Nationen (VN), v.a. mit dem Sicherheitsrat (VNSR), die Europäische Union (EU), aber dann auch und insbesondere

- die Großmächte, v.a. die USA, Russland und China, aber auch einige Mittelmächte, wie z.B. Frankreich mit eigenen Interessen und Handlungsoptionen.

Die folgenden Ausführungen konzentrieren sich auf eine Analyse und Bewertung der Großmächte, wesentlicher regionaler Staaten und der Europäischen Union (EU) und der NATO.

Zwei Einsichten von Clausewitz können Elemente der Ausgangslage Anfang 2016 kennzeichnen:

„Die ursprünglichen politischen Absichten (können) im Laufe des Krieges [auch der Krise, d. Verf.] *sehr wechseln und zuletzt ganz andere werden, eben weil sie durch die Erfolge* [auch Misserfolge, d. Verf.] *und durch die wahrscheinlichen Ergebnisse mit bestimmt werden"* (S. 50).

„Niemals wird man sehen, daß ein Staat [oder eine Staatengruppe, d. Verf.]*, der in der Sache eines anderen auftritt, diese so ernsthaft nimmt wie seine eigene. Eine mäßige Hilfsarmee* [oder Ausbildung zur ‚Ertüchtigung', d. Verf.] *wird vorgesandt; ist sie nicht glücklich, so sieht man die Sache als abgemacht an und sucht so wohlfeil als möglich herauszukommen"* (S. 680).

Zusätzliche Faktoren und Entwicklungen

Bei den westlichen Staaten war bis zum Frühsommer 2015 die Blickrichtung auf den brutalen Krieg Assads einerseits und den territorialen Machtgewinn des sog. IS in Syrien wie im Irak andererseits v.a. geprägt durch die Frage, ob und wenn ja, wie man die Schutzverantwortung für die Syrer gegen diese beiden brutalen Mächte wirksam wahrnehmen kann.

Seither wird die Sichtweise durch drei Entwicklungen zugespitzt:

1. Der sog. IS befeuert und/oder organisiert terroristische Angriffe in Europa und Nordafrika und bedroht so die jeweilige Bevölkerung nachhaltig.

2. Die v.a. durch Assads brutalen Krieg ausgelösten und den sog. IS verstärkten Fluchtbewegungen sind nicht mehr auf die Nachbarstaaten begrenzt, sondern erreichen in sehr großen, ja dramatischen Zahlen den Balkan und Staaten der EU.

3. Russland hat seit August 2015 seine militärische Präsenz in Syrien massiv erhöht und führt seit dem 30. September offensive Luftkriegsoperationen zur Unterstützung Assads.

Für Deutschland und die Europäische Union tritt nun sichtbar – neben ein humanitäres Interesse unter einer Verpflichtung aus R2P – ein spezifisches Eigeninteresse, den Bürgerkrieg in Syrien beenden zu helfen und den sog. IS als Quelle transnationalen Terrorismus auszuschalten.

Mit dem aktiven Eingreifen Russlands auf Seiten Assads wird es für die westlichen Staaten noch schwieriger, ihren häufig erklärten politischen Zweck, Assads Regime zu beenden, irgendwie, und d.h. in jedem Fall ohne eigene Landstreitkräfte, zu verwirklichen.

Mit den Wiener Gesprächen seit Oktober, der Bildung einer „International Syria Support Group" (ISSG) und den beiden Resolutionen des Sicherheitsrates, 2249 vom 20.11.15 und 2254 vom 18.12.15, wird erkennbar, dass die beiden Ziele, ein Syrien ohne Assad und ein Ausschalten des sog. IS im Irak und in Syrien nicht parallel oder gar in einem verfolgt werden. Das Eigeninteresse an der Eindämmung des transnationalen Terrorismus scheint erkennbar schwerer zu wiegen als eine schnelle Überwindung des Assad-Regimes.

Zwecke, Ziele, Mittel – jetzt und 2016

Offensichtlich hat Deutschland mit den EU-Staaten wie die USA entschieden, dass die mit der VNSR 2254 geforderten Schritte für einen Waffenstillstand zwischen „Rebellen" und Assad-Regime sowie die dann zu bildende Übergangsregierung und die Wahlvorbereitung voranzubringen sind, um erfolgversprechende Operationen gegen den sog. IS in Syrien führen zu können.

Ist die dem zugrunde liegende Analyse und Beurteilung gut begründet oder wenigstens plausibel?

Die Fakten bei allen Akteuren, die Ursache-Wirkung-Zusammenhänge und die Prüfung angewandter und anzuwendender Mittel sind dafür zu betrachten.

Für Russland, den Iran und das angeschlagene Regime von Assad zeigen seit Ende September – und fortgesetzt nach der VNSR 2254 – militärische Angriffe aus der Luft und am Boden gegen die gemäßigten Rebellen und, wo erforderlich, gegen IS-Positionen, dass sie ihren politischen Zweck, das Regime Assad zu halten, nicht aufgegeben haben. Das bedeutet, dass sie bis zum 25. Januar, dem zunächst vorgesehenen Beginn der Gespräche in Genf unter Leitung des VN-Sonderbeauftragten für Syrien, Staffan di Mistura, alle verfügbaren Mittel einsetzen werden, um dort in einer Position der Stärke aufzutreten. Und dies setzte sich nach Aussetzung der Gespräche bis zum fragilen Waffenstillstand seit 27.02.16 weiter fort. Die ‚gemäßigte Opposition', die freie syrische Armee (FSA) und Rebellengruppen verfügen über keine adäquaten Mittel, um sich gegen Russland, Iran und das verbliebene Regime erfolgreich zu behaupten, geschweige denn eine Ablösung von Assad aus eigener Kraft zu erreichen.

Die Staaten der EU und der NATO können oder wollen diese Gruppen nicht massiv militärisch unterstützen, um zumindest die militärisch-politische Balance gegenüber dem Regime zu verbessern. Die westlichen Staaten begründen dies damit, dass es „keine militärische Lösung gebe" und man auf den politischen Prozess setze. Der Druck auf die Opposition, gegenüber dem Regime einzulenken, folgt also nicht nur durch das militärische Handeln von Russland, dem Iran und Assad, sondern massiv auch durch die westlichen Staaten, die „nahezu verzweifelt" eine Übergangsregierung und einen äußerst fraglichen Waffenstillstand anstreben, in der Annahme, danach eine konzertierte Aktion aller gegen den sog. IS in Syrien zu erreichen.

Da das russische Handeln aktiv bleiben wird, müssen sich die westlichen Staaten darüber klar sein, dass – mit Clausewitz' Worten – *„der, welcher sich dieser physischen Gewalt rücksichtslos, ohne Schonung des Blutes bedient, ein Übergewicht bekommen (muß), wenn der Gegner es nicht tut"* (S. 28). Es ist deshalb durchaus möglich, dass das „bizarre Bündnis" USA, Russland und Iran (das hinter der VNSR 2254 steht) Assad (erst einmal) rettet. Damit machte sich Obama – und mit ihm die weiteren westlichen Staaten – zum „Handlanger russisch-iranischer Ambitionen" (Josef Joffe, *DIE ZEIT*, Nr. 39, 24.09.15).

Westliche Regierungsvertreter begründen ein solches (Übergangs-)Ergebnis – wie sie glauben – mit dem vorrangigeren politischen Zweck, eine gemeinsame Front gegen den sog. IS zu schaffen. Man erwartet einen Ausgang in Genf mit einer von den Oppositionsgruppen unter militärischem Druck von Russland und politischem Druck der westlichen Staaten akzeptierten Übergangsregierung unter Einschluss des Regimes.

Kann man wirklich davon ausgehen, dass die Mehrheit der sunnitischen Stämme (viele von ihnen auf der Flucht vor Assad), die eher den sog. IS erdulden oder teilweise sogar stützen als Assad und sein Regime zu ertragen, ein solches Ergebnis zum Anlass nehmen, sich mehrheitlich gegen die Kräfte des sog. IS zu stellen oder sogar zu kämpfen?

Wenn die Einschätzung richtig ist, dass für die vom Westen viel beschworenen „Bodentruppen" zum Kampf gegen den sog. IS dringend die Familien und Stämme der Sunniten in Syrien benötigt werden, muss die Frage beantwortet werden, ob man dies durch Zugeständnisse an das Regime erreichen kann. Eine westliche Kalkulation in diesem „Zweifrontenkrieg" gegen Assad und den sog. IS, die darauf gründen sollte, an der Assad-Front einzulenken, um für die Anti-IS-Front Kräfte zu gewinnen, kann scheitern, weil und wenn die sunnitische Bevölkerung in Syrien die Prioritäten anders sieht.

> *Eine westliche Kalkulation in diesem „Zweifrontenkrieg" gegen Assad und den sog. IS, die darauf gründen sollte, an der Assad-Front einzulenken, um für die Anti-IS-Front Kräfte zu gewinnen, kann scheitern, weil und wenn die sunnitische Bevölkerung in Syrien die Prioritäten anders sieht.*

Dann hat man Russland „ein Geschenk" gemacht, ohne dem selbst gesetzten politischen Zwecken näher gekommen zu sein.

Die Flüchtlingsbewegungen werden eher anhalten, und das transnationale Terrornetz des islamistischen Extremismus, v.a. motiviert und organisiert durch den sog. IS, wird seinen Wirkungsradius in Nordafrika und Europa weiter ausbauen können.

In den allgemeinen Formulierungen der Diplomaten und der VNSR-Resolutionen für eine „Syrian-led and Syrian-owned political transition" und das „Drängen", die Grundsätze aus den Wiener Gesprächen der ISSG zu beachten, liegt so viel Vagheit, dass ohne machtvolles Einwirken der westlichen Staaten auf Russland und den Iran das „Marionettentheater" unter der Regie von di Mistura entweder scheitert oder ein Ergebnis zeitigt, das die Gesamtheit der Sunniten nicht anerkennen wird.

Erste Zwischenbilanz

Russlands politischer Zweck war und ist die Erhaltung des Assad-Regimes gegen all die terroristischen Gruppierungen, gleich welcher Couleur. Über die letzten vier Jahre war dieser Zweck durch die militärische Lage in Syrien und die schwindende Durchhaltefähigkeit des Regimes zunehmend in Gefahr geraten. Jetzt sieht sich Russland durch eigenes massives Eingreifen in einer günstigen Position in der internationalen Gemeinschaft – so günstig, dass Russland offensichtlich mit dem weiteren Bombardieren der Rebellen in Kauf nahm, das Tableau der Wiener Gespräche und der VNSR 2254 zu „zerbomben", bevor nach Aussetzen der ersten Runde Ende Januar 2016 schließlich Ende Februar eine fragile Feuerpause möglich wurde.

Der politische Zweck des Westens, eine politische Ordnung für Syrien ohne Assad, wurde nie mit ausreichenden politischen, ökonomischen, humanitären und militärischen Mitteln unterstützt.

Der politische Zweck der syrischen Opposition, die die starke und wiederholte deklaratorische Unterstützung der westlichen Staaten erhielt, das Assad-Regime zu überwinden, schien zwar mit der Schwächung des Regimes im Sommer 2015 erreichbar zu sein. Er geriet aber durch die Zersplitterung der Opposition, die anhaltende Luftüberlegenheit des Regimes und das Auftreten von ISIS in große Schwierigkeiten und steht seit Russlands Eingreifen vor einem Desaster.

Der politische Zweck des Westens, eine politische Ordnung für Syrien ohne Assad, wurde nie mit ausreichenden politischen, ökonomischen, humanitären und militärischen Mitteln unterstützt. Er geriet vollends in Gefahr als nach dem Erstarken von ISIS seit 2014 dann auch Russland direkt als militärischer Akteur zum noch wirksameren Gegenspieler dieses Zweckes wurde. So entpuppte sich das Drängen der westlichen Staaten auf Gespräche in dieser Konstellation eher als Zeichen der Schwäche oder doch als Schritt für einen gesichtswahrenden Zeitgewinn.

Akteur-Beziehungen für die weitere Entwicklung: Handeln und Gegen-Handeln

Am Beginn des Jahres 2016 begann international auf der Grundlage der VNSR 2254 nach 2012 und 2014 ein weiterer Versuch, den Krieg möglichst zu einem Waffenstillstand zu führen, der alle Kriegsparteien umfasst – allerdings mit der bedeutungsvollen Ausnahme des sog. IS und der Al Nusra-Front. Dieses Vorhaben führte aber zunächst nicht zu einer Unterbrechung der Kriegshandlungen des Assad-Regimes und der russischen Streitkräfte gegen die „Rebellen", die sich zu wehren versuchen, und Kräfte der IS-Terroristen.

Daraus folgt die Forderung an jede verantwortliche Regierung, z.B. in Deutschland, eine gründliche Beurteilung der Lage vorzunehmen. Dabei ist eine bisher geltende Tatsache in Rechnung zu stellen, dass jede Überlegung westlicher Regierungen zu einer „äußersten Anstrengung an dem Gegengewicht der eigenen inneren Verhältnisse scheitern" kann/wird.

Es gilt also, seine politischen Zwecke auf den Prüfstand zu stellen, wo geboten anzupassen, dann erreichbare Ziele zu setzen und diese mit wenigstens hinreichenden nicht-militärischen und – wenn erforderlich – militärischen Mitteln im Konzert mit Verbündeten, Partnern, der internationalen Gemeinschaft und nicht zuletzt den Akteuren im Bürgerkrieg selbst zielstrebig und standhaft zu verfolgen. In der komplexen, dynamischen, unübersichtlichen Lage im Bürgerkrieg selbst und durch die einwirkenden Nachbarstaaten, Regional- und Großmächten erfordert es große „Fertigkeit, aus einer unübersehbaren Menge von Gegenständen und Verhältnissen die wichtigsten und entscheidenden durch den Takt des Urteils herauszufinden".

Wenn die westlichen Staaten sich auf den politischen (Fern-)Zweck verstehen, der in der UNSR 2254 festgelegt ist, nämlich die Verpflichtung auf die Einheit, Unabhängigkeit, territoriale Integrität und „non-sectarian" Charakter, dann wird es entscheidend sein, ob die dafür erforderlichen „näheren Ziele" – ein Waffenstillstand, eine Übergangsregierung für Syrien in 6 Monaten (soweit es nicht unter der territorialen Kontrolle des sog. IS ist), eine Planung von Wahlen in 18 Monaten – bei den sehr kontroversen Vorstellungen der unterschiedlichen Akteure auf verschiedenen Ebenen realistische Aussichten haben bzw. mit welchen Mitteln und auf welchem Wege man diesen Zielen näher kommen bzw. sie erreichen kann.

Russland und die USA (Westen)

Mit dem Einsatz russischer Streitkräfte in Syrien ist eine wesentliche, zusätzliche Komponente hinzugekommen, und die USA (für westliche Staaten) und Russland waren ausschlaggebend, die Gespräche in Wien seit Oktober und die UNSR 2249 und 2254 im November und Dezember zu Ergebnissen zu führen. Das gilt insbesondere für das bilaterale Aushandeln einer Feuerpause, die seit dem 27.02.16 einigermaßen eingehalten wird.

Russland hat mit seinem direkten militärischen Eingreifen auf Seiten des Assad-Regimes unterstrichen, dass es dessen militärische Niederlage im Bürgerkrieg nicht hinnehmen will und wird.

Russland hat mit seinem direkten militärischen Eingreifen auf Seiten des Assad-Regimes unterstrichen, dass es dessen militärische Niederlage im Bürgerkrieg nicht hinnehmen will und wird. Seine Position in den Gesprächen in Wien, im Sicherheitsrat und den folgenden Foren hat es dadurch zumindest in Relation zu den USA (Westen) gestärkt. Von dieser veränderten Basis aus hat Russland seit September auch für eine Koalition (als gleichberechtigter Partner) gegen den sog. IS geworben.

Die Situation für die USA (Westen) ist ungünstiger geworden. Der zumindest deklaratorische politische Zweck, das Assad-Regime zu überwinden, wurde in fast fünf Jahren nicht erreicht. Jetzt steht dem die Großmacht Russland direkt entgegen, mit der die USA eine militärische Konfrontation vermeiden wollen. Schon zuvor, aber jetzt verstärkt, konzentrieren sich die USA mehr auf den Kampf gegen den sog. IS. Bei der (zur Zeit) gestärkten Position Russlands und der Priorität gegen den sog. IS werden die USA (Westen) nun erheblichen Einfluss/Druck auf die „Rebellen-Gruppen" - aber auch auf die arabischen Staaten, allen voran Saudi-Arabien sowie die Türkei – aufnehmen müssen, statt der Überwindung des Assad-Regimes eine Übergangsregierung mit diesem hinzunehmen.

Über die organisierten Rebellen-Gruppen hinaus muss aber die Mehrzahl der sunnitischen Stämme und Familien (ca. 80 % der Bevölkerung) gewonnen werden, wenn ein bleibender Erfolg gegen den sog. IS in Syrien möglich werden soll. Ob und wie dies bei gleichzeitiger Hinnahme eines Weiterbestehens des Assad-Regimes gelingen kann, ist völlig offen. Zumindest gibt es für Syrien keine konkreten Angebote an die Sunniten außer den politischen allgemeinen Formulierungen in der UNSR 2254.

Mit Blick auf beide Akteure kann man festhalten, dass die USA Russland fehlerhaft eingeschätzt haben und so vom massiven militärischen Eingreifen Russlands überrascht worden sind. Ein ausgleichendes Gegen-Handeln hatten sie nicht zur Verfügung oder wollten es nicht einsetzen.

Zwar ist der Bürgerkrieg in Syrien für beide Länder/Regierungen keine existenzielle Gefahr, aber Putin schätzt die geopolitische Bedeutung für sein Land doch gravierender ein als Obama. Dieser hat gerade vor den Weihnachtstagen 2015 noch einmal unterstrichen, dass selbst gegen den sog. IS, geschweige den gegen das Assad-Regime, kein umfangreicheres militärisches Eingreifen zur Diskussion steht.

Bis zum Beginn der Gespräche unter der Betreuung des VN-Sonderbeauftragen für Syrien, di Mistura, konnte man weiter massives Eingreifen Russlands und des Iran (Hizbollah und weitere schiitische Milizen) auf Seiten des Assad-Regimes beobachten, dem die Rebellen-Gruppen aufgrund der fehlenden Unterstützung der USA (Westen) und unzureichender Unterstützung seitens arabischer Staaten und der Türkei nicht wirkungsvoll entgegentreten konnten. Wenn Obama an seiner Position unbeeindruckt festhält und die Genfer Gespräche unter diesen Auspizien beginnen, kann für die gemäßigte Opposition nur ein ungünstiges, vielleicht sogar unannehmbares Ergebnis in Rede stehen. Das würde bedeuten, dass sich insbesondere viele Sunniten noch mehr als bisher von den USA (Westen) verraten fühlen und dann wohl nicht bereit sein werden, die „Bodentruppen" für die große Koalition gegen den sog. IS zu stellen.

Mit Blick auf beide Akteure kann man festhalten, dass die USA Russland fehlerhaft eingeschätzt haben und so vom massiven militärischen Eingreifen Russlands überrascht worden sind. Ein ausgleichendes Gegen-Handeln hatten sie nicht zur Verfügung oder wollten es nicht einsetzen.

Russland und die Türkei – nach dem 24. November

Für die Türkei als nördlichem Nachbarstaat Syriens und des Irak gilt seit dem Beginn von Assads Krieg gegen seine Bevölkerung, dass die Entwicklung der

Kurden in Syrien – wie im Irak – die Kämpfe zwischen Rebellen und Regime in unmittelbarer Grenznähe und die sich zuspitzende Lage der wachsenden Flüchtlingszahlen unmittelbar wirkende Parameter sind. Mit dem Ausgreifen des sog. IS in Syrien und im Irak und der steigenden Flüchtlingszahlen hat sich die Lage für die Türkei auch deshalb deutlich verändert, weil die Kurden im Irak und in Syrien mit Unterstützung der „großen Koalition" (die Peschmerga Kurden insbesondere durch Deutschland) im Kampf gegen den sog. IS Erfolge erzielen und damit die kurdische Position in beiden Ländern stärken.

Erdoğan ist seinem Ziel, Assad auszuschalten, das er besonders dramatisch mit Vorwürfen an die handlungsunfähigen VN im Oktober 2012 gefordert hatte, im fünften Jahr nicht näher gekommen. Seit dem Sommer 2015, mit der Entscheidung, den Kampf gegen die PKK wieder aktiv mit Polizei und Militär zu führen, und seit dem aktiven Eingreifen Russlands auf Seiten Assads sind die Chancen, dafür eine wirksame Koalition zu finden, geringer als je zuvor.

Dazu kommt, dass er nach dem Anschlag des sog. IS im Juli in Suruc nun die Koalition unter amerikanischer Führung gegen diese Terrororganisation unterstützt.

Mit dem Beginn der russischen Luftangriffe auf Seiten Assads, die für die türkische Regierung ein Schlag ins Gesicht ihrer politischen Zielsetzung sind, haben sich die Gegebenheiten für die Türkei weiter verschlechtert. Denn Russlands Einsätze konzentrieren sich mehr auf die Kräfte der Opposition im Norden und um Damaskus als auf den sog. IS. Und dabei haben die im Norden eingesetzten russischen Flugzeuge schon zu Beginn und mehrfach den türkischen Luftraum verletzt. Dies wurde schon Anfang Oktober bei der Tagung der NATO- Verteidigungsminister empört kritisiert, bei gleichzeitigem Bemühen, weitere militärische Zuspitzung zu vermeiden. Der Einsatz eines russischen Kampfflugzeuges entlang der Südgrenze der Türkei führte zu einer Verletzung des Luftraumes. Türkische Abfangjäger entschieden, ihre Waffen einzusetzen und das Flugzeug abzuschießen.

Unabhängig davon, welche der gegensätzlichen Darstellungen des Vorfalls näher an der Wirklichkeit sind, führte dies nicht nur zu einer massiven Reaktion Putins mit drastischen Sanktionen gegen die Türkei, einschließlich der Einstellung jeden Tourismus, sondern hat auch nachteilige Auswirkungen auf die vorgesehenen Gespräche nach der VN-Resolution 2254, denn in der ISSG sind beide Staaten Teilnehmer – und dies mit konträren Positionen in der Hauptsache: dem Assad-Regime.

Handeln und Gegen-Handeln, Wahrscheinlichkeiten, Zufälle und unerwartete/unerwünschte Folgen eigenen Handelns können an diesem Fall exemplarisch betrachtet werden:

- Hatte Putin die verbalen Proteste und Warnungen der Türkei wegen der Luftraumverletzungen nicht ernst genommen und der Türkei nicht „zugetraut", ein russisches Flugzeug abzuschießen?

- Hatte Erdoğan/seine Streitkräfte, als sie entschieden, den Abschuss des Kampfflugzeuges freizugeben, damit gerechnet, dass Putin dies zur Aufkündigung aller politischen und ökonomischen Zusammenarbeit nutzen würde?

Hier wird die von Clausewitz geschilderte „lebendige Reaktion und die Wechselwirkung, welche daraus entspringt" (als Eigentümlichkeit im kriegerischen Handeln) exemplarisch deutlich. „Die Wirkung, welche irgendeine Maßnahme auf den Gegner hervorbringt, ist das Individuellste, was es unter allen Datis des Handelns gibt" (S.108).

Man kann fragen, ob Putin striktere Weisung gegeben hätte, die Grenze zur Türkei zu beachten, wenn er der Türkei, die sich auch durch die russischen Angriffe auf die Turkmenen in Nordsyrien provoziert sah, den Abschuss zugetraut oder gar erwartet hätte?

Und man kann auch fragen, ob Erdoğan diese aktive Reaktion beim kurzen Überflug des russischen Flugzeugs erlaubt hätte, wenn er die rabiate Antwort Putins für wahrscheinlich gehalten hätte.

Es muss sich zeigen, inwieweit diese zusätzliche Auseinandersetzung zwischen beiden sich auf die weitere Entwicklung in Syrien auswirken. Denn beide halten an den sich ausschließenden Positionen zur Beibehaltung oder Ablösung des Assad-Regimes fest.

Putins Argumente und Maßnahmen gegen die Türkei sollen nicht nur die Türkei v.a. ökonomisch, aber auch politisch in deren schwieriger Lage durch die Kämpfe mit der PKK schwächen, sondern sie zielen auch auf die NATO. Er kann testen, wieweit die Allianz an der Seite des Mitglieds steht, oder ob er diese Situation nutzen kann, an deren Kohäsion zu kratzen. Etwas, das ihm in der Auseinandersetzung in und über die Ukraine (bisher) nicht gelungen ist. Er kann auch im Blick haben, mit einer Schwächung der Türkei seine Beherrschung des Schwarzen Meeres zu untermauern und deren Willen, seine Bewegungsmöglichkeiten ins Mittelmeer zu begrenzen, zu schwächen.

Putins Argumente und Maßnahmen gegen die Türkei zielen auch auf die NATO. Er kann testen, wieweit die Allianz an der Seite des Mitglieds steht, oder ob er diese Situation nutzen kann, an deren Kohäsion zu kratzen.

Natürlich kann das „Poltern" auch aus innenpolitischen Gründen gewollt sein. Dabei können sich die wirtschaftlichen Sanktionen und insbesondere das Verbot von Reisen in die Türkei nicht nur förderlich für sein Ansehen als „starker Mann" auswirken.

Diese Entwicklung des russisch-türkischen Verhältnisses, im Zusammenhang mit dem mehrdimensionalen Krieg in und Konflikt um Syrien, zeigt exemplarisch auf, dass bei Handeln und Gegen-Handeln zweier Kontrahenten nicht nur die Wirkungen zwischen ihnen ein Rolle spielen, sondern durchaus dazu dienen können, zu versuchen, Bündnisse zu trennen (S. 51). Dass dies Putin in Richtung NATO absehbar nicht gelingen wird, zeigt die Entscheidung der NATO Ende Dezember 2015, zur Überwachung und zum Schutz des türkischen Luftraumes AWACS-Einheiten nach Konja zu verlegen.

Andererseits muss Erdoğan wissen, dass er die Solidarität der Allianzpartner strapaziert, wenn er seinen Kampf gegen die PKK mit unverhältnismäßigem Einsatz von Polizei und Armee – auch gegen die Kurden insgesamt – im Südosten unvermindert fortsetzt und keine parallele Dialog-Linie erkennbar wird. Wenn der Kampf gegen die PKK seine erste Priorität wird/bleibt, kann sich ergeben, dass er bei den Genfer Gesprächen mit Blick auf eine Übergangsregierung in Syrien, unter Mitwirkung des Assad-Regimes, seine strikte Ablehnung lockert.

Türkei – Europäische Union – NATO

Seit die große Zahl der Flüchtlinge in Richtung Westeuropa die Staaten der EU in starker, aber sehr unterschiedlicher Weise fordert und belastet, wird aus der EU und den Mitgliedstaaten (MS) der Blick mit mehr Nachdruck auf die Fluchtursachen gerichtet.

Zunächst die „nahen" Ursachen dafür, dass eine geordnete Bewältigung innerhalb der EU nicht erfolgt: erstens wegen der seit Jahren nicht konsequenten Anwendung und dem jetzigen Zusammenbruch des „Dublin-Verfahrens" und zweitens wegen des für diese Lage völlig unzureichenden Schutzes der Schengen Außengrenzen im Südosten und Süden. Dann hat man zugestehen müssen, dass die ungenügende Unterstützung der internationalen Gemeinschaft – auch seitens der EU und ihrer MS – für die Menschen in den riesigen Flüchtlingslagern in der Türkei, im Libanon und in Jordanien, den verzweifelten Aufbruch in die Staaten der EU drastisch verstärkt hat.

Aber vor allem konnte man nicht übersehen, dass Passivität gegenüber dem Bürgerkrieg in Syrien und halbherziges Handeln in drastischer Weise die Folgen mit schrecklichen Anschlägen und Flüchtlingen in bisher nicht gekanntem Ausmaß vor die eigene Tür und ins eigenen „Haus" katapultiert hat[4].

Flüchtlingslager in der Türkei

Und als trotz dieser innenpolitisch geprägten halbherzigen Syrienpolitik des „Westens" das Assad-Regime im Sommer weitere wichtige Teile des Landes, v.a. im Westen, verloren hatte und seine endgültige Niederlage nicht mehr auszuschließen war, sprang Russland für das Assad-Regime in die Bresche und stabilisierte dessen Lage.

Der EU und ihren MS war und ist klar, dass – wie in den vergangenen vier Jahren – nach Kapazitäten, gemeinsamem Willen und politischer Entschlusskraft keine militärische GSVP-Mission irgendeiner Art für die syrische Opposition infrage kommt. Sie betonen aber, dass der sog. IS auch militärisch bekämpft werden muss. Allerdings hat auch auf diesem Feld die französische Bitte nach Unterstützung gemäß Artikel 42.7 des Lissabonner Vertrages nur von einzelnen MS militärisch begrenzte Unterstützung gegen den sog. IS erbracht. Um die Konzentration auf diesen Kampf mit mehr Aussicht auf Erfolg als mit der bisherigen ‚großen Koalition' voran zu bringen, beteiligt sich die EU – wie eine Reihe von MS – an den Wiener Gesprächen in der ISSG, um für Syrien (ohne sog. IS) einen Waffenstillstand und eine Übergangsregierung zu erreichen.

Auch dafür ist eine konstruktive Beteiligung der Türkei erforderlich. Da diese Entwicklungen aber viel Zeit brauchen und im Ergebnis sehr unsicher bleiben, muss die EU mit der Türkei einen Weg finden, den Flüchtlingsdruck auf die Schengen-Grenze in Griechenland und auf dem Balkan zu mindern. Aus den seit Mitte September 2015 intensivierten Abstimmungen innerhalb der EU und den Gesprächen und Treffen mit der türkischen Regierung entstand ein Aktionsplan mit zwei Schwerpunkten: erstens die Unterstützung der syrischen

Flüchtlinge und der sie aufnehmenden Gemeinden, zweitens verstärkte Zusammenarbeit bei der Prävention irregulärer Migration. Für die erste Aufgabe will die EU zunächst bis zu 3 Mrd. Euro zur Verfügung stellen. Bei der zweiten Aufgabe geht es vor allem darum, gegen das Schleuserunwesen vorzugehen und die Rückführung von Migranten zu verstärken, denen kein Schutz gem. der Flüchtlingskonventionen zugestanden wird.

Um die Kooperation der Türkei zu erreichen, waren die EU und ihre 28 Mitgliedstaaten zu Schritten bereit, über die längere Zeit kein Konsens herzustellen war. Bei einem Gipfeltreffen des Europäischen Rates mit der Türkei am 29. November 2015 wurde vereinbart, den Beitrittsprozess erneut zu aktivieren, der schon länger nicht fortgeführt worden war, und dazu den Dialog auf hochrangiger Ebene durch häufigere und strukturierte Gespräche zu verstärken, einschließlich zweier Gipfeltreffen im Jahr. Darüber hinaus wurde bereits für den 14. Dezember ein neues Kapitels über die weitere wirtschaftliche Integration geöffnet und die EU-Kommission beauftragt, bis zum Frühjahr 2016 weitere Kapitel zur Öffnung vorzubereiten und außerdem den lange verzögerten Prozess zur Frage der Visaerleichterungen bis Ende 2016 zum Abschluss zu bringen.

Für eine erfolgreiche Durchführung gibt es für die EU im Verhalten der Türkei Risiken, die sie nicht unmittelbar beeinflussen kann. Zum einen hat Erdoğan nach den Wahlen im Sommer 2015 entschieden, den Kampf gegen die PKK nicht nur im Nordirak, sondern auch in der Türkei wieder aufzunehmen. Das massive Vorgehen mit Polizei und Streitkräften, insbesondere im Südosten der Türkei, wurde nach den Novemberwahlen noch ausgedehnt.

Zum anderen wird sich noch zeigen müssen, welche Position die Türkei bei den Genfer Gesprächen unter dem Schirm der VN verfolgt, wenn die Frage einer Übergangsregierung mit oder ohne Assad verhandelt wird.

Hier wird es darauf ankommen, kontinuierlich zu beurteilen, welche Mittel man einsetzen kann, um die eigenen politischen Ziele mit oder in Konkurrenz zur Türkei durchsetzen zu können[5]. Da die Lage und die Verhältnisse für beide unterschiedlich sind, Unsicherheiten, Überraschungen, ja Zufälle in den Entwicklungen zu erwarten sind, werden Charakter, Fähigkeiten und Willensstärke der Regierungen oder v.a. der Persönlichkeiten als Entscheidungsträger eine maßgebliche Bedeutung für den weiteren Gang der Ereignisse haben.

NATO – Türkei

In den Kriegen in Syrien und im Irak und den internationalen Aktivitäten hat die NATO keine eigenständige politische oder militärische Aufgabe. Lediglich mit dem Irak wurde im Herbst 2012 – also vor den massiven Angriffen von ISIS im Irak – ein reguläres individuelles Partnerschaftsprogramm vereinbart. Es war quasi das Nachfolgeprogramm, nachdem die „NATO Training Mission Iraq" 2011 geendet hatte. Dessen Inhalte konzentrieren sich auf Kapazitätsaufbau, Ausbildung (education) und Training.

Allerdings ergibt sich für die NATO eine besondere Aufgabe dadurch, dass ihr Mitglied Türkei eine lange Grenze zu Syrien und zum Irak hat. Die Kriege und Konflikte haben das Potential, sich auf diesen Bündnisstaat auszudehnen. Eine Beeinflussung war von Anfang an gegeben. Deshalb hatte die NATO schon Ende 2012 im Rahmen der Unterstützung gem. Artikel 4 des Washingtoner Vertrages zum Schutz der Türkei und zur Abschreckung möglicher Angriffe des Assad-Regimes mit Raketen oder Kampfflugzeugen entschieden, mehrere Flugabwehreinheiten PATRIOT zu stationieren. Die Ankündigung des Abzugs dieser Einheiten durch die beteiligten Mitgliedstaaten der NATO im Sommer 2015 wurde mit der Einschätzung begründet, dass es eine Gefahr solcher Angriffe nicht (mehr) gebe. Es war aber auch eine politische Maßnahme, um Erdoğan zu zeigen, dass man seiner Politik im Nordirak und Nordsyrien in seinem Kampf gegen die PKK statt gegen den sog. IS nicht zustimmte.

Während die Allianz Maßnahmen gegen die terroristischen Aktivitäten der PKK im Grundsatz für berechtigt hält, versucht sie bisher erfolglos, die türkische Regierung von den negativen Folgen eines so massiven Einsatzes wie derzeit zu überzeugen – und zwar nicht nur für die Stabilität der Türkei selbst, sondern auch für das zusätzliche Anheizen der Kriege in der Region.

Mit dem Eingreifen Russlands in den Krieg in Syrien auf Seiten Assads tauchte plötzlich zusätzliches Konfliktpotential für die NATO auf. Das wurde schon in den ersten Tagen manifest, als es zu mehreren Verletzungen des türkischen Luftraumes durch russische Flugzeuge kam. Vor und im Rahmen der Herbsttagung der Verteidigungsminister Anfang Oktober 2015 brachte die NATO einerseits ihre Kritik und Besorgnis angesichts der Eskalation russischer militärischer Aktionen zum Ausdruck, verbunden mit der Zusicherung des Schutzes der Türkei gegen russische Angriffe. Andererseits war das Bemühen zu erkennen, eine weitere militärische Zuspitzung zu vermeiden und den Weg für Gespräche über politische Ansätze zur Lösung des Syrien-Konflikts nicht zu verbauen. Diese Zuspitzung erfolgte dann am 24. November, als die türkischen Luftstreitkräfte ein russisches Kampfflugzeug abschossen, das in den türkischen Luftraum eingedrungen war. Putins sofort und massiv geäußerter und anhaltender Zorn und die massiven ökonomischen Sanktionen gegen die Türkei belasten nicht nur das bilaterale Verhältnis und die wirtschaftlichen Gegebenheiten in der Türkei, sondern können sich negativ auf das Verhalten beider als Teilnehmer in der ISSG unter der VNSR 2254 auswirken. Mit den Geschehnissen in der Ukraine nach dem 21. Februar 2014 vor Augen erscheint es nicht ausgeschlossen, dass nur die Mitgliedschaft der Türkei in der NATO den zornigen Putin davon abgehalten hat, auch mit militärischen Maßnahmen und Angriffen gegen die Türkei zu reagieren. Für das Binnenverhältnis in der Allianz zur Türkei ist erkennbar, dass trotz der erklärten Unterstützung des Rechts – auch der Türkei –, Verletzungen des Luftraums auch militärisch abzuwehren, ein gewisser Unwille zu spüren ist. Denn viele NATO-Staaten sind der Meinung, dass das Durchfliegen des türkischen Luftraums im südlichsten Zipfel des Landes für 17 Sekunden auch ohne Abschuss hätte behandelt werden können. Dabei wird auch zu analysieren sein, ob Putins Aktionen gegen die Türkei neben der bilateralen Zielrichtung auch auf die NATO-Mitglieder und EU-MS gemünzt sein kann. Für Veränderungen seiner Maßnahmen gegen die Türkei könnte er von westlichen Staaten im Rahmen der ISSG weitere Zugeständnisse erwarten, erstens bei einer Einordnung unterschiedlicher Rebellengruppen als terroristisch und zweitens bei der Ausgestaltung der Rolle des Regimes in einer möglichen Übergangsregierung. Deshalb sollten die USA, die EU und die NATO klar signalisieren, dass eine Rücknahme unangemessen „ruppigen" Verhaltens nicht noch „Belohnung" an anderer Stelle erwarten kann. Und dies gilt unabhängig von der Tatsache, dass sie eine Reihe von Maßnahmen der türkischen Regierung kritisch beurteilen. Dass Handeln/Nicht-Handeln und Gegen-Handeln, die „lebendige Reaktion", zu Wechselwirkungen führt, die ihrer Natur nach aller Planmäßigkeit entgegenstreben, kann schon an dieser Konstellation aufgezeigt werden.

Für das Binnenverhältnis in der Allianz zur Türkei ist erkennbar, dass trotz der erklärten Unterstützung des Rechts – auch der Türkei, Verletzungen des Luftraums auch militärisch abzuwehren, ein gewisser Unwille zu spüren ist.

Die Regionalmächte Saudi-Arabien und Iran

Neben der Türkei sind Saudi-Arabien und der Iran zwei weitere Regionalmächte, deren Politik für die frühen Phasen des Syrienkrieges und seine weitere Entwicklung große Bedeutung hatten und haben.

Saudi Arabien war und ist nach dem jahrelangen brutalen Vorgehen Assads gegen die eigene Bevölkerung für dessen Ablösung. Daran haben auch die Formulierungen in der VNSR 2254 nichts geändert. Für die saudische Regierung ist es ein „moralisches und strategisches Versagen Obamas", Präsident Assad nicht von der Macht getrennt zu haben. Assad ist auch deshalb ein Ziel, weil er nachhaltige politische und militärische Unterstützung durch den Iran erhält, einschließlich der Hizbollah und weiterer schiitischer Milizen.

Aufgrund dieser Konstellation, der generellen Gegnerschaft der arabischen Staaten und Irans haben saudische Persönlichkeiten und arabische Staaten wie Katar über die vergangenen Jahre auch extreme islamistische Gruppen unterstützt, die gegen Assad gekämpft haben. So wurde zwar verhindert, dass trotz der westlichen praktischen Zurückhaltung im Kampf gegen das Assad-Regime dieser nicht gewinnen konnte. Aber zugleich erlaubte es den Führern und Kräften von ISIS ihrerseits, eigenständig zu operieren und wichtige Gebiete in Syrien und im Irak unter ihre Kontrolle zu bringen.

Auch der sogenannte „Atom deal" mit dem Iran vom Juli 2015 verstärkte in der arabischen Welt und v.a. in Saudi-Arabien die Unruhe und Besorgnis eines weiteren politischen, ökonomischen und geopolitischen Machtzuwachses für den Iran. Die iranische Position wird aus saudischer Sicht durch das direkte russische Eingreifen, dem die USA nichts entgegensetzen können/wollen, noch verstärkt. Denn die Russen haben erreicht, dass Iran Teil der ISSG werden konnte. Bei einer militärisch gegenüber Russland in der Defensive befindlichen US-Regierung befürchtet das Königshaus, dass Washington es zu weiteren Zugeständnissen an die Position Russlands und des Iran drängen wird. Ob Saudi-Arabien mit der Propagierung seiner Initiativen und Aktionen gegen den internationalen Terrorismus und der Mitte Dezember in Riad gebildeten „islamischen militärischen Koalition" gegen jede terroristische Organisation, nicht nur gegen den sog. IS, und die Bündelung der unterschiedlichen Rebellengruppen gegen Assad zu einer Gruppierung für die anstehenden Verhandlungen in Genf ab dem 25. Januar 2016 seine Ausgangsposition für eine syrische Übergangsregierung verbessern kann, ist offen.

Die Vollstreckung der Todesstrafe gegen 47 Terroristen und dabei einen hoch anerkannten schiitischen Gelehrten wird von Teheran als Provokation behandelt, die die „Rache Gottes" herausfordert. Sie mag aus saudischer Sicht aber auch nur dazu dienen, sich selbst Mut zu machen, dass man dies (noch) tun kann, ohne andere zu fragen. Auch bei dieser Handlung wird offenkundig, dass „die Wirkung, welche irgendeine Maßregel auf den Gegner hervorbringt, das Individuellste ist, was es unter allen Datis des Handelns gibt" (S. 109). Man wird beobachten müssen, ob und wie beide Regierungen in Teheran und in Riad die Leidenschaften ihrer Bevölkerung mäßigen oder nutzen können oder wollen.

Der Iran hat nach dem „Atom deal" seine politische Grundhaltung nicht verändert. Die USA und Israel sind weiter die Hauptgegner, Assad wird weiter massiv unterstützt, direkt und über die Hizbollah und andere Milizen, die Regierung in Bagdad wird als schiitischer ‚Juniorpartner' im Kampf gegen den sog. IS unterstützt. Insofern ist Teheran auch zu praktischer Aktivität an der Seite der „großen Koalition" gegen den sog. IS im Irak bereit. Allerdings bleibt zu berücksichtigen, dass diese schiitische Phalanx es Ministerpräsident Abadi in Bagdad nicht erleichtert, die sunnitischen Stämme im Lande nach den negativen Erfahrungen unter der Regierung Maliki zu gewinnen und damit von Duldung oder gar Unterstützung des sog. IS abzuziehen.

In Syrien steht Teheran mit Blick auf die anstehenden Verhandlungen in Genf gemeinsam mit Moskau fest and der Seite des Assad-Regimes. Die militärischen Angriffe auf die Rebellen nach der Verabschiedung der Resolution 2254 im Sicherheitsrat der VN am 18. Dezember 2015 zeigen, dass beide die eigene Position für die Verhandlungen mit weiteren militärischen Terraingewinnen vor Ort zu stärken beabsichtigen.

Auch wenn noch unklar bleibt, wie die von Ayatollah Ali Khamenei angekündigte „Rache Gottes" in iranischen Aktionen zum Ausdruck kommt – über die Stürmung und Brandschatzung der saudischen Botschaft in Teheran hinaus – erhöht die vollstreckte Todesstrafe gegen den hochrangigen schiitischen Religionsgelehrten Nimr Baqir al Nimr die Hindernisse, um für einen Waffenstillstand und eine Übergangsregierung in Syrien Fort-schritte zu erzielen.

Konnte mit der Zustimmung mehrerer syrischer Oppositionsgruppen und des Assad-Regimes zur Teilnahme an den vorgesehenen Genfer Gesprächen ab Ende Januar und dann aber Mitte März 2016 der Eindruck entstehen, dass beide Seiten dabei sind einzusehen, dass ein erfolgreiches Niederwerfen des anderen ausbleibt, so könnten nach Clausewitz die Einschätzung der Unwahrscheinlichkeit des eigenen Erfolges und/oder ein zu großer Preis für den Erfolg „Motive zum Frieden" bilden.

Aktion und Reaktion auf die vollstreckten Todesurteile geben nun allerdings Anlass, die drei „Wechselwirkungen zum Äußersten" bei Clausewitz (S. 29-31) für die Beurteilung des Handelns und Gegen-Handelns beider Staaten heranzuziehen, um dann in Beratung und Handeln mit beiden Staaten im Blick auf ihre eigenen realistischen politischen Zwecke die Dämpfung verbaler, diplomatischer oder gar militärischer Eskalationsschritte zu erreichen. Denn weder der Iran noch Saudi-Arabien haben die Macht, den anderen „aus dem Feld zu schlagen". Allerdings können einmal entflammte Exzesse von Leidenschaft, ja Hass, d.h. das Schüren der Feindschaften mit religiösen Motiven, für die Absichten rationaler Machtpolitik beider Staaten eine Eigendynamik entwickeln, die schwer einzudämmen, geschweige denn zu beruhigen ist.

Denn weder der Iran noch Saudi-Arabien haben die Macht, den anderen „aus dem Feld zu schlagen". Allerdings können einmal entflammte Exzesse von Leidenschaft, ja Hass für die Absichten rationaler Machtpolitik beider Staaten eine Eigendynamik entwickeln, die schwer einzudämmen, geschweige denn zu beruhigen ist.

Und nun? – Was tun?

Die unvollständige Betrachtungen einiger ausgewählter Akteure auf internationaler und regionaler Ebene in und um den Krieg in Syrien lassen eindrucksvoll erkennen, dass diese immer wieder ihre politischen Zwecke ins Zentrum stellen, ihren eigenen Standpunkt für den ausschlaggebenden halten und sich dann zum Einsatz von Mitteln entschließen oder sogar bestimmte Mittel erklärtermaßen ausschließen. Es zeigt sich, dass die gewählten oder verbleibenden Mittel einerseits unzureichend sind, um die gesetzten Zwecke zu erreichen und andererseits auch noch unerwünschte Wirkungen auslösen können. Dies wird besonders deutlich bei dem Missverhältnis des politischen Zwecks der Ablösung von Assad, die alle westlichen Staaten sehr früh angestrebt haben, und der Mittel und Maßnahmen, die man dafür eingesetzt hat. War der Zweck unrealistisch, ja falsch? Wenn nicht, dann waren in jedem Fall die Mittel einer halbherzigen Unterstützung der syrischen Oppositionsgruppen ausschlaggebend für den Misserfolg gegen einen Diktator, der verantwortlich ist für Hunderttausende von toten syrischen Bürgerinnen und Bürgern.

Auch der politische Zweck von Russland und dem Iran, Assad nicht nur an der Macht zu halten, sondern auch einen vollständigen Erfolg im Kampf gegen die Opposition („alles Terroristen") zu erringen, ist nicht erreicht worden. Ja, nur durch das direkte militärische Eingreifen Russlands – ein durchaus politisch hohes Risiko – konnte Putin eine Niederlage Assads aufhalten. Allerdings hat

Russland sein klares Ziel immer dann mit weiteren, auch militärischen Mitteln unterstützt, wenn dies aufgrund des Gangs von Aktion und Gegenaktion erforderlich wurde.

Die Arabischen Staaten, die fast alle auch nachhaltig die Ablösung Assads zu ihrem Ziel gemacht haben, konnten keine ausschlaggebende Wirksamkeit einer schwierigen Oppositionskonstellation gegen das Regime erreichen. Dabei haben sie eine Reihe extremistischer islamistischer Gruppen und vor allem ISIS nicht nur nicht verhindert, sondern deren Aufstieg sogar ermöglicht.

Fasst man die politischen Zwecke der Akteure zu Beginn dieser Auseinandersetzung ins Auge, kann festgehalten werden,

- dass die westlichen und die arabischen Staaten die Ablösung nicht erreicht haben,

- dass Russland und der Iran, als Hauptunterstützer Assads, diesen noch an der Macht gehalten haben, aber nur noch in einem kleinen, allerdings für das Land sehr wichtigen Teil des Territoriums.

Was die Mittel betrifft, waren die der westlichen Staaten und der arabischen Staaten, einschl. der Türkei

- erstens für den gesetzten Zweck unwirksam, zumindest unzureichend,

- zweitens hatte dieser falsche, halbherzige Mittelansatz zusätzlich die unerwünschte Folge, dass Teile der Opposition bei extremistischen Islamistengruppen Unterstützung suchen mussten, die ihnen von den westlichen Staaten versagt wurde, was

- drittens im Ergebnis nun zu einem „Zweifrontenkrieg" der Opposition führte und ihre Aussicht auf Erfolg weiter reduzierte und

- viertens dem politischen Zweck gegen Assad nun für diese Staaten den teilweise sogar als prioritär eingeschätzten Zweck der Ausschaltung des sog IS hinzufügte.

Was die massiven, auch militärischen Mittel Assads sowie der Russen, Iraner und zusätzlicher Milizgruppierungen wie der Hizbollah betrifft, konnte damit

- erstens kein Sieg Assads gegen alle Oppositionskräfte erreicht werden,

- wurden zweitens hunderttausende Tote, über 3 Millionen Flüchtlinge und ca. 5 Millionen Binnenflüchtlinge über fünf Jahre Krieg (viele potentielle Gegenkräfte) geschaffen,

- reichten drittens die Mittel nicht, um die zunächst durchaus gewollten extremistischen islamistischen Gruppen und v.a. den sog. IS zurückzudrängen oder sogar zu zerschlagen, was nun

- viertens auch auf dieser Seite unter russischer Führung zu Überlegungen führt, eine Front der Opposition einzubeziehen – natürlich mit dem Regime, um

- fünftens dann – wenn jenes gelingt – eine breitere Phalanx, ggf. auch zwei parallele Operationen gegen den sog. IS in Stellung zu bringen.

Was tun?

Betrachtet man diese Elemente der Analyse, könnte sich ein – zunächst noch sehr theoretischer – Weg ergeben, um den Bürgerkrieg und Stellvertreterkrieg in eine Phase der „Beruhigung" zu leiten.

Von diametral entgegengesetzten Zielen (Assad muss weg versus Assads Herrschaft ist legitim) zu einer Variation zumindest der „nächsten Zwecke" wie Clausewitz dies in einer Kette einander untergeordneter Zwecke sieht. Ein nächster Zweck ist die Bildung einer Übergangsregierung für Syrien (wirksam zunächst im Territorium ohne sog. IS) und ein Waffenstillstand zwischen den Beteiligten dieser Übergangsregierung.

Wenn dies bei den Verhandlungen in Genf ab Frühjahr 2016 für alle die Richtschnur bleibt – trotz der zugespitzten Lage zwischen Iran und Saudi-Arabien – könnte aus der Sicht Moskaus und Washingtons (einschl. aller westl. Hauptstädte) eine Entwicklung unter dem Schirm der VN und der Betreuung durch die ISSG beginnen, bei der Kompromisse möglich werden.

Dies nicht so sehr, weil man die Unwahrscheinlichkeit des je eigenen Erfolges eingesteht oder die zu hohen Kosten für die Fortsetzung des Krieges in den Vordergrund rückt. Sondern man wird diese Elemente eher hinter der Blickrichtung auf den sog. IS und die anderen extremistischen islamistischen Gruppen verbergen, die außer in Syrien auch transnational tätig sind.

Für diesen „schwierigen, komplizierten politischen Verhandlungsweg gibt es keine Erfolgsgarantie" konstatierte ich vor drei Jahren[6]. Seither hat der ‚ellenlange' Krieg mit dramatischen zivilen Verlusten und Zerstörungen weiter getobt und sich mit dem sog. IS erheblich verschärft. Auch wenn die Gespräche in Genf stattfinden, werden die Beteiligten ihren Kampf intensiv weiter führen, weil jede Partei mit kleinen Erfolgen vor Ort versuchen wird, ihre Verhandlungsposition zu stärken. Die komplexe Dynamik in Syrien, in der Region und unter den internationalen Akteuren wird weiter ständig Unsicherheiten erzeugen. Neue Wahrscheinlichkeiten für die Akteure, Zufälle auf unterschiedlichen Ebenen und verschiedenen Feldern und nicht zuletzt innere und äußere Friktionen werden alle mit einem verwirrenden, schwer entwirrbaren Knäuel konfrontieren.

Die komplexe Dynamik in Syrien, in der Region und unter den internationalen Akteuren wird weiter ständig Unsicherheiten erzeugen.

So haben bisher und werden auch weiterhin alle Handelnden die Dinge immer wieder anders finden, als sie es erwartet haben. Entschlüsse werden zu fassen sein, ohne dass alle Daten verfügbar sind und die Zeit ausführliche Überlegungen zulässt. Die eigenen Vorsätze werden nur wankend, nicht umgestoßen. Das aber erhöht die Ungewissheit statt sie zu verringern. Besonders exemplarisch und folgenreich wird das bei Obama und seiner Administration erkennbar.

Die Persönlichkeiten unter den handelnden Führern, die diesen „Streit" annehmen und mit kühlem Verstand, festem Willen, Mut und Entschlossenheit im Sinne ihrer jeweils näheren und übergeordneten Zwecke entscheiden und handeln, werden wohl am ehesten erfolgreich sein können.

Von den Kämpfern und Führern vor Ort, über die Handelnden in unmittelbar betroffenen Nachbarstaaten und Regionalstaaten bis zu den Groß- und Mittelmächten ist und bleibt dieser „beständige Streit mit dem Unerwarteten" eine wesentliche Größe in der Bewältigung dieses Krieges und dieser weiterreichenden Krise. Die Persönlichkeiten unter den handelnden Führern, die diesen „Streit" annehmen und mit kühlem Verstand, festem Willen, Mut und Entschlossenheit im Sinne ihrer jeweils näheren und übergeordneten Zwecke entscheiden und handeln, werden wohl am ehesten erfolgreich sein können.

Gerade nach den kritischen Ereignissen vor und nach dem Jahreswechsel wird es dabei bleiben, dass weitere Vorkommnisse oder Maßnahmen Entwicklungen hervorbringen, die nicht vorausgesehen werden. Deshalb ist es erforderlich und möglich, in kontinuierlicher Feststellung und Beurteilung der Gesamtlage aller Verhältnisse, in die die individuellsten Züge des Augenblicks mitverflochten sind, als Regierung, seien es die USA, die Russen oder Deutschland, seine politischen Zwecke zu überprüfen und – wo geboten – anzupassen, um dann und dafür erreichbare Ziele zu setzen und diese mit mindestens hinreichenden nicht-militärischen und militärischen Mitteln im Konzert mit Verbündeten, Partnern, der internationalen Gemeinschaft und vor allem den („eigenen") Akteuren im Bürgerkrieg selbst zielstrebig und standhaft zu erreichen.

> *Wenn die Erkenntnis reift, dass in diesem Krieg und dieser Krise der eine den anderen nicht ganz wehrlos machen kann, werden die Motive zum Frieden in beiden Teilen steigen.*

Wenn die Erkenntnis reift, dass in diesem Krieg und dieser Krise der eine den anderen nicht ganz wehrlos machen kann, werden die Motive zum Frieden in beiden Teilen steigen. Angenommen diese Motive wären auf beiden (allen) Seiten gleich stark, so könnte man sich bei den Verhandlungen in Genf in der Mitte ihrer politischen Differenz treffen. Was sie dabei in dem einen an Stärke zunehmen, dürfen sie in dem anderen schwächer sein, wenn ihre jeweilige Summe nur hinreicht, so wird der Friede zustande kommen, natürlich aber zum Besten dessen ausfallen, der die schwächsten Motive dazu hatte (S.50). Hier also liegt des „Pudels Kern", warum alle Parteien für eine Position vor Ort und mit starken Partnern dafür kämpfen und arbeiten, „diese schwächsten Motive" zu haben.

Anmerkung: Der Beitrag gibt die persönliche Auffassung des Autors wieder.

Zum Autor: Generalleutnant a.D. Dr. Klaus Olshausen war von 2006 bis 2013 Präsident der Clausewitz-Gesellschaft. Zuvor war er Deutscher Militärischer Vertreter im Militärausschuss der NATO, bei der WEU und EU, HQ NATO, Brüssel.

Anmerkungen:

1 Alle genannten Seitenzahlen beziehen sich auf: Carl von Clausewitz, Vom Kriege, hinterlassenes Werk, ungekürzter Text, 5. Auflage 2008, Ullstein TB, 736 S.
2 Am 14.03.16 kündigte Putin den Rückzug eines wesentlichen Teils seiner Truppen in Syrien an, da der Auftrag weitgehend erfüllt sei.
3 Der Beitrag beruht im Wesentlichen auf einer Einschätzung der Entwicklung zum Ende 2015 und Januar 2016. An einigen Punkten wurde er mit Hinweisen

auf Ereignisse bis März 2016 ergänzt.

4 Am 22.03. morgens gab es mehrere Anschläge in Brüssel am Flughafen und in einem Zug nahe einer Metrostation mit über 30 Toten und ca. 170 Verletzten.

5 Im Rahmen des Europäischen Rates Mitte März 2016 und Gesprächen mit der Türkei wurde eine Vereinbarung getroffen, dass die Türkei ab 22. März alle illegal nach Griechenland kommenden Flüchtlinge wieder zurücknimmt und die EU andererseits die legale Aufnahme syrischer Flüchtlinge aus der Türkei ermöglicht und durchführt.

6 Dazu Klaus Olshausen, Krise – Konflikt – Krieg, Syrien als Beispiel für multiple Kollision von Interessen, Jahrbuch 2012 der Clausewitz Gesellschaft, S. 213 - 234

Schwerpunkte der Clausewitz-Gesellschaft für das Jahr 2016

Die aktuelle sicherheitspolitische Lage sowie deren absehbare weitere Entwicklung, die neue strategische Ausrichtung der NATO, die spürbar wachsenden Herausforderungen für die Europäische Union und nicht zuletzt die erwartete Resonanz auf den Weißbuchprozess in Deutschland liefern anspornende Impulse für die Verbreiterung und Vertiefung des sicherheitspolitischen Diskurses im Jahr 2016. Dieser Diskurs bleibt eine übergreifende Zielvorstellung für die Aktivitäten der Clausewitz-Gesellschaft. Daran orientieren sich weiterhin sowohl die zentralen Vorhaben als auch die Veranstaltungen in unseren Regionalkreisen. Wir wollen dabei auch künftig die in unserer Gesellschaft vorhandenen Kapazitäten an sicherheitspolitischer und militärstrategischer Kompetenz zukunftsorientiert nutzen. Mit dem breiten Spektrum an einschlägigen Qualifikationen und Erfahrungen unserer Mitglieder bieten sich günstige Voraussetzungen für die Behandlung aller relevanten Aspekte eines umfassend vernetzten Sicherheitsansatzes. Es bleibt dabei eine fortbestehende Herausforderung und Aufgabe, geeignete Persönlichkeiten und Experten so zusammenzuführen, dass Synergien wirksam werden und ein echter Mehrwert sich entfalten kann. Es gilt allerdings nicht nur die komplexe sicherheitspolitische Landschaft dieser Jahre zu analysieren, zu erörtern und zu beurteilen, sondern möglichst auch durch geeignete Initiativen und engagierte Kommunikation zur Entscheidungsfindung in der politischen Diskussion und – im Rahmen unserer Möglichkeiten – ebenfalls zur künftigen Ausrichtung und Gestaltung der Streitkräfte beizutragen. Dabei wollen wir uns fortwährend bemühen, die Denkmethode und die Einsichten Carl von Clausewitz' sinnvoll einzubeziehen und mit praktisch-realistischem Augenmaß zur Geltung zu bringen.

Die Kooperation unserer Gesellschaft mit der Bundesakademie für Sicherheitspolitik (BAKS), der Führungsakademie der Bundeswehr (FüAkBw), der Deutschen Atlantischen Gesellschaft (DtAtlGes) e.V., der Vertretung des Landes Sachsen-Anhalt beim Bund in Berlin und darüber hinaus auch mit anderen Dienststellen der Bundeswehr sowie mit weiteren Bundes-/Landesbehörden und sonstigen Organisationen/ Vereinen hat sich bewährt und wird fortgesetzt. Wir werden auch künftig danach streben, die vorhandenen Fähigkeiten und Ressourcen möglichst weitgehend, komplementär ergänzend zusammenzubringen, dabei übergreifend Synergien zu nutzen und insgesamt die Breitenwirkung der Aktivitäten zu verstärken. Dabei sollen die jeweiligen Eigenständigkeiten und spezifischen Identitäts-/ Kompetenzkerne aller Beteiligten gewahrt bleiben.

Die künftige Entwicklung gilt es weiterhin insbesondere auch auf die Aktivierung und Beteiligung jüngerer, im aktiven Berufsleben stehender Führungspersönlichkeiten und Menschen mit Potential sowie Motivation für herausgehobene Stabs- oder Führungspositionen auszurichten. Vornehmlich aus dieser Zielgruppe sollten ebenfalls Multiplikatoren für die Ausweitung und Intensivierung des Diskurses zu Sicherheitspolitik und Strategie mit jüngeren Menschen gewonnen werden. Unsere Clausewitz-Gesellschaft bietet mit ihrer Mitgliederstruktur insgesamt günstige Voraussetzungen, Brücken zwischen den Generationen zu errichten.

Die sicherheitspolitischen Herausforderungen werden vermutlich auch im Jahr 2016 weiter zunehmen. Es existieren aktuell gleichzeitig zwei Hauptvektoren aus Risiken und potentiellen Bedrohungen, die relevant für die Sicherheit Europas sind. Ihr Ursprung liegt hauptsächlich in der neuen russischen Außenpolitik und der kritischen Destabilisierung von Staaten im nordafrikanischen sowie nah-mittel-östlichen Krisenbogen. Daraus leiten sich u.a. spezielle Erwartungen an den nächsten NATO-Gipfel ab, der am 08./09. Juli in Warschau stattfinden soll. Die NATO ist nach wie vor die wichtigste tragende Säule für Sicherheit und Stabilität in Europa. Der Fokus des Bündnisses wird sich 2016 und darüber hinaus u.a. auf die glaubwürdige Sicherheitszusage für die Mitgliedstaaten in Osteuropa und an der Süd- bzw. Südost-Flanke richten. Außerdem werden vermutlich die Zukunft der NATO-Partnerschaften und Fragen zur NATO-Erweiterung sowie zur künftigen Rolle und Bedeutung der nuklearen Abschreckung im Mittelpunkt stehen. Mit diesen und weiteren Themen planen wir uns auch bei den zentralen und regionalen Veranstaltungen der Clausewitz-Gesellschaft im Jahr 2016 zu befassen. Hierzu noch einige konkrete Hinweise:

Das 8. Clausewitz-Strategiegespräch in der Vertretung des Landes Sachsen-Anhalt beim Bund in Berlin, am 17. Februar 2016, steht unter dem Thema „Von der nuklearen Bedrohung zum Cyber-Krieg: Strategische Risiken und Bedrohungen im Wandel".

Das Berliner Colloquium 2016 wird vom 16. bis 18. März 2016 wieder gemeinsam mit der BAKS in Berlin veranstaltet und ist dem Thema „Die EU als außen- und sicherheitspolitischer Akteur: Realität oder Vision? – Konsequenzen für Deutschland und die Bundeswehr?" gewidmet.

Die 50. Sicherheitspolitische Informationstagung mit und an der FüAkBw in Hamburg ist für den 15. und 16. Juli 2016 geplant. Generalthema wird sein: „Perspektiven der europäischen Sicherheitsordnung: Erweiterte Anforderungen an die künftige Außen-, Sicherheits- und Verteidigungspolitik?". Anlässlich des 50. Jahrestages unserer traditionellen Informationstagung soll insbesondere auch das Thema „Relevanz der im 19. Jahrhundert gesammelten Erkenntnisse des Carl von Clausewitz für politisch-strategisches Denken im 21. Jahrhundert" behandelt werden.

Das 9. Clausewitz-Strategiegespräch in Berlin ist für den 21. September 2016 vorgesehen zu einem dann aktuellen Thema.

Bei der Suche und Auswahl aktueller Themen für eine Behandlung in den Regionalkreisen bieten sich im Jahr 2016 zum Beispiel auch folgende an:

- Wie sollten sich die Streitkräfte auf die doppelte Herausforderung durch neue Risiko- oder Kriegsformen, z.B. Hybride- oder Cyber-Kriege, unter gleichzeitig fortbestehender potentieller Bedrohung durch konventionelle Risiko- und Kriegsformen einstellen?

- Welche sicherheitspolitischen Konsequenzen sind von dem Klimaabkommen von Paris zu erwarten?

- Welche künftigen sicherheitspolitischen und strategischen Ansätze sind notwendig, um ein höheres Maß an Sicherheit und Stabilität für Europa durch ein neues Verhältnis zu Russland zu erreichen?

- Welche Perspektiven sind für die angekündigte neue Zusammenarbeit islamischer Staaten in einer sogenannten „Anti-Terror Koalition" zu erwarten?

- Herausforderungen, Ziele, Möglichkeiten und Grenzen eines fortgesetzten politischen und militärischen Engagements von NATO und/oder EU in Afghanistan.

- Aktuelle Lage und Perspektiven der sicherheitspolitischen Entwicklung in den Krisengebieten Afrikas.

- Aktuelle Lage und Perspektiven der sicherheitspolitischen Entwicklung im Fernen Osten, insbesondere unter Berücksichtigung des Verhältnisses der

Volksrepublik China zu seinen Nachbarn und den USA.

Ferner liefern folgende historische Daten des Jahres 2016 geeignete Anlässe für eine thematische Befassung:

- 21. Februar: 100. Jahrestag des Beginns der Schlacht um Verdun im ersten Weltkrieg.

- 16. Mai: 100. Jahrestag des Sykes-Picot-Abkommens zwischen den Regierungen Großbritanniens und Frankreichs für den Nahen Osten.

- 14. Juni: 150. Jahrestag Ausbruch des „Deutschen Krieges", der kriegerischen Auseinandersetzung zwischen dem Deutschen Bund unter der Führung von Österreich einerseits und Preußen sowie dessen Verbündeten andererseits.

- 24. Juni: 100. Jahrestag des Beginns der Schlacht an der Somme im Ersten Weltkrieg.

- 23. August: 150. Jahrestag des Prager Friedens und der formellen Auflösung des Deutschen Bundes in Augsburg.

- 8. November: Präsidentschaftswahl in den Vereinigten Staaten von Amerika: Welche Perspektiven der künftigen Außen- und Sicherheitspolitik der USA zeichnen sich ab und welche Konsequenzen für Europa und Deutschland sind zu erwarten?

Die Gewährleistung der Kontinuität unserer erfolgreichen Arbeit als Verein verlangt weiterhin das engagierte Eintreten aller Mitglieder für die gemeinsamen Ziele und die tätige Mitwirkung an den übergreifenden Aufgaben. Dazu zählt u.a. auch das aktive Aufgreifen ergänzender aktueller sicherheitspolitscher Themen.

Unsere ehrenamtlichen Leiter der Regionalkreise, der Präsident der Sektion Schweiz und zahlreiche Mitglieder der Clausewitz-Gesellschaft haben in den zurückliegenden Jahren immer wieder mit kreativen Initiativen, hohem persönlichen Engagement und organisatorischem Geschick attraktive und wertvolle Veranstaltungen geplant und durchgeführt. Sie haben damit ganz wesentlich die erwünschte Breitenwirkung erzielt und ebenfalls die Identität unserer

Clausewitz-Gesellschaft lebendig geformt und inhaltlich mitgeprägt. Ich bin überzeugt und zuversichtlich, dass diese Gruppe mit vielen engagierten Mitwirkenden - aus dem Kreis der Mitglieder unserer Gesellschaft und auch mit Unterstützung externer Freunde und Förderer – eine verlässliche Kontinuität der weiteren erfolgreichen Arbeit gewährleisten und eine innovative Weiterentwicklung unterstützen werden. Die vielfältigen, sowohl bereits langjährig etablierten als auch neu aufgenommenen Vorhaben in Berlin, Bern, Bonn, Bremen, Hamburg, Mainz, Mannheim, Nürnberg, Stuttgart, Ulm oder Würzburg sind konkrete Belege für das praktische Wirken unserer Gesellschaft. Die entsprechenden Veranstaltungen erfüllen unsere gemeinsamen Ziele mit Leben, garantieren stets hohe Qualität als Markenzeichen und stärken insgesamt die vernehmbare Identität unserer Gesellschaft. Sie sind deshalb auch in Zukunft höchst wertvoll und letztlich unverzichtbar.

Allen Mitgliedern und Mitwirkenden wünsche ich für Ihre Arbeit im Jahre 2016 und auch in der weiteren Zukunft viel Erfolg, einen hohen Wirkungsgrad und stets ein hinreichendes Maß an Zufriedenheit beim Einsatz für unsere gemeinsamen Ziele.

Kurt Herrmann

Bildnachweis

Seite	Quelle/Urheber
15	Bundeswehr/Jane Hannemann
23	Bundesarchiv/Bild B 145 00012010/Fotograf Rolf Unterberg
38	Bundespresseamt/Fotograf Lothar Schaack
39	Wikimedia Commons/gemeinfrei; United States Army - Scan of photo
49	Clausewitz-Gesellschaft/W. Fett
62	picture-alliance/dpa / Fotograf Egon Steiner
63	picture alliance / ASSOCIATED PRESS
67	Helmut Schmidt Universität Hamburg/Fotograf Reinhard Scheiblich
69	Helmut Schmidt Universität Hamburg/Fotografin Ulrike Schröder
89	Eurokorps/ Lasarew
100	Bundesarchiv/Bild 183-R18084/Fotograf o.Ang.
103	Wikimedia Commons/gemeinfrei; CC BY-SA 3.0, Schlieffen_Plan_fr_1905.svg: Lvcvlvs derivative work: Furfur - Diese Datei wurde von diesem Werk abgeleitet
108	picture-alliance/akg-images / Fotograf akg-images
109	Wikimedia Commons/gemeinfrei; Originally uploaded on nl.wikipedia by Paul Hermans
111	Bundesarchiv/Bild 146-2008-0086/Fotograf o.Ang.
123	Wikimedia Commons/gemeinfrei; Bundesarchiv, Bild 146-2004-0023 / Meyer, Albert / CC-BY-SA 3.0. Bundesarchiv Bild 146-2004-0023, Erich von Falkenhayn (2).jpg
126	Wikimedia Commons/gemeinfrei; „Photographisches Bild- und Film-Amt" - Fort Doaumont 1916
134	Zentrum für Militärgeschichte und Sozialwissenschaften der Bundeswehr
136	SZ Photo/Fotograf Scherl
138	Zentrum für Militärgeschichte und Sozialwissenschaften der Bundeswehr
153	Wikimedia Commons/gemeinfrei; Anton von Werner - Museen Nord / Bismarck Museum: Picture
158	Bundesarchiv/Bild 183-R29818/Fotograf o.Ang.
167	Wikimedia Commons/gemeinfrei; unbekannt, Scan: Slg. Alexander Buschorn - Verlagsprospekt „Bildnisse der nationalen Führer" des Verlages Franz Hanfstaengel, München, ca. 1933
173	Wikimedia Commons/gemeinfrei; CC-BY-SA-3.0, Delegierte des Wiener Kongresses in einem zeitgenössischen Kupferstich von Jean Godefroy nach dem Gemälde von Jean-Baptiste Isabey

Seite	Quelle/Urheber
178	Wikimedia Commons/gemeinfrei; Johann Christoph Rincklake - Scan
180	Wikimedia Commons/gemeinfrei; Thomas Lawrence - Kunsthistorisches Museum
190	Wikimedia Commons/gemeinfrei; CC-BY-SA-2.5/"Karlsbüste" Karls des Großen aus dem Domschatz des Aachener Doms. Vermutlich „nach 1349".
192	Wikimedia Commons/gemeinfrei; Christoph Amberger
194	Wikimedia Commons/gemeinfrei; Paul Delaroche - Library of Congress
196	Wikimedia Commons/gemeinfrei; CC BY-SA 3.0, Bismarck. Des eisernen Kanzlers Leben in annähernd 200 seltenen Bildern nebst einer Einführung. Herausgegeben von Walter Stein. Im Jahre des 100. Geburtstags Bismarcks und des großen Krieges 1915. Hermann Montanus, Verlagsbuchhandlung Siegen und Leipzig
216	Bundesarchiv/Bild 183-R06898/Fotograf Robert Sennecke
224	Autor
225	Wikimedia Commons/gemeinfrei; CC-BY-SA-3.0, Tschubby - eigenes Werk
227	Autor
238	Presse- und Informationsamt der Bundesregierung, Fotograf Guido Bergmann
244	picture alliance/AP Photo / Fotograf Uncredited
245	Bundeswehr/Andrea Bienert
255	Wikimedia Commons/gemeinfrei; CC BY 2.0, Zhang Zhenshi (1914–1992). Mao Zedong portrait attributed to Zhang Zhenshi and a committee of artists (see [1]). - termediate source(see[1]).Intermediate source
264	Wikimedia Commons/gemeinfrei; CC BY-SA 3.0, J. Patrick Fischer - Eigenes Werk
316	Wikimedia Commons/gemeinfrei: CC-BY 4.0, Kremlin.ru
327	Wikimedia Commons/gemeinfrei; Not credited - [1] at Bibliotheca Alexandrina and Gamal Abdel Nasser Foundation (Nasser Archive Website)
334	Wikimedia Commons/gemeinfrei; Unbekannt - Informationsministerium der Republik Irak
351	Wikimedia Commens/gemeinfrei; ISAF Headquarters Public Affairs Office
353	Wikimedia Commons/gemeinfrei; The Islamic State - This file was derived from: Flag of Islamic State of Iraq.svg
393	Wikimedia Commons/gemeinfrei; Voice of America News: Henry Ridgwell on Turkish border, „Refugees Flee Aleppo; Hot, Barren Turkish Camps Await"